ASHTASÁHASRIKÁ

Owing to the antiquity and rarity of this book, certain pages are regrettably absent, and readability is compromised due to the blurring of the original text. If you possess any insights regarding the availability of these missing sections, kindly inform us. Your assistance is crucial in ensuring the completion of this significant work for the benefit of future generations.

ASHTASÁHASRIKÁ,

A COLLECTION OF DISCOURSES

ON THE

METAPHYSICS OF THE MAHÁYÁNA SCHOOL OF THE BUDDHISTS,

NOW FIRST EDITED FROM NEPALESE SANSKIRT MSS

RAJENDRALAL MITRA

GYAN

Published by

GYAN

Gyan Publishing House
5, Ansari Road
Daryaganj, New Delhi-110002
Phone: 011-47034999, 9811692060
E-mail: books@gyanbooks.com

Distribution Network
gyanbooks.com
India, USA, Canada, UK, Australia

ISBN: 978-93-6780-021-8 (PB)

First Published, 1888

2nd Impression 2025

Printed at: Gyan Press, Delhi.

ASHTASÁHASRIKÁ
Editor: RAJENDRALAL MITRA

ASHṬASÁHASRIKÁ,

A COLLECTION OF DISCOURSES

ON THE

METAPHYSICS OF THE MAHÁYÁNA SCHOOL OF THE BUDDHISTS,

NOW FIRST EDITED FROM NEPALESE SANSKRIT MSS.

BY

RÁJENDRALÁLA MITRA, LL. D., C. I. E.

Honorary Member of the Royal Asiatic Society of Great Britain and Ireland, of the Physical Class of the Imperial Academy af Sciences, Vienna, of the Italian Institute for the Advancement of Knowledge, of the American Oriental Society, of the Italian Asiatic Society, and of the Bombay Branch of the Royal Asiatic Society; Corresponding Member of the German Oriental Society, of the Royal Academy of Science, Hungary, and of the Ethnological Society of Berlin; Fellow of the Royal Society of Northern Antiquaries, Copenhagen, &c., &c.

CALCUTTA:

PRINTED BY G. H. ROUSE, BAPTIST MISSION PRESS.

1888.

PREFACE.

The scriptures of the Buddhists are divided into three classes which have the collective name of Tripíṭhaka or the "Three Repositories." The first of these, called *Sútra* or *Sútránta*, includes all works which contain the doctrines of the faith as given in the original words of Buddha himself; these are said to have been compiled by Upáli. The second is devoted to philosophy, *Abhidharma*, and is attributed to Káśyapa, the most favourite pupil of the great teacher. In the third we have the Ethics (*Vinaya*) of the faith as inculcated by the teacher and illustrated by stories connected with his former lives, and the trials and penances he had to undergo to prepare himself for the final relief. These were compiled by Ánanda. This classification, however, was soon found to be loose, and as regards the first and the second divisions, inaccurate. If we are to lay any faith on the records of the Buddhists, the second division contains as much of the original language of Buddha as the first, and its subject matter is of a very miscellaneous character. These facts early led to the adoption of other and more precise systems of classification, but the early threefold division is everywhere respected.

The second head of *Abhidharma* at an early epoch was designated by the name *Prajná-páramitá* which strictly means the 'Philosophy' (*prajñá*) of 'duty' (*páramitá*), but commonly rendered into "trancendental knowledge." The latter name was after a while devoted exclusively to a particular work or set of works treating of philosophy. In the Tripiṭhaka of the Chinese, it appears under the latter sense, and a particular treatise in ten thousand verses which was translated into the Chinese language in the fourth century of the Christian era was so designated. In the ninth century it was rendered into Tibetan by the Indian Paṇḍits Jinamitra and Surendrabodhi and the Tibetan Lotsawa Yeshes-sé-de. In these records it bears the name of *Sher-Phyn*, pronounced Sher-c'hin, which shows that then it had ceased to be a generic common term, or added to its original signification that of a proper name.

According to the records of the Nepalese Buddhists the name is assigned to an elaborate work which, extending over a hundred and twenty-five thousand verses and four of its abridgements, bear the same name. The first attempt at condensation resulted in a redaction of one hundred thousand verses; the second, twenty-five thousand verses; the third, ten thousand verses; and the fourth, eight thousand verses. Of these, the Asiatic Society's Library contains the redactions in 100,000, 25,000, and 8,000 verses. All these are in prose, the word "verses" being used to indicate, in the language of Indian scribes, the extent measured by stanzas of thirty-two syllables each. Roughly speaking, the extents traditionally assigned to them are nearly correct. I have not seen the original text of 125,000 verses. The second is avowedly an abridgement, but the process of condensation has not been carried on to such an extent as in any way to mask the nature of the original, and it may be, for all purposes of historical research, taken as its substitute. Its contents are noticed here with a view to afford to the reader a synopsis of the contents of the Prajná-páramitá in its entirety.

This abridgement is generally known under the name of *S'atasáhasriká*, or the recension of a hundred thousand verses. By my calculation of 132 letters to the śloka, the actual extent is 113,677 ślokas. The specific name of the work is *Rakshá-bhagavatí*. It comprises 72 chapters or *Parivartas*, divided into four parts or *khaṇḍas*. It is pre-eminently a work of the Maháyána class, and its main topic is the doctrine of *Sunyaváda* or the evolution of the universe from vacuity or nihility. This topic is developed in the form of discourses in which Buddha himself is the chief expounder; but some of his principal disciples also appear as teachers. In the course of the discussions, all topics on Metaphysics which have engaged the attention of the Buddhists and the Hindus are expounded at length; adverse systems are refuted, and everything is made to accord with the doctrine of nihility. The system of Hínayána is especially noticed, and refuted repeatedly. True Buddhism is declared to be founded on the theory of nihility, and the attainment of the highest perfection is made to depend on the performance of meditations of which the object should be *sunyatá* or nihility.

The meditations enjoined are the same which are described in the Sáṅkhya Sútra of Kapila, and in the Yoga Sútra of Patanjali, and most of the technical terms used are evidently borrowed from the Hindu systems. All the duties enjoined in the Vinaya are repeatedly advocated, and their philosophical bearing to the vacuous doctrine is expounded. With so unreal an ultimatum, the force and persistency with which are enjoined the duties of benevolence, charity, good conduct, and abstinence from evil, each called a *Páramitá*, are remarkable.

The work opens with the description of a scene on the Gṛidhrakúṭa hill, the Vulture Peak, near Rájagṛiha. Here the Lord performed a Samádhi, whereupon flames issued forth from his body, and illumined the ten quarters of the globe. He then opened wide his mouth, wherein were seen thousands of thousand-petalled golden lotuses, amidst which his image was seen seated. The light from his body relieved mankind from all pains and troubles. The dwellers in hell were ransomed; the deaf regained their power of hearing; the blind were restored to sight. Gods and aerial spirits all came to the place to worship the sage. Thereupon a Bodhisattva, named Samantaraśmi, asked the cause of this light. This led to the sage's imparting to his audience the *Prajná-páramitá.* The different *páramitás* are then successively expounded; these include the hundred and eight *páramitás* noticed in Chapter IV of the Lalita-Vistara and a great many others; the advantages of following these *páramitás* are also detailed.

The subject of vacuity or nothingness, *sunyatá*, is next expounded. Then follow lessons on five kinds of instruction (*s'ikshá*), eight kinds of disposition of the body (*añgaramattva*), four kinds of meditation (*dhyána*), four kinds of proofs (*pramáṇa*), four kinds of bodilessness (*arúpyasamápatti*), five kinds of consciousness (*abhijñá*), six kinds of memory (*anusmṛiti*), which result from a knowledge of the true import of vacuity. Varieties of vacuity. Contrarities. Exercise of six of the páramitás. Purification of the senses.

Chapter II. The second chapter is devoted to the exposition of the true character of the soul (*átmá*), and its relation to form, colour and other qualities, and to vacuity (*sunyatá*).

Chapter III. Chapter third treats of the necessity of Bodhisattva's abstaining from passion, envy and other mental perturbations, and the relation of those perturbations to calm contemplation of the truth, and to vacuity.

Chapter IV. Relation of form to reality, and the propriety of ascertaining its bearing to vacuity.

Chapter V. The ascertainment of the notion of greatness, agitation, pain, pleasure, dispassion, &c., through knowledge. Various forms of Samádhi calculated to afford that knowledge.

Chapter VI. All qualities are illusive (*máyámaya*). The means to overcome them. Yoga is pointed out as the means for it. The way to control the influence of Márasatan in frustrating the fruits of Yoga.

Chapter VII. Bodhisattva defined. His supernatural powers how derived? Humanity and its characteristics, how they are to lie overcome by a Bodhisattva? Purport of various epithets used to indicate a Bodhisattva. How a Bodhisattva merges all natural attributes into vacuity. The six páramitás.

Chapter VIII. Characteristics of various kinds of Samádhi, such as Surañgamá, Ratnamudrá, Siñhavikṛiḍita, Suchandrá, Chandradhvajá, Sarva-dharma-sañgatá, Vilokitamúrdhá, Dharmadhátu-niyatá, Niyatadhvajaketu, Sarvadharma-praveśa-mudrá, Samádhirája-supratishṭhitá, Rasmipramuktá, Chalavyúhasamudgatá, &c.

Chapter IX. Definitions and expositions of the Bodhisattva attributes noticed in chapter I, *viz.*, 4 Samyak-prahánas; 4 Ṛiddhipádas; 5 Indriyas; 5 Balas; 7 Sambaudhyañgas; 8 Añgamárgas; 3 Samádhis; 11 Jnánas, or perceptions; 3 Indríyas; 10 Anusmṛitis; 4 Dhyánas; 3 Pramáṇas; 4 Arúpya-samápatti; 10 Tathágata-bala; 4 Vaísáradya; 4 Prítisammṛit; 18 A'veśika-bandha-dharma. Nature of Dháranís, relation of letters of the alphabet to them.

Chapter X. Duties of the 1st stage—Ten Parikarmas. Ditto of the 2nd stage—8 Dharma-abhikshrás. Ditto of the 3rd stage. Elaboration of the duties of these stages.

Chapter XI. The doctrine of Maháyána and its advantages derived, principally if not entirely, from its recognition of the greatness of Sunyaváda.

Chapter XII. The Prajná-páramitá includes descriptions of all qualities, and their nature and effects. Vacuity in relation to matter. The ether (*ákás'a*), the best illustration of vacuity. Vacuity not subject to destruction.

Chapter XIII. All qualities are unreal as a dream, an illusion, or a mirage. Knowing this, Bodhisattva never fears anything. Qualities do not affect him. To him there is nothing eternal, nothing transient, nothing painful, nothing pleasant. Transcendental powers derivable from the Prajná-páramitá. Páramitás of two kinds, worldly and transcendental. Their descriptions.

Chapters XIV.—XVI. The principles of Prajná-páramitá as imparted by the Lord to Indra. The end sought is the attainment of vacuity.

Chapters XVII.—XX. A summary method of attaining the end by practising the six páramitás, and by worshipping the relics of Buddha in chaityas.

Chapters XXI.—XXV. Instructions of Subhúti to A'nanda, showing how all the páramitás are included in the Prajná-páramitá, and how the attainment of the latter accomplishes the attainment of everything.

Chapter XXVI. Bhagaván's instruction to the son of Sáradvatí to the purport that Bhagaván is the thorough master of the Prajná-páramitá and that those who, knowing the nature of duty, do not accept the páramitás and revile Bhagaván are doomed to endless pain and suffering in hell, and are subjected to other punishments.

Chapter XXVII. On purification and purified knowledge.

Chapter XXVIII. The mode of acquiring the

Prajná-páramitá, and the advantages thereof. The fruits of reciting it on particular days in the presence of (an image of ?) Bhagaván.

Chapter XXIX. On the vacuity of all qualities explained in detail.

Chapter XXX. On the attainment of Yoga by a Bodhisattva.

Chapter XXXI. On the Sútránta doctrine, its utter worthlessness compared to the vacuous doctrine. No Bodhisattva should accept it.

Chapter XXXII. Defects of the Sútránta doctrine; the influence of Mára, how to overcome the same.

Chapter XXXIII. The whole of the Prajná-páramitá was disclosed by the Lord himself, for the good of creation. No Deva, nor spirit, nor human being can teach it. True knowledge can be acquired solely through the Prajná-páramitá.

Chapter XXXIV. The falsity of all doctrines not founded on the Prajná-páramitá and their unfitness for the ultimate end of man. They should not therefore be accepted.

Chapter XXXV. All objects attainable by the study of the doctrine of Nihilism.

Chapter XXXVI. Training fit for the attainment of the doctrine of Nihilism.

Chapter XXXVII. Training for the purpose. Suppression of all worldly desires. Ascent from the first or Srávaka stage to that of Pratyeka-buddha stage. Longings and ideas. Power of assuming any form at will.

Chapter XXXVIII. Omniformity of shape. Pain

and other accidents. They should all be associated with vacuity. The relation of shape, pain, &c., to vacuity is efferent not afferent. Derivation of Tathágata implying this efferent action. Tathágata knows the ultimate vacuity of all things. Nihilism should therefore be studied through the Prajná-páramitá.

Chapter XXXIX. Purification of the body, mind, speech; avoidance of false notions.

Chapter XL. All qualities mutable. The Lord alone immutable.

Chapter XLI. Praise of Prajná-páramitá.

Chapter XLII. Purification of Buddhism by the suppression of sensuous wants and feelings.

Chapter XLIII. Visit of the river Ganges to the Lord. Miracles worked at the time.

Chapter XLIV. Attainment of the doctrine of Nihilism through Prajná-páramitá.

Chapter XLV. All qualities compared to dreams.

Chapter XLVI. Doubts and disbelief characterise sinful men.

Chapter XLVII. The necessity of studying the Prajná-páramitá for the suppression of all qualities, thoughts and ideas through dispassion.

Chapter XLVIII. The way of making the mind immense in meditation.

Chapter XLIX. All qualities being vain, the necessity of the religion of Buddha established.

Chapter L. Through the Prajná-páramitá all qualities cease to be perceptible.

Chapter LI. Through it Mára becomes speared through, and friendliness for creation is promoted.

Chapter LII. The mode and advantage of practising the six páramitás.

Chapter LIII. The practice of S'íla-páramitá (good conduct).

Chapter. LIV. Vacuity in relation to qualities explained.

Chapter LV. Vacuity defined.

Chapter LVI. Preliminary study of the elementary principles of good.

Chapter LVII. The necessity of constant attention to S'íla-páramitá.

Chapter LVIII. Kshánti-páramitá or forbearance explained.

Chapter LIX. Dhyána-páramitá, (contemplation) and its modifications.

Chapter LX. Vacuous nature of all qualities.

Chapter LXI. Detailed account of the six páramitás.

Chapter LXII. Destruction of illusion through the Prajná-páramitá.

Chapter LXIII. The practice of the six páramitás, and the advantages thereby derived by Bodhisattva.

Chapter LXIV. Samádhi and its varieties, how produced.

Chapter LXV. Falsehood, incoherence, wickedness explained.

Chapter LXVI. Fruits of knowledge, friendliness, benevolence and other good qualities.

Chapter LXVII. Essential unreality of all qualities.

Chapter LXVIII. The six páramitás whereby Bodhisattvas rescue creation from pain and suffering.

Chapter LXIX. How Bodhisattvas attain the position of Tathágatas.

Chapter LXX. How and why Bodhisattvas act in accordance with the belief of the unreal being real.

Chapter LXXI. Unreality of qualities again explained.

Chapter LXXII. All qualities being unreal or vacuous, the conclusion follows that the world is essentially unreal.

The Society's MS. of the work is comprised in four bulky volumes giving dates. At the end of the first volume there are some verses which give the names of the copyists and the dates when the four volumes were completed. According to these verses, the first volume was completed at the monastery of Chakravihára in the town of Lalitápuri, in Nepal, by Dhanadatta Vajrivira, on Thursday, the 10th of the waxing moon, during the ascendancy of the Ristaká constellation, in the month of A'sháḍha, in the year 923. The second volume was completed on Friday, the 11th of the waxing moon, in the month of Chaitra of the Nepalese year 924, by Viradatta Vajráchárya. The third volume was completed on the day dedicated to the worship of Lakshmí in the year 924, by Siñhadatta Vajradhṛita. The fourth volume was completed on Friday, the 9th of the moon, in the month of Agraháyaṇa, in the year 920, by Vidyádatta Vajrí. The Panchavins'atí Sáhasrí was completed on Thursday, the 4th of the waxing moon, in the month of Phálguna, in the year 926, by Dhanadatta and Víradatta. The dates being Nepalese must correspond with A. D. 1803, 1804, 1804 and 1801. The dates are repeated at the end of each volume.

The second abridgment of the large work is usually reckoned at 25,000 ślokas, but the codex I have seen does not come up to that extent. Roughly calculated it is limited to 20,045 ślokas, and this would suggest the idea that it is defective; but from its beginning and colophon it would seem that it is complete. It is divided into eight chapters, each called a *parivarta*, as in the larger work. Though professedly a digest, the arrangement of the work is not founded on the plan of the *S'atasáhasriká*, and the treatment of the subjects is generally different. In fact the work is an independent one on the subject of Nihilism bearing on the attributes of Buddha. The first chapter is devoted to *Sarvákárajnatá* or the knowledge of all forms and qualities by the Bodhisattva through the medium of the Prajná-páramitá. The second is entitled *Márgajnatá* or the knowledge of all modes of salvation; it is based on various purifications of the intellect, mind, body, &c. The third is *Sarvajnatá* or "omniscience," which is attainable by thoroughly understanding the nature of Nihilism in relation to charity, good conduct, and the other four Páramitás. The fourth is *Sarvákárábhisambodha*, or cognizance of all forms whereby the Bodhisattva acquires a right understanding of the various phases of the mind under different circumstances. The fifth is *Múrdha-práptana-púrvabodha*, or the way in which the Bodhisattva stores every form of understanding and all knowledge in his head, so that he can know all and everything superhuman even in his dream without any actual perception. The sixth is *Ekakshṇa-visambodha,* or knowledge of all times present, past and future. In treating of it the succession of the six Páramitás, including charity, good conduct, mercy, vigour, meditation, and true knowledge, have been described at length. The seventh is *Dharmakáya,* or qualities as affecting the conduct of the Bodhisattva. The eighth is *Moksha,* or lessons on the means of attaining Nirváṇa.

The next abridgment is called the *Das'asáhasriká.* It is included in the Japanese Tripíṭhaka, and occurs under the name of 'Mo-no-pan-jo-po-lo-mi-king.' It was translated into the Chinese by Chu-Fonien and others, of the Tsin dynasty, (circa 265-313). The Tripíṭhaka includes two other works, both very short, one entitled 'Fo-mos-par-teh-tsong-pan-jo-po-lo-mi-king,' or 'the Prajn̲á-páramitá sútra of the mother of Buddha,' and the other 'Fo-show-ti-shi-pan-jo-po-lo-mito-sin-king,' or 'Buddha recites the sútra called the heart of the Prajn̲á-páramitá of Sakrarájá.' Of these I have met with no Sanskrit exemplar.

The next abridgement is the work to which these remarks are intended to serve as an introduction. It is the shortest of the five works which have hitherto been discovered under the generic name of Prajn̲á-páramitá. Its specific name is *Ashṭasáhasriká,* or "the work of 8,000 verses." As the handiest of the five redactions, it is held in the highest appreciation, and is included in the nine canonical works, or "Dharmas," of the Nepalese Buddhists. It is divided into 32 chapters or *Parivartas*. The salutation at its beginning is somewhat peculiar. Instead of the formula of salutation usual in Buddhist works to the three Ratnas, or to Buddha or to Bodhisattvas, adoration is paid to the subject of the work, *i. e.*, the work itself, the renowned Prajṉá-páramitá, as 'the source of knowledge of Tathágatas.' The name being in the feminine gender, the work is addressed throughout as a female. The scene is laid on the Vulture Peak (Gṛidhrakúṭa), near Rájagṛiha. When Bhagaván Sákya was once sojourning there in the company of a large number of disciples and followers, Sáriputra opened a discourse by asking Subhúti information on the principles of the Prajṉá-páramitá, and the replies and discussions which followed, form the subject of the work.

Obviously the work has emanated from an Indian Paṇdit familiar with the style and technicalities of Hindu philosophical writings: but who seems to have studiously avoided the style of the models he had before him. Instead of the terse, precise, concise, highly condensed language of the Bráhmanic writers, he has adopted a loose, periphrastic, prolix style, loaded with repetitions and insufferably tedious and verbose throughout. Precision should be the first element of an essay on philosophy, and in this respect our Indian sages afford the most notable examples, but we meet with no traces of them here. The work under notice professes to be the fourth abridgement, a little over one-fifteenth of a bulky original, but its style is nearly as prolix as that of its archetype.

Philosophical terseness and closeness of argument are everywhere at a discount, and their want is made up by endless panygerics on the merits of reading, writing and bearing on the person the work in question. Philosophy in such writings appear like sublimated moonshine, nothing tangible. I shall content myself here by giving the headings of the different chapters, as given in my 'Sanskrit Buddhist Literature of Nepal,' leaving the curious reader to find the details in the original text.

'I. On the knowledge of all forms or archetypes.

II. The conversion of S'akra, the lord of the Devas, by the Bodhisattva through instruction in the Prajn̲á-páramitá.

III.—IV. On the merits of the Prajn̲á-páramitá, as the means of salvation, and how the same should be appreciated.

V. The advantages of reciting, hearing, writing, wearing on one's person, or giving away to fit persons the work in question.

VI. On the modifications of impetus, or the advantages of virtuous actions as means of Bodhi knowledge, or the modifications of those actions ultimately resulting in knowledge.

VII. On retributions for worldly actions, and salvation therefrom through the Prajn̲á-páramitá.

VIII. On the gradation of modifications or progressive changes for the better, leading ultimately to perfection.

IX.—X. Praise of Prajn̲á-páramitá, and the advantages of hearing it, &c., as in chapter IV, but more detailed.

XI. The works of Mára which obstruct the light the Prajn̲á-páramitá in Bodhisattvas.

XII. Creation, welfare of created beings due to Prajn̲á-páramitá.

XIII. On the inconceivable, showing that all qualities are inconceivable.

XIV. Those who have faith in Sambodhi can acquire the Prajn̲á-páramitá, proved by examples.

XV. Instructions in the Prajn̲á-páramitá by proficient teachers.

XVI. On the origin and purport of doctrines of *Tathatá* and *anuttarám-samyak-sambodhimabhisambhuti.*

XVII. On the immutability of the form of the Bodhisattva.

XVIII. Nihilism (*sunyatá*) defined.

XIX. On the field of Buddhism in which there are no roads infested by villains, or thieves, or drink, or disease, or famine.

XX. On the accessibility of the Prajn̲á-páramitá by an easy means.

XXI. On the mischievous works of Mára, obstructing progress of Bodhi knowledge and corrupting devout persons.

XXII. For the attainment of Samyak-sambodhi, virtuous actions are indispensable, and they are best attained through the Prajn̲á-páramitá.

XXIII. On the merit of hearing, &c., the Prajn̲á-páramitá, and the invincibility thereby acquired against enemies, &c.

XXIV. On vanity or vain-gloriousness.

XXV. On instruction in Bodhi knowledge.

XXVI. The lord instructs Subhúti how the illusive unsteady mind can acquire Bodhi knowledge.

XXVII. Description of Mára and of his attempts to corrupt earnest enquirers.

XXVIII. On the merit of strewing flowers on Chaityas, &c.

XXIX. On following the doctrine of the Prajná-páramitá.

XXX—XXXI. Questions and answers on following the Bodhisattva and his instructions.

XXXII. On the merits of instruction in the Prajná-páramitá. Wherever it is learnt and encouraged, there the Bodhisattva imparts religous instruction.'

Manuscript materials for a work of this kind are scarce on the plains of India. Indeed I would be perfectly safe in asserting that not a single MS. has been copied in Bengal within the last three or four centuries, and the few we have got have been obtained directly or indirectly from the valley of Nepal. I have no reason to complain, however, of the quality of the materials which I have used in carrying the following pages through the press. The first codex from which the work has been set in type is the one marked क; it is a Bengali transcript of a Nepalese original. It was prepared for me for the purposes of this edition, but the work was so carelessly done as to be all but completely useless for critical purposes.

My next text is marked ख; it was obtained at Kathmandu by Mr. B. H. Hodgson whose services in the cause of the Sanskrit-Buddhist literature of Nepal will always be gratefully remembered by oriental students. It is a palm-leaf of 182 folia, each measuring 23 × 2½ inches. Each page contains 6 lines of writing, and, roughly calculating, they represent the traditional extent of the work. It bears date 191 of the Nepalese Era which is equivalent to 1061 A. D. That shows the codex to be over eight hundred years old and it was written during the reign of Kiraṇachandra Deva. It is very carefully and well written, and profusely illustrated. The covering boards were richly painted, but the paint on the outer side has blistered, cracked, and have been smeared over with dabs of sandal paste, the work having been worshipped for generations past. On the inside, each board shows four figures of Buddha in a seated position, in the attitude of lecturing, with a devotee on each side. The first leaf has a vignette showing a Buddhist figure, as above, surrounded by a group of seven disciples. This vignette, slightly differing in detail, is repeated on the second leaf. On the 12th leaf, at the end of chapter 1st, there is a vignette showing a flesh coloured female squatting on a white carpet, and expounding something to a group of four disciples, two of white, and two of yellow, complexion. On the 18th leaf, at the end of chapter 2nd, there is a red-coloured female standing amidst lotuses, and four devotees, white, yellow, green and red in complexion, kneeling before her. On the 34th leaf there is a flesh-coloured standing female, dressed in the Bengali style in a red sári, who has on the left a yellow boat with a bull's head for a prow, and in it a white female holding an oar and a jar for load, and below the boat a blue female seated amidst lotuses. On the right there is a temple having in it a white male figure. Above the temple there are two fishes revolving about each other. On the 37th leaf there are figures of Buddha with two devotees with a red screen and two chowries hanging behind. On leaf 49th is depicted Padmapáni, with 4 devotees of four different colours. On leaf 62nd there are a yellow female standing in a plantain grove, and celestial beings flying in the air. Some of the vignettes show monsters of different kinds. One is a white coloured ten-handed female, having over her head a second head of a blue colour. Others have four or six arms. Some are attended by hideous monsters. In one Buddha is attended by two white elephants, each having eight heads. On the last page, there is a white female with six hands, dressed in a tiger skin, and having a two-handed female child on her lap. In two separate vignettes on this page there are two chaityas.*

* The Colophon runs thus:

एकाधिकनवतिकानुगते प्रयाते संवच्छते तपसि मास(सि) तिथौ दशम्यां संवर्द्धमानशशितद्दयितान्वितायां वाच——नि (वाचस्पत्यह्नि) सोभनयोगयुक्ते । श्रीभूषणे शङ्करदेवसंज्ञे विख्यातकीर्त्तौ जिनवैरिहन्दे । सूर्य्यानुयासनुरदेवदेवः सम्राजि संरचितसर्व्वलोके। श्रीकिय—संज्ञे निवसन् × किरणसिंहनामा यः। प्रज्ञापारमितायां प्रतिष्ठितिं साधु कारितवान् ॥ अनेन पुण्येन भवन्ध(भवबन्ध) सिन्धुं जगत्सुनीन्द्रे भुवनाधिनाथः । उत्तीर्य्य संसारपयो—चैः (पयोधिमुच्चैः) क्लेशोरगं दुःखजलप्रपूर्णमिति ॥ श्रेयोऽस्तु संवत् १९१ फाल्गुनशुक्लादशम्यां तिथौ रोहिणीनक्षत्रे शोभनयोगे बृहस्पतिवासरे शुभमस्तु ।

The next codex ग is fully equal to the last in quality. It was obtained by Mr. Hodgson at Kathmandu, and is a remarkably correct and valuable record. It was presented by Mr. Hodgson to the Royal Asiatic Society of Great Britain from which I obtained loan of it through the kindly help of the late Mr. Grote. It is a palm-leaf codex of 204 folia, each folium measuring 22 × 2½ inches, and bearing 6 lines of writing on each page. The writing is neat, clean and most scrupulously uniform, affording an excellent example of the best style of Newari caligraphy. The leaves are in a fair state of preservation but worn at the right-hand end and slightly worm-eaten. The leaves are held together by two strings to two boards, the inside of which is ornamented by vignette paintings, but most of these are become smudgy. There are some illustrations also on the first and the last two pages as also on folia 100 and 101. It was copied on the 9th year of Mahárájádhirája Govindapála's reign, by a scribe who apparently was a native of a village near Nálandá; but the end of the colophon is so decayed and illegible that I have not been able to read it satisfactorily.* The king named is one of the Pálas of Magadha whose inscriptions are met with in Behar, and whose name occurs in Táránatha's list of the kings of Behar. Coupling this with the fact that the scribe was a resident of Nálandá, the great seat of Buddhist learning in Behar down to the 13th century the in-

* परमेश्वरपरमभट्टारकपरमसौगतमहाराजाधिराजश्रीमद्गोविन्दपालस्य विजयराज्ये संवत् ॥ ४ ॥ सुन्योदकग्रामवास्तव्यश्रीमन्नालन्द ++ मस्तु सर्व्वेजगतां । Half a line illegible.

ference is legitimate that the MS. was copied at Nálandá in Behar, and thence, at a later date, carried to Nepal by some emigrant who, on the downfall of Buddhism on the plains of India, found an asylum in Nepal. It may be possible too that that MS. was copied at Nálandá for sale elsewhere.

The next MS. (marked घ) is the property of Dr. A. F. R. Hoernle, Honorary Secretary, Philological Department, Asiatic Society of Bengal, who did me a great favour by giving me the loan of it for two years. It is in every respect similar to the last, except as regards the length of the cover which measures 22 inches. The illustrations are the same, but the caligraphy is somewhat less finished. Its colophon informs us that it was written on the 7th of the wane in the month of Vaisákha in the 15th year of the flourishing reign of the Saugata king Ráma Pála Deva in the Province of Magadha, by an inhabitant of Nálandá. The scribe's name is doubtful, but there is no mistake about the name of the king, and he is one of the Pála kings of Behar. His name occurs in inscriptions as well as in the list of Táránátha.*

The next two (ङ and च) belong to the library of the Cambridge University for which they were purchased at Patan in Nepal by Mr. Bendall during his recent

* The colophon runs thus:

महाराजाधिराजपरमेश्वरपरमभट्टारकपरमसौगतश्रीमद्रामपालदेवप्रवर्द्धमान् विजय-राज्ये पञ्चदशमे संवत्सरे अभिलिख्यमाने यत्राङ्केनापि संवत् १५ वैशाख्य (ख) दिने कृष्णसप्तम्यां ॥ अस्ति मगधविषये श्रीनालन्दावस्थितलेखक × चनकुण्डेन भट्टारिकी प्रज्ञापारमिता लिखिता इति ॥

tour in search of MSS. ङ is 23 inches long by 2 in breadth, the number of folia being 212, each having 5 lines of writing. Judging from its decayed and worm-eaten condition, it would seem to be even older than the preceding, but the last leaf being broken I have not been able to read its colophon sufficiently to make out its meaning. The style of writing is much inferior to that of the last. The codex has not the benefit of any illustration or decoration.

च* is short in length, being only 16 inches, but its breadth of 2½ inches, has enabled the scribe to put in 7 lines of writing on each page. The total number of folia is 237; the writing is even inferior to that of the last. It has no illustrations, and is frequently faulty. Its condition is more worm-eaten and decayed than the last, but it has the merit of a dated colophon. It was written in the dominion of king Nanda whose name occurs among the rulers of Nepal. The date is Thursday, the 7th of the waxing moon in the month of Phálguna. The

* यातेऽब्दे मदनाङ्कनागनयने माघे सिते फाल्गुने। सप्तम्यां भृगुवासरे भगवती-माध्याष्टसाहस्रिका॥ श्रद्धाभारनतो हि वतः यदयुग्मल—लता। यो धर्म्मेण महान् प्रशास्ति सुतरां दृप्तारिदर्पापहः श्रीमद्राजकिरीटिकोटिमणिभिः (?) सम्पूजितपदाम्बुजः। श्रीनन्दः सुमहीपतिर्गुणनिधिः प्रौढप्रतापानलो राजे (राज्ये) तस्य मते कलङ्क + + ते सर्व्वैः जयैः संस्तुते॥ जातोऽयं प्रवरामध्यजहृदयः श्रीगच्छिगुल्मालये बुद्धोपासकसंघनानानिलये शाख्यालये धर्म्मिणा। प्राज्ञश्रीधरपीधरेण सहसा संलेखिता श्रद्धया प्रज्ञापारमिता जिनस्य जननी सत्वार्थचेतोमया॥ अनेन पुण्येन भवत्वशेषजगन्मुनीन्द्रो भुवनाद्वि(धि)-नाथः। उत्तीर्य्य संसारमहोदधिं भृशं क्रोधोरगः (गं) दुःखजलप्रपूर्णं॥ प्रशंसितः सर्व्वजनैर्मनस्विभिः श्रीप्राज्ञवरसाधरपण्डितेन। स्वगुणप्रभावेन पटुप्रचारैः लिखितं सभ+ जननी जिनस्य॥

figures of the date are given in a chronogram which translated would mean "the year of the weapon of Madana, the serpents and the eyes." The first obviously refer to the five flowery arrows of the Hindu Cupid, and the 'serpents' to the eight Nágas of mythology; but the 'eyes' are doubtful. They may mean two, that being the ordinary number of the optical organ in mortal man, or three as in the case of God S'iva. It is commonly accepted as three, though in writing it is often qualified by the term '*Hara-nayana*, 'the eyes of S'iva:' but the unqualified term is as often used for two. Now, following the rule commonly, but not invariably, observed in chronograms of reading from the right to the left (*ankasya vámá gatih*) we have 285 or 385 for the figures of the year. Now in Prinsep's 'Useful Tables' the initial date of the Newari era is October 870, and that added to the figures in the colophon would make the date of the MS. 1155 or 1255 A. D. as we take the word *nayana* to mean 2 or 3. This MS. is noticed in Mr. Bendall's 'Journey of Literary and Archæological Researches in Nepal and Northern India,' p. 46, and there, curiously enough, it is said to be of date 1020 A. D. The king named in the colophon is Nanda, and he occurs in Mr. Bendall's list to have begun his reign in 1165-66. If we accept the *nayana* to mean 2, and assume an addition of ten years in the initial date, as suggested in Mr. Bendall's Catalogue of Buddhist Sanskrit MSS. in the Cambridge Library, we may make the MS. coeval with the first year of Nanda's reign, (1165), but the 1020 of page 46 of Mr. Bendall's book remains unaccounted for. That requires a heavy refraction and not an addition. Mr. Bendall qualifies the date 1020 by the letter C which obviously suggests the meaning *corrected;* but I know not how the correction has been made or how far it is justifiable. That on p. 46, the corrected date should be 1020, and on page 73 it should stand for 1165 is very puzzling. Anyhow this much may be taken for granted that the MS. before me is of the 12th century and closely allied to the others at my disposal. As for Mr. Bendall's Catalogue, I am glad to bear my humble testimony, that apart from this puzzle and a few mistakes, it is a work of great merit, and highly useful to those who are engaged in the study of Nepalese bibliography. I regret, however, that owing to the codices ङ and च having come to hand at a late period, I have not been able to make use of them in the collation of the earlier part of my text.

In carrying the work through the press I have been greatly assisted by Pandit Harináráyaṇa Tarkaratna to whom I take this opportunity to publicly acknowledge my obligations.

8 MANIKTALLAH,
October 28th, 1888.

अष्टसाहस्रिका

नाम-

प्रज्ञापारमिता ।

आसियातिक-सोसाइटि-नाम-समाजानुज्ञया

श्रीराजेन्द्रलाल-मित्रेण

सम्पादिता ।

कलिकाता

वाप्तिस्तमिषणाभिध-यन्त्रालये मुद्रिता ।

संवत् १९४५ ।

अष्टसाहस्रिकानामप्रज्ञापारमितायाः

सूचीपत्रम् ।

प्रज्ञापारमिता।

अथ सर्व्वाकारज्ञताचर्य्यानाम प्रथमो विवर्त्तः।

ओँ नमो भगवत्यै आर्य्यप्रज्ञापारमितायै॥

निर्विकल्पे नमस्तुभ्यं प्रज्ञापारमितेऽमिते।
या त्वं सर्वानवद्याङ्गि निरवद्यैर्निरीक्षसे॥

आकाश[१] मिव निर्लेपां निष्प्रपञ्चां निरक्षरां।
यस्त्वां पश्यति भावेन स पश्यति तथागतं॥

तव चार्य्यगुणाढ्याया बुद्धस्य च जगद्गुरोः।
न पश्यन्त्यन्तरं सन्तश्चन्द्रचन्द्रिकयोरिव॥

कृपात्मकाः प्रपद्य त्वां बुद्धधर्मपुरस्सरीं।
सुखेनायान्ति माहात्म्यमतुलं भक्तिवत्सले॥

सकृदप्याशये शुद्धे यस्त्वां विधिवदीक्षते।
तेनापि नियतं सिद्धिः प्राप्यतेऽमोघदर्शने॥

सर्वेषामपि वीराणां परार्थनियतात्मनां।
यो[२] ऽधिका जनयित्री च माता त्वमसि वत्सला॥

यद्बुद्धा लोकगुरवः पुत्रास्तव कृपालवः।

---

(१) ख० घ० पुस्तकयोः प्रायसः तालव्यशकारस्थले दन्त्यसकारो व्यवहृतः।

(२) या इति पाठो विशुद्धः।

तेन त्वमपि कल्याणि सर्वसत्त्वपितामही ॥
सर्वपारमिताभिस्त्वं निर्मलाभिरनिन्दिते।
चन्द्रलेखेव ताराभिरनुयातासि सर्वदा ॥
विनेयं जनमासाद्य तत्र तत्र तथागतैः।
बहुरूपा त्वमेवैका नानानामभिरीड्यसे ॥
प्रभां प्राप्येव दीप्तांशोरवश्यायोदबिन्दवः।
त्वां प्राप्य प्रलयं यान्ति दोषा वादाश्च वादिनां।
त्वमेव त्रासजननी बालानां भीमदर्शना।
आश्वासजननी चासि विदुषां सौम्यदर्शना ॥
यस्य त्वय्यप्यभिष्वङ्गस्त्वन्नाथस्य न विद्यते।
तस्याम्ब कथमन्यत्र रागद्वेषौ भविष्यतः ॥
नागच्छसि कुतश्चित्त्वं न च क्वचन गच्छसि।
स्थानेष्वपि च सर्वेषु विद्वद्भिर्नोपलभ्यसे ॥
ये त्वामेवं[१] न पश्यन्ति प्रपद्यन्ते च भावतः।
प्रपद्य च विमुच्यन्ते तदिदं महदद्भुतं ॥
त्वामेव बध्यते पश्यन्नपश्यन्नपि बध्यते[२]।
त्वामेव मुच्यते पश्यन्नपश्यन्नपि मुच्यते[३] ॥
अहो विस्मयनीयासि गम्भीरासि यशस्विनि[४]।

---

(१) त्वामेव इति क० ख० ग०।
(२) विबध्यते इति क० ग० घ०।
(३) विमुच्यते इति क० घ०।
(४) यशस्विनी इति ख०।

सुदुर्बोधासि मायेव दृश्यसे न च दृश्यसे ॥
बुद्धैः प्रत्येकबुद्धैश्च श्रावकैश्च निषेविता ।
मार्गस्त्वमेका मोक्षस्य नास्त्यन्य इति निश्चयः ॥
व्यवहारं पुरस्कृत्य प्रज्ञप्त्यर्थं शरीरिणां ।
कृपया लोकनाथैस्त्वमुच्यसे न च चोच्यसे ॥
शक्तः कस्त्वामिह स्तोतुं निर्निमित्तां निरञ्जनां ।
सर्व्ववाग्विषयातीतां या त्वं क्वचिदनिश्रिता ॥
सत्यैवमपि संवृत्या वाक्पथैस्त्वयमीदृशैः ।
त्वामस्तुत्यामपि सतीं तुष्टुवन्तः सुनिर्वृताः ॥
प्रज्ञापारमितां स्तुत्वा यन्मयोपचितं शुभं ।
तेनास्त्वाशु जगत्कृत्स्नं प्रज्ञापारपरायणं ॥

एवं मया श्रुतमेकस्मिन् समये भगवान् राजगृहे विहरति स्म । गृध्रकूटपर्वते महता भिक्षुसङ्घेन सार्द्धमर्द्धत्रयोदशभिर्भिक्षुशतैः सर्वैरर्हद्भिः क्षीणाश्रवैर्निःक्लेशैर्वशीभूतैः सुविमुक्तचित्तैः सुविमुक्तप्रज्ञैराजानेयैर्महानागैः कृतकृत्यैः कृतकरणीयैरपहृतभारैरनुप्राप्तस्वकार्थैः परिक्षीणभवसंयोजनैः सम्यगाज्ञासुविमुक्तचित्तैः सर्वचेतोवशिपरमपारमिप्राप्तैरेकं पुद्गलं स्थापयित्वा यदुतायुष्मन्तमानन्दं ॥ तत्र खलु भगवान् आयुष्मन्तं सुभूतिं स्थविरमामन्त्रयते स्म । प्रतिभातु ते सुभूते बोधिसत्वानां महासत्वानां प्रज्ञापारमितामारभ्य यथा बोधिसत्वा महासत्वाः प्रज्ञापारमितां निर्य्यायुरिति ॥

अथ खल्वायुष्मतः शारिपुत्रस्यै[1] तदभवत् । किमयमायुष्मान्

(१) सारद्वतीपुत्रस्येति ख०, सारधनीपुत्रस्येति ग० ।

सुभूतिः स्थविर आत्मीयेन स्वकेन प्रज्ञाप्रतिभानबलाधानेन स्वकेन प्रज्ञाप्रतिभानबलाधिष्ठानेन बोधिसत्वानां महासत्वानां प्रज्ञापारमितामुपदेक्ष्यत्युताहो बुद्धानुभावेनेति ॥

अथ खल्वायुष्मान् सुभूतिर्बुद्धानुभावेनायुष्मतः शारिपुत्रस्य इममेवं रूपं चेतसैव चेतःपरिवितर्कमाज्ञायायुष्मन्तं शारिपुत्रमेतदवोचत्। यत् किञ्चिदायुष्मन् शारिपुत्र भगवतः श्रावका भाषन्ते देशयन्त्युपदिशन्त्युदीरयन्ति प्रकाशयन्ति सम्प्रकाशयन्ति स सर्वस्तथागतस्य पुरुषकारो वेदितव्यः। तत्कस्य हेतोः(१)। यो हि तथागतेन धर्मो देशितस्तत्र धर्मदेशनायां शिक्षमाणास्ते तां धर्मतां साक्षात्कुर्वन्ति धारयन्ति तां धर्मतां साक्षात्कृत्य धारयित्वा यद्यदेव भाषन्ते यद्यदेव देशयन्ति यद्यदेव उपदिशन्ति यद्यदेवोदीरयन्ति यद्यदेव प्रकाशयन्ति यद्यदेव सम्प्रकाशयन्ति सर्वन्तत् धर्मतया अविरुद्धं तथागतधर्मदेशनाया एवायुष्मन् शारिपुत्रैष निष्यन्दायते कुलपुत्रा उपदिशन्तस्तां धर्मतां धर्मतया न विरोधयन्ति॥

अथ खल्वायुष्मान् सुभूतिर्बुद्धानुभावेन भगवन्तमेतदवोचत्। यद्भगवानेवमाह। प्रतिभातु ते सुभूते बोधिसत्वानां महासत्वानां प्रज्ञापारमितामारभ्य यथा बोधिसत्वा महासत्वाः प्रज्ञापारमितां निर्य्यायुरिति। बोधिसत्वो बोधिसत्व इति यदिदं भगवन्नुच्यते। कतमस्यैतद्भगवन् धर्मस्याधिवचनं यदुत बोधिसत्व इति। नाहं भगवंस्तं धर्मं समनुपश्यामि(२) यदुत बोधिसत्व इति। तमप्यहं भगवन्

---

(१) तत्कस्माद्धेतोः इति ग०।
(२) समनुपश्यामीति ग०।

धर्म्मं न समनुपश्यामि यदुत प्रज्ञापारमिता नाम। सोऽहं भगवन् बोधिसत्वं वा[१] बोधिसत्वधर्मं वा अविन्दन्ननुपलभमानोऽसमनुपश्यन् प्रज्ञापारमितामप्यविन्दन्ननुपलभमानोऽसमनुपश्यन् कतमं बोधिसत्वं[२] कतमस्यां प्रज्ञापारमितायामववदिष्याम्यनुशासिष्यामि[३]। अपि नु खलु पुनर्भगवन् स चेदेवं भाष्यमाणे देश्यमाने उपदिश्यमाने बोधिसत्वस्य चित्तं नावलीयते न संलीयते न विषीदति न विषादमापद्यते नास्य विपृष्ठीभवति मानसं न भग्नपृष्ठीभवति नोत्त्रस्यति न सन्त्रस्यति न सन्त्रासमापद्यते एष एव बोधिसत्वो महासत्वः प्रज्ञापारमितायामनुशासनीयः। एषैवास्य बोधिसत्वस्य महासत्वस्य प्रज्ञापारमिता वेदितव्या। एषोऽववादः प्रज्ञापारमितायां स चेदेवं तिष्ठत्येषैवास्याववादानुशासनी। पुनरपरं भगवन् बोधिसत्वेन महासत्वेन प्रज्ञापारमितायां चरता प्रज्ञापारमितायां भावयता एवं शिक्षितव्यं यथासौ शिक्ष्यमाणस्तेनापि बोधिचित्तेन न मन्येत। तत्कस्य हेतोस्तथा हि तच्चित्तमचित्तं प्रकृतिश्चित्तस्य प्रभास्वरा॥

अथ खल्वायुष्मान् सारिपुत्र आयुष्मन्तं सुभूतिमेतदवोचत्। किं पुनरायुष्मन् सुभूते अस्ति तच्चित्तं यच्चित्तमचित्तं॥

एवमुक्ते आयुष्मान् सुभूतिरायुष्मन्तं सारिपुत्रमेतदवोचत्। किं पुनरायुष्मन् सारिपुत्र या अचित्तता तत्राचित्ततायामस्तिता वा नास्तिता वा विद्यते वा उपलभ्यते वा॥

सारिपुत्र आह। न ह्येतदायुष्मन् सुभूते॥

---

(१) बोधिसत्वं वा इति पाठः क॰ ग॰ पुस्तकयोर्न विद्यते।

(२) कतमं धर्म्मं बोधिसत्वमिति ख॰।

(३) अववदिशाम्यनुशिशिष्यामि इति ग॰।

सुभूतिराह। स चेदायुष्मन् शारिपुत्र तत्राचित्ततायामस्तिता वा नास्तिता वा न विद्यते वा नोपलभ्यते वा। अपि नु ते युक्त एष पर्य्यनुयोगो भवति यदायुष्मान् शारिपुत्र एवमाह अस्ति तच्चित्तं यच्चित्तमचित्तमिति॥

एवमुक्ते आयुष्मान् शारिपुत्र आयुष्मन्तं सुभूतिमेतदवोचत्। का पुनरेषा[१] युष्मन् सुभूते अचित्तता॥

सुभूतिराह। अविकारायुष्मन् शारिपुत्राऽविकल्पाऽचित्तता॥

अथ खल्वायुष्मान् शारिपुत्र आयुष्मते सुभूतये साधुकारमदात्। साधु साध्वायुष्मन् सुभूते। यथापि नाम त्वं भगवतारण्यविहारिणामग्रतायान्निर्द्दिष्टो निर्दिश्यसि। अतश्च बोधिसत्वो महासत्वोऽविनिवर्त्तनीयोऽनुत्तरायाः सम्यक्संबोधेरुपपरीक्षितव्यः अविरहितश्च बोधिसत्वो महासत्वः प्रज्ञापारमितायां वेदितव्यः। श्रावकभूमावपि शिक्षितुकामेन इयमेव प्रज्ञापारमिता श्रोतव्या उद्ग्रहीतव्या धारयितव्या वाचयितव्या पर्य्यवाप्तव्या प्रवर्त्तयितव्या इहैव प्रज्ञापारमितायां शिक्षितव्यं योगमापत्तव्यं। प्रत्येकबुद्धभूमावपि शिक्षितुकामेन इयमेव प्रज्ञापारमिता श्रोतव्या उद्ग्रहीतव्या धारयितव्या वाचयितव्या पर्य्यवाप्तव्या प्रवर्त्तयितव्या इहैव प्रज्ञापारमितायां शिक्षितव्यं योगमापत्तव्यं। बोधिसत्वभूमावपि शिक्षितुकामेन इयमेव प्रज्ञापारमिता श्रोतव्या उद्ग्रहीतव्या धारयितव्या वाचयितव्या पर्य्यवाप्तव्या प्रवर्त्तयितव्या। इहैव प्रज्ञापारमितायामुपायकौशल्यसमन्वागतेन सर्वबोधिसत्वधर्मसमुदागमाय योगः करणीयः।

---

(१) पुनरेव इति ग०।

तत् कस्य हेतोः । इहैव हि प्रज्ञापारमितायां विस्तरेण सर्वबोधिसत्वधर्मा उपदिष्टाः यत्र बोधिसत्वेन महासत्वेन शिक्षितव्यं योगमापत्तव्यं । अनुत्तरायामपि सम्यक्संबोधौ शिक्षितुकामेन इयमेव प्रज्ञापरिमिता श्रोतव्या उद्ग्रहीतव्या धारयितव्या वाचयितव्या पर्य्यवाप्तव्या प्रवर्त्तयितव्या । इहैव प्रज्ञापारमितायामुपायकौशल्यसमन्वागतेन सर्वबुद्धधर्मसमुदागमाय योगः करणीयः । तत्कस्य हेतोः । इहैव हि प्रज्ञापारमितायां विस्तरेण सर्वबुद्धधर्मा उपदिष्टाः यत्र बोधिसत्वेन महासत्वेन शिक्षितव्यं योगमापत्तव्यं ॥

अथ खल्वायुष्मान् सुभूतिर्भगवन्तमेतदवोचत् । योऽहं भगवन्नेतदेव बोधिसत्वनामधेयं न वेद्मि नोपलेभे न समनुपश्यामि प्रज्ञापारमितामपि न वेद्मि नोपलेभे न समनुपश्यामि सोऽहं भगवन्नेतदेव बोधिसत्वनामधेयमविन्दन्ननुपलभमानोऽसमनुपश्यन् प्रज्ञापारमितामपि अविन्दन्ननुपलभमानोऽसमनुपश्यन् कतमं बोधिसत्वं कतमस्यां प्रज्ञापारमितायामववदिष्याम्यनुशासिष्यामि । एतदेव भगवन् कौकृत्यं स्यात् योऽहं वस्त्वविन्दन्ननुपलभमानोऽसमनुपश्यन्नामधेयमात्रेणायव्ययं कुर्य्यां यदुत बोधिसत्व इति । अपि नु खलु पुनर्भगवंस्तदपि नामधेयन्न स्थितं नास्थितं न विष्ठितं नाविष्ठितं । तत्कस्य हेतोः । अविद्यमानत्वेन तस्य नामधेयस्य । एवं तन्नामधेयं न स्थितं नास्थितं न विष्ठितं नाविष्ठितं । स चेद्बोधिसत्वस्य महासत्वस्यैवं गम्भीरायां प्रज्ञापारमितायां भाष्यमाणायां देश्यमानायामुपदिश्यमानायां चित्तं नावलीयते न संलीयते न विषीदति न विषादमापद्यते नास्य विपृष्ठीभवति मानसं न भग्नपृष्ठीभवति

नोत्त्रस्यति न सन्त्रस्यति न सन्त्रासमापद्यते अधिमुच्यतेऽध्याशयेनाविरहितो बोधिसत्वो महासत्व: प्रज्ञापारमितायां वेदितव्य: स्थितोऽविनिवर्त्तनीयायां बोधिसत्वभूमौ सुस्थितोऽस्थानयोगेन। पुनरपरं भगवन् बोधिसत्वेन महासत्वेन प्रज्ञापारमितायां चरता प्रज्ञापारमितायां भावयता न रूपे स्थातव्यं न वेदनायां संज्ञायां न संस्कारेषु न विज्ञाने स्थातव्यं। तत्कस्य हेतो:। स चेद्रूपे तिष्ठति रूपाभिसंस्कारे चरति न चरति प्रज्ञापारमितायां। एवं स चेद्वेदनायां संज्ञायां संस्कारेषु स चेद्विज्ञाने तिष्ठति विज्ञानाभिसंस्कारे चरति न चरति प्रज्ञापारमितायां। तत्कस्य हेतो:। न ह्यभिसंस्कारे चरन् प्रज्ञापारमितां परिगृह्णाति नापि प्रज्ञापारमितायां योगमापद्यते नापि प्रज्ञापारमितां परिपूरयते अपरिपूरयमाण: प्रज्ञापारमितां न निर्य्यास्यति सर्वज्ञतायामपरिगृहीतं परिगृह्णन्। तत्कस्य हेतो:। रूपं ह्यपरिगृहीतं प्रज्ञापारमितायामेवं वेदनासंज्ञासंस्कारा विज्ञानं ह्यपरिगृहीतं प्रज्ञापारमितायां। यश्च रूपस्यापरिग्रहो न तद्रुपमेवं यो वेदनाया: संज्ञाया: संस्काराणां यो विज्ञानस्यापरिग्रहो न तद्विज्ञानं सापि प्रज्ञापारमिता अपरिगृहीता। एवं ह्यत्र बोधिसत्वेन महासत्वेन प्रज्ञापारमितायाश्चरितव्यं अयञ्च बोधिसत्वस्य महासत्वस्य सर्वधर्मापरिगृहीतो नाम समाधिर्विपुल: पुरस्कृत: अप्रमाणनियतोऽसाधारण:। सर्वश्रावकप्रत्येकबुद्धै: सापि सर्वज्ञता अपरिगृहीता न हि निमित्ततो ग्रहीतव्या। स चेन्निमित्ततो ग्रहीतव्या अभविष्यन्न चेह श्रेणिक: परिव्राजक: श्रद्धामलप्स्यत। तत्र हि श्रेणिक: परिव्राजक: सर्व्वज्ञज्ञाने अधिमुच्य श्रद्धानुसारी

प्रादेशिकेन ज्ञानेनावतीर्णः सोऽवतीर्य्य न रूपं परिगृह्णीते । एवं न वेदनां न संज्ञां न संस्कारान् न विज्ञानं परिगृह्णीते । नापि तत्र प्रीतिसुखेन तज्ज्ञानं समनुपश्यति । नाध्यात्मं रूपस्य तज्ज्ञानं समनुपश्यति । न वहिर्धा रूपस्य तज्ज्ञानं[१] समनुपश्यति । नाध्यात्मवहिर्धा[२] रूपस्य तज्ज्ञानं समनुपश्यति । नाप्यन्यत्र रूपात्तज्ज्ञानं समनुपश्यति । एवं नाध्यात्मं वेदनायाः संज्ञायाः संस्काराणां नाध्यात्मं विज्ञानस्य तज्ज्ञानं समनुपश्यति । न वहिर्धा विज्ञानस्य तज्ज्ञानं समनुपश्यति । नाध्यात्मवहिर्धा विज्ञानस्य तज्ज्ञानं समनुपश्यति । नाप्यन्यत्र विज्ञानात्[३] तज्ज्ञानं समनुपश्यति ॥ अत्र पदपर्य्याये श्रेणिकः परिव्राजकोऽधिमुक्तः सोऽत्र सर्व्वत्र श्रद्धानुसारी सर्व्वज्ञज्ञानेऽस्मिन्नुच्यते धर्म्मतां प्रमाणीकृत्यैवमधिमुक्त इति । तेन न कश्चिद्धर्म्मः परिगृहीतो नापि स कश्चिद्धर्म्मो य उपलब्धोऽयं स[४] गृह्णीयात् मुञ्चेद्वा स निर्व्वाणमपि न मन्यते[५] ॥ इयमपि भगवन् बोधिसत्वस्य महासत्वस्य प्रज्ञापारमिता वेदितव्या यद्रूपं न परिगृह्णीते । एवं यद्वेदनां संज्ञां संस्कारान् यद्विज्ञानं न परिगृह्णीते न चान्तरा परिनिर्व्वाति[६] अपरिपूर्णै[७] र्दशभिस्तथागतबलैश्चतुर्भिस्तथागतवैशारद्यैरष्टादशभिश्चावेणिकैर्बुद्धधर्म्मैस्तस्मादियमपि भगवन् बोधिसत्वस्य

(१) रूपस्य च ज्ञानमिति ग० ।
(२) वहिर्वा इति ग० ।
(३) विज्ञानस्येति ख० ।
(४) ग० पुस्तके स इति पाठो नास्ति ।
(५) मनते इति ग० ।
(६) परिनिर्वाद्य इति ख० ।
(७) परिपूर्णैरिति ख० ।

2

महासत्वस्य प्रज्ञापारमिता वेदितव्या ॥ पुनरपरं भगवन् बोधिसत्वेन महासत्वेन प्रज्ञापारमितायां चरता प्रज्ञापारमितां भावयता एवमुपपरीक्षितव्यमेवमुपनिध्यातव्यं ॥ कतमैषा प्रज्ञापारमिता कस्य चैषा प्रज्ञापारमिता किं यो धर्म्मो न विद्यते नोपलभ्यते सा प्रज्ञापारमितेति ॥ स चेदेवमुपपरीक्षमाण एवमुपनिध्यायन्नावलीयते न संलीयते न विषीदति न विषादमापद्यते नास्य विपृष्ठीभवति मानसं न भग्नपृष्ठीभवति नोत्त्रस्यति न सन्त्रस्यति न सन्त्रासमापद्यते अविरहितो बोधिसत्वो महासत्वः प्रज्ञापारमितया वेदितव्यः ॥

अथ खल्वायुष्मान् सारिपुत्र आयुष्मन्तं सुभूतिमेतदवोचत्। किं कारणमायुष्मन् सुभूते अविरहितो बोधिसत्वो महासत्वः प्रज्ञापारमितया वेदितव्यो यदा रूपमेव विरहितं रूपस्वभावेन। एवं यदा वेदनैव संज्ञैव संस्कारा एव यदा विज्ञानमेव विरहितं विज्ञानस्वभावेन यदा प्रज्ञापारमितैव विरहिता प्रज्ञापारमितास्वभावेन यदा सर्व्वज्ञतैव विरहिता सर्वज्ञतास्वभावेन ॥

एव मुक्ते आयुष्मान् सुभूतिरायुष्मन्तं सारिपुत्रमेतदवोचत्। एवमेतदायुष्मन् सारिपुत्रैवमेतत्। रूपमेवायुष्मन् सारिपुत्र विरहितं रूपस्वभावेन। एवं वेदनैव संज्ञैव संस्कारा एव विज्ञानमेवायुष्मन् सारिपुत्र विरहितं विज्ञानस्वभावेन। प्रज्ञापारमितैवायुष्मन् सारिपुत्र विरहिता प्रज्ञापारमितास्वभावेन। सर्वज्ञतैवायुष्मन् सारिपुत्र विरहिता सर्वज्ञतास्वभावेन। प्रज्ञापारमितालक्षणेनापि प्रज्ञापारमिता विरहिता। लक्षणस्वभावेनापि लक्षणं विरहितं। लक्ष्यस्वभावेनापि लक्ष्यं विरहितं। स्वभावलक्षणेनापि स्वभावो विवहितः॥

एवमुक्ते आयुष्मान् सारिपुत्र आयुष्मन्तं सुभूतिमेतदवोचत्। किं पुनरायुष्मन् सुभूते यो बोधिसत्वो महासत्वोऽत्र शिक्षिष्यते स निर्य्यास्यति सर्वज्ञतायां॥

आयुष्मान् सुभूतिराह। एवमेतदायुष्मन् सारिपुत्रैवमेतत्। यो बोधिसत्वो महासत्वोऽत्र शिक्षिष्यते स निर्य्यास्यति सर्वज्ञतायां। तत् कस्य हेतोः। अजाता ह्यनिर्जाता ह्यायुष्मन् सारिपुत्र सर्वधर्म्माः। एवञ्चरत आयुष्मन् सारिपुत्र बोधिसत्वस्य महासत्वस्य सर्वज्ञता आसन्नीभवति॥ यथा यथा सर्वज्ञता आसन्नीभवति तथा तथा सत्त्वपरिपाचना[१] कायचित्तपरिशुद्धिर्लक्षणपरिशुद्धिर्बुद्धक्षेत्रशुद्धिर्बुद्धैश्च समवधानं भवति॥ एवञ्च पुनरायुष्मन् सारिपुत्र बोधिसत्वो महासत्वः प्रज्ञापारमितायाञ्चरन् सर्वज्ञताया आसन्नीभवति॥

पुनरपरमायुष्मान् सुभूतिर्बोधिसत्वं महासत्वमारभ्यैवमाह। स चेद्रूपे चरति निमित्ते चरति स चेद्रूपनिमित्ते चरति निमित्ते चरति[२] स चेद्रूपं निमित्तमिति चरति निमित्ते चरति स चेद्रूपस्योत्पादे चरति निमित्ते चरति स चेद्रूपस्य विरोधे चरति निमित्ते चरति स चेद्रूपस्य विनाशे चरति निमित्ते चरति स चेद्रूपं शून्यमिति चरति निमित्ते चरति अहञ्चरामीति चरति निमित्ते चरति अहं बोधिसत्व इति चरति निमित्ते चरति अहम्बोधिसत्व इति ह्युपलम्भ एव स चरति। एवं स चेद्वेदनायां संज्ञायां संस्कारेषु

---

(१) परिपाचनाया इति ख०।

(२) स चेद्रूपनिमित्ते चरति निमित्ते चरति इति पाठः ख० पुस्तके न विद्यते।

स चेद्विज्ञाने चरति निमित्ते चरति स चेद्विज्ञाननिमित्ते चरति निमित्ते चरति स चेद्विज्ञानं निमित्तमिति चरति निमित्ते चरति स चेद्विज्ञानस्योत्पादे चरति निमित्ते चरति स चेद्विज्ञानस्य निरोधे चरति निमित्ते चरति स चेद्विज्ञानस्य विनाशे चरति निमित्ते चरति स चेद्विज्ञानं शून्यमिति चरति निमित्ते चरति अहञ्चरामीति चरति निमित्ते चरति अहम्बोधिसत्व इति चरति निमित्ते चरति अहम्बोधिसत्व इति ह्युपलम्भ एव स चरति। स चेत्पुनरस्यैवं भवति। य एवं चरति स प्रज्ञापारमितायां चरति स प्रज्ञापारमिताम्भावयतीति निमित्त एव स चरति। अयम्बोधिसत्वोऽनुपायकुशलो वेदितव्यः॥

अथ खल्वायुष्मान् शारिपुत्र आयुष्मन्तं सुभूतिमेतदवोचत्। कथं पुनरायुष्मन् सुभूते चरन् बोधिसत्वो महासत्वश्चरति प्रज्ञापारमितायां॥

एवमुक्ते आयुष्मान् सुभूतिरायुष्मन्तं शारिपुत्रमेतदवोचत्। स चेदायुष्मन् शारिपुत्र बोधिसत्वो महासत्वः न रूपे चरति न रूपनिमित्ते चरति न रूपं निमित्तमिति चरति न रूपस्योत्पादे चरति न रूपस्य निरोधे चरति न रूपस्य विनाशे चरति न रूपं शून्यमिति चरति नाहं चरामीति चरति नाहं बोधिसत्व इति चरति॥ एवं स चेन्न वेदनायां न संज्ञायां न संस्कारेषु स चेन्न विज्ञाने चरति न विज्ञाननिमित्ते चरति न विज्ञानं निमित्तमिति चरति न विज्ञानस्योत्पादे चरति न विज्ञानस्य निरोधे चरति न विज्ञानस्य विनाशे चरति न विज्ञानं शून्यमिति चरति नाहञ्चरामीति चरति नाहं बोधिसत्व इति चरति। स

चेत्[१] पुनर्नास्येवं भवति। य एवञ्चरति स प्रज्ञापारमितायां चरति स प्रज्ञापारमितां भावयतीति॥ एवञ्चरन् बोधिसत्वो महासत्वश्चरति प्रज्ञापारमितायां। स हि चरंश्चरामीति नोपैति न चरमीति नोपैति चरामि च न चरामि चेति नोपैति नैव चरामि न चरामीति नोपैति चरिष्यामीति नोपैति न चरिष्यामीति नोपैति चरिष्यामि च न चरिष्यामि चेति नोपैति नैव चरिष्यामि न चरिष्यामीति नोपैति॥ तत्कस्य हेतोः। नोपैति सर्व्वधर्म्मा ह्यनुपगता अनुपाताः[२]। अयमुच्यते सर्व्वधर्म्मानुपादानो नाम समाधिर्बोधिसत्वस्य महासत्वस्य विपुलः पुरस्कृतः अप्रमाणनियतः असाधारणः सर्व्वश्रावकप्रत्येकबुद्धैः। अनेनैव समाधिना विहरन् बोधिसत्वो महासत्वः क्षिप्रमनुत्तरां सम्यक्संबोधिमभिसंबुध्यते॥

बुद्धानुभावेनायुष्मान् सुभूतिः स्थविर एवमाह। व्याकृतोऽयं भगवन् बोधिसत्वो महासत्वः पूर्व्वकैस्तथागतैरर्हद्भिः सम्यक्संबुद्धैः अनुत्तरायां सम्यक्संबोधौ। योऽनेन समाधिना विहरति स तमपि समाधिं न समनुपश्यति न च तेन समाधिना मन्यते। अहं समाहितः अहं समाधिं समापत्स्ये अहं समाधिं समापद्ये अहं समाधिसमापन्नः इत्येवमस्य सर्व्वेण सर्व्वं सर्व्वथा सर्व्वं न संविद्यते॥

एवमुक्ते आयुष्मान् सारिपुत्र आयुष्मन्तं सुभूतिमेतदवोचत्। कतमेनायुष्मन्[३] सुभूते समाधिना विहरन् बोधिसत्वो महासत्वस्त-

---

(१) एवं स चेदिति ख०।
(२) अनुपात्ता इति ग०।
(३) येनायुष्मन्निति ख०।

थागतैरर्हद्भिः सम्यक्संबुद्धैः व्याक्रियतेऽनुत्तरायां सम्यक्संबोधौ शक्यः स समाधिर्दर्शयितुं ॥

सुभूतिराह। नो हीदमायुष्मन् सारिपुत्र। तत्कस्य हेतोः। तमपि हि स कुलपुत्रः समाधिं न जानाति न संजानीते॥

आयुष्मान् सारिपुत्र आह। न जानाति न सञ्जानीते इत्यायुष्मन् सुभूते वदसि ॥

आयुष्मान् सुभूतिराह। न जानाति न सञ्जानीते इत्यायुष्मन् सारिपुत्रवदामि। तत्कस्य हेतोर्नजानाति न सञ्जानीते। अविद्यमानत्वेन तस्य समाधेस्तं समाधिं न जानाति न सञ्जानीते ॥

अथ खलु भगवानायुष्मते सुभूतये साधुकारमदात्। साधु साधु सुभूते। एवमेतत् सुभूते एवमेतत्। यथापि नाम तथागतानुभावेन ते प्रतिभाति तथागताधिष्ठानेनोपदिशसि ॥ एवञ्चाच बोधिसत्वेन महासत्वेन शिक्षितव्यं। तत्कस्य हेतोः। एवं हि शिक्षमाणो बोधिसत्वो महासत्वः प्रज्ञापारमितायां शिक्षते ॥

अथ खल्वायुष्मान् सारिपुत्रो भगवन्तमेतदवोचत्। एवं शिक्षमाणो भगवन् बोधिसत्वो महासत्वः प्रज्ञापारमितायां शिक्षते॥

एवमुक्ते भगवानायुष्मन्तं सारिपुत्रमेतदवोचत्। एवं शिक्षमाणः सारिपुत्र बोधिसत्वो महासत्वः प्रज्ञापारमितायां शिक्षते॥

एवमुक्ते आयुष्मान् सारिपुत्रो भगवन्तमेतदवोचत्। एवं शिक्षमाणो भगवन् बोधिसत्वो महासत्त्वः कतमस्मिन् धर्मे शिक्षते॥

एवमुक्ते भगवानायुष्मन्तं सारिपुत्रमेतदवोचत्। एवं शिक्षमाणः सारिपुत्र बोधिसत्वो महासत्वो न कस्मिंश्चिद्धर्मे शिक्षते। तत्कस्य

हेतोः। न हि ते सारिपुत्र धर्म्मास्तथा संविद्यन्ते यथा बालपृथग्-जना अश्रुतवन्तोऽभिनिविष्टाः ॥

आयुष्मान् सारिपुत्र आह। कथन्तर्हि ते भगवन् संविद्यन्ते ॥

भगवानाह। यथा सारिपुत्र न संविद्यन्ते तथा संविद्यन्ते एवमविद्यमानास्तेनोच्यन्ते अविद्येति। तान् बालपृथग्जना अश्रुतवन्तोऽभिनिविष्टाः। तैरसंविद्यमानाः सर्व्वधर्म्माः कल्पिताः। ते तान् कल्पयित्वा द्वयोरन्तयोः(१) शक्ताः तान् धर्म्मान् न जानन्ति न पश्यन्ति। तस्मात्तेऽसंविद्यमानान् सर्व्वधर्म्मान् कल्पयन्ति। कल्पयित्वा द्वावन्तावभिनिविशन्ते। अभिनिविश्य तन्निदानमुपलम्भन्निश्रित्यातीतान् धर्म्मान् कल्पयन्ति अनागतान् धर्म्मान् कल्पयन्ति प्रत्युत्पन्नान् धर्म्मान् कल्पयन्ति। ते कल्पयित्वा नामरूपेऽभिनिविष्टाः। तैरसंविद्यमानाः सर्व्वधर्म्माः कल्पिताः। ते तानसंविद्यमानान् सर्वधर्म्मान् कल्पयन्ते यथाभूतं मार्गं न जानन्ति न पश्यन्ति। यथाभूतं मार्गमजानन्तोऽपश्यन्तो न निर्य्यान्ति त्रैधातुकान्न बुध्यन्ते भूतकोटिं। तेन ते बाला इति संज्ञां गच्छन्ति॥ ते सत्यं धर्म्मं न श्रद्धधति॥ न खलु पुनः सारिपुत्र बोधिसत्वा महासत्वाः कञ्चिद्धर्म्ममभिनिविशन्ते॥

एवमुक्ते आयुष्मान् सारिपुत्रो भगवन्तमेतदवोचत्। एवं शिक्षमाणो भगवन् बोधिसत्वो महासत्वः सर्व्वज्ञतायां शिक्षते॥

भगवानाह। एवं शिक्षमाणः सारिपुत्र बोधिसत्वो महासत्वः सर्व्वज्ञतायामपि न शिक्षते। एवं शिक्षमाणः सारिपुत्र बोधिसत्वो महासत्वः सर्व्वधर्म्मेषु शिक्षते। एवं शिक्षमाणः सारिपुत्र बोधिसत्वोमहासत्वः सर्व्व-

(१) अन्तरयोरिति ग०।

ज्ञतायां शिक्षते सर्व्वज्ञताया आसन्नीभवति सर्व्वज्ञतायां निर्यास्यति ॥

अथ खल्वायुष्मान् सुभूतिर्भगवन्तमेतदवोचत् । यो भगवन्नेवं परिपृच्छेत् । किमयं मायापुरुषः सर्व्वज्ञतायां शिक्षिष्यते सर्वज्ञताया आसन्नीभविष्यति सर्वज्ञतायान्निर्य्यास्यतीति । तस्य भगवन्नेवं परिपृच्छतः कथं निर्द्देष्टव्यं स्यात् ॥

एवमुक्ते भगवानायुष्मन्तं सुभूतिमेतदवोचत् । तेन हि सुभूते त्वामेवात्र प्रतिप्रक्ष्यामि यथा ते क्षमते तथा व्याकुर्य्याः ॥

साधु भगवन्नित्यायुष्मान् सुभूतिर्भगवतः प्रत्यश्रौषीत् ॥

भगवानेतदवोचत् । तत् किं मन्यसे सुभूते अन्या सा माया अन्यत्तद्रूपं अन्या सा माया अन्या सा वेदना अन्या सा संज्ञा अन्ये ते संस्काराः अन्या सा माया अन्यत्तद्विज्ञानं ॥

सुभूतिराह । न ह्येतद्भगवन्न हि भगवन्नन्या सा माया अन्यत्तद्रूपं । रूपमेव भगवन्माया मायैव रूपं न हि भगवन्नन्या सा माया अन्या सा वेदना अन्या सा संज्ञा अन्ये ते संस्काराः । वेदनासंज्ञासंस्कारा[१] एव भगवन्माया मायैव वेदनासंज्ञासंस्काराः न भगवन्नन्या सा माया अन्यत्तद्विज्ञानं विज्ञानमेव भगवन्माया मायैव विज्ञानं ॥

भगवानाह । तत् किं मन्यसे सुभूते अपैषा संज्ञा समज्ञा-प्रज्ञप्तिव्यवहारः पञ्चसूपादानस्कन्धेषु यदुत बोधिसत्त्व इति ॥

एवमुक्ते आयुष्मान् सुभूतिर्भगवन्तमेतदवोचत् । एवमेतद्भगवन्नेवमेतत् सुगत ॥ तेन हि भगवन् बोधिसत्त्वेन महासत्त्वेन प्रज्ञापारमितायां शिक्षमाणेन मायापुरुषेणेव[२] शिक्षितव्यं भवत्यनुत्तरायां सम्यक्-

(१) एवं वेदनासंज्ञासंस्कारा इति ग० ।

(२) मायापुरुषेणैवमिति ग० ।

संबोधौ॥ तत् कस्य हेतोः। स एव हि भगवन्मायापुरुषो धारयितव्यो यदुत पञ्चोपादानस्कन्धाः॥ तत् कस्य हेतोः। तथा हि भगवन्मायोपमं रूपमुक्तं भगवता। यच्च रूपं तत्षड़िन्द्रियं ते पञ्चस्कन्धाः॥ तथा हि भगवन्मायोपमा वेदना-संज्ञा-संस्कारा उक्तास्तथा हि भगवन्मायोपमं विज्ञानमुक्तं भगवता। यच्च विज्ञानं तत् षडिन्द्रियं ते पञ्चस्कन्धाः॥ मा भगवन् नवयानसंप्रस्थिता बोधिसत्त्वा महासत्वा इमं निर्देशं श्रुत्वा उत्त्रसिषुः सन्त्रसिषुः सन्त्रासमापत्स्यते॥

भगवनाह। यदि सुभूते नवयानसंप्रस्थिता बोधिसत्त्वा महासत्वाः पापमित्रहस्तगता भविष्यन्ति उत्त्रसिष्यन्ति सन्त्रसिष्यन्ति सन्त्रासमापत्स्यन्ते॥ अथ चेत् सुभूते नवयानसंप्रस्थिता बोधिसत्त्वा महासत्वाः कल्याणमित्रहस्तगता भविष्यन्ति नोत्त्रसिष्यन्ति न सन्त्रसिष्यन्ति न सन्त्रासमापत्स्यन्ते॥

एवमुक्ते आयुष्मान् सुभूतिर्भगवन्तमेतदवोचत्। कानि पुनर्भगवन् बोधिसत्त्वस्य महासत्वस्य कल्याणमित्राणि वेदितव्यानि॥

भगवानाह। य एनं पारमितास्ववदन्त्यनुशासति[१]। येऽस्मै मारकर्म्माण्युपदिशन्ति। एवं मारदोषा बोद्धव्या इमे मारदोषाः। एवं मारकर्म्माणि बोद्धव्यानि इमानि मारकर्म्माणि। तानि त्वया बुद्ध्वा विवर्ज्जयितव्यानीति॥ इमानि सुभूते बोधिसत्त्वस्य महासत्वस्य महासन्नाहसन्नद्धस्य महायानसंप्रस्थितस्य महायानसमारूढ़स्य कल्याणमित्राणि वेदितव्यानि॥

एवमुक्ते आयुष्मान् सुभूतिर्भगवन्तमेतदवोचत्। यद्भगवानेव-

(१) अनुशासन्ति इति ग०।

माह। इमानि सुभूते बोधिसत्त्वस्य महासत्वस्य महासन्नाहसन्नद्धस्य महायानसंप्रस्थितस्य महायानसमारूढ़स्य कल्याणमित्राणि वेदितव्यानीति॥ यच बोधिसत्त्वो महासत्व इति भगवन्नुच्यते। तत्र बोधिसत्त्व इति भगवन् कः पदार्थः॥

एवमुक्ते भगवानायुष्मन्तं सुभूतिमेतदवोचत्। अपदार्थः सुभूते बोधिसत्त्वपदार्थः॥ तत्कस्य हेतोः। सर्व्वधर्म्माणां हि सुभूते बोधिसत्त्वो महासत्वोऽसक्ततायां शिक्षते। सर्व्वधर्म्माणां हि सुभूते बोधिसत्त्वो महासत्वोऽनुबोधनार्थेनासक्ततायामनुत्तरां सम्यक्संबोधिमभिसंबुध्यते॥ बोध्यर्थेन तु सुभूते बोधिसत्त्वो महासत्व इत्युच्यते॥

सुभूतिराह। यत् पुनर्भगवानेवमाह। बोधिसत्त्वो महासत्व इति। केन कारणेन भगवन् बोधिसत्त्वो महासत्व इत्युच्यते॥

भगवानाह। महतः सत्त्वराशेर्महतः सत्त्वनिकायस्याग्रतां कारयिष्यतीति तेनार्थेन बोधिसत्त्वो महासत्व इत्युच्यते(१)॥

अथ खल्वायुष्मान् शारिपुत्रो भगवन्तमेतदवोचत्। ममापि भगवन् प्रतिभाति येनार्थेन बोधिसत्त्वो महासत्व इत्युच्यते॥

---

(१) बोधिसत्त्वो महासत्व इत्येतयोः शब्दयोर्मध्ये बोधिसत्त्व इत्यत्र सत्त्वपदं गुणवाचकं, गुणवाचिनः सत्त्वशब्दस्य प्रचलितसंस्कृतग्रन्थेषु प्रायशो द्वितकारत्वं दृश्यते, महासत्व इत्यत्र सत्वपदं जीववाचकं, प्राणिवाचिनः सत्वशब्दस्य प्रचलितसंस्कृतग्रन्थेषु प्रायश एकतकारत्वं दृश्यते। किन्तु आदर्शपुस्तकेषु क० ख० पुस्तकयोः बोधिसत्वो महासत्व एतदुभयत्रैव प्रायशः एकतकारो व्यवहृतः, ग० पुस्तके तदुभयत्रैव प्रायशो द्वितकारो व्यवहृतः॥ सत्त्वशब्दस्य प्राणिवाचित्वे गुणवाचित्वे च द्वितकारत्वं पृषोदरादिपाठात् एकतकारत्वमपि सम्भवति।

भगवानाह। प्रतिभातु ते शारिपुत्र यस्येदानीं कालं मन्यसे ॥

आयुष्मान् शारिपुत्र आह। महत्या आत्मदृष्ट्याः सत्त्वदृष्ट्या जीवदृष्ट्याः पुद्गलदृष्ट्या भवदृष्ट्या विभवदृष्ट्या उच्छेददृष्ट्याः शाश्वतदृष्ट्याः स्वकायदृष्ट्या एतासामेवमाद्यानां दृष्टीनां प्रहाणाय धर्म्मन्देशयिष्यतीति तेनार्थेन बोधिसत्त्वो महासत्त्व इत्युच्यते ॥

अथ खल्वायुष्मान् सुभूतिर्भगवन्तमेतदवोचत्। ममापि भगवन् प्रतिभाति येनार्थेन बोधिसत्त्वो महासत्त्व इत्युच्यते ॥

भगवानाह। प्रतिभातु ते सुभूते यस्येदानीं कालं मन्यसे ॥

सुभूतिराह। बोधिसत्त्वो महासत्त्व(१) इति भगवन्नुच्यते। यदपि तद्(२) भगवन् बोधिचित्तं सर्व्वज्ञताचित्तमनास्रवं चित्तमसमं चित्तमसाधारणं सर्व्वश्रावकप्रत्येकबुद्धैः। तत्रापि चित्ते असक्तोऽपर्य्यापन्न ॥ तत्कस्य हेतोः। तथा हि तत्सर्व्वज्ञताचित्तमनास्रवमपर्य्यापन्नन्तद्यदपि तत्सर्व्वज्ञताचित्तमनास्रवमपर्य्यापन्नं। तत्रापि चित्ते असक्तोऽपर्य्यापन्नः॥ तेनार्थेन बोधिसत्त्वो महासत्त्व इति संख्यां गच्छति ॥

अथ खल्वायुष्मान् शारिपुत्र आयुष्मन्तं सुभूतिमेतदवोचत्। केन कारणेनायुष्मन् सुभूते तत्रापि चित्ते असक्तोऽपर्य्यापन्नः॥

सुभूतिराह। अचित्तत्वादायुष्मन् शारिपुत्र तत्रापि चित्ते असक्तोऽपर्य्यापन्नः॥

शारिपुत्र आह। किं पुनरायुष्मन् सुभूते अस्ति तच्चित्तं यच्चित्तमचित्तं॥

---

(१) महासत्त्वो महासत्त्व इति ग०।

(२) यदपि तदित्यस्मिन् स्थले यदि इति पाठः ग० पुस्तके वर्त्तते।

सुभूतिराह । किं पुनरायुष्मन् सारिपुत्र तत्राचित्ततायामस्तिता वा नास्तिता वा विद्यते वा उपलभ्यते वा ॥

सारिपुत्र आह । नो हीदमायुष्मन् सुभूते ॥

सुभूतिराह । तद्यदि आयुष्मन् सारिपुत्र तत्राचित्ततायामस्तिता वा नास्तिता वा न विद्यते वा नोपलभ्यतें वा तत् कथमायुष्मान् सारिपुत्र एवमाह । अस्ति तच्चित्तं यच्चित्तमचित्तमिति ॥

सारिपुत्र आह । साधु साध्वायुष्मन् सुभूते । यथापि नाम त्वं भगवता अरणाविहारिणा(१) मग्रतायां निर्द्दिष्टो निर्द्दिशसि ॥

अथ खल्वायुष्मान् पूर्णो मैत्रायणीपुत्रो भगवन्तमेतदवोचत् । महासत्वो महासत्व इति यदिदं भगवन्नुच्यते । महासन्नाहसंनद्धः स सत्वो महायानसंप्रस्थितो महायानसमारूढ़स्स स सत्वः । तस्मात्स महासत्वो महासत्व इति संख्यां गच्छति ॥

अथ खल्वायुष्मान् सुभूतिर्भगवन्तमेतदवोचत् । महासन्नाहसन्नद्धो महायानसंनद्ध इति यदिदं भगवन्नुच्यते । कियता भगवन् बोधिसत्त्वो महासत्वो महासन्नाहसन्नद्धो भवति ॥

भगवानाह । इह सुभूते बोधिसत्त्वस्य महासत्वस्यैवम्भवति । अप्रमेया मया सत्वाः परिनिर्व्वापयितव्या इति । असङ्ख्येया मया सत्वाः परिनिर्व्वापयितव्या इति । न च ते सन्ति यैर्यै परिनिर्व्वापयितव्या इति ॥ स तांस्तावतः सत्वान् परिनिर्व्वापयति । न च स कश्चित्सत्वो यः परिनिर्वृतो येन च परिनिर्व्वापितो भवति ॥ तत् कस्य हेतोः । धर्म्मतैषा सुभूते धर्म्माणां मायाधर्म्मता-

(१) अरण्यविहारिणां इति पाठो विशुद्धः ।

मुपादाय स्यात्। यथापि नाम सुभूते दक्षो मायाकारो वा मायाकारान्तेवासी वा चतुर्महापथे महान्तं जनकायमभिनिर्मिमीते। अभिनिर्म्माय तस्यैव महतो जनकायस्यान्तर्द्धानं कुर्य्यात्॥ तत् किं मन्यसे सुभूते। अपि नु तत्र केनचित् कश्चिद्धतो वा मृतो वा नाशितो वान्तर्हितो वा॥

सुभूतिराह। नो हीदं भगवन्॥

भगवानाह। एवमेव सुभूते बोधिसत्त्वो महासत्त्वोऽप्रमेयानसङ्ख्येयान् सत्वान् परिनिर्व्वापयति। न च स कश्चित् सत्वो यः परिनिर्वृतो येन च परिनिर्वापितो भवति॥ स चेद्बोधिसत्त्वो महासत्व इमं निर्देशमेवं निर्द्दिश्यमानं श्रुत्वा नोत्त्रस्यति न संत्रस्यति न सन्त्रासमापद्यते। इयता अयं सुभूते बोधिसत्त्वो महासत्वो महासन्नाहसंनद्धो वेदितव्यः॥

अथ खल्वायुष्मान् सुभूतिर्भगवन्तमेतदवोचत्। यथाहं भगवन् भगवतो भाषितस्यार्थमाजानामि तथा असन्नाहसन्नद्धो बतायं भगवन् बोधिसत्त्वो महासत्वो वेदितव्यः॥

भगवानाह। एवमेतत् सुभूते एवमेतत्। असन्नाहसन्नद्धो बतायं बोधिसत्त्वो महासत्वो वेदितव्यः॥ तत् कस्य हेतोः। अकृता हि सुभूते सर्वज्ञता अविकृता अनभिसंस्कृता। तेऽपि सत्वाः अकृता अविकृता अनभिसंस्कृताः येषां सत्वानामर्थायायं सन्नाहसन्नद्धः(१)॥

एवमुक्ते आयुष्मान् सुभूतिर्भगवन्तमेतदवोचत्। एवमेतद्भगवन्नेवमेतत् सुगत॥ तत् कस्य हेतोः। तथा हि भगवन् रूपमबद्धम-

(१) सन्नाहः सन्नद्ध इति ग०।

मुक्तं। एवं वेदना-संज्ञा-संस्कारास्तथा हि भगवन् विज्ञानमबद्धमसुक्तं। रूपतथतापि भगवन्नबद्धाऽमुक्ता। एवं वेदनातथतापि संज्ञातथतापि संस्कारतथतापि विज्ञानतथतापि भगन्नबद्धाऽमुक्ता॥

अथ खल्वायुष्मान् पूर्णो मैत्रायणीपुत्र आयुष्मन्तं सुभूतिमेतदवोचत्। रूपमायुष्मन् सुभूते अबद्धमसुक्तमिति वदसि। एवं वेदना-संज्ञा-संस्कारा विज्ञानमायुष्मन् सुभूते अबद्धमसुक्तमिति वदसि। रूपतथताप्यायुष्मन् सुभूते अबद्धाऽमुक्तेति वदसि। एवं वेदनातथतापि संज्ञातथतापि संस्कारतथतापि विज्ञानतथताप्यायुष्मन् सुभूते अबद्धाऽमुक्तेति वदसि॥ अथ कतमत्तदायुष्मन् सुभूते रूपं यद्रूपमबद्धमसुक्तमिति वदसि। एवं कतमा सा वेदना कतमा सा संज्ञा कतमे ते संस्काराः कतमत्तदायुष्मन् सुभूते विज्ञानं यद्विज्ञानमबद्धमसुक्तमिति वदसि। कतमा सा आयुष्मन् सुभूते रूपतथता या रूपतथताप्यबद्धाऽसुक्तेति वदसि। एवं कतमा सा वेदनातथता संज्ञातथता संस्कारतथता कतमा सा आयुष्मन् सुभूते विज्ञानतथता या विज्ञानतथताप्यबद्धाऽमुक्तेति वदसि॥

एवमुक्ते आयुष्मान् सुभूतिरायुष्मन्तं पूर्णं मैत्रायणीपुत्रमेतदवोचत्। यदायुष्मन् पूर्ण मायापुरुषस्य रूपं तदबद्धमसुक्तं। एवं या मायापुरुषस्य वेदना या मायापुरुषस्य संज्ञा ये मायापुरुषस्य संस्कारा यदायुष्मन् पूर्ण मायापुरुषस्य विज्ञानं तदबद्धमसुक्तं। या आयुष्मन् पुर्ण मायापुरुषस्य रूपतथता सा अबद्धाऽमुक्ता। एवं या मायापुरुषस्य वेदनातथता संज्ञातथता संस्कारतथता या आयुष्मन् पूर्ण मायापुरुषस्य विज्ञानतथता सा अबद्धाऽमुक्ता॥ तत् कस्य

हेतोः। असद्भूतत्वादबद्धाऽमुक्ता विविक्तत्वादबद्धाऽमुक्ता अनुत्पन्नत्वादबद्धाऽमुक्ता॥ अयं स बोधिसत्त्वस्य महासत्त्वस्य महासन्नाहसंनद्धस्य महायानसंप्रस्थितस्य महायानसमारूढ़स्य महासन्नाहोऽसन्नाहः॥ एवमुक्ते आयुष्मान् पूर्णो मैत्रायणीपुत्रस्तूष्णीमभूत्॥

अथ खल्वायुष्मान् सुभूतिर्भगवन्तमेतदवोचत्। कथं भगवन् बोधिसत्त्वो महासत्त्वो महासन्नाहसन्नद्धः सन् महायानसंप्रस्थितो महायानसमारूढ़ो भवति। कतमच्च तन्महायानं। कथं वा तत्संप्रस्थितो वेदितव्यः। कुतो वा तन्महायानं निर्य्यास्यति। केन वा तन्महायानं संप्रस्थितं। क्व वा तन्महायानं स्थास्यति। को वाऽनेन महायानेन निर्य्यास्यति॥

एवमुक्ते भगवानायुष्मन्तं सुभूतिमेतदवोचत्। महायानमिति सुभूते अप्रमेयताया एतदधिवचनं। अप्रमेयमिति सुभूते अप्रमाणत्वेन यदपि। सुभूते एवं वदसि कथं वा तत्संप्रस्थितो वेदितव्यः। कुतो वा तन्महायानं निर्य्यास्यति। केन वा तन्महायानं संप्रस्थितं। क्व वा तन्महायानं स्थास्यति। को वाऽनेन महायानेन निर्य्यास्यतीति॥ पारमिताभिः संप्रस्थितः। त्रैधातुकान् निर्यास्यति। येनारम्बणं(१) तेन संप्रस्थितं। सर्व्वज्ञतायां स्थास्यति। बोधिसत्त्वो महासत्त्वो निर्यास्यति अपि नु खलु पुनर्न कुतश्चिन्निर्यास्यति। न केनापि संप्रस्थितं। न क्वचित् स्थास्यति अपि नु स्थास्यति सर्व्वज्ञतायामस्थानयोगेन। नापि कश्चित्तेन महायानेन निर्य्यातो नापि निर्य्यास्यति नापि निर्य्याति॥ तत् कस्य हेतोः। यश्च निर्य्यायात्

(१) येनारम्बणमित्यत्र येनारम्भणमिति पाठः साधुः।

येन च निर्य्यायात् उभावेतौ धर्म्मौ न विद्येते नोपलभ्येते। एवमविद्यमानेषु सर्व्वधर्म्मेषु कतमो धर्म्मः कतमेन धर्म्मेण निर्य्यास्यति॥ एवं हि सुभूते बोधिसत्त्वो महासत्वो महायानसन्नद्धो महायानसंप्रस्थितो महायानसमारूढो भवति॥

एवमुक्ते आयुष्मान् सुभूतिर्भगवन्तमेतदवोचत्। महायानं महायानमिति भगवन्नुच्यते। सदेवमानुषासुरलोकमभिभवन्निर्यास्यति[१] आकाशसमतया अतिमहत्तया तन्महायानं॥ यथाकाशे अप्रमेयाणामसंख्येयानां सत्वानां अवकाशः एवमेव भगवन्नस्मिन् याने अप्रमेयाणामसंख्येयानां सत्वानामवकाशः॥ अनेन भगवन् पर्य्यायेण महायानमिदम्बोधिसत्त्वानां महासत्वानां। नैवास्यागमो दृश्यते नैवास्य निर्गमो दृश्यते नाप्यस्य स्थानं संविद्यते। एवमस्य भगवन् महायानस्य नैव पूर्व्वान्त उपलभ्यते नाप्यपरान्त उपलभ्यते नापि मध्य उपलभ्यते। अथ समं भगवंस्तद्यानं। तस्मान्महायानं महायानमित्युच्यते॥

अथ खलु भगवानायुष्मते सुभूतये साधुकारमदात्। साधु साधु सुभूते। एवमेतत् सुभूते एवमेतत्। एवं महायानमिदं बोधिसत्त्वानां महासत्वानां। अत्र शिक्षित्वा बोधिसत्त्वैर्महासत्वैः सर्व्वज्ञता अनुप्राप्ता अनुप्राप्स्यते अनुप्राप्यते च॥

अथ खल्वायुष्मान् पूर्णो मैत्रायणीपुत्रो भगवन्तमेतदवोचत्। अयं भगवन् सुभूतिः स्थविरः प्रज्ञापारमितायाः कृतसो[२]ऽधीष्टो महायानमुपदेष्टव्यं मन्यते॥

---

(१) अभिभवति निर्य्यास्यति इति ख०।

(२) कृत्स इत्यर्थे कृतसशब्दो व्यवहृतः।

अथ खल्वायुष्मान् सुभूतिर्भगवन्तमेतदवोचत्। नाहं भगवन् प्रज्ञापारमितां व्यतिक्रम्य महायानमवोचं॥

भगवानाह। नो हीदं सुभूते अनुलोम त्वं सुभूते प्रज्ञापारमिताया महायानमुपदिशसि॥

एवमुक्ते आयुष्मान् सुभूतिर्भगवन्तमेतदवोचत्। बुद्धानुभावाद्भगवन्। अपि नु खलु पुनर्भगवन् पूर्व्वान्ततो बोधिसत्त्वो नोपैति अपरान्ततो बोधिसत्त्वो नोपैति मध्यतो बोधिसत्त्वो नोपैति॥ तत् कस्य हेतोर्नोपैति। रूपापर्य्यन्ततया हि बोधिसत्त्वापर्य्यन्तता वेदितव्या, एवं वेदना-संज्ञा-संस्काराः। विज्ञानापर्य्यन्ततया हि बोधिसत्त्वापर्य्यन्तता वेदितव्या॥ रूपं बोधिसत्त्व इति नोपैति इदमपि न विद्यते नोपलभ्यते, एवं वेदना-संज्ञा-संस्काराः। विज्ञानं बोधिसत्त्व इति नोपैति इदमपि न विद्यते नोपलभ्यते॥ एवं भगवन् सर्व्वेण सर्व्वं सर्व्वथा सर्व्वं बोधिसत्त्वधर्म्ममनुपलभमानो नाहं भगवन् तं धर्म्मं समनुपश्यामि यस्यैतन्नामधेयं यदुत बोधिसत्त्व इति। प्रज्ञापारमितामपि न समनुपश्यामि नोपलेभे सर्व्वज्ञतामपि न समनुपश्यामि नोपलेभे। सोऽहं भगवन् सर्व्वेण सर्व्वं सर्व्वथा सर्व्वं तं धर्म्ममनुपलभमानोऽसमनुपश्यन् कतमं धर्म्मं कतमेन धर्म्मेण कतमस्मिन् धर्म्मेऽववदिष्याम्यनुशासिष्यामि॥ बुद्ध इति भगवन्नामधेयमात्रमेतत् बोधिसत्त्व इति भगवन्नामधेयमात्रमेतत् प्रज्ञापारमितेति भगवन्नामधेयमात्रमेतत्। तच्च नामधेयमनभिनिर्वृत्तं यथा आत्मा आत्मेति च भगवन्नुच्यते। अत्यन्ततया च भगवन्न-

भिनिर्वृत्त आत्मा॥ एवमस्वभावानां[१] सर्व्वधर्म्माणां कतमत्तद्रूपं यदग्राह्यमनभिनिर्वृत्तं कतमे ते वेदना-संज्ञा-संस्काराः कतमत्तद्विज्ञानं यदग्राह्यमनभिनिर्वृत्तं। एवमेतेषां सर्व्वधर्म्माणां याऽस्वभावता सा अनभिनिर्वृत्तिः। या च सर्व्वधर्म्माणामनभिनिर्वृत्तिर्न ते धर्म्माः। तत् किमनभिनिर्वृत्तिमनभिनिर्वृत्त्यां प्रज्ञापारमितायामववदिष्याम्यनुशासिष्यामि। न चान्यत्र भगवन्ननभिनिर्वृत्तितः सर्वधर्म्मा वा बुद्धधर्म्मा वा बोधिसत्त्वधर्म्मा वा उपलभ्यन्ते॥ यो वा बोधाय चरेत् स चेद्भगवन्नेवं भाष्यमाणे एवं देश्यमाने एवमुपदिश्यमाने बोधिसत्त्वस्य महासत्वस्य चित्तं नावलीयते न संलीयते न विषीदति न विषादमापद्यते। नास्य विपृष्ठीभवति मानसं न भग्नपृष्ठीभवति नोत्त्रस्यति न संत्रस्यति न संत्रासमापद्यते। एवं वेदितव्यं चरत्ययम्बोधिसत्त्वो महासत्वः प्रज्ञापारमितायां भावयत्ययं बोधिसत्त्वो महासत्वः प्रज्ञापारमितामुपपरीक्षतेऽयं बोधिसत्त्वो महासत्वः प्रज्ञापारमितामुपनिध्यायत्ययं बोधिसत्त्वो महासत्वः प्रज्ञापारमितामिति॥ तत् कस्य हेतोः। यस्मिन् हि समये भगवन् बोधिसत्त्वो महासत्वः इमान् धर्म्मान् प्रज्ञापारमितायां व्युपपरीक्षते तस्मिन् समये न रूपमुपैति न रूपमुपगच्छति न रूपस्योत्पादं समनुपश्यति न रूपस्य निरोधं समनुपश्यति। एवं न वेदनां न संज्ञां न संस्कारान् न विज्ञानमुपैति न विज्ञानमुपगच्छति न विज्ञानस्योत्पादं समनुपश्यति न विज्ञानस्य निरोधं समनुपश्यति॥ तत् कस्य हेतोः। तथा हि यो रूपस्यानुत्पादो न

(१) अभावस्वभावानामिति ख०।

तद्रूपं यो रूपस्याव्ययो न तद्रूपमित्यनुत्पादस्य रूपञ्चाद्वयमेतदद्वैधीकारमित्यव्ययस्य[१] रूपञ्चाद्वयमेतदद्वैधीकारं । यत्पुनरेतदुच्यते रूपमित्यद्वयस्यैषा गणना कृता ॥ एवन्तथा हि यो वेदनायाः संज्ञायाः संस्काराणान्तथा हि यो विज्ञानस्यानुत्पादो न तद्विज्ञानं यो विज्ञानस्याव्ययो न तद्विज्ञानमित्यनुत्पादस्य विज्ञानं चाद्वयमेतदद्वैधीकारमित्यव्ययस्य[२] विज्ञानञ्चाद्वयमेतदद्वैधीकारं । यत् पुनरेतदुच्यते विज्ञानमित्यद्वयस्यैषा गणना कृता ॥ एवम्भगवन् प्रज्ञापारमितायां सर्व्वाकारं सर्व्वधर्म्मान् व्युपपरीक्षमाणः तस्मिन् समये न रूपमुपैति न रूपमुपगच्छति न रूपस्योत्पादं समनुपश्यति न रूपस्य निरोधं समनुपश्यति । एवं न वेदनां न संज्ञां न संस्कारान् न विज्ञानमुपैति न विज्ञानमुपगच्छति न विज्ञानस्योत्पादं समनुपश्यति न विज्ञानस्य निरोधं समनुपश्यति ॥ तत्कस्य हेतोः । तथा हि यो रूपस्यानुत्पादो न तद्रूपं यो रूपस्याव्ययो न तद्रूपमित्यनुत्पादस्य रूपञ्चाद्वयमेतदद्वैधीकारमित्यव्ययस्य[३] रूपञ्चाद्वयमेतदद्वैधीकारं । यत्पुनरेतदुच्यते रूपमित्यद्वयस्यैषा गणना कृता ॥ एवन्तथा हि यो वेदनायाः संज्ञायाः संस्काराणान्तथा हि यो विज्ञानस्यानुत्पदो न तद्विज्ञानं यो विज्ञानस्याव्ययो न तद्विज्ञानमित्यनुत्पादस्य विज्ञानञ्चाद्वयमेतदद्वैधीकारमित्यव्ययस्य[४] विज्ञानं चाद्वयमेतदद्वैधीकारं। यत्पुनरेतदुच्यते विज्ञानमित्यद्वयस्यैषा गणना कृता ॥

---

(१) इति व्ययस्य इति ख० घ० ।
(२) इति व्ययस्य इति ख० घ० ।
(३) इति व्ययस्य इति ख० घ० ।
(४) इति व्ययस्य इति ख० घ० ।

अथ खल्वायुष्मान् सारिपुत्र आयुष्मन्तं सुभूतिमेतदवोचत्। तेन हि यथाहमायुष्मतः सुभूतेर्भाषितस्यार्थमाजानामि तथा बोधिसत्त्वोऽप्यनुत्पादः॥ यदि चायुष्मन् सुभूते बोधिसत्त्वोऽप्यनुत्पादः किम्बोधिसत्त्वो दुष्करचारिकाञ्चरति यानि वा तानि सत्वानां शतशो दुःखान्युत्सहते प्रत्यनुभवितुं॥

एवमुक्ते आयुष्मान् सुभूतिरायुष्मन्तं शारिपुत्रमेतदवोचत्। नाहमायुष्मन् सारिपुत्र इच्छामि बोधिसत्त्वं महासत्वं दुष्करचारिकाञ्चरन्तं नापि स बोधिसत्त्वो महासत्वो यो दुष्करसंज्ञया चरति॥ तत्कस्य हेतोः। न ह्यायुष्मन् सारिपुत्र दुष्करसंज्ञां जनयित्वा शक्योऽप्रमेयाणामसंख्येयानां सत्वानामर्थः कर्त्तुं। अपि तु सुखसंज्ञामेव कृत्वा सर्व्वसत्वानामन्तिके मातृसंज्ञां पितृसंज्ञां पुत्रसंज्ञां दुहितृसंज्ञां कृत्वा स्त्रीपुरुषेश्वेवमेताः संज्ञाः कृत्वा बोधिसत्त्वो महासत्वो बोधिसत्त्वचारिकां चरति॥ तस्मान्मातृसंज्ञा पितृसंज्ञा पुत्रसंज्ञा दुहितृसंज्ञा बोधिसत्त्वेन महासत्वेन सर्व्वसत्वानामन्तिके यावदात्मसंज्ञोत्पादयितव्या। यथा आत्मा सर्व्वेण सर्व्वं सर्व्वथा सर्व्वं सर्वदुःखेभ्यो मोचयितव्यः। एवं सर्वसत्वाः सर्वेण सर्वं सर्वथा सर्वं सर्वदुःखेभ्यो मोचयितव्या इति। एवञ्च सर्वसत्वेषु संज्ञोत्पादयितव्या॥ मयैते सर्वसत्वा न परित्यक्तव्याः। मयैते सर्वसत्वाः परिमोचयितव्याः अपरिमाणतो दुःखस्कन्धात्। न च मयैतेषु चित्तप्रदोष उत्पादयितव्योऽन्तशः शतशोऽपि छिद्यमानेनेति। एवं हि बोधिसत्त्वेन महासत्वेन चित्तमुत्पादयितव्यं॥ स चेदेवंचित्तो विहरिष्यति न दुष्करसंज्ञी चरिष्यति न दुष्करसंज्ञी विहरिष्यति॥ पुनरपरमायुष्मन् सारि-

पुत्र बोधिसत्त्वेन महासत्त्वेनैवं चित्तमुत्पादयितव्यं यथा सर्वेण सर्वं सर्वथा सर्वमात्मा न विद्यते नोपलभ्यते। एवं सर्वेण सर्वं सर्वथा सर्वं सर्वधर्म्मा न संविद्यन्ते नोपलभ्यन्ते। एवमाध्यात्मिकबाह्येषु सर्वधर्म्मेषु संज्ञोत्पादयितव्या॥ स चेदेवञ्चित्तश्चरिष्यति न दुष्करसंज्ञी चरिष्यति न दुष्करसंज्ञी विहरिष्यति॥ यदप्यायुष्मान् सारिपुत्र एवमाह अनुत्पादो बोधिसत्त्व इति। एवमेतदायुष्मन् सारिपुत्रैवमेतत्। अनुत्पादो बोधिसत्त्व इति॥

सारिपुत्र आह। किंपुनरायुष्मन् सुभूते बोधिसत्त्व एवानुत्पाद उताहो बोधिसत्त्वधर्म्मा अप्यनुत्पादः॥

सुभूतिराह। बोधिसत्त्वधर्म्मा अप्यायुष्मन् सारिपुत्रानुत्पादः॥

सारिपुत्र आह। किं पुनरायुष्मन् सुभूते बोधिसत्त्वधर्म्मा एवानुत्पाद उताहो सर्वज्ञताप्यनुत्पादः॥

सुभूतिराह। सर्वज्ञताप्यायुष्मन् सारिपुत्रानुत्पादः॥

आह। किं पुनरायुष्मन् सुभूते सर्वज्ञतैवानुत्पाद उताहो सर्वज्ञताधर्म्मा अप्यनुत्पादः॥

आह। सर्वज्ञताधर्म्मा अप्यायुष्मन् सारिपुत्रानुत्पादः॥

आह। किं पुनरायुष्मन् सुभूते सर्वज्ञताधर्म्मा एवानुत्पादः उताहो पृथग्जनोऽप्यनुत्पादः॥

आह। पृथग्जनोऽप्यायुष्मन् सारिपुत्रानुत्पादः॥

आह। किं पुनरायुष्मन् सुभूते पृथग्जन एवानुत्पाद उताहो पृथग्जनधर्म्मा अप्यनुत्पादः॥

आह। पृथग्जनधर्म्मा अप्यायुष्मन् सारिपुत्रानुत्पादः॥

एवमुक्ते आयुष्मान् शारिपुत्र आयुष्मन्तं सुभूतिमेतदवोचत्। यद्यायुष्मन् सुभूते बोधिसत्त्वोऽप्यनुत्पादो बोधिसत्त्वधर्मा अप्यनुत्पादः सर्वज्ञताप्यनुत्पादः सर्वज्ञताधर्मा अप्यनुत्पादः पृथग्जनोऽप्यनुत्पादः पृथग्जनधर्माप्यनुत्पादः। नन्वायुष्मन् सुभूते अनुप्राप्तैवायत्नेन बोधिसत्त्वेन महासत्त्वेन सर्वज्ञता भवति॥

एवमुक्ते आयुष्मान् सुभूतिरायुष्मन्तं शारिपुत्रमेतदवोचत्। नाहमायुष्मन् शारिपुत्रानुत्पन्नस्य धर्मस्य प्राप्तिमिच्छामि नाप्यभिसमयं नाप्यनुत्पन्नेन धर्मेणानुत्पन्ना प्राप्तिः प्राप्यते॥

आह। किं पुनरायुष्मन् सुभूते अनुत्पन्नेन धर्मेणानुत्पन्ना प्राप्तिः प्राप्यते उताहो उत्पन्नेन धर्मेणानुत्पन्ना प्राप्तिः प्राप्यते॥

आह। किं पुनरायुष्मन् शारिपुत्रानुत्पन्नो धर्म उत्पन्न उताहो अनुत्पन्न एव धर्मोऽनुत्पन्नः॥

आह। किं पुनरायुष्मन् सुभूते उत्पाद एव धर्मोऽनुत्पाद उताहोऽनुत्पादो धर्म उत्पादः॥

आह। उत्पादो धर्मोऽनुत्पादो धर्म इत्यायुष्मन् शारिपुत्र प्रतिभाति जल्पितुं॥

आह। अनुत्पादोऽपि ते आयुष्मन् सुभूते न प्रतिभाति जल्पितुं॥

आह। अनुत्पाद एवायुष्मन् शारिपुत्र जल्पः। अनुत्पाद एवायुष्मन् शारिपुत्र प्रतिभाति अनुत्पाद एवायुष्मन् शारिपुत्र प्रतिभानं। एवमेवायुष्मन् शारिपुत्रात्यन्तं प्रतिभाति॥

एवमुक्ते आयुष्मान् शारिपुत्र आयुष्मन्तं सुभूतिमेतदवोचत्। धर्मकथिकानामायुष्मान् सुभूतिरग्रतायां स्थापितव्यः॥ तत् कस्य

हेतोः । तथा ह्यायुष्मान् सुभूतिः स्थविरो यतो यत एव परिप्रश्नीक्रियते ततस्तत एव निःसरति धर्म्मतायाश्च न चलति तांश्च धर्म्मतां न विरोधयति ॥

एवमुक्ते आयुष्मान् सुभूतिरायुष्मन्तं सारिपुत्रमेतदवोचत् । धर्म्मतैषा आयुष्मन् सारिपुत्र भगवतः श्रावकाणामनिश्रितधर्म्माणान्ते यतो यत एव परिप्रश्नीक्रियन्ते ततस्तत एव निःसरन्ति धर्म्मतांश्च न विरोधयन्ति धर्म्मतायाश्च न व्यतिवर्त्तन्ते ॥ तत् कस्य हेतोः । यथापि नामाश्रितत्वात् सर्वधर्म्माणां ॥

एवमुक्ते आयुष्मान् सारिपुत्र आयुष्मन्तं सुभूतिमेतदवोचत् । साधु साध्वायुष्मन् सुभूते । कतमैषा सर्वधर्म्मानिश्रितपारमिता बोधिसत्त्वानां महासत्वानां ॥

सुभूतिराह । प्रज्ञापारमितैवायुष्मन् सारिपुत्र सार्वयानिकी(१) सर्वधर्म्मानिश्रिततया सर्वधर्म्मानिश्रितपारमिता च । इति हि यस्य बोधिसत्त्वस्य महासत्वस्यैवं गम्भीरायां प्रज्ञापारमितायां भाष्यमाणायामेवं देश्यमानायामेवमुपदिश्यमानायां न भवति चित्तस्यावलीनत्वं न भवति काङ्क्षायितत्वं न भवति धन्वायितत्वं न भवति चित्तस्यान्यथात्वं वेदितव्यमयं बोधिसत्त्वो महासत्वो विहरत्यनेन प्रज्ञापारमिताविहारेणाविरहितश्चानेन मनसिकारेणेति ॥

अथ खल्वायुष्मान् सारिपुत्र आयुष्मन्तं सुभूतिमेतदवोचत् । कथमायुष्मन् सुभूते अविरहितो बोधिसत्त्वो महासत्वोऽविरहितो मनसिकारेण भवति यः प्रज्ञापारमिताविहारेण विहरति ॥

(१) सर्व्वयानिकी इति ग० ।

यदि ह्यायुष्मन् सुभूते बोधिसत्त्वो महासत्त्वोऽविरहितो मनसिकारेण भवत्येवं स विरहितः प्रज्ञापारमिताविहारेण भवति। यदि चायुष्मन् सुभूते अविरहितो बोधिसत्त्वो महासत्त्वः प्रज्ञापारमिताविहारेण भवत्येवं स विरहितो मनसिकारेण भवति। यदि चायुष्मन् सुभूते मनसिकारेणाविरहितो बोधिसत्त्वो महासत्त्वोऽविरहित एव प्रज्ञापारमिताविहारेण भवति एवं सति सर्वसत्त्वा अप्यविरहिता भविष्यन्ति प्रज्ञापारमिताविहारेण॥ तत् कस्य हेतोः। सर्वसत्त्वा अपि ह्यविरहिता मनसिकारेण विहरन्ति॥

एवमुक्ते आयुष्मान् सुभूतिरायुष्मन्तं शारिपुत्रमेतदवोचत्। साधु साध्वायुष्मन् शारिपुत्र। अपि नु उपालप्स्ये त्वा अर्थ एव त्वायुष्मता शारिपुत्रेण भूतपदाभिधानेन परिगृहीतः॥ तत् कस्य हेतोः। सत्त्वास्वभावतया आयुष्मन् शारिपुत्र मनसिकारास्वभावता वेदितव्या। सत्त्वासद्भावतया आयुष्मन् शारिपुत्र मनसिकारासद्भावता वेदितव्या। सत्त्वविविक्ततया आयुष्मान् शारिपुत्र मनसिकारविविक्तता वेदितव्या। सत्त्वाचिन्त्यतया आयुष्मन् शारिपुत्र मनसिकाराचिन्त्यता वेदितव्या। सत्त्वानभिसंबोधनतया आयुष्मन् शारिपुत्र मनसिकारानभिसंबोधनता वेदितव्या। सत्त्वायथाभूतार्थाभिसंबोधनतयायुष्मन् शारिपुत्र मनसिकारायथाभूतार्थाभिसंबोधनता वेदितव्या। अनेनायुष्मन् शारिपुत्रैवंरूपेण मनसिकारेण इच्छामि बोधिसत्त्वं महासत्त्वं विहरन्तमनेन विहारेणेति॥

आर्य्याष्ट सहस्रिकायां प्रज्ञापारमितायां सर्व्वाकारज्ञताचर्य्या परिवर्त्तो नाम प्रथमः॥

अथ शक्रपरिवर्त्तो नाम द्वितीयः।

तेन खलु पुनः समयेन शक्रो देवानामिन्द्रस्तस्यामेव पर्षदि सन्निपतितः सन्निषण्णोऽभूत् चत्वारिंशता चायस्त्रिंशत्कायिकैर्देवपुत्रसहस्रैः सार्द्धं। चत्वारश्च लोकपाला विंशत्या चातुर्महाराजकायिकैर्देवपुत्रसहस्रैः सार्द्धं ब्रह्मापि सहापति(१)र्दशभिर्ब्रह्मकायिकैर्देवपुत्रसहस्रैः सार्द्धं पञ्च च शुद्धावासानां देवपुत्राणां सहस्राणि तस्यामेव पर्षदि सन्निपतितानि सन्निषण्णान्यभूवन्। योऽपि च देवानां स्वकर्म्मविपाकजोऽवभासः सोऽपि सर्व्वो बुद्धानुभावेन बुद्धतेजसा बुद्धाधिष्ठानेनाभिभूतोऽभूत्॥

अथ खलु शक्रो देवानामिन्द्र आयुष्मन्तं सुभूतिं स्थविरमेतदवोचत्। इमान्यार्य्य सुभूते सम्बहुलानि देवपुत्रसहस्राण्यस्यां पर्षदि सन्निपतितानि सन्निषण्णान्यार्य्यस्य सुभूतेरन्तिकात्प्रज्ञापारमितां श्रोतुकामानि बोधिसत्त्वानां महासत्वानामुपदेशमववादानुशासनीञ्च। तत्कथम्बोधिसत्त्वेन महासत्वेन प्रज्ञापारमितायां स्थातव्यं कथं शिक्षितव्यं कथं योगमापत्तव्यं॥

स्थविरः सुभूतिराह। तेन हि कौशिक उपदेक्ष्यामि ते बुद्धानुभावेन बुद्धतेजसा बुद्धाधिष्ठानेन। यैर्देवपुत्रैरनुत्तरायां सम्यक्सम्बोधौ चित्तं नोत्पादितं तैरुत्पादयितव्यं। ये त्ववक्रान्ताः सम्यक्त्वनियामं न ते भव्या अनुत्तरायां सम्यक्सम्बोधौ चित्तमुत्पादयितुं॥ तत्कस्य हेतोः। बद्धसीमानो हि ते संसारस्रोतसः। अभव्या हि ते

(१) सहापतिरित्यनुमीयते।

पुनः पुनः संसरणायानुत्तरायां सम्यक्सम्बोधौ चित्तमुत्पादयितुं ॥ अपि नु खलु पुनस्तेषामप्यनुमोदे यचेत्तेऽप्यनुत्तरायां सम्यक्सम्बोधौ चित्तान्युत्पादयेरन्नाहं कुशलमूलस्यान्तरायं करोमि। विशिष्टेभ्यो हि धर्मेभ्यो विशिष्टतमा धर्मा अध्यालम्बितव्याः ॥

अथ खलु भगवानायुष्मन्तं सुभूतिमामन्त्रयते स्म। साधु साधु सुभूते साधु खलु पुनस्त्वं सुभूते। यस्त्वं बोधिसत्त्वानां महासत्त्वानामुत्साहं ददासि ॥

एवमुक्ते आयुष्मान् सुभूतिर्भगवन्तमेतदवोचत्। कृतज्ञैरस्माभिर्भगवन् भगवतो भवितव्यन्नाकृतज्ञैः ॥ तत्कस्य हेतोः। पौर्वकाणां हि भगवंस्तथागतानामर्हतां सम्यक्सम्बुद्धानामन्तिकेऽस्मदर्थे भगवान् यथा ब्रह्मचर्यं बोधाय चरन् पूर्वं बोधिसत्त्वभूत एव सन् यैः श्रावकैरववदितोऽनुशिष्टश्च पारमितासु। तत्र भगवता चरता अनुत्तरं ज्ञानमुत्पादितं॥ एवं भगवन्नस्माभिरपि बोधिसत्त्वा महासत्त्वा अनुपरिग्रहीतव्या अनुपरिवारयितव्याश्च संपरिग्रहीतव्याः संपरिवारयितव्याश्च॥ तत्कस्य हेतोः। अस्माभिरपि हि भगवन् बोधिसत्त्वा महासत्त्वा अनुपरिगृहीता अनुपरिवारिताश्च संपरिगृहीताः संपरिवारिताश्च क्षिप्रमनुत्तरां सम्यक्सम्बोधिमभिबुध्यन्ते ॥

अथ खल्वायुष्मान् सुभूतिः शक्रं देवानामिन्द्रमामन्त्रयते स्म। तेन हि कौशिक शृणु साधु च सुष्ठु च मनसि कुरु भाषिष्येऽहन्ते यथा बोधिसत्त्वेन महासत्त्वेन प्रज्ञापारमितायां स्थातव्यं॥ शून्यतायां कौशिक तिष्ठता बोधिसत्त्वेन महासत्त्वेन प्रज्ञापारमितायां स्थातव्यं। तेन हि कौशिक बोधिसत्त्वेन महासत्त्वेन महासन्नाह-

सन्नद्धेन भवितव्यं। न रूपे स्थातव्यं। न वेदनायां न संज्ञायां न संस्कारेषु न विज्ञाने स्थातव्यं। न चक्षुषि स्थातव्यं। न रूपे स्थातव्यं। न चक्षुर्विज्ञाने स्थातव्यं। न चक्षुःसंस्पर्शे स्थातव्यं। न चक्षुःसंस्पर्शजायां वेदनायां स्थातव्यं। एवं न श्रोत्रघ्राणजिह्वाकायमनःसु स्थातव्यं। न शब्दगन्धरसस्प्रष्टव्यधर्मेषु न श्रोत्रविज्ञाने यावन्न मनोविज्ञाने न मनःसंस्पर्शे न मनःसंस्पर्शजायां वेदनायां स्थातव्यं। न पृथिवीधातौ स्थातव्यं। नाब्धातौ न तेजोधातौ न वायुधातौ नाकाशधातौ न विज्ञानधातौ स्थातव्यं। न स्मृत्युपस्थानेषु स्थातव्यं। न सम्प्रहाणर्द्धिपादेन्द्रियबलबोध्यङ्गेषु न[१] मार्गाङ्गेषु स्थातव्यं। न स्रोतआपत्तिफले स्थातव्यं। न सकृदागामिफले नानागामिफले नार्हत्त्वे स्थातव्यं। न प्रत्येकबुद्धत्वे स्थातव्यं। न बुद्धत्वे स्थातव्यं। इति हि रूपमिति न स्थातव्यं। इति हि वेदनेति संज्ञेति संस्कारा इति इति हि विज्ञानमिति न स्थातव्यं। इति हि चक्षुरिति यावन्मनःसंस्पर्शजा वेदनेति न स्थातव्यं। इति हि पृथिवीधातुरिति यावद्विज्ञानधातुरिति न स्थातव्यं। इति हि स्मृत्युपस्थानानीति न स्थातव्यं। इति हि सम्यक्प्रहाणर्द्धिपादेन्द्रियबलबोध्यङ्गानीति इति हि मार्गाङ्गानीति न स्थातव्यं। इति हि स्रोतआपत्तिफलमिति न स्थातव्यं। इति हि सकृदागामिफलमित्यनागामिफलमित्यर्हत्त्वमिति न स्थातव्यं। इति हि प्रत्येकबुद्धत्वमिति न स्थातव्यं। इति हि बुद्धत्वमिति न स्थातव्यं। रूपन्नित्यमनित्यमिति न स्थातव्यं। एवं वेदनासंज्ञासंस्कारा विज्ञानन्नित्यमनित्यमिति न स्थातव्यं। रूपं

(१) क॰ ग॰ चिह्नितपुस्तकयोः नपदं न दृश्यते।

सुखं दुःखमिति न स्थातव्यं। एवं वेदनासंज्ञासंस्कारा विज्ञानं सुखं दुःखमिति न स्थातव्यं। रूपं शून्यमशून्यमिति न स्थातव्यं। एवं वेदनासंज्ञासंस्कारा विज्ञानं शून्यमशून्यमिति न स्थातव्यं। रूपमात्मानात्मेति न स्थातव्यं। एवं वेदनासंज्ञासंस्कारा विज्ञानमात्मानात्मेति न स्थातव्यं। रूपं सुभमसुभमिति न स्थातव्यं। एवं वेदनासंज्ञासंस्कारा विज्ञानं शुभमशुभमिति न स्थातव्यं। रूपं शून्यमुपलभ्यते वेति न स्थातव्यं। एवं वेदनासंज्ञासंस्कारा विज्ञानं शून्यमुपलभ्यते वेति न स्थातव्यं। स्रोतआपत्तिफलमसंस्कृतप्रभावितमिति न स्थातव्यं। एवं सकृदागामिफलमनागामिफलमर्हत्त्वमसंस्कृतप्रभावितमिति न स्थातव्यं। प्रत्येकबुद्धत्वमसंस्कृतप्रभावितमिति न स्थातव्यं। स्रोतआपन्नो दक्षिणीय इति न स्थातव्यं। स्रोतआपन्नः सप्तकृत्वो भवपरम इति न स्थातव्यं। सकृदागामी दक्षिणीय इति न स्थातव्यं। सकृदागाम्यपरिनिष्ठितत्वात् सकृदिमं लोकमागम्य दुःखस्यान्तं करिष्यतीति न स्थातव्यं। अनागामी दक्षिणीय इति न स्थातव्यं। अनागाम्यनागम्येमं लोकन्तत्रैव परिनिर्व्वास्यतीति न स्थातव्यं। अर्हन्दक्षिणीय इति न स्थातव्यं। अर्हन्निहैवानुपधिशेषे निर्व्वाणधातौ परिनिर्व्वास्यतीति न स्थातव्यं। प्रत्येकबुद्धो दक्षिणीय इति न स्थातव्यं। प्रत्येकबुद्धोऽतिक्रम्य श्रावकभूमिमप्राप्य बुद्धभूमिं परिनिर्व्वास्यतीति न स्थातव्यं। बुद्धो दक्षिणीय इति न स्थातव्यं। बुद्धोऽतिक्रम्य पृथग्जनभूमिमतिक्रम्य श्रावकभूमिमतिक्रम्य प्रत्येकबुद्धभूमिमप्रमेयाणामसंख्येयानां सत्वानामर्थं कृत्वाऽप्रमेयाण्यसंख्येयानि सत्वकोटीनियुतशतसहस्राणि परिनिर्व्वाप्याप्रमेयानसंख्येयान् सत्वान् श्राव-

कप्रत्येकबुद्धसम्यक्संबुद्धत्वनियतान् कृत्वा बुद्धभूमौ स्थित्वा बुद्धकृत्यं कृत्वाऽनुपधिशेषे निर्व्वाणधातौ बुद्धपरिनिर्व्वाणेन परिनिर्व्वास्यतीत्येवमप्यनेन न स्थातव्यं ॥

अथ खल्वायुष्मतः सारिपुत्रस्यैतदभवत्। यदि बुद्धोऽतिक्रम्य पृथग्जनभूमिमतिक्रम्य श्रावकभूमिमतिक्रम्य प्रत्येकबुद्धभूमिमप्रमेयाणामसंख्येयानां सत्वानामर्थं कृत्वाऽप्रमेयाण्यसंख्येयानि सत्वकोटीनियुतशतसहस्राणि परिनिर्वाप्याप्रमेयानसंख्येयान् सत्वान् श्रावकप्रत्येकबुद्धसम्यक्सम्बुद्धत्वनियतान् कृत्वा बुद्धभूमौ स्थित्वा बुद्धकृत्यं कृत्वाऽनुपधिशेषे निर्व्वाणधातौ बुद्धपरिनिर्व्वाणेन परिनिर्वास्यतीत्येवमप्यनेन न स्थातव्यं तत्कथं पुनरनेन स्थातव्यं(१) कथं शिक्षितव्यमिति ॥

अथ खल्वायुष्मान् सुभूतिर्बुद्धानुभावेनायुष्मतः सारिपुत्रस्य चेतसैव चेतःपरिवितर्कमाज्ञायायुष्मन्तं सारिपुत्रमेतदवोचत् । तत्किं मन्यसे आयुष्मन् सारिपुत्र क्व(२) तथागतोऽर्हन् सम्यक्सम्बुद्धः स्थितः ॥

आयुष्मान् सारिपुत्र आह । न क्वचिदायुष्मन् सुभूते तथागतोऽर्हन् सम्यक्संबुद्धः स्थितः ॥ तत्कस्य हेतोः। अप्रतिष्ठितमानसो हि तथागतोऽर्हन् सम्यक्सम्बुद्धः । स नैव संस्कृते धातौ स्थितो नाप्यसंस्कृते धातौ स्थितो न च ततो व्युत्थितः ॥

अथ खल्वायुष्मान् सुभूतिरायुष्मन्तं सारिपुत्रमेतदवोचत् । एवमेवायुष्मन् सारिपुत्र बोधिसत्वेन महासत्वेन स्थातव्यं एवं शिक्षितव्यं यथा तथागतोऽर्हन् सम्यक्सम्बुद्धो न क्वचित् स्थितो नास्थितो

(१) पुनरनेन न स्थातव्यमिति ग० ।
(२) क्व वा इति ग० ।

न विष्ठितो नाविष्ठितस्तथा स्थास्यामीत्येवमनेन शिक्षितव्यं। यथा तथागतस्थानं तथा स्थास्यामीति तथा शिक्षिष्ये इति यथा तथागतस्थानं तथा स्थास्यामीति सुस्थितोऽस्थानयोगेनेत्येवमत्र बोधिसत्त्वेन महासत्त्वेन स्थातव्यमेवं शिक्षितव्यं। एवंहि शिक्षमाणो बोधिसत्त्वो महासत्त्वो विहरत्यनेन प्रज्ञापारमिताविहारेणाविरहितश्चानेन मनसिकारेणेति ॥

अथ खलु तत्र पर्षदि केषाञ्चिद्देवपुत्राणामेतदभूत्। यानि तानि यक्षाणां यक्षभाषितानि यक्षरुतानि यक्षपदानि यक्षमन्त्रितानि यक्षप्रव्याहृतानि तानि विज्ञायन्ते जल्प्यमानानि। न पुनरिदं विज्ञायते यत् सुभूतिः स्थविरो भाषते प्रव्याहरति देशयत्युपदिशति ॥

अथ खल्वायुष्मान् सुभूतिर्बुद्धानुभावेन तेषां देवपुत्राणामिममेवंरूपं चेतसैव चेतःपरिवितर्कमाज्ञाय तान्देवपुत्रानामन्त्रयते स्म। न विज्ञायते न विज्ञायते इदन्देवपुत्राः। तथा हि नात्र किञ्चित् सूच्यते नात्र किञ्चित् श्रूयते ॥

अथ खलु तेषान्देवपुत्राणां पुनरेवैतदभूत्। उत्तानीकरिष्यति बतायमार्य्यसुभूतिरुत्तानीकरिष्यति बतायमार्य्यसुभूतिरिति। दूराद्दूरतरमार्य्यसुभूतिः प्रविशति सूक्ष्मात् सूक्ष्मतरं गम्भीराद्गम्भीरतरमार्य्यसुभूतिः प्रविशति देशयति भाषत इति ॥

अथ खल्वायुष्मान् सुभूतिर्बुद्धानुभावेन पुनरपि तेषामेव देवपुत्राणाञ्चेतसैव चेतःपरिवितर्कमाज्ञाय तान्देवपुत्रानामन्त्रयते स्म। तेन हि देवपुत्रा यः श्रोतआपत्तिफलं प्राप्तुकामः श्रोतआपत्तिफले स्थातुकामः स नेमां क्षान्तिमनागम्य पेयालं। यः सकृदागा-

मिफलं प्राप्तुकामः सकृदागामिफले स्थातुकामः योऽनागामिफलं प्राप्तुकामोऽनागामिफले स्थातुकामः योऽर्हत्त्वं प्राप्तुकामोऽर्हत्त्वे स्थातुकामः यः प्रत्येकबोधिं प्राप्तुकामः प्रत्येकबोधौ स्थातुकामः स नेमां क्षान्तिमनागम्य योऽनुत्तरां सम्यक्बोधिं प्राप्तुकामोऽनुत्तरायां सम्यक्सम्बोधौ स्थातुकामः स नेमां क्षान्तिमनागम्य ॥

अथ खलु पुनरपि तेषां देवपुत्राणामेतदभवत्। किं रूपा अस्यार्य्यसुभूतेर्धार्म्मश्रवणिका एष्टव्याः ॥

अथ खल्वायुष्मान् सुभूतिर्बुद्धानुभावेन तेषां देवपुत्राणाञ्चेतसैव चेतःपरिवितर्कमाज्ञाय तान्देवपुत्रानामन्त्रयते स्म। मायानिर्म्मितसदृशा हि देवपुत्रा मम धार्म्मश्रवणिका एष्टव्याः ॥ तत् कस्य हेतोः। तथा हि ते नैव श्रोष्यन्ति न च साक्षात् करिष्यन्ति॥

अथ खलु ते देवपुत्रा आयुष्मन्तं सुभूतिमेतदवोचत्। किं पुनरार्य्य सुभूते मायोपमास्ते सत्वा न ते माया ॥

एवमुक्ते आयुष्मान् सुभूतिस्तान् देवपुत्रानेतदवोचत्। मायोपमास्ते देवपुत्राः सत्वाः स्वप्नोपमास्ते देवपुत्राः सत्वा इति हि माया च सत्वाश्चाद्वयमेतदद्वैधीकारमिति हि स्वप्नश्च सत्वाश्चाद्वयमेतदद्वैधीकारं॥ सर्व्वधर्म्मा अपि देवपुत्रा मायोपमाः स्वप्नोपमाः। श्रोतआपन्नोऽपि मायोपमः स्वप्नोपमः। श्रोतआपत्तिफलमपि मायोपमं स्वप्नोपमं। एवं सकृदागाम्यपि सकृदागामिफलमपि अनागाम्यपि अनागामिफलमपि अर्हन्नप्यर्हत्त्वमपि मायोपमं स्वप्नोपमं। प्रत्येकबुद्धोऽपि मायोपमः स्वप्नोपमः। प्रत्येकबुद्धत्वमपि मायोपमं स्वप्नोपमं। सम्यक्सम्बुद्धोऽपि मायोपमः स्वप्नोपमः। सम्यक्सम्बुद्धत्वमपि मायोपमं स्वप्नोपमं ॥

अथ खलु देवपुत्रा आयुष्मन्तं सुभूतिमेतदवोचत्। सम्यक्सम्बुद्धोऽप्यार्य्य सुभूते मायोपमः स्वप्नोपम इति वदसि। सम्यक्सम्बुद्धत्वमपि मायोपमं स्वप्नोपममिति वदसि॥

सुभूतिराह। निर्व्वाणमपि देवपुत्रा मायोपमं स्वप्नोपमं इति वदामि किं पुनरन्यद्धर्म्मं॥

ते देवपुत्रा आहुः। निर्व्वाणमप्यार्य्य सुभूते मायोपमं स्वप्नोपममिति वदसि॥

आयुष्मान् सुभूतिराह। तद्यदि देवपुत्रा निर्व्वाणादप्यन्यः कश्चिद्धर्म्मो विशिष्टतरः स्यात्तमप्यहं मायोपमं स्वप्नोपममिति वदेयं। इति हि देवपुत्रा माया च निर्वाणञ्चाद्वयमेतदद्वैधीकारमिति हि स्वप्नश्च निर्व्वाणञ्चाद्वयमेतदद्वैधीकारं॥

अथ खल्वायुष्मान् शारिपुत्र आयुष्मांश्च पूर्णो मैत्रायणीपुत्र आयुष्मांश्च महाकोष्ठिल आयुष्मांश्च महाकात्यायन आयुष्मांश्च महाकाश्यपोऽन्ये च महाश्रावका अनेकैर्बोधिसत्त्वसहस्रैः सार्द्धमायुष्मन्तं सुभूतिं स्थविरमामन्त्रयते स्म। केऽस्या आयुष्मन् सुभूते प्रज्ञापारमिताया एवन्निर्द्दिश्यमानायाः प्रत्येषका भविष्यन्ति॥

अथ खल्वायुष्मानानन्दस्तान् स्थविरानेतदवोचत्। ते खल्वायुष्मन्तो वेदितव्या अविनिवर्त्तनीया बोधिसत्त्वा महासत्वा दृष्टिसम्पन्ना वा पुद्गला अर्हन्तो वा क्षीणास्रवा येऽस्याः प्रज्ञापारमिताया एवन्निर्द्दिश्यमानायाः प्रत्येषका भविष्यन्ति॥

अथ खल्वायुष्मान् सुभूतिः स्थविरस्तान् स्थविरानेतदवोचत्। नास्या आयुष्मन्तः प्रज्ञापारमिताया एवं निर्द्दिश्यमानायाः केचित्

प्रत्येषका भविष्यन्ति॥ तत् कस्य हेतोः। तथा ह्यत्र न कश्चिद्धर्म्मः सूच्यते न कश्चिद्धर्म्मः परिदीप्यते न कश्चिद्धर्म्मः प्रज्ञप्यते। तद्यथैवात्र न कश्चिद्धर्म्मः सूच्यते न कश्चिद्धर्म्मः परिदीप्यते न कश्चिद्धर्म्मः प्रज्ञप्यते तथैवास्याः प्रज्ञापारमितायाः एवं निर्द्दिश्यमानाया न कश्चित् प्रत्येषको भविष्यति॥

अथ खलु शक्रस्य देवानामिन्द्रस्यैतदभूत्। अस्य धर्म्मपर्य्यायस्यार्य्येण सुभूतिना भाष्यमाणस्य पूजार्थं यन्न्वहं पुष्पाण्यभिनिर्म्मायार्य्यं सुभूतिमभ्यवकिरेयमिति॥

अथ खलु शक्रो देवानामिन्द्रस्तस्यां वेलायां पुष्पाण्यभिनिर्म्मायायुष्मन्तं सुभूतिमभ्यवकिरत्॥

अथ खल्वायुष्मतः सुभूतेः स्थविरस्य शक्रं देवानामिन्द्रमनुव्याहरणायैतदभूत्। न खलु पुनरिमानि पुष्पाणि मया त्रयस्त्रिंशेषु देवेषु प्रचरन्ति दृष्टपूर्व्वाणि। यानीमानि शक्रेण देवानामिन्द्रेणाभ्यवकीर्णानि निर्म्मितान्येतानि पुष्पाणि। नैतानि पुष्पाणि वृक्षगुल्मलतानिर्जातानि। यानि शक्रेण देवानामिन्द्रेणाभ्यवकीर्णानि मनोमयान्येतानि पुष्पाणीति॥

अथ खलु शक्रो देवानामिन्द्र आयुष्मतः सुभूतेस्तथैव चेतःपरिवितर्कमाज्ञायायुष्मन्तं सुभूतिमेतदवोचत्। अनिर्जातान्येतान्यार्य्य सुभूते पुष्पाणि॥ तत्कस्य हेतोः। न हि मनोनिर्जातानि कानिचित्पुष्पाणि नापि वृक्षगुल्मलतानिर्जातानि॥

अथ खल्वायुष्मान् सुभूतिः शक्रं देवानामिन्द्रमेतदवोचत्। यत्त्वं कौशिकैवं वदसि। अनिर्जातान्येतानि पुष्पाणि नैतानि

मनोनिर्जातानि नापि वृक्षगुल्मलतानिर्जातानीति। यत् कौशिकानिर्जातं न तत्पुष्पं॥

अथ खलु शक्रस्य देवानामिन्द्रस्यैतदभूत्। गम्भीरप्रज्ञो बतायमार्य्यः सुभूतिस्ताञ्च नाम पदप्रज्ञप्तिं निर्दिशति ताञ्च न विरोधयति ताञ्चोत्तानीकरोति तामेव चोपदिशति॥

अथ खलु शक्रो देवानामिन्द्र आयुष्मन्तं सुभूतिमेतदवोचत्। एवमेतदार्य्य सुभूते एवमेतत्। एवञ्चात्र बोधिसत्त्वेन महासत्वेन शिक्षितव्यं यथार्य्यसुभूतिरुपदिशति॥

एवमुक्ते आयुष्मान् सुभूतिः शक्रं देवनामिन्द्रमेतदवोचत्। एवमेतत् कौशिकैवमेतत्। एवमत्र बोधिसत्त्वेन महासत्वेन शिक्षितव्यं। एवं शिक्षमाणः कौशिक बोधिसत्त्वो महासत्वो न श्रोतआपत्तिफले शिक्षते न सकृदागामिफले नानागामिफले नार्हत्त्वे शिक्षते न प्रत्येकबुद्धत्वे शिक्षते न बुद्धत्वे शिक्षते। यो नाशु भुमिषु शिक्षते स बुद्धत्वे सर्व्वज्ञत्वे वा शिक्षते[१]। यो बुद्धत्वे सर्व्वज्ञत्वे वा शिक्षते[२] सोऽप्रमेयेष्वसंख्येयेषु बुद्धधर्म्मेषु शिक्षते। योऽप्रमेयेष्वसंख्येयेषु बुद्धधर्म्मेषु शिक्षते स न रूपस्य विवृद्धये शिक्षते न परिहाणाय। एवं स न वेदनाया न संज्ञाया न संस्काराणां स न विज्ञानस्य विवृद्धये शिक्षते न परिहाणाय। यो न रूपस्य विवृद्धये शिक्षते न परिहाणाय एवं यो न वेदनाया न संज्ञाया न संस्काराणां यो न विज्ञानस्य

---

(१) बुद्धत्वे सर्व्वत्वे शिक्षते इति ग०।

(२) बुद्धत्वे सर्व्वज्ञत्वे शिक्षते इति ग०।

विवृद्धये शिक्षते न परिहाणाय स न रूपस्य परिग्रहाय शिक्षते नोत्सर्गाय। एवं स न वेदनाया न संज्ञाया न संस्काराणां स न विज्ञानस्य परिग्रहाय शिक्षते नोत्सर्गाय नापि कस्यचिद्धर्म्मस्य परिग्रहाय शिक्षते नोत्पादाय नान्तर्द्धानाय शिक्षते। यो न कस्यचिद्धर्म्मस्य परिग्रहाय शिक्षते नोत्पादाय नान्तर्द्धानाय शिक्षते स न सर्व्वज्ञताया अपि परिग्रहाय शिक्षते नोत्पादाय नान्तर्द्धानाय शिक्षते। एवं शिक्षमाणो बोधिसत्त्वो महासत्वः सर्व्वज्ञतायां शिक्षते सर्व्वज्ञतायां निर्य्यास्यति॥

अथ खल्वायुष्मान् सारिपुत्र आयुष्मन्तं सुभूतिमेतदवोचत्। य आयुष्मन् सुभूते बोधिसत्त्वो महासत्वः न कस्यचिद्धर्म्मस्य परिग्रहाय शिक्षते नोत्पादाय नान्तर्द्धानाय शिक्षते स न सर्व्वज्ञताया अपि परिग्रहाय शिक्षते नोत्पादाय नान्तर्द्धानाय शिक्षते। एवं शिक्षमाण आयुष्मन् सुभूते बोधिसत्त्वो महासत्वः सर्व्वज्ञतायां शिक्षते सर्व्वज्ञतायां निर्य्यास्यति॥

आयुष्मान् सुभूतिराह। एवमेतदायुष्मन् सारिपुत्रैवमेतत्। य आयुष्मन् सारिपुत्र बोधिसत्त्वो महासत्वः न कस्यचिद्धर्म्मस्य परिग्रहाय शिक्षते नोत्पादाय नान्तर्द्धानाय शिक्षते स न सर्व्वज्ञताया अपि परिग्रहाय शिक्षते नोत्पादाय नान्तर्द्धानाय शिक्षते। सर्व्वबुद्धधर्म्माणामपि न परिग्रहाय शिक्षते नोत्पादाय नान्तर्द्धानाय शिक्षते। एवं चायुष्मन् सारिपुत्र शिक्षमाणो बोधिसत्त्वो महासत्वः सर्व्वज्ञतायां शिक्षते सर्व्वज्ञतायां निर्य्यास्यति॥

अथ खलु शक्रो देवानामिन्द्र आयुष्मन्तं सारिपुत्रमेतदवोचत्।

प्रज्ञापारमिता आर्य्य शारिपुत्र बोधिसत्त्वेन महासत्वेन कुतो गवेषितव्या॥

शारिपुत्र आह। प्रज्ञापारमिता कौशिक बोधिसत्त्वेन महासत्वेनायुष्मतः सुभुतेः परिवर्त्तादृगवेषितव्या॥

एवमुक्ते शक्रो देवानामिन्द्र आयुष्मन्तं शारिपुत्रमेतदवोचत्। कस्यैष आर्य्य शारिपुत्रानुभावो वेदितव्यः कस्यैतदधिष्ठानं वेदितव्यं यदार्य्यसुभूतिः प्रज्ञापारमितां भाषते॥

आयुष्मान् शारिपुत्र आह। तथागतस्यैष कौशिकानुभावो वेदितव्यस्तथागतस्यैतदधिष्ठानं वेदितव्यं यदायुष्मान् सुभूतिः प्रज्ञापारमितां भाषते॥

अथ खल्वायुष्मान् सुभूतिः शक्रं देवानामिन्द्रमेतदवोचत्। यत् कौशिकैवं वदसि कस्यैषोऽनुभावो वेदितव्यः कस्यैतदनुष्ठानं वेदितव्यं यदार्य्यसुभूतिः प्रज्ञापारमितां भाषते इति। तथागतस्यैष कौशिकानुभावो वेदितव्यः तथागतस्यैतदनुष्ठानं वेदितव्यं यदहं प्रज्ञापारमितां भाषे॥ यदपि कौशिकैवं वदसि प्रज्ञापारमिता बोधिसत्त्वेन महासत्वेन कुतो गवेषितव्येति। प्रज्ञापारमिता कौशिक बोधिसत्त्वेन महासत्वेन न रूपाद्गवेषितव्या नाप्यन्यत्र रूपाद्गवेषितव्या। एवं न वेदनाया न संज्ञाया न संस्कारेभ्यो न विज्ञानाद्गवेषितव्या नाप्यन्यत्र विज्ञानाद्गवेषितव्या॥ तत्कस्य हेतोः। तथा हि न रूपं प्रज्ञापारमिता नाप्यन्यत्र रूपात्प्रज्ञापारमिता। एवं न वेदना न संज्ञा न संस्कारा न विज्ञानं प्रज्ञापारमिता नाप्यन्यत्र विज्ञानात्प्रज्ञापारमिता॥

एवमुक्ते शक्रो देवानामिन्द्र आयुष्मन्तं सुभूतिमेतदवोचत्। महापारमितेयमार्य्य सुभूते यदुत प्रज्ञापारमिता। अप्रमाणपारमितेयमार्य्य सुभूते यदुत प्रज्ञापारमिता। अपरिमाणपारमितेयमार्य्य सुभूते यदुत प्रज्ञापारमिता। अनन्तपारमितेयमार्य्य सुभूते यदुत प्रज्ञापारमिता॥

स्थविरः सुभूतिराह। एवमेतत् कौशिकैवमेतत्। महापारमितेयं कौशिक यदुत प्रज्ञापारमिता। अप्रमाणपारमितेयं कौशिक यदुत प्रज्ञापारमिता। अपरिमाणपारमितेयं कौशिक यदुत प्रज्ञापारमिता। अनन्तपारमितेयं कौशिक यदुत प्रज्ञापारमिता॥ तत्कस्य हेतोः। रूपमहत्तया हि कौशिक महापारमितेयं यदुत प्रज्ञापरिमिता। एवं वेदनासंज्ञासंस्कारा विज्ञानमहत्तया हि कौशिक महापारमितेयं यदुत-प्रज्ञापारमिता। रूपाप्रमाणतया कौशिकाप्रमाणपारमितेयं यदुत-प्रज्ञापारमिता। एवं वेदनासंज्ञासंस्कारा विज्ञानाप्रमाणतया कौशिकाप्रमाणपारमितेयं यदुत प्रज्ञापारमिता। रूपापरिमाणतया कौशिकापरिमाणपारमितेयं यदुत प्रज्ञापारमिता। एवं वेदनासंज्ञासंस्कारा विज्ञानापरिमाणतया कौशिकापरिमाणपारमितेयं यदुत प्रज्ञापारमिता। रूपानन्ततया कौशिकानन्तपारयितेयं यदुत प्रज्ञापारमिता। एवं वेदनासंज्ञासंस्कारा विज्ञानानन्ततया कौशिकानन्तपारमितेयं यदुत प्रज्ञापारमिता॥ एवं महापारमितेति कौशिक नाभिनिविशते। एवमप्रमाणपारमितेति एवमपरिमाणपारमितेति एवमनन्तपारमितेति नाभिनिविशते॥ तस्मात् कौशिक महापारमितेयमप्रमाणपारमितेयमपरिमाणपारमितेयमनन्तपारमितेयं यदुत

प्रज्ञापारमिता॥ आरम्बणानन्ततया[१] कौशिकानन्तपारमितेयं यदुत प्रज्ञापारमिता। सत्वानन्ततया कौशिकानन्तपारयितेयं यदुत प्रज्ञापारमिता॥ कथं पुनः कौशिकारम्बणानन्ततया[१]ऽनन्तपारमितेयं यदुत प्रज्ञापारमिता। सर्व्वधर्म्माणां हि कौशिक यतोनान्तो न मध्यं न पर्य्यवसानमुपलभ्यते ततः कौशिकानन्तपारमितेयं यदुत प्रज्ञापारमिता। अनेन कौशिक पर्य्यायेणारम्बनानन्ततया[१] अनन्तपारमितेयं यदुत प्रज्ञापारमिता॥ पुनरपरं कौशिक यस्मात् सर्व्वधर्म्मा अनन्ता अपर्य्यन्ता न तेषामन्तो वा मध्यं वा पर्य्यवसानं वा उपलभ्यते तस्मात् कौशिक अनन्तपारमितेयं यदुत प्रज्ञापारमिता॥ तत्कस्य हेतोः। रूपस्य हि कौशिक नान्तो न मध्यं न पर्य्यवसानमुपलभ्यते। एवं वेदनायाः संज्ञायाः संस्काराणां विज्ञानस्य हि कौशिक नान्तो न मध्यं न पर्य्यवसानमुपलभ्यते। अनेनापि कौशिक पर्य्यायेणारम्बणानन्ततया[१]ऽनन्तपारमितेयं यदुत प्रज्ञापारमितता॥ पुनरपरं कौशिक सत्वोऽनन्तोऽपर्य्यन्तः॥ तत् कस्य हेतोः। न हि सत्वस्यान्तो वा मध्यं वा पर्य्यवसानं वोपलभ्यते। तस्मात् कौशिक सत्वानन्ततया अनन्तपारमितेयं यदुत प्रज्ञापारमिता॥

अथ खलु शक्रो देवानामिन्द्र आयुष्मन्तं सुभूतिमेतदवोचत्। कथमायुष्मन् सुभूते सत्वानन्ततयाऽनन्तपारमितेयं यदुत प्रज्ञापारमिता॥

स्थविरः सुभूतिराह। न हि कौशिक गणनायोगेन वा गणनावत्त्वेन वा सत्वानन्ततया अनन्तपारमितेयं यदुत प्रज्ञापारमिता॥

शक्र आह। कथन्तर्हीदानीं आर्य्य सुभूते सत्वानन्ततया अनन्तपारमितेयं यदुत प्रज्ञापारमिता॥

(१) आरम्भणेति पाठः सम्भवति।

स्थविरः सुभूतिराह । तत् किं मन्यसे कौशिक कतमस्यैतद्धर्मस्याधिवचनं यदुत सत्वः सत्व इति ॥

शक्र आह । नैतदार्य्य सुभूते धर्म्मस्याधिवचनं नाधर्म्माधिवचनं यदुत सत्वः सत्व इति । आगन्तुकमेतन्नामधेयं प्रक्षिप्तमवस्तुकमेतन्नामधेयं प्रक्षिप्तमनात्मीयमेतन्नामधेयं प्रक्षिप्तमनारम्बण[१]मेतन्नामधेयं प्रक्षिप्तं यदुत सत्वः सत्व इति ॥

स्थविरः सुभूतिराह । तत्किं मन्यसे कौशिक काचिदत्र सत्वपरिदीपना कृता ॥

शक्र आह । नो हीदमार्य्य सुभूते ॥

सुभूतिराह । यत्र कौशिक न काचित् सत्वपरिदीपना कृता तत्र का सत्वानन्तता । सचेत् कौशिक तथागतोऽर्हन् सम्यक्सम्बुद्धोऽनन्तविज्ञप्तिघोषेण गम्भीरनिर्घोषेण स्वरेण गङ्गानदीवालुकोपमान् कल्पानपि[२] वितिष्ठमानः सत्व सत्वः इति वाचं भाषेत अपि नु तत्र कश्चित् सत्व उत्पन्नो वा उतपत्स्यते वा उत्पद्यते वा निरुद्धो वा निरोत्स्यते वा निरुध्यते वा ॥

शक्र आह । नो हीदमार्य्य सुभूते ॥ तत् कस्य हेतोः । आदिशुद्धत्वादादिपरिशुद्धत्वात् सत्वस्य ॥

सुभूतिराह । अनेनापि कौशिक पर्य्यायेण एवं सत्वानन्ततया अनन्तपारमितेयं यदुत प्रज्ञापारमिता । एवञ्च पुनः कौशिक सत्वानन्ततया प्रज्ञापारमिताऽनन्तता वेदितव्या ॥

---

(१) अनारम्भणमिति बोध्यं ।

(२) कल्पानिति ग० ।

अथ खलु सेन्द्रका देवाः सब्रह्मकाः सप्रजापतिकाः सर्षिनरनारीगणास्त्रिरुदानमुदानयन्ति स्म। अहो धर्म्मः अहो धर्म्मः अहो धर्म्मस्य धर्म्मता। यस्तथागतस्य प्रादुर्भावः स आर्य्येण सुभूतिना स्थविरेण सुभाषितेनेह सूच्यते देश्यते प्रकाश्यते प्रभाव्यते। तथागतं तं वयं भगवन् बोधिसत्त्वं महासत्वमद्याग्रेण धारयिष्यामो योऽनया प्रज्ञापारमितयाऽविरहितो भविष्यति योऽपि चानेन बोधिसत्त्वो महासत्वः प्रज्ञापारमिताविहारेण विहरिष्यति॥

अथ खलु भगवांस्तान् सेन्द्रकान् सब्रह्मकान् सप्रजापतिकान् सर्षिनरनारीगणानामन्त्रयते स्म। एवमेतद्देवपुत्रा एवमेतत्। यदाऽहं देवपुत्रा दीपङ्करस्य तथागतस्यार्हतः सम्यक्सम्बुद्धस्यान्तिके दीपवत्यां राजधान्यामन्तरायणमध्यगतोऽनया प्रज्ञापारमितयाऽविरहितोऽभूवं तदाहं दीपङ्करेण तथागतेनार्हता सम्यक्सम्बुद्धेन व्याकृतोऽनुत्तरायां सम्यक्सम्बोधौ। भविष्यसि त्वं माणवानागतेऽध्वन्यसंख्येयैः कल्पैः शाक्यमुनिर्नाम तथागतोऽर्हन् सम्यक्सम्बुद्धो विद्याचरणसम्पन्नः सुगतो लोकविदनुत्तरः पुरुषदम्यसारथिः शास्ता देवानाञ्च मनुष्यानाञ्च बुद्धो भगवानिति॥

अथ खलु ते देवपुत्रा भगवन्तमेतदवोचत्। आश्चर्य्यं भगवन् परमाश्चर्य्यं सुगत। यावदियं प्रज्ञापारमिता बोधिसत्त्वानां महासत्वानां सर्व्वज्ञताया आहारिका(१)ऽनुपरिग्राहिका चेति॥

आर्य्याष्टसाहस्रिकायां प्रज्ञापारमितायां शक्रपरिवर्त्तो नाम द्वितीयः॥ ३४२॥

(१) सर्व्वज्ञता व्याहारिकेति ग०।

अथ अप्रमेयगुणधारणपारमितास्तूपसत्कार-परिवर्त्तो नाम तृतीयः॥

अथ खलु भगवान् ये तत्र देवपुत्राः पर्षदि सन्निपतिताः सन्निषण्णाश्चाभूवन् याश्च भिक्षुभिक्षुण्युपासकोपासिकाः सन्निपतिताः सन्निषण्णाश्चाभूवन् तान् देवपुत्रान् सन्निपतितान् सन्निषण्णांश्च विदित्वा ताश्च सर्वास्तस्याः पर्षदः सन्निपतिताः सन्निषण्णाश्च विदित्वा कामावचरान् रूपावचरांश्च देवपुत्रान् ब्रह्मकायिकांश्च देवपुत्रानाभास्वरांश्च परीत्तशुभांश्चाकनिष्ठांश्च देवपुत्रान् साक्षिणः स्थापयित्वा शक्रदेवेन्द्र-प्रमुखान् कामावचरान् देवपुत्रान्महाब्रह्मप्रमुखांश्च ब्रह्मकायिकान् देवपुत्रानाभास्वरांश्च देवपुत्रानामन्त्रयते स्म। यो हि कश्चिद्देवपुत्राः कुलपुत्रो वा कुलदुहिता वा इमां प्रज्ञापारमितामुद्ग्रहीष्यति धारयिष्यति वाचयिष्यति पर्य्यवाप्स्यति प्रवर्त्तयिष्यति न तस्य मारो वा मारकायिका वा देवता अवतारप्रेक्षिण्योऽवतारगवेषिण्योऽवतारं लप्स्यन्ते। नापि तस्य कुलपुत्रस्य वा कुलदुहितुर्वा मनुष्या वा अमनुष्या वा अवतारप्रेक्षिणोऽवतारगवेषिणोऽवतारं लप्स्यन्ते। नापि स कुलपुत्रो वा कुलदुहिता वा विषमापरिहारेण कालं करिष्यति॥ पुनरपरं देवपुत्रा ये[१] देवपुत्रा अनुत्तरायां सम्यक्सम्बोधौ संप्रस्थिता यैश्च देवपुत्रैरियं प्रज्ञापारमिता नोद्गृहीता न धारिता न वाचिता न पर्य्यवाप्ता न प्रवर्त्तिता ते देवपुत्रास्तं कुलपुत्रं वा कुलदुहितरं

---

(१) ये च इति ग०।

वोपसंक्रमितव्यं मंस्यन्ते तस्य च कुलपुत्रस्य वा कुलदुहितुर्वा इमां प्रज्ञापारमितामुद्गृह्णतो धारयतो वाचयतः पर्य्यवाप्नुवतः प्रवर्त्तयमानस्यान्तिकात् श्रोष्यन्ति श्रुत्वा चोद्ग्रहीष्यन्ति धारयिष्यन्ति वाचयिष्यन्ति पर्य्यवाप्स्यन्ति प्रवर्त्तयिष्यन्ति। न च खलु[१] पुनर्देवपुत्रास्तस्य कुलपुत्रस्य वा कुलदुहितुर्वा इमां प्रज्ञापारमितामुद्गृह्णतो धारयतो वाचयतः पर्य्यवाप्नुवतः प्रवर्त्तयमानस्यारण्यगतस्य वा वृक्षमूलगतस्य वा शून्यागारगतस्य वा अभ्यवकाशगतस्य वा पथि गतस्य वा उत्पथगतस्य वा अटवीगतस्य वा महासमुद्रगतस्य वा तत्र तत्रोपसंक्रामतो वा चंक्रम्यमाणस्य वा स्थितस्य वा निषण्णस्य वा निपन्नस्य वा भयं वा भविष्यति स्तम्भितत्वं वा भविष्यति उत्पत्स्यते वा[२]॥

अथ खलु चत्वारो महाराजानो भगवन्तमेतदवोचत्। आश्चर्य्यं भगवन् यदिमां प्रज्ञापारमितामुद्गृह्णन् धारयन् वाचयन् पर्य्यवाप्नुवन् प्रवर्त्तयन् स कुलपुत्रो वा कुलदुहिता वा यानत्रये सत्वान् विनयति न च सत्वसंज्ञामुत्पादयति॥ वयं भगवंस्तस्य कुलपुत्रस्य वा कुलदुहितुर्वा रक्षावरणगुप्तिं संविधास्यामो य इमां प्रज्ञापारमितामुद्ग्रहीष्यति धारयिष्यति वाचयिष्यति पर्य्यवाप्स्यति प्रवर्त्तयिष्यति॥

अथ खलु शक्रो देवानामिन्द्रो भगवन्तमेतदवोचत्। अहमपि भगवंस्तस्य कुलपुत्रस्य वा कुलदुहितुर्वा रक्षावरणगुप्तिं संविधास्यामि य इमां प्रज्ञापारमितामुद्ग्रहीष्यति धारयिष्यति वाचयिष्यति पर्य्यवाप्स्यति प्रवर्त्तयिष्यति॥

---

(१) न खलु इति ग०।

(२) ग० पुस्तके उत्पत्स्यते वा इति पाठो न विद्यते।

ब्रह्मापि सहापतिः(१) सार्द्धं ब्रह्मकायिकैर्देवपुत्रैर्भगवन्तमेतदवोचत्। अहमपि भगवंस्तस्य कुलपुत्रस्य वा कुलदुहितुर्वा रक्षावरणगुप्तिं संविधास्यामि य इमां प्रज्ञापारमितामुद्ग्रहीष्यति धारयिष्यति वाचयिष्यति पर्य्यवाप्स्यति प्रवर्त्तयिष्यति॥

अथ खलु शक्रो देवानामिन्द्रो भगवन्तमेतदवोचत्। आश्चर्य्यं भगवन् यदिमां प्रज्ञापारमितामुद्गृह्णन् धारयन् वाचयन् पर्य्यवाप्नुवन् प्रवर्त्तयन् स कुलपुत्रो वा कुलदुहिता वा इमानियतो दृष्टधार्म्मिकान् गुणान् प्रतिलभते परिगृह्णाति। किं पुनर्भगवन् प्रज्ञापारमितायामुद्गृहीतायां सर्व्वाः षट्पारमिता उद्गृहीता भवन्ति॥

एवमुक्ते भगवान् शक्रं देवानामिन्द्रमेतदवोचत्। एवमेतत् कौशिकैवमेतत्॥ प्रज्ञापारमितायां कौशिकोद्गृहीतायां सर्व्वाः षट्पारमिता उद्गृहीता भवन्ति॥ पुनरपरं कौशिक प्रज्ञापारमितायामुद्गृहीतायां धारितायां वाचितायां पर्य्यवाप्तायां प्रवर्त्तितायां स कुलपुत्रो वा कुलदुहिता वा दृष्टधार्म्मिकान् गुणान् परिगृह्णाति। तान् कौशिक सर्व्वान् शृणु साधु च सुष्ठु च मनसि कुरु भाषिष्येऽहन्ते॥

साधु भगवन्निति शक्रो देवानामिन्द्रो भगवतः प्रत्यश्रौषीत्॥

भगवानेतदवोचत्। तत्र कौशिक ये मम धर्म्मं विग्रहीतव्यं मंस्यन्ते विवदितव्यं मंस्यन्ते विरोधयितव्यं मंस्यन्ते तेषां विग्रहीतुकामानां विवदितुकामानां विरोधयितुकामानामुत्पन्नोत्पन्ना विग्रहा विवादा विरोधाः पुनरेवान्तर्द्धास्यन्ति न स्थास्यन्ति। तेषां विग्रही-

---

(१) सहापतिरितिपदं स्वाहापतिरित्यर्थे प्रयुक्तमित्यनुमीयते।

तुकामानां विवदितुकामानां विरोधयितुकामानां न तेऽभिप्रायाः परिपूरिं गमिष्यन्ति॥ तत्कस्य हेतोः। एवं ह्येतत्कौशिक भवति य इमां प्रज्ञापारमितां कुलपुत्रो वा कुलदुहिता वा उद्ग्रहीष्यति धारयिष्यति वाचयिष्यति पर्य्यवाप्स्यति प्रवर्त्तयिष्यति देशयिष्यत्युपदेक्ष्यत्युद्देक्ष्यति स्वाध्यास्यति तस्यैवं तान्युत्पन्नोत्पन्नान्यधिकरणानि पुनरेवान्तर्द्धास्यन्ति न स्थास्यन्ति। तेषां विग्रहीतुकामानां विवदितुकामानां विरोधयितुकामानां न तेऽभिप्रायाः परिपूरिं गमिष्यन्ति॥ इममपि स कौशिक कुलपुत्रो वा कुलदुहिता वा दृष्टधार्मिकं गुणं परिगृह्णाति य इमां प्रज्ञापारमितामुद्गृह्णाति धारयति वाचयति पर्य्यवाप्नोति प्रवर्त्तयति देशयत्युपदिशत्युद्दिशति स्वाध्यायति॥ तद्यथापि नाम कौशिक मघीनामौषधी सर्व्वविषप्रशमनी तत्राशीविषेण जन्तुना बुभुक्षितेनाहारार्थिनाहारगवेषिणा कश्चिदेव प्राणकजातो जन्तुर्दृष्टो भवेत्। स आशीविषस्तं प्राणकजातं गन्धेनानुबध्नीयादनुगच्छेदाहारहेतोर्भक्षयितुकामः। अथ स प्राणकजातो येन सा मघीनामौषधी तेनोपसंक्रामेत्तेनोपसंक्रम्य तिष्ठेत्। अथ स आशीविषस्तस्या ओषध्या गन्धेनैव प्रत्युदावर्त्तेत॥ तत् कस्य हेतोः। तथाहि तस्या ओषध्या भैषज्यगुणः स तादृशो यस्तस्याशीविषस्य तद्विषमभिभवति एवं बलवती हि सा ओषधी॥ एवमेव कौशिक यः कुलपुत्रो वा कुलदुहिता वा इमां प्रज्ञापारमिता मुद्ग्रहीष्यति धारयिष्यति वाचयिष्यति पर्य्यवाप्स्यति प्रवर्त्तयिष्यति देशयिष्यत्युपदेक्ष्यत्युद्देक्ष्यति स्वाध्यास्यति तस्य कौशिक यानि तान्युत्पन्नोत्पन्नान्यधिकरणानि विग्रहा विवादा विरोधा भविष्यन्ति ते

प्रज्ञापामितायास्तेजसा बलेन स्थामतः प्रज्ञापारमिताबलाधानेन[१] चिप्रं तत एवोपरंस्यन्ति उपशमिस्यन्ति अन्तर्द्धास्यन्ति न विवर्द्धिष्यन्ते यतो यत एवोत्पत्स्यन्ते तत्र तत्रैव निरोत्स्यन्ते अन्तर्द्धास्यन्ति न विवर्द्धिष्यन्ते न स्थास्यन्ति[२] ॥ तत्कस्य हेतोः । प्रज्ञापारमिता हि रागादीनां यावन्निर्वाणग्राहस्योपशमयित्री[३]न विवर्द्धिकेति ॥ चत्वारश्च तस्य महाराजानः शक्रश्च देवानामिन्द्रो ब्रह्मा च सहापतिः[४] सर्व्वे च बुद्धा भगवन्तो बोधिसत्त्वाश्च रक्षावरणगुप्तिं संविधास्यन्ति य इमां प्रज्ञापारमितामुद्ग्रहीष्यति धारयिष्यति वाचयिष्यति पर्य्यवाप्स्यति प्रवर्त्तयिष्यति देशयिष्यत्युपदेक्ष्यत्युद्देक्ष्यति स्वाध्यास्यति ॥ अयं तेन कुलपुत्रेण वा कुलदुहित्रा वा दृष्टधार्मिको गुणः परिगृहीतो भविष्यति ॥ पुनरपरं कौशिक यः कुलपुत्रो वा कुलदुहिता वा इमां प्रज्ञापारमितामुद्ग्रहीष्यति धारयिष्यति वाचयिष्यति पर्य्यवाप्स्यति प्रवर्त्तयिष्यति देशयिष्यत्युपदेक्ष्यत्युद्देक्ष्यति स्वाध्यास्यति स आदेयवचनश्च भविष्यति मृदुवचनश्च भविष्यति मितवचनश्च भविस्यति अप्रकीर्णवचनश्च भविष्यति न च क्रोधाभिभूतो भविष्यति न च मानाभिभूतो भविष्यति ॥ तत् कस्य हेतोः । तथा हि तं प्रज्ञापारमिता परिदमयति प्रज्ञापारमिता परिणमयति न क्रोधं वर्द्धयति न मानं वर्द्धयति स नोपनाहं परिगृह्णाति न व्यापादं

(१) प्रज्ञापारमिताया बलाधानेनेति ख० ।

(२) ख० पुस्तके न विवर्द्धिष्यन्ते इति ग० पुस्तके न स्थास्यन्ति इति च पाठो नास्ति।

(३) यावन्निर्याणग्राहस्योपशमयित्री इति ग० ।

(४) सहापतिशब्दस्यार्थ एकपञ्चाशत्तमपत्रपृष्ठे विवृतम् ।

परिगृह्णाति नानुशयं धारयति॥ एवं चरतोऽस्य कुलपुत्रस्य वा कुलदुहितुर्वा स्मृतिर्मैत्री चोत्पद्यते। तस्यैवं भवति सचेदहं व्यापादमुत्पादयिष्यामि तेनेन्द्रियाणि मे परिभेत्स्यन्ते[१] मुखवर्णश्च मे धक्ष्यते अयुक्तश्चैतन्मम यदहमनुत्तरायां सम्यक्सम्बोधौ संप्रस्थितस्तत्र शिक्षितुकामः क्रोधस्य वशं गच्छेयमित्येवं स क्षिप्रमेव स्मृतिं प्रतिलभते॥ इममपि स कौशिक कुलपुत्रो वा कुलदुहिता वा दृष्टधार्म्मिकं गुणं परिगृह्णाति य इमां प्रज्ञापारमितामुद्ग्रहीष्यति धारयिष्यति वाचयिष्यति पर्य्यवाप्स्यति प्रवर्त्तयिष्यति देशयत्युपदेक्ष्यत्युद्देक्ष्यति स्वाध्यास्यति॥

एवमुक्ते शक्रो देवानामिन्द्रो भगवन्तमेतदवोचत्। आश्चर्य्यं भगवन् यथेयं प्रज्ञापारमिता परिदमनाय प्रत्युपस्थिता अनुनामाय बोधिसत्त्वानां महासत्वानां॥

भगवानाह। पुनरपरं कौशिक य इमां प्रज्ञापारमितां कुलपुत्रो वा कुलदुहिता वा उद्ग्रहीष्यति धारयिष्यति वाचयिष्यति पर्य्यवाप्स्यति प्रवर्त्तयिष्यति देशयिष्यत्युपदेक्ष्यत्युद्देक्ष्यति स्वाध्यास्यति स चेत् कुलपुत्रो वा कुलदुहिता वा इमां प्रज्ञापारमितामेवमुद्गृह्णन् धारयन् वाचन् पर्य्यवाप्नुवन् प्रवर्त्तयन् देशयन्नुपदिशन्नुद्दिशन् स्वाध्यायन् संग्रामे वर्त्तमाने संग्रामशिरसि समारूढ़ः स्यात्। तस्य संग्राममवतरतो वा अवतीर्णस्य वाऽतिक्रामतो वा संग्राममध्यगतस्य वा तिष्ठतो वा निषण्णस्य वा अस्थानमेतत् कौशिकानवकाशो यत्तस्य कुलपुत्रस्य वा कुलदुहितुर्वा इमां प्रज्ञापारमितां मनसि कुर्व्वतो वा उद्गृह्णतो

(१) परिभेत्स्यन्ते इति ख०।

वा धारयतो वा वाचयतो वा पर्य्यवाप्नुवतो वा प्रवर्त्तयतो वा देशयतो वा उपदिशतो वा उद्दिशतो वा स्वाध्यायतो वा जीवितान्तरायो वा भवेत्। परोपक्रमेण जीवितान्तरायं सोऽनुप्राप्नुयान्नैतत् स्थानं विद्यते। सचेत्पुनस्तस्य कश्चित् कौशिक तत्र शस्त्रं वा दण्डं वा लोष्टं वा अन्यद्वा क्षिपेन्नैतत्तस्य शरीरे निपतेत्॥ तत् कस्य हेतोः। महाविद्येयं कौशिक यदुत प्रज्ञापारमिता अप्रमाणेयं कौशिक विद्या यदुत प्रज्ञापारमिता अपरिमाणेयं कौशिक विद्या यदुत प्रज्ञापारमिता अनुत्तरेयं कौशिक विद्या यदुत प्रज्ञापारमिता असमेयं कौशिक विद्या यदुत प्रज्ञापारमिता असमसमेयं कौशिक यदुत प्रज्ञापारमिता॥ तत्कस्य हेतोः। अत्र हि कौशिक विद्यायां शिक्षमाणः कुलपुत्रो वा कुलदुहिता वा नात्मव्याबाधाय चेतयते न परव्याबाधाय चेतयते नो भयव्याबाधाय चेतयते। अत्र हि कौशिक विद्यायां शिक्षमाणो बोधिसत्त्वो महासत्वोऽनुत्तरां सम्यक्सम्बोधिमभिसंभोत्स्यते सर्व्वज्ञज्ञानञ्च प्रतिलप्स्यते। तेन सोऽनुत्तरां सम्यक्सम्बोधिमभिसम्बुध्य सर्व्वसत्वानां चित्तानि व्यवलोकयिष्यति॥ तत् कस्य हेतोः। अत्र हि कौशिक विद्यायां शिक्षमाणस्य बोधिसत्त्वस्य महासत्वस्य न तत् किञ्चिदस्ति यन्न प्राप्तं वा न ज्ञातं वा न साक्षात्कृतं वा स्यात्तस्मात् सर्व्वज्ञज्ञानमित्युच्यते॥ अयमपि कौशिक तेन कुलपुत्रेण वा कुलदुहित्रा वा दृष्टधार्म्मिको गुणः परिगृहीतो भविष्यति य इमां प्रज्ञापारमितामुद्ग्रहीष्यति धारयिष्यति वाचयिष्यति पर्य्यवाप्स्यति प्रवर्त्तयिष्यति देशयिष्यत्युपदेक्ष्यत्युद्देक्ष्यति स्वाध्यास्यति॥ पुनरपरं कौशिक यत्रेयं प्रज्ञापारमिता अन्तशो लिखित्वा पुस्तक-

गतां कृत्वा पूजापूर्व्वङ्गमं स्थापयित्वा न सत्करिष्यते नोद्ग्रहीष्यते न धारयिष्यते न वाचयिष्यते न पर्य्यवाप्स्यते न प्रवर्त्तयिष्यते न देशयिष्यते नोपदेक्ष्यते नोद्देक्ष्यते न स्वाध्यास्यते न तत्र कौशिक सत्वानां मनुष्यो वा अमनुष्यो वा अवतारार्थिकोऽवतारगवेष्यवतारं लप्स्यते स्थापयित्वा पूर्व्वकर्म्मविपाकं॥ इममपि स कौशिक कुलपुत्रो वा कुलदुहिता वा दृष्टधार्म्मिकं गुणं परिगृह्णाति॥ पुनरपरं कौशिक तद्यथापि नाम ये बोधिमण्डगता वा बोधिमण्डपरिसामन्तगता[१] वा बोधिमण्डाभ्यान्तरगता वा बोधिवृक्षमूलगता वा मनुष्या वा अमनुष्या वा तिर्य्यग्योनिगतानप्युपादाय[२] यावन्न ते शक्या मनुष्यैर्वा अमनुष्यैर्वा विहेठयितुं वा व्यापादयितुं वा आवेशयितुं वा स्थापयित्वा पूर्व्वकर्म्मविपाकं॥ तत्कस्य हेतोः। तत्र ह्यतीतानागतप्रत्युत्पन्नास्तथागता अर्हन्तः सम्यक्सम्बुद्धा अभिसम्बुद्धा अभिसंभोत्स्यन्ते अभिसम्बुध्यन्ते च ये सर्व्वसत्वानामभयमवैरमनुत्रासं प्रभावयन्ति प्रकाशयन्ति[३]॥ एवमेव कौशिक यत्र कुलपुत्रो वा कुलदुहिता वा इमां प्रज्ञापारमितामुद्ग्रहीष्यति धारयिष्यति वाचयिष्यति पर्य्यवाप्स्यति प्रवर्त्तयिष्यति देशयिष्यत्युपदेक्ष्यत्युद्देक्ष्यति स्वाध्यास्यति तत्र हि कौशिक सत्वा न शक्या मनुष्यैर्वा अमनुष्यैर्वा विहेठयितुं वा व्यापादयितुं वा आवेशयितुं वा स्थापयित्वा पूर्व्वकर्म्मविपाकं॥ तत्कस्य हेतोः। अनयैव हि कौशिक प्रज्ञापारमितया पृथिवीप्रदेशः

(१) बोधिमण्डपरिसामण्डगता इति ग०।

(२) तिर्य्यग्योनिगता वा नप्युपादाय इति ग०।

(३) ग० पस्तके प्रकाशयन्तीतिपाठो न विद्यते।

सत्त्वानां चैत्यभूतः कृतो वन्दनीयो माननीयः पूजनीयोऽर्चनीयोऽपचायनीयः सत्करणीयो गुरुकरणीयस्त्राणं शरणं लयनं परायणं कृतो भविष्यति तत्रोपगतानां सत्त्वानां ॥ इममपि स कौशिक कुलपुत्रो वा कुलदुहिता वा दृष्टधार्म्मिकं गुणं परिगृह्णाति ॥

एवमुक्ते शक्रो देवानामिन्द्रो भगवन्तमेतदवोचत् । यो भगवन् कुलपुत्रो वा कुलदुहिता वा इमां प्रज्ञापारमितां लिखित्वा पुस्तकगतां कृत्वा स्थापयेदेनाञ्च दिव्याभिः पुष्पधूपगन्धमाल्यविलेपनचूर्णचीवरच्छत्रध्वजघण्टापताकाभिः समन्ताच्च दीपमालाभिर्बहुविधाभिश्च पूजाभिः सत्कुर्य्याद्गुरुकुर्य्यात् मानयेत् पूजयेदर्चयेदपचायेत् । यश्च तथागतस्यार्हतः सम्यक्सम्बुद्धस्य परिनिर्वृतस्य शरीराणि स्तूपेषु प्रतिष्ठापयेत् परिगृह्णीयाद्धारयेद्वा तांश्च[१] तथैव दिव्याभिः पुष्पधूपगन्धमाल्यविलेपनचूर्णचीवरच्छत्रध्वजघण्टापताकाभिः समन्ताच्च दीपमालाभिर्बहुविधाभिश्च पूजाभिः सत्कुर्य्याद्गुरुकुर्य्यात् मानयेत् पूजयेदर्चयेदपचायेत् । कतरस्तयोः कुलपुत्रयोः कुलदुहित्रोर्वा बहुतरं पुण्यं प्रसवेत् ॥

एवमुक्ते भगवान् शक्रं देवानामिन्द्रमेतदवोचत् । तेन हि कौशिक त्वामेवात्र प्रतिप्रक्ष्यामि । यथा ते क्षमते तथा व्याकुर्य्याः । तत् किं मन्यसे कौशिक योऽयन्तथागतस्यार्हतः सम्यक्सम्बुद्धस्य सर्व्वज्ञतात्मभावोऽभिनिर्वर्त्तितः स कतमस्यां प्रतिपदि शिक्षमाणेन तथागतेनार्हता सम्यक्सम्बुद्धेनानुत्तरा सम्यक्सम्बोधिः सर्व्वज्ञता प्रतिलब्धाऽभिसम्बुद्धा ॥

---

(१) धारयेद्धान्तां च इति ख० ।

एवमुक्ते शक्रो देवानामिन्द्रो भगवन्तमेतदवोचत् । इहैव भगवन् भगवता प्रज्ञापारमितायां शिक्षमाणेन तथागतेनार्हता सम्यक्सम्बुद्धेनानुत्तरा सम्यक्सम्बोधिः सर्व्वज्ञता प्रतिलब्धाऽभिसम्बुद्धा ॥

भगवानाह । तस्मात्तर्हि कौशिकानेना[(१)] त्मभावशरीरप्रतिलम्भेन तथागतस्तथागत इति संख्यां गच्छति । सर्व्वज्ञतायान्तु प्रतिलब्धायां तथागतस्तथागत इति संख्यां गच्छति । येयं कौशिक सर्व्वज्ञता तथागतस्यार्हतः सम्यक्सम्बुद्धस्य प्रज्ञापारमिता निर्जातैषा । एष च कौशिक तथागतस्यात्मभावशरीरप्रतिलम्भः प्रज्ञापारमितोपायकौशल्यनिर्जातः सन् सर्व्वज्ञज्ञानाश्रयभूतो भवति । एवं ह्याश्रयं निश्रित्य सर्व्वज्ञज्ञानस्य प्रभावना भवति बुद्धशरीरप्रभावना भवति धर्म्मशरीरप्रभावना भवति संघशरीरप्रभावना भवतीति ॥ एवं सर्व्वज्ञज्ञानहेतुकोऽयमात्मभावशरीरप्रतिलम्भः सर्व्वज्ञज्ञानाश्रयभूतत्वात् सर्व्वसत्वानाञ्चैत्यभूतो वन्दनीयः सत्करणीयो गुरुकरणीयो माननीयः पूजनीयोऽर्च्चनीयोऽपचायनीयः संवृत्तो भवति ॥ एवञ्च मम परिनिर्वृतस्यापि सत एषां शरीराणां पूजा भविष्यति ॥ तस्मात्तर्हि कौशिक यः कश्चित् कुलपुत्त्रो वा कुलदुहिता वा इमां प्रज्ञापारमितां लिखित्वा पुस्तकगतां वा कृत्वा स्थापयेदेनाञ्च दिव्याभिः पुष्पधूपगन्धमाल्यविलेपनचूर्णचीवरच्छत्त्रध्वजघण्टापताकाभिः सत्कुर्य्याद्गुरुकुर्य्यात् मानयेत् पूजयेदर्च्चयेदपचायेत् । अयमेव कौशिक तयोः कुलपुत्त्रयोः कुलदुहित्रोर्वा बहुतरं पुण्यं प्रसवेत् ॥ तत्कस्य हेतोः । सर्व्वज्ञज्ञानस्य हि कौशिक तेन कुलपुत्रेण वा कुलदुहित्रा-

(१) कौशिक नानेन इति ख० ।

वा पूजा कृता भविष्यति यः कुलपुत्रो वा कुलदुहिता वा इह प्रज्ञापारमितायां लिख्यमानायां पुस्तकगतायां वा सत्कारं गुरुकारं माननां पूजनामर्चनामपचायनां पूजाञ्च विविधां कुर्य्यादयमेव ततो बहुतरं पुण्यं प्रसवेत् ॥ तत्कस्य हेतोः । सर्व्वज्ञज्ञानस्य हि कौशिक तेन पूजा कृता भविष्यति यः प्रज्ञापारमितायै पूजां करिष्यति ॥

एवमुक्ते शक्रो देवानामिन्द्रो भगवन्तमेतदवोचत् । य इमे भगवन् जाम्बूद्वीपका मनुष्या इमां प्रज्ञापारमितां न लिखिष्यन्ति नोद्ग्रहीष्यन्ति न धारयिष्यन्ति न वाचयिष्यन्ति न पर्य्यवाप्स्यन्ति न प्रवर्त्तयिष्यन्ति न देशयिष्यन्ति नोपदेक्ष्यन्ति नोद्देक्ष्यन्ति न स्वाध्यास्यन्ति ताश्चैनां प्रज्ञापारमितां पुष्पधूपगन्धमाल्यविलेपन-चूर्णचीवरच्छत्रध्वजघण्टापताकाभिः समन्ताच्च दीपमालाभिर्बहु-विधाभिश्च पूजाभिर्न सत्करिष्यन्ति न गुरुकरिष्यन्ति न मानयिष्यन्ति न पूजयिष्यन्ति नार्चयिष्यन्ति नापचायिष्यन्ति किं नु ते भगवन् न ज्ञास्यन्ति एवं महार्थिका भगवतोक्ता प्रज्ञापारमितायाः पूजा कृता भविष्यतीति किं नु ते भगवन् न वेत्स्यन्ति एवंमहानुशंसा एवंमहा-फला एवंमहाविपाका भगवतोक्ता प्रज्ञापारमितायाः पूजा कृता-भविष्यतीति । न च ते वेदयिष्यन्ति उत ज्ञास्यन्ति वेत्स्यन्ति वेदयि-ष्यन्ति न च पुनः श्रद्धास्यन्ति ॥

एवमुक्ते भगवान् शक्रं देवानामिन्द्रमेतदवोचत् । तत्किं मन्यसे कौ-शिक कियन्तस्ते जाम्बूद्वीपका मनुष्या ये बुद्धेऽवेत्य प्रसादेन समन्वागता ये धर्म्मेऽवेत्य प्रसादेन समन्वागता ये संघेऽवेत्य प्रसादेन समन्वागताः ॥

एवमुक्ते शक्रो देवानामिन्द्रो भगवन्तमेतदवोचत् । अल्पकास्ते

भगवन् जाम्बूद्वीपका मनुष्या ये बुद्धेऽवेत्य प्रसादेन समन्वागता ये धर्मेऽवेत्य प्रसादेन समन्वागता ये संघेऽवेत्य प्रसादेन समन्वागताः॥

एवमुक्ते भगवान् शक्रं देवानामिन्द्रमेतदवोचत्। एवमेतत् कौशिकैवमेतत्। अल्पकास्ते जाम्बूद्वीपका मनुष्या ये बुद्धेऽवेत्य प्रसादेन समन्वागता ये धर्मेऽवेत्य प्रसादेन समन्वागता ये संघेऽवेत्य प्रसादेन समन्वागताः। तेभ्यः कौशिक अल्पेभ्योऽल्पतरकास्ते ये स्रोतआपत्तिफलं प्राप्नुवन्ति ततः सकृदागामिफलमनागामिफलं। तेभ्योऽप्यल्पेभ्योऽल्पतरकास्ते येऽर्हत्त्वं प्राप्नुवन्ति। तेभ्योऽप्यल्पेभ्योऽल्पतरकास्ते ये प्रत्येकबोधिं साक्षात्कुर्व्वन्ति। तेभ्योऽप्यल्पेभ्योऽल्पतरकास्ते येऽनुत्तरायां सम्यक्सम्बोधौ चित्तान्युत्पादयन्ति। तेभ्योऽप्यल्पेभ्योऽल्पतरकास्ते येऽनुत्तरायां सम्यक्सम्बोधौ चित्तान्युत्पाद्य तं चित्तोत्पादं वंहयन्ति। तेभ्योऽप्यल्पेभ्योऽल्पतरकास्ते येऽनुत्तरायां सम्यक्सम्बोधौ चित्तान्युत्पाद्योपवृंहयित्वा चारब्धवीर्य्या विहरन्ति। तेभ्योऽप्यल्पेभ्योऽल्पतरकास्ते ये प्रज्ञापारमितायां योगमापद्यन्ते। तेभ्योऽप्यल्पेभ्योऽल्पतरकास्ते ये प्रज्ञापारमितायाञ्चरन्ति। तेभ्योऽप्यल्पेभ्योऽल्पतरकास्ते ये प्रज्ञापारमितायां चरन्तो घटमाना अविनिवर्त्तनीयायां बोधिसत्त्वभूमाववतिष्ठन्ते। तेभ्योऽप्यल्पेभ्योऽल्पतरकास्ते ये प्रज्ञापारमितायाञ्चरन्तो घटमाना अनुत्तरां सम्यक्सम्बोधिमभिसंभोत्स्यन्ते। तेभ्योऽप्यल्पेभ्योऽल्पतरकास्ते ये प्रज्ञापारमितायाञ्चरन्तो घटमाना अनुत्तरां सम्यक्सम्बोधिमभिसम्बुध्यन्ते॥ ते ते कौशिक बोधिसत्त्वा महासत्त्वा ये अविनिवर्त्तनीयायां बोधिसत्त्वभूमौ स्थित्वा अनुत्तरां सम्यक्सम्बोधिमभिसम्बुध्यान्येषामध्याशयसम्पन्नानां कुलपु-

त्राणां कुलदुहितॄणाञ्च प्रज्ञापारमितायां शिक्षमाणानां घटमानानां प्रज्ञापारमितामुपदिशन्ति चोद्दिशन्ति। ते चोद्गृह्णन्ति धारयन्ति वाचयन्ति पर्य्यवाप्नुवन्ति प्रवर्त्तयन्ति उपदेशयन्त्युपदिशन्त्युद्दिशन्ति स्वाध्यायन्ति तां चैनां प्रज्ञापारमितां पुष्पैर्धूपैर्गन्धैर्माल्यैर्विलेपनैश्चूर्णैर्वस्त्रैश्छत्रैर्ध्वजैर्घण्टाभिः पताकाभिः समन्ताच्च दीपमालाभिर्बह्वविधाभिश्च पूजाभिः सत्कुर्व्वन्ति गुरुकुर्व्वन्ति मानयन्ति पूजयन्त्यर्चयन्त्यपचायन्ति॥ सन्ति खलु पुनः कौशिकाप्रमेया असंख्येयाः सत्वा ये बोधिचित्तमुत्पादयन्ति बोधिचित्तमुत्पाद्य बोधिचित्तमुपबृंहयन्ति बोधिचित्तमुपबृंहयित्वा बोधाय चरन्ति। तेषां खलु पुनः कौशिकाप्रमेयाणामसंख्येयानां सत्वानां बोधाय चरतां यद्येको वा द्वौ वाऽविनिवर्त्तनीयायां बोधिसत्त्वभूमाववतिष्ठेयातां॥ तत्कस्य हेतोः। दुरभिसम्भवा हि कौशिकानुत्तरा सम्यक्सम्बोधिर्हीनवीर्य्यैः कुसीदैर्हीनसत्त्वैर्हीनचित्तैर्हीनसंज्ञैर्हीनाधिमुक्तिकैर्हीनप्रज्ञैः। तस्मात्तर्हि कौशिक कुलपुत्त्रेण वा कुलदुहित्रा वा क्षिप्रञ्चानुत्तरां सम्यक्सम्बोधिमभिसम्बोद्धुकामेन इयमेव प्रज्ञापारमिता अभीक्ष्णं श्रोतव्या उद्ग्रहीतव्या धारयितव्या वाचयितव्या पर्य्यवाप्तव्या प्रवर्त्तयितव्या देशयितव्योपदेष्टव्योद्देष्टव्या स्वाध्यातव्या परिप्रष्टव्या॥ तत् कस्य हेतोः। तथा हि स एवं ज्ञास्यति अत्र प्रज्ञापारमितायां तथागतोऽर्हन् सम्यक्सम्बुद्धः पूर्व्वं बोधिसत्त्वचर्य्याञ्चरन् शिक्षितः। अस्माभिरप्यत्र शिक्षितव्यमेषोऽस्माकं शास्तेति। तिष्ठतो वा कौशिक परिनिर्वृतस्य वा तथागतस्यार्हतः सम्यक्सम्बुद्धस्य बोधिसत्त्वैर्महासत्वैः प्रज्ञापारमितैव प्रतिसर्त्तव्या॥ तस्मात्तर्हि कौशिक यः कश्चित्

कुलपुत्त्रो वा कुलदुहिता वा तथागतस्यार्हतः सम्यक्सम्बुद्धस्य परिनिर्वृतस्य पूजायै कोटिशः सप्तरत्नमयांस्तथागतधातुगर्भान् स्तूपान् कारयेत् कारयित्वा च तान् यावज्जीवं दिव्यैः पुष्पैर्दिव्यैर्धूपैर्दिव्यैर्गन्धैर्दिव्यैर्माल्यैर्दिव्यैर्विलेपनैर्दिव्यैश्चूर्णैर्दिव्यैर्वस्त्रैर्दिव्यैश्छत्त्रैर्दिव्यैर्ध्वजैर्दिव्याभिर्घण्टाभिः दिव्याभिः पताकाभिः समन्ताच्च दिव्यै[१]र्दीपमालाभिर्बहुविधाभिश्च दिव्याभिः पूजाभिः सत्कुर्य्याद्गुरुकुर्य्यात् मानयेत् पूजयेदर्च्चयेदपचायेत् तत् किं मन्यसे कौशिकापि नु स कुलपुत्त्रो वा कुलदुहिता वा ततो निदानं बहुपुण्यं प्रसवेत् ॥

शक्र आह। बहु भगवन् बहु सुगत ॥

भगवानाह। अतः स कौशिक कुलपुत्त्रो वा कुलदुहिता वा बहुतरं पुण्यं प्रसवति य इमां प्रज्ञापारमितामभिश्रद्दधदवकल्पयन्नधिमुच्य प्रसन्नचित्तो बोधाय चित्तमुत्पाद्याध्याशयतः शृणुयादुद्गृह्णीयाद्धारयेद्वाचयेत् पर्य्यवाप्नुयात् प्रवर्त्तयेद्देशयेदुपदिशेदुद्दिशेत् स्वाध्यायेत् परेभ्यश्च विस्तरेण संप्रकाशयेदर्थमस्या विवृणुयान्मनसाऽन्ववेक्षेत यथाधिकया च प्रज्ञयाऽत्र परिमीमांसामापद्येत। अन्तशः पुस्तकगतामपि कृत्वा धारयेत् स्थापयेत् सद्धर्म्मचिरस्थितिहेतोर्मा बुद्धनेत्रीसमुच्छेदो भून्मा सद्धर्म्मान्तर्द्धानं बोधिसत्त्वानां महासत्त्वानाञ्चानुग्रहोपसंहारः कृतो भविष्यति नेत्र्यवैकल्येनेति ॥ ताञ्चैनां प्रज्ञापारमितां सत्कुर्य्याद्गुरुकुर्य्यात् मानयेत् पूजयेदर्च्चयेदपचायेत् पुष्पैर्धूपैर्गन्धैर्माल्यैर्विलेपनैश्चूर्णैर्वस्त्रैश्छत्त्रैर्ध्वजैर्घण्टाभिः पताकाभिः समन्ताच्च दीपमालाभिः बहुविधाभिश्च पूजाभिः पूजयेदयमेव ततः स कौशिक कुलपुत्त्रो वा कुल-

(१) दिव्याभिरिति पाठः साधुः।

दुहिता वा बहुतरं पुण्यं प्रसवति॥ तिष्ठन्तु खलु पुनः कौशिक कोटिशः सप्तरत्नमयास्तथागतधातुगर्भाः स्तूपा यः कश्चित् कौशिक कुलपुत्त्रो वा कुलदुहिता वा इमं जम्बूद्वीपं समन्तात् सप्तरत्नमयानां तथागतधातुगर्भाणां स्तूपानां परिपूर्णं कारयेत् कारयित्वा च तान् यावज्जीवं दिव्यैः पुष्पैर्दिव्यैर्धूपैर्दिव्यैर्गन्धैर्दिव्यैर्माल्यैर्दिव्यैर्विलेपनैर्दिव्यैश्चूर्णैर्दिव्यैर्वस्त्रैर्दिव्यैश्छत्त्रैर्दिव्यैर्ध्वजैर्दिव्याभिर्घण्टाभिर्दिव्याभिः पताकाभिः समन्ताच्च दीपमालाभिर्बहुविधाभिश्च दिव्याभिः पूजाभिः सत्कुर्य्याद्गुरुकुर्य्यात् मानयेत् पूजयेदर्चयेदपचायेत् तत् किं मन्यसे कौशिक अपि नु स कुलपुत्त्रो वा कुलदुहिता वा ततो निदानं बहुपुण्यं प्रसवेत्॥

शक्र आह। बहु भगवन् बहु सुगत॥

भगवानाह। अतः स कौशिक कुलपुत्त्रो वा कुलदुहिता वा बहुतरं पुण्यं प्रसवति य इमां प्रज्ञापारमितामभिश्रद्दधदवकल्पयन्नधिमुच्य प्रसन्नचित्तो बोधाय चित्तमुत्पाद्याध्याशयतः शृणुयादुद्गृह्णीयाद्धारयेद्वाचयेत् पर्य्यवाप्नुयात् प्रवर्त्तयेद्देशयेदुपदिशेदुद्दिशेत् स्वाध्यायेत् परेभ्यश्च विस्तरेण संप्रकाशयेदर्थमस्या विवृणुयान्मनसाऽन्ववेक्षेत यथाधिकया च प्रज्ञया अत्र परिमीमांसामापद्येत। अन्तशः पुस्तकगतामपि कृत्वा धारयेत् स्थापयेत् सद्धर्मचिरस्थितिहेतोर्मा बुद्धनेत्रीसमुच्छेदो भून्मा सद्धर्मान्तर्द्धानं बोधिसत्त्वानां महासत्वानां चानुग्रहोपसंहारः कृतो भविष्यति नेत्र्यवैकल्येनेति॥ ताञ्चैनां प्रज्ञापारमितां सत्कुर्य्याद्गुरुकुर्य्यान्मानयेत् पूजयेदर्चयेदपचायेत् पुष्पैर्धूपैर्गन्धैर्माल्यैर्विलेपनैश्चूर्णैर्वस्त्रैश्छत्त्रैर्ध्वजैर्घण्टाभिः पताकाभिः समन्ताच्च दीपमालाभिः बहुविधाभिश्च पूजाभिः पूजयेदयमेव ततः स कौशिक

कुलपुत्त्रो वा कुलदुहिता वा बहुतरं पुण्यं प्रसवति॥ तिष्ठतु खलु पुनः कौशिक अयं जम्बूद्वीपः सप्तरत्नमयानां तथागतधातुगर्भाणां स्तूपानां परिपूर्णः। सचेत् कौशिक यावन्तश्चातुर्महाद्वीपके लोकधातौ सर्व्वसत्वास्तेषामेकैकः सत्वः एकैकं सप्तरत्नमयं तथागतधातुगर्भं स्तूपं कारयेत्तच्च यावज्जीवं दिव्यैः पुष्पैर्दिव्यैर्धूपैर्दिव्यैर्गन्धैर्दिव्यैर्माल्यैर्दिव्यैश्चूर्णैर्दिव्यैर्वस्त्रैर्दिव्यैश्छत्त्रैर्दिव्यैर्ध्वजैर्दिव्याभिर्घण्टाभिर्दिव्याभिः पताकाभिः समन्ताच्च दिव्यदीपमालाभिर्बहुविधाभिश्च दिव्याभिः पूजाभिः सत्कुर्य्याद्गुरुकुर्य्यात् मानयेत् पूजयेदर्च्चयेदपचायेत् तत् किं मन्यसे कौशिक अपि नु ते सर्व्वसत्वास्ततो निदानं बहुपुण्यं प्रसवेयुः॥

शक्र आह। बहु भगवन् बहु सुगत॥

भगवानाह। अतः स कौशिक कुलपुत्त्रो वा कुलदुहिता वा बहुतरं पुण्यं प्रसवति य इमां प्रज्ञापारमितामभिश्रद्दधदवकल्पयन्नधिमुच्य प्रसन्नचित्तो बोधाय चित्तमुत्पाद्याध्याशयतः शृणुयादुद्गृह्णीयाद्धारयेद्वाचयेत् पर्य्यवाप्नुयात् प्रवर्त्तयेद्देशयेदुपदिशेदुद्दिशेत् स्वाध्यायेत् परेभ्यश्च विस्तरेण संप्रकाशयेदर्थमस्या विभृणुयान्मनसाऽन्ववेक्षेत यथाधिकया च प्रज्ञयाऽत्र परिमीमांसामापद्येत। अन्तशः पुस्तकगतामपि कृत्वा धारयेत् स्थापयेत् सद्धर्मचिरस्थितिहेतोर्मा बुद्धनेत्रीसमुच्छेदो भून्मा सद्धर्मान्तर्द्धानं बोधिसत्त्वानां महासत्वानां चानुग्रहोपसंहारः कृतो भविष्यति नेत्र्यवैकल्येनेति॥ तां चैनां प्रज्ञापारमितां सत्कुर्य्याद्गुरुकुर्य्यान्मानयेत् पूजयेदर्च्चयेदपचायेत् पुष्पैर्धूपैर्गन्धैर्माल्यैर्विलेपनैश्चूर्णैर्वस्त्रैश्छत्त्रैर्ध्वजैर्घण्टाभिः पताकाभिः समन्ताच्च दीपमालाभिर्बहुविधाभिश्च पूजाभिः पूजयेदयमेव ततः स कौशिक कुलपुत्त्रो

वा कुलदुहिता वा ततो निदानं बहुतरं पुण्यं प्रसवति। तिष्ठन्तु खलु पुनः कौशिक चातुर्महाद्वीपके लोकधातौ सर्वसत्वा यावन्तः कौशिक साहस्रे चूडिकायां लोकधातौ सर्वसत्वास्तेषामेकैकः सत्व एकैकं सप्तरत्नमयं तथागतधातुगर्भं स्तूपं कारयेत्तञ्च यावज्जीवं दिव्यैः पुष्पैर्दिव्यैर्धूपैर्दिव्यैर्गन्धैर्दिव्यैर्माल्यैर्दिव्यैर्विलेपनैर्दिव्यैश्चूर्णैर्दिव्यैर्वस्त्रैर्दिव्यैश्छत्रैर्दिव्यैर्ध्वजैर्दिव्याभिर्घण्टाभिर्दिव्याभिः पताकाभिः समन्ताच्च दीपमालाभिर्बहुविधाभिश्च पूजाभिः सत्कुर्य्याद्गुरुकुर्य्यात् मानयेत् पूजयेदर्च्चयेदपचायेत् तत् किं मन्यसे कौशिक अपि नु सर्व्वसत्वास्ततो निदानं बहुपुण्यं प्रसवेयुः॥

शक्र आह। बहु भगवन् बहु सुगत॥

भगवानाह। अतः स कौशिक कुलपुत्त्रो वा कुलदुहिता वा बहुतरं पुण्यं प्रसवति य इमां प्रज्ञापारमितामभिश्रद्दधदवकल्पयन्नधिमुच्य प्रसन्नचित्तो बोधाय चित्तमुत्पाद्याध्याशयतः शृणुयादुद्गृह्णीयाद्धारयेद्वाचयेत् पर्य्यवाप्नुयात् प्रवर्त्तयेद्देशयेदुपदिशेदुद्दिशेत् स्वाध्यायेत् परेभ्यश्च विस्तरेण सम्प्रकाशयेदर्थमस्या विवृणुयात् मनसाऽन्ववेक्षेत यथाऽधिकया च प्रज्ञयाऽत्र परिमीमांसामापद्येत। अन्तशः पुस्तकगतामपि कृत्वा धारयेत् स्थापयेत् सद्धर्म्मचिरस्थितिहेतोर्म्मा बुद्धनेत्रीसमुच्छेदोऽभून्मा सद्धर्म्मान्तर्द्धानं बोधिसत्त्वानां महासत्वानां चानुग्रहोपसंहारः कृतो भविष्यति नेत्र्यवैकल्येनेति। ताञ्चैनां प्रज्ञापारमितां सत्कुर्य्याद्गुरुकुर्य्यात् मानयेत्पूजयेदर्चयेदपचायेत् पुष्पैर्धूपैर्गन्धैर्माल्यैर्विलेपनैश्चूर्णैर्वस्त्रैश्छत्रैर्ध्वजघण्टाभिः पताकाभिः समन्ताच्च दीपमालाभिर्बहुविधाभिश्च पूजाभिः पूजयेदयमेव ततः स

कौशिक कुलपुत्त्रो वा कुलदुहिता वा ततो निदानं बहुतरं पुण्यं प्रसवति ॥ तिष्ठन्तु खलु पुनः कौशिक साहस्रे चूडिकायां लोकधातौ सर्व्वसत्वा यावन्तः कौशिक द्विसाहस्रे मध्यमे लोकधातौ सर्व्वसत्वास्तेषामेकैकः सत्व एकैकं सप्तरत्नमयं तथागतधातुगर्भं स्तूपं कारयेत् तञ्च यावज्जीवं दिव्यैः पुष्पैर्दिव्यैर्धूपैर्दिव्यैर्गन्धैर्दिव्यैर्माल्यैर्दिव्यैर्विलेपनैर्दिव्यैश्चूर्णैर्दिव्यैश्छत्त्रैर्दिव्यैर्ध्वजैर्दिव्याभिर्घण्टाभिर्दिव्याभिः पताकाभिः समन्ताच्च दिव्यदीपमालाभिर्बहुविधाभिश्च दिव्याभिः पूजाभिः सत्कुर्य्याद्गुरुकुर्य्यात् मानयेत् पूजयेदर्चयेदपचायेत् तत् किं मन्यसे कौशिक अपि नु ते सर्व्वसत्वास्ततो निदानं बहुपुण्यं प्रसवेयुः ॥

शक्र आह। बहु भगवन् बहु सुगत ॥

भगवानाह। अतः स कौशिक कुलपुत्त्रो वा कुलदुहिता वा बहुतरं पुण्यं प्रसवति य इमां प्रज्ञापारमितामभिश्रद्दधदवकल्पयन्नधिमुच्य प्रसन्नचित्तो बोधाय चित्तमुत्पाद्याध्याशयतः शृणुयादुद्गृह्णीयाद्धारयेद्वाचयेत् पर्य्यवाप्नुयात् प्रवर्त्तयेद्देशयेदुपदिशेदुद्दिशेत् स्वाध्यायेत्परेभ्यश्च विस्तरेण सम्प्रकाशयेदर्थमस्या विवृणुयात् मनसाऽन्ववेक्षेत यथाधिकया च प्रज्ञयाऽस्य परिमीमांसामापद्येत। अन्तशः पुस्तकगतामपि कृत्वा धारयेत् स्थापयेत् सद्धर्मचिरस्थितिहेतोर्मा बुद्धनेत्रीसमुच्छेदो भून्मा सद्धर्मान्तर्द्धानं बोधिसत्त्वानां महासत्वानाञ्चानुग्रहोपसंहारः कृतो भविष्यति नेत्र्यवैकल्येनेति। ताञ्चैनां प्रज्ञापारमितां सत्कुर्य्याद्गुरुकुर्य्यात् मानयेत् पूजयेदर्चयेदपचायेत् पुष्पैर्धूपैर्गन्धैर्माल्यैर्विलेपनैश्चूर्णैर्वस्त्रैश्छत्त्रैर्ध्वजैर्घण्टाभिः पताकाभिः सम-

न्ताच्च दीपमालाभिर्बहुविधाभिश्च पूजाभिः पूजयेदयमेव ततः स कौशिक कुलपुत्त्रो वा कुलदुहिता वा ततो निदानं बहुतरं पुण्यं प्रसवति॥ तिष्ठन्तु खलु पुनः कौशिक द्विसाहस्रे मध्यमे लोकधातौ सर्व्वसत्वा यावन्तः कौशिक त्रिसाहस्रमहासाहस्रे लोकधातौ सर्व्वसत्वास्तेषामेकैकः सत्व एकैकं सप्तरत्नमयं तथागतधातुगर्भं स्तूपं कारयेत्तच्च यावज्जीवं दिव्यैः पुष्पैर्दिव्यैर्धूपैर्दिव्यैर्गन्धैर्दिव्यैर्माल्यैर्दिव्यैःसूर्णैर्दिव्यैर्वस्त्रैर्दिव्यैश्छत्त्रैर्दिव्यैर्ध्वजैर्दिव्याभिर्घण्टाभिर्दिव्याभिः पताकाभिः समन्ताच्च दिव्यदीपमालाभिर्बहुविधाभिश्च दिव्याभिः पूजाभिः सत्कुर्य्याद्गुरुकुर्य्यात् मानयेत् पूजयेदर्च्चयेदपचायेत् तत् किं मन्यसे कौशिक अपि नु ते सर्व्वसत्वास्ततो निदानं बहुपुण्यं प्रसवेयुः॥

शक्र आह। बहु भगवन् बहु सुगत॥

भगवानाह। अतः स कौशिक कुलपुत्त्रो वा कुलदुहिता वा बहुतरं पुण्यं प्रसवति य इमां प्रज्ञापारमितामभिश्रद्दधदवकल्पयन्नधिमुच्य प्रसन्नचित्तो बोधाय चित्तमुत्पाद्याध्याशयतः शृणुयादुद्गृह्णीयाद्धारयेद्वाचयेत् पर्य्यवाप्नुयात् प्रवर्त्तयेद्देशयेदुपदिशेदुद्दिशेत् स्वाध्यायेत् परेभ्यश्च विस्तरेण सम्प्रकाशयेदर्थमस्या विवृणुयात् मनसाऽन्ववेक्षेत यथाधिकया च प्रज्ञयाऽन्व परिमीमांसामापद्येत। अन्तशः पुस्तकगतामपि कृत्वा धारयेत् स्थापयेत् सद्धर्म्मचिरस्थितिहेतोर्मा बुद्धनेत्रीसमुच्छेदो भून्मा सद्धर्म्मान्तर्धानं बोधिसत्त्वानां महासत्वानाञ्चानुग्रहोपसंहारः कृतो भविष्यति नेत्र्यवैकल्येनेति। तांश्चैनां प्रज्ञापारमितां सत्कुर्य्याद्गुरुकुर्य्यात् मानयेत् पूजयेदर्च्चयेदपचायेत् पुष्पैर्धूपैर्गन्धैर्माल्यैर्विलेपनैश्चूर्णैर्वस्त्रैश्छत्त्रैर्ध्वजैर्घण्टाभिः पताकाभिः समन्ताच्च दीपमालाभि-

र्बहुविधाभिश्च पूजाभिः पूजयेदयमेव ततः स कौशिक कुलपुत्त्रो वा कुलदुहिता वा ततो निदानं बहुतरं पुण्यं प्रसवति॥ तिष्ठन्तु खलु पुनः कौशिक त्रिसाहस्रमहासाहस्रे लोकधातौ सर्व्वसत्वा येषामेकैकः सत्व एकैकं सप्तरत्नमयं तथागतधातुगर्भं स्तूपं कारयेत्तञ्च यावज्जीवं दिव्याभिः पुष्पधूपगन्धमाल्यविलेपनचूर्णचीवरच्छत्त्रध्वजघण्टापताकाभिः समन्ताच्च दीपमालाभिर्बहुविधाभिश्च पूजाभिः सत्कुर्य्याद्गुरुकुर्य्यात् मानयेत् पूजयेदर्चयेदपचायेत्। येऽपि केचित् कौशिक त्रिसाहस्रमहासाहस्रे लोकधातौ सत्वाः सचेत्पुनस्ते सर्व्वे अपूर्व्वाचरमं मानुष्यकमात्मभावं प्रतिलभेरन् परिकल्पमुपादाय तत एकैकः सत्वः एकैकं सप्तरत्नमयं तथागतधातुगर्भं स्तूपं कारयेदेकैकश्च सत्वस्तान् सर्व्वान् स्तूपान् कारयेत् कारयित्वा च तान् प्रतिष्ठाप्य कल्पं वा कल्पावशेषं वा सर्व्ववाद्यैः सर्व्वगीतैः सर्व्वनृत्यैः सर्व्वतूर्य्यताड़ावचरैर्दिव्यैः सर्व्वपुष्पैः सर्व्वधूपैः सर्व्वगन्धैः सर्व्वमाल्यैः सर्व्वविलेपनैः सर्व्वचूर्णैः सर्व्ववस्त्रैर्दिव्याभिः सर्व्वच्छत्त्रध्वजघण्टापताकाभिः समन्ताच्च सर्व्वदीपमालाभिर्बहुविधाभिश्च दिव्यमानुषिकाभिः सर्व्वपूजाभिः सत्कुर्य्याद्गुरुकुर्य्यात् मानयेत् पूजयेदर्चयेदपचायेत्। एतयैवंरूपया पुण्यक्रियया ते सर्व्वे सत्वास्तानप्रमेयानसंख्येयान् स्तूपान् प्रतिष्ठाप्य एवंरूपां पूजां कारयेयुः तत् किं मन्यसे कौशिक अपि नु ते सर्व्वे सत्वा स्ततोनिदानं बहुपुण्यं प्रसवेयुः॥

शक्र आह। बहु भगवन् बहु सुगतः॥

भगवानाह। अतः स कौशिक कुलपुत्त्रो वा कुलदुहिता वा

बहुतरं पुण्यं प्रसवति य इमां प्रज्ञापारमितामभिश्रद्दधदवकल्पयन्नधिमुच्य प्रसन्नचित्तो बोधाय चित्तमुत्पाद्याध्याशयतः शृणुयादुद्गृह्णीयाद्धारयेद्वाचयेत् पर्य्यवाप्नुयात् प्रवर्त्तयेद्देशयेदुपदिशेदुद्दिशेत् स्वाध्यायेत् परेभ्यश्च विस्तरेण सम्प्रकाशयेदर्थमस्या विवृणुयात् मनसाऽन्ववेक्षेत यथाधिकया च प्रज्ञयाऽत्र परिमीमांसामापद्येत। अन्तशः पुस्तकगतामपि कृत्वा धारयेत् स्थापयेत् सद्धर्म्मचिरस्थितिहेतोर्मा बुद्धनेत्रीसमुच्छेदो भून्मा सद्धर्म्मान्तर्द्धानं बोधिसत्त्वानां महासत्वानां चानुग्रहोपसंहारः कृतो भविष्यति नेत्र्यवैकल्येनेति। ताञ्चैनां प्रज्ञापारमितां सत्कुर्य्याद्गुरुकुर्य्यात् मानयेत् पूजयेदर्च्चयेदपचायेत् पुष्पैर्धूपैर्गन्धैर्माल्यैर्विलेपनैश्चूर्णैर्वस्त्रैश्छत्रैर्ध्वजैर्घण्टाभिः पताकाभिः समन्ताच्च दीपमालाभिर्बहुविधाभिश्च पूजाभिः पूजयेदयमेव ततः स कौशिक कुलपुत्रो वा कुलदुहिता वा ततो निदानं बहुतरं पुण्यं प्रसवति॥

एवमुक्ते शक्रो देवानामिन्द्रो भगवन्तमेतदवोचत्। एवमेतद्भगवन्नेवमेतत् सुगत। प्रज्ञापारमितां हि भगवन् सत्कुर्व्वता गुरुकुर्व्वता मानयता पूजयता अर्च्चयता अपचायता कुलपुत्त्रेण वा कुलदुहित्रा वा अतीतानागतप्रत्युत्पन्ना बुद्धा भगवन्तो बुद्धज्ञानपरिज्ञातेषु सर्व्वलोकधातुष्वत्यन्ततया सत्कृता गुरुकृता मानिताः पूजिता अर्च्चिता अपचायिताश्च भवन्ति। तिष्ठन्तु खलु पुनर्भगवन्ननेन पर्य्यायेण त्रिसाहस्रमहासाहस्रे लोकधातौ सर्व्वसत्वा येऽपि ते भगवन् गङ्गानदीवालुकोपमेषु त्रिसाहस्रमहासाहस्रेषु लोकधातुषु सर्व्वसत्वास्तत्र[१] एकैकः सत्व एकैकं सप्तरत्नमयन्तथागतधातुगर्भं स्तूपं कारयेदेकैकस्य सत्वस्तान्

(१) तत इति खं।

सर्व्वान् स्तूपान् कारयेत् कारयित्वा च तान् प्रतिष्ठाप्य कल्पं वा कल्पावशेषं वा सर्व्ववाद्यैः सर्व्वगीतैः सर्व्वनृत्यैः सर्व्वतूर्य्यताडावचरैर्दिव्यैः सर्व्वपुष्पैः सर्व्वधूपैः सर्व्वगन्धैः सर्व्वमाल्यैः सर्व्वविलेपनैः सर्व्वचूर्णैः सर्व्ववस्त्रैर्दिव्याभिः सर्व्वच्छत्रध्वजघण्टापताकाभिः समन्ताच्च सर्व्वदीपमालाभिर्बहुविधाभिश्च दिव्यमानुषिकीभिः सर्व्वपूजाभिः सत्कुर्य्याद्गुरुकुर्य्यात् मानयेत् पूजयेदर्च्चयेदपचायेत्। अयमेव तेभ्यः स भगवन् सर्व्वसत्वेभ्यः कुलपुत्त्रो वा कुलदुहिता वा बहुतरं पुण्यं प्रसवति य इमां प्रज्ञापारमितामभिश्रद्दधदवकल्पयन्नधिमुच्य प्रसन्नचित्तो बोधाय चित्तमुत्पाद्याध्याशयतः शृणुयादुद्गृह्णीयाद्धारयेद्वाचयेत् पर्य्यवाप्नुयात् प्रवर्त्तयेद्देशयेदुपदिशेदुद्दिशेत् स्वाध्यायेत् परेभ्यश्च विस्तरेण सम्प्रकाशयेदर्थमस्या विवृणुयात् मनसाऽन्ववेक्षेत यथाधिकया च प्रज्ञयाऽत्र परिमीमांसामापद्येत। अन्तशः पुस्तकगतामपि कृत्वा धारयेत् स्थापयेत् सद्धर्म्मचिरस्थितिहेतोर्मा बुद्धनेत्रीसमुच्छेदो भून्मा सद्धर्म्मान्तर्द्धानं बोधिसत्त्वानां महासत्वानां चानुग्रहोपसंहारः कृतो भविष्यति नेत्र्यवैकल्येनेति। तां चैनां प्रज्ञापारमितां सत्कुर्य्याद्गुरुकुर्य्यात् मानयेत् पूजयेदर्च्चयेदपचायेत् पुष्पैर्धूपैर्गन्धैर्माल्यैर्विलेपनैश्चूर्णैर्वस्त्रैश्छत्त्रैर्ध्वजैर्घण्टाभिः पताकाभिः समन्ताच्च दीपमालाभिर्बहुविधाभिश्च पूजाभिः पूजयेत्॥

अथ खलु भगवान् शक्रं देवानामिन्द्रमेतदवोचत्। एवमेतत् कौशिकैवमेतत्। बहुतरं स कौशिक कुलपुत्त्रो वा कुलदुहिता वा ततो निदानं बहुतरं पुण्यं प्रसवति। अप्रमेयं स कौशिक कुलपुत्त्रो वा कुलदुहिता वा ततो निदानं बहुतरं पुण्यं प्रसवति। असंख्येयं स कौशिक कुलपुत्त्रो वा कुलदुहिता वा ततो निदानं बहुतरं

पुण्यं प्रसवति। अचिन्त्यं स कौशिक कुलपुत्रो वा कुलदुहिता वा ततो निदानं बहुतरं पुण्यं प्रसवति। अतुल्यं स कौशिक कुलपुत्रो वा कुलदुहिता वा ततो निदानं बहुतरं पुण्यं प्रसवति। अपरिमाणं स कौशिक कुलपुत्रो वा कुलदुहिता वा ततो निदानं बहुतरं पुण्यं प्रसवति॥ तत्कस्य हेतोः। प्रज्ञापारमिता निर्जाता हि कौशिक तथागतानामर्हतां सम्यक्सम्बुद्धानां सर्व्वज्ञता। सर्व्वज्ञता निर्जाता च तथागतशरीराणां पूजा। तस्मात्तर्हि कौशिक यः कुलपुत्रो वा कुलदुहिता वा इमां प्रज्ञापारमितामभिश्रद्दधदवकल्पयन्नधिमुच्य प्रसन्नचित्तो बोधाय चित्तमुत्पाद्याध्याशयतः शृणुयादुद्गृह्णीयाद्धारयेद्वाचयेत् पर्य्यवाप्नुयात् प्रवर्त्तयेद्देशयेदुपदिशेदुद्दिशेत् स्वाध्यायेत् परेभ्यश्च विस्तरेण सम्प्रकाशयेदर्थमस्या विवृणुयात् मनसाऽन्ववेक्षेत यथाधिकया च प्रज्ञयाऽत्र परिमीमांसामापद्येत। अन्तशः पुस्तकगतामपि कृत्वा धारयेत् स्थापयेत् सद्धर्म्मचिरस्थितिहेतोर्मा बुद्धनेत्रीसमुच्छेदो भून्मा सद्धर्म्मान्तर्द्धानं बोधिसत्त्वानां महासत्त्वानां चानुग्रहोपसंहारः कृतो भविष्यति नेत्र्यवैकल्येनेति। ताञ्चैनां प्रज्ञापारमितां सत्कुर्य्याद्गुरुकुर्य्यात् मानयेत् पूजयेदर्च्चयेदपचायेत् पुष्पैर्धूपैर्गन्धैर्माल्यैर्विलेपनैश्चूर्णैर्वस्त्रैश्छत्त्रैर्ध्वजैर्घण्टाभिः पताकाभिः समन्ताच्च दीपमालाभिर्बहुविधाभिश्च पूजाभिः पूजयेत्। अस्य कौशिक पुण्याभिसंस्कारस्यासौ पूर्व्वकस्तथागतधातुगर्भः सप्तरत्नमयः स्तूपसंस्कारजपुण्याभिसंस्कारः[१] शततमीमपि

---

(१) तथागतधातुगर्भसप्तरत्नमयस्तूपसंस्कारजपुण्याभिसंस्कारः इति समस्तपदनिर्देशे विशुद्धप्रयोगो भवेत्।

कलां नोपैति सहस्रतमीमपि शतसहस्रतमीमपि कोटीतमीमपि कोटीशततमीमपि कोटीसहस्रतमीमपि कोटीशतसहस्रतमीमपि कोटीनियुतशतसहस्रतमीमपि कलां नोपैति संख्यामपि कलामपि गणनामप्युपमामप्यौपम्यमप्युपनिसामप्युपनिसदमपि न क्षमते॥

अथ खलु यानि तानि चत्वारिंशद्देवपुत्रसहस्राणि शक्रेण देवानामिन्द्रेण सार्द्धं सन्निपतितानि तस्यामेव पर्षदि सन्निपतितान्यभूवंस्तानि शक्रं देवानामिन्द्रमेतदवोचन्। उद्गृह्णीष्व मार्ष प्रज्ञापारमितां। उद्ग्रहीतव्या मार्ष प्रज्ञापारमिता। धारयितव्या मार्ष प्रज्ञापारमिता। वाचयितव्या मार्ष प्रज्ञापारमिता। पर्य्यवाप्तव्या मार्ष प्रज्ञापारमिता। प्रवर्त्तयितव्या मार्ष प्रज्ञापारमिता। देशयितव्या मार्ष प्रज्ञापारमिता। उपदेष्टव्या मार्ष प्रज्ञापारमिता। उद्देष्टव्या मार्ष प्रज्ञापारमिता। स्वाध्यातव्या मार्ष प्रज्ञापारमिता॥

अथ खलु भगवान् शक्रन्देवानामिन्द्रमामन्त्रयते स्म। उद्गृहाण त्वं कौशिक प्रज्ञापारमितां। धारय त्वं कौशिक प्रज्ञापारमितां। वाचय त्वं कौशिक प्रज्ञापारमितां। पर्य्यवाप्नुहि त्वं कौशिक प्रज्ञापारमितां प्रवर्त्तय त्वं कौशिक प्रज्ञापारमितां। देशय त्वं कौशिक प्रज्ञापारमितां। उपदिश त्वं कौशिक प्रज्ञापारमितां। उद्दिश त्वं कौशिक प्रज्ञापारमितां। स्वाध्याय त्वं कौशिक प्रज्ञापारमितां॥ तत् कस्य हेतोः। यदा हि कौशिक असुराणामेवंरूपाः समुदाचारा उत्पत्स्यन्ते देवांस्त्रयस्त्रिंशान् योधयिष्याम इति देवैस्त्रयस्त्रिंशैः सार्द्धं संग्रामयिष्याम इति तदा त्वं कौशिक इमां प्रज्ञापारमितां समन्वाहरेः स्वाध्यायेः एवन्तेषामसुराणान्ते समुदाचाराः पुनरेवान्तर्द्धास्यन्ति॥

एवमुक्ते शक्रो देवानामिन्द्रो भगवन्तमेतदवोचत् । महाविद्येयं भगवन् यदुत प्रज्ञापारमिता । अप्रमाणेयं भगवन् विद्या यदुत प्रज्ञापारमिता। अपरिमाणेयं भगवन् विद्या यदुत प्रज्ञापारमिता । निरुत्तरेयं भगवन् विद्या यदुत प्रज्ञापारमिता । अनुत्तरेयं भगवन् विद्या यदुत प्रज्ञापारमिता । असमेयं भगवन् विद्या यदुत प्रज्ञापारमिता । असमसमेयं भगवन् विद्या यदुत प्रज्ञापारमिता ॥

एवमुक्ते भगवान् शक्रं देवानामिन्द्रमेतदवोचत् । एवमेतत् कौशिकैवमेतत् ॥ महाविद्येयं कौशिक यदुत प्रज्ञापारमिता । अप्रमाणेयं कौशिक विद्या यदुत प्रज्ञापारमिता। अपरिमाणेयं कौशिक विद्या यदुत प्रज्ञापारमिता । निरुत्तरेयं कौशिक विद्या यदुत प्रज्ञापारमिता । अनुत्तरेयं कौशिक विद्या यदुत प्रज्ञापारमिता । असमेयं कौशिक विद्या यदुत प्रज्ञापारमिता। असमसमेयं कौशिक विद्या यदुत प्रज्ञापारमिता ॥ तत्कस्य हेतोः । इमां हि कौशिक विद्यामागम्य पौर्वकास्तथागता अर्हन्तः सम्यक्सम्बुद्धा अनुत्तरां सम्यक्सम्बोधिमभिसम्बुद्धा यदुत प्रज्ञापारमितां । येऽपि ते कौशिक भविष्यन्त्यनागतेऽध्वनि तथागता अर्हन्तः सम्यक्सम्बुद्धा अनुत्तरां सम्यक्सम्बोधिमभिसम्भोत्स्यन्ते तेऽपि कौशिक इमामेव विद्यामागम्य अनुत्तरां सम्यक्सम्बोधिमभिसम्भोत्स्यन्ते यदुत प्रज्ञापारमितां । येऽपि केचित् कौशिक एतर्हि अप्रमेयेष्वसंख्येयेषु त्रिसाहस्रमहासाहस्रेषु लोकधातुषु बुद्धा भगवन्तोऽनुत्तरां सम्यक्सम्बोधिमभिसम्बुध्यन्ते तेऽपि कौशिक इमामेव विद्यामागम्यानुत्तरां सम्यक्सम्बोधिमभिसम्बुध्यन्ते यदुत प्रज्ञापारमितां । अहमपि कौशिक

इमामेव विद्यामागम्यानुत्तरां सम्यक्सम्बोधिमभिसम्बुद्धो यदुत प्रज्ञापारमितां। इमामेव कौशिक विद्यामागम्य दशकुशलाः कर्म्मपथा लोके प्रभाव्यन्ते चत्वारि ध्यानानि बोध्यङ्गसम्प्रयुक्तानि लोके प्रभाव्यन्ते चत्वार्य्यप्रमाणानि बोध्यङ्गसम्प्रयुक्तानि लोके प्रभाव्यन्ते चतस्र आरूप्यसमापत्तयो बोध्यङ्गपरिगृहीता[१]लोके प्रभाव्यन्ते षड़भिज्ञा बोध्यङ्गसम्प्रयुक्ता लोके प्रभाव्यन्ते सप्तत्रिंशद्बोधिपक्षा धर्म्मा लोके प्रभाव्यन्ते संक्षेपेण चतुरशीतिधर्म्मस्कन्धसहस्राणि लोके प्रभाव्यन्ते बुद्धज्ञानं स्वयम्भूज्ञानमचिन्त्यज्ञानं लोके प्रभाव्यन्ते इमामेव कौशिक विद्यामागम्य यदुत प्रज्ञापारमितां। यदापि कौशिक तथागता अर्हन्तः सम्यक्सम्बुद्धा लोके नोत्पद्यन्ते[२] तदापि कौशिक बोधिसत्त्वा महासत्वाः पूर्व्वश्रुतेन प्रज्ञापारमितानिष्यन्देन[३] च उपायकौशल्यसमन्वागता भवन्ति तेऽपि कौशिक सत्वानामनुकम्पका अनुकम्पामुपादाय इमं लोकमागम्य दशकुशलान् कर्म्मपथान् लोके प्रभावयन्ति चत्वारि ध्यानानि बोध्यङ्गविप्रयुक्तानि लोके प्रभावयन्ति चत्वार्य्यप्रमाणानि बोध्यङ्गविप्रयुक्तानि लोके प्रभावयन्ति चतस्र आरूप्यसमापत्तीर्बोध्यङ्गविप्रयुक्ता लोके प्रभावयन्ति पञ्चाभिज्ञा बोध्यङ्गविप्रयुक्ता लोके प्रभावयन्ति। तद्यथापि नाम कौशिक चन्द्रमण्डलमागम्य सर्व्वा ओषधी[४] तारा यथाबलं

---

(१) बोध्यङ्गसम्प्रयुक्ता इति ख०।

(२) प्रभाव्यन्ते इति क० ग० घ०।

(३) पूर्व्वश्रुतप्रज्ञापारमितानिष्यन्देनेति पाठो युक्तः।

(४) ओषधीः इति पाठो विशुद्धः।

यथास्थाममवभासयन्ति नक्षत्राणि च यथाबलं यथास्थाममवभासयन्ति। एवमेव कौशिक तथागतस्यार्हतः सम्यक्सम्बुद्धस्यात्ययेन सद्धर्म्मस्यान्तर्द्धाने तथागतानामर्हतां सम्यक्सम्बुद्धानामनुत्पादाद्या[१] काचिद्धर्म्मचर्य्या समचर्य्याऽसमचर्य्या[२] कुशलचर्य्या लोके प्रज्ञायते प्रभाव्यते सर्व्वा सा बोधिसत्त्वनिर्जाता बोधिसत्त्वप्रभाविता बोधिसत्त्वोपायकौशल्यप्रवर्त्तिता। तच्च बोधिसत्त्वानामुपायकौशल्यं प्रज्ञापारमितानिर्जातं वेदितव्यं॥ पुनरपरं कौशिक इमां प्रज्ञापारमितामुद्गृह्णतां धारयतां वाचयतां पर्य्यवाप्नुवतां प्रवर्त्तयतां देशयतामुपदिशतामुद्दिशतां स्वाध्यायतां लिखतां मनसि कुर्व्वतां समन्वाहरताञ्च कुलपुत्त्राणां कुलदुहितॄणां वा तन्निदानं वहवो दृष्टधार्म्मिका गुणाः प्रतिकांक्षितव्याः॥

एवमुक्ते शक्रो देवानामिन्द्रो भगवन्तमेतदवोचत्। कतमैः पुनर्भगवन् दृष्टधार्म्मिकैर्गुणैः समन्वागतास्ते कुलपुत्त्राः कुलदुहितरश्च भविष्यन्ति॥

भगवानाह। न ते कौशिक कुलपुत्त्रा वा कुलदुहितरो वा विषमापरिहारेण कालं करिष्यन्ति न विषेण कालं करिष्यन्ति न शस्त्रेण कालं करिष्यन्ति नाग्निना कालं करिष्यन्ति नोदकेन कालं करिष्यन्ति न दण्डेन कालं करिष्यन्ति न परोपक्रमेण कालं करिष्यन्ति। उत्पन्नोत्पन्नाश्चैषामुपद्रवा राजतो वा राजपुत्त्रतो वा राजमन्त्रितो वा राजमहामात्रतो वा इमां प्रज्ञापारमितां

(१) अनुत्पादाद्या इति ग०।
(२) विषमचर्य्या इति घ०।

समन्वाहरतां वा स्वाध्यायतां वा पुनरेवान्तर्द्धास्यन्ति। तेषाञ्चेमां प्रज्ञापारमितां पुनः पुनः समन्वाहरतां वा स्वाध्यायतां वा ये तत्रोपसंक्रामेयुरवतारप्रेक्षिणोऽवतारगवेषिणो राजानो वा राजपुत्रा वा राजमन्त्रिणो[१] वा राजमहामात्रा वा न तेऽवतारं लप्स्यन्ते यथापि नाम प्रज्ञापारमितापरिगृहीतत्वात्। उपसंक्रान्तानाञ्च तेषां राज्ञां वा राजपुत्राणां वा राजमन्त्रिणां वा राजमहामात्राणां वा आलपितुकामता भविष्यति अभिभाषितुकामता भविष्यति। प्रतिसंमोदितव्यञ्च ते मंस्यन्ते॥ तत् कस्य हेतोः। इयं हि कौशिक प्रज्ञापारमिता सर्व्वसत्वानामन्तिके मैत्रोपसंहारेण मैत्रचित्ततया करुणोपसंहारेण करुणाचित्ततया प्रत्युपस्थिता॥ तस्मात्तर्हि कौशिक येऽपि ते व्याडसरीसृपकान्तारमध्यगतास्तेषां कुलपुत्राणां कुलदुहितॄणां वा मनुष्या वा अमनुष्या वाऽवतारप्रेक्षिणोऽवतारगवेषिणस्तेऽपि तेषां कौशिकावतारं न लप्स्यन्ते स्थापयित्वा पूर्व्वकर्म्मविपाकं[२]॥

अथ खल्वन्यतीर्थ्यानां परिव्राजकानामुपारम्भाभिप्रायाणां शतं तस्यां वेलायां येन भगवांस्तेनोपसंक्रामति स्म॥

अथ खलु शक्रो देवानामिन्द्रो दूरत एवागच्छतस्तानन्यतीर्थ्यान् परिव्राजकान् दृष्ट्वा तेषां चित्तानि व्यवलोक्यैवं चिन्तयामास। इमे खलु अन्यतीर्थ्याः परिव्राजका उपारम्भाभिप्राया येन भगवांस्तेनोपसंक्रामन्ति स्म। यन्न्वहं यावन्मात्रो मया भगवतोऽन्तिकादस्याः

(१) राजमहामन्त्रिणा इति ग०।
(२) पर्व्वविपाकेनेति ख०।

प्रज्ञापारमितायाः प्रदेश उद्गृहीतस्तावन्मात्रं स्मृत्या समन्वाहरेयं स्वाध्यायेयं प्रवर्त्तयेयं यथैतेऽन्यतीर्थ्याः परिव्राजका भगवन्तं नोपसंक्रामेयुः एवमस्याः प्रज्ञापारमितायाभाष्यमानाया नान्तरायः स्यादिति ॥

अथ खलु शक्रो देवानामिन्द्रो यावन्मात्रो भगवतोऽन्तिकादस्याः प्रज्ञापारमितायाः प्रदेश उद्गृहीतस्तावन्मात्रं स्मृत्या समन्वाहरति स्म स्वाध्यायति स्म प्रवर्त्तयति स्म ॥

अथ ते अन्यतीर्थ्याः परिव्राजका दूराद्दूरतरं भगवन्तं प्रदक्षिणीकृत्य तेनैव द्वारेण तेनैव मार्गेण पुनरेव निष्क्रान्ताः ॥

अथ खल्वायुष्मतः शारिपुत्रस्यैतदभूत्। किमत्र कारणं येन इमेऽन्यतीर्थ्याः परिव्राजका दूराद्दूरतरं भगवन्तं प्रदक्षिणीकृत्य तेनैव द्वारेण तेनैव मार्गेण पुनरेव निष्क्रान्ताः ॥

अथ खलु भगवानायुष्मतः शारिपुत्रस्य इममेवंरूपञ्चेतसैव चेतःपरिवितर्कमाज्ञायायुष्मन्तं शारिपुत्रमेतदवोचत्। शक्रेण शारिपुत्र देवानामिन्द्रेण तेषामन्यतीर्थ्यानां परिव्राजकानामुपारम्भाभिप्रायाणां चित्तानि व्यवलोक्य इयं प्रज्ञापारमिता स्मृत्या समन्वाहृता स्वाध्यायिता प्रवर्त्तिता तेषामन्यतीर्थ्यानां परिव्राजकानां विग्रहीतुकामानां विवदितुकामानां विरोधयितुकामानां निवर्त्तनार्थं यथास्याः प्रज्ञापारमिताया भाष्यमाणाया एतेऽन्यतीर्थ्याः परिव्राजका नोपसंक्रामेयुरिति मान्तरायं कार्षुः प्रज्ञापारमिताया भाष्यमाणाया इति। मया च शक्रस्य देवानामिन्द्रस्याभ्यनुज्ञातं॥ तत् कस्य हेतोः। नाहं शारिपुत्र तेषामन्यतीर्थ्यानां परिव्राजकानामेकस्यापि शुक्लं धर्म्मं

समनुपश्यामि। सर्व्वे ते शारिपुत्त्रोपारम्भाभिप्रायाः प्रतिहतचित्ता उपसंक्रमितुकामा अभूवन्॥

अथ खलु मारस्य पापीयस एतदभूत्। इमास्तथागतस्यार्हतः सम्यक्सम्बुद्धस्य चतस्रः पर्षदः सन्निपतिताः सन्निषण्णास्तथागतस्य सम्मुखीभूताः। इमे च कामावचरा रूपावचराश्च देवपुत्त्राः सम्मुखीभूता नियतमत्र बोधिसत्त्वा महासत्त्वा व्याकरिष्यन्तेऽनुत्तरायां सम्यक्सम्बोधौ। यन्न्वहमुपसंक्रामेयं विचक्षुःकरणायेति॥

अथ खलु मारः पापीयांश्चतुरङ्गबलकायमभिनिर्म्माय येन भगवांस्तेनोपसंक्रामति स्म॥

अथ खलु शक्रस्य देवानामिन्द्रस्यैतदभूत्। मारो बतायं पापीयांश्चतुरङ्गबलकायमभिनिर्म्माय येन भगवांस्तेनोपसंक्रामति स्म। यश्चायं[१] चतुरङ्गस्य बलकायस्य व्यूहो नायं राज्ञो बिम्बिसारस्य चतुरङ्गस्य बलकायस्य व्यूहो नापि राज्ञः प्रसेनजितश्चतुरङ्गस्य बलकायस्य व्यूहो नापि शाक्यानां चतुरङ्गस्य बलकायस्य व्यूहो नापि लिच्छवीनां चतुरङ्गस्य बलकायस्य व्यूहो योऽयं मारेण पापीयसा अभिनिर्म्मितः। समनुबद्धो दीर्घरात्रं मारः पापीयान् भगवतोऽवतारप्रेक्षी अवतारगवेषी सत्त्वानाञ्च विहेठनाभिप्रायः। यन्न्वहमिमामेव प्रज्ञापारमितां स्मृत्या समन्वाहरेयं स्वाध्यायेयं प्रवर्त्तयेयमिति॥

अथ खलु शक्रो देवानामिन्द्र इमामेव प्रज्ञापारमितां स्मृत्या समन्वाहरति स्म स्वाध्यायति स्म प्रवर्त्तयति स्म। यथा यथाच शक्रो देवानामिन्द्र इमां प्रज्ञापारमितां स्मृत्या समन्वाहरति स्म स्वाध्यायति

---

(१) यथायमिति ग०।

स्म प्रवर्त्तयति स्म तथा तथा मारः पापीयांस्तेनैव मार्गेण पुनरेव प्रत्युदावृत्तः ॥

अथ खलु त्रायस्त्रिंशत्कायिका देवपुत्रा दिव्यानि मान्दारवपुष्पाण्यभिनिर्म्माय विहायसाऽन्तरीक्षगता येन भगवांस्तेनाभ्यवकिरन्ति स्म। येन भगवांस्तेन तानि दिव्यानि मान्दारवपुष्पाण्यभिप्रकिरन्ति स्म एवञ्चोदानमुदानयन्ति स्म चिरस्य वतेयं प्रज्ञापारमिता जाम्बुद्वीपकानां मनुष्याणामुपावृत्तेति। पुनरेव च दिव्यानि मान्दारवाणि पुष्पाणि[1] गृहीत्वा येन भगवांस्तेनाभ्यवकिरन्ति स्म अभिप्रकिरन्ति स्म एवञ्चावोचत् ये केचिद्भगवन् सत्वाः प्रज्ञापारमिताम्भाषिष्यन्ते भावयिष्यन्ति प्रज्ञापारमितायाञ्चरिष्यन्ति न तेषां मारो वा मारकायिका वा देवता अवतारं लप्स्यन्ते। न ते भगवन् सत्वा अवरकेण[2] कुशलमूलेन समन्वागता भविष्यन्ति य इमां प्रज्ञापारमितां श्रोष्यन्ति श्रुत्वा चोद्ग्रहीष्यन्ति धारयिष्यन्ति वाचयिष्यन्ति पर्य्यवाप्स्यन्ति प्रवर्त्तयिष्यन्ति देशयिष्यन्त्युपदेक्ष्यन्त्युद्देक्ष्यन्ति स्वाध्यास्यन्ति। पूर्व्वजिनकृताधिकारास्ते भगवन् सत्वा भविष्यन्ति येषामियं प्रज्ञापारमिता श्रोत्रावभासमागमिष्यति। कः पुनर्व्वादोऽयमेनामुद्ग्रहीष्यन्ति धारयिष्यन्ति वाचयिष्यन्ति पर्य्यवाप्स्यन्ति प्रवर्त्तयिष्यन्ति देशयिष्यन्त्युपदेक्ष्यन्त्युद्देक्ष्यन्ति स्वाध्यास्यन्ति तथत्वाय शिक्षिष्यन्ते तथत्वाय प्रतिपत्स्यन्ते तथत्वाय योगमापत्स्यन्ते तथागतपर्य्युपासितास्ते भगवन् सत्वा भविष्यन्ति॥ तत्

---

(१) मान्दारवपुष्पाणीति ग॰।

(२) आवरकेणेत्यर्थे अवरकेणेतिपाठः प्रयुक्तः इत्यनमीयते।

कस्य हेतोः। अतो हि सर्व्वज्ञता गवेषितव्या यदुत प्रज्ञापारमितातः। तद्यथापि नाम भगवन् यानि कानिचिद्रत्नानि महारत्नानि सर्व्वाणि तानि महासमुद्रप्रभावितानि सर्व्वाणि तानि महासमुद्राद्गवेषितव्यानि एवमेव भगवन् सर्व्वज्ञतामहारत्नन्तथागतानामर्हतां सम्यक्सम्बुद्धानां प्रज्ञापारमितामहासमुद्राद्गवेषितव्यं॥

एवमुक्ते भगवान् शक्रन्देवानामिन्द्रमेतदवोचत्। एवमेतत् कौशिकैवमेतत्। अतो निर्जातन्तथागतानामर्हतां सम्यक्सम्बुद्धानां सर्व्वज्ञतामहारत्नं यदुत प्रज्ञापारमितामहासमुद्रात्॥

अथ खल्वायुष्मानानन्दो भगवन्तमेतदवोचत्। न भगवन् दानपारमिताया वर्णं भाषते न नामधेयं परिकीर्त्तयति। न शीलपारमिताया न क्षान्तिपारमिताया न वीर्य्यपारमिताया न भगवन् ध्यानपारमिताया वर्णं भाषते न नामधेयं परिकीर्त्तयति। अपि नु प्रज्ञापारमिताया एवैकस्या भगवन् वर्णं भाषते नामधेयञ्च परिकीर्त्तयति॥

भगवानाह। एवमेतदानन्दैवमेतत्। प्रज्ञापारमिताया एवाहमानन्द वर्णं भाषे नामधेयञ्च परिकीर्त्तयामि नान्यासां पारमितानां॥ तत् कस्य हेतोः। प्रज्ञापारमिता ह्यानन्द पूर्व्वङ्गमा पञ्चानां पारमितानां तत्किं मन्यसे आनन्द अपरिणामितं दानं सर्व्वज्ञतायां दानपारमितानामधेयं लभते॥

आयुष्मानानन्द आह। नो हीदं भगवन्॥

भगवानाह। तत् किं मन्यसे आनन्द अपरिणामितं शीलमपरिणामिता क्षान्तिरपरिणामितं वीर्य्यमपरिणामितं ध्यानं तत् किं

मन्यसे आनन्द अपरिणामिता प्रज्ञा सर्व्वज्ञतायां प्रज्ञापारमिता-नामधेयं(१) लभते॥

आनन्द आह। नो हीदं भगवन्॥

भगवानाह। तत् किं मन्यसे त्वमानन्द अचिन्त्या सा प्रज्ञा या कुशलमूलानि सर्व्वज्ञतापरिणामेण परिणामयति॥

आनन्द आह। एवमेतद्भगवन्नेवमेतत् सुगत। अचिन्त्या सा भगवन् प्रज्ञा परमाचिन्त्या सा भगवन् प्रज्ञा या कुशलमूलानि सर्व्वज्ञतापरिणामेन परिणामयति॥

भगवानाह। तस्मात्तर्ह्यानन्द परमत्वात् सा प्रज्ञापारमिता-नामधेयं लभते यया सर्व्वज्ञतायां परिणामितानि कुशलमूलानि पारमितानामधेयं लभन्ते॥ तस्मात्तर्ह्यानन्द सर्व्वज्ञतापरिणामित-कुशलमूलत्वात् प्रज्ञापारमिता पञ्चानां पारमितानां पूर्व्वङ्गमा नायिका परिणायिका। अनेन योगेनान्तर्गताः पञ्चपारमिताः प्रज्ञापारमितायामेवानन्द षट्पारमितापरिपूर्णाधिवचनमेतद्यदुत प्रज्ञापारमितेति॥ तस्मात्तर्ह्यानन्द प्रज्ञापारमितायां परिकीर्त्ति-तायां सर्व्वाः षट्पारमिताः परिकीर्त्तिता भवन्ति॥ तद्यथापि नामानन्द महापृथिव्यां वीजानि प्रकीर्णानि सामग्रीलभमानानि विरोहन्ति। महापृथिवी च तेषां वीजानां प्रतिष्ठा। महापृथिवी-प्रतिष्ठितानि च तानि वीजानि विरोहन्ति। एवमेवानन्द प्रज्ञा-पारमितासङ्गृहीताः पञ्चपारमिताः सर्व्वज्ञतायां प्रतिष्ठन्ते। प्रज्ञापार-मिताप्रतिष्ठिताः पञ्चपारमिता विरोहन्ति। प्रज्ञापारमितापरि-

(१) दानपारमितानामधेयमिति ग०।

गृहीतत्वाच्च पारमितानामधेयं लभन्ते॥ तस्मात्तर्ह्यानन्द प्रज्ञापारमितैव पञ्चानां पारमितानां पूर्व्वङ्गमा नायिका परिणायिका॥

अथ खलु शक्रो देवानामिन्द्रो भगवन्तमेतदवोचत्। न तावदिमे भगवंस्तथागतेनार्हता सम्यक्सम्बुद्धेन प्रज्ञापारमितायाः सर्व्वे गुणाः परिकीर्त्तिताः यान् गुणान् स कुलपुत्त्रो वा कुलदुहिता वा परिगृह्णीते प्रज्ञापारमितामुद्गृह्य धारयित्वा वाचयित्वा पर्य्यवाप्य प्रवर्त्त्य देशयित्वोपदिश्योद्दिश्य स्वाध्याय्य। अथ हि मया यो भगवतोऽन्तिकादस्याः प्रज्ञापारमितायाः प्रदेश उद्गृहीतः स प्रवर्त्तितः॥

भगवानाह। साधु साधु कौशिक। न खलु पुनः कौशिक केवलं यः प्रज्ञापारमितामुद्ग्रहीष्यति धारयिष्यति वाचयिष्यति पर्य्यवाप्स्यति प्रवर्त्तयिष्यति देशयिष्यत्युपदेक्ष्यत्युद्देक्ष्यति स्वाध्यास्यति तस्यैव केवलममी गुणा भविष्यन्ति। योऽपि कौशिक कुलपुत्त्रो वा कुलदुहिता वा इमां प्रज्ञापारमितां लिखित्वा पुस्तकगतां कृत्वा धारयिष्यति स्थापयिष्यन्ति सद्धर्म्मचिरस्थितिहेतोर्मा बुद्धनेत्रीसमुच्छेदो भून्मा सद्धर्म्मान्तर्द्धानं बोधिसत्त्वानां महासत्वानां चानुग्रहोपसंहारः कृतो भविष्यति नेत्त्रवैकल्येनेति। तांश्चैनां प्रज्ञापारमितां सत्करिष्यति गुरुकरिष्यति मानयिष्यति पूजयिष्यति अर्च्चयिष्यति अपचायिष्यति पुष्पैर्धूपैर्गन्धैर्माल्यैर्विलेपनैश्चूर्णैर्वस्त्रैश्छत्त्रैर्ध्वजैर्घण्टाभिः पताकाभिः समन्ताच्च दीपमालाभिर्बहुविधाभिश्च पूजाभिः पूजयिष्यति तस्याप्यहं कौशिक कुलपुत्त्रस्य वा कुलदुहितुर्वा एणान् दृष्टधार्म्मिकान् गुणान् वदामि॥

एवमुक्ते शक्रो देवानामिन्द्रो भगवन्तमेतदवोचत्। अहमपि

भगवंस्तस्यापि कुलपुत्त्रस्य वा कुलदुहितुर्वा रक्षावरणगुप्तिं संविधास्यामि य इमां प्रज्ञापारमितां लिखित्वा पुस्तकगतां कृत्वा धारयिष्यति स्थापयिष्यति सद्धर्म्मचिरस्थितिहेतोर्मा बुद्धनेत्रीसमुच्छेदो भून्मा सद्धर्म्मान्तर्द्धानं बोधिसत्त्वानां महासत्वानां चानुग्रहोपसंहारः कृतो भविष्यति नेत्र्यवैकल्येनेति। ताञ्चैनां प्रज्ञापारमितां सत्करिष्यति गुरुकरिष्यति मानयिष्यति पूजयिष्यति अर्च्चयिष्यति अपचायिष्यति पुष्पैर्धूपैर्गन्धैर्माल्यैर्विलेपनैश्चूर्णैर्वस्त्रैश्छत्त्रैर्ध्वजैर्घण्टाभिः पताकाभिः समन्ताच्च दीपमालाभिर्बहुविधाभिश्च पूजाभिः पूजयिष्यति॥ कः पुनर्वादो य एनां प्रज्ञापारमितां लिखिष्यत्युद्ग्रहीष्यति धारयिष्यति वाचयिष्यति पर्य्यवाप्स्यति प्रवर्त्तयिष्यति देशयिष्यत्युपदेक्ष्यत्युद्देक्ष्यति स्वाध्यास्यति सत्करिष्यति गुरुकरिष्यति मानयिष्यति पूजयिष्यति अर्च्चयिष्यति अपचायिष्यति पुष्पैर्धूपैर्गन्धैर्माल्यैर्विलेपनैश्चूर्णैर्वस्त्रैश्छत्त्रैर्ध्वजैर्घण्टाभिः पताकाभिः समन्ताच्च दीपमालाभिर्बहुविधाभिश्च पूजाभिः पूजयिष्यति॥

भगवानाह। साधु साधु कौशिक। तस्य खलु पुनः कौशिक कुलपुत्त्रस्य कुलदुहितुर्वा इमां प्रज्ञापारमितां स्वाध्यायतो बहूनि देवपुत्त्रशतान्युपसङ्क्रमिष्यन्ति। बहूनि देवपुत्त्रसहस्राणि बहूनि देवपुत्त्रशतसहस्राणि धर्म्मश्रवणायोपसङ्क्रमिष्यन्ति। ते च देवपुत्त्रा धर्म्मं श्रुत्वैवन्तस्य धर्म्मभाणकस्य प्रतिभानमुपसंहर्त्तव्यं मंस्यन्ते। यदापि स धर्म्मभाणको न जल्पितुकामो भविष्यति तदापि तस्य ते देवपुत्त्रास्तेनैव धर्म्मगौरवेण प्रतिभानमुपसंहर्त्तव्यं मंस्यन्ते यथा तस्य कुलपुत्त्रस्य वा कुलदुहितु र्वा भाषितुमेव छन्दो भविष्यति॥ इममपि

स कौशिक कुलपुत्रो वा कुलदुहिता वा दृष्टधार्म्मिकं गुणं परिगृह्णाति य इमां प्रज्ञापारमितामुद्ग्रहीष्यति धारयिष्यति वाचयिष्यति पर्य्यवाप्स्यति प्रवर्त्तयिष्यति देशयिष्यत्युपदेक्ष्यत्युद्देक्ष्यति स्वाध्यास्यति॥ पुनरपरं कौशिक तस्य कुलपुत्रस्य कुलदुहितुर्वा इमां प्रज्ञापारमितां भाषमाणस्य चतसृणां पर्षदामग्रतो नावलीनचित्तता भविष्यति। मा खलु मां कश्चित् पर्य्यनुयुञ्जीतोपारम्भाभिप्राय इति॥ तत्कस्य हेतोः। तथाहि तस्य प्रज्ञापारमिता रक्षावरणगुप्तिं करोति। स उपारम्भानपि प्रज्ञापारमिताविहारी न समनुपश्यति उपारम्भकरानपि प्रज्ञापारमिताविहारी न समनुपश्यति योऽप्युपारभ्येत[१] तमपि न समनुपश्यति तामपि प्रज्ञापारमितां न समनुपश्यति॥ एवं प्रज्ञापारमितापरिगृहीतस्य कुलपुत्रस्य वा कुलदुहितुर्वा अनेन पर्य्यायेण न कश्चित् पर्य्यनुयोगो भविष्यति। स च नोत्त्रसिष्यति न सन्त्रसिष्यति न सन्त्रासमापत्स्यते॥ इमानपि स कौशिक कुलपुत्रो वा कुलदुहिता वा दृष्टधार्म्मिकान् गुणान् परिगृह्णाति य इमां प्रज्ञापारमितामुद्ग्रहीष्यति धारयिष्यति वाचयिस्यति पर्य्यवाप्स्यति प्रवर्त्तयिष्यति देशयिष्यत्युपदेक्ष्यत्युद्देक्ष्यति स्वाध्यास्यति॥ पुनरपरं कौशिक स कुलपुत्रो वा कुलदुहिता वा प्रियो भविष्यति मातापितॄणां मित्रामात्यज्ञातिसालोहितश्रमणब्राह्मणानां हितानां च प्रतिबलश्च भविष्यति प्रक्रम्य भविष्यति उत्पन्नोत्पन्नानां परप्रवादिनां सह धर्म्मेण निग्रहाय परैश्च प्रत्यनुयुज्यमानः प्रत्यनुयोगव्याकरणसमर्थो भविष्यति॥ इमानपि स कौशिक कुलपुत्रो वा कुलदुहिता वा दृष्ट-

(१) उपारभ्येत इति क० ख० घ०।

धार्म्मिकान् गुणान् परिगृह्णाति यः कुलपुत्त्रो वा कुलदुहिता वा इमां प्रज्ञापारमितामुद्ग्रहीष्यति धारयिष्यति वाचयिष्यति पर्य्यवाप्स्यति प्रवर्त्तयिष्यति देशयिष्यत्युपदेच्ष्यत्युद्देच्ष्यति स्वाध्यास्यति। यत्र खलु पुनः कौशिक कुलपुत्त्रो वा कुलदुहिता वा इमां प्रज्ञापारमितां लिखित्वा पुस्तकगतां कृत्वा पूजापूर्व्वङ्गमं स्थापयिष्यति पूजयिष्यति तत्र कौशिक ये केचित् चातुर्म्महाराजकायिकेषु देवेषु देवपुत्त्रा अनुत्तरायां सम्यक्सम्बोधौ सम्प्रस्थितास्तेऽपि तत्रागन्तव्यं मंस्यन्ते। तेऽपि तत्रागत्यैनां प्रज्ञापारमितां पुस्तकगतां प्रेच्चिष्यन्ते वन्दिष्यन्ते नमस्करिष्यन्त्युद्ग्रहीष्यन्ति धारयिष्यन्ति वाचायिष्यन्ति पर्य्यवाप्स्यन्ति प्रवर्त्तयिष्यन्ति देशयिष्यन्त्युपदेच्ष्यन्त्युद्देच्ष्यन्ति स्वाध्यास्यन्ति प्रेच्य वन्दित्वा नमस्कृत्य धारयित्वा वाचयित्वा पर्य्यवाप्य प्रवर्त्त्य देशयित्वोपदिश्योद्दिश्य स्वाध्याय पुनरेव प्रक्रमितव्यं मंस्यन्ते॥ एवं ये केचित् कौशिक त्रयस्त्रिंशेषु देवेषु देवपुत्त्रा अनुत्तरायां सम्यक्सम्बोधौ सम्प्रस्थितास्तेऽपि तत्रागन्तव्यं मंस्यन्ते। तेऽपि तत्रागत्यैनां प्रज्ञापारमितां पुस्तकगतां प्रेच्चिष्यन्ते वन्दिष्यन्ते नमस्करिष्यन्त्युद्ग्रहीष्यन्ति धारयिष्यन्ति वाचयिष्यन्ति पर्य्यवाप्स्यन्ति प्रवर्त्तयिष्यन्ति देशयिष्यन्त्युपदेच्ष्यन्त्युद्देच्ष्यन्ति स्वाध्यास्यन्ति प्रेच्य वन्दित्वा नमस्कृत्योद्गृह्य धारयित्वा वाचयित्वा पर्य्यवाप्य प्रवर्त्त्य देशयित्वोपदिश्योद्दिश्य स्वाध्याय पुनरेव प्रक्रमितव्यं मंस्यन्ते॥ येऽपि केचित् कौशिक यामेषु देवेषु देवपुत्त्रा अनुत्तरायां सम्यक्सम्बोधौ सम्प्रस्थितास्तेऽपि तत्रागन्तव्यं मंस्यन्ते। तेऽपि तत्रागत्यैनां प्रज्ञापारमितां पुस्तकगतां प्रेच्चिष्यन्ते वन्दिष्यन्ते नमस्करिष्यन्त्युद्ग्रहीष्यन्ति धारयिष्यन्ति वाचयिष्यन्ति पर्य्यवाप्स्यन्ति

प्रवर्त्तयिष्यन्ति देशयिष्यन्त्युपदेक्ष्यन्त्युद्देक्ष्यन्ति स्वाध्यास्यन्ति प्रेक्ष्य वन्दित्वा नमस्कृत्योद्गृह्य धारयित्वा वाचयित्वा पर्य्यवाप्य प्रवर्त्त्य देशयित्वोपदिश्योद्दिश्य स्वाध्याय्य पुनरेव प्रक्रमितव्यं मंस्यन्ते॥ येऽपि केचित् कौशिक तुषितेषु देवेषु देवपुत्रा अनुत्तरायां सम्यक्सम्बोधौ सम्प्रस्थितास्तेऽपि तत्रागन्तव्यं मंस्यन्ते। तेऽपि तत्रागत्यैनां प्रज्ञापारमितां पुस्तकगतां प्रेक्षिष्यन्ते वन्दिष्यन्ते नमस्करिष्यन्त्युद्ग्रहीष्यन्ति धारयिष्यन्ति वाचयिष्यन्ति पर्य्यवाप्स्यन्ति प्रवर्त्तयिष्यन्ति देशयिष्यन्त्युपदेक्ष्यन्त्युद्देक्ष्यन्ति स्वाध्यास्यन्ति प्रेक्ष्य वन्दित्वा नमस्कृत्योद्गृह्य धारयित्वा वाचयित्वा पर्य्यवाप्य प्रवर्त्त्य देशयित्वोपदिश्योद्दिश्य स्वाध्याय्य पुनरेव प्रक्रमितव्यं मंस्यन्ते॥ येऽपि केचित् कौशिक निर्म्माणरतिषु देवेषु देवपुत्रा अनुत्तरायां सम्यक्सम्बोधौ सम्प्रस्थितास्तेऽपि तत्रागन्तव्यं मंस्यन्ते। तेऽपि तत्रागत्यैनां प्रज्ञापारमितां पुस्तकगतां प्रेक्षिष्यन्ते वन्दिष्यन्ते नमस्करिष्यन्त्युद्ग्रहीष्यन्ति धारयिष्यन्ति वाचयिष्यन्ति पर्य्यवाप्स्यन्ति प्रवर्त्तयिष्यन्ति देशयिष्यन्त्युपदेक्ष्यन्त्युद्देक्ष्यन्ति स्वाध्यास्यन्ति प्रेक्ष्य वन्दित्वा नमस्कृत्योद्गृह्य धारयित्वा वाचयित्वा पर्य्यवाप्य प्रवर्त्त्य देशयित्वोपदिश्योद्दिश्य स्वाध्याय्य पुनरेव प्रक्रमितव्यं मंस्यन्ते॥ येऽपि केचित् कौशिक परनिर्म्मितवशवर्त्तिषु देवेषु देवपुत्रा अनुत्तरायां सम्यक्सम्बोधौ सम्प्रस्थितास्तेऽपि तत्रागन्तव्यं मंस्यन्ते। तेऽपि तत्रागत्यैनां प्रज्ञापारमितां पुस्तकगतां प्रेक्षिष्यन्ते वन्दिष्यन्ते नमस्करिष्यन्त्युद्ग्रहीष्यन्ति धारयिष्यन्ति वाचयिष्यन्ति पर्य्यवाप्स्यन्ति प्रवर्त्तयिष्यन्ति देशयिष्यन्त्युपदेक्ष्यन्त्युद्देक्ष्यन्ति स्वाध्यास्यन्ति प्रेक्ष्य वन्दित्वा नमस्कृत्योद्गृह्य धारयित्वा

वाचयित्वा पर्य्यवाप्य प्रवर्त्त्य देशयित्वोपदिश्योद्दिश्य स्वाध्याय्य पुनरेव प्रक्रमितव्यं मंस्यन्ते॥ एवं येऽपि केचित् कौशिक रूपावचरेषु देवेषु देवपुत्त्रा यावन्तो ब्रह्मलोके ब्रह्मकायिका देवपुत्त्रा अनुत्तरायां सम्यक्सम्बोधौ सम्प्रस्थितास्तेऽपि तत्रागन्तव्यं मंस्यन्ते। तेऽपि तत्रागत्यैनां प्रज्ञापारमितां पुस्तकगतां प्रेक्षिष्यन्ते वन्दिष्यन्ते नमस्करिष्यन्त्युद्ग्रहीष्यन्ति धारयिष्यन्ति वाचयिष्यन्ति पर्य्यवाप्स्यन्ति प्रवर्त्तयिष्यन्ति देशयिष्यन्त्युपदेक्ष्यन्त्युद्देक्ष्यन्ति स्वाध्यास्यन्ति प्रेक्ष्य वन्दित्वा नमस्कृत्योद्गृह्य धारयित्वा वाचयित्वा पर्य्यवाप्य प्रवर्त्त्य देशयित्वोपदिश्योद्दिश्य स्वाध्याय्य पुनरेव प्रक्रमितव्यं मंस्यन्ते॥ मा तेऽत्र कौशिकैवं भूद्यथा ब्रह्मकायिका एवेति। यथा ब्रह्मकायिका एवं येऽपि केचित् कौशिक ब्रह्मपुरोहितेषु देवेषु देवपुत्त्राः पेयालं। एवं येऽपि केचित् कौशिक महाब्रह्मासु परीत्ताभेष्वप्रमाणाभेष्वाभास्वरेषु(१) परीत्तशुभेष्वप्रमाणशुभेषु शुभकृत्स्नेष्वनभ्रकेषु पुण्यप्रसवेषु वृहत्फलेष्वसंज्ञिसत्वेष्ववृहेष्वतपेषु सुदृशेषु सुदर्शनेषु॥ येऽपि केचित् कौशिक अकनिष्ठेषु देवेषु देवपुत्त्रा अनुत्तरायां सम्यक्सम्बोधौ सम्प्रस्थितास्तेऽपि तत्रागन्तव्यं मंस्यन्ते। तेऽपि तत्रागत्यैनां प्रज्ञापारमितां पुस्तकगतां प्रेक्षिष्यन्ते वन्दिष्यन्ते नमस्करिष्यन्त्युद्ग्रहीष्यन्ति धारयिष्यन्ति वाचयिष्यन्ति पर्य्यवाप्स्यन्ति प्रवर्त्तयिष्यन्ति देशयिष्यन्त्युपदेक्ष्यन्त्युद्देक्ष्यन्ति स्वाध्यास्यन्ति प्रेक्ष्य वन्दित्वा नमस्कृत्योद्गृह्य धारयित्वा वाचयित्वा पर्य्यवाप्य प्रवर्त्त्य देशयित्वोपदिश्योद्दिश्य स्वाध्याय्य पुनरेव प्रक्रमितव्यं मंस्यन्ते॥ एवं च कौशिक तेन कुलपुत्त्रेण वा

(१) महाब्रह्मास्वपरीत्ताभेषु इति ग०।

कुलदुहित्रा वा चित्तमुत्पादयितव्यं॥ ये केचित् दशसु दिक्ष्वप्रमेयेष्व-संख्येयेषु लोकधातुषु देवा नागा यक्षा गन्धर्व्वा असुरा गरुडाः किन्नरा महोरगा मनुष्या अमनुष्यास्ते इतः पुस्तकात् प्रज्ञापारमितां पश्यन्तु वन्दन्तां नमस्कुर्व्वन्तु उद्गृह्णन्तु धारयन्तु पर्य्यवाप्नुवन्तु प्रवर्त्तयन्तु देशयन्तु उपदिशन्तु उद्दिशन्तु स्वाध्यायन्तु प्रेक्ष्य वन्दित्वा नमस्कृत्योद्गृह्य धारयित्वा वाचयित्वा पर्य्यवाप्य प्रवर्त्त्य देशयित्वोपदिश्यो-द्दिश्य स्वाध्याय्य पुनरेव स्वभवनानि गच्छन्तु। तेषामिदं धर्म्मदानमेव दत्तं भवत्विति॥ मा तेऽत्र कौशिकैवं भूद्योऽस्मिन्नेव चातुर्म्महाद्वीपके लोकधातौ कामावचरा रूपावचराश्च देवपुत्रा अनुत्तरां सम्यक्-सम्बोधिमभिसम्प्रस्थितास्त एव केवलं तत्रागन्तव्यं मंस्यन्ते इति। न ते कौशिकैवं द्रष्टव्यं॥ अपि नु खलु पुनः कौशिक यावन्तस्त्रिसाहस्र-महासाहस्रे लोकधातौ कामावचरा रूपावचराश्च देवपुत्रा अनुत्तरां सम्यक्सम्बोधिमभिसम्प्रस्थितास्तेऽपि तत्रागन्तव्यं मंस्यन्ते। तेऽपि तत्रागत्यैनां प्रज्ञापारमितां पुस्तकगतां प्रेक्षिष्यन्ते वन्दिष्यन्ते नम-स्करिष्यन्त्युद्ग्रहीष्यन्ति धारयिष्यन्ति वाचयिष्यन्ति पर्य्यवाप्स्यन्ति प्रवर्त्त-यिष्यन्ति देशयिष्यन्त्युपदेक्ष्यन्त्युद्देक्ष्यन्ति स्वाध्यास्यन्ति प्रेक्ष्य वन्दित्वा नमस्कृत्योद्गृह्य धारयित्वा वाचयित्वा पर्य्यवाप्य प्रवर्त्त्य देशयित्वो-पदिश्योदिश्य स्वाध्याय्य पुनरेव प्रक्रमितव्यं मंस्यन्ते। तस्य खलु पुनः कौशिक कुलपुत्रस्य वा कुलदुहितुर्वा गृहं वालयनं वा प्रासादो वा सुरक्षितो भविष्यति। न च तस्य कश्चिद्विहेठको भविष्यति स्थापयित्वा पूर्व्वकर्म्मविपाकेन॥ इममपि स कौशिक कुलपुत्रो वा कुलदुहिता वा दृष्टधार्मिकं गुणं परिग्रहीष्यति॥ यत्र हि नाम एवं महौजस्का

देवा नागा यक्षा गन्धर्व्वा असुरा गरुड़ाः किन्नरा महोरगा[1] मनुष्या अमनुष्या वा आगन्तव्यं मंस्यन्ते॥

एवमुक्ते शक्रो देवानामिन्द्रो भगवन्तमेतदवोचत्। कथं पुनर्भगवन् स कुलपुत्त्रो वा कुलदुहिता वा एवं जानीयादिह देवा वा नागा वा यक्षा वा गन्धर्व्वा वा असुरा वा गरुड़ा वा किन्नरा वा महोरगा वा मनुष्या वा अमनुष्या वा आगच्छन्ति इमां प्रज्ञापारमितां श्रोतुं द्रष्टुं वन्दितुं नमस्कर्त्तुमुद्ग्रहीतुं धारयितुं वाचयितुं पर्य्यवाप्तुं प्रवर्त्तयितुं देशयितुमुपदेष्टुमुद्देष्टुं स्वाध्यातुमिति॥

एवमुक्ते भगवान् शक्रं देवानामिन्द्रमेतदवोचत्। स चेत् कौशिक कुलपुत्त्रो वा कुलदुहिता वा तत्रोदारमवभासं संजानीते निष्ठातेन कुलपुत्त्रेण वा कुलदुहित्रा वा तत्र गन्तव्या[2]। इह देवो वा नागो वा यक्षो वा गन्धर्व्वो वा असुरो वा गरुड़ो वा किन्नरो वा महोरगो वा मनुष्यो वा अमनुष्यो वा आगत इत्युपसङ्क्रान्त इति॥ पुनरपरं स चेत् कौशिक कुलपुत्त्रो वा कुलदुहिता वा तत्र अमानुषं गन्धं घ्रास्यत्यनाघ्रातपूर्व्वं घ्रात्वा च तद्गन्धं निष्ठातेन कुलपुत्त्रेण वा कुलदुहित्रा वा तत्र गन्तव्या। इह देवो वा नागो वा यक्षो वा गन्धर्व्वो वा असुरो वा गरुड़ो वा किन्नरो वा महोरगो वा मनुष्यो वा अमनुष्यो वा आगत इत्युपसङ्क्रान्त इति॥ पुनरपरं स चेत् कौशिक कुलपुत्त्रो वा कुलदुहिता वा चौक्षसमुदाचारो भविष्यति शुचिसमुदाचारो

(१) देवनागयक्षगन्धर्व्वासुरकिन्नरमहोरगाद्या इति क० ख०।
(२) तत्रागन्तव्या इति ख०।

भविष्यति। तस्य तया चौक्षसमुदाचारतया शुचिसमुदाचारतया ते देवा नागा यक्षा गन्धर्व्वा असुरा गरुड़ाः किन्नरा महोरगा मनुष्या अमनुष्या वा आगन्तव्यं मंस्यन्ते। ये च तत्र देवनागयक्ष-गन्धर्व्वासुरगरुड़किन्नरमहोरगा मनुष्या अमनुष्या वा आगता भविष्यन्ति ते तस्य तया चौक्षसमुदाचारतया शुचिसमुदाचारतया आत्तमनस्काः प्रमुदिताः प्रीतिसौमनस्यजाता भविष्यन्ति। याश्च तत्राल्पौजस्का अल्पौजस्का देवता अध्युषिता भविष्यन्ति तास्ततो-ऽपक्रमितव्यं मंस्यन्ते॥ तत्कस्य हेतोः। तेषामेव हि महौजस्कानां महौजस्कानां देवानां नागानां यक्षाणां गन्धर्व्वाणामसुराणां गरु-ड़ानां किन्नरानां महोरगाणां मनुष्याणां अमनुष्याणां वा श्रियश्च तेजस्श्च गौरवश्चासहमाना एव ता अल्पौजस्का अल्पौजस्का देवता ततोऽपक्रमितव्यं मंस्यन्ते। यथा यथा खलु पुनः कौशिक ते महौजस्का महौजस्का देवा नागा यक्षा गन्धर्व्वा असुरा गरुड़ा किन्नरा महोरगा मनुष्या अमनुष्या वाऽभीक्ष्णमुपसंक्रमितव्यं मंस्यन्ते तथा तथा स कुलपुत्त्रो वा कुलदुहिता वा प्रसादबहुलो भविष्यति॥ इममपि स कौशिक कुलपुत्त्रो वा कुलदुहिता वा दृष्टधार्म्मिकं गुणं परिग्रहीष्यति॥ तेन खलु पुनः कौशिक कुलपुत्त्रेण वा कुलदुहित्रा वा तस्य धर्म्मेनैचोस्थानस्य परिसामन्तकेऽशुचिरचौ-क्षसमुदाचारो न प्रचारयितव्यस्तस्यां गुरुगौरवतापरिपूरिमुपादाय॥ पुनरपरं कौशिक तस्य कुलपुत्त्रस्य वा कुलदुहितुर्वा न कायक्लमथो न चित्तक्लमथ उत्पत्स्यते। स सुखमेव शय्यां कल्पयिष्यति सुखञ्च प्रक्रमिष्यति सुप्तश्च सत्र पापकान् स्वप्नान् द्रक्ष्यति पश्यंश्च

पुनस्तथागतानेवार्हतः सम्यक्सम्बुद्धान् द्रक्ष्यति स्तूपानेव द्रक्ष्यति बोधिसत्त्वानेव द्रक्ष्यति तथागतश्रावकानेव द्रक्ष्यति शब्दांश्च शृण्वन् पारमिताशब्दानेव श्रोष्यति बोधिपक्षानेव धर्म्मान् द्रक्ष्यति बोधिवृक्षानेव द्रक्ष्यति तेषु च तथागतानेवार्हतः सम्यक्सम्बुद्धानभिसम्बुध्यमानान् द्रक्ष्यति तथाऽभिसम्बुद्धानाञ्च धर्म्मचक्रप्रवर्त्तनं द्रक्ष्यति बहूंश्च बोधिसत्त्वानेव द्रक्ष्यति इमामेव[१] प्रज्ञापारमितां सङ्गीयमानान् प्रज्ञापारमितासङ्गीतिरतान् एवं सर्व्वज्ञता परिग्रहीतव्या एवं बुद्धक्षेत्रं विशोधयितव्यमित्युपायकौशलञ्चोपदिशत उदारञ्च बुद्धानां भगवतामभिसम्बोधिशब्दं श्रोष्यति। अमुष्यान्दिशि अमुष्मिन्दिग्भागे अमुष्मिन् लोकधातौ अमुकोऽसौ नाम्ना तथागतोऽर्हन् सम्यक्सम्बुद्धो बहुभिर्बोधिसत्त्वश्रावकाणां शतैर्बहुभिर्बोधिसत्त्वश्रावकसहस्रैर्बहुभिर्बोधिसत्त्वश्रावकशतसहस्रैर्बहुभिर्बोधिसत्त्वश्रावककोटीभिर्बहुभिर्बोधिसत्त्वश्रावककोटीशतैर्बहुभिर्बोधिसत्त्वश्रावककोटीसहस्रैर्बहुभिर्बोधिसत्त्वश्रावककोटीशतसहस्रैर्बहुभिर्बोधिसत्त्वश्रावककोटीनियुतशतसहस्रैः परिवृतः पुरस्कृतो धर्म्मन्देशयतीति॥ यश्च खलु पुनः कौशिक कुलपुत्त्रो वा कुलदुहिता वा इमानेवंरूपान् स्वप्नान् द्रक्ष्यति स सुखमेव स्वप्स्यति सुखञ्च प्रतिभोत्स्यते ओजःप्रक्षिप्तञ्च कायं सुखञ्च[२] प्रतिसंवेदयिष्यति लघु लघ्वेव च प्रतिसंवेदयिष्यति। न चास्याधिमात्रया आहारगृद्ध्या चित्तमन्ततिरुत्पत्स्यते। मृदुका चास्याहारसंज्ञा भवति॥ तद्यथापि नाम

(१) इमानेव इति ख०।

(२) कायसुखमिति क० ख० घ०।

कौशिक भिक्षोर्य्योगाचारस्य समाधेर्व्युत्थितस्य मनसिकारपरिष्यन्दितेन चित्तेन न बलवत्याहारे गृद्धिर्भवति। मृदुका चास्याहारसंज्ञा भवति॥ एवमेव कौशिक तस्य कुलपुत्त्रस्य वा कुलदुहितुर्वा न बलवत्याहारे गृद्धिर्भविष्यति। मृदुका चास्याहारसंज्ञा भविष्यति॥ तत् कस्य हेतोः। एवं ह्येतत् कौशिक भवति यथापि नाम प्रज्ञापारमिताभावनायोगानुयुक्तत्वात्तस्य कुलपुत्त्रस्य वा कुलदुहितुर्वा तया ह्यमनुष्याः काये ओज उपसंहर्त्तव्यं मंस्यन्ते॥ इमानपि स कौशिक कुलपुत्त्रो वा कुलदुता वा दृष्टधार्म्मिकान् गुणान् परिगृह्णाति॥ पुनरपरं कौशिक यः कुलपुत्त्रो वा कुलदुहिता वा इमां प्रज्ञापारमितां लिखित्वा पुस्तकगतां कृत्वा पूजापूर्व्वङ्गमं स्थापयेत् पूजयेन्नोद्गृह्णीयान्न धारयेन्न वाचयेन्न पर्य्यवाप्नुयान्न प्रवर्त्तयेन्न देशयेन्नोपदिशेन्नोद्दिशेन्न स्वाध्यायेदयमेव ततः स कौशिक कुलपुत्त्रो वा कुलदुहिता वा बहुतरं पुण्यं प्रसवति॥ यः कुलपुत्त्रो वा कुलदुहिता वा इमां प्रज्ञापारमितामभिश्रद्दधदवकल्पयन्नधिमुच्य प्रसन्नचित्तो बोधाय चित्तमुत्पाद्याध्याशयतः शृणुयादुद्गृह्णीयाद्धारयेद्वाचयेत् पर्य्यवाप्नुयात् प्रवर्त्तयेद्देशयेदुपदिशेदुद्दिशेत् स्वाध्यायेत् परेभ्यश्च विस्तरेण सम्प्रकाशयेदर्थमस्या विवृणुयान्मनसाऽन्ववेक्षेत यथाऽधिकया च प्रज्ञयाऽत्र परिमीमांसामापद्येत। अन्तशः पुस्तकगतामपि कृत्वा धारयेत् स्थापयेत् सद्धर्म्मचिरस्थितिहेतो र्मा बुद्धनेत्रीसमुच्छेदो भून्मा सद्धर्म्मान्तर्द्धानं बोधिसत्त्वानां महासत्वानाञ्चानुग्रहोपसंहारः कृतो भविष्यति नेत्र्यवैकल्येनेति। ताञ्चैनां प्रज्ञापारमितां सत्कुर्य्याद्गुरुकुर्य्यान्मानयेत् पूजयेदर्च्चयेदपचायेत् पुष्पैर्धूपै-

गन्धैर्माल्यैर्विलेपनैश्चूर्णैर्वस्त्रैश्छत्रैर्ध्वजैर्घण्टाभिः पताकाभिः समन्ताच्च दीपमालाभिर्बहुविधाभिश्च पूजाभिः पूजयेदयमेव ततः स कौशिक कुलपुत्रो वा कुलदुहिता वा ततो निदानं बहुतरं पुण्यं प्रसवति॥ तस्मात्तर्हि कौशिक इमान् दृष्टधार्म्मिकान् विशिष्टान् गुणान् परिग्रहीतुकामेन कुलपुत्रेण वा कुलदुहित्रा वा इयमेव प्रज्ञा-पारमिता अभिश्रद्धातव्या अवकल्पयितव्याऽधिमोक्तव्या प्रसन्न-चित्तेन बोधाय चित्तमुत्पाद्य सत्कृत्याध्याशयेन श्रोतव्योद्ग्रहीतव्या धारयितव्या वाचयितव्या पर्य्यवाप्तव्या प्रवर्त्तयितव्या देशयितव्या उप-देष्टव्या उद्देष्टव्या स्वाध्यातव्या परेभ्यश्च विस्तरेण संप्रकाशयितव्या अर्थतो विवरितव्या मनसाऽन्ववेक्षितव्या यथाऽधिकया च प्रज्ञयाऽत्र परिमीमांसामपद्येत[१]। अन्तशः पुस्तकगतामपि कृत्वा स्थापयितव्या पूजयितव्या सद्धर्म्मचिरस्थितिहेतोर्मा बुद्धनेत्रीसमुच्छेदो भून्मा सद्ध-र्म्मान्तर्द्धानं बोधिसत्त्वानां महासत्वानां चानुग्रहोपसंहारः कृतो भविष्यति नेत्र्यवैकल्येनेति। अर्थिकानाञ्च कुलपुत्राणां कुलदुहितॄ-णाञ्च संविभागं करिष्यामि मम च परेषाञ्च कल्याणसत्वानां बुद्ध-नेत्रीमहाचक्षुरवैकल्यता भविष्यतीति सदा च सत्कर्त्तव्या गुरुक-र्त्तव्या मानयितव्या पूजयितव्या अर्च्चयितव्या अपचायितव्या पुष्पै-र्धूपैर्गन्धैर्माल्यैर्विलेपनैश्चूर्णैर्वस्त्रैश्छत्रैर्ध्वजैर्घण्टाभिः पताकाभिः समन्ताच्च दीपमालाभिर्बहुविधाभिश्च पूजाभिः पूजयितव्येति॥

आर्य्याष्टसाहस्रिकायां प्रज्ञापारमितायामप्रमेयगुणधारणपारमि-तास्तूपसत्कारपरिवर्त्तो नाम तृतीयः॥ १२९॥

---

(१)। परिमीमांसितव्येति क० ख० घ०।

अथ गुणपरिकीर्त्तनपरिवर्त्तो नाम चतुर्थः॥

पुनरपरं भगवान् शक्रं देवानामिन्द्रमामन्त्रयते स्म। सचेत् कौशिक अयं ते जम्बूद्वीपः परिपूर्णश्चूड़िकाबद्धस्तथागतशरीराणां दीयेत। इयञ्च प्रज्ञापारमिता लिखित्वोपनाम्येत। तत एकतरेण भागेन प्रवार्य्यमाणोऽनयोर्द्वयोर्भागयोः स्थापितयोः कतमं त्वं कौशिक भागं गृह्णीयाः॥

शक्र आह। सचेन्मे भगवन्नयं जम्बूद्वीपः परिपूर्णश्चूड़िकाबद्धस्तथागतशरीराणां दीयेत। इयञ्च प्रज्ञापारमिता लिखित्वोपनाम्येत। तत एकतरेण भागेन प्रवार्य्यमाणोऽनयोर्द्वयोर्भागयोः स्थापितयोरिमामेवाहं भगवन् प्रज्ञापारमितां परिगृह्णीयां॥ तत्कस्य हेतोः। यथापि नाम तथागतनेत्रीचित्रीकारेण एतद्धि तथागतानां भूतार्थिकं शरीरं॥ तत्कस्य हेतोः। उक्तं ह्येतद्भगवता धर्म्मकाया बुद्धा भगवन्तः। मा खलु पुनरिमं भिक्षवः सत्कायं कायं मन्यध्वं। धर्म्मकायपरिनिष्पत्तितो मां भिक्षवो द्रक्ष्यन्त्येष च तथागतकायो भूतकोटिप्रभावितो द्रष्टव्यो यदुत प्रज्ञापारमिता॥ न खलु पुनर्भगवंस्तेषु तथागतशरीरेष्वगौरवं गौरवमेव मे भगवंस्तेषु तथागतशरीरेषु। अपि नु खलु पुनर्भगवन्नितः प्रज्ञापारमितातो निर्जातानि तथागतशरीराणि पूजां लभन्ते॥ तस्मात्तर्हि भगवन्ननयैव प्रज्ञापारमितया पूजितया तेषामपि तथागतशरीराणां परिपूर्णा पूजा कृता भवति॥ तत् कस्य हेतोः। प्रज्ञापामितानिर्जातत्वात्तथागतशरीराणां। तद्यथापि नाम भगवन् सुधर्म्मायां देवसभायामहं यस्मिन् समये दिव्ये स्वके

आसने निषण्णो भवामि तदा मम देवपुत्त्रा उपस्थानायागच्छन्ति । यस्मिन् समये न निषण्णो भवामि अथ तस्मिन् समये यन्ममासनं तत्र देवपुत्त्रा मम गौरवेण तदासनं नमस्कृत्य प्रदक्षिणीकृत्य पुनरेव प्रक्रामन्ति ॥ तत्कस्य हेतोः । इह हि किलासने निषद्य शक्रो देवानामिन्द्रो देवानां त्रयस्त्रिंशानां(१) धर्म्मं देशयतीति ॥ एवमेव भगवन् महेशाख्यहेतुप्रत्ययभूता प्रज्ञापारमिता तथागतस्यार्हतः सम्यक्सम्बुद्धस्य सर्व्वज्ञताया आहारिका । सर्व्वज्ञतायाश्च तथागतशरीराण्याश्रयभूतानि न तु तानि प्रत्ययभूतानि न कारणभूतानि ज्ञानस्योत्पादाय । एवमेव भगवन् सर्व्वज्ञज्ञानहेतुका तथागतशरीरेषु पूजा कृता भवति ॥ तस्मात्तर्हि भगवन्ननयोर्द्वयोर्भागयोः स्थापितयोरिमामेवाहं भगवन् प्रज्ञापारमितां परिगृह्णीयां । न खलु पुनर्मे भगवंस्तेषु तथागतशरीरेष्वगौरवं गौरवमेव मे भगवंस्तेषु तथागतशरीरेषु । अपि नु खलु पुनर्भगवंस्तानि तथागतशरीराणि प्रज्ञापारमितापरिभावितत्वात् पूजां लभ्यन्ते ॥ तिष्ठतु खलु पुनर्भगवन्नयं जम्बूद्वीपस्तथागतशरीराणां परिपूर्णश्चूडिकाबद्धः । तिष्ठतु चातुर्म्महाद्वीपको लोकधातुस्तथागतशरीराणां परिपूर्णश्चूडिकाबद्धः । तिष्ठतु साहस्रो लोकधातुस्तथागतशरीराणां परिपूर्णश्चूडिकाबद्धः । तिष्ठतु भगवन् द्विसाहस्रो मध्यमो लोकधातुस्तथागतशरीराणां परिपूर्णश्चूडिकाबद्धः । अयमेव भगवंस्त्रिसाहस्रमहासाहस्रो लोकधातुस्तथागतशरीराणां परिपूर्णश्चूडिकाबद्ध एको भागः कृत्वा स्थाप्येत । इयञ्च प्रज्ञापारमिता लिखित्वा द्वितीयो भागः स्थाप्येत । अनयोर्द्वयोर्भागयोः स्थापितयोरेकतरेण भागेन प्रवार्य्यमाणोऽनयोर्द्वयोर्भागयोः

(१) त्रायस्त्रिंशानामिति ग० ।

स्थापितयोर्यस्ते भागोऽभिप्रेतस्तमेकं भागं गृहाणेति तच्च इमा-मेवाहं भगवन् प्रज्ञापारमितां परिगृह्णीयां। न खलु पुनर्भगवंस्तेषु तथागतशरीरेष्वगौरवं गौरवमेव मे भगवंस्तेषु तथागतशरीरेषु। अपि नु खलु पुनर्भगवंस्तानि तथागतशरीराणि प्रज्ञापारमिता-परिभावितानि पूजां लभन्ते। तथागतशरीराणि हि सर्व्वज्ञज्ञाना-श्रयभूतानि(१) तदपि सर्व्वज्ञज्ञानं प्रज्ञापारमितानिर्जातं॥ तस्मात्तर्हि भगवन्ननयोर्द्वयोर्भागयोः स्थापितयोरिमामेवाहं भगवन् प्रज्ञापार-मितां परिगृह्णीयां। न खलु पुनर्मे भगवंस्तेषु तथागतशरीरेष्व-गौरवं गौरवमेव मे भगवंस्तेषु तथागतशरीरेषु। अपि नु खलु पुन-र्भगवन्नितः प्रज्ञापारमितातो निर्जातानि तानि तथागतशरीराणि पूजां लभन्ते यदुत प्रज्ञापारमितापरिभावितत्वात्॥ तद्यथापि नाम भगवन्ननर्घं मणिरत्नमेभिरेवंरूपैर्गुणैः समन्वागतं स्यात् त-द्यथा तद्यत्र यत्र स्थाप्येत तत्र तत्र मनुष्या वा अमनुष्या वा अवतारं न लभेरन्। यत्र यत्र वाऽमनुष्यगृहीतः कश्चिद्भवेत् पुरुषो वा स्त्री वा तत्र तत्र तस्मिन्मणिरत्ने प्रवेशितमात्रे सोऽमनुष्यस्ततोऽप-क्रामेत्। वातेनापि बाध्यमानस्य धम्यमाने शरीरे तन्मणिरत्नं स्थाप्येत तस्य तं वातं निगृह्णीयान्न विवर्द्धयेदुपशमयेत्। पित्तेनापि दह्यमाने शरीरे स्थाप्येत तस्य तदपि पित्तं निगृह्णीयान्न विवर्द्धयेदुप-शमयेत्। श्लेष्मणाऽपि परिगृद्धे सर्व्वतो बाध्यमाने शरीरे स्थाप्येत तस्य तमपि श्लेष्माणं निगृह्णीयान्न विवर्द्धयेदुपशमयेत्। सान्निपातिकेनाऽपि व्याधिना दुःखितस्य शरीरे स्थाप्येत तस्य तमपि सान्निपातिकं व्याधिं निगृह्णीयान्न विवर्द्धयेदुपशमयेत्। अन्धकारमिस्त्रायाञ्च

(१) सर्व्वज्ञज्ञानाश्रय इति ख० ग०।

रात्रावप्यवभासं कुर्य्यात्। उष्णे चापि वर्त्तमाने यस्मिन् पृथिवीप्रदेशे स्थाप्येत स पृथिवीप्रदेशः शीतलो भवेत्। शीते चापि वर्त्तमाने यस्मिन् पृथिवीप्रदेशे स्थाप्येत स पृथिवीप्रदेश उष्णो भवेत्। यस्मिंश्च पृथिवीप्रदेश आशीविषा अनुविचरेयुस्तथा अन्येऽपि क्षुद्रजन्तवस्तत्रापि पृथिवीप्रदेशे धार्य्येत स्थापितं वा भवेत्तेऽप्याशीविषास्ते च क्षुद्रजन्तवस्ततोऽपक्रामेयुः। सचेद्भगवन् स्त्री वा पुरुषो वा आशीविषेण दष्टो भवेत् तस्य तन्मणिरत्नं दर्श्येत। तस्य सह दंशनेनैव[१] मणिरत्नस्य तद्विषं प्रतिहन्येत विगच्छेत्। एभिश्चान्यैश्च भगवन्नेवंरूपैर्गुणैः समन्वागतन्तन्मणिरत्नं भवेत्। येषामपि केषाञ्चिद्भगवन्नक्षिष्वर्बुदं वा तिमिरं वाऽक्षिरोगो वा पाटलं[२] वा भवेत् तेषाञ्च तन्मणिरत्नमक्षिषु स्थाप्येत तेषां स्थापितमात्रेणैव तेऽक्षिदोषा निर्घातं प्रशमं गच्छेयुः। एतैश्चान्यैश्च भगवन्नेवंरूपैर्गुणैः समन्वागतन्तन्मणिरत्नं भवेत्। यत्र चोदके स्थाप्येत तदप्युदकमेकवर्णं कुर्य्यात् स्वकेन वर्णेन। सचेत् पाण्डरेण वस्त्रेण परिवेष्ट्य उदके प्रक्षिप्येत तदुदकं पाण्डरीकुर्य्यात्। एवं सचेन्नीलेन पीतेन लोहितेन माञ्जिष्ठेन एतेषामन्येषां वा नानाप्रकाराणां वस्त्राणामन्यतमेन वस्त्रेण तन्मणिरत्नं वेष्टयित्वा वा बद्ध्वा वा उदके प्रक्षिप्येत तेन तेन वस्त्ररागेण तत्तत्स्वभाववर्णन्तदुदकं कुर्य्यात् योऽपि तस्योदकस्य कलुषभावस्तमपि प्रसादयेत्। एभिरपि भगवन्नेवंरूपैर्गुणैः समन्वागतन्तन्मणिरत्नं भवेत्॥

---

(१) दर्शनेनैवेति ख॰ ग॰।
(२) पटलमिति ख॰।

अथ खल्वायुष्मानानन्दः शक्रं देवानामिन्द्रमेतदवोचत्। किं पुनः कौशिक देवलोक एव तानि मणिरत्नानि सन्ति उत जाम्बूद्वीपकानामपि मनुष्याणान्तानि मणिरत्नानि सन्ति॥

शक्र आह। देवेष्वार्य्यानन्द तानि मणिरत्नानि सन्ति। अपि नु खलु पुनर्जाम्बूद्वीपकानामपि मनुष्याणां मणिरत्नानि सन्ति। तानि तु गुरुकानि अल्पानि परीत्तानि गुणविकलानि न तैस्तथारूपैर्गुणैः समन्वागतानि। तत्तेषां दिव्यानां मणिरत्नानां शततमीमपि कलां नोपयान्ति सहस्रतमीमपि शतसहस्रतमीमपि कोटीतमीमपि कोटीशततमीमपि कोटीसहस्रतमीमपि कोटीशतसहस्रतमीमपि कोटीनियुतशतसहस्रतमीमपि कलांनोपयान्ति संख्यामपि कलामपि गणनामप्युपमामप्यौपम्यमप्युपनिसामप्युपनिषदमपि न क्षमन्ते नोपयान्ति। यानि खलु पुनर्देवेषु तानि लघूनि सर्व्वाकारगुणपरिपूर्णानि। यत्र च करण्डके तन्मणिरत्नं प्रक्षिप्तं भवत्युत्क्षिप्तं वा तत उद्धृतेऽपि तस्मिन् मणिरत्ने करण्डकात् स्पृहणीय एव स करण्डको भवति। तैर्म्मणिरत्नगुणैः परा तत्र करण्डके स्पृहोत्पद्यते॥ एवमेव भगवन् प्रज्ञापारमिताया एते गुणाः सर्व्वज्ञज्ञानस्य च। येन परिनिर्वृतस्यापि तथागतस्यार्हतः सम्यक्सम्बुद्धस्य तानि तथागतशरीराणि पूजां लभन्ते। सर्व्वज्ञज्ञानस्येमानि तथागतशरीराणि भाजनभूतान्यभूवन्निति॥ यथा च भगवन् सर्व्वलोकधातुषु बुद्धानां भगवतां धर्म्मदेशना प्रज्ञापारमितानिर्ज्जातत्वात् पूज्या एवं धर्म्मभाणकस्य धर्म्मदेशना प्रज्ञापारमितानिर्ज्जातत्वात् पूज्या। यथा च भगवन् राजपुरुषो राजानुभावात् महतो जनकायस्या-

कुतोभयः पुज्यः एवं स धर्म्मभाणको धर्म्मकायानुभावात् महतो जनकायस्याकुतोभयः पूज्यः। यथा च धर्म्मदेशना धर्म्मभाणकाश्च पूजां लभन्ते एवं तानि तथागतशरीराणि पूजां लभन्ते॥ तस्मात्तर्हि भगवंस्तिष्ठतु त्रिसाहस्रमहासाहस्रो लोकधातुस्तथागतशरीराणां परिपूर्णश्चूड़िकाबद्धो येऽपि भगवन् गङ्गानदीवालुकोपमा लोकधातवस्तेऽपि सर्व्वे तथागतशरीराणां परिपूर्णाश्चूड़िकाबद्धा एको भागः स्थाप्येत। इयञ्च प्रज्ञापारमिता लिखित्वा द्वितीयो भागः स्थाप्येत। तत्र चेन्मां भगवन् कश्चिदेव प्रवारये(१)दन्यतरेण भागेन प्रवार्य्यमाणोऽनयोर्द्वयोर्भागयोः स्थापितयोर्यस्ते भागोऽभिप्रेतस्तमेकं भागं परिगृह्णीष्वेति तत्र इमामेवाहं भगवंस्तयोर्द्वयोर्भागयोः स्थापितयोर्भागं गृह्णीयां यदुत प्रज्ञापारमितां। न खलु पुनर्भगवन् मम तेषु तथागतशरीरेष्वगौरवं गौरवमेव भगवंस्तेषु तथागतशरीरेषु॥ अपि नु खलु पुनर्भगवन् प्रज्ञापारमितापरिभाविता सर्व्वज्ञता सर्व्वज्ञतानिर्जाता च तथागतशरीराणां पूजा भवति॥ तस्मात्तर्हि भगवन् प्रज्ञापारमितायां पूजितायामतीतानागतप्रत्युत्पन्नानां बुद्धानां भगवतां पूजा कृता भवति॥ पुनरपरं भगवन् येऽप्रमेयेष्वसंख्येयेषु लोकधातुषु बुद्धा भगवन्त एतर्हि तिष्ठन्ति ध्रियन्ते यापयन्ति तान् धर्म्मतया द्रष्टुकामेन कुलपुत्त्रेण वा कुलदुहित्रा वा प्रज्ञापारमितायां चरितव्यं प्रज्ञापारमितायां योगमापत्तव्यं प्रज्ञापारमिता भावयितव्या॥

---

(१) प्रवार्य्येत् इति ख०।

एवमुक्ते भगवान् शक्रं देवानामिन्द्रमेतदवोचत्। एवमेतत् कौशिकैवमेतत्। येऽपि ते कौशिक अभूवन्नतीतेऽध्वनि तथागता अर्हन्तः सम्यक्सम्बुद्धा अनुत्तरां सम्यक्सम्बोधिमभिसम्बुद्धास्तेऽपि कौशिक इमामेव प्रज्ञापारमितामागम्यानुत्तरां सम्यक्सम्बोधिमभिसम्बुद्धाः। येऽपि ते कौशिक भविष्यन्त्यनागतेऽध्वनि तथागता अर्हन्तः सम्यक्सम्बुद्धास्तेऽपि कौशिक इमामेव प्रज्ञापारमितामागम्यानुत्तरां सम्यक्सम्बोधिमभिसम्भोत्स्यन्ते। येऽपि ते कौशिक एतर्ह्यप्रमेयेष्वसंख्येयेषु लोकधातुषु बुद्धा भगवन्तस्तिष्ठन्ति ध्रियन्ते यापयन्ति तेऽपि कौशिक बुद्धा भगवन्त इमामेव प्रज्ञापारमितामागम्यानुत्तरां सम्यक्सम्बोधिमभिसम्बुद्धाः। अहमपि कौशिक एतर्हि तथागतोऽर्हन् सम्यक्सम्बुद्ध इमामेव प्रज्ञापारमितामागम्यानुत्तरां सम्यक्सम्बोधिमभिसम्बुद्धः॥

एवमुक्ते शक्रो देवानामिन्द्रो भगवन्तमेतदवोचत्। महापारमितेयं भगवन् यदुत प्रज्ञापारमिता। सर्व्वसत्वानां हि भगवंस्तथागतोऽर्हन् सम्यक्सम्बुद्धश्चित्तचरितानि सम्यक्प्रजानाति सम्पश्यति॥

भगवानाह। एवमेतत् कौशिकैवमेतत्। तथा हि कौशिक बोधिसत्वो महासत्वो दीर्घरात्रं प्रज्ञापारमितायां चरति तेन सर्व्वसत्वानां चित्तचरितानि प्रज्ञापारमितायां सम्यक्प्रजानाति सम्पश्यति॥

अथ खलु शक्रो देवानामिन्द्रो भगवन्तमेतदवोचत्। किं भगवन् प्रज्ञापारमितायामेव बोधिसत्त्वो महासत्वश्चरति नान्यासु पारमितासु॥

भगवानाह। सर्व्वासु कौशिक षट्सु पारमितासु बोधिसत्त्वो महासत्वश्चरति। अपि नु खलु पुनः कौशिक प्रज्ञा-

पारमितैवात्र पूर्व्वङ्गमा बोधिसत्त्वस्य महासत्वस्य दानं वा ददतः शीलं वा रक्षतः क्षान्त्या वा सम्पादयमानस्य वीर्य्यं वारभमानस्य ध्यानं वा समापद्यमानस्य धर्म्मान् वा विपश्यतो[१] बोधिसत्त्वस्य महासत्वस्य प्रज्ञापारमितैवात्र पूर्व्वङ्गमा। न च कौशिक आसां षस्सां पारमितानामुपायकौशल्यपरिगृहीतानां प्रज्ञापारमितापरिणामितानां सर्व्वज्ञतापरिणामितानां विशेषो न च नाना करणमुपलभ्यते॥ तद्यथापि नाम कौशिक जम्बूद्वीपे नाना वृक्षा नानावर्णा नानासंस्थाना नानापत्त्रा नानापुष्पा नानाफला नानारोहपरिणाहसम्पन्ना न च तेषां वृक्षाणां छायाया विशेषो वा नाना करणं वा प्रज्ञायते। अपि नु छाया छायेत्येवंसंख्यां गच्छति। एवमेव कौशिक आसां षस्सां पारमितानामुपायकौशल्यपरिगृहीतानां प्रज्ञापारमितापरिणामितानां सर्व्वज्ञतापरिणामितानां न विशेषो न च नाना करणमुपलभ्यते॥

एवमुक्ते शक्रो देवानामिन्द्रो भगवन्तमेतदवोचत्। महागुणसमन्वागतेयं भगवन् यदुत प्रज्ञापारमिता अप्रमेयगुणसमन्वागतेयं भगवन् यदुत प्रज्ञापारमिता अपर्य्यन्तगुणसमन्वागतेयं भगवन् यदुत प्रज्ञापारमितेति॥

आर्य्याष्टसाहस्रिकायां प्रज्ञापारमितायां गुणपरिकीर्त्तनपरिवर्त्तो नाम चतुर्थः॥१२९॥

---

(१) विपश्यमानस्येति ख० ग०।

अथ गुणपर्य्यायपरिवर्त्तो नाम पञ्चमः।

अथ खलु शक्रो देवानामिन्द्रो भगवन्तमेतदवोचत्। यो भगवन् कुलपुत्त्रो वा कुलदुहिता वा इमां प्रज्ञापारमितामभिश्रद्दधदवकल्पयन्नधिमुच्य प्रसन्नचित्तो बोधाय चित्तमुत्पाद्याध्याशयतः शृणुयादुद्गृह्णीयाद्धारयेत् वाचयेत् पर्य्यवाप्नुयात् प्रवर्त्तयेद्देशयेदुपदिशेदुद्दिशेत् स्वाध्यायेत् परेभ्यश्च विस्तरेण सम्प्रकाशयेदर्थमस्या विवृणुयान्मनसाऽन्ववेक्षेत यथाऽधिकया च प्रज्ञयाऽञ्च परिमीमांसामापद्येत। अन्तशः पुस्तकगतामपि कृत्वा धारयेत् स्थापयेत् सद्धर्म्मचिरस्थितिहेतोर्मा बुद्धनेत्रीसमुच्छेदो भून्मा सद्धर्मान्तर्द्धानं बोधिसत्त्वानां महासत्वानां चानुग्रहोपसंहारः कृतो भविष्यति नेत्र्यवैकल्येनेति। एवमिमं निर्द्देशं श्रुत्वा एवंमहार्थिका वतेयं प्रज्ञापारमिता एवंमहानुशंसा एवंमहाफला एवंमहाविपाका वतेयं प्रज्ञापारमिता एवंबहुगुणसमन्वागतेयं प्रज्ञापारमिता अपरित्यजनीया मया प्रज्ञापारमिता रक्षितव्या मम प्रज्ञापारमिता गोपायितव्या मम प्रज्ञापारमिता परमदुर्लभा ह्येयं प्रज्ञापारमितेत्यधिमुच्येत्। स्वयमेव चैनां प्रज्ञापारमितां सत्कुर्य्याद्गुरुकुर्य्यान्मानयेत् पूजयेदर्चयेदपचायेत् पुष्पैर्धूपैर्गन्धैर्माल्यैर्विलेपनैश्चूर्णैर्वस्त्रैश्छत्त्रैर्ध्वजैर्घण्टाभिः पताकाभिः समन्ताच्च दीपमालाभिर्बहुविधाभिश्च पूजाभिः। यो वा अन्यः संपूज्य परस्मै चार्थिकाय छन्दिकाय कुलपुत्त्राय कुलदुहित्रे वा याचमानाय दद्यादुपनामयेत् निर्यातयेत्

परित्यजेत् अन्तशः पुस्तकगतामपि कृत्वा । कतरस्तयोर्भगवन् कुलपुत्त्रयोः कुलदुहित्रोर्वा बहुतरं पुण्यं प्रसवेद्यो वा परित्यागबुद्धिर्यो वा न परित्यागबुद्धिः ॥

एवमुक्ते भगवान् शक्रं देवानामिन्द्रमेतदवोचत् । तेन हि कौशिक त्वामेवात्र प्रतिप्रक्ष्यामि यथा ते क्षमते तथा व्याकुर्य्याः । तत् किं मन्यसे कौशिक यः कुलपुत्त्रो वा कुलदुहिता वा तथागतस्य परिनिर्वृतस्य शरीरं सत्कृत्य परिचरेद्धारयेत् सत्कुर्य्याद्गुरुकुर्य्यान्मानयेत् पूजयेदर्च्चयेदपचायेत् स्वयमेव । यो वाऽन्यः कुलपुत्त्रो वा कुलदुहिता वा तथागतशरीरं स्वयञ्च सत्कुर्य्याद्गुरुकुर्य्यान्मानयेत् पूजयेदर्च्चयेदपचायेत् परेभ्यश्च विस्तरेण सम्प्रकाशयेद्दद्यात् संविभजेद्वैस्तारिकी पूजा भविष्यतीति सत्वानाञ्चानुकम्पामुपादाय । कतरस्तयोर्द्वयोः कुलपुत्त्रयोः कुलदुहित्रोर्वा बहुतरं पुण्यं प्रसवेत् । किं यः स्वयञ्च पूजयेत् परेभ्यश्च विस्तरेण सम्प्रकाशयेद्दद्यात् संविभजेत् किं वा यः स्वयमेव प्रत्यात्मं(१) पूजयेत् ॥

शक्र आह । यो भगवन् कुलपुत्त्रो वा कुलदुहिता वा स्वयञ्च तथागतशरीरं सत्कुर्य्याद्गुरुकुर्य्यान्मानयेत् पूजयेदर्च्चयेदपचायेत् परेभ्यश्च विस्तरेण सम्प्रकाशयेद्दद्यात् संविभजेद्वैस्तारिकी पूजा भविष्यतीति सत्वानाञ्चानुकम्पामुपादाय । अयमेवानयोर्द्वयोः कुलपुत्त्रयोः कुलदुहित्रोर्वा बहुतरं पुण्यं प्रसवति ॥

भगवानाह । एवमेतत् कौशिकैवमेतत् । एवमेतत् कौशिक यः कुलपुत्त्रो वा कुलदुहिता वा इमां प्रज्ञापारमितां लिखित्वा

(१) प्रत्यात्मना इति ख० ।

पुस्तकगतां कृत्वा उद्गृह्णीयाद्धारयेद्वाचयेत् पर्य्यवाप्नुयात् प्रवर्त्तयेद्दे-शयेदुपदिशेदुद्दिशेत् स्वाध्यायेत् परस्मै चार्थिकाय छन्दिकाय कुलपुत्राय कुलदुहित्रे वा याचमानाय दद्यादुपनामयेन्निर्यातयेत् परित्यजेदन्तशः पुस्तकगतामपि कृत्वा। अयमेव कौशिक तयोर्द्वयोः कुलपुत्रयोः कुलदुहित्रोर्वा परानुग्रहकरः कुलपुत्रो वा कुलदुहिता वा परित्यागबुद्धिस्तन्निदानं बहुतरं पुण्यं प्रसवति॥ पुनरपरं कौशिक यः कुलपुत्रो वा कुलदुहिता वा यत्र यत्र भाजनीभूताः कुलपुत्रा वा कुलदुहितरो वा स्युरस्याः प्रज्ञापारमितायास्तत्र तत्र गत्वा तेभ्यः इमां प्रज्ञापारमितां दद्यात् संविभागं कुर्य्याद-यमेव कौशिक ततः कुलपुत्रात् कुलदुहितुर्वा सकाशाद्बहुतरं पुण्यं प्रसवेत्॥ पुनरपरं कौशिक यः कुलपुत्रो वा कुलदुहिता वा ये जम्बूद्वीपे सत्वास्तान् सर्व्वान् दशसु कुशलेषु कर्म्मपथेषु समादापयेत् प्रतिष्ठापयेत् तत् किं मन्यसे कौशिक अपि नु स कुलपुत्रो वा कुलदुहिता वा ततो निदानं बहुपुण्यं प्रसवेत्॥

शक्र आह। बहु भगवन् बहु सुगत॥

भगवानाह। अतः स कौशिक कुलपुत्रो वा कुलदुहिता वा बहुतरं पुण्यं प्रसवेत् यः इमां प्रज्ञापारमितामन्तशः पुस्तकगतामपि कृत्वाऽभिश्रद्दधदभिश्रद्दधते अवकल्पयन्नवकल्पयते अधिमुञ्चन्नधिमुञ्चते प्रसन्नचित्तः प्रसन्नचित्ताय अध्याशयसम्पन्नोऽध्याशयसम्पन्नाय बोधाय चित्तमुत्पाद्य समुत्पादितबोधिचित्ताय बोधिसत्वायाध्याशयेन दद्यादन्तशो लिखनायापि वाचनायाप्यकिलासितया सम्पादयेदुद्युक्तोऽमुं ग्राहयेत् सन्दर्शयेत् समादापयेत् समुत्तेजयेत्

सम्प्रहर्षयेद्वाचा नेष्यति विनेष्यत्यर्थमस्या[१] अस्मै सम्प्रकाशयिष्यत्येवञ्चास्य चित्तं विशोधयिष्यति निर्विचिकित्सं करिष्यति एवं चैनं वक्ष्यत्येहि त्वं कुलपुत्त्रास्मिन्नेव बोधिसत्त्वमार्गे शिक्षस्वात्र हि त्वं शिक्षमाणश्चरन् व्यायच्छमानः क्षिप्रमेवानुत्तरां सम्यक्सम्बोधिमभिसम्भोत्स्यसे। अभिसम्बुध्य चापरिमितं सत्त्वधातुमनुत्तरे उपधिसंक्षयेऽभिविनेष्यसि यदुत भूतकोटिप्रभावनतायामिति॥ अयं कौशिक कुलपुत्त्रो वा कुलदुहिता वा परित्यागबुद्ध्या ततः पौर्व्वकात् कुलपुत्त्रात् कुलदुहितुर्व्वा सकाशाद्बहुतरं पुण्यं प्रसवेत्॥ तिष्ठन्तु खलु पुनः कौशिक जम्बूद्वीपे सर्व्वसत्वा एतेन कौशिक पर्य्यायेन येऽपि ते कौशिक चातुर्म्महाद्वीपके लोकधातौ सत्वास्तानपि सर्व्वान् कश्चिदेव कुलपुत्त्रो वा कुलदुहिता वा दशसु कुशलेषु कर्म्मपथेषु समादापयेत् प्रतिष्ठापयेत्॥ तिष्ठन्तु खलु पुनः कौशिक चातुर्महाद्वीपके लोकधातौ सर्व्वसत्वा एतेन पर्य्यायेण येऽपि ते कौशिक साहस्रे चूड़िके[२] लोकधातौ सत्वास्तानपि सर्व्वान् कश्चिदेव कुलपुत्त्रो वा कुलदुहिता वा दशसु कुशलेषु कर्म्मपथेषु समादापयेत् प्रतिष्ठापयेत्॥ तिष्ठन्तु खलु पुनः कौशिक साहस्रे चूड़िके[३] लोकधातौ सर्व्वसत्वा एतेन पर्य्यायेण येऽपि ते कौशिक द्विसाहस्रे मध्यमे लोकधातौ सत्वास्तानपि सर्व्वान् कश्चिदेव कुलपुत्त्रो वा कुलदुहिता वा दशसु कुशलेषु कर्म्मपथेषु समादापयेत् प्रतिष्ठापयेत्। तिष्ठन्तु खलु पुनः कौशिक द्विसाहस्रे मध्यमे लोकधातौ सर्व्वसत्वा एतेन पर्य्यायेण

(१) अस्य इति ख॰ ग॰।

(२) (३) चूड़िकायामिति ग॰।

येऽपि ते कौशिक त्रिसाहस्रमहासाहस्रे लोकधातौ सत्वास्तानपि सर्व्वान् कश्चिदेव कुलपुत्त्रो वा कुलदुहिता वा दशसु कुशलेषु कर्म्मपथेषु समादापयेत् प्रतिष्ठापयेत्॥ तिष्ठन्तु खलु पुनः कौशिक त्रिसाहस्रमहासाहस्रे लोकधातौ सर्व्वसत्वा एतेन कौशिक पर्य्यायेण यावन्तो गङ्गानदीवालुकोपमेषु त्रिसाहस्रमहासाहस्रेषु लोकधातुषु सत्वास्तानपि सर्व्वान् कश्चिदेव कुलपुत्त्रो वा कुलदुहिता वा दशसु कुशलेषु कर्म्मपथेषु समादापयेत् प्रतिष्ठापयेत्॥ तत् किं मन्यसे कौशिक अपि नु स कुलपुत्त्रो वा कुलदुहिता वा ततो निदानं बहुपुण्यं प्रसवेत्॥

शक्र आह। बहु भगवन् बहु सुगत॥

भगवानाह। अतः खलु पुनः स कौशिक कुलपुत्त्रो वा कुलदुहिता वा बहुतरं पुण्यं प्रसवेद्य इमां प्रज्ञापारमितामन्तशः पुस्तकगतामपि कृत्वा अभिश्रद्दधदभिश्रद्दधते अवकल्पयन्नवकल्पयते अधिमुच्यन्नधिमुच्यते प्रसन्नचित्तः प्रसन्नचित्ताय अध्याशयसम्पन्नोऽध्याशयसम्पन्नाय बोधाय चित्तमुत्पाद्य समुत्पादितबोधिचित्ताय बोधिसत्त्वायाध्याशयेन दद्यादन्तशः लिखनायापि वाचनायाप्यकिलासितया सम्पादयेदुद्युक्तोऽमुं ग्राहयेत् सन्दर्शयेत् समादापयेत् समुत्तेजयेत् सम्प्रहर्षयेद्वाचा नेष्यति विनेष्यत्यर्थमस्या अस्मै सम्प्रकाशयिष्यत्येवं चास्य चित्तं विशोधयिष्यति निर्विचिकित्सं करिष्यति एवञ्चैनं वक्ष्यत्येहि त्वं कुलपुत्त्रास्मिन्नेव बोधिसत्त्वमार्गे शिक्षस्वात्र हि त्वं शिक्षमाणश्चरन् व्यायच्छमानः क्षिप्रमेवानुत्तरां सम्यक्सम्बोधिमभिसम्भोत्स्यसे। अभिसम्बुध्य चापरिमितं सत्त्वधातुमनुत्तरे उपधिसंक्षयेऽभि

विनेष्यसि यदुत भूतकोटिप्रभावनतायामिति॥ अयं कौशिक कुलपुत्त्रो वा कुलदुहिता वा परित्यागबुद्ध्या ततः पौर्व्वकात् कुलपुत्त्रात् कुलदुहितुर्व्वा सकाशाद्बहुतरं पुण्यं प्रसवेत्॥ पुनरपरं कौशिक यावन्तो जम्बूद्वीपे सत्वास्तानपि सर्व्वान् कश्चिदेव कुलपुत्त्रो वा कुलदुहिता वा चतुर्षु ध्यानेषु प्रतिष्ठापयेत्। तत् किं मन्यसे कौशिक अपि नु स कुलपुत्त्रो वा कुलदुहिता वा ततो निदानं बहुपुण्यं प्रसवेत्॥

शक्र आह। बहु भगवन् बहु सुगत॥

भगवानाह। अतः खलु पुनः स कौशिक कुलपुत्त्रो वा कुलदुहिता वा बहुतरं पुण्यं प्रसवेद्य इमां प्रज्ञापारमितामन्तशः पुस्तकगतामपि कृत्वा अभिश्रद्दधदभिश्रद्दधते अवकल्पयन्नवकल्पयते अधिमुच्यन्नधिमुच्यते प्रसन्नचित्तः प्रसन्नचित्ताय अध्याशयसम्पन्नोऽध्याशयसम्पन्नाय बोधाय चित्तमुत्पाद्य समुत्पादितबोधिचित्ताय बोधिसत्त्वायाध्याशयेन दद्यादन्तशो लिखनायापि वाचनायाप्यकिलासितया सम्पादयेदुद्युक्तोऽमुं ग्राहयेत् सन्दर्शयेत् समादापयेत् समुत्तेजयेत् सम्प्रहर्षयेद्वाचा नेष्यति विनेष्यत्यर्थमस्या अस्मै सम्प्रकाशयिष्यत्येवञ्चास्य चित्तं विशोधयिष्यति निर्विचिकित्सं करिष्यति एवं चैनं वक्ष्यत्येहि त्वं कुलपुत्त्रास्मिन्नेव बोधिसत्त्वमार्गे शिक्षस्वात्र हि त्वं शिक्षमाणश्चरन् व्यायच्छमानः क्षिप्रमेवानुत्तरां सम्यक्सम्बोधिमभिसम्भोत्स्यसे। अभिसम्बुध्य चापरिमितं सत्त्वधातुमनुत्तरे उपधिसंक्षयेऽभिविनेष्यसि यदुत भूतकोटिप्रभावनतायामिति॥ तिष्ठन्तु खलु पुनः कौशिक जम्बूद्वीपे सर्व्वसत्वा एतेन पर्य्यायेण येऽपि ते कौशिक चातुर्म्महाद्वीपके लोकधातौ सत्वास्तानपि सर्व्वान् कश्चिदेव कुलपुत्त्रो वा कुलदुहिता

वा चतुर्षु ध्यानेषु प्रतिष्ठापयेत् ॥ तिष्ठन्तु खलु पुनः कौशिक चातुर्महाद्वीपके लोकधातौ सर्व्वसत्वा एतेन पर्य्यायेण येऽपि ते कौशिक साहस्रे चूड़िके[१] लोकधातौ सत्वास्तानपि सर्व्वान् कश्चिदेव कुलपुत्त्रो वा कुलदुहिता वा चतुर्षु ध्यानेषु प्रतिष्ठापयेत् ॥ तिष्ठन्तु खलु पुनः कौशिक साहस्रे चूड़िके[२] लोकधातौ सर्व्वसत्वा एतेन पर्य्यायेण येऽपि ते कौशिक द्विसाहस्रे मध्यमे लोकधातौ सत्वास्तानपि सर्व्वान् कश्चिदेव कुलपुत्त्रो वा कुलदुहिता वा चतुर्षु ध्यानेषु प्रतिष्ठापयेत् ॥ तिष्ठन्तु खलु पुनः कौशिक द्विसाहस्रे मध्यमे लोकधातौ सर्व्वसत्वा एतेन पर्य्यायेण येऽपि ते कौशिक त्रिसाहस्रमहासाहस्रे लोकधातौ सत्वास्तानपि सर्व्वान् कश्चिदेव कुलपुत्त्रो वा कुलदुहिता वा चतुर्षु ध्यानेषु प्रतिष्ठापयेत् ॥ तिष्ठन्तु खलु पुनः कौशिक त्रिसाहस्रमहासाहस्रे लोकधातौ सर्व्वसत्वा एतेन कौशिक पर्य्यायेण यावन्तो गङ्गानदीवालुकोपमेषु त्रिसाहस्रमहासाहस्रेषु लोकधातुषु सत्वास्तानपि सर्व्वान् कश्चिदेव कुलपुत्त्रो वा कुलदुहिता वा चतुर्षु ध्यानेषु प्रतिष्ठापयेत् ॥ तत्किं मन्यसे कौशिक अपि नु स कुलपुत्त्रो वा कुलदुहिता वा ततो निदानं बहुपुण्यं प्रसवेत् ॥

शक्र आह। बहु भगवन् बहु सुगत ॥

भगवानाह। अतः खलु पुनः स कौशिक कुलपुत्त्रो वा कुलदुहिता वा बहुतरं पुण्यं प्रसवेद्य इमां प्रज्ञापारमितामन्तशः पुस्तकगतामपि कृत्वा अभिश्रद्दधदभिश्रद्दधते अपकल्पयन्नवकल्पयते अधिमुच्यन्नधिमुच्यते प्रसन्नचित्तः प्रसन्नचित्ताय अध्याशयसम्पन्नोऽध्याशयसम्प-

---

(१) (२) चूडिकायां इति ग०।

न्नाय बोधाय चित्तमुत्पाद्य समुत्पादितबोधिचित्ताय बोधिसत्त्वायाध्याशयेन दद्यादन्तशो लिखनायापि वाचनायाप्यक्लिासितया सम्पादयेदुद्युक्तोऽमुं ग्राहयेत् सन्दर्शयेत् समादापयेत् समुत्तेजयेत् सम्प्रहर्षयेद्वाचा नेष्यति विनेष्यत्यनुनेष्यत्यर्थमस्या अस्मै सम्प्रकाशयिष्यत्येवञ्चास्य चित्तं विशोधयिष्यति निर्विचिकित्सं करिष्यति एवञ्चैनं वक्ष्यत्येहि त्वं कुलपुत्रास्मिन्नेव बोधिसत्त्वमार्गे शिक्षस्वाच हि त्वं शिक्षमाणश्चरन् व्यायच्छमानः क्षिप्रमेवानुत्तरां सम्यक्सम्बोधिमभिसम्भोत्स्यसे। अभिसम्बुध्य चापरिमितं सत्त्वधातुमनुत्तरे उपधिसंक्षयेऽभिविनेष्यसि यदुत भूतकोटिप्रभावनतायामिति॥ पुनरपरं कौशिक यावन्तो जम्बूद्वीपे सत्त्वास्तान् सर्व्वान् कश्चिदेव कुलपुत्रो वा कुलदुहिता वा चतुर्षु प्रमाणेषु प्रतिष्ठापयेदेवं पेयालेन कर्त्तव्यं। यथा चतुर्ष्वप्रमाणेषु एवं चतसृष्वारूप्यसमापत्तिषु पञ्चस्वभिज्ञासु यावत् समस्तासु ध्यानाप्रमाणारूप्यसमापत्त्यभिज्ञासु प्रतिष्ठापयेत्। तत् किं मन्यसे कौशिक अपि नु स कुलपुत्रो वा कुलदुहिता वा ततो निदानं बहुपुण्यं प्रसवेत्॥

शक्र आह। बहु भगवन् बहु सुगत।

भगवानाह। अतः खलु पुनः स कौशिक कुलपुत्रो वा कुलदुहिता वा बहुतरं पुण्यं प्रसवेद्य इमां प्रज्ञापारमितामन्तशः पुस्तकगतामपि कृत्वा अभिश्रद्दधदभिश्रद्दधते अवकल्पयन्नवकल्पयते अधिमुच्यन्नधिमुच्यते प्रसन्नचित्तः प्रसन्नचित्ताय अध्याशयसम्पन्नोऽध्याशयसम्पन्नाय बोधाय चित्तमुत्पाद्य समुत्पादितबोधिचित्ताय बोधिसत्त्वायाध्याशयेन दद्यादन्तशो लिखनायापि वाचनायाप्यक्लिासितया

सम्पादयिष्यत्युद्युक्तोऽमुं ग्राहयिष्यति सन्दर्शयिष्यति समादापयिष्यति समुत्तेजयिष्यति सम्प्रहर्षयिष्यति वाचा नेष्यति विनेष्यत्यनुनेष्यत्यर्थमस्या अस्मै सम्प्रकाशयिष्यत्येवं चास्य चित्तं विशोधयिष्यति निर्विचिकित्सं करिष्यति एवञ्चैनं वक्ष्यत्येहि त्वं कुलपुत्रास्मिन्नेव बोधिसत्त्वमार्गे शिक्षस्वात्र हि त्वं शिक्षमाणस्त्वरन् व्यायच्छमानः क्षिप्रमेवानुत्तरां सम्यक्सम्बोधिमभिसम्भोत्स्यसे। अभिसम्बुध्य चापरिमितं सत्त्वधातुमनुत्तरे उपधिसंक्षयेऽभिविनेष्यसि यदुत भूतकोटिप्रभावनतायामिति॥ तिष्ठन्तु खलु पुनः कौशिक जाम्बूद्वीपकान् सर्व्वसत्वान् ध्यानाप्रमाणारूप्यसमापत्त्यभिज्ञासु प्रतिष्ठाप्य पुण्याभिसंस्कारोऽनेन पर्य्यायेण येऽपि ते कौशिक चातुर्म्महाद्वीपके लोकधातौ सत्वास्तानपि सर्व्वान् कश्चिदेव कुलपुत्रो वा कुलदुहिता वा ध्यानाप्रमाणारूप्यसमापत्त्यभिज्ञासु प्रतिष्ठापयेत्॥ तिष्ठन्तु खलु पुनः कौशिक चातुर्म्महाद्वीपके लोकधातौ सर्व्वसत्वान् ध्यानाप्रमाणारूप्यसमापत्त्यभिज्ञासु प्रतिष्ठाप्य पुण्याभिसंस्कारो येऽपि ते कौशिक साहस्रे चूड़िके[१] लोकधातौ सत्वास्तानपि सर्वान् कश्चिदेव कुलपुत्रो वा कुलदुहिता वा ध्यानाप्रमाणारूप्यसमापत्त्यभिज्ञासु प्रतिष्ठापयेत्॥ तिष्ठन्तु खलु पुनः कौशिक साहस्रे चुतिके लोकधातौ सर्व्वसत्वान् ध्यानाप्रमाणारूप्यसमात्त्यभिज्ञासु प्रतिष्ठाप्य पुण्याभिसंस्कारो येऽपि ते कौशिक द्विसाहस्रे मध्यमे लोकधातौ सत्वास्तानपि सर्व्वान् कश्चिदेव कुलपुत्रो वा कुलदुहिता वा ध्यानाप्रमाणारूप्यसमापत्त्यभिज्ञासु प्रतिष्ठापयेत्॥ तिष्ठन्तु खलु पुनः कौशिक द्विसाहस्रे मध्यमे

(१) चूडिकायामिति ग०।

लोकधातौ सर्व्वसत्वान् ध्यानाप्रमाणारूप्यसमापत्त्यभिज्ञासु प्रतिष्ठाप्य पुण्याभिसंस्कारो येऽपि ते कौशिक त्रिसाहस्रमहासाहस्रे लोकधातौ सत्वास्तानपि सर्वान् कश्चिदेव कुलपुत्त्रो वा कुलदुहिता वा ध्यानाप्रमाणारूप्यसमापत्त्यभिज्ञासु प्रतिष्ठापयेत्॥ तिष्ठन्तु खलु पुनः कौशिक त्रिसाहस्रमहासाहस्रे लोकधातौ सर्व्वसत्वान् ध्यानाप्रमाणारूप्यसमापत्त्यभिज्ञासु प्रतिष्ठाप्य पुण्याभिसंस्कारोऽनेन पर्य्यायेण येऽपि केचित् कौशिक गङ्गानदीवालुकोपमेषु त्रिसाहस्रमहासाहस्रेषु लोकधातुषु सत्वास्तानपि सर्व्वान् कश्चिदेव कुलपुत्त्रो वा कुलदुहिता वा ध्यानाप्रमाणारूप्यसमापत्त्यभिज्ञासु प्रतिष्ठापयेत्॥ तत्किं मन्यसे कौशिक अपि नु स कुलपुत्त्रो वा कुलदुहिता वा ततो निदानं बहुपुण्यं प्रसवेत्॥

शक्र आह। बहु भगवन् बहु सुगत॥

भगवानाह। अतः खलु पुनः स कौशिक कुलपुत्त्रो वा कुलदुहिता वा बहुतरं पुण्यं प्रसवेद्य इमां प्रज्ञापारमितामन्तशः पुस्तकगतामपि कृत्वा अभिश्रद्दधदभिश्रद्दधते अवकल्पयन्नवकल्पयते अधिमुच्यन्नधिमुच्यते प्रसन्नचित्तः प्रसन्नचित्ताय अध्याशयसम्पन्नोऽध्याशयसम्पन्नाय बोधाय चित्तमुत्पाद्य समुत्पादितबोधिचित्ताय बोधिसत्त्वायाध्याशयेन दद्यादन्तशो लिखनायापि वाचनायाप्यक्लिलासितया सम्पादयिष्यत्युद्युक्तोऽमुं ग्राहयिष्यति सन्दर्शयिष्यति समादापयिष्यति समुत्तेजयिष्यति सम्प्रहर्षयिष्यति वाचा नेष्यति विनेष्यत्यनुनेष्यत्यर्थमस्या अस्मै सम्प्रकाशयिष्यत्येवञ्चास्य चित्तं विशोधयिष्यति निर्व्विचिकित्सं करिष्यति एवञ्चैनं वक्ष्यत्येहि त्वं कुलपुत्त्रास्मिन्नेव बोधिसत्त्वमार्गे

शिक्षस्व च हि त्वं शिक्षमाणश्चरन् व्यायच्छमानः क्षिप्रमेवानुत्तरां सम्यक्सम्बोधिमभिसम्भोत्स्यसे। अभिसम्बुध्य चापरिमितं सत्त्वधातुमनुत्तरे उपधिसंक्षयेऽभिविनेष्यसि यदुत भूतकोटिप्रभावनतायामिति॥ पुनरपरं कौशिक यः कुलपुत्रो वा कुलदुहिता वा इमां प्रज्ञापारमितां लिखित्वा स्वयञ्च वाचयेत् परेभ्यश्च लिखित्वा पूर्ववद्दद्यादयन्ततः कौशिक पूर्वकात् कुलपुत्रात् कुलदुहितुर्वा सकाशाद्बहुतरं पुण्यं प्रसवेत्॥ पुनरपरं कौशिक यः कुलपुत्रो वा कुलदुहिता वा इमां प्रज्ञापारमितां अर्थकुशलो वाचयेत् परेभ्यश्च लिखित्वा पूर्ववद्दद्यात् सार्थां सव्यञ्जनामुपदिशेत् परिदीपयेदयन्ततः कौशिक स कुलपुत्रो वा कुलदुहिता वा बहुतरं पुण्यं प्रसवेत्॥

अथ खलु शक्रो देवानामिन्द्रो भगवन्तमेतदवोचत्। इयमपि भगवन् प्रज्ञापारमिता उपदेष्टव्या॥

एवमुक्ते भगवान् शक्रं देवानामिन्द्रमेतदवोचत्। इयमपि कौशिक प्रज्ञापारमिता उपदेष्टव्या अबुध्यमानस्य कुलपुत्रस्य वा कुलदुहितुर्वा॥ तत् कस्य हेतोः। उत्पत्स्यते हि कौशिक अनागतेऽध्वनि प्रज्ञापारमिताप्रतिवर्णिका। तत्राबुध्यमानः कुलपुत्रो वा कुलदुहिता वा अनुत्तरां सम्यक्सम्बोधिमभिसम्बोद्धुकामो मा प्रणंक्षीत्तां प्रज्ञापारमिताप्रतिवर्णिकां श्रुत्वा॥

अथ खलु शक्रो देवानामिन्द्रो भगवन्तमेतदवोचत्। कथं भगवन्ननागतेऽध्वनि प्रज्ञापारमिताप्रतिवर्णिका वेदितव्या। इयं सा प्रज्ञापारमिताप्रतिवर्णिकोपदिश्यत इति॥

एवमुक्ते भगवान् शक्रन्देवानामिन्द्रमेतदवोचत्। भविष्यन्ति

कौशिक अनागतेऽध्वनि एके भिक्षवोऽभावितकाया अभावितशीला अभावितचित्ता अभावितप्रज्ञा एडमूकजातीया प्रज्ञापरिहीणास्ते प्रज्ञापारमितामुपदेक्ष्याम इति तस्याः प्रतिवर्णिकामुपदेक्ष्यन्ति॥ कथञ्च कौशिक प्रज्ञापारमिताप्रतिवर्णिकामुपदेक्ष्यन्ति। रूपविनाशो रूपानित्यतेत्युपदेक्ष्यन्ति। एवं वेदनासंज्ञासंस्कारा विज्ञानविनाशो विज्ञानानित्यतेत्युपदेक्ष्यन्ति। एवञ्चोपदेक्ष्यन्ति य एवं गवेषयिष्यति स प्रज्ञापारमितायां चरिष्यतीति॥ इयं सा कौशिक प्रज्ञापारमिताप्रतिवर्णिका वेदितव्या॥ न खलु पुनः कौशिक रूपविनाशो रूपानित्यता द्रष्टव्या। एवं वेदनासंज्ञासंस्कारा न खलु पुनः कौशिक विज्ञानविनाशो विज्ञानानित्यता द्रष्टव्या। स चेदेवं पश्यति प्रज्ञापारमिताप्रतिवर्णिकायां चरति॥ तस्मात्तर्हि कौशिक कुलपुत्त्रेण वा कुलदुहित्रा वा प्रज्ञापारमिताया अर्थ उपदेष्टव्यः। प्रज्ञापारमितायामर्थमुपदिशन् कुलपुत्त्रो वा कुलदुहिता वा बहुतरं पुण्यं प्रसवेत्॥ पुनरपरं कौशिक यावन्तो जम्बूद्वीपे सत्वास्तान् सर्व्वान् कश्चिदेव कुलपुत्त्रो वा कुलदुहिता वा स्रोतआपत्तिफले प्रतिष्ठापयेत्। तत् किं मन्यसे कौशिक अपि नु स कुलपुत्त्रो वा कुलदुहिता वा ततो निदानं बहुपुण्यं प्रसवेत्॥

शक्र आह। बहु भगवन् बहु सुगत॥

भगवानाह। अतः खलु पुनः स कौशिक कुलपुत्त्रो वा कुलदुहिता वा बहुतरं पुण्यं प्रसवेद्य इमां प्रज्ञापारमितामन्तशः पुस्तकगतामपि कृत्वा अभिश्रद्दधदभिश्रद्दधते अवकल्पयन्नवकल्पयते अधिमुच्यन्नधिमुच्यते प्रसन्नचित्तः प्रसन्नचित्ताय अध्याशयसम्पन्नोऽध्या-

सत्त्वसम्पन्नाय बोधाय चित्तमुत्पाद्य समुत्पादितबोधिचित्ताय बोधिसत्त्वायाध्याशयेन दद्यादन्तशो लिखनायापि वाचनायाप्यकिलासितया सम्पादयिष्यत्युद्युक्तोऽमुं ग्राहयिष्यति सन्दर्शयिष्यति समादापयिष्यति समुत्तेजयिष्यति सम्प्रहर्षयिष्यति वाचा नेष्यति विनेष्यत्यनुनेष्यत्यर्थमस्या अस्मै सम्प्रकाशयिष्यत्येवञ्चास्य चित्तं विशोधयिष्यति निर्विचिकित्सं करिष्यति एवं चैनं वक्ष्यत्येहि त्वं कुलपुत्त्रास्मिन्नेव बोधिसत्त्वमार्गे शिक्षस्वाच हि त्वं शिक्षमाणस्त्वरन् व्यायच्छमानः क्षिप्रमेवानुत्तरां सम्यक्सम्बोधिमभिसम्भोत्स्यसे। अभिसम्बुध्य चापरिमितं सत्त्वधातुमनुत्तरे उपधिसङ्क्षयेऽभिविनेष्यसि यदुत भूतकोटिप्रभावनतायामिति। एवञ्च वाचं भाषेत एतेषामेव त्वं कुलपुत्त्रधर्म्माणां लाभी भव यदुत प्रज्ञापारमिताप्रतिसंयुक्तानामिति॥ अयमेव कौशिक ततः पौर्व्वकात् कुलपुत्त्रतः[१] कुलदुहितृतो वा सकाशाद्बहुतरं पुण्यं प्रसवेत्॥ तत्कस्य हेतोः। अतो हि कौशिक स्रोतआपत्तिफलं प्रभाव्यते॥ तिष्ठन्तु खलु पुनः कौशिक जाम्बूद्वीपकान् सर्व्वसत्त्वान् स्रोतआपत्तिफले प्रतिष्ठाप्य पुण्याभिसंस्कारो यावन्तः कौशिक चातुर्म्महाद्वीपके लोकधातौ सत्त्वास्तानपि सर्व्वान् कश्चिदेव कुलपुत्त्रो वा कुलदुहिता वा स्रोतआपत्तिफले प्रतिष्ठापयेत्॥ तिष्ठन्तु खलु पुनः कौशिक चातुर्म्महाद्वीपके लोकधातौ सर्व्वसत्त्वान् स्रोतआपत्तिफले प्रतिष्ठाप्य पुण्याभिसंस्कारो यावन्तः कौशिक साहस्रे चूडिके लोकधातौ सत्त्वास्तानपि सर्व्वान् कश्चिदेव

---

(१) कुलपुत्त्रादिति ग०।

कुलपुत्रो वा कुलदुहिता वा स्रोतआपत्तिफले प्रतिष्ठापयेत्॥ तिष्ठन्तु खलु पुनः कौशिक साहस्रे चूडिके लोकधातौ सर्व्वसत्वान् स्रोतआपत्तिफले प्रतिष्ठाप्य पुण्याभिसंस्कारो यावन्तः कौशिक द्विसाहस्रे मध्यमे लोकधातौ सत्वास्तानपि सर्व्वान् कश्चिदेव कुलपुत्रो वा कुलदुहिता वा स्रोतआपत्तिफले प्रतिष्ठापयेत्॥ तिष्ठन्तु खलु पुनः कौशिक द्विसाहस्रे मध्यमे लोकधातौ सर्व्वसत्वान् स्रोतआपत्तिफले प्रतिष्ठाप्य पुण्याभिसंस्कारो यावन्तः कौशिक त्रिसाहस्रमहासाहस्रे लोकधातौ सत्वास्तानपि सर्व्वान् कश्चिदेव कुलपुत्रो वा कुलदुहिता वा स्रोतआपत्तिफले प्रतिष्ठापयेत्॥ तिष्ठन्तु खलु पुनः कौशिक त्रिसाहस्रमहासाहस्रे लोकधातौ सर्व्वसत्वान् स्रोतआपत्तिफले प्रतिष्ठाप्य पुण्याभिसंस्कारो यावन्तः कौशिक गङ्गानदीवालुकोपमेषु त्रिसाहस्रमहासाहस्रेषु लोकधातुषु सत्वास्तानपि सर्व्वान् कश्चिदेव कुलपुत्रो वा कुलदुहिता वा स्रोतआपत्तिफले प्रतिष्ठापयेत्॥ तत् किं मन्यसे कौशिक अपि नु स कुलपुत्रो वा कुलदुहिता वा ततो निदानं वहुपुण्यं प्रसवेत्॥

शक्र आह। वहु भगवन् वहु सुगत॥

भगवानाह। अतः खलु पुनः स कौशिक कुलपुत्रो वा कुलदुहिता वा वहुतरं पुण्यं प्रसवेद्य इमां प्रज्ञापारमितामन्तशः पुस्तकगतामपि कृत्वा अभिश्रद्दधदभिश्रद्दधते अवकल्पयन्नवकल्पयते अधिमुञ्चन्नधिमुञ्चते प्रसन्नचित्तः प्रसन्नचित्ताय अध्याशयसम्पन्नोऽध्याशयसम्पन्नाय बोधाय चित्तमुत्पाद्य समुत्पादितबोधिचित्ताय बोधिसत्वायाध्याशयेन दद्यादन्तशो लिखनायापि वाचनायाप्यकि-

लाभितया सम्पादयिष्यत्युद्युक्तोऽमुं ग्राहयिष्यति सन्दर्शयिष्यति समादापयिष्यति समुत्तेजयिष्यति सम्प्रहर्षयिष्यति वाचा नेष्यति विनेष्यत्यनुनेष्यत्यर्थमस्या अस्मै सम्प्रकाशयिष्यत्येवञ्चास्य चित्तं विशोधयिष्यति निर्व्विचिकित्सं करिष्यति एवञ्चैनं वक्ष्यत्येहि त्वं कुलपुत्रास्मिन्नेव बोधिसत्त्वमार्गे शिक्षस्व हि त्वं शिक्षमाणश्चरन् व्यायच्छमानः क्षिप्रमेवानुत्तरां सम्यक्सम्बोधिमभिसम्भोत्स्यसे। अभिसम्बुध्य चापरिमितं सत्त्वधातुमनुत्तरे उपधिसङ्क्षयेऽभिविनेष्यसि यदुत भूतकोटिप्रभावनतायामिति। एवञ्च वाचं भाषेत एतेषामेव त्वं कुलपुत्रधर्म्माणां लाभी भव यदुत प्रज्ञापारमिताप्रतिसंयुक्तानामिति॥ अयमेव कौशिक ततः पौर्व्वकात् कुलपुत्रतः कुलदुहितृतो वा सकाशाद्बहुतरं पुण्यं प्रसवेत्॥ तत्कस्य हेतोः। अतो हि कौशिक स्रोतआपत्तिफलं प्रभाव्यते॥ पुनरपरं कौशिक यो हि कश्चिदेव कुलपुत्रो वा कुलदुहिता वा यावन्तो जम्बूद्वीपे सत्वास्तान् सर्व्वान् सकृदागामिफले प्रतिष्ठापयेत्। तत् किं मन्यसे कौशिक अपि नु स कुलपुत्रो वा कुलदुहिता वा ततो निदानं बहुपुण्यं प्रसवेत्॥

शक्र आह। बहु भगवन् बहु सुगत।

भगवानाह। अतः खलु पुनः स कौशिक कुलपुत्रो वा कुलदुहिता वा बहुतरं पुण्यं प्रसवेद्य इमां प्रज्ञापारमितामन्तशः पुस्तकगतामपि कृत्वा अभिश्रद्दधदभिश्रद्दधते अवकल्पयन्नवकल्पयते अधिमुच्यन्नधिमुच्यते प्रसन्नचित्तः प्रसन्नचित्तायाध्याशयसम्पन्नोऽध्याशयसम्पन्नाय बोधाय चित्तमुत्पाद्य समुत्पादितबोधिचित्ताय बोधिस-

त्वायाध्यासयेन दद्यादन्तशो लिखनायापि वाचनायाप्यक्लिासितया सम्पादयिष्यत्युद्युक्तोऽमुं ग्राहयिष्यति सन्दर्शयिष्यति समादापयिष्यति समुत्तेजयिष्यति सम्प्रहर्षयिष्यति वाचा नेष्यति विनेष्यत्यनुनेष्यत्यर्थमस्या अस्मै सम्प्रकाशयित्येवञ्चास्य चित्तं विशोधयिष्यति निर्व्विचिकित्सं करिष्यति एवञ्चैनं वक्ष्यत्येहि त्वं कुलपुत्रास्मिन्नेव बोधिसत्त्वमार्गे शिक्षस्वाच हि त्वं शिक्षमाणश्चरन् व्यायच्छमानः क्षिप्रमेवानुत्तरां सम्यक्सम्बोधिमभिसम्भोत्स्यसे । अभिसम्बुध्य चापरिमितं सत्त्वधातुमनुत्तरे उपधिसङ्क्षयेऽभिविनेष्यसि यदुत भूतकोटिप्रभावनतायामिति । एवञ्च वाचं भाषेत एतेषामेव त्वं कुलपुत्रधर्म्माणां लाभी भव यदुत प्रज्ञापारमिताप्रतिसंयुक्तानामिति॥ अयमेव कौशिक ततः पौर्व्वकात् कुलपुत्रतः कुलदुहितृतो वा सकाशाद्बहुतरं पुण्यं प्रसवेत्॥ तत्कस्य हेतोः। अतो हि कौशिक सकृदागामिफलं प्रभाव्यते॥ तिष्ठन्तु खलु पुनः कौशिक जाम्बूद्वीपकान् सर्व्वसर्व्वान् सकृदागामिफले प्रतिष्ठाप्य पुण्याभिसंस्कारो यावन्तः कौशिक चातुर्म्महाद्वीपके लोकधातौ सत्वास्तानपि सर्व्वान् कश्चिदेव कुलपुत्रो वा कुलदुहिता वा सकृदागामिफले प्रतिष्ठापयेत्॥ तिष्ठन्तु खलु पुनः कौशिक चातुर्म्महाद्वीपके लोकधातौ सर्व्वसत्वान् सकृदागामिफले प्रतिष्ठाप्य पुण्यभिसंस्कारो यावन्तः कौशिक साहस्रे चूड़िके लोकधातौ सत्वास्तानपि सर्व्वान् कश्चिदेव कुलपुत्रो वा कुलदुहिता वा सकृदागामिफले प्रतिष्ठापयेत् ॥ तिष्ठन्तु खलु पुनः कौशिक साहस्रे चूड़िके लोकधातौ सर्व्वसत्वान् सकृदागामिफले प्रतिष्ठाप्य पुण्याभिसंस्कारो यावन्तः कौशिक द्विसाहस्रे मध्यमे लोकधातौ

सत्त्वास्तानपि सर्व्वान् कश्चिदेव कुलपुत्त्रो वा कुलदुहिता वा सकृदागामिफले प्रतिष्ठापयेत्॥ तिष्ठन्तु खलु पुनः कौशिक द्विसाहस्रे मध्यमे लोकधातौ सर्व्वसत्त्वान् सकृदागामिफले प्रतिष्ठाप्य पुण्याभिसंस्कारो यावन्तः कौशिक त्रिसाहस्रमहासाहस्रे लोकधातौ सत्त्वास्तानपि सर्व्वान् कश्चिदेव कुलपुत्त्रो वा कुलदुहिता वा सकृदागामिफले प्रतिष्ठापयेत्॥ तिष्ठन्तु खलु पुनः कौशिक त्रिसाहस्रमहासाहस्रे लोकधातौ सर्व्वसत्त्वान् सकृदागामिफले प्रतिष्ठाप्य पुण्याभिसंस्कारो यावन्तः कौशिक गङ्गानदीवालुकोपमेषु त्रिसाहस्रमहासाहस्रेषु लोकधातुषु सत्त्वास्तानपि सर्व्वान् कश्चिदेव कुलपुत्त्रो वा कुलदुहिता वा सकृदागामिफले प्रतिष्ठापयेत्॥ तत् किं मन्यसे कौशिक अपि नु स कुलपुत्त्रो वा कुलदुहिता वा ततो निदानं बहुपुण्यं प्रसवेत्॥

शक्र आह। बहु भगवन् बहु सुगत॥

भगवानाह। अतः खलु पुनः स कौशिक कुलपुत्त्रो वा कुलदुहिता वा बहुतरं पुण्यं प्रसवेद्य इमां प्रज्ञापारमितामन्तशः पुस्तकगतामपि कृत्वा अभिश्रद्दधदभिश्रद्दधते अवकल्पयन्नवकल्पयते अधिमुच्यन्नधिमुच्यते प्रसन्नचित्तः प्रसन्नचित्ताय अध्याशयसम्पन्नोऽध्याशयसम्पन्नाय बोधाय चित्तमुत्पाद्य समुत्पादितबोधिचित्ताय बोधिसत्त्वायाध्याशयेन दद्यादन्तशो लिखनायापि वाचनायाप्यक्लिलासितया सम्पादयिष्यत्युद्युक्तोऽमुं ग्राहयिष्यति सन्दर्शयिष्यति समादापयिष्यति समुत्तेजयिष्यति सम्प्रहर्षयिष्यति वाचा नेष्यति विनेष्यत्यनुनेष्यत्यर्थमस्या अस्मै सम्प्रकाशयिष्यत्येवं चास्य चित्तं विशोध-

-यिष्यति निर्विचिकित्सं करिष्यति एवञ्चैनं वक्ष्यत्येहि त्वं कुलपुत्रा-स्मिन्नेव बोधिसत्त्वमार्गे शिक्षस्वाच हि त्वं शिक्षमाणश्चरन् व्याय-च्छमानः क्षिप्रमेवानुत्तरां सम्यक्सम्बोधिमभिसम्भोत्स्यसे। अभिसम्बु-ध्य चापरिमितं सत्त्वधातुमनुत्तरे उपधिसङ्क्षयेऽभिविनेष्यसि यदुत भूतकोटिप्रभावनतायामिति। एवं वाचं भाषेत एतेषामेव त्वं कुल-पुत्त्रधर्म्माणां लाभी भव यदुत प्रज्ञापारमिताप्रतिसंयुक्तानामिति॥ अयमेव कौशिक ततः पौर्व्वकात्कुलपुत्त्रतः कुलदुहितो वा सकाशा-द्बहुतरं पुण्यं प्रसवेत्॥ तत्कस्य हेतोः। अतो हि कौशिक सकृदा गामिफलं प्रभाव्यते॥ पुनरपरं कौशिक यो हि कश्चिदेव कुलपुत्त्रो वा कुलदुहिता वा यावन्तो जम्बूद्वीपे सत्वास्तान् सर्व्वान् अनागा-मिफले प्रतिष्ठापयेत्। तत् किं मन्यसे कौशिक अपि नु स कुलपुत्त्रो वा कुलदुहिता वा ततो निदानं बहुपुण्यं प्रसवेत्॥

शक्र आह। बहु भगवन् बहु सुगत॥

भगवानाह। अतः खलु पुनः स कौशिक कुलपुत्त्रो वा कुलदुहिता वा बहुतरं पुण्यं प्रसवेद्य इमां प्रज्ञापारमितामन्तशः पुस्तकगतामपि कृत्वा अभिश्रद्दधदभिश्रद्दधते अवकल्पयन्नवकल्पयते अधिमुच्यन्नधिमुच्यते प्रसन्नचित्तः प्रसन्नचित्ताय अध्याशयसम्पन्नोऽध्या-शयसम्पन्नाय बोधाय चित्तमुत्पाद्य समुत्पादितबोधिचित्ताय बोधि-सत्त्वायाध्याशयेन दद्यादन्तशो लिखनायापि वाचनायाप्यक्लिासितया सम्पादयिष्यत्युद्युक्तोऽमुं ग्राहयिष्यति सन्दर्शयिष्यति समादापयिष्यति समुत्तेजयिष्यति सम्प्रहर्षयिष्यति वाचा नेष्यति विनेष्यत्यनुनेष्यत्य-र्थमस्या अस्मै सम्प्रकाशयिष्यत्येवञ्चास्य चित्तं विशोधयिष्यति निर्वि-

चिकित्सं करिष्यति एवञ्चैनं वच्यत्येहि त्वं कुलपुत्त्रास्मिन्नेव बोधिसत्त्वमार्गे शिक्षस्वाच हि त्वं शिक्षमाणश्चरन् व्यायच्छमानः क्षिप्रमेवानुत्तरां सम्यक्सम्बोधिमभिसम्भोत्स्यसे। अभिसम्बुध्य चापरिमितं सत्त्वधातुमनुत्तरे उपधिसङ्क्षयेऽभिविनेष्यसि यदुत भूतकोटिप्रभावनतायामिति। एवञ्च वाचं भाषेत एतेषामेव त्वं कुलपुत्त्र धर्म्माणां लाभी भव यदुत प्रज्ञापारमिताप्रतिसंयुक्तानामिति॥ अयमेव ततो बहुतरं पुण्यं प्रसवेत्॥ तत्कस्य हेतोः। अतो हि कौशिक अनागामिफलं प्रभाव्यते॥ तिष्ठन्तु खलु पुनः कौशिक जाम्बूद्वीपकान् सर्व्वसत्वान् अनागामिफले प्रतिष्ठाप्य पुण्याभिसंस्कारो यावन्तः कौशिक चातुर्महाद्वीपके लोकधातौ सत्वास्तानपि सर्व्वान् कश्चिदेव कुलपुत्त्रो वा कुलदुहिता वा अनागामिफले प्रतिष्ठापयेत्। तिष्ठन्तु खलु पुनः कौशिक चातुर्महाद्वीपके लोकधातौ सर्व्वसत्वान् अनागामिफले प्रतिष्ठाप्य पुण्याभिसंस्कारो यावन्तः कौशिक साहस्रे चूड़िके लोकधातौ सत्वास्तानपि सर्व्वान् कश्चिदेव कुलपुत्त्रो वा कुलदुहिता वा अनागामिफले प्रतिष्ठापयेत्॥ तिष्ठन्तु खलु पुनः कौशिक साहस्रे चूड़िके लोक धातौ सर्व्वसत्वान् अनागामिफले प्रतिष्ठाप्य पुण्याभिसंस्कारो यावन्तः कौशिक द्विसाहस्रे मध्यमे लोकधातौ सत्वास्तानपि सर्व्वान् कश्चिदेव कुलपुत्त्रो वा कुलदुहिता वा अनागामिफले प्रतिष्ठापयेत्॥ तिष्ठन्तु खलु पुनः कौशिक द्विसाहस्रे मध्यमे लोकधातौ सर्व्वसत्वान् अनागामिफले प्रतिष्ठाप्य पुण्याभिसंस्कारो यावन्तः कौशिक त्रिसाहस्रमहासाहस्रे लोकधातौ सत्वास्तानपि सर्व्वान् कश्चिदेव कुलपुत्त्रो वा कुलदुहिता वा अनागा-

मिफले प्रतिष्ठापयेत् ॥ तिष्ठन्तु खलु पुनः कौशिक त्रिसाहस्रम-हासाहस्रे लोकधातौ सर्व्वसत्वान् अनागामिफले प्रतिष्ठाप्य पुण्या-भिसंस्कारो यावन्तः कौशिक गङ्गानदीवालुकोपमेषु त्रिसाहस्रमहा-साहस्रेषु लोकधातुषु सत्वास्तानपि सर्व्वान् कश्चिदेव कुलपुत्रो वा कुलदुहिता वा अनागामिफले प्रतिष्ठापयेत् ॥ तत् किं मन्यसे कौशिक अपि नु स कुलपुत्रो वा कुलदुहिता वा ततो निदानं बहुपुण्यं प्रसवेत् ॥

शक्र आह । बहु भगवन् बहु सुगत ।

भगवानाह । अतः खलु पुनः स कौशिक कुलपुत्रो वा कुलदु-हिता वा ततो निदानं बहुतरं पुण्यं प्रसवेद्य इमां प्रज्ञापारमिता-मन्तशः पुस्तकगतामपि कृत्वा अभिश्रद्दधदभिश्रद्दधते अवकल्पय-न्नवकल्पयते अधिमुच्चन्नधिमुच्यते प्रसन्नचित्तः प्रसन्नचित्ताय अध्या-शयसम्पन्नोऽध्याशयसम्पन्नाय बोधाय चित्तमुत्पाद्य समुत्पादितबोधि-चित्ताय बोधिसत्त्वायाध्याशयेन दद्यादन्तशो लिखनायापि वाचना-याप्यक्लिलासितया सम्पादयिष्यत्युद्युक्तोऽमुद्ग्राहयिष्यति सन्दर्शयिष्यति समादापयिष्यति समुत्तेजयिष्यति सम्प्रहर्षयिष्यति वाचा नेष्यति विनेष्यत्यनुनेष्यत्यर्थमस्या अस्मै सम्प्रकाशयिष्यति एवञ्चास्य चित्तं विशोधयिष्यति निर्व्विचिकित्सं करिष्यति एवञ्चैनं वक्ष्यत्येहि त्वं कुल-पुत्रास्मिन्नेव बोधिसत्त्वमार्गे शिक्षस्वात्र हि त्वं शिक्षमाणश्चरन् व्याय-च्छमानः क्षिप्रमेवानुत्तरां सम्यक्सम्बोधिमभिसम्भोत्स्यसे । अभि-सम्बुध्य चापरिमितं सत्त्वधातुमनुत्तरे उपधिसङ्क्षयेऽभिविनेष्यसि यदुत भूतकोटिप्रभावनतायामिति । एवञ्च वाचं भाषेत एतेषामेव

त्वं कुलपुत्रधर्म्माणां लाभी भव यदुत प्रज्ञापारमिताप्रतिसंयुक्तानामिति॥ अयमेव ततो बहुतरं पुण्यं प्रसवेत्॥ तत्कस्य हेतोः। अतो हि कौशिक अनागामिफलं प्रभाव्यते॥ पुनरपरं कौशिक यो हि कश्चिदेव कुलपुत्रो वा कुलदुहिता वा यावन्तो जम्बूद्वीपे सत्त्वास्तानपि सर्व्वानर्हत्त्वे प्रतिष्ठापयेत्। तत् किं मन्यसे कौशिक अपि नु स कुलपुत्रो वा कुलदुहिता वा ततो निदानं बहुपुण्यं प्रसवेत्॥

शक्र आह। बहु भगवन् बहु सुगत॥

भगवानाह। अतः खलु पुनः स कौशिक कुलपुत्रो वा कुलदुहिता वा बहुतरं पुण्यं प्रसवेद्य इमां प्रज्ञापारमितामन्तशः पुस्तकगतामपि कृत्वा अभिश्रद्दधदभिश्रद्दधते अवकल्पयन्नवकल्पयते अधिमुच्यन्नधिमुच्यते प्रसन्नचित्तः प्रसन्नचित्ताय अध्याशयसम्पन्नोऽध्याशयसम्पन्नाय बोधाय चित्तमुत्पाद्य समुत्पादितबोधिचित्ताय बोधिसत्त्वायाध्याशयेन दद्यादन्तशो लिखनायापि वाचनायाप्यक्लिलामितया सम्पादयिष्यत्युद्युक्तोऽमुद्ग्राहयिष्यति सन्दर्शयिष्यति समादापयिष्यति समुत्तेजयिष्यति सम्प्रहर्षयिष्यति वाचा नेष्यति विनेष्यत्यनुनेष्यत्यर्थमस्या अस्मै सम्प्रकाशयिष्यति एवञ्चास्य चित्तं विशोधयिष्यति निर्विचिकित्सं करिष्यति एवञ्चैनं वक्ष्यत्येहि त्वं कुलपुत्रास्मिन्नेव बोधिसत्त्वमार्गे शिक्षस्वात्र हि त्वं शिक्षमाणश्चरन् व्यायच्छमानः क्षिप्रमेवानुत्तरां सम्यक्सम्बोधिमभिसम्भोत्स्यसे। अभिसम्बुध्य चापरिमितं सत्त्वधातुमनुत्तरे उपधिसङ्क्षयेऽभिविनेष्यसि यदुत भूतकोटिप्रवनतायामिति। एवञ्च वाचं भाषेत एतेषामेव कुलपुत्रधर्म्माणां लाभी भव यदुत प्रज्ञापारमिताप्रतिसंयुक्तानामिति॥ अयमेव ततो

बहुतरं पुण्यं प्रसवेत् ॥ तत् कस्य हेतोः । अतो हि कौशिक अर्हत्त्वं प्रभाव्यते ॥ एवञ्चास्योत्साहं वर्द्धयिष्यति यथा यथा हि त्वं कुलपुत्त्र प्रज्ञापारमितायां शिक्षिष्यसे तथा तथा त्वमनुपूर्व्वेण बुद्धधर्म्माणां लाभी भविष्यसि आसन्नश्च भविष्यस्यनुत्तराया: सम्यकसम्बोधेः अत्र हि त्वं शिक्षायां शिक्षमाणश्चरन् व्यायच्छमानः श्रोतआपत्तिफलं प्रभावयिष्यसि सकृदागामिफलं प्रभावयिष्यसि अनागामिफलं प्रभावयिष्यसि अर्हत्त्वं प्रभावयिष्यसि प्रत्येकबुद्धत्वं प्रभावयिष्यसि सम्यक्सम्बुद्धत्वं प्रभावयिष्यसीति ॥ तिष्ठन्तु खलु पुनः कौशिक जाम्बूद्वीपकान् सर्व्वसत्वानर्हत्त्वे प्रतिष्ठाप्य पुण्याभिसंस्कारो यावन्तः कौशिक चातुर्महाद्वीपके लोकधातौ सत्वास्तानपि सर्व्वान् कश्चिदेव कुलपुत्त्रो वा कुलदुहिता वा अर्हत्त्वे प्रतिष्ठापयेत् ॥ तिष्ठन्तु खलु पुनः कौशिक चातुर्महाद्वीपके लोकधातौ सर्व्वसत्वान् अर्हत्त्वे प्रतिष्ठाप्य पुण्याभिसंस्कारो यावन्तः कौशिक साहस्रे चूड़िके लोकधातौ सत्वास्तानपि सर्व्वान् कश्चिदेव कुलपुत्त्रो वा कुलदुहिता वा अर्हत्त्वे प्रतिष्ठापयेत् ॥ तिष्ठन्तु खलु पुनः कौशिक साहस्रे चूड़िके लोकधातौ सर्व्वसत्वान् अर्हत्त्वे प्रतिष्ठाप्य पुण्याभिसंस्कारो यावन्तः कौशिक द्विसाहस्रे मध्यमे लोकधातौ सत्वास्तानपि सर्व्वान् कश्चिदेव कुलपुत्त्रो वा कुलदुहिता वा अर्हत्त्वे प्रतिष्ठापयेत् ॥ तिष्ठन्तु खलु पुनः कौशिक द्विसाहस्रे मध्यमे लोकधातौ सर्व्वसत्वानर्हत्त्वे प्रतिष्ठाप्य पुण्याभिसंस्कारो यावन्तः कौशिक त्रिसाहस्रमहासाहस्रे लोकधातौ सत्वास्तानपि सर्व्वान् कश्चिदेव कुलपुत्त्रो वा कुलदुहिता वा अर्हत्त्वे प्रतिष्ठापयेत् ॥ तिष्ठन्तु खलु पुनः कौशिक त्रिसाहस्रमहासाहस्रे लोकधातौ सर्व्वसत्वान्

अर्हत्त्वे प्रतिष्ठाप्य पुण्याभिसंस्कारो यावन्तः कौशिक गङ्गानदीवालुकोपमेषु त्रिसाहस्रमहासाहस्रेषु लोकधातुषु सत्त्वास्तानपि सर्व्वान् कश्चिदेव कुलपुत्त्रो वा कुलदुहिता वा अर्हत्त्वे प्रतिष्ठापयेत्॥ तत् किं मन्यसे कौशिक अपि नु स कुलपुत्त्रो वा कुलदुहिता वा ततो निदानं बहुपुण्यं प्रसवेत्॥

शक्र आह। बहु भगवन् बहु सुगत॥

भगवानाह। सङ्ख्या अपि भगवंस्तस्य पुण्यस्कन्धस्य न सुकरा कर्तुं। गणनाप्युपमाप्यौपम्यमप्युपनिसाप्युपनिषदपि भगवंस्तस्य पुण्यस्कन्धस्य न सुकरा कर्तुं॥

भगवानाह। अतः खलु पुनः स कौशिक कुलपुत्त्रो वा कुलदुहिता वा बहुतरं पुण्यं प्रसवेद्य इमां प्रज्ञापारमितामन्तशः पुस्तकगतामपि कृत्वा अभिश्रद्दधदभिश्रद्दधते अवकल्पयन्नवकल्पयते अधिमुञ्चन्नधिमुञ्चते प्रसन्नचित्तः प्रसन्नचित्ताय अध्याशयसम्पन्नोऽध्याशयसम्पन्नाय बोधाय चित्तमुत्पाद्य समुत्पादितबोधिचित्ताय बोधिसत्त्वायाध्याशयेन दद्यादन्तशो लिखनायापि वाचनायाप्यकिलासितया सम्पादयिष्यत्युद्ग्रहीष्यति समादापयिष्यति समुत्तेजयिष्यति सम्प्रहर्षयिष्यति वाचा नेष्यति विनेष्यत्यनुनेष्यत्यर्थमस्या अस्मै सम्प्रकाशयिष्यत्येवञ्चास्य चित्तं विशोधयिष्यति निर्विचिकित्सं करिष्यति एवञ्चैनं वक्ष्यत्येहि त्वं कुलपुत्त्रास्मिन्नेव बोधिसत्त्वमार्गे शिक्षस्वात्र हि त्वं शिक्षमाणस्त्वरन् व्यायच्छमानः क्षिप्रमेवानुत्तरां सम्यक्सम्बोधिमभिसम्भोत्स्यसे। अभिसम्बुध्य चापरिमितं सत्त्वधातुमनुत्तरे उपधिसङ्क्षयेऽभिविनेष्यसि यदुत भूतकोटिप्रभावनतायामिति। एवञ्च

वाचं भाषेत एतेषामेव त्वं कुलपुत्त्रधर्म्माणां लाभी भव यदुत प्रज्ञापारमिताप्रतिसंयुक्तानामिति ॥ अयमेव ततो बहुतरं पुण्यं प्रसवेत् ॥ तत् कस्य हेतोः। अतो हि कौशिक अर्हत्त्वं प्रभाव्यते ॥ एवञ्चास्योत्साहं वर्द्धयिष्यति यथा यथा हि त्वं कुलपुत्त्र प्रज्ञापारमितायां शिक्षिष्यसे तथा तथा त्वमनुपूर्व्वेण बुद्धधर्म्माणां लाभी भविष्यसि आसन्नश्च भविष्यस्यनुत्तरायाः सम्यक्सम्बोधेः अत्र हि त्वं शिक्षायां शिक्षमाणश्चरन् व्यायच्छमानः स्रोतआपत्तिफलं प्रभावयिष्यसि सकृदागामिफलं प्रभावयिष्यसि अनागामिफलं प्रभावयिष्यसि अर्हत्त्वं प्रभावयिष्यसि प्रत्येकबुद्धत्वं प्रभावयिष्यसि सम्यकसम्बुद्धत्वं प्रभावयिष्यसीति ॥ पुनरपरं कौशिक यावन्तो जम्बूद्वीपे सत्त्वास्तानपि सर्व्वान् कश्चिदेव कुलपुत्त्रो वा कुलदुहिता वा प्रत्येकबुद्धत्वे प्रतिष्ठापयेत्। तत् किं मन्यसे कौशिक अपि नु स कुलपुत्त्रो वा कुलदुहिता वा ततो निदानं बहुपुण्यं प्रसवेत् ॥

शक्र आह। बहु भगवन् बहु सुगत ॥

भगवानाह। अतः खलु पुनः स कौशिक कुलपुत्त्रो वा कुलदुहिता वा बहुतरं पुण्यं प्रसवेद्य इमां प्रज्ञापारमितामन्तशः पुस्तकगतामपि कृत्वा अभिश्रद्दधदभिश्रद्दधते अवकल्पयन्नवकल्पयते अधिमुच्चन्नधिमुच्यते प्रसन्नचित्तः प्रसन्नचित्ताय अध्याशयसम्पन्नोऽध्याशयसम्पन्नाय बोधाय चित्तमुत्पाद्य समुत्पादितबोधिचित्ताय बोधिसत्त्वायाध्याशयेन दद्यादन्तशो लिखनायापि वाचनायाप्यक्लासितया सम्पादयिष्यत्युद्युक्तोऽमुद्ग्राहयिष्यति सन्दर्शयिष्यति समादापयिष्यति समुत्तेजयिष्यति सम्प्रहर्षयिष्यति वाचा नेष्यति

विनेष्यत्यनुनेष्यत्यर्थमस्या अस्मै सम्प्रकाशयिष्यत्येवञ्चास्य चित्तं विशोधयिष्यति निर्व्विचिकित्सं करिष्यति एवञ्चैनं वक्ष्यत्येहि त्वं कुलपुत्त्रास्मिन्नेव बोधिसत्त्वमार्गे शिक्षस्वात्र हि त्वं शिक्षमाणश्चरन् व्यायच्छमानः क्षिप्रमेवानुत्तरां सम्यक्सम्बोधिमभिसम्भोत्स्यसे। अभिसम्बुध्य चापरिमितं सत्त्वधातुमनुत्तरे उपधिसङ्क्षयेऽभिविनेष्यसि यदुत भूतकोटिप्रभावनतायामिति। एवञ्च वाचं भाषेत एतेषामेव त्वं कुलपुत्त्रधर्म्माणां लाभी भव यदुत प्रज्ञापारमिताप्रतिसंयुक्तानामिति॥ अयमेव ततो बहुतरं पुण्यं प्रसवेत्॥ तत् कस्य हेतोः। अतो हि कौशिक प्रत्येकबुद्धत्वं प्रभाव्यते॥ एवञ्चास्योत्साहं वर्द्धयिष्यति यथा यथा हि त्वं कुलपुत्त्र प्रज्ञापारमितायां शिक्षिष्यसे तथा तथा त्वमनुपूर्व्वेण बुद्धधर्म्माणां लाभी भविष्यसि आसन्नश्च भविष्यस्यनुत्तरायाः सम्यक्सम्बोधेः अत्र हि त्वं शिक्षायां शिक्षमाणश्चरन् व्यायच्छमानः क्षिप्रमेव स्रोतआपत्तिफलं प्रभावयिष्यति सकृदागामिफलं प्रभावयिष्यसि अनागामिफलं प्रभावयिष्यसि अर्हत्त्वं प्रभावयिष्यसि प्रत्येकबुद्धत्वं प्रभावयिष्यसि सम्यक्सम्बुद्धत्वं प्रभावयिष्यसीति॥ तिष्ठन्तु खलु पुनः कौशिक जाम्बूद्वीपकान् सर्व्वसत्वान प्रत्येकबुद्धत्वे प्रतिष्ठाप्य पुण्याभिसंस्कारो यावन्तः कौशिक चातुर्महाद्वीपके लोकधातौ सत्वास्तानपि सर्व्वान् कश्चिदेव कुलपुत्त्रो वा कुलदुहिता वा प्रत्येकबुद्धत्वे प्रतिष्ठापयेत्॥ तिष्ठन्तु खलु पुनः कौशिक चातुर्महाद्वीपके लोकधातौ सर्व्वसत्वान् प्रत्येकबुद्धत्वे प्रतिष्ठाप्य पुण्याभिसंस्कारो यावन्तः कौशिक साहस्रे चूड़िके लोकधातौ सत्वास्तानपि सर्व्वान् कश्चिदेव कुलपुत्त्रो वा कुलदुहिता वा प्रत्येक-

बुद्धत्वे प्रतिष्ठापयेत्॥ तिष्ठन्तु खलु पुनः कौशिक साहस्रे चूडिके लोकधातौ सर्व्वसत्वान् प्रत्येकबुद्धत्वे प्रतिष्ठाप्य पुण्याभिसंस्कारो यावन्तः कौशिक द्विसाहस्रे मध्यमे लोकधातौ सत्वास्तानपि सर्व्वान् कश्चिदेव कुलपुत्त्रो वा कुलदुहिता वा प्रत्येकबुद्धत्वे प्रतिष्ठापयेत्॥ तिष्ठन्तु खलु पुनः कौशिक द्विसाहस्रे मध्यमे लोकधातौ सर्व्वसत्वान् प्रत्येकबुद्धत्वे प्रतिष्ठाप्य पुण्याभिसंस्कारो येऽपि केचित् कौशिक त्रिसाहस्रमहासाहस्रे लोकधातौ सत्वास्तानपि सर्व्वान् कश्चिदेव कुलपुत्त्रो वा कुलदुहिता वा प्रत्येकबुद्धत्वे प्रतिष्ठापयेत्॥ तिष्ठन्तु खलु पुनः कौशिक त्रिसाहस्रमहासाहस्रे लोकधातौ सर्व्वसत्वान् प्रत्येकबुद्धत्वे प्रतिष्ठाप्य पुण्याभिसंस्कारो यावन्तः कौशिक गङ्गानदीवालुकोपमेषु त्रिसाहस्रमहासाहस्रेषु लोकधातुषु सत्वास्तानपि सर्व्वान् कश्चिदेव कुलपुत्त्रो वा कुलदुहिता वा प्रत्येकबुद्धत्वे प्रतिष्ठापयेत्॥ तत् किं मन्यसे कौशिक अपि नु स कुलपुत्त्रो वा कुलदुहिता वा ततो निदानं बहुपुण्यं प्रसवेत्॥

शक्र आह। बहु भगवन् बहु सुगत॥

भगवानाह। अतः खलु पुनः स कौशिक कुलपुत्त्रो वा कुलदुहिता वा बहुतरं पुण्यं प्रसवेद्य इमां प्रज्ञापारमितामन्तशः पुस्तकगतामपि कृत्वा अभिश्रद्दधदभिश्रद्दधते अवकल्पयन्नवकल्पयते अधिमुञ्चन्नधिमुच्यते प्रसन्नचित्तः प्रसन्नचित्ताय अध्याशयसम्पन्नोऽध्याशयसम्पन्नाय बोधाय चित्तमुत्पाद्य समुत्पादितबोधिचित्ताय बोधिसत्वायाध्याशयेन दद्यादन्तशो लिखनायापि वाचनायाप्यकिलासितया सम्पादयिष्यत्युद्युक्तोऽमुद्ग्राहयिष्यति सन्दर्शयिष्यति समादापयिष्यति

समुत्तेजयिष्यति सम्प्रहर्षयिष्यति वाचा नेष्यति विनेष्यत्यनुनेष्यत्यर्थमस्या अस्मै सम्प्रकाशयिष्यत्येवञ्चास्य चित्तं विशोधयिष्यति निर्विचिकित्सं करिष्यति एवञ्चैनं वक्ष्यत्येहि त्वं कुलपुत्रास्मिन्नेव बोधिसत्त्वमार्गे शिक्षस्वात्र हि त्वं शिक्षमाणस्वरन् व्यायच्छमानः क्षिप्रमेवानुत्तरां सम्यक्सम्बोधिमभिसम्भोत्स्यसे। अभिसम्बुध्य चापरिमितं सत्त्वधातुमनुत्तरे उपधिसंक्षयेऽभिविनेष्यसि यदुत भूतकोटिप्रभावनतायामिति। एवञ्च वाचं भाषेत एतेषामेव त्वं कुलपुत्त्रधर्म्माणां लाभी भव यदुत प्रज्ञापारमिताप्रतिसंयुक्तानामिति॥ अयमेव ततो बहुतरं पुण्यं प्रसवेत्॥ तत्कस्य हेतोः। अतो हि कौशिक प्रत्येकबुद्धत्वं प्रभाव्यते॥ एवञ्चास्योत्साहं वर्द्धयिष्यति यथा यथा हि त्वं कुलपुत्त्र प्रज्ञापारमितायां शिक्षिष्यसे तथा तथा त्वमनुपूर्व्वेण बुद्धधर्म्माणां लाभी भविष्यसि आसन्नश्च भविष्यस्यनुत्तरायाः सम्यक्सम्बोधेः अत्र हि त्वं शिक्षायां शिक्षमानस्वरन् व्यायच्छमानः स्रोतआपत्तिफलं प्रभावयिष्यसि सकृदागामिफलं प्रभावयिष्यसि अनागामिफलं प्रभावयिष्यसि अर्हत्त्वं प्रभावयिष्यसि सम्यक्सम्बुद्धत्वं प्रभावयिष्यसीति॥ पुनरपरं कौशिक यावन्तो जम्बूद्वीपे सत्वास्तेषां सर्व्वेषां कश्चिदेव कुलपुत्त्रो वा कुलदुहिता वा अनुत्तरायां सम्यक्सम्बोधौ चित्तं समुत्पादयेत्। यश्चान्यः कश्चित् कौशिक कुलपुत्त्रो वा कुलदुहिता वा तेषां सर्व्वेषामनुत्तरायां सम्यक्सम्बोधौ चित्तमुत्पाद्य तेभ्य इमां प्रज्ञापारमितां लिखित्वा दद्यात्। यो वा कौशिक कुलपुत्त्रो वा कुलदुहिता वा अविनिवर्त्तनीयाय बोधिसत्त्वाय महासत्वायैनां प्रज्ञापारमितां लिखित्वा उपनामयेदन्वैव प्रज्ञापा-

रमितायां शिक्षिष्यते योगमापत्स्यते । अयमेव प्रज्ञापारमितां भावयन् वृद्धिं विरूढिं विपुलतां गतः परिपूरयिष्यति बुद्धधर्म्मानित्ययं तस्मात् पौर्व्वकान् कुलपुत्रतः कुलदुहितृतो वा सकाशाद्बहुतरं पुण्यं प्रसवेत् ॥ तत्कस्य हेतोः । नियतमेषोऽनुत्तरां सम्यक्सम्बोधिमभिसम्बुध्य सत्वानां दुःखस्यान्तं करिष्यतीति ॥ तिष्ठन्तु खलु पुनः कौशिक जाम्बूद्वीपकानां सर्व्वसत्वानामनुत्तरायां सम्यक्सम्बोधौ चित्तमुत्पाद्य पुण्याभिसंस्कारो यावन्तः कौशिक चातुर्महाद्वीपके लोकधातौ सत्वास्तेषामपि सर्व्वेषां कश्चिदेव कुलत्तो वा कुलदुतिता वा अनुत्तरायां सम्यक्सम्बोधौ चित्तमुत्पादयेत् ॥ तिष्ठन्तु खलु पुनः कौशिक चातुर्महाद्वीपके लोकधातौ सर्व्वसत्वानामनुत्तरायां सम्यक्सम्बोधौ चित्तमुत्पाद्य पुण्याभिसंस्कारो यावन्तः कौशिक साहस्रे चूड़िके लोकधातौ सत्वास्तेषामपि सर्व्वेषां कश्चिदेव कुलपुत्रो वा कुलदुहिता वा अनुत्तरायां सम्यक्सम्बोधौ चित्तमुत्पादयेत् ॥ तिष्ठन्तु खलु पुनः कौशिक साहस्रे चूड़िके लोकधातौ सर्व्वसत्वानामनुत्तरायां सम्यक्सम्बोधौ चित्तमुत्पाद्य पुण्याभिसंस्कारो यावन्तः कौशिक द्विसाहस्रे मध्यमे लोकधातौ सत्वास्तेषामपि सर्व्वेषां कश्चिदेव कुलपुत्रो वा कुलदुहिता वा अनुत्तरायां सम्यक्सम्बोधौ चित्तमुत्पादयेत् ॥ तिष्ठन्तु खलु पुनः कौशिक द्विसाहस्रे मध्यमे लोकधातौ सर्व्वसत्वानामनुत्तरायां सम्यक्सम्बोधौ चित्तमुत्पाद्य पुण्याभिसंस्कारो यावन्तः कौशिक त्रिसाहस्रमहासाहस्रे लोकधातौ सत्वास्तेषामपि सर्व्वेषां कश्चिदेव कुलपुत्रो वा कुलदुहिता वा अनुत्तरायां सम्यक्सम्बोधौ चित्तमुत्पादयेत् ॥ तिष्ठन्तु खलु पुनः कौशिक त्रिसाहस्रमहासाहस्रे लोकधातौ सर्व्वसत्वा-

नामनुत्तरायां सम्यक्सम्बोधौ चित्तमुत्पाद्य पुण्याभिसंस्कारो यावन्तः कौशिक गङ्गानदीवालुकोपमेषु त्रिसाहस्रमहासाहस्रेषु लोकधातुषु सत्वास्तेषामपि सर्व्वेषां कश्चिदेव कुलपुत्त्रो वा कुलदुहिता वा अनुत्तरायां सम्यक् सम्बोधौ चित्तमुत्पादयेत्। यश्चान्यः कश्चित् कौशिक कुलपुत्त्रो वा कुलदुहिता वा तेषां सर्व्वेषामनुत्तरायां सम्यक्सम्बोधौ चित्तमुत्पाद्य तेभ्य इमां प्रज्ञापारमितां लिखित्वा दद्यात्। यो वा कौशिक कुलपुत्त्रो वा कुलदुहिता वा अविनिवर्त्तनीयाय बोधिसत्त्वाय महासत्वायैनां प्रज्ञापारमितां लिखित्वा दद्यादुपनामयेदत्रैव प्रज्ञापारमितायां शिक्षिष्यते योगमापत्स्यते। एवमस्येयं प्रज्ञापारमिता भूयस्या मात्रया भावनां वृद्धिं विरूढ़िं विपुलतां परिपूरिं गमिष्यतीति। अयं कौशिक ततः पौर्व्वकात् कुलपुत्त्रतः कुलदुहितृतो वा सकाशादह्नतरं पुण्यं प्रसवेत्॥ तत्कस्य हेतोः। नियतमेषोऽनुत्तरां सम्यक्सम्बोधिमभिसम्बुध्य सत्वानां दुःखस्यान्तं करिष्यतीति॥ पुनरपरं कौशिक यावन्तो जम्बूद्वीपे सत्वास्ते सर्व्वे अविनिवर्त्तनीया भवेयुरनुत्तरायाः सम्यक्सम्बोधेस्तेभ्यः(१) कश्चिदेव कुलपुत्त्रो वा कुलदुहिता वा अनुत्तरां सम्यक्सम्बोधिमभिसम्प्रस्थितेभ्य इमां प्रज्ञापारमितां पुस्तकलिखितां कृत्वा दद्यादुपनामयेत्। यश्च तेभ्यः कश्चिदेव कुलपुत्त्रो वा कुलदुहिता वा इमां प्रज्ञापारमितां पुस्तकलिखितां कृत्वा दद्यादुपनामयेत् सार्थां सव्यञ्जनामुपदिशेत्॥ तत् किं मन्यसे कौशिक अपि नु स कुलपुत्त्रो वा कुलदुहिता वा ततो निदानं बहुपुण्यं प्रसवेत्॥

---

(१) तेभ्योऽपि सर्व्वेभ्यः इति ख॰, तेभ्यश्च इति घ॰।

शक्र आह। बहु भगवन् बहु सुगत। सङ्ख्याऽपि भगवंस्तस्य पुण्यस्कन्धस्य न सुकरा कर्त्तुं। गणनाऽप्युपमाऽप्यौपम्यमप्युपनिषाऽप्युपनिषदपि भगवंस्तस्य पुण्यस्कन्धस्य न सुकरा कर्त्तुं॥

भगवानाह। अतः खलु पुनः स कौशिक कुलपुत्रो वा कुलदुहिता वा बहुतरं पुण्यं प्रसवेद्यस्तेषामविनिवर्त्तनीयानां बोधिसत्त्वानां महासत्त्वानां क्षिप्रतरमनुत्तरां सम्यक्सम्बोधिमभिसम्बोद्धुकामेभ्य इमां प्रज्ञापारमितां पुस्तकलिखितां कृत्वा दद्यादुपनामयेत् सार्थां सव्यञ्जनामुपदिशेत् इह च तान् प्रज्ञापारमितायाः[१] मववदेदनुशिष्यात्॥ तिष्ठन्तु खलु पुनः कौशिक जाम्बूद्वीपकेभ्यः सर्व्वसत्त्वेभ्योऽविनिवर्त्तनीयेभ्य इमां प्रज्ञापारमितामुपनाम्य पुण्याभिसंस्कारो यावन्तः कौशिक चातुर्महाद्वीपके लोकधातौ सत्त्वास्तेऽपि सर्व्वेऽविनिवर्त्तनीया भवेयुरनुत्तरायाः सम्यक्सम्बोधेस्तेभ्योऽपि कश्चिदेव कुलपुत्रो वा कुलदुहिता वा इमां प्रज्ञापारमितां पुस्तकलिखितां कृत्वा दद्यादुपनामयेत् सार्थां सव्यञ्जनामुपदिशेत्॥ तिष्ठन्तु खलु पुनः कौशिक चातुर्महाद्वीपके लोकधातौ सर्व्वसत्त्वेभ्योऽविनिवर्त्तनीयेभ्य इमां प्रज्ञापारमितामुपनाम्य पुण्याभिसंस्कारो यावन्तः कौशिक साहस्रे चूड़िके लोकधातौ सत्त्वास्तेऽपि सर्व्वेऽविनिवर्त्तनीया भवेयुरनुत्तरायाः सम्यक्सम्बोधेस्तेभ्योऽपि कश्चिदेव कुलपुत्रो वा कुलदुहिता वा इमां प्रज्ञापारमितां पुस्तकलिखितां कृत्वा दद्यादुपनामयेत् सार्थां सव्यञ्जनामुपदिशेत्॥ तिष्ठन्तु खलु पुनः कौशिक साहस्रे चूड़िके लोकधातौ सर्व्वसत्त्वेभ्योऽविनिवर्त्तनीयेभ्यः इमां प्रज्ञापार-

(१) तां प्रज्ञापरिमितामिति ग०।

मितामुपनाम्य पुण्याभिसंस्कारो यावन्तः कौशिक द्विसाहस्रे मध्यमे लोकधातौ सत्त्वास्तेऽपि सर्व्वेऽविनिवर्त्तनीया भवेयुरनुत्तरायाः सम्यक्सम्बोधेस्तेभ्योऽपि कश्चिदेव कुलपुत्त्रो वा कुलदुहिता वा इमां प्रज्ञापारमितां पुस्तकलिखितां कृत्वा दद्यादुपनामयेत् सार्थां सव्यञ्जनामुपदिशेत्॥ तिष्ठन्तु खलु पुनः कौशिक द्विसाहस्रे मध्यमे लोकधातौ सर्व्वसत्त्वेभ्योऽविनिवर्त्तनीयेभ्य इमां प्रज्ञापारमितामुपनाम्य पुण्याभिसंस्कारो यावन्तः कौशिक त्रिसाहस्रमहासाहस्रे लोकधातौ सत्त्वास्तेऽपि सर्व्वेऽविनिवर्त्तनीया भवेयुरनुत्तरायाः सम्यक्सम्बोधेस्तेभ्योऽपि कश्चिदेव कुलपुत्त्रो वा कुलदुहिता वा इमां प्रज्ञापारमितां पुस्तकलिखितां कृत्वा दद्यादुपनामयेत् सार्थां सव्यञ्जनामुपदिशेत्॥ तिष्ठन्तु खलु पुनः कौशिक त्रिसाहस्रमहासाहस्रे लोकधातौ सर्व्वसत्त्वेभ्योऽविनिवर्त्तनीयेभ्य इमां प्रज्ञापारमितामुपनाम्य पुण्याभिसंस्कारो यावन्तः कौशिक गङ्गानदीवालुकोपमेषु त्रिसाहस्रमहासाहस्रेषु लोकधातुषु सत्त्वास्तेऽपि सर्व्वेऽविनिवर्त्तनीया भवेयुरनुत्तरायाः सम्यक्सम्बोधेस्तेभ्योऽपि कश्चिदेव कुलपुत्त्रो वा कुलदुहिता वा इमां प्रज्ञापारमितां पुस्तकलिखितां कृत्वा दद्यादुपनामयेत् सार्थां सव्यञ्जनामुपदिशेत्॥ तत् किं मन्यसे कौशिक अपि नु स कुलपुत्त्रो वा कुलदुहिता वा ततो निदानं बहुपुण्यं प्रसवेत्।

शक्र आह। बहु भगवन् बहु सुगत। सङ्ख्याऽपि भगवंस्तस्य पुण्यस्कन्धस्य न सुकरा कर्त्तुं। गणनाऽप्युपमाऽप्यौपम्यमप्युपनिषाऽप्युपषदपि भगवंस्तस्य पुण्यस्कन्धस्य न सुकरा कर्त्तुं॥

भगवानाह। अतः खलु पुनः स कौशिक कुलपुत्त्रो वा

कुलदुहिता वा बहुतरं पुण्यं प्रसवेद्यस्तेषामविनिवर्त्तनीयानां बोधिसत्त्वानां महासत्वानां क्षिप्रतरमनुत्तरां सम्यक्सम्बोधिमभिसम्बोद्धुकामेभ्य इमां प्रज्ञापारमितां पुस्तकलिखितां कृत्वा दद्यादुपनामयेत् सार्थां सव्यञ्जनामुपदिशेत् इह च तान् प्रज्ञापारमितायामववदेदनुशिष्यात्॥ अथापरः कौशिक बोधिसत्त्वो महासत्व उत्पद्येत स एवं वदेदहमेतेषां क्षिप्रतरमनुत्तरां सम्यक्सम्बोधिमभिसम्भोत्स्य इति॥ यस्तं कौशिक कुलपुत्त्रो वा कुलदुहिता वा क्षिप्राभिज्ञतरम्बोधिसत्त्वं महासत्वं प्रज्ञापारमितायामववदेदनुशिष्यादयन्ततः[(१)] पौर्व्वकात् कुलपुत्त्रात् कुलदुहितुर्वा सकाशाद्बहुतरं पुण्यं प्रसवेत्॥

अथ खलु शक्रो देवानामिन्द्रो भगवन्तमेतदवोचत्। यथा यथा भगवन् बोधिसत्त्वो महासत्व आसन्नीभवत्यनुत्तरायाः सम्यक्सम्बोधेस्तथा तथा प्रज्ञापारमितायामववदितव्योऽनुशासितव्यः तथा तथा प्रज्ञापारमितायामवोद्यमानो[(२)]ऽनुशिष्यमाणस्तथताया आसन्नीभवति। तथताया आसन्नीभवन् येषां परिभुङ्क्ते चीवरपिण्डपातशयनासनग्लानप्रत्ययभैषज्यपरिस्कारांस्तेषां तानाकारान्[(३)] कृतान् महाफलान् करोति महानुशंसानतः स बहुतरं पुण्यं प्रसवति॥ तत् कस्य हेतोः। एवं ह्येतद्भगवन् भवति। यद्बोधिसत्त्वो[(४)] महासत्व आसन्नीभवत्यनुत्तरायाः सम्यक्सम्बोधेः॥

अथ खल्वायुष्मान् सुभूतिः शक्रं देवानामिन्द्रमेतदवोचत्।

---

(१) अयत्नतः कौशिक इति ग०।

(२) अववोद्यमानः इति ख० ग०।

(३) नान् कारानिति ख० घ०।

(४) यथा बोधिसत्त्व इति ख०।

साधु साधु कौशिक यस्त्वं बोधिसत्त्वयानिकानां पुद्गलानामुत्साहं ददासि अनुगृह्णीषे अनुपरिवारयसि। एवञ्च कौशिक त्वया करणीयं य आर्य्य श्रावकः सर्व्वसत्त्वानामनुग्रहं कर्त्तुकामः स बोधिसत्त्वानां महासत्त्वानामनुत्तरायां सम्यक्सम्बोधावुत्साहं वर्द्धयत्यनुगृह्णीतेऽनुपरिवारयत्येवमेतत् करणीयं॥ तत् कस्य हेतोः। अतः प्रसूता हि बोधिसत्त्वानां महासत्त्वानामनुत्तरा सम्यक्सम्बोधिः। यदि हि बोधिसत्त्वा महासत्त्वा एतद्बोधिचित्तं नोत्पादयेरन्न चैते बोधिसत्त्वा महासत्त्वा अनुत्तरायां सम्यक्सम्बोधौ शिक्षेरन्न षट्पारमितासु शिक्षेरन्नशिक्षमाणा अनुत्तरां सम्यक्सम्बोधिं नाभिसम्बुध्येरन्॥ यस्मात्तर्हि बोधिसत्त्वा महासत्त्वा बोधिसत्त्वशिक्षायामासु षट्पारमितासु शिक्षन्ते तस्मादेतद्बोधिचित्तमुत्पादयन्ते तस्मादनुत्तरां सम्यक्सम्बोधिमभिसम्बुध्यन्त इति॥

आर्य्याष्टसहस्रिकायां प्रज्ञापारमितायां पुण्यपर्य्यायपरिवर्त्तो नाम पञ्चमः॥ ५३९॥

अथानुमोदनापरिणामनापरिवर्त्तो नाम षष्ठः ।

अथ खलु मैत्रेयो बोधिसत्त्वो महासत्व आयुष्मन्तं सुभूतिं स्थविरमामन्त्रयते स्म । यच्च खलु पुनः आर्य्य सुभूते बोधिसत्त्वस्य महासत्वस्यानुमोदनापरिणामनासहगतं पुण्यक्रियावस्तु यच्च सर्व्वसत्वानां दानमयं पुण्यक्रियावस्तु शीलमयं पुण्यक्रियावस्तु भावनामयं पुण्यक्रियावस्तु इदमेव ततो बोधिसत्त्वस्य महासत्वस्यानुमोदनापरिणामनासहगतं पुण्यक्रियावस्तु अग्रमाख्यायते[१] श्रेष्ठमाख्यायते ज्येष्ठमाख्यायते वरमाख्यायते प्रवरमाख्यायते प्रणीतमाख्यायते उत्तममाख्यायते अनुत्तममाख्यायते निरुत्तम[२]माख्यायते असममाख्यायते असमसममाख्यायते ॥

एवमुक्ते आयुष्मान् सुभूतिः स्थविरं मैत्रयम्बोधिसत्त्वं महासत्वमेतदवोचत् । यत् पुनरयं मैत्रेय बोधिसत्त्वो महासत्वो दशदिशि लोके सर्व्वतः सर्व्वत्र गतया अप्रमेयाऽप्रमेयेषु असङ्ख्येयाऽसङ्ख्येयेषु अपरिमाणाऽपरिमाणेषु अचिन्त्याऽचिन्त्येषु अनन्ताऽपर्य्यन्तेषु त्रिसाहस्रमहासाहस्रेषु लोकधातुषु अतीतेऽध्वनि एकैकस्यान्दिशि एकैकस्मिंस्त्रिसाहस्रमहासाहस्रे लोकधातौ अप्रमेयाऽप्रमेयाणामसङ्ख्येयाऽसङ्ख्येयानामपरिमाणाऽपरिमाणानामचिन्त्याऽचिन्त्यानामनन्ताऽपर्य्यन्तानामनुपधिशेषे निर्व्वाणधातौ परिनिर्वृतानान्तथागतानामर्हतां

---

(१) अग्र आख्यायते इति ख० ग० ।

(२) निरुत्तरमिति ग० ।

सम्यक्सम्बुद्धानां छिन्नवर्त्मनां छिन्नवर्त्तनीनां छिन्नप्रपञ्चभवनेत्रीकानां पर्य्यात्तवाष्पाणां मर्द्दितकण्टकानां स्वपहृतभाराणामनुप्राप्तस्वकार्थानां परिक्षीणभवसंयोजनानां सम्यगाज्ञासु विमुक्तचित्तानां सर्व्वचेतोवशिपरमपारमिप्राप्तानां यावत् प्रथमचित्तोत्पादमुपादाय यावच्चानुत्तरां सम्यक्सम्बोधिमभिसम्बुद्धानां यावच्चानुपधिशेषे निर्व्वाणधातौ परिनिर्वृतानां यावच्च सद्धर्म्मो नान्तर्हितः एतस्मिन्नन्तरे यस्तेषां बुद्धानां भगवतां शीलस्कन्धः समाधिस्कन्धः प्रज्ञास्कन्धो विमुक्तिस्कन्धो विमुक्तिज्ञानदर्शनस्कन्धश्च यानि च षट्पारमिताप्रतिसंयुक्तानि कुशलमूलानि बुद्धगुणसम्पत्प्रतिसंयुक्तानि कुशलमूलानि बलवैशारद्यपारमिताप्रतिसंयुक्तानि कुशलमूलानि एवमभिज्ञापारमिताप्रतिसंयुक्तानि परिज्ञापारमिताप्रतिसंयुक्तानि(१) प्रणिधानपारमिताप्रतिसंक्तानि सर्व्वज्ञज्ञानसम्पत्प्रतिसंयुक्तानि कुशलमूलानि या च हितैषिता या च महामैत्री या च महाकरुणा ये चाप्रमेयाऽसंख्येया बुद्धगुणा या चानुत्तरा(२) सम्यक्सम्बोधिर्यच्चानुत्तरं सम्यक्सम्बोधिसुखं या च सर्व्वधर्म्मैश्वर्य्यपारमिता यश्चापरिमेयोऽनभिभूतः सर्व्वाभिभूतः परमऋद्ध्यभिसंस्कारः यच्चानावरणमसङ्गमप्रतिहतमसम(३) मसमसममनुपममपरिमेयन्तथागतयथाभूतज्ञानबलं यद्बुद्धज्ञानबलं बलानां यद्बुद्धज्ञानदर्शनं या च दशबलपारमिता यच्च चतुर्वैशारद्यपरमसुख-

---

(१) ग० पुस्तके, परिज्ञापारमिताप्रतिसंयुक्तानीत्यत्र प्रज्ञापारमिताप्रतिसंयुक्तानीति पाठो वर्त्तते।

(२) यावच्चानुत्तरा इति ग०।

(३) ख० ग० पुस्तकयोः असममिति पाठो नास्ति।

परिपूर्णोऽधिगमः यश्च सर्व्वधर्म्माणां परमार्थाभिनिर्हारेण धर्म्माधिगमः यच्च धर्म्मचक्रप्रवर्त्तनं धर्म्मोल्काप्ररहणं धर्म्मभेरीसम्प्रताड़नं धर्म्मशङ्खप्रपूरणं धर्म्मखङ्गप्रहरणं धर्म्मवृष्टिप्रवर्षणं धर्म्मयज्ञयजनं धर्म्मदानेन सर्व्वसत्वसन्तर्पणं धर्म्मदानसम्प्रवारणं ये च तत्र धर्म्मदेशनासु बुद्धधर्म्मेषु प्रत्येकबुद्धधर्म्मेषु श्रावकधर्म्मेषु वा विनीताः शिक्षिता अधिमुक्ता नियताः सम्बोधिपरायणास्तेषाञ्च सर्व्वेषां यानि कुशलमूलानि ये च तैर्बुद्धैर्भगवद्भिर्बोधिसत्त्वा महासत्वा व्याकृता अनुत्तरायां सम्यक्सम्बोधौ तेषाञ्च सर्व्वेषां यानि कुशलमूलानि षट्पारमिताप्रतिसंयुक्तानि ये च प्रत्येकबुद्धयानिकाः पुद्गला व्याकृताः प्रत्येकबोधौ तेषाञ्च सर्व्वेषां यानि कुशलमूलानि यच्च श्रावकयानिकानां पुद्गलानान्दानमयं पुण्यक्रियावस्तु शीलमयं पुण्यक्रियावस्तु भावनामयं पुण्यक्रियावस्तु यानि च शैक्षाण्यनास्रवाणि कुशलमूलानि यानि चाशैक्षाण्यनास्रवाणि कुशलमूलानि यैश्च पृथग्जनैस्तत्र धर्म्मकुशलमूलान्यवरोपितानि तेषाञ्च[१] बुद्धानां भगवताञ्चतसृणां पर्षदाम्भिक्षूणां भिक्षुणीनां उपासकानामुपासिकानां यच्च दानमयं पुण्यक्रियावस्तु शीलमयं पुण्यक्रियावस्तु भावनामयं पुण्यक्रियावस्तु यैश्च तत्र तेषां बुद्धानां भगवतान्धर्म्मन्देशयतां देवैर्नागैर्यक्षैर्गन्धर्व्वैरसुरैर्गरुड़ैः किन्नरैर्म्महोरगैर्मनुष्यामनुष्यैर्वा यैश्च तिर्य्यग्योनिगतैरपि सत्वैः कुशलमूलान्यवरोपितानि यैश्च तेषां बुद्धानां भगवतां परिनिर्व्वापयता[२] मपि कुशलमूलान्यवरोपितानि यैश्च तत्र तेषां बुद्धानां भगवतां परि-

---

(१) येषाञ्चेति क० घ०।

(२) परिनिर्वापयतानामि ग० परिनिर्वायतामिति घ०।

निर्वृतानामपि कुशलमूलान्यवरोपितानि बुद्धञ्च भगवन्तमागम्य धर्मञ्चागम्य सङ्घञ्चागम्य मनोभावनीयांश्च पुद्गलानागम्य तेषाञ्च सर्व्वेषां यानि कुशलमूलानि तत् सर्व्वं कुशलमूलं निरवशेष्य निरवशेष(१) मैकध्यमभिसंक्षिप्य पिण्डयित्वा तुलयित्वा अग्रयाऽनुमोदनयाऽनुमोदेत श्रेष्ठया ज्येष्ठया वरया प्रवरया प्रणीतया उत्तमया अनुत्तमया निरुत्तरया(२) असमया असमसमया अनुमोदनया अनुमोदेत। एवमनुमोद्यानुमोदनासहगतं पुण्यक्रियावस्तु अनुत्तरायां सम्यक्सम्बोधौ परिणामयामीति वाचं भाषेतानुत्तरायाः सम्यक्सम्बोधेराहारकं भवत्विति। तत्र बोधिसत्त्वयानिकः पुद्गलो यैर्वस्तुभिः अनुमोदेत यैरारम्बणै(३) यैराकारैस्तच्चित्तमुत्पादयेत् अपि नु तानि वस्तूनि तानि वा आरम्बणानि(४) ते वा आकारास्तथोपलभ्येरन् यथा निमित्तीकरोति॥

एवमुक्ते मैत्रेयो बोधिसत्त्वो महासत्व आयुष्मन्तं सुभूतिं स्थविरमेतदवोचत्। न तानि(५) भदन्त सुभूते वस्तूनि तानि वा आरम्बणानि(८) ते वा आकारास्तथोपलभ्यन्ते यथा निमित्तीकरोति॥

एवमुक्ते आयुष्मान् सुभूतिः स्थविरो मैत्रेयं बोधिसत्त्वं महासत्व-मेतदवोचत्। यदि सोऽसंविद्यमानं वस्तु असंविद्यमानमारम्बण-

(१) निरवशेषमवशेषमिति क० ख० घ०।
(२) निरुत्तरया उत्तरोत्तरया इति ग०।
(३) आरम्भणैरिति पाठः सम्भाव्यते।
(४) (८) आरम्भणानीति पाठोऽनुमीयते।
(५) न नु तानि इति ग०।

मारम्बणीकुर्य्या[१]न्निमित्तीकुर्य्यात्तत्[२]कथमस्य संज्ञाविपर्य्यासश्चित्त-विपर्य्यासो दृष्टिविपर्य्यासो न भवेत्॥ तत् कस्य हेतोः। तथा हि रागोऽप्यसंविद्यमानं वस्तु अनित्ये नित्यमिति दुःखे सुखमिति अनात्मन्यात्मेति अशुभे शुभमिति विकल्प्य सङ्कल्प्य उत्पद्यते संज्ञाविपर्य्यासश्चित्तविपर्य्यासो दृष्टिविपर्य्यासः। अथापि यथा वस्तु यथारम्बणं[३] यथाकारस्तथा बोधिस्तथा चित्तमेवं सर्व्वधर्म्माः सर्व्व-धातवः। यदि च यथा वस्तु यथारम्बणं[४] यथाकारस्तथा बोधि-स्तथा चित्तन्तत् कतमैर्वस्तुभिः कतमैरारम्बणैः कतमैराकारैः कतमं चित्तमनुत्तरायां सम्यक्सम्बोधौ परिणामयति कतमद्वा अनुमोदना-सहगतं पुण्यक्रियावस्तु क्वाऽनुत्तरायां सम्यक्सम्बोधौ परिणामयति॥

अथ खलु मैत्रेयो बोधिसत्त्वो महासत्व आयुष्मन्तं सुभूतिं स्थवि-रमेतदवोचत्। नेदमार्य्य सुभूते नवयानसम्प्रस्थितस्य बोधिसत्त्वस्य महासत्वस्य पुरतो भाषितव्यं नोपदेष्टव्यं॥ तत् कस्य हेतोः। यदपि हि स्यात्तस्य श्रद्धामात्रकं प्रेममात्रकं प्रसादमात्रकं गौरवमात्रकं तदपि तस्य सर्व्वमन्तर्द्धीयेत। अविनिवर्त्तनीयस्येदमार्य्य सुभूते बोधि-सत्त्वस्य महासत्वस्य पुरतो भाषितव्यमुपदेष्टव्यं। यो वा कल्याण-मित्रो यस्तया बोधिसत्त्वो महासत्वो भवेत् सोऽत्र नावलेष्यते न संलेष्यते न विपत्स्यति न विषादमापत्स्यते न विपृष्ठीकरिष्यति मानसं न भग्नपृष्ठीकरिष्यति नोत्त्रसिष्यति न सन्त्रसिष्यति[५] न सन्त्रासमा-

(१) आरम्भणमारम्भणीकुर्य्यादिति पाठः सम्भवपरः।
(२) घ० पुस्तके तदिति पाठो न विद्यते।
(३) (४) आरम्भणमिति पाठोऽत्र सम्भावनीयः।
(५) नोत्त्रस्यति न सन्त्रस्यति इति ख० ग०।

पत्स्यते एवञ्च बोधिसत्त्वेन महासत्वेन अनुमोदनासहगतं पुण्यक्रियावस्तु सर्व्वज्ञतायां परिणामयितव्यं॥

अथ खल्वायुष्मान् सुभूतिः स्थविरो मैत्रेयं बोधिसत्त्वं महासत्वमेतदवोचत्। येन मैत्रेय चित्तेनानुमोद्य यत् परिणामयति तच्चित्तं(१) चीणं निरुद्धं विगतं विपरिणतं तत् कतमत्तच्चित्तं येन परिणामयत्य(२)नुत्तरायै सम्यक्सम्बोधये। कतमद्वा तच्चित्तमनुमोदनासहगतं पुन्यक्रियावस्तु यत् परिणामयत्यनुत्तरायै सम्यक्सम्बोधये। कथं वा शक्यं चित्तेन चित्तं परिणामयितुं(३) यदा द्वयोश्चित्तयोः समवधानं नास्ति न च तच्चित्तस्वभावता शक्या परिणामयितुं॥

अथ खलु शक्रो देवानामिन्द्र आयुष्मन्तं सुभूतिं स्थविरमेतदवोचत्। मा खल्वार्य्य सुभूते नवयानसम्प्रस्थिता बोधिसत्त्वा महासत्वा इमं निर्देशं श्रुत्वा उत्त्रसिषुः सन्त्रसिषुः सन्त्रासमापत्स्यते। कथञ्चार्य्य सुभूते बोधिसत्त्वेन महासत्वेन तदनुमोदनासहगतं पुण्यक्रियावस्तु अनुत्तरायै सम्यक्सम्बोधये परिणामयितव्यं। कथञ्चानुमोदनासहगतं पुण्यक्रियावस्तु परिगृहीताऽनुमोदनासहगतं चित्तं परिणामयता तदनुमोदनासहगतं चित्तं सुपरिगृहीतं सुपरिणामितं भवति॥

अथ खल्वायुष्मान् सुभूतिः स्थविरो मैत्रेयम्बोधिसत्त्वं महासत्वमारभ्य मैत्रेयं बोधिसत्त्वं महासत्वमधिष्ठानं कृत्वा मैत्रेयं बोधिसत्त्वं

(१) तच्चित्तमेवमिति ख०।
(२) यत्परिणामयति इति ग०।
(३) परिगृहीतुं परिणामयितुमिति ग०।

महासत्त्वमामन्त्रयते स्म । इह मैत्रेय बोधिसत्त्वो महासत्त्वस्तेषामतीतानां बुद्धानां भगवतां छिन्नवर्त्मनां छिन्नवर्त्मनीनां छिन्नप्रपञ्चभवनेत्रीकानां पर्य्यात्तवाष्पाणां मर्द्दितकण्टकानां अपहृतभाराणामनुप्राप्तस्वकार्थानां परिक्षीणभवसंयोजनानां सम्यगाज्ञासु विमुक्तचित्तानां सर्व्वचेतोवशिपरमपारमिप्राप्तानां दशसु दिक्षु अप्रमेयाऽसङ्ख्येयेषु त्रिसाहस्रमहासाहस्रेषु लोकधातुष्वेकैकस्यां दिश्येकैकस्मिंश्च त्रिसाहस्रमहासाहस्रे लोकधातौ अप्रमेयाऽसङ्ख्येयानां बुद्धानां भगवतां परिनिर्वृतानां यावत् प्रथमचित्तोत्पादमुपादाय यावच्चानुत्तरां सम्यकसम्बोधिमभिसम्बुद्धानां यावच्चानुपधिशेषे निर्व्वाणधातौ परिनिर्वृतानां यावच्च सद्धर्म्मो नान्तर्हित एतस्मिन्नन्तरे यानि तेषां बुद्धानां भगवतां कुशलमूलानि पारमिताप्रतिसंयुक्तानि यश्च तेषां बुद्धानां भगवतां पुण्याभिसंस्कारः कुशलमूलाभिसंस्कारः यश्च तेषां बुद्धानां भगवतां शीलस्कन्धः समाधिस्कन्धः प्रज्ञास्कन्धो विमुक्तिस्कन्धो विमुक्तिज्ञानदर्शनस्कन्धः या च हितैषिता या च महामैत्री या च महाकरुणा ये चाप्रमेयाऽसङ्ख्येया बुद्धगुणा यश्च तैर्बुद्धैर्भगवद्भिर्धर्म्मो देशितः ये च तस्मिन् धर्म्मे शिक्षिता अधिमुक्ताः प्रतिष्ठितास्तेषाञ्च यानि कुशलमूलानि ये च तैर्बुद्धैर्भगवद्भिर्बोधिसत्त्वा महासत्त्वा व्याकृता अनुत्तरायां सम्यकसम्बोधौ तेषाञ्च यानि कुशलमूलानि षट्पारमिताप्रतिसंयुक्तानि ये च प्रत्येकबुद्धयानिकाः पुद्गला व्याकृताः प्रत्येकबोधौ तेषाञ्च यानि कुशलमूलानि यानि च श्रावकयानिकानां पुद्गलानां दानमयानि कुशलमूलानि शीलमयानि कुशलमूलानि भावनामयानि कुशलमूलानि यानि च शैक्षा-

ण्यनास्रवाणि कुशलमूलानि यानि चाशैक्षाण्यनास्रवाणि कुशलमूलानि यैश्च तस्मिन् धर्मे पृथग्जनैः कुशलमूलान्यवरोपितानि यैश्च देवनागयक्षगन्धर्व्वासुरगरुड़किन्नरमहोरगमनुष्यामनुष्यैर्वा स धर्मः श्रुतः श्रुत्वा च कुशलमूलान्यवरोपितानि यैश्च तिर्य्यग्योनिगतैरपि सत्वैः स धर्म्मः श्रुतः श्रुत्वा च कुशलमूलान्यवरोपितानि यैश्च तेषु बुद्धेषु भगवत्सु परिनिर्व्वायत्सु परिनिर्वृतेषु च कुशलमूलान्यवरोपितानि तेषाञ्च सर्व्वेषां यानि कुशलमूलानि तानि सर्व्वाण्येकतोऽभिसङ्क्षिप्य पिण्डयित्वा तुलयित्वा निरवशेष्य निरवशेषमनुमोदेत। अनुमोद्यानुमोदनासहगतं पुण्यक्रियावस्तु अनुत्तरायां सम्यक्सम्बोधौ परिणामयते। परिणामयतो बोधिसत्त्वस्य महासत्वस्य कथं न सञ्ज्ञाविपर्य्यासो न चित्तविपर्य्यासो न दृष्टिविपर्य्यासो भवति॥

एवमुक्ते मैत्रेयो बोधिसत्त्वो महासत्व आयुष्मन्तं सुभूतिं स्थविरमेतदवोचत्। स चेदार्य्य सुभूते बोधिसत्त्वो महासत्वो येन चित्तेन यत्परिणामयति तस्मिन् चित्ते न चित्तसंज्ञी भवति। एवं बोधिसत्त्वेन महासत्वेनानुमोदनासहगतं पुण्यक्रियावस्तु अनुत्तरायै सम्यक्सम्बोधये परिणामितं भवति यथा तच्चित्तन्न सञ्जानीते इदन्तच्चित्तमिति। एवं बोधिसत्त्वस्य महासत्वस्य न संज्ञाविपर्य्यासो न चित्तविपर्य्यासो न दृष्टिविपर्य्यासो भवति। अथ येन चित्तेन यत् परिणामयति तच्चित्तं सञ्जानीते इदन्तच्चित्तमिति चित्तसञ्ज्ञी भवति। एवं बोधिसत्त्वस्य महासत्वस्य संज्ञाविपर्य्यासश्चित्तविपर्य्यासो दृष्टिविपर्य्यासो भवति। स चेत् पुनर्बोधिसत्त्वो महासत्वो यच्चित्तं परिणामयति तच्चित्तमेवं सञ्ज्ञा-

नीते एवं समन्वाहरति। तच्चित्तं समन्वाह्रियमाणमेव क्षीणं क्षीणमित्येवं सञ्जानीते निरुद्धं विगतं विपरिणतमित्येवं सञ्जानीते। यच्च क्षीणं न तच्छक्यं परिणामयितुं। येनापि चित्तेन परिणाम्यते तस्यापि चित्तस्य सैव धर्म्मता। यैरपि धर्म्मैः परिणाम्यते तेषामपि धर्म्माणां सैव धर्म्मता। येष्वपि धर्म्मेषु परिणाम्यते तेषामपि धर्म्माणां सैव धर्म्मतेति। स चेदेवं परिणामयति सम्यक् परिणामयति न मिथ्या परिणामयति॥ एवञ्च बोधिसत्त्वेन महासत्वेन परिणामयितव्यं॥ पुनरपरं आर्य्य सुभूते बोधिसत्त्वेन महासत्वेन यथाऽतीतानामेवमनागतानां बुद्धानां भगवतां छिन्नवर्त्मनां छिन्नवर्त्मनीनां छिन्नप्रपञ्चभवनेत्रीकाणामप्रमेयाणामसङ्ख्येयानां यावत् प्रथमचित्तोत्पादमुपादाय यावच्चानुत्तरां सम्यक्सम्बोधिमभिसम्भोत्स्यन्ते यावच्चानुपधिशेषे निर्व्वाणधातौ परिनिर्व्वास्यन्ति यावच्च सद्धर्म्मो नान्तर्द्धास्यति एतस्मिन्नन्तरे यानि तेषां बुद्धानां भगवतां पारमिताप्रतिसंयुक्तानि कुशलमूलानि यश्च तेषां बुद्धानां भगवतां शीलस्कन्धः समाधिस्कन्धः प्रज्ञास्कन्धो विमुक्तिस्कन्धो विमुक्तिज्ञानदर्शनस्कन्धो या च हितैषिता या च महामैत्री या च महाकरुणा या चाप्रमेयाऽसङ्ख्या बुद्धगुणा ये च ते बुद्धा भगवन्तो धर्म्मन्देशयिष्यन्ति ये च तस्मिन् धर्म्मे शिक्षिष्यन्तेऽधिमोक्ष्यिष्यन्ति प्रतिष्ठास्यन्ति तेषाञ्च यानि कुशलमूलानि यांश्च ते बुद्धा भगवन्तो बोधिसत्त्वान् महासत्वान् व्याकरिष्यन्ति अनुत्तरायां सम्यक्सम्बोधौ तेषाञ्च यानि षट्पारमिताप्रतिसंयुक्तानि कुशलमूलानि यांश्च ते बुद्धा भगवन्तः प्रत्येकबुद्धयानिकान् पुद्गलान् व्याकरिष्यन्ति प्रत्येकबोधौ तेषाञ्च यानि कुशल-

मूलानि यानि च श्रावकयानिकानां पुद्गलानां दानमयानि कुशलमूलानि शीलमयानि कुशलमूलानि भावनामयानि कुशलमूलानि यानि च शैक्षाण्यनास्रवाणि कुशलमूलानि यानि चाशैक्षाण्यनास्रवाणि कुशलमूलानि ये च तस्मिन् धर्म्मे पृथग्जनाः कुशलमूलान्यवरोपयिष्यन्ति ये च देवनागयक्षगन्धर्व्वासुरगरुड़किन्नरमहोरगमनुष्यामनुष्या कुशलमूलान्यवरोपयिष्यन्ति ये च तिर्य्यग्योनिगता अपि सत्वास्तन्धर्म्मं श्रोष्यन्ति श्रुत्वा च कुशलमूलान्यवरोपयिष्यन्ति ये च सत्वास्तेषु बुद्धेषु भगवत्सु परिनिर्व्वायत्सु[१] परिनिर्वृतेषु च कुशलमूलान्यवरोपरिष्यन्ति तेषाञ्च सर्व्वेषां यानि कुशलमूलानि तानि सर्व्वाण्येकतोऽभिसङ्क्षिप्य पिण्डयित्वा तुलयित्वा निरवशेष्य निरवशेषमनुमोदितव्यानि। अनुमोद्यानुमोदनासहगतं पुण्यक्रियावस्तु अनुत्तरायै सम्यक्सम्बोधये परिणामयतो बोधिसत्त्वस्य महासत्वस्य कथं न संज्ञाविपर्य्यासो न चित्तविपर्य्यासो न दृष्टिविपर्य्यासो भवति। स चेद्बोधिसत्त्वो महासत्वो येन चित्तेन यत्परिणामयति तस्मिंश्चित्ते न चित्तसंज्ञी भवति। एवं बोधिसत्त्वेन महासत्वेनानुमोदनासहगतं पुण्यक्रियावस्तु अनुत्तरायै सम्यक्सम्बोधये परिणामितं भवति स यथा तच्चित्तं न सञ्जानीते इदन्तच्चित्तमिति। एवं बोधिसत्त्वस्य महासत्वस्य न संज्ञाविपर्य्यासो न चित्तविपर्य्यासो न दृष्टिविपर्य्यासो भवति। अथ येन चित्तेन यत्परिणामयति तच्चित्तं सञ्जानीते इदं तच्चित्तमिति चित्तसंज्ञी भवति। एवं बोधिसत्त्वस्य महासत्वस्य संज्ञाविपर्य्यासश्चित्तविपर्य्यासो दृष्टिविपर्य्यासो

(१) परिनिर्वायत्सु इति ग०।

भवति॥ सचेत् पुनर्बोधिसत्त्वो महासत्वो यच्चित्तं परिणामयति[१] तच्चित्तमेवं सञ्जानीते एवं समान्वाहरति। तच्चित्तं समन्वाह्रियमाणमेवं क्षीणं क्षीणमित्येवं सञ्जानीते निरुद्धं विगतं विपरिणतमित्येवं सञ्जानीते। यच्च क्षीणं न तच्छक्यं परिणामयितुं। येनापि चित्तेन परिणाम्यते[२] तस्यापि चित्तस्य सैव धर्म्मता। यैरपि धर्म्मैः परिणाम्यते तेषामपि धर्म्माणां सैव धर्म्मता। येष्वपि धर्म्मेषु परिणाम्यते तेषामपि धर्म्माणां सैव धर्म्मतेति। सचेदेवं परिणामयति सम्यक् परिणामयति न मिथ्या परिणामयति॥ एवञ्च बोधिसत्त्वेन महासत्वेन परिणामयितव्यं॥ पुनरपरमार्य्य सुभूते बोधिसत्त्वेन महासत्वेन प्रत्युत्पन्नानां बुद्धानां भगवतां छिन्नवर्त्मनां छिन्नवर्त्मनीनां छिन्नप्रपञ्चभवनेत्रीकाणामप्रमेयाणामसङ्ख्येयानामप्रमेयासङ्ख्येयेषु त्रिसाहस्रमहासाहस्रेषु लोकधातुषु तिष्ठतां ध्रियमाणानां यापयतां यावत् प्रथमचित्तोत्पादमुपादाय यावच्चानुत्तरां सम्यक्सम्बोधिमभिसम्बुध्यन्ते यावच्च निरुपधिशेषे निर्व्वाणधातौ परिनिर्व्वान्ति यावच्च सद्धर्म्मो नान्तर्दधाति एतस्मिन्नन्तरे यानि तेषां बुद्धानाम्भगवतां पारमिताप्रतिसंयुक्तानि कुशलमूलानि। यश्च तेषां बुद्धानां भगवतां शीलस्कन्धः समाधिस्कन्धः प्रज्ञास्कन्धः विमुक्तिस्कन्धः विमुक्तिज्ञानदर्शनस्कन्धः या च हितैषिता याच महामैत्री या च महाकरुणा

---

(१) ग० पुस्तके, सचेत्पुनर्बोधिसत्त्वो महासत्त्वो यच्चित्तं परिणामयति इति पाठो नास्ति। तत्र, अथ येन चित्तेन यत्परिणामयति इति पाठो वर्त्तते।

(२) यत्परिणाम्यते इति ग०।

ये चाप्रमेयाऽसङ्ख्येया बुद्धगुणाः। यश्च ते बुद्धा भगवन्तो धर्म्मन्देशयन्ति ये च तस्मिन् धर्म्मे शिक्षन्तेऽधिमोक्षयन्ति प्रतितिष्ठन्ति तेषाञ्च यानि कुशलमूलानि। यांश्च ते बुद्धा भगवन्तो बोधिसत्त्वान् महासत्वान् व्याकुर्व्वन्ति अनुत्तरायां सम्यक्सम्बोधौ तेषाञ्च यानि षट्पारमिताप्रतिसंयुक्तानि कुशलमूलानि। यांश्च ते बुद्धा भगवन्तः प्रत्येकबुद्धयानिकान् पुद्गलान् व्याकुर्व्वन्ति प्रत्येकबोधौ तेषाञ्च यानि कुशलमूलानि। यानि च श्रावकयानिकानां पुद्गलानां दानमयानि कुशलमूलानि शीलमयानि कुशलमूलानि भावनामयानि कुशलमूलानि यानि च शैक्षाण्यनास्रवाणि कुशलमूलानि यानि चाशैक्षाण्यस्रवाणि कुशलमूलानि। ये च तस्मिन्धर्म्मे पृथग्जनाः कुशलमूलान्यवरोपयन्ति ये च देवनागयक्षगन्धर्व्वासुरगरुड़किन्नरमहोरगा मनुष्यामनुष्या वा तन्धर्म्मं शृण्वन्ति श्रुत्वा च कुशलमूलान्यवरोपयन्ति ये च तिर्य्यग्योनिगता अपि सत्वा[१]स्तन्धर्म्मं शृण्वन्ति श्रुत्वा च कुशलमूलान्यवरोपयन्ति ये च तेषु बुद्धेषु भगवत्सु परिनिर्व्वायत्सु परिनिर्वृतेषु च कुशलमूलान्यवरोपयन्ति तेषाञ्च सर्व्वेषां यानि कुशलमूलानि। तानि सर्व्वाण्येकतोऽभिसंक्षिप्य पिण्डयित्वा तुलयित्वा निरवशेष्य निरवशेषमनुमोदितव्यानि। अनुमोद्यानुमोदनासहगतं पुण्यक्रियावस्तु अनुत्तरायै सम्यक्सम्बोधये परिणामयतो बोधिसत्त्वस्य महासत्वस्य कथं न संज्ञाविपर्य्यासो न चित्तविपर्य्यासो न दृष्टिविपर्य्यासो भवति सचेद्बोधिसत्त्वो महासत्वो येन चित्तेन यत् परिणामयति तस्मिंश्चित्ते न चित्तसंज्ञी भवति॥ एवं बोधिसत्त्वेन

---

(१) तिर्य्यग्योनिगताः सत्वा इति ग०।

महासत्त्वेनानुमोदनासहगतं पुण्यक्रियावस्तु अनुत्तरायै सम्यक्सम्बोधये परिणामितं भवति यथा तच्चित्तं न सञ्जानीते इदन्तच्चित्तमिति॥ एवं बोधिसत्त्वस्य महासत्त्वस्य न संज्ञाविपर्य्यासो न चित्तविपर्य्यासो न दृष्टिविपर्य्यासो भवति॥ अथ येन चित्तेन यत्परिणामयति तच्चित्तं सञ्जानीते इदन्तच्चित्तमिति चित्तसंज्ञी भवति॥ एवम्बोधिसत्त्वस्य महासत्त्वस्य संज्ञाविपर्य्यासश्चित्तविपर्य्यासो दृष्टिविपर्य्यासो भवति। सचेत्पुनर्बोधिसत्त्वो महासत्त्वो यच्चित्तं परिणामयति तच्चित्तमेवं सञ्जानीते एवं समन्वाहरति। तच्चित्तं समन्वाह्रियमाणमेवं क्षीणं क्षीणमित्येवं सञ्जानीते निरुद्धं विगतं विपरिणतमित्येवं सञ्जानीते। यच्च क्षीणं न तच्छक्यं परिणामयितुं। येनापि चित्तेन परिणाम्यते तस्यापि चित्तस्य सैव धर्म्मता। यैरपि धर्म्मैः परिणाम्यते तेषामपि धर्म्माणां सैव धर्म्मता। येष्वपि धर्म्मेषु परिणाम्यते तेषामपि धर्म्माणां सैव धर्म्मतेति। सचेदेवं परिणामयति सम्यक् परिणामयति न मिथ्या परिणामयति॥ एवञ्च बोधिसत्त्वेन महासत्त्वेन परिणामयितव्यं॥ पुनरपरमार्य्य सुभूते बोधिसत्त्वो महासत्त्वोऽतीतानागतप्रत्युत्पन्नानां बुद्धानां भगवतां छिन्नवर्त्मनां छिन्नवर्त्मनीनां छिन्नप्रपञ्चभवनेत्रीकाणामप्रमेयाणामसंख्येयानां यावत्प्रथमचित्तोत्पादमुपादाय यावच्चानुत्तरां सम्यक्सम्बोधिमभिसम्बुद्धा अभिसम्भोत्स्यन्ते अभिसम्बुध्यन्ते च यावच्च निरुपधिशेषे निर्व्वाणधातौ परिनिर्वृताः परिनिर्व्वास्यन्ति परिनिर्वान्ति च यावच्च सद्धर्म्मो नान्तर्हितः नान्तर्द्धास्यति नान्तर्दधाति च एतस्मिन्नन्तरे यानि तेषां बुद्धानां भगवतां षट्पारमिताप्रतिसंयुक्तानि कुशलमूलानि। यश्च

तेषां बुद्धानां भगवतां शीलस्कन्धः समाधिस्कन्धः प्रज्ञास्कन्धः विमुक्तिस्कन्धः विमुक्तिज्ञानदर्शनस्कन्धः या च हितैषिता या च महामैत्री या च महाकरुणा ये चाप्रमेयाऽसङ्ख्येया बुद्धगुणाः येश्च तैर्बुद्धैर्भगवद्भिर्द्धर्म्मा देशिता देशयिष्यते देश्यते च ये च तस्मिन् धर्म्मे शिक्षिताः शिक्षिष्यन्ते शिक्षन्ते च अधिमुक्ता अधिमोचयिष्यन्ति अधिमोचयन्ति च स्थिताः स्थास्यन्ति तिष्ठन्ति च तेषाञ्च सर्व्वेषां यानि कुशलमूलानि। ये च तैर्बुद्धैर्भगवद्भिर्बोधिसत्त्वा महासत्वा व्याकृता व्याकरिष्यन्ते व्याक्रियन्ते चानुत्तरायां सम्यक्सम्बोधौ तेषाञ्च सर्व्वेषां यानि कुशलमूलानि। ये च प्रत्येकबुद्धयानिकाः पुद्गला व्याकृता व्याकरिष्यन्ते व्याक्रियन्ते च प्रत्येकबोधौ तेषाञ्च सर्व्वेषां यानि कुशलमूलानि। यानि च श्रावकयानिकानां पुद्गलानां दानमयानि कुशलमूलानि शीलमयानि कुशलमूलानि भावनामयानि कुशलमूलानि यानि च शैक्षाण्यनास्रवाणि कुशलमूलानि यानि चाशैक्षाण्यनास्रवाणि कुशलमूलानि। यैश्च तस्मिन्धर्म्मे पृथग्जनैः कुशलमूलान्यवरोपितान्यवरोपयिष्यन्तेऽवरोप्यन्ते च यैश्च देवनागयक्षगन्धर्व्वासुरगरुड़किन्नरमहोरगैर्मनुष्यामनुष्यैर्वा स धर्म्मः श्रुतः श्रोष्यते श्रूयते च श्रुत्वा च कुशलमूलान्यवरोपितान्यवरोपयिष्यन्तेऽवरोप्यन्ते च यैश्च तिर्य्यग्योनिगतैरपि सत्वैः स धर्म्मः श्रुतः श्रोष्यते श्रूयते च श्रुत्वा च कुशलमूलान्यवरोपितान्यवरोपयिष्यन्तेऽवरोप्यन्ते च यैश्च सत्वैस्तेषु बुद्धेषु भगवत्सु परिनिर्वृतेषु परिनिर्वास्यत्सु परिनिर्व्वायत्सु च कुशलमूलान्यवरोपितान्यवरोपयिष्यन्तेऽवरोप्यन्ते च तेषाञ्च सर्व्वेषां यानि कुशलमूलानि तानि सर्व्वाण्येकतोऽभिसङ्क्षिप्य पिण्डयित्वा तुलयित्वा

निरवशेष्य निरवशेषमग्रयाऽनुमोदनयाऽनुमोदेत श्रेष्ठया ज्येष्ठया वरया प्रवरया प्रणीतया उत्तमया अनुत्तमया निरुत्तमया असमया असमसमया अनुमोदनयाऽनुमोदेत। एवमनुमोद्यानुमोदनासहगतं पुण्यक्रियावस्तु अनुत्तरायै सम्यक्सम्बोधये परिणामयामीति वाचम्भाषेतानुत्तरायाः सम्यक्सम्बोधेराहारकं भवत्विति॥ तस्य कथम्बोधिसत्त्वस्य महासत्वस्य न संज्ञाविपर्य्यासो न चित्तविपर्य्यासो न दृष्टिविपर्य्यासो भवति। सचेत्परिणामयन्नेवं समन्वाहरति ते धर्म्माः क्षीणा निरुद्धा विगता विपरिणताः स च धर्म्मोऽक्षयो यत्र परिणाम्यते इत्येवं परिणामितं भवत्यनुत्तरायां सम्यक्सम्बोधौ। सचेत्पुनरेवमुपपरीक्षते न धर्म्मो धर्म्मं परिणामयतीत्यपि परिणामितं भवत्यनुत्तरायां सम्यक्सम्बोधौ॥ एवं भदन्त सुभूते परिणामयतो बोधिसत्त्वस्य महासत्वस्य न संज्ञाविपर्य्यासो न चित्तविपर्य्यासो न दृष्टिविपर्य्यासो भवति॥ तत् कस्य हेतोः। तथा हि स तां परिणामतां नाभिनिविशते॥ सचेत् पुनरेवं सञ्जानीते[१] न चित्तञ्चित्तं जानाति न धर्म्मो धर्म्मं जानाति इत्यपि परिणामितं भवत्यनुत्तरायै सम्यक्सम्बोधये॥ अयम्बोधिसत्त्वस्य महासत्वस्यानुत्तरः परिणामः। सचेत् पुनर्बोधिसत्त्वस्तं पुण्याभिसंस्कारं सञ्जानीते न परिणामयत्यनुत्तरायां सम्यक्सम्बोधौ॥ तत् कस्य हेतोः। तथा हि स ताम्परिणामतामभिनिविशते॥ सचेत् पुनरस्यैवं भवति सोऽपि पुण्याभिसंस्कारो विविक्तः शान्तः यदप्यनुमोदनासहगतं पुण्यक्रिया-

(१) सञ्जानाति इति क० ख० घ०।

वस्तु तदपि विविक्तं शान्तमिति परिणामयत्यनुत्तरायां सम्यक्सम्बोधौ। सचेदेवमपि न सञ्जानीते सर्व्वसंस्काराः शान्ता विविक्ता इति। एवमियं तस्य बोधिसत्त्वस्य महासत्वस्य प्रज्ञापारमिता यदपि तत्तेषां बुद्धानां भगवतां परिनिर्वृतानां कुशलमूलं। यादृश एव स परिणामस्तादृशमेव तत् कुशलमूलं येनापि तत्परिणामितं तदपि तज्जातिकं तल्लक्षणं तन्निकायं तत्स्वभावं। सचेदेवं सञ्जानीते न परिणामयत्यनुत्तरायां सम्यक्सम्बोधौ॥ तत् कस्य हेतोः। न हि बुद्धा भगवन्तो निमित्तयोगेन परिणामनामभ्यनुजानन्ति। यच्चातीतं तत् क्षीणं निरुद्धं विगतं विपरिणतं यदप्यनागतं तदप्यसम्प्राप्तं प्रत्युत्पन्नस्य स्थितिर्नोपलभ्यते यच्च नोपलभ्यते तन्नैव निमित्तं न विषयः। सचेदेवं निमित्तीकरोति न समन्वाहरति न परिणामयत्यनुत्तरायां सम्यक्सम्बोधौ॥ अथ स्मृतिवैकल्येन न निमित्तीकरोति न समन्वाहरति न मनसि करोति स्मृतिवैकल्यादनवबोधाद्वा॥ एवमपि न परिणामयत्यनुत्तरायां सम्यक्सम्बोधौ॥ अथ तन्निमित्तं समन्वाहरति न च निमित्तीकरोत्येवं परिणामितं भवति तत् कुशलमूलं बोधिसत्त्वेन महासत्वेनानुत्तरायां सम्यक्सम्बोधौ॥ एवमत्र बोधिसत्त्वेन महासत्वेन शिक्षितव्यमिदन्तद्बोधिसत्त्वस्य महासत्वस्योपायकौशलं वेदितव्यं॥ येनोपायकौशलेन कुशलमूलं परिणामयति स आसन्नः सर्व्वज्ञतायाः॥ अत्र चोपायकौशलशिक्षितुकामेन बोधिसत्त्वेन महासत्वेन इयमेव प्रज्ञापारमिताऽभीक्ष्णं श्रोतव्या उद्गृहीतव्या धारयितव्या वाचयितव्या पर्य्यवाप्तव्या प्रवर्त्तयितव्या देशयितव्या उपदेष्टव्या उद्देष्टव्या स्वाध्यातव्या

परिप्रश्नीकर्त्तव्या॥ तत् कस्य हेतोः। न हि प्रज्ञापारमितामनागम्य शक्येयमश्रुतवता प्रज्ञापारमितापरिणामनाक्रिया प्रवेष्टुं॥ तत्र य एवं वदेच्छक्यमनागम्य प्रज्ञापारमितां तत्पुण्यक्रियावस्तु अनुत्तरायां सम्यक्सम्बोधौ परिणामयितुमिति स मैवं वोचदिति स्याद्वचनीयः॥ तत् कस्य हेतोः। निरुद्धा हि ते आत्मभावा निरुद्धा हि ते संस्काराः शान्ता विविक्ता विरहिता उपलम्भिनः। अपि नु खलु पुनः स पुद्गलो निमित्तीकृत्य विकल्प्य च यथाभूतमयथाभूते यथाभूतसञ्ज्ञी उपलम्भमनुपलम्भे परिणामयेत्तस्य कुशलमूलं बुद्धा भगवन्त एवं परिणामितमनुत्तरायां सम्यक्सम्बोधौ नाभ्यनुजानन्ति॥ तत् कस्य हेतोः। एष एव हि तस्य महानुपलम्भो भवति। यस्त परिनिर्व्वाणमपि बुद्धानां भगवतां निमित्तीकरोति विकल्पयति च आकारतश्च निर्व्वाणमुपलभते न चोपलम्भसञ्ज्ञिनस्तथागता अर्हन्तः सम्यक्सम्बुद्धाः परिणामनां महार्थकरीं वदन्ति॥ तत् कस्य हेतोः। सविषः सशल्यो ह्येष परिणामः। तद्यथापि नाम प्रणीतं सविषभोजनं भवेत्। किञ्चापि तद्वर्णतश्च गन्धतश्च रसतश्च स्पर्शतश्चाभिलषनीयम्भवति अपि नु खलु पुनः सविषत्वात् परिवर्ज्जनीयं भवति पण्डितानां न परिभोगाय॥ तदेव बालजातीयो दुष्प्रज्ञजातीयः पुरुषः परिभोक्तव्यं मन्येत॥ तस्य तद्भोजनं परिभुञ्जानस्य वर्णतश्च गन्धतश्च रसतश्च स्पर्शतश्च स्वादेषु सुखकरं परिणामे चास्य दुःखविपाकं भवति। स ततो निदानं मरणं वा निगच्छेत् मरणमात्रकं वा दुःखं॥ एवमेवार्य्य सुभूते इहैके दुर्गृहीतेन दुरुपलक्षितेन दुःस्वाध्यातेन सुभाषितस्यार्थमजानाना यथाभूतमर्थमनवबुध्यमाना एवमववदि-

ष्यन्त्येवमनुशासिष्यन्ति एहि त्वं कुलपुत्रातीतानागतप्रत्युत्पन्नानां बुद्धानां भगवतां शीलस्कन्धं समाधिस्कन्धं प्रज्ञास्कन्धं विमुक्तिस्कन्धं विमुक्तिज्ञानदर्शनस्कन्धन्तेषाञ्च श्रावकाणां यैस्तत्र तेष्वतीतानागत-प्रत्युत्पन्नेषु बुद्धेषु भगवत्सु कुशलमूलान्यवरोपितान्यवरोपयिष्यन्ते-ऽवरोप्यन्ते च यावच्च सद्धर्म्मो नान्तर्हितः नान्तर्धास्यति नान्तर्द-धाति च एतस्मिन्नन्तरे तेषां बुद्धानां भगवतां यावत् प्रथमचित्तो-त्पादमुपादाय यावच्चानुत्तरां सम्यक्सम्बोधिमभिसम्बुद्धानां भगवतां यावच्चानुपधिशेषे निर्व्वाणधातौ परिनिर्वृतानां। ये च तैर्बुद्धैर्भगवद्भि-र्बोधिसत्त्वा महासत्वा अनुत्तरायां सम्यक्सम्बोधौ व्याकृता व्याकरि-ष्यन्ते व्याक्रियन्ते च तेषाञ्च यानि कुशलमूलान्यवरोपितान्यव-रोपयिष्यन्तेऽवरोप्यन्ते च। ये च प्रत्येकबुद्धयानिकाः पुद्गला व्याकृता व्याकरिष्यन्ते व्याक्रियन्ते च प्रत्येक बोधौ तेषाञ्च यानि कुशलमूलान्यवरोपितान्यवरोपयिष्यन्तेऽवरोप्यन्ते च। ये च श्रावक-यानिकाः पुद्गला व्याकृता व्याकरिष्यन्ते व्याक्रियन्ते च श्रावकबोधौ तेषाञ्च यानि कुशलान्यवरोपितान्यवरोपयिष्यन्तेऽवरोप्यन्ते च। यानि च पृथग्जनानामप्रमेयाऽसङ्ख्येयेषु लोकधातुषु अतीतानागतप्रत्युत्प-न्नानां बुद्धानां भगवतां सर्व्वलोकधातुषु तत्सर्व्वं कुशलमूलमेकतो-ऽभिसङ्क्षिप्य पिण्डयित्वा तुलयित्वा निरवशेष्य निरवशेषमनुमोद्या-नुमोदनासहगतं पुण्यक्रियावस्तु अनुत्तरायां सम्यक्सम्बोधौ परि-णामयति। एवं स परिणामो निमित्तयोगेन परिणाम्यमानो विषत्वाय सम्प्रवर्त्तते। तद्यथापि नाम तत्सविषभोजनमेव नास्त्यु-पलम्भसंज्ञिनः परिणामना॥ तत् कस्य हेतोः। सविषत्वादुप-

लम्भस्य। तस्माद्बोधिसत्त्वयानिकेन पुद्गलेन नैवं शिक्षितव्यं॥ कथं पुनरनेन शिक्षितव्यं कथमतीतानागतप्रत्युत्पन्नानां बुद्धानां भगवतां कुशलमूलं परिग्रहीतव्यं कथञ्च परिगृहीतं सुपरिगृहीतं भवति कथञ्च परिणामयितव्यं कथञ्च परिणामितं सुपरिणामितं भवत्यनुत्तरायां सम्यक्सम्बोधौ॥ इहानेन बोधिसत्त्वयानिकेन कुलपुत्त्रेण वा कुलदुहित्रा वा तथागतमनभ्याख्यातुकामेनैवन्तत्सर्व्वं कुशलमूलमनुमोदितव्यमेवं परिणामयितव्यं यथा ते तथागता अर्हन्तः सम्यक्सम्बुद्धा बुद्धज्ञानेन बुद्धचक्षुषा जानन्ति पश्यन्ति तत्कुशलमूलं यज्जातिकं यन्निकायं यादृशं यत्स्वभावं यल्लक्षणं यया धर्म्मतया संविद्यते तथाऽनुमोदे तत्कुशलमूलं यथा च ते तथागता अर्हन्तः सम्यक्सम्बुद्धा अभ्यनुजानन्ति परिणाम्यमानन्तत्कुशलमूलमनुत्तरायां सम्यक्सम्बोधौ तथाऽहं परिणामयामीति॥ एवमनुमोदमान एवं परिणामयन् बोधिसत्त्वो महासत्वोऽनपराद्धो भवति बुद्धानां भगवतां सम्यक्त्वानुमोदितं परिणामितञ्च भवति तत् कुशलमूलमनुत्तरायै सम्यक्सम्बोधये न च तांस्तथागतानर्हतः सम्यक्सम्बुद्धानभ्याख्याति॥ एवञ्चास्य परिणामो निर्व्विषः परिणामो महापरिणामो धर्म्मधातुपरिणामः परिपूर्णः सुपरिपूर्णो भवति अध्याशयेनाधिमुक्त्या परिणामयतः॥ पुनरपरं बोधिसत्त्वयानिकेन कुलपुत्त्रेण वा कुलदुहित्रा वा एवं परिणामयितव्यं यच्छीलं यः समाधिर्या प्रज्ञा या विमुक्तिर्यद्विमुक्तिज्ञानदर्शनन्तद्यथाऽपर्य्यापन्नं कामधातौ अपर्य्यापन्नं रूपधातौ अपर्य्यापन्नमारूप्यधातौ नाप्यतीतं नानागतं न प्रत्युत्पन्नं॥ तत् कस्य हेतोः। अध्व-

त्रैधातुकापर्य्यापन्नत्वात्तथैव परिणामोऽप्यपर्य्यापन्नः। यत्रापि धर्म्मे स परिणामः परिणाम्यते सोऽपि धर्म्मोऽपर्य्यापन्नः सचेदेवमधिमुच्यति। एवं परिणामयतस्तस्य बोधिसत्त्वस्य महासत्वस्याविनष्टः परिणामो भवत्यपर्य्यापन्नो निर्विषः परिणामो महापरिणामो धर्म्मधातुपरिणामः परिपूर्णः सुपरिपूर्णो भवति॥ अथ तं परिणामयति निविशते-निमित्तीकरोति मिथ्या परिणामयति तत्र योऽयं परिणामो बोधि-सत्त्वस्य महासत्वस्य। अनया धर्म्मधातुपरिणामनया यथा बुद्धा भगवन्तो जानन्ति यथा चाभ्यनुजानन्ति तत् कुशलमूलमनुत्त-रायां सम्यक्सम्बोधौ परिणामितं एवं सुपरिणामितं भवतीति तथाऽहं परिणामयामि इत्ययं सम्यक्परिणामः॥ एवञ्च परिणामितं सुपरिणामितं भवत्यनुत्तरायां सम्यक्सम्बोधौ॥

अथ खलु भगवानायुष्मते सुभूतये साधुकारमदात्। साधु साधु सुभूते। शास्तृकृत्यं त्वं सुभूते करोषि। यस्त्वम्बोधिसत्त्वानां महा-सत्वानां धर्म्मन्देशयसि॥ तत् कस्य हेतोः। यो ह्ययं सुभूते परिणामो धर्म्मधातुपरिणामोऽयं बोधिसत्त्वस्य महासत्वस्य। अस्यामेव धर्म्मतायां यथा बुद्धा भगवन्तो जानन्ति पश्यन्ति तत् कुशलमूलं यज्जातिकं यन्निकायं यादृशं यत्स्वभावं यल्लक्षणं यथा धर्म्मतया संविद्यते तथा-ऽनुमोदे यथा चाभ्यनुजानन्ति तथाहं परिणामयामीति॥ अत्र यः पुण्यस्कन्धो यश्च गङ्गानदीवालुकोपमेषु त्रिसाहस्रमहासाहस्रेषु लोकधातुषु ये सत्वास्तान् सर्व्वान् कश्चिदेव कुलपुत्रो वा कुलदु-हिता वा दशसु कुशलेषु कर्म्मपथेषु समादापयेत् प्रतिष्ठापयेत् तस्य यः पुण्याभिसंस्कारस्ततोऽयमेव बोधिसत्त्वस्य महासत्वस्य

धर्म्मधातुपरिणामजः पुण्यस्कन्धोऽग्र आख्यायते श्रेष्ठ आख्यायते ज्येष्ठ आख्यायते वर आख्यायते प्रवर आख्यायते प्रणीत आख्यायते उत्तम आख्यायते अनुत्तम आख्यायते निरुत्तम आख्यायते असम आख्यायते असमसम आख्यायते॥ तिष्ठन्तु खलु पुनः सुभूते गङ्गानदीवालुकोपमेषु त्रिसाहस्रमहासाहस्रेषु लोकधातुषु सर्व्वसत्वान् दशसु कुशलेषु कर्म्मपथेषु प्रतिष्ठाप्य पुण्याभिसंस्कारो यावन्तः सुभूते गङ्गानदीवालुकोपमेषु त्रिसाहस्रमहासाहस्रेषु लोकधातुषु सत्वास्ते सर्व्वे चतुर्णां ध्यानानां लाभिनो भवेयुः तेषाञ्च यः पुण्याभिसंस्कारस्ततोऽयमेव बोधिसत्त्वस्य महासत्वस्य परिणामनासहगतः पुण्यस्कन्धोऽग्र आख्यायते श्रेष्ठ आख्यायते ज्येष्ठ आख्यायते वर आख्यायते प्रवर आख्यायते प्रणीत आख्यायते उत्तम आख्यायते अनुत्तम आख्यायते निरुत्तम आख्यायते असम आख्यायते असमसम आख्यायते॥ तिष्ठन्तु खलु पुनः सुभूते गङ्गानदीवालुकोपमेषु त्रिसाहस्रमहासाहस्रेषु लोकधातुषु सर्व्वसत्वानां चतुर्ध्याननिष्पादनसम्भूतः पुण्याभिसंस्कारो ये सुभूते गङ्गानदीवालुकोपमेषु त्रिसाहस्रमहासाहस्रेषु लोकधातुषु सत्वास्ते सर्व्वे चतुर्णामप्रमाणानां लाभिनो भवेयुः। तिष्ठन्तु खलु पुनः सुभूते गङ्गानदीवालुकोपमेषु त्रिसाहस्रमहासाहस्रेषु लोकधातुषु चतुरप्रमाणलाभिनां सर्व्वसत्वानां पुण्याभिसंस्कारो ये सुभूते गङ्गानदीवालुकोपमेषु त्रिसाहस्रमहासाहस्रेषु लोकधातुषु सत्वास्ते सर्व्वे चतसृणामारूप्यसमापत्तीनां लाभिनो भवेयुः। तिष्ठन्तु खलु पुनः सुभूते गङ्गानदीवालुकोपमेषु त्रिसाहस्रमहासाहस्रेषु लोकधातुषु

चतुरारूप्यसमापत्तिलाभिनां सर्व्वसत्वानां पुण्याभिसंस्कारो ये सुभूते गङ्गानदीवालुकोपमेषु त्रिसाहस्रमहासाहस्रेषु लोकधातुषु सत्वास्ते सर्व्वे पञ्चानामभिज्ञानां लाभिनो भवेयुः। तिष्ठन्तु खलु पुनः सुभूते गङ्गानदीवालुकोपमेषु त्रिसाहस्रमहासाहस्रेषु लोकधातुषु पञ्चाभिज्ञानां सर्व्वसत्वानां पुण्याभिसंस्कारो ये सुभूते गङ्गानदीवालुकोपमेषु त्रिसाहस्रमहासाहस्रेषु लोकधातुषु स्रोतआपन्ना भवेयुः। तिष्ठन्तु खलु पुनः सुभूते गङ्गानदीवालुकोपमेषु त्रिसाहस्रमहासाहस्रेषु लोकधातुषु सर्व्वसत्वानां स्रोतआपन्नानां पुण्याभिसंस्कारो ये सुभूते गङ्गानदीवालुकोपमेषु त्रिसाहस्रमहासाहस्रेषु लोकधातुषु सत्वास्ते सर्व्वे सकृदागामिनो भवेयुः। तिष्ठन्तु खलु पुनः सुभूते गङ्गानदीवालुकोपमेषु त्रिसाहस्रमहासाहस्रेषु लोकधातुषु सर्व्वसत्वानां सकृदागामिनां पुण्याभिसंस्कारो यावन्तः सुभूते गङ्गानदीवालुकोपमेषु त्रिसाहस्रमहासाहस्रेषु लोकधातुषु सत्वास्ते सर्व्वे अनागामिनो भवेयुः। तिष्ठन्तु खलु पुनः सुभूते गङ्गानदीवालुकोपमेषु त्रिसाहस्रमहासाहस्रेषु लोकधातुषु सर्व्वसत्वानां अनागामिनां पुण्याभिसंस्कारो यावन्तः सुभूते गङ्गानदीवालुकोपमेषु त्रिसाहस्रमहासाहस्रेषु लोकधातुषु सत्वास्ते सर्व्वे अर्हन्तो भवेयुः। तिष्ठन्तु खलु पुनः सुभूते गङ्गानदीवालुकोपमेषु त्रिसाहस्रमहासाहस्रेषु लोकधातुषु सर्व्वसत्वानामर्हतां पुण्यस्कन्धो ये सुभूते गङ्गानदीवालुकोपमेषु त्रिसाहस्रमहासाहस्रेषु लोकधातुषु सत्वास्ते सर्व्वे प्रत्येकबुद्धा भवेयुः। तिष्ठन्तु खलु पुनः सुभूते गङ्गानदीवालुकोपमेषु त्रिसाहस्रमहासाहस्रेषु लोक-

धातुषु सर्व्वसत्त्वानां प्रत्येकबुद्धानां पुण्यस्कन्धो ये सुभूते गङ्गानदीवालुकोपमेषु त्रिसाहस्रमहासाहस्रेषु लोकधातुषु सत्त्वास्ते सर्व्वे अनुत्तरायां सम्यक्सम्बोधौ सम्प्रस्थिता भवेयुः। ते सर्व्वे अन्येष्वन्येषु गङ्गानदीवालुकोपमेषु त्रिसाहस्रमहासाहस्रेषु लोकधातुषु ये सत्त्वास्तान् सर्व्वानेकैको बोधिसत्त्वश्चीवरपिण्डपातशयनासनग्लानप्रत्ययभैषज्यपरिष्कारैर्गङ्गानदीवालुकोपमान् कल्पानुपतिष्ठेत् सर्व्वसुखोपधानैः सर्व्वैः सुखस्पर्शविहारैस्तच्च दानमुपलम्भसंज्ञिनो दद्युः। एतेन पर्य्यायेण तान् सर्व्वसत्त्वानेकैकं परिकल्प्य तांश्च सर्व्वबोधिसत्त्वानेकैको बोधिसत्त्वो गङ्गानदीवालुकोपमान् कल्पानुपतिष्ठेच्चीवरपिण्डपातशयनासनग्लानप्रत्ययभैषज्यपरिष्कारैः सर्व्वसुखोपधानैः सर्व्वैः सुखस्पर्शविहारैः सत्कुर्य्याद्गुरुकुर्य्यान्मानयेत् पूजयेदर्च्चयेदपचायेत्। एवमेकैकस्तेषां सर्व्वेषां बोधिसत्त्वानामनेन पर्य्यायेण दानं दद्यादेवं सर्व्वेऽपि ते दानं दद्युः। तत् किंमन्यसे सुभूते अपि नु ते बोधिसत्त्वास्ततो निदानं बहुपुण्यं प्रसवेयुः॥

सुभूतिराह। बहु भगवन् बहु सुगत। अप्रमेयं भगवन्नप्रमेयं सुगत। संख्याऽपि भगवंस्तस्य पुण्यस्कन्धस्य न सुकरा कर्त्तुं। गणनाऽप्युपमाऽप्यौपम्यमप्युनिसाऽप्युपनिषदपि भगवंस्तस्य पुण्यस्कन्धस्य न सुकरा कर्त्तुं। सचेद्भगवन् रूपी भवेत् स पुण्यस्कन्धो गङ्गानदीवालुकोपमेष्वपि त्रिसाहस्रमहासाहस्रेषु लोकधातुषु नमायेत्॥

एवमुक्ते भगवानायुष्मन्तं सुभूतिं स्थविरमेतदवोचत्। एवमेतत् सुभूते एवमेतत्। यश्च खलु पुनः सुभूते बोधिसत्त्वयानिकः पुद्गलः प्रज्ञापारमितोपायकौशल्यपरिगृहीतोऽनेन धर्म्मधातुपरिणामेन तत्

कुशलमूलमनुत्तरायां सम्यक्सम्बोधौ परिणामयेत् पुण्यं प्रसवत्यस्य सुभूते पुण्यस्कन्धस्य धर्म्मधातुपरिणामजस्यासौ पूर्व्वक उपलम्भ-संज्ञिनां बोधिसत्त्वानान्दानमयः पुण्याभिसंस्कारः शततमीमपि कलां नोपैति[१] सहस्रतमीमपि शतसहस्रतमीमपि कोटीतमीमपि कोटीशततमीमपि कोटीसहस्रतमीमपि कोटीशतसहस्रतमीमपि कोटीनियुतशतसहस्रतमीमपि कलां नोपैति[१] संख्यामपि कलामपि गणनामप्युपमामप्यौपम्यमप्युपनिसामप्युपनिषदमपि न क्षमते॥ तत् कस्य हेतोः। तथाहि तेषां पौर्व्विकानामुपलम्भसंज्ञिनां बोधिसत्त्वानां सुबह्वपि दानं दत्तं सुबह्वित्यपि परिसंख्यातम्भवति॥

अथ खलु चातुर्महाराजकायिकानां देवपुत्त्राणां विंशति-सहस्राणि प्राञ्जलीनि नमस्यन्ति भगवन्तमेतदवोचन्। महापरि-णामोऽयं भगवन् बोधिसत्त्वानां महासत्वानां यदुत प्रज्ञापारमितो-पायकौशल्यपरिगृहीतानां कुशलमूलपरिणामः सर्व्वज्ञतायै। यत्र हि नाम तेषामौपलम्भिकानां बोधिसत्त्वानां तावन्तं दानमयं पुण्याभि-संस्कारमभिभवति॥ अथ खलु त्रायस्त्रिंशकायिकानां देवपुत्त्राणां शतसहस्राणि दिव्यपुष्पधूपगन्धमाल्यविलेपनचूर्णवर्षैर्दिव्यैरत्नवर्षैर्दिव्यैश्च वस्त्रवर्षैर्भगवन्तमभ्यवाकिरन्नभिप्राकिरन्। दिव्यैश्छत्रैर्दिव्यैर्ध्वजैर्दि-व्याभिर्घण्टाभिर्दिव्याभिः पताकाभिः समन्ताच्च दीव्यदीपमालाभिर्ब-हुविधाभिश्च दिव्याभिः पूजाभिर्भगवन्तं सत्कुर्व्वन्ति स्म गुरुकुर्व्वन्ति स्म मानयन्ति स्म पूजयन्ति स्म अर्चयन्ति स्म अपचायन्ति स्म दिव्यानि च वाद्यान्यभिप्रवादयामासुः एवञ्च वाचमभाषन्त महा-

(१) नोपयाति इति ग०।

परिणामो यताऽयं भगवन् बोधिसत्त्वस्य महासत्वस्य योऽयं धर्म्म-धातुपरिणामः। यत्र हि नाम तत्तेषामौपलम्भिकानां बोधिसत्त्वानां महासत्वानां दानमयं पुण्याभिसंस्कारस्कन्धमभिभवति यथाऽपि नाम प्रज्ञापारमितोपायकौशल्यपरिगृहीतत्वादस्य महापरिणामस्य॥ एवमन्येभ्योऽपि देवनिकायेभ्यो देवपुत्त्रा आगत्य भगवन्तं परमेण सत्कारेण परमेण गुरुकारेण परमया माननया परमया पूजनया परमया अर्च्चनया परमया अपचायनया सत्कृत्य गुरुकृत्य मानयित्वा पूजयित्वा अर्च्चयित्वा अपचाय्य एवमेव शब्दमुदीरयन्ति स्म घोषमनुश्रावयन्ति स्म। एवं पेयालेन कर्त्तव्यं। यामास्तुषिता निर्म्माणरतयः परनिर्म्मितवशवर्त्तिनो। ब्रह्मकायिका ब्रह्मपुरोहिता ब्रह्मपार्षद्या महाब्रह्माणः परीत्ताभा अप्रमाणाभा आभास्वराः परीत्तशुभा अप्रमाणशुभाः शुभकृत्स्ना अनभ्रकाः पुण्यप्रसवा वृहत्फला असंज्ञिसत्वा अवृहा अभयाः सुदृशाः सुदर्शना अकनिष्ठाश्च देवाः तेऽप्येवमेवाञ्जलिं कृत्वा भगवन्तं नमस्यन्त एतदवोचन्। आश्चर्य्यं भगवन् यावदयं बोधिसत्त्वानां महासत्वानां प्रज्ञापारमितोपायकौशल्यपरिगृहीतानां कुशलमूलपरिणामो यस्तेषामुपलम्भसञ्ज्ञिनाम्बोधिसत्त्वानां तावच्चिररात्रसञ्चितमपि तथा महाविस्तरसमुदानीतमपि पुण्यस्कन्धमभिभवति॥

अथ खलु भगवांस्तान् शुद्धावासकायिकान्देवपुत्त्रानादीन कृत्वा सर्व्वांस्तान् देवपुत्त्रानामन्त्रयते स्म। तिष्ठतु खलु पुनर्देवपुत्त्रा गङ्गानदीवालुकोपमेषु त्रिसाहस्रमहासाहस्रेषु लोकधातुषु सर्व्वसत्वानामनुत्तरां सम्यक्सम्बोधिमभिसम्प्रस्थितानामनुत्तरायाः सम्यक्-

सम्बोधेः प्रतिलम्भाय दानन्ददतां पुण्याभिसंस्कारोऽनेन पर्य्यायेण येऽपि ते देवपुत्त्रा अन्येष्वन्येषु गङ्गानदीवालुकोपमेषु त्रिसाहस्र-महासाहस्रेषु लोकधातुषु सत्वास्तेऽपि सर्व्वे अनुत्तरायां सम्यक्-सम्बोधौ प्रणिधानं कृत्वा बोधाय चित्तमुत्पाद्यान्येष्वन्येषु गङ्गा-नदीवालुकोपमेषु त्रिसाहस्रमहासाहस्रेषु लोकधातुषु सर्व्व-सत्वानां चीवरपिण्डपातशयनासनग्लानप्रत्ययभैषज्यपरिष्कारैः सर्व्व-सुखोपधानैः सर्व्वैः सुखस्पर्शविहारैः एकैको बोधिसत्त्वो गङ्गानदी-वालुकोपमान् कल्पांस्तिष्ठन् दानं दद्यादेवं सर्व्वेऽपि यावन्ते चोप-लम्भसंज्ञिनो दानं दद्युः। एतेन पर्य्यायेण तान् सर्व्वसत्वानेकैकं परिकल्प्य तांश्च सर्व्वबोधिसत्त्वानेकैको बोधिसत्त्वो यावत्सर्व्वे ते बोधिसत्त्वा गङ्गानदीवालुकोपमान् कल्पांस्तिष्ठन्तस्तान् सर्व्वसत्वांश्ची-वरपिण्डपातशयनासनग्लानप्रत्ययभैषज्यपरिस्कारैः सर्व्वसुखोपधानैः सर्व्वैः सुखस्पर्शविहारैरुपतिष्ठेयुः तच्च दानमुपलम्भसंज्ञिनो दद्युः। यश्च बोधिसत्त्वो महासत्वः प्रज्ञापारमितोपायकौशल्यपरिगृ-हीतोऽतीतानागतप्रत्युत्पन्नानां बुद्धानां भगवतां शीलस्कन्धं समाधि-स्कन्धं प्रज्ञास्कन्धं विमुक्तिस्कन्धं विमुक्तिज्ञानदर्शनस्कन्धं तेषाञ्च बोधिसत्त्वप्रत्येकबुद्धश्रावकयानिकानां पुद्गलानां यैश्च तत्रान्यैरपि सत्वैः कुशलमूलान्यवरोपितान्यवरोपयिष्यन्तेऽवरोप्यन्ते च तत्सर्व्व-मेकतोऽभिसंक्षिप्य पिण्डयित्वा तुलयित्वा निरवशेष्य निरवशेष-मग्रयाऽनुमोदनयाऽनुमोदते श्रेष्ठया ज्येष्ठया वरया प्रवरया प्रणीतया उत्तमयाऽनुत्तमया निरुत्तमया उत्तरोत्तरयाऽसमया-ऽसमसमयाऽप्रतिसमयाऽचिन्त्ययाऽनुमोदनयाऽनुमोदते। अनुमोद्या-

नुमोदनासहगतं पुण्यक्रियावस्तु अनुत्तरायां सम्यक्सम्बोधौ परिणामयत्यनुत्तरायाः सम्यक्सम्बोधेराहारकम्भवत्विति। अस्यानुमोदनापरिणामनासहगतस्य पुण्यक्रियावस्तुनः सोऽपि पौर्व्वक औपलम्भिकानाम्बोधिसत्त्वानां पुण्याभिसंस्कारः शततमीमपि कलां नोपैति सहस्रतमीमपि शतसहस्रतमीमपि कोटीतमीमपि कोटीशततमीमपि कोटीसहस्रतमीमपि कोटीशतसहस्रतमीमपि कोटीनियुतशतसहस्रतमीमपि कलां नोपैति सङ्ख्यामपि कलामपि गणनामप्युपमामप्यौपम्यमप्युपनिसामप्युपनिषदमपि न क्षमते॥ तत् कस्य हेतोः। तथा हि ते बोधिसत्त्वाः सर्व्वेऽप्युपलम्भसंज्ञिनो दानं ददति॥

अथ खल्वायुष्मान् सुभूतिर्भगवन्तमेतदवोचत्। यद्भगवानेवमाह अतीतानागतप्रत्युत्पन्नानां सर्व्वेषां बुद्धानां भगवतां बोधिसत्त्वप्रत्येकबुद्धश्रावकसङ्घानां सर्व्वसत्वानाञ्चातीतानागतप्रत्युत्पन्नं यन्नाम कुशलमूलन्तत्सर्व्वमेकतोऽभिसंक्षिप्य पिण्डयित्वा तुलयित्वा निरवशेष्य निरवशेषमनुमोदतेऽग्रयाऽनुमोदनया श्रेष्ठया ज्येष्ठया वरया प्रवरया प्रणीतया उत्तमया अनुत्तमया निरुत्तरया(१) उत्तरोत्तरयाऽसमयाऽसमसमयाऽप्रतिसमयाऽचिन्त्ययाऽनुमोदत इति। तत्र कियता भगवन्नग्र्याऽनुमोदना भवति॥

एवमुक्ते भगवानायुष्मन्तं सुभूतिमेतदवोचत्। यदि सुभूते बोधिसत्त्वयानिकः पुद्गलोऽतीतानागतप्रत्युत्पन्नान् धर्म्मान् न गृह्णीते न मन्यते नोपलभते न कल्पयति न विकल्पयति न पश्यति न

(१) निरुत्तमया इति ग०।

समनुपश्यति एवं चैनान् धर्म्मानुपपरीक्षते(१) कल्पनाविठपिताः सर्व्वधर्म्मा अजाता अनिर्जाताः अनागतिका अगतिका नात्र कश्चिद्धर्म्म उत्पन्नो नापि कश्चिद्धर्म्म उत्पत्स्यते नापि कश्चिद्धर्म्म उत्पद्यते नापि कश्चिद्धर्म्मो निरुद्धो नापि कश्चिद्धर्म्मो निरुत्स्यते नापि कश्चिद्धर्म्मो निरुध्यते। इत्येवमेतान् धर्म्मानुपपरीक्ष्य यथैषान्धर्म्माणां धर्म्मता तथाऽनुमोदते। अनुमोद्य तथैव परिणामयत्यनुत्तरायां सम्यक् सम्बोधौ॥ इयता सुभूते बोधिसत्त्वस्य महासत्वस्याग्रा अनुमोदना भवति॥ अस्य सुभूते कुशलमूलपरिणामस्य तेषां पौर्व्वकाणां बोधिसत्त्वानामुपलम्भसंज्ञिनामुपलम्भदृष्टिकानां तद्दानमयं पुण्यक्रियावस्तु शततमीमपि कलां नोपैति सहस्रतमीमपि शतसहस्रतमीमपि कोटीतमीमपि कोटीशततमीमपि कोटीसहस्रतमीमपि कोटीशतसहस्र तमीमपि कोटीनियुतशतसहस्रतमीमपि कलां नोपैति सङ्ख्यामपि कलामपि गणनामप्युपमामप्यौपम्यमप्युपनिसामप्युपनिषदमपि न क्षमते॥ पुनरपरं सुभूते बोधिसत्त्वयानिकेन पुद्गलेनातीतानागतप्रत्युत्पन्नानां सर्व्वेषां बुद्धानां भगवतां दानमनुमोदितुकामेन शीलमनुमोदितुकामेन क्षान्तिमनुमोदितुकामेन वीर्य्यमनुमोदितुकामेन ध्यानमनुमोदितुकामेन प्रज्ञामनुमोदितुकामेनैवमनुमोदितव्यं यथा विमुक्तिस्तथा दानं यथा विमुक्तिस्तथा शीलं यथा विमुक्तिस्तथा क्षान्तिः यथा विमुक्तिस्तथा वीर्य्यं यथा विमुक्तिस्तथा ध्यानं यथा विमुक्तिस्तथा प्रज्ञा यथा विमुक्तिस्तथा विमुक्तिज्ञानदर्शनं यथा विमुक्तिस्तथाऽनुमोदना यथा विमुक्तिस्तथाऽनुमोदनासहगतं पुण्यक्रियावस्तु

(२) उपपरीक्ष्यते इति ग० घ०।

यथा विमुक्तिस्तथा परिणामना यथा विमुक्तिस्तथा बुद्धा भगवन्तः प्रत्येकबुद्धाश्च यथा विमुक्तिस्तथा तेषां श्रावका ये परिनिर्वृता यथा विमुक्तिस्तथा ते धर्म्मा येऽतीता निरुद्धा यथा विमुक्तिस्तथा ते धर्म्मा येऽनागता अनुत्पन्ना यथा विमुक्तिस्तथा ते धर्म्मा ये एतर्हि प्रत्युत्पन्ना वर्त्तमाना यथा विमुक्तिस्तथा तेऽतीता बुद्धा भगवन्तस्तेषाञ्च श्रावका यथा विमुक्तिस्तथा तेऽनागता बुद्धा भगवन्तस्तेषाञ्च श्रावकाः यथा विमुक्तिस्तथा ते प्रत्युत्पन्ना बुद्धा भगवन्तस्तेषाञ्च श्रावका ये एतर्ह्यप्रमेयेष्वसंख्येयेषु लोकधातुषु तिष्ठन्ति ध्रियन्ते यापयन्ति यथा विमुक्तिस्तथाऽतीतानागतप्रत्युत्पन्ना बुद्धा भगवन्तः। एवमेतेषां धर्म्माणामबद्धानाममुक्तानामसक्तानां या धर्म्मता तामनुत्तरयाऽनुमोदनयाऽनुमोदे। अनुमोद्यानुमोदनासहगतं पुण्यक्रियावस्तु अनुत्तरायां सम्यक्सम्बोधौ परिणामयाम्यपरिणामनायोगेनासङ्क्रान्तितोऽविनाशत इति॥ इयता सुभूते बोधिसत्त्वस्य महासत्त्वस्याग्राऽनुमोदना भवति॥ तिष्ठन्तु खलु पुनः सुभूते तेऽपि येऽन्येष्वन्येषु गङ्गानदीवालुकोपमेषु त्रिसाहस्रमहासाहस्रेषु लोकधातुषु सर्व्वसत्त्वा अनुत्तरायां सम्यक्सम्बोधौ सम्प्रस्थिता अनुत्तरायां सम्यक्सम्बोधौ सम्प्रस्थायान्येष्वन्येषु गङ्गानदीवालुकोपमेषु त्रिसाहस्रमहासाहस्रेषु लोकधातुषु सर्व्वसत्त्वानाम्बोधाय चित्तमुत्पाद्य सर्व्वेऽप्येकैको बोधिसत्त्व एकैकस्मै बोधिसत्त्वाय गङ्गानदीवालुकोपमान् कल्पांस्तिष्ठन्दानं दद्यादुपलम्भसंज्ञी चीवरपिण्डपातशयनासनग्लानप्रत्ययभैषज्यपरिष्कारैः सर्व्वसुखोपधानैः सर्व्वसुखस्पर्शविहारैरुपतिष्ठन्ननेन पर्य्यायेण सर्व्वेऽपि ते सर्व्वेभ्य उपतिष्ठन्त उपलम्भसंज्ञिनो दानं

दद्युः। ये सुभूते गङ्गानदीवालुकोपमेषु त्रिसाहस्रमहासाहस्रेषु लोकधातुषु सत्त्वास्ते सर्व्वेऽनुत्तरां सम्यक्सम्बोधिमभिसम्प्रतिष्ठेरन्ननुत्तरां सम्यक्सम्बोधिमभिसम्प्रस्थाय गङ्गानदीवालुकोपमान् कल्पान् कायसुचरितं वाक्सुचरितं मनःसुचरितमुपलम्भसंज्ञिनः शीलं समादाय वर्त्तेरन्ननेन पर्य्यायेण सर्व्वेऽपि ते बोधिसत्त्वा एकैको बोधिसत्त्वो गङ्गानदीवालुकोपमान् कल्पांस्तिष्ठन् गङ्गानदीवालकोपमान् कल्पान् कायसुचरितं वाक्सुचरितं मनःसुचरितं उपलम्भसंज्ञी शीलं समादाय वर्त्तेत। एतेन पर्य्यायेण सर्व्वेऽपि ते बोधिसत्त्वा उपलम्भसंज्ञिनः शीलं समादाय वर्त्तेरन्। यश्च बोधिसत्त्वो महासत्वः प्रज्ञापारमितोपायकौशल्यपरिगृहीतोऽतीतानागतप्रत्युत्पन्नानां बुद्धानां भगवतां शीलसमाधिप्रज्ञाविमुक्तिविमुक्तिज्ञानदर्शनस्कन्धांस्तेषां च प्रत्येकबुद्धानां शीलसमाधिप्रज्ञाविमुक्तिविमुक्तिज्ञानदर्शनस्कन्धांस्तेषाञ्च श्रावकानां शीलसमाधिप्रज्ञाविमुक्तिविमुक्तिज्ञानदर्शनस्कन्धान् सर्व्वसत्वानां चातीतानागतप्रत्युत्पन्नं कुशलमूलं(१) सर्व्वमेकतोऽभिसंक्षिप्य पिण्डयित्वा तुलयित्वा निरवशेष्य निरवशेषमनुमोदतेऽग्रयाऽनुमोदनया श्रेष्ठया ज्येष्ठया वरया प्रवरया प्रणीतया उत्तमया अनुत्तमया निरुत्तरया उत्तरोत्तरयाऽसमयाऽसमसमयाऽप्रतिसमयाऽचिन्त्ययाऽनुमोदनयाऽनुमोदते। अनुमोद्याऽनुमोदनासहगतं पुण्यक्रियावस्तु अनुत्तरायां सम्यक्सम्बोधौ परिणामयति॥ अस्य सुभूते अनुमोदनासहगतस्य पुण्यक्रियावस्तुनोऽसौ पौर्व्वक औपम्भिकानां बोधिसत्त्वानां शीलमयः

(१) कुशलमिति ग०।

पुण्याभिसंस्कारः शततमीमपि कलां नोपैति सहस्रतमीमपि शतसहस्रतमीमपि कोटीतमीमपि कोटीशततमीमपि कोटीसहस्रतमीमपि कोटीशतसहस्रतमीमपि कोटीनियुतशतसहस्रतमीमपि कलां नोपैति संख्यामपि कलामपि गणनामप्युपमामप्यौपम्यमप्युपनिसामप्युपनिषदमपि न क्षमते॥ तत् कस्य हेतोः। तथा हि ते बोधिसत्त्वा उपलम्भसंज्ञिनः शीलं समादाय वर्त्तन्त इति॥ तिष्ठन्तु खलु पुनः सुभूते गङ्गानदीवालुकोपमेषु त्रिसाहस्रमहासाहस्रेषु लोकधातषु सर्व्वसत्वा अनुत्तरां सम्यक्संबोधिमभिसंप्रस्थिताः अनुत्तरां सम्यक्सम्बोधिमभिसम्प्रस्थाय गङ्गानदीवालुकोपमान् कल्पान् कायसुचरितं वाक्सुचरितं मनःसुचरितं शीलं समादाय वर्त्तमाना उयलम्भसंज्ञिनः ये सुभूते गङ्गानदीवालुकोपमेषु त्रिसाहस्रमहासाहस्रेषु लोकधातुषु सत्वास्ते सर्व्वे अनुत्तरां सम्यक्सम्बोधिमभिसम्प्रतिष्ठेरन्ननुत्तरां सम्यक्सम्बोधिमभिसम्प्रस्थाय गङ्गानदीवालुकोपमान् कल्पांस्तिष्ठन्तोऽन्येष्वन्येषु गङ्गानदीवालुकोपमेषु त्रिसाहस्रमहासाहस्रेषु लोकधातुषु सर्व्वैरेकैको बोधिसत्त्व आक्रुष्टोऽभिहतः परिभाषितः समान एव सर्व्वेऽपि ते उपलम्भसंज्ञिनः क्षान्तिं समादाय वर्त्तेरन् यावत् सर्व्वे ते बोधिसत्त्वाः क्षान्तिं समादाय वर्त्तमानाः। एतेन पर्य्यायेण सर्व्वे ते बोधिसत्त्वा एकैको बोधिसत्त्वो गङ्गानदीवालुकोपमान् कल्पांस्तिष्ठन् गङ्गानदीवालुकोपमान् कल्पानन्येष्वन्येषु गङ्गानदीवालुकोपमेषु त्रिसाहस्रमहासाहस्रेषु लोकधातुषु सर्व्वैराक्रुष्टोऽभिहतः परिभाषितः समान उपलम्भसंज्ञी क्षान्तिं समादाय वर्त्तेत। एवं सर्व्वेऽपि ते सर्व्वैराक्रुष्टा अभिहताः

परिभाविताः समाना उपलम्भसंज्ञिनः चान्तिं समादाय वर्त्तेरन्। यश्च बोधिसत्त्वो महासत्त्वोऽनया प्रज्ञापारमितया उपायकौशल्येन च परिगृहीतोऽतीतानागतप्रत्युत्पन्नानां बुद्धानां भगवतां शीलस्कन्धं समाधिस्कन्धं प्रज्ञास्कन्धं विमुक्तिस्कन्धं विमुक्तिज्ञानदर्शनस्कन्धं तेषाञ्च प्रत्येकबुद्धानां शीलसमाधिप्रज्ञाविमुक्तिविमुक्तिज्ञानदर्शनस्कन्धांस्तेषां च श्रावकाणां शीलसमाधिप्रज्ञाविमुक्तिविमुक्तिज्ञानदर्शनस्कन्धान् सर्व्वसत्त्वानाञ्चातीतानागतप्रत्युत्पन्नं कुशलमूलं सर्व्वमेकतोऽभिसंक्षिप्य पिण्डयित्वा तुलयित्वा निरवशेष्य निरवशेषमनुमोदतेऽग्रयाऽनुमोदनया श्रेष्ठया ज्येष्ठया वरया प्रवरया प्रणीतया उत्तमया अनुत्तमया निरुत्तमया उत्तरोत्तरयाऽसमयाऽसमसमयाऽप्रतिसमयाऽचिन्त्ययाऽनुमोदनयाऽनुमोदते। अनुमोद्यानुमोदनासहगतं पुण्यक्रियावस्तु अनुत्तरायां सम्यक्सम्बोधौ परिणामयति॥ अस्य सुभूते अनुमोदनासहगतस्य पुण्यक्रियावस्तुनोऽसौ पौर्व्वकाणामौपलम्भिकानाम्बोधिसत्त्वानां चान्तिसहगतः पुण्याभिसंस्कारः शततमीमपि कलां नोपैति सहस्रतमीमपि शतसहस्रतमीमपि कोटीतमीमपि कोटीशततमीमपि कोटीसहस्रतमीमपि कोटीशतसहस्रतमीमपि कोटीनियुतशतसहस्रतमीमपि कलां नोपैति संख्यामपि कलामपि गणनामप्युपमामप्यौपम्यमप्युपनिषामप्युपनिषदमपि न चमते॥ तत् कस्य हेतोः। तथा हि ते बोधिसत्त्वा उपलम्भसंज्ञिनः चान्तिं समादाय वर्त्तन्ते॥ तिष्ठन्तु खलु पुनः सुभूते गङ्गानदीवालुकोपमेषु त्रिसाहस्रमहासाहस्रेषु लोकधातुषु सर्व्वसत्त्वा अनुत्तरां सम्यक्सम्बोधिमभिसम्प्रस्थिताः अनुत्तरायां

सम्यक्सम्बोधिमपि सम्प्रस्थायान्येष्वन्येषु गङ्गानदीवालुकोपमेषु त्रिसा-हस्रमहासाहस्रेषु लोकधातुषु सर्व्वैराक्रुष्टा अभिहताः परिभाषिताः समाना उपलम्भसंज्ञिनो गङ्गानदीवालुकोपमान् कल्पान् क्षान्तिं समादाय वर्त्तमाना ये सुभूते गङ्गानदीवालुकोपमेषु त्रिसाहस्रम-हासाहस्रेषु लोकधातुषु सत्त्वास्ते सर्व्वेऽनुत्तरायां सम्यक्सम्बोधौ सम्प्र-स्थिता भवेयुः अनुत्तरायां सम्यक्सम्बोधौ सम्प्रस्थाय गङ्गानदीवालु-कोपमान् कल्पांस्तिष्ठन्तश्चंक्रमाभिरूढ़ा गङ्गानदीवालुकोपमान् कल्पान् विषीदन्तोऽनभिभूताः स्त्यानमिद्धेनोपलम्भसंज्ञिनो वीर्य्यं समादाय वर्त्तेरन्। यस्तु बोधिसत्त्वो महासत्त्वः प्रज्ञापारमितोपायकौशल्यपरिगृ-हीतोऽतीतानागतप्रत्युत्पन्नानां बुद्धानां भगवतां शीलसमाधिप्रज्ञा-विमुक्तिविमुक्तिज्ञानदर्शनस्कन्धांस्तेषाञ्च प्रत्येकबुद्धानां शीलसमाधि-प्रज्ञाविमुक्तिविमुक्तिज्ञानदर्शनस्कन्धांस्तेषाञ्च श्रावकानां शीलसमाधि-प्रज्ञाविमुक्तिविमुक्तिज्ञानदर्शनस्कन्धान् सर्व्वसत्त्वानां चातीतानागतप्रत्यु-त्पन्नानान् कुशलमूलाभिसंस्कारान् सर्व्वानेकतोऽभिसङ्क्षिप्य पिण्डयि-त्वा तुलयित्वा निरवशेष्य निरवशेषमनुमोदतेऽग्रयाऽनुमोदनया श्रेष्ठया ज्येष्ठया वरया प्रवरया प्रणीतया उत्तमयाऽनुत्तमया निरुत्तरया उत्तरोत्तरयाऽसमयाऽसमसमयाऽप्रतिसमयाऽचिन्त्ययाऽनुमोदनयाऽ-नुमोदते। अनुमोद्यानुमोदनासहगतं पुण्यक्रियावस्तु अनुत्तरायां सम्यक्म्बोधौ परिणामयति॥ अस्य सुभूते अनुमोदनासहगतस्य पुण्यक्रियावस्तुनोऽसौ पौर्व्वक औपलम्भिकानां बोधिसत्त्वानां वीर्य्यमयः पुण्याभिसंस्कारः शततमीमपि कलां नोपैति सहस्रतमीमपि शतसहस्रतमीमपि कोटीतमीमपि कोटीशततमीमपि कोटीसहस्र-

तमीमपि कोटीशतसहस्रतमीमपि कोटीनियुतशतसहस्रतमीमपि- कलां नोपैति संख्यामपि कलामपि गणनामप्युपमामप्यौपम्यमप्युप- निषामप्युपनिषदमपि न क्षमते॥ तत् कस्य हेतोः। तथा हि ते बोधिसत्त्वाः सर्व्वेऽप्युपलम्भसंज्ञिनो वीर्य्यं समादाय वर्त्तन्ते॥ तिष्ठन्तु खलु पुनः सुभूते गङ्गानदीवालुकोपमेषु त्रिसाहस्र- महासाहस्रेषु लोकधातुषु सर्व्वसत्वा अनुत्तरायां सम्यक्सम्बोधौ सम्प्र- स्थिताः अनुत्तरायां सम्यक्सम्बोधौ सम्प्रस्थाय गङ्गानदीवालुकोप- मान् कल्पांस्तिष्ठन्तस्संक्रमाभिरूढ़ा गङ्गानदीवालुकोपमान् कल्पान् विषीदन्तोऽनभिभूताः स्त्यानमिद्धेनोपलम्भसंज्ञिनो वीर्य्यं समादाय- वर्त्तमाना येऽपि ते सुभूते गङ्गानदीवालुकोपमेषु त्रिसाहस्रमहा- साहस्रेषु लोकधातुषु सत्वास्ते सर्व्वेऽनुत्तरायां सम्यक्सम्बोधौ सम्प्रस्थिता भवेयुस्ते सर्व्वेऽनुत्तरायां सम्यक्सम्बोधौ सम्प्रस्थाय गङ्गानदीवालुकोपमान् कल्पानुपलम्भसंज्ञिनश्चत्वारि ध्यानानि समा- पद्येरन्। यश्च बोधिसत्त्वो महासत्वोऽनया प्रज्ञापारमितया उपा- यकौशल्ये न च परिगृहीतोऽतीतानागतप्रत्युत्पन्नानां सर्व्वेषां बुद्धानां भगवतां शीलसमाधिप्रज्ञाविमुक्तिविमुक्तिज्ञानदर्शनस्कन्धांस्तेषां च प्रत्येकबुद्धानां शीलसमाधिप्रज्ञाविमुक्तिविमुक्तिज्ञानदर्शनस्कन्धांस्तेषाञ्च श्रावकानां शीलसमाधिप्रज्ञाविमुक्तिविमुक्तिज्ञानदर्शनस्कन्धान् सर्व्व- सत्वानाञ्चातीतानागतप्रत्युत्पन्नान् कुशलमूलाभिसंस्कारान् सर्व्वा- नेकतोऽभिसंक्षिप्य पिण्डयित्वा तुलयित्वा निरवशेष्य निरव- शेषमनुमोदतेऽग्रयाऽनुमोदनया श्रेष्ठया ज्येष्ठया वरया प्रवरया प्रणीतया उत्तमया अनुत्तमया निरुत्तरया उत्तरोत्तरया-

ऽसमयाऽसमसमयाऽप्रतिसमयाऽचिन्त्ययाऽनुमोदनयाऽनुमोदते। अनु-
मोद्यानुमोदनासहगतं पुण्यक्रियावस्तु अनुत्तरायां सम्यक्सम्बोधौ
परिणामयति॥ अस्य सुभूतेऽनुमोदनासहगतस्य पुण्यक्रियावस्तुनोऽसौ
पौर्व्वक औपलम्भिकानां बोधिसत्त्वानाञ्चतुर्ध्यानमयः पुण्याभिसंस्कारः
शततमीमपि कलां नोपैति सहस्रतमीमपि शतसहस्रतमीमपि
कोटीतमीमपि कोटीशततमीमपि कोटीसहस्रतमीमपि कोटीशत-
सहस्रतमीमपि कोटीनियुतशतसहस्रतमीमपि कलां नोपैति संख्या-
मपि कलामपि गणनामप्युपमामप्यौमम्यमप्युपनिसामप्युपनिषदमपि
न क्षमते॥ तत् कस्य हेतोः। तथाहि ते बोधिसत्त्वा उपलम्भसंज्ञिनो
ध्यानानि समापद्यन्ते इति॥

आर्य्याष्टसाहस्रिकायां प्रज्ञापारमितायां अनुमोदनापरिणाम-
नापरिवर्त्तो नाम षष्ठः॥

अथ निरयपरिवर्त्तो नाम सप्तमः।

अथ खल्वायुष्मान् शारिपुत्त्रो भगवन्तमेतदवोचत्। सर्व्वज्ञज्ञानपरिनिष्पत्तिर्भगवन् प्रज्ञापारमितासर्व्वज्ञत्वं भगवन् प्रज्ञापारमिता॥

भगवानाह। एवमेतच्छारिपुत्त्रैवमेतद्यथा वदसि॥

शारिपुत्त्र आह। अवभासकरी भगवन् प्रज्ञापारमिता। नमस्करोमि भगवन् प्रज्ञापारमितायै। नमस्करणीया भगवन् प्रज्ञापारमिता। अनुपलिप्ता भगवन् प्रज्ञापारमिता। सर्व्वलोकनिरुपलेपा भगवन् प्रज्ञापारमिता। आलोककरी भगवन् प्रज्ञापारमिता। सर्व्वत्रैधातुकवितिमिरकरी भगवन् प्रज्ञापारमिता। सर्व्वक्लेशदृष्ट्यान्धकारापनेत्री भगवन् प्रज्ञापारमिता। आश्रयणीया भगवन् प्रज्ञापारमिता। अग्रकरी भगवन् प्रज्ञापारमिता। बोधिपक्षाणां धर्म्माणां क्षेमकरी भगवन् प्रज्ञापारमिता। अन्धानां सत्त्वानामालोककरी भगवन् प्रज्ञापारमिता। सर्व्वभयोपद्रवप्रहीणालोककरी भगवन् प्रज्ञापारमिता। पञ्चचक्षुःपरिग्रहं कृत्वा सर्व्वसत्त्वानां मार्गदर्शयित्री भगवन् प्रज्ञापारमिता। चक्षुर्भगवन् प्रज्ञापारमिता। मोहतमस्तिमिरविकरिणी तिमिरविकरिणी भगवन् प्रज्ञापारमिता(१)। सर्व्वधर्म्माणामकरणी(२) भगवन्

(१) मोहतमस्तिमिरविकरणी भगवन् प्रज्ञापारमिता इति ग० ङ०। मोहतमस्तिमिरविकिरणी तिमिरविकरणी भगवन् प्रज्ञापारमिता इति च०।
(२) सर्व्वधर्म्माणामग्रकरीति च०।

प्रज्ञापारमिता। उत्पथप्रयातानां सत्वानां मार्गावतारणी भगवन् प्रज्ञापारमिता। सर्व्वज्ञतैव भगवन् प्रज्ञापारमिता। सर्व्वक्लेशज्ञेयावरणवासनानुसन्धिप्रहीणतामुपादाय अनुत्पादिका भगवन् सर्व्वधर्म्माणां प्रज्ञापारमिता। अनिरोधिका भगवन् सर्व्वधर्म्माणां प्रज्ञापारमिता। अनुत्पन्नाऽनिरुद्धा भगवन् प्रज्ञापारमिता। स्वलक्षणशून्यतामुपादाय माता भगवन् बोधिसत्त्वानां महासत्वानां प्रज्ञापारमिता। सर्व्वबुद्धधर्म्मरत्नदात्रीत्वाद्दशबलकरी भगवन् प्रज्ञापारमिता। अनवमर्द्दनीया भगवन् प्रज्ञापारमिता। चतुर्वैशारद्यकरीत्वादनाथानां सत्वानां नाथकरी भगवन् प्रज्ञापारमिता। संसारप्रतिपक्षा भगवन् प्रज्ञापारमिता। अकूटस्थतामुपादाय सर्व्वधर्म्मस्वभावविदर्शनी[१] भगवन् प्रज्ञापारमिता। परिपूर्णत्रिपरिवर्त्त[२]द्वादशाकारधर्म्मचक्रप्रवर्त्तनी भगवन् बुद्धानां भगवतां प्रज्ञापारमिता। कथं भगवन् बोधिसत्त्वेन महासत्वेन प्रज्ञापारमितायां स्थातव्यं। कथं मनसि कर्त्तव्या भगवन् प्रज्ञापारमिता। कथं भगवन् नमस्कर्त्तव्या प्रज्ञापारमिता।

एवमुक्ते भगवानायुष्मन्तं शारिपुत्त्रमेतदवोचत्। यथा शारिपुत्त्र शास्तरि तथा प्रज्ञापारमितायां स्थातव्यं। तथैव मनसि कर्त्तव्या शारिपुत्त्र प्रज्ञापारमिता यथा शास्ता। तथैव नमस्कर्त्तव्या शारिपुत्त्र प्रज्ञापारमिता यथा शास्ता॥

अथ खलु शक्रस्य देवानामिन्द्रस्यैतदभूत्। कुतो नु वतेयमार्य्यस्य

---

(१) सर्व्वधर्म्माविदर्शिनीति ग०।

(२) परिपूर्णत्रिप्रवर्त्त इति च०।

शारिपुत्त्रस्य पृच्छा जाता। किन्निदाना वतेयमार्य्यस्य शारिपुत्त्रस्य पृच्छा जाता॥

अथ खलु शक्रो देवानामिन्द्र आयुष्मन्तं शारिपुत्त्रमेतदवोचत्। कुत इयमार्य्यस्य शारिपुत्त्रस्य पृच्छा जाता किन्निदाना वतेयमार्य्यस्य शारिपुत्त्रस्य पृच्छा जाता॥

एवमुक्ते आयुष्मान् शारिपुत्त्रः शक्रं देवानामिन्द्रमेतदवोचत्। प्रज्ञापारमितोपायकौशल्यपरिगृहीतः कौशिक बोधिसत्त्वो महासत्त्वोऽनुमोदनासहगतं पुण्यक्रियावस्तु सर्व्वज्ञतायां परिणामयंस्तेषां पौर्व्वकानामौपलम्भिकानां बोधिसत्त्वानां यश्च दानमयः पुण्याभिसंस्कारो यश्च शीलमयो यश्च क्षान्तिमयो यश्च वीर्य्यमयो यश्च ध्यानमयः पुण्याभिसंस्कारस्तं सर्व्वमभिभवतीति। ममेयमेतन्निदाना[१] पृच्छा जाता॥ अपि नु खलु पुनः कौशिक प्रज्ञापारमितैव पूर्व्वङ्गमा पञ्चानां पारमितानां सर्व्वज्ञतामार्गावताराय। तद्यथापि नाम कौशिक जात्यन्धानां[२] शतं वा सहस्रं वा शतसहस्रं वा अपरिणायकमभव्यं मार्गावताराय अभव्यं ग्रामं वा नगरं वा निगमं वा गन्तुं। एवमेव कौशिक दानं शीलं क्षान्तिर्वीर्य्यं ध्यानञ्च प्रज्ञापारमितानामधेयं लभते। जात्यन्धभूतं भवति विना प्रज्ञापारमितया अपरिणायकत्वादभव्यं सर्व्वज्ञतामार्गावताराय कुतः पुनः सर्व्वज्ञतामनुप्राप्स्यति॥ यदा पुनः कौशिक दानं शीलं क्षान्तिर्वीर्य्यं ध्यानञ्च प्रज्ञापारमिता-परिगृहीतं भवति तदा पारमितानामधेयं पारमिताशब्दं लभते तदा

(१) एतन्निदानमिति च०।
(२) जात्यन्धानां सत्वानामिति ग०।

ह्यासां चक्षुःप्रतिलम्भो भवति पञ्चानां पारमितानां सर्व्वज्ञतामार्गावताराय सर्व्वज्ञतानुप्राप्तये।

अथ खल्वायुष्मान् शारिपुत्त्रो भगवन्तमेतदवोचत्। कथं भगवन् बोधिसत्त्वेन महासत्वेन प्रज्ञापरिताऽभिनिर्हर्त्तव्या॥

एवमुक्ते भगवानायुष्मन्तं शारिपुत्त्रमेतदवोचत्। रूपस्य शारिपुत्त्राभिनिर्हारो(१) द्रष्टव्यः एवं वेदनायाः संज्ञायाः संस्काराणां विज्ञानस्य शारिपुत्त्राभिनिर्हारो(१) द्रष्टव्यः। यः शारिपुत्त्र पञ्चानां स्कन्धानामभिनिर्हारोऽयं शारिपुत्त्र प्रज्ञापारमिताया अभिनिर्हार इत्युच्यते। एवमभिनिर्हारेण(२) पञ्चानां स्कन्धानामभिनिर्हारः प्रज्ञापारमिताया अभिनिर्हारोऽभिनिर्हार इत्युच्यते॥

एवमुक्ते आयुष्मान् शारिपुत्त्रो भगवन्तमेतदवोचत्। एवमभिनिर्हारेणाभिनिर्हृता भगवन् प्रज्ञापारमिता कतमं धर्म्ममर्पयति॥

भगवानाह। एवमभिनिर्हृता शारिपुत्त्र प्रज्ञापारमिता न कञ्चिद्धर्म्ममर्पयति। यदा सा शारिपुत्त्र न कञ्चिद्धर्म्ममर्पयति तदा प्रज्ञापारमितेति सङ्ख्यां गच्छति॥

अथ खलु शक्रो देवानामिन्द्रो भगवन्तमेतदवोचत्। किमियं भगवन् प्रज्ञापारमिता सर्व्वज्ञतामपि नार्पयति॥

भगवानाह। यत् कौशिकैवं वदसि किमियं प्रज्ञापारमिता सर्व्वज्ञतामपि नार्पयतीति। न यथोपलम्भस्तथाऽर्पयति न यथानाम तथाऽर्पयति न यथाभिसंस्कारस्तथाऽर्पयति॥

---

(१) अनभिनिर्हार इति ग० घ०।
(२) अनभिनिर्हारेणेति घ० च०। अनभिसंस्कारेणेति ङ०।

शक्र आह। कथन्तर्हि भगवन्नर्पयति॥

भगवानाह। यथा कौशिक नार्पयति तथाऽर्पयति॥

शक्र आह। आश्चर्यं भगवन् यावदियं प्रज्ञापारमिता न कञ्चिद्धर्म्ममुत्पादयति न कञ्चिद्धर्म्मं निरोधयति। सर्व्वधर्म्माणामनुत्पादायानिरोधाय(१) प्रत्युपस्थिताऽनुपस्थिता प्रज्ञापारमिता॥

अथ खल्वायुष्मान् सुभूतिर्भगवन्तमेतदवोचत्। सचेदेवमपि भगवन् बोधिसत्त्वो महासत्वः संज्ञास्यते दूरीकरिष्यतीमां प्रज्ञापारमितां रिक्तीकरिष्यतीमां प्रज्ञापारमितां तुच्छीकरिष्यतीमां प्रज्ञापारमितां न करिष्यतीमां प्रज्ञापारमितां॥

एवमुक्ते भगवानायुष्मन्तं सुभूतिमेतदवोचत्। एवमेतत् सुभूते एवमेतत्। अस्त्येष सुभूते पर्य्यायो येन पर्य्यायेण दूरीकरिष्यतीमां प्रज्ञापारमितां रिक्तीकरिष्यतीमां प्रज्ञापारमितां तुच्छीकरिष्यतीमां प्रज्ञापारमितां न करिष्यतीमां प्रज्ञापारमितां॥ तत् कस्य हेतोः। प्रज्ञापारमितायां हि सुभूते परिदीपितायां न रूपं परिदीपितं भवति। न वेदना न संज्ञा न संस्कारा न विज्ञानं परिदीपितं भवति। न स्रोतआपत्तिफलं परिदीपितं भवति। न सकृदागामिफलं परिदीपितं भवति। नानागामिफलं परिदीपितं भवति। नार्हत्त्वं परिदीपितं भवति। न प्रत्येकबुद्धत्वं परिदीपितं भवति। न बुद्धत्वं परिदीपितं भवति॥

स्थविरः सुभूतिराह। महापारमितेयं भगवन् यदुत प्रज्ञापारमिता।

---

(१) अनुत्पादानिरोधायेति ग०।

भगवानाह। तत् किम्मन्यसे सुभूते कतमेन पर्य्यायेण महापारमितेयं यदुत प्रज्ञापारमिता॥

स्थविरः सुभूतिराह। न भगवन् रूपं महत्करोति नाल्पीकरोति न रूपं सङ्क्षिपति न विक्षिपति। एवं न वेदनां न संज्ञां न संस्कारान् न भगवन् विज्ञानं महत्करोति नाल्पीकरोति न विज्ञानं सङ्क्षिपति न विक्षिपति। यान्यपि तानि तथागतस्य[१] तथागतबलानि तान्यपि न बलीकरोति न दुर्ब्बलीकरोति न सङ्क्षिपति न विक्षिपति। याऽपि[२] सा सर्व्वज्ञता तामपि न महत्करोति[३] नाल्पीकरोति न सङ्क्षिपति न विक्षिपति॥ तत् कस्य हेतोः। असङ्क्षिप्ताऽविक्षिप्ता हि भगवन् सर्व्वज्ञता। सचेदेवमपि भगवन् बोधिसत्त्वो महासत्वः सञ्जानीते चरति प्रज्ञापारमितायां॥ किं पुनरेवं सञ्जानान[४] एवमहं सर्व्वज्ञज्ञानसमन्वागतः सत्वेभ्यो धर्मन्देशयिष्याम्येवमिमान् सत्वान् परिनिर्वापयिष्यामीति॥ तत् कस्य हेतोः। न ह्येष प्रज्ञापारमितानिष्यन्दो य इमान् सत्वान् परिनिर्व्वापयिष्यामीति सत्वोपलम्भः। एष एवास्य महानुपलम्भः स्यात्॥ तत् कस्य हेतोः। सत्वास्वभावजातिका हि प्रज्ञापारमिता वेदितव्या। सत्वास्वभावतया प्रज्ञापारमिताऽस्वभावता वेदितव्या। सत्वविविक्ततया[५] प्रज्ञापारमिताविविक्तता वेदितव्या। सत्त्वाचिन्त्यतया प्रज्ञा-

---

(१) घ० ङ० पुस्तकयोः, तथागतस्येति पाठो न विद्यते।

(२) यानि तानि इति ख० च०।

(३) महतीकरोति इति ग० घ० ङ०।

(४) सञ्जानीते इति घ०।

(५) सत्वाविविक्ततयेति घ०।

पारमिताऽचिन्त्यता वेदितव्या। सत्त्वाऽविनाशधर्म्मतया प्रज्ञापारमिताऽविनाशधर्म्मता वेदितव्या। सत्वानभिसम्बोधनतया प्रज्ञापारमिताऽनभिसम्बोधनता वेदितव्या। सत्व[१] यथाभूतार्थानभिसम्बोधनतया प्रज्ञापारमितायथाभूतार्थानभिसम्बोधनता वेदितव्या। सत्वबलसमुदागमनतया तथागतबलसमुदागमनता वेदितव्या॥ अनेन भगवन् पर्य्यायेण महापारमितेयं यदुत प्रज्ञापारमिता॥

अथ खल्वायुष्मान् शारिपुत्त्रो भगवन्तमेतदवोचत्। यो भगवन्निह गम्भीरायां प्रज्ञापारमितायां बोधिसत्त्वो महासत्वोऽधिमोक्ष्यिष्यति न काङ्क्षिष्यति न विचिकित्सिष्यति न धन्वायिष्यति। कुतः स भगवंश्च्युत इहोपपन्नो वेदितव्यः कियच्चिरचरितावी च स भगवन् बोधिसत्त्वो महासत्वो वेदितव्यो य इमां प्रज्ञापारमितामर्थतश्च धर्म्मतश्चार्थनयतश्च धर्म्मनयतश्चानुगमिष्यत्यनुभोत्स्यतेऽनुबोधयिष्यति[२] च।

एवमुक्ते भगवानायुष्मन्तं शारिपुत्त्रमेतदवोचत्। स शारिपुत्र बोधिसत्त्वो महासत्वोऽन्येभ्यो लोकधातुभ्यश्च्युतो बुद्धान् भगवतः पर्य्युपास्य परिपृच्छ्य इहोपपन्नो वेदितव्यः॥ तत् कस्य हेतोः। यः कश्चिच्छारिपुत्त्र बोधिसत्त्वो महासत्वोऽन्येभ्यो लोकधातुभ्यश्च्युतो-बुद्धान् भगवतः पर्य्युपास्य परिपृच्छ्य इहोपपन्नो भवति स इमां गम्भीरां प्रज्ञापारमिताम्भाष्यमाणां देश्यमानामुपदिश्यमानामुद्दिश्यमानां शृणुयादिमां प्राज्ञापारमितां श्रुत्वाऽच शास्तृसंज्ञां प्रज्ञापारमिताया-

---

(१) सत्वा इति च०।
(२) अनुमोदयिष्यति इति ङ०।

मुत्पादयेच्छास्ता मे सम्मुखीभूत इति शास्ता मे दृष्ट इति चित्त-मुत्पादयति। प्रज्ञापारमितायां भाष्यमाणायां देश्यमानाया-मुपदिश्यमानायामुद्दिश्यमानायां श्रोत्रमवदधाति सत्कृत्य शृणोति कथां नोपच्छिनत्ति। चिरचरितावी स शारिपुत्त्र तथारूपो बोधि-सत्त्वो महासत्त्वो वेदितव्यः बहुबुद्धपर्य्युपासितः स शारिपुत्त्र तथा-रूपो बोधिसत्त्वो महासत्त्वो वेदितव्यः॥

अथ खल्वायुष्मान् सुभूतिर्भगवन्तमेतदवोचत्। शक्या पुन-र्भगवन् प्रज्ञापारमितां श्रोतुं वोपलक्षयितुं वा समन्वाहर्तुं वोपपा-दयितुं वोपधारयितुं वा। इयं सा प्रज्ञापारमिता इह वा सा प्रज्ञापारमिता अमुत्र वा सा प्रज्ञापारमिता अनेन वा आकारेण लिङ्गेन निमित्तेनेति शक्या निर्द्देष्टुं वा श्रोतुं वा॥

भगवानाह। नो हीदं सुभूते। नेयं सुभूते प्रज्ञापारमिता स्कन्धशो वा धातुशो वा आयतनशो वा शक्या निर्द्देष्टुं वा श्रोतुं वोपलक्षयितुं वा समन्वाहर्त्तुं वोपपादयितुं वोपधारयितुं वा॥ तत् कस्य हेतोः। सर्व्वधर्म्मविविक्तत्वात् सुभूते अत्यन्तविविक्तत्वात् सुभूते सर्व्वधर्म्माणां न शक्या प्रज्ञापारमिता निर्द्देष्टुं वा श्रोतुं वोपलक्षयितुं वा समन्वाहर्त्तुं वोपपादयितुं वोपधारयितुं वा न चान्यत्र स्कन्धधात्वायतनेभ्यः प्रज्ञापारमिताऽवबोद्धव्या॥ तत् कस्य हेतोः। स्कन्धधात्वायतनमेव हि सुभूते शून्यं विविक्तं शान्तमिति हि प्रज्ञापारमिता च स्कन्धधा-त्वायतनञ्चाद्वयमेतदद्वैधीकारं शून्यत्वाद्विविक्तत्वादेवं शान्तत्वान्नोप-लभ्यते। योऽनुपलम्भः सर्व्वधर्म्माणां सा प्रज्ञापारमितेत्युच्यते। यदा न भवति संज्ञा समज्ञा प्रज्ञप्तिर्व्यवहारस्तदा प्रज्ञापारमितेत्युच्यते॥

स्थविरः सुभूतिराह। कियच्चिरचरितावी स भगवन् बोधिसत्त्वो महासत्त्वो वेदितव्यः य इह गम्भीरायां प्रज्ञापारमितायां योगमापत्स्यते॥

भगवानाह। विभज्य व्याकरणीयमेतत् सुभूते बोधिसत्त्वानां महासत्त्वानामिन्द्रियाधिमात्रतया। स्यात् खलु पुनः सुभूते पर्य्यायो येन पर्य्यायेण बोधिसत्त्वा बहूनि बुद्धशतानि बहूनि बुद्धसहस्राणि बहूनि बुद्धशतसहस्राणि दृष्ट्वा तेषामन्तिके ब्रह्मचर्य्यञ्चरित्वा इमां प्रज्ञापारमितां न श्रद्दध्युर्नाधिमुच्येयुः॥ तत् कस्य हेतोः। पूर्व्वमपि तेषां बुद्धानां भगवतामन्तिकादस्यां गम्भीरायां प्रज्ञापारमितायां भाष्यमाणायां देश्यमानायामुपदिश्यमानायामगौरवताऽभूत्। अगौरवतयाऽशुश्रूषणता अशुश्रूषणतयाऽपर्य्युपासनता अपर्य्युपासनतयाऽपरिपृच्छनता अपरिपृच्छनतयाऽश्रद्दधानता[१] अश्रद्दधानतया[२] ततः पर्षद्भ्योऽपक्रान्तास्ते ततो निदानं धर्म्मव्यसनसंवर्त्तनीयेन कर्म्मणा कृतेन सञ्चितेनाचितेनोपचितेन एतर्ह्यपि गम्भीरायां प्रज्ञापारमितायां भाष्यमानायां देश्यमानायामुपदिश्यमानायामपक्रामन्ति। अगौरवतयाऽश्रद्दधाना अनधिमुच्यन्तो न कायेन न चित्तेन सामग्रीन्ददति। ते सामग्रीमददाना इमां प्रज्ञापारमितां न जानन्ति न पश्यन्ति न बुध्यन्ते न वेदयन्ते। एवन्ते प्रज्ञापारमितां न श्रद्दधति अश्रद्दधाना न शृण्वन्ति अशृण्वन्तो न जानन्ति अजानन्तो न पश्यन्ति अपश्यन्तो न बुध्यन्ते अबुध्यमाना धर्म्मव्यसनसंवर्त्तनीयं कर्म्म कुर्व्वन्ति सञ्चिन्वन्ति आचिन्वन्ति उपचिन्वन्ति। ते तेन धर्म्मव्यसनसंवर्त्तनीयेन

---

(१) अनभिश्रद्दधानता इति च०।

(२) अनभिश्रद्दधानतया इति च०।

कर्म्मणा कृतेन सञ्चितेनाचितेनोपचितेन दुष्प्रज्ञसंवर्त्तनीयं कर्म्माभिसंस्करिष्यन्ति। तेन ते दुष्प्रज्ञसंवर्त्तनीयेन कर्म्मणाऽभिसंस्कृतेन सञ्चितेनाचितेनोपचितेन इमां प्रज्ञापारमितां भाष्यमाणां देश्यमानामुपदिश्यमानां प्रत्याख्यास्यन्ति प्रतिक्षेप्स्यन्ति प्रतिक्रोक्ष्यन्ति[१] प्रतिक्षिप्य चापक्रमिष्यन्ति॥ अस्याः खलु पुनः सुभूते प्रज्ञापारमितायाः प्रत्याख्यानेन प्रतिक्षेपेण प्रतिक्रोशेनातीतानागतप्रत्युत्पन्नानां बुद्धानां भगवतां सर्व्वज्ञता प्रत्याख्याता भवति प्रतिक्षिप्ता भवति प्रतिक्रुष्टा भवति। ते स्वसन्तानानुपहत्य दग्धापरेषामप्यल्पबुद्धिकानामल्पप्रज्ञानामल्पपुण्यानामल्पकुशलमूलानां पुद्गलानां श्रद्धामात्रकसमन्वागतानां प्रेममात्रकसमन्वागतानां प्रसादमात्रकसमन्वागतानां छन्दमात्रकसमन्वागतानामादिकर्म्मिकाणामभव्यरूपाणान्तदपि श्रद्धामात्रकं प्रेममात्रकं प्रसादमात्रकं छन्दमात्रकं विच्छन्दयिष्यन्ति विवेचयिष्यन्ति विवर्त्तयिष्यन्ति नात्र शिक्षितव्यमिति वक्ष्यन्ति नैतद्बुद्धवचनमिति वाचम्भाषिष्यन्ते॥ एवन्ते आत्मसन्तानानुपहत्य विवेच्य परसन्तानानप्युपहत्य विवेच्य प्रज्ञापारमितामभ्याख्यास्यन्ति। प्रज्ञापारमितायामभ्याख्यातायां सर्व्वज्ञताऽभ्याख्याता भवति। सर्व्वज्ञतायामभ्याख्यातायामतीतानागतप्रत्युत्पन्ना बुद्धा भगवन्तोऽभ्याख्याता भवन्ति। ते बुद्धानां भगवतामन्तिकादपक्रान्ता भविष्यन्ति धर्म्मात्परिमुक्ता भविष्यन्ति सङ्घात्परिबाह्या भविष्यन्ति। एवन्तेषां सर्व्वेण सर्व्वं सर्व्वथा सर्व्वन्त्रिरत्नात् परिबाह्यभावो भविष्यति। ते सत्त्वानां हितसुखोपच्छेदक्रियया महानिरय-

(१) प्रतिक्रोक्ष्यन्ति इति ग०, प्रतिक्रोचन्ति इति च०॥

विपाकसंवर्त्तनीयं कर्म्मोपचेष्यन्ति। तेऽनेनैवंरूपेण कर्म्माभिसंस्कारेणोपस्थापितेन समुत्थापितेन(१) धर्म्मव्यसनसंवर्त्तनीयेन दुष्प्रज्ञसंवर्त्तनीयेन कर्म्मणा बहूनि वर्षशतानि बहूनि वर्षसहस्राणि बहूनि वर्षशतसहस्राणि बहूनि वर्षकोटीशतानि बहूनि वर्षकोटीसहस्राणि बहूनि वर्षकोटीशतसहस्राणि बहूनि वर्षकोटीनियुतशतसहस्राणि महानिरयेषूपपत्स्यन्ते। ते महानिरयान्महानिरयं सङ्क्रमिष्यन्ति। तेषां तथा सुचिरं महानिरयान्महानिरयं सङ्क्रामतान्तेजःसंवर्त्तनी प्रादुर्भविष्यति। तेजःसंवर्त्तन्यां प्रादुर्भूतायां येऽन्येषु लोकधातुषु महानिरयास्तत्र ते क्षेप्स्यन्ते। ते तेषु महानिरयेषूपपत्स्यन्ते। ते तत्र विक्षिप्तास्तेषु महानिरयेषूपपन्नाः समानास्तत्रापि महानिरयान्महानिरयं सङ्क्रमिष्यन्ति। तेषां तत्रापि महानिरयान्महानिरयं सङ्क्रामतां तत्रापि पुनरेव तथैव तेजःसंवर्त्तनी प्रादुर्भविष्यति। ते तस्यां तेजःसंवर्त्तन्यां प्रादुर्भूतायां ततश्च्युताः समानाः पुनरेवान्येषु लोकधातुषु ये महानिरयास्तत्र क्षेप्स्यन्ते। ते तेषु महानिरयेषूपपत्स्यन्ते। ते तत्रापि तथैव महानिरयान्महानिरयं सङ्क्रमिष्यन्ति। तेषां तत्रापि सुचिरं महानिरयान्महानिरयं सङ्क्रामतां तत्रापि तथैव तेजःसंवर्त्तनी प्रादुर्भविष्यति। ते तस्यां तेजःसंवर्त्तन्यां प्रादुर्भूतायां पुनरेव ततश्च्युतास्तेनैवाक्षीणेन सावशेषेण कर्म्मणा इहैव लोकधातौ पुनः क्षेप्स्यन्ते। क्षिप्ताः सन्तो महानिरयेषूपपत्स्यन्ते। ते पुनरेव तानि महानिरयेषु महान्ति महानिरयदुःखानि प्रत्यनुभविष्यन्ति। तावत्प्रत्यनुभविष्यन्ति यावत्पुनरेव तेजःसंवर्त्तनी

(१) समुपस्थापितेनेति च०।

प्रादुर्भविष्यति । एवं ते बहुदुःखवेदनीयं कर्म्म प्रत्यनुभविष्यन्ति ॥ तत् कस्य हेतोः । यथापि नाम दुर्भाषितत्वाद्वाचः ॥

अथ खल्वायुष्मान् शारिपुत्त्रो भगवन्तमेतदवोचत् । पञ्च भगवन्नानन्तर्य्याणि कर्म्माणि कृतान्युपचितान्यस्य मनोदुश्चरितस्य वागदुश्चरितस्य च न प्रतिवर्णिकापि नानुरूपाण्यपि न प्रतिरूपाण्यपि भवन्ति ॥

भगवानाह । एवमेतच्छारिपुत्त्रैवमेतत् । पञ्चानन्तर्य्यानि शारिपुत्त्र कर्म्माणि कृतान्युपचितान्यस्य मनोदुश्चरितस्य वागदुश्चरिस्य च न प्रतिवर्णिकापि नानुरूपाण्यपि न प्रतिरूपाण्यप्यस्य कर्म्मणः कृतस्य सञ्चितस्याचितस्योपचितस्य । ये केचिदिमां गम्भीरां प्रज्ञापारमितां भाष्यमाणां देश्यमानामुपदिश्यमानामुद्दिश्यमानां प्रतिबाधितव्यां मंस्यन्ते प्रतिक्षेप्स्यन्ति प्रतिक्रोक्ष्यन्ति नात्र शिक्षितव्यमिति वक्ष्यन्ति नेयन्तथागतभाषितेति वाचं भाषिष्यन्ते ततोऽन्यानपि सत्वान् विवेचयिष्यन्ति ते स्वसन्तानानुपहत्य परसन्तानानुपहनिष्यन्ति ते स्वसन्तानान् सविषान् कृत्वा परसन्तानान् सविषान् करिष्यन्ति स्वयं नष्टाः परानपि नाशयिष्यन्ति । स्वयं गम्भीरां प्रज्ञापारमितामजानाना अनवबुध्यमानाः परानपि ग्राहयिष्यन्ति नात्र शिक्षितव्यमिति वाचम्भाषिष्यन्ते । नाहं शारिपुत्त्रैवंरूपाणां पुद्गलानां दर्शनमप्यभ्यनुजानामि । कुतस्तैः सह संवासं कुतो वा लाभसत्कारं कुतः स्थानं ॥ तत् कस्य हेतोः । धर्म्मदूषका हि ते शारिपुत्त्र तथारूपाः पुद्गला वेदितव्या इति । कसम्बकजातास्ते शारिपुत्त्र तथारूपाः पुद्गला वेदितव्याः कृष्णानिर्जातिकाः[१] कृष्णाहिजातिकास्ते शारिपुत्त्र तथारूपाः पुद्गला

(१) घ० पुस्तके कृष्णानिर्जातिका इति पाठो न विद्यते ।

वेदितव्याः। तेषां शारिपुत्र तथारूपाणां पुद्गलानां ये श्रोतव्यं मंस्यन्ते सर्व्वे तेऽनयेन व्यसनमापत्स्यन्ते। ये च शारिपुत्र प्रज्ञापारमितां दूषयन्ति इमे ते शारिपुत्र धर्म्मदूषकाः पुद्गला वेदितव्याः॥

शारिपुत्र आह। न भगवता तस्य पुद्गलस्य तत्रोपपन्नस्य महानिरयगतस्यात्मभावस्य प्रमाणमाख्यातं॥

भगवानाह। तिष्ठतु शारिपुत्र तस्य पुद्गलस्य तत्रोपपन्नस्य महानिरयगतस्यात्मभावस्य प्रमाणं॥ तत् कस्य हेतोः। मा तथारूपस्य पुद्गलस्य तदात्मभावस्य प्रमाणं श्रुत्वा उष्णं रुधिरं मुखादागच्छेत् मरणं वा निगच्छेत् मरणमात्रकं वा दुःखमागाढ़माबाधं स्पृशेद्वृह्येत वा शोकशल्यो वाऽस्याविशेत् महाप्रपातं वा प्रपतेदुपशुष्येत वा म्लायेत वा। मैव महाप्रतिभयं तस्यात्मभावस्य प्रमाणमश्रौषीत् यस्येमे दोषाः संविद्यन्ते॥

न भगवानायुष्मतः शारिपुत्रस्यावकाशं करोति। इयत्तस्यात्मभावस्य प्रमाणं भविष्यतीति द्वितीयकमपि तृतीयकमप्यायुष्मान् शारिपुत्रो भगवन्तमेतदवोचत्। आख्यातु मे भगवांस्तस्य पुद्गलस्यात्मभावस्य प्रमाणं पश्चिमाया जनतायाः[१] आलोकः कृतो भविष्यति॥

अनेन वाङ्मनःकर्म्मणा कृतेन सञ्चितेनाचितेनोपचितेन एवं महान्तं महानिरयेष्वात्मभावं परिगृह्णीतेति भगवानाह। एष एव शारिपुत्र पश्चिमाया जनतायाः आलोकः कृतो भविष्यति यदनेन वाङ्मनोदुश्चरितेनाकुशलेन कर्म्माभिसंस्कारेणाभिसंस्कृतेन सञ्चितेनाचितेनोपचितेन इयच्चिरदुःखं प्रत्यनुभविष्यतीति। या एतस्यैव शारिपुत्र दुःखस्याप्रमेयता बहुदुःखता व्याख्याता एष एव शुक्लांशिकस्य कुलपुत्रस्य

(१) पश्चिमायां जनतायामिति ख० ङ० च०।

वा कुलदुहितुर्वा संवेगो भविष्यति। ततः स तेभ्यो धर्म्मव्यसनसंवर्त्तनीयेभ्यः कर्म्मभ्यो विनिवृत्य पुण्याभिसंस्कारमेव कुर्य्याज्जीवितहेतोरपि सद्धर्म्मं न प्रतिक्षेप्स्यति। मा भूदस्माकमपि तादृशैर्दुःखैः समवधानमिति॥

अथ खल्वायुष्मान् सुभूतिर्भगवन्तमेतदवोचत्। सुसंवृतकायकर्म्मवाक्कर्म्ममनस्कर्म्मणा भगवन् कुलपुत्रेण वा कुलदुहित्रा वा भवितव्यं॥ तत् कस्य हेतोः। यत्र हि नाम भगवन्नेवंरूपेण वाग्दुर्भाषितेन इयान् महान् पुण्यस्कन्धः प्रसूयते[१]। कतमेन पुनर्भगवन् कर्म्मणा इयान् महान् पुण्यस्कन्धः प्रसूयते॥

भगवानाह। एवंरूपेण सुभूते वाग्दुर्भाषितेन इयान् महान् पुण्यस्कन्धः प्रसूयते। इहैव ते सुभूते मोहपुरुषाः स्वाख्याते धर्म्मविनये प्रव्रजिता भविष्यन्ति य इमां गम्भीरां प्रज्ञापारमितां दूषयितव्यां मंस्यन्ते प्रतिक्षेप्तव्यां मंस्यन्ते प्रतिबाधितव्यां मंस्यन्ते। प्रज्ञापारमितायाञ्च प्रतिबाधितायां बुद्धानां भगवतां प्रतिबाधिता भवति। बुद्धबोधौ प्रतिबाधितायामतीतानागतप्रत्युत्पन्नानां बुद्धानां भगवतां सर्व्वज्ञता प्रतिबाधिता भवति। सर्व्वज्ञतायां प्रतिबाधितायां सद्धर्म्मः प्रतिबाधितो भवति। सद्धर्म्मे प्रतिबाधिते तथागतश्रावकसङ्घः प्रतिबाधितो भवति। तथागतश्रावकसङ्घेऽपि प्रतिबाधिते एवन्तस्य सर्व्वेण सर्व्वं सर्व्वथा सर्व्वं चिरत्नात् परिवाह्यभावो भवति अप्रमेयासंख्येयतरश्च महानकुशलकर्म्माभिस्कारः परिगृहीतो भवति॥

एवमुक्ते आयुष्मान् सुभूतिर्भगवन्तमेतदवोचत्। कोऽत्र भगवन्

(१) प्रस्रायते इति घ०।

हेतुः कः प्रत्ययो यत्स कुलपुत्त्रो वा कुलदुहिता वा इमां प्रज्ञापारमितां प्रतिबाधितव्यां मंस्यते॥

भगवानाह। माराधिष्ठितो वा सुभूते स कुलपुत्त्रो वा कुलदुहिता वा भविष्यति। दुष्प्रज्ञसंवर्त्तनीयेन वा कर्म्मणा[१] गम्भीरेषु धर्म्मेषु नास्य श्रद्धा नास्य प्रसादः। आभ्यां सुभूते द्वाभ्यां पापाभ्यां धर्म्माभ्यां समन्वागतः स कुलपुत्त्रो वा कुलदुहिता वा इमां प्रज्ञापारमितां प्रतिबाधिष्यते॥ पुनरपरं सुभूते स कुलपुत्त्रो वा कुलदुहिता वा पापमित्रहस्तगतो वा भविष्यति अनभियुक्तो वा भविष्यति स्कन्धाभिनिविष्टो वा भविष्यति आत्मोत्कर्षी परेषां पंसको दोषान्तरप्रेक्षी वा भविष्यति एभिरपि सुभूते चतुर्भिराकारैः स कुलपुत्त्रो वा कुलदुहिता वा समन्वागतो भविष्यति य इमां प्रज्ञापारमितां भाष्यमाणां देश्यमानामुपदिश्यमानां प्रतिबाधितव्यां मंस्यते[२] इति॥ *॥

आर्य्याष्टसाहस्रिकायां प्रज्ञापारमितायां निरयपरिवर्त्तो नाम सप्तमः॥ *॥

---

(१) दुष्प्रज्ञसंवर्त्तनीयेन वाक्कर्म्मणा इति च०।

(२) मंस्यन्ते इति क० ख० ग० घ० ङ० च०।

अथ विशुद्धिपरिवर्त्तो नामाष्टमः ।

अथ खल्वायुष्मान् सुभूतिर्भगवन्तमेतदवोचत्। दुरधिमोचा भगवन् प्रज्ञापारमिताऽनभियुक्तेन कुशलमूलविरहितेन पापमित्रहस्तगतेन ॥

भगवानाह। एवमेतत् सुभूते एवमेतत्। दुरधिमोचा सुभूते प्रज्ञापारमिताऽनभियुक्तेन परीत्त[१]कुशलमूलेन दुर्मेधसा अनर्थिकेनाल्पश्रुतेन हीनप्रज्ञेन पापमित्रोपस्तब्धेन अशुश्रूषणाऽपरिपृच्छकजातीयेन कुशलेषु धर्म्मेष्वनभियुक्तेन ॥

सुभूतिराह । कियद्गम्भीरा वतेयं भगवन् प्रज्ञापारमिता दुरधिमोचतया ॥

भगवानाह। रूपं सुभूते अबद्धममुक्तं॥ तत् कस्य हेतोः। रूपास्वभावत्वात् सुभूते रूपमबद्धममुक्तं॥ एवं वेदना संज्ञा संस्कारा विज्ञानं सुभूतेऽबद्धममुक्तं॥ तत् कस्य हेतोः। विज्ञानास्वभावत्वात् सुभूते विज्ञानमबद्धममुक्तं॥ रूपस्य सुभूते पूर्व्वान्तोऽबद्धोऽमुक्तः॥ तत् कस्य हेतोः। पूर्व्वान्तास्वभावं हि सुभूते रूपं॥ रूपस्य सुभूतेऽपरान्तोऽबद्धोऽमुक्तः॥ तत् कस्य हेतोः। अपरान्तास्वभावं हि सुभूते रूपं॥ प्रत्युत्पन्नं सुभूते रूपमबद्धममुक्तं॥ तत् कस्य हेतोः।

---

(१) परीत इति च० ।

प्रत्युत्पन्नास्वभावं हि सुभूते प्रत्युत्पन्नं रूपं॥ एवं वेदना संज्ञा संस्कारा विज्ञानस्य सुभूते पूर्व्वान्तोऽबद्धोऽमुक्तः॥ तत् कस्य हेतोः। पूर्व्वान्तास्वभावं हि सुभूते विज्ञानं॥ विज्ञानस्य सुभूतेऽपरान्तोऽबद्धोऽमुक्तः॥ तत् कस्य हेतोः। अपरान्तास्वभावं हि सुभूते विज्ञानं॥ प्रत्युत्पन्नं सुभूते विज्ञानमबद्धममुक्तं॥ तत् कस्य हेतोः। प्रत्युत्पन्नास्वभावं हि सुभूते प्रत्युत्पन्नं विज्ञानं॥

सुभूतिराह। दुरधिमोचा भगवन् प्रज्ञापारमिता परमदुरधिमोचा भगवन् प्रज्ञापारमिता अनभियुक्तेनानवरोपितकुशलमूलेन पापमित्रहस्तगतेन मारवशगतेन कुसीदेन हीनवीर्य्येण मुषितस्मृतिना दुष्प्रज्ञेन॥

भगवानाह। एवमेतत् सुभूते एवमेतत्। दुरधिमोचा सुभूते प्रज्ञापारमिता परमदुरधिमोचा सुभूते प्रज्ञापारमिता अनभियुक्तेनानवरोपितकुशलमूलेन पापमित्रहस्तगतेन मारवशगतेन कुसीदेन हीनवीर्य्येण मुषितस्मृतिना दुष्प्रज्ञेन॥ तत् कस्य हेतोः। या सुभूते रूपविशुद्धिः सा फलविशुद्धिः या फलविशुद्धिः सा रूपविशुद्धिरिति हि सुभूते रूपविशुद्धिश्च फलविशुद्धिश्चाद्वयमेतदद्वैधीकारमभिन्नमच्छिन्नमिति हि सुभूते फलविशुद्धितो रूपविशुद्धी रूपविशुद्धितः फलविशुद्धिः॥ एवं वेदनासंज्ञासंस्कारा या सुभूते विज्ञानविशुद्धिः सा फलविशुद्धिः या फलविशुद्धिः सा विज्ञानविशुद्धिरिति हि सुभूते विज्ञानविशुद्धिश्च फलविशुद्धिश्चाद्वयमेतदद्वैधीकारमभिन्नमच्छिन्नमिति हि सुभूते फलविशुद्धितो विज्ञानविशुद्धिर्विज्ञानविशुद्धितः फलविशुद्धिः॥ पुनरपरं सुभूते या रूपविशुद्धिः

सा सर्व्वज्ञताविशुद्धिः या सर्व्वज्ञताविशुद्धिः सा रूपविशुद्धिरिति हि सुभूते रूपविशुद्धिश्च सर्व्वताविशुद्धिश्चाद्वयमेतदद्वैधीकारमभिन्नमच्छिन्नमिति हि सुभूते सर्व्वज्ञताविशुद्धितो रूपविशुद्धिः रूपविशुद्धितः सर्व्वताविशुद्धिः ॥ एवं वेदनासंज्ञासंस्कारा या सुभूते विज्ञानविशुद्धिः सा सर्व्वज्ञताविशुद्धिः या सर्व्वज्ञताविशुद्धिः सा विज्ञानविशुद्धिरिति हि सुभूते विज्ञानविशुद्धिश्च सर्व्वज्ञताविशुद्धिश्चाद्वयमेतदद्वैधीकारमभिन्नमच्छिन्नमिति हि सुभूते सर्व्वज्ञताविशुद्धितो विज्ञानविशुद्धिः विज्ञानविशुद्धितः सर्व्वज्ञताविशुद्धिः ॥

अथ खल्वायुष्मान् शारिपुत्त्रो भगवन्तमेतदवोचत् । गम्भीरा भगवन् प्रज्ञापारमिता ॥

भगवानाह । विशुद्धत्वाच्छारिपुत्त्र ॥

आह । अवभासकरी भगवन् प्रज्ञापारमिता ॥

भगवानाह । विशुद्धत्वाच्छारिपुत्त्र ॥

आह । आलोको भगवन् प्रज्ञापारमिता ॥

भगवानाह । विशुद्धत्वाच्छारिपुत्त्र ॥

आह । अप्रतिसन्धिर्भगवन् प्रज्ञापारमिता ॥

भगवानाह । विशुद्धत्वाच्छारिपुत्त्र ॥

आह । असंक्लेशो भगवन् प्रज्ञापारमिता ॥

भगवानाह । विशुद्धत्वाच्छारिपुत्त्र ॥

आह । अप्राप्तिरनभिसमयो भगवन् प्रज्ञापारमिता ॥

भगवानाह । विशुद्धत्वाच्छारिपुत्त्र ॥

आह । अनभिनिर्वृत्तिर्भगवन् प्रज्ञापारमिता ॥

भगवानाह। विशुद्धत्वाच्छारिपुत्त्र ॥

आह। अत्यन्तानुपपत्ति[१] र्भगवन् प्रज्ञापारमिता कामधातु-रूपधात्वारूप्यधातुषु ॥

भगवानाह। विशुद्धत्वाच्छारिपुत्त्र ॥

आह। न जानाति न सञ्जानीते भगवन् प्रज्ञापारमिता ॥

भगवानाह। विशुद्धत्वाच्छारिपुत्त्र ॥

आह। किं पुनर्भगवन् प्रज्ञापारमिता न जानाति न सञ्जानीते।

भगवानाह। रूपं शारिपुत्त्र प्रज्ञापारमिता न जानाति न सञ्जानीते॥ तत् कस्य हेतोः। विशुद्धत्वाच्छारिपुत्त्र ॥ एवं वेदना-संज्ञासंस्कारा विज्ञानं शारिपुत्त्र प्रज्ञापारमिता न जानाति न सञ्जानीते॥ तत् कस्य हेतोः। विशुद्धत्वाच्छारिपुत्त्र॥

आह। प्रज्ञापारमिता भगवन् सर्व्वज्ञताया नापकारं करोति नोपकारं करोति ॥

भगवानाह। विशुद्धत्वाच्छारिपुत्त्र॥

आह। प्रज्ञापारमिता भगवन् न कञ्चिद्धर्म्मं परिगृह्णाति न परित्यजति ॥

भगवानाह। विशुद्धत्वाच्छारिपुत्त्र ॥

अथ खल्वायुष्मान् सुभूतिर्भगवन्तमेतदवोचत्। आत्मविशुद्धितो भगवन् रूपविशुद्धिः॥

भगवानाह। अत्यन्तविशुद्धत्वात् सुभूते ॥

---

(१) अत्यन्तानुत्पत्तिरिति ग०।

आह। आत्मविशुद्धितो भगवन् वेदनासंज्ञासंस्कारविशुद्धिः। आत्मविशुद्धितो भगवन् विज्ञानविशुद्धिः॥

भगवानाह। अत्यन्तविशुद्धत्वात् सुभूते॥

आह। आत्मविशुद्धितो भगवन् फलविशुद्धिः॥

भगवानाह। अत्यन्तविशुद्धत्वात् सुभूते॥

आह। आत्मविशुद्धितो भगवन् सर्व्वज्ञताविशुद्धिः॥

भगवानाह। अत्यन्तविशुद्धत्वात् सुभूते॥

आह। आत्मविशुद्धितो भगवन् न प्राप्तिर्नाभिसमयः।

भगवानाह। अत्यन्तविशुद्धत्वात् सुभूते॥

आह। आत्मापर्य्यन्ततया भगवन् रूपापर्य्यन्तता॥

भगवानाह। अत्यन्तविशुद्धत्वात् सुभूते॥

आह। आत्मापर्य्यन्ततया भगवन् वेदनासंज्ञासंस्कारविज्ञानापर्य्यन्तता॥

भगवानाह। अत्यन्तविशुद्धत्वात् सुभूते॥

आह। य एवमस्य बोधिसत्त्वस्य महासत्वस्य भगवन्नवबोधः इयमस्य प्रज्ञापारमिता॥

भगवानाह। अत्यन्तविशुद्धत्वात् सुभूते।

आयुष्मान् सुभूतिराह। सा खलु पुनरियं भगवन् प्रज्ञापारमिता नापरे तीरे न परे तीरे नाप्युभयमन्तरेण विप्रकृता स्थिता॥

भगवानाह। अत्यन्तविशुद्धत्वात् सुभूते॥

आयुष्मान् सुभूतिराह। एवमपि भगवन् संज्ञास्यते बोधिसत्त्वो

महासत्त्वो रिञ्चिष्यतीमां प्रज्ञापारमितां दूरीकरिष्यतीमां प्रज्ञापारमितां॥

भगवानाह। साधु साधु सुभूते। एवमेतत् सुभूते एवमेतत्॥ तत् कस्य हेतोः। नामतोऽपि हि सुभूते सङ्गो निमित्ततोऽपि सङ्गः॥

एवमुक्ते आयुष्मान् सुभूतिर्भगवन्तमेतदवोचत्। आश्चर्य्यं भगवन् यावदियं प्रज्ञापारमिता स्वाख्याता सुनिर्द्दिष्टा सुपरिनिष्ठिता। यत्र हि नाम भगवता इमेऽपि सङ्गा आख्याताः॥

अथ खल्वायुष्मान् शारिपुत्त्र आयुष्मन्तं सुभूतिमेतदवोचत् कतमे ते आयुष्मन् सुभूते सङ्गाः॥

सुभूतिराह। रूपमायुष्मन् शारिपुत्त्र शून्यमिति सङ्गः। एवं वेदनासंज्ञासंस्कारा विज्ञानमायुष्मन् शारिपुत्त्र शून्यमिति सङ्गः। अतीतेषु धर्म्मेष्वतीता धर्म्मा इति सञ्जानीते सङ्गः। अनागतेषु धर्म्मेष्वनागता धर्म्मा इति सञ्जानीते सङ्गः। प्रत्युत्पन्नेषु धर्म्मेषु प्रत्युत्पन्ना धर्म्मा इति सञ्जानीते सङ्गः। इयन्तं पुण्यस्कन्धं प्रसूयते बोधिसत्त्वयानिकः पुद्गलः प्रथमेन चित्तोत्पादेनेति सञ्जानीते सङ्गः॥

अथ खलु शक्रो देवानामिन्द्र आयुष्मन्तं सुभूतिमेतदवोचत्। कतमेनार्य्य सुभूते पर्य्यायेण सङ्गः॥

सुभूतिराह। सचेत् कौशिक तद्बोधिचित्तं सञ्जानीते इदन्तत्प्रथमं बोधिचित्तमित्यनुत्तरायां सम्यक्सम्बोधौ परिणामयामीति परिणामयति। न च चित्तप्रकृतिः शक्या परिणामयितुं तेन कुलपुत्त्रेण वा कुलदुहित्रा वा महायानसंप्रस्थितेन॥ तस्मात्तर्हि कौशिक परं सन्दर्शयता समादापयता समुत्तेजयता सम्प्रहर्षयता अनुत्तरायां

सम्यक्सम्बोधौ भूतानुगमेन सन्दर्शयितव्यं समादापयितव्यं समुत्ते-जयितव्यं सम्प्रहर्षयितव्यं। एवमात्मानं च न क्षिणोति बुद्धानु-ज्ञातया[१] च समादापनया परं समादापयति स कुलपुत्रो वा कुलदुहिता वा। इमास्तस्य सर्व्वाः सङ्गकोट्यो विवर्ज्जिता भवन्ति॥

अथ खलु भगवानायुष्मते सुभूतये साधुकारमदात्। साधु साधु सुभूते। यस्त्वं बोधिसत्त्वान् महासत्वानिमाः सङ्गकोटीर्बोधयसि तेन हि सुभूते अन्यानपि सूक्ष्मतरान् सङ्गानाख्यास्यामि तान् शृणु साधु च सुष्ठु च मनसि कुरु भाषिष्येऽहन्ते। साधु भगवन्नित्यायुष्मान् सुभूति-र्भगवतः प्रत्यश्रोषीत्॥

भगवानेतदवोचत्। इह सुभूते श्राद्धः कुलपुत्रो वा कुलदुहिता वा तथागतमर्हन्तं सम्यक्सम्बुद्धं निमित्ततो मनसि करोति। यावन्ति खलु पुनः सुभूते निमित्तानि तावन्तः सङ्गाः॥ तत् कस्य हेतोः। निमित्ततो हि सुभूते सङ्गः। इति हि सोऽतीतानागतप्रत्युत्पन्नानां बुद्धानां भगवतां ये अनास्रवा धर्म्मास्ताननु-मोदे। इत्यनुमोद्यानुमोदनासहगतं कुशलमूलमनुत्तरायां सम्यक्-सम्बोधौ परिणामयामीति परिणामयति। या खलु पुनः सुभूते धर्म्माणां धर्म्मता न साऽतीता वा अनागता वा प्रत्युत्पन्ना वा या नातीता नानागता न प्रत्युत्पन्ना सा त्र्यध्वनिर्म्मुक्ता या त्र्यध्वनिर्म्मुक्ता न सा शक्या परिणामयितुं न निमित्तीकर्त्तुं नारम्बणीकर्त्तुं नापि सा दृष्टश्रुतमतविज्ञाता[२]॥

(१) बुद्धानुज्ञाततया इति ङ०।
(२) दृष्टश्रुतविज्ञाता इति ग० दृष्टश्रुतमनसि ज्ञाता इति क० घ०।

सुभूतिराह। गम्भीरा भगवन् प्रकृतिर्धर्म्माणाम्(१)॥

भगवानाह। विविक्तत्वात् सुभूते॥

आह। प्रकृतिगम्भीरा भगवन् प्रज्ञापारमिता॥

भगवानाह। प्रकृतिविशुद्धत्वात् सुभूते प्रकृतिविविक्तत्वात्(२) प्रकृतिगम्भीरा प्रज्ञापारमिता॥

सुभूतिराह। प्रकृतिविविक्ता भगवन् प्रज्ञापारमिता। नमस्करोमि भगवन् प्रज्ञापारमितायै॥

भगवानाह। सर्व्वधर्म्मा अपि सुभूते प्रकृतिविविक्ताः। या च सुभूते सर्व्वधर्म्माणां प्रकृतिविविक्तता सा प्रज्ञापारमिता॥ तत् कस्य हेतोः। तथा हि सुभूते अकृताः सर्व्वधर्म्मास्तथागतेनार्हता सम्यक्सम्बुद्धेनाभिसम्बुद्धाः॥

सुभूतिराह। तस्मात्तर्हि भगवन् सर्व्वधर्म्मा अनभिसम्बुद्धास्तथागतेनार्हता सम्यक्सम्बुद्धेन॥

भगवानाह। तथाहि सुभूते प्रकृत्यैव न ते धर्म्माः किञ्चित्। या च प्रकृतिः साऽप्रकृतिः या चाप्रकृतिः सा प्रकृतिः सर्व्वधर्म्माणामेकलक्षणत्वाद्यदुतालक्षणत्वात्॥ तस्मात्तर्हि सुभूते सर्व्वधर्म्मा अनभिसम्बुद्धास्तथागतेनार्हता सम्यक्सम्बुद्धेन॥ तत् कस्य हेतोः। न हि सुभूते द्वे धर्म्मप्रकृती एकैव हि सुभूते सर्व्वधर्म्माणां प्रकृतिः। या च सुभूते सर्व्वधर्म्माणां प्रकृतिः साऽप्रकृतिः या चाप्रकृतिः सा प्रकृतिः। एवमेताः सुभूते सर्व्वाः सङ्कोट्यो विवर्जिता भवन्ति॥

---

(१) प्रकृतिधर्म्मा इति च०।

(२) च० पुस्तके, प्रकृतिविविक्तत्वादिति पाठो नास्ति।

सुभूतिराह । गम्भीरा भगवन् प्रज्ञापारमिता ॥

भगवानाह । आकाशगम्भीरतया सुभूते गम्भीरा प्रज्ञापारमिता[१] ॥

सुभूतिराह । दुरनुबोधा भगवन् प्रज्ञापारमिता ॥

भगवानाह । तथा हि सुभूते न कश्चिदभिसम्बुध्यते ॥

आह । अचिन्त्या भगवन् प्रज्ञापारमिता ॥

भगवानाह । तथा हि सुभूते प्रज्ञापारमिता न चित्तेन ज्ञातव्या न चित्तगमनीया ॥

आह । अकृता भगवन् प्रज्ञापारमिता ॥

भगवानाह । कारकानुपलब्धितः सुभूते अकृता प्रज्ञापारमिता ॥

आह । तेन हि भगवन् बोधिसत्त्वेन महासत्वेन प्रज्ञापारमितायां कथञ्चरितव्यं ॥

भगवानाह । सचेत् सुभूते बोधिसत्त्वो महासत्वः प्रज्ञापारमितायाञ्चरन् न रूपे चरति चरति प्रज्ञापारमितायां । एवं सचेन्न वेदनायां न संज्ञायां न संस्कारेषु सचेन्न विज्ञाने चरति चरति प्रज्ञापारमितायां । सचेद्रूपमनित्यमिति न चरति चरति प्रज्ञापारमितायां । एवं वेदनासंज्ञासंस्काराः सचेद्विज्ञानमनित्यमिति न चतति प्रज्ञापारमितायां । सचेद्रूपं शून्यमिति न चरति चरनि प्रज्ञापारमितायां । एवं वेदनासंज्ञासंस्काराः सचेद्विज्ञानं शून्यमिति न चरति चरति प्रज्ञापारमितायां । सचेद्रूपमप्रतिपूर्णं प्रतिपूर्णमिति न

(१) आकाशगम्भीरा प्रज्ञापारमिता इति घ० ।

चरति चरति प्रज्ञापारमितायां। या च रूपस्याप्रतिपूर्णता प्रतिपूर्णता वा न तद्रूपं। एवं वेदनासंज्ञासंस्काराः सचेद्विज्ञानमप्रतिपूर्णं प्रतिपूर्णमिति न चरति चरति प्रज्ञापारमितायां। या च विज्ञानस्याप्रतिपूर्णता प्रतिपूर्णता वा न तद्विज्ञानं। सचेदेवमपि न चरति चरति प्रज्ञापारमितायां॥

एवमुक्ते आयुष्मान् सुभूतिर्भगवन्तमेतदवोचत्। आश्चर्य्यं भगवन् यावद्यदेवं बोधिसत्त्वानां महासत्वानां ससङ्गता चासङ्गता चाख्याता॥

भगवानाह। रूपं ससङ्गमसङ्गमिति सुभूते न चरति चरति प्रज्ञापारमितायां। एवं वेदनासंज्ञासंस्कारा(१) विज्ञानं ससङ्गमसङ्गमिति सुभूते न चरति चरति प्रज्ञापारमितायां। चक्षुः(२) ससङ्गमसङ्गमिति न चरति चरति प्रज्ञापारमितायां। एवं यावत् मनःसंस्पर्शजा वेदना ससङ्गाऽसङ्गेति न चरति चरति प्रज्ञापारमितायां। पृथिवीधातुः ससङ्गोऽसङ्ग इति न चरति चरति प्रज्ञापारमितायां। यावद्विज्ञानधातुः ससङ्गोऽसङ्ग इति न चरति चरति प्रज्ञापारमितायां। दानपारमिता ससङ्गाऽसङ्गेति न चरति चरति प्रज्ञापारमितायां। एवं शीलपारमिताक्षान्तिपारमितावीर्य्यपारमिताध्यानपारमिताप्रज्ञापारमिता ससङ्गाऽसङ्गेति न चरति चरति प्रज्ञापारमितायां। एवं सप्तत्रिंशद्बोधिपक्षा धर्म्मा बलानि वशारद्यानि प्रतिसंविदो अष्टादशावेणिका बुद्धधर्म्माः ससङ्गा असङ्गा इति न चरति चरति प्रज्ञापारमितायां। श्रोतआपत्ति

---

(१) एवं वेदनासंज्ञासंस्काराः सचेत् सुभूते इति ख० ग०।
(२) एवं सचेत् सुभूते बोधिसत्त्वो महासत्वः चक्षुरिति ग०।

फलं ससङ्गमसङ्गमिति न चरति चरति प्रज्ञापारमितायां। एवं सकृदागामिफलमनागामिफलमर्हत्त्वं ससङ्गमसङ्गमिति न चरति चरति प्रज्ञापारमितायां। प्रत्येकबुद्धत्वं ससङ्गमसङ्गमिति न चरति चरति प्रज्ञापारमितायां। बुद्धत्वं ससङ्गमसङ्गमिति न चरति चरति प्रज्ञापारमितायां। सर्व्वज्ञतापि सुभूते ससंज्ञाऽसङ्गेति न चरति चरति प्रज्ञापारमितायां। एवं चरन् सुभूते बोधिसत्त्वो महासत्त्वो न रूपे सङ्गञ्जनयति न वेदनायां न संज्ञायां न संस्कारेषु न विज्ञाने सङ्गञ्जनयति न चक्षुषि सङ्गञ्जनयति यावन्न मनःसंस्पर्शजायां वेदनायां सङ्गञ्जनयति न पृथिवीधातौ सङ्गञ्जनयति यावन्न विज्ञानधातौ सङ्गञ्जनयति न दानपारमितायां सङ्गञ्जनयति न शीलपारमितायां न क्षान्तिपारमितायां न वीर्य्यपारमितायां न ध्यानपारमितायां न प्रज्ञापारमितायां सङ्गञ्जनयति न बोधिपक्षेषु धर्म्मेषु(१) न बलेषु न वैशारद्येषु न प्रतिसंवित्सु नाष्टादशस्वावेणिकेषु(२) बुद्धधर्म्मेषु सङ्गञ्जनयति न स्रोतआपत्तिफले सङ्गञ्जनयति न सकृदागामिफले नानागामिफले नार्हत्त्वे सङ्गञ्जनयति न प्रत्येकबुद्धत्वे सङ्गञ्जनयति न बुद्धत्वे सङ्गञ्जनयति नापि सर्व्वज्ञतायां सङ्गञ्जनयति॥ तत् कस्य हेतोः। असक्ता अबद्धा अमुक्ता असमतिक्रान्ता हि सुभूते सर्व्वज्ञता॥ एवं हि सुभूते सर्व्वसङ्गसमतिक्रमाय बोधिसत्त्वैर्महासत्त्वैः प्रज्ञापारमितायां चरितव्यं॥

---

(१) ख० ग० च० पुस्तकेषु धर्म्मेष्विति पाठो न दृश्यते।
(२) अष्टादशावेणिकेष्विति घ० ङ० च०।

सुभूतिराह। आश्चर्य्यं भगवन्। यावद्गम्भीरोऽयं भगवन् धर्म्मः प्रज्ञापारमिता नाम या देश्यमानापि न परिहीयते अदेश्यमानापि न परिहीयते देश्यमानापि न वर्द्धते अदेश्यमानापि न वर्द्धते॥

एवमुक्ते भगवानायुष्मन्तं सुभूतिमेतदवोचत्। साधु साधु सुभूते। एवमेतत् सुभूते एवमेतत्। तद्यथापि नाम सुभूते तथागतोऽर्हन् सम्यक्सम्बुद्धो यावज्जीवं तिष्ठन्नाकाशस्य वर्णं भाषेत नाकाशस्य वृद्धिर्भवेत् अभाष्यमाणेऽपि वर्णे नैवाकाशस्य परिहानिर्भवेत्॥ तद्यथापि नाम सुभूते मायापुरुषो भाष्यमाणेऽपि वर्णे नानुनीयते न सङ्क्लिश्यते अभाष्यमाणेऽपि वर्णे न प्रतिहन्यते न सङ्क्लिश्यते एवमेव सुभूते या धर्म्माणां धर्म्मता सा देश्यमानापि तावत्येव अदेश्यमानापि तावत्येव॥

स्थविरः सुभूतिराह। दुष्करकारको भगवन् बोधिसत्त्वो महासत्वो यो गम्भीरायां प्रज्ञापारमितायां चरन् प्रज्ञापारमितां भावयन् न संसीदति नोत्प्लवते अत्र च नाम योगमापद्यते न च प्रत्युदावर्त्तते। आकाशभावनैषा भगवन् यदुत प्रज्ञापारमिताभावना। नमस्कर्त्तव्यास्ते भगवन् बोधिसत्त्वा महासत्वा यैरयं सन्नाहः सन्नद्धः॥ तत् कस्य हेतोः। आकाशेन सार्द्धं स भगवन् सन्नद्धुकामः यः सत्वानां कृतसः सन्नाहं बध्नाति। महासन्नाहसन्नद्धो भगवन् बोधिसत्त्वो महासत्वः शूरो भगवन् बोधिसत्त्वो महासत्वः य आकाशसमानां सत्वानां धर्म्मधातुसमानां सत्वानां कृतसः सन्नाहं सन्नद्धुकामोऽनुत्तरां सम्यक्सम्बोधिमभिसम्बोद्धुकामः। आकाशं स भगवन् परिमोचयितुकामः आकाशं स भगवन् उत्क्षेप्तुकामः महावीर्य्यपारमिता-

सन्नाहप्राप्तः स भगवन् बोधिसत्त्वो महासत्वः य आकाशसमानां धर्म्मधातुसमानां सत्वानां कृतसः सन्नाहं सन्नह्यते ॥

अथ खल्वन्यतमो भिक्षुर्येन भगवांस्तेनाञ्जलिं प्रणम्य भगवन्तमेतदवोचत्। नमस्करोमि भगवन् प्रज्ञापारमितायै। तथा हि भगवन् प्रज्ञापारमिता न कञ्चिद्धर्म्ममुत्पादयति न कञ्चिद्धर्म्मं निरोधयति ॥

अथ खलु शक्रो देवानामिन्द्र आयुष्मन्तं सुभूतिमेतदवोचत्। यः आर्य्य सुभूतेऽत्र प्रज्ञापारमितायामेव योगमापत्स्यते क्व स योगमापत्स्यते ॥

सुभूतिराह। आकाशे स कौशिक योगमापत्स्यते यः प्रज्ञापारमितायां योगमापत्स्यते। अभ्यवकाशे स कौशिक योगमापत्स्यते यः प्रज्ञापारमितायां शिक्षितव्यं योगमापत्तव्यं मंस्यते ॥

अथ खलु शक्रो देवानामिन्द्रो भगवन्तमेतदवोचत्। आज्ञापयतु भगवांस्तस्य कुलपुत्त्रस्य वा कुलदुहितुर्व्वा रक्षावरणगुप्तिं करोमि य इमां प्रज्ञापारमितां धारयति ॥

अथ खल्वायुष्मान् सुभूतिः शक्रं देवानामिन्द्रमेतदवोचत्। समनुपश्यसि त्वं कौशिक तं धर्म्मं यस्य धर्म्मस्य रक्षावरणगुप्तिं करिष्यसि ॥

शक्र आह। नो हीदमार्य्य सुभूते ॥

सुभूतिराह। एवं कौशिक सचेद्बोधिसत्त्वो महासत्वो यथानिर्द्दिष्टायां प्रज्ञापारमितायां स्थास्यति सैव तस्य रक्षावरणगुप्तिर्भविष्यति अथ विरहितो भविष्यति प्रज्ञापारमितया लप्स्यन्तेऽस्या-

वतारप्रेक्षिणोऽवतारगवेषिणो मनुष्याश्चामनुष्याश्चावतारं॥ अपि च कौशिक आकाशस्य स रक्षावरणगुप्तिं संविधातव्यां मन्येत यो बोधिसत्त्वस्य महासत्त्वस्य रक्षावरणगुप्तिं संविधातव्यां मन्येत प्रज्ञापारमितायाश्चरतः॥ तत् किं मन्यसे कौशिक प्रतिबलस्त्वं प्रतिश्रुत्काया रक्षावरणगुप्तिं संविधातुं॥

शक्र आह। नह्येतदार्य्य सुभूते॥

सुभूतिराह। एवमेव कौशिक बोधिसत्त्वो महासत्त्वः प्रज्ञापारमितायां चरन् विहरन् प्रतिश्रुत्कोपमाः सर्व्वधर्म्मा इति परिजानात्यतश्च[१] तान् न मन्यते न समनुपश्यति न जानाति न सञ्जानीते ते च धर्म्मा न विद्यन्ते न सन्दृश्यन्ते न संविद्यन्ते नोपलभ्यन्ते इति विहरति। सचेदेवं विहरति चरति प्रज्ञापारमितायां।

अथ खलु बुद्धानुभावेन ये त्रिसाहस्रमहासाहस्रे लोकधातौ चत्वारो महाराजानः सर्व्वे च शक्रा देवेन्द्राः सर्व्वे च महाब्रह्माणः[२] सहापतिश्च महाब्रह्मा ते सर्व्वे येन भगवांस्तेनोपसङ्क्रान्ताः। उपसङ्क्रम्य भगवतः पादौ शिरसाऽभिवन्द्य भगवन्तं त्रिः प्रदक्षिणीकृत्य एकान्तेऽतिष्ठन्। एकान्ते स्थिताश्च ते महाराजानः सर्व्वे च शक्रा देवेन्द्राः सर्व्वे च ब्रह्मकायिका देवा महाब्रह्माणश्च सहापतिश्च महाब्रह्मा बुद्धानुभावेन बुद्धाधिष्ठानेन बुद्धसहस्रं समन्वाहरन्ति स्म। एभि-

(१) परिजानाति स च इति ख० ङ० च०।

(२) महाब्रह्मणः इति ख०, महाब्राह्मणाः इति ङ०, महाब्रह्माः इति च०।

रेव नामभिरेभिरेव पदैरेभिरेवाक्षरैः सुभूतिनामधेयै[१] रेव भिक्षुभिरियमेव प्रज्ञापारमितोपदिष्टा अयमेव प्रज्ञापारमितापरिवर्त्तः । तत्रापि शक्रा एव देवेन्द्राः परिपृच्छन्ति स्म परिप्रश्नयन्ति स्म ॥ अस्मिन्नेव पृथिवीप्रदेशे इयमेव प्रज्ञापारमिता भाषिता मैत्रेयोऽपि बोधिसत्त्वो महासत्त्वोऽनुत्तरां सम्यक्सम्बोधिमभिसम्बुध्यास्मिन्नेव पृथिवीप्रदेशे एनामेव प्रज्ञापारमितां भाषिष्यते इति ॥ * ॥

आर्य्याष्टसाहस्रिकायां प्रज्ञापारमितायां विशुद्धिपरिवर्त्तो नामाष्टमः ॥ १९४ ॥

---

(१) सुभूतिर्नामधेयैरिति ग० च० ।

अथ स्तुतिपरिवर्त्तो नाम नवमः ॥

अथ खल्वायुष्मान् सुभूतिर्भगवन्तमेतदवोचत् । प्रज्ञापारमितेति भगवन्नामधेयमात्रमेतत् । तच्च नामेदमिति नोपलभ्यते वाग्वस्त्वेव नामेत्युच्यते । सापि प्रज्ञापारमिता न विद्यते नोपलभ्यते यथैव नाम तथैव प्रज्ञापारमिता यथा प्रज्ञापारमिता तथा नाम धर्म्मद्वयमेतन्न विद्यते नोपलभ्यते ॥ किं कारणं भगवन् मैत्रेयो बोधिसत्त्वो महासत्त्वोऽनुत्तरां सम्यक्सम्बोधिमभिसम्बुध्य एभिरेव नामभिरेभिरेव पदैरेभिरेवाक्षरैरस्मिन्नेव पृथिवीप्रदेशे इमामेव प्रज्ञापारमितां भाषिष्यते ॥

एवमुक्ते भगवानायुष्मन्तं सुभूतिमेतदवोचत् । तथा हि सुभूते मैत्रेयो बोधिसत्त्वो महासत्त्वो न रूपं नित्यं नानित्यं न रूपं बद्धं न मुक्तं अत्यन्तविशुद्धमित्यभिसम्भोत्स्यते । एवं न वेदनां न संज्ञां न संस्कारान् न विज्ञानं(१) नित्यं नानित्यं न विज्ञानं बद्धं न मुक्तं अत्यन्तविशुद्धमित्यभिसम्भोत्स्यते ॥ अनेन सुभूते कारणेन मैत्रेयो बोधिसत्त्वो महासत्त्वो अनुत्तरां सम्यक्सम्बोधिमभिसम्बुध्य एभिरेव नामभिरेभिरेव पदव्यञ्जनैरस्मिन्नेव पृथिवीप्रदेशे इमामेव प्रज्ञापारमितां भाषिष्यते ॥

एवमुक्ते आयुष्मान् सुभूतिर्भगवन्तमेतदवोचत् । परिशुद्धा बतेयं भगवन् प्रज्ञापारमिता ॥

---

(१) एवं न वेदना न संज्ञा न संस्कारा न विज्ञानमिति ख० च०, एवं वेदना संज्ञा संस्कारा न विज्ञानमिति ङ० ।

भगवानाह। रूपविशुद्धितः सुभूते परिशुद्धा प्रज्ञापारमिता। एवं वेदनासंज्ञासंस्कारा विज्ञानविशुद्धितः सुभूते परिशुद्धा प्रज्ञापारमिता। रूपानुत्पादानिरोधासङ्क्लेशाव्यवदानविशुद्धितः सुभूते परिशुद्धा प्रज्ञापारमिता। एवं वेदनासंज्ञासंस्कारा विज्ञानानुत्पादानिरोधासङ्क्लेशाव्यवदानविशुद्धितः सुभूते परिशुद्धा प्रज्ञापारमिता। आकाशविशुद्धितः सुभूते परिशुद्धा प्रज्ञापारमिता। रूपनिरुपलेपापरिग्रहतया सुभूते परिशुद्धा प्रज्ञापारमिता। एवं वेदनासंज्ञासंस्कारा विज्ञाननिरुपलेपापरिग्रहतया सुभूते परिशुद्धा प्रज्ञापारमिता। आकाशप्रतिश्रुत्काऽवचनीयप्रव्याहारनिरुपलेपतया(१) सुभूते परिशुद्धा प्रज्ञापारमिता। सर्व्वोपलेपानुलेपधर्म्मानुपलेपतया सुभूते परिशुद्धा प्रज्ञापारमिता॥

एवमुक्ते आयुष्मान् सुभूतिर्भगवन्तमेतदवोचत्। सुलब्धा वत लाभास्तेषां भगवन् कुलपुत्त्राणां कुलदुहितॄणां च येषामियं प्रज्ञापारमिता श्रोत्रावभासमप्यागमिष्यति। प्रागेव य उद्ग्रहीष्यन्ति धारयिष्यन्ति वाचयिष्यन्ति पर्य्यवाप्स्यन्ति प्रवर्त्तयिष्यन्ति देशयिष्यन्त्युपदेक्ष्यन्त्युद्देक्ष्यन्ति स्वाध्यास्यन्ति न तेषां चक्षूरोगो भविष्यति न श्रोत्ररोगो न घ्राणरोगो न जिह्वारोगो न कायरोगो भविष्यति न धन्धायितता भविष्यति न ते विषमापरिहारेण कालं करिष्यन्ति वहूनि चैषां देवतासहस्राणि पृष्ठतः पृष्ठतो अनु-

(१) आकाशप्रतिश्रुत्काऽवचनीयप्रव्याहारनिरुपलम्भतया इति ख० ङ० च०।

बद्धानि भविष्यन्ति । अष्टमीं चतुर्द्दशीं पञ्चदशीञ्च स धर्म्मभाणकः[१] कुलपुत्रो वा कुलदुहिता वा यत्र यत्र प्रज्ञापारमितां भाषिष्यते तत्र तत्र बहुतरं पुण्यं प्रसविष्यति ॥

एवमुक्ते भगवानायुष्मन्तं सुभूतिमेतदवोचत् । एवमेतत् सुभूते एवमेतत् । बहूनि सुभूते तस्य कुलपुत्रस्य वा कुलदुहितुर्व्वा देवतासहस्राणि पृष्ठतः पृष्ठतोऽनुबद्धानि भविष्यन्ति बहूनि च देवतासहस्राणि तत्रागमिष्यन्ति । सर्व्वाणि धर्म्मश्रवणार्थिकानि तानि च रक्षावरणगुप्तिं संविधास्यन्ति तस्य धर्म्मभाणकस्य इमां प्रज्ञापारमितां भाषमाणस्य ॥ तत् कस्य हेतोः । सदेवमनुषासुरस्य हि सुभूते लोकस्य प्रज्ञापारमिता अनुत्तरं रत्नं ॥ अतोऽपि[२] सुभूते कुलपुत्रो वा कुलदुहिता वा ततो निदानं बहुतरं पुण्यं प्रसविष्यति ॥ अपि नु खलु पुनः सुभूते बहवोऽन्तराया भविष्यन्ति अस्या गम्भीरायाः प्रज्ञापारमिताया लिख्यमानाया उद्गृह्यमानाया धार्य्यमानाया वाच्यमानायाः पर्य्यवाप्यमानायाः प्रवर्त्यमानाया उपदिश्यमानाया उद्दिश्यमानाया स्वाध्याय्यमानायाः[३] ॥ तत् कस्य हेतोः । तथा हि सुभूते बहुप्रत्यर्थिकानि महारत्नानि भवन्ति ॥ यथा सारञ्च गुरुतरप्रत्यर्थिकानि भवन्ति अनुत्तरञ्चेदं सुभूते महारत्नं लोकस्य यदुत प्रज्ञापारमिता हिताय सुखाय प्रतिपन्ना लोकस्य सर्व्वधर्म्माणामनुत्पादायानिरोधायासङ्क्लेशायाविनाशयोगेन प्रत्युप-

(१) सद्धर्म्मभाणकः इति ङ० च० ।

(२) अतो हीति ख० च० ।

(३) स्वाध्याप्यमानाया इति ग० ।

स्थिता। न च सुभूते प्रज्ञापारमिता कञ्चिद्धर्म्ममालीयते न कञ्चिद्धर्म्मं सङ्क्लिश्यते न कञ्चिद्धर्म्मं परिगृह्णाति॥ तत् कस्य हेतोः। तथा हि सुभूते सर्व्वे ते धर्म्मा न संविद्यन्ते नोपलभ्यन्ते। अनुपलब्धितः सुभूतेऽनुपलिप्ता प्रज्ञापारमिता॥ अनुपलिप्तेति सुभूते इयं प्रज्ञापारमिता तथा हि सुभूते रूपनिरुपलेपतया अनुपलिप्तेयं प्रज्ञापारमिता। एवं वेदनासंज्ञासंस्कारा विज्ञाननिरुपलेपतया सुभूते अनुपलिप्तेयं प्रज्ञापारमिता॥ सचेदेवमपि सुभूते बोधिसत्त्वो महासत्त्वो न सञ्जानीते चरति प्रज्ञापारमितायां॥ सा खलु पुनरियं सुभूते प्रज्ञापारमिता न कस्यचित् धर्म्मस्यावेशिका वा निवेशिका वा सन्दर्शिका वा निदर्शिका वा आवाहिका वा निर्वाहिका वा॥

अथ खलु संबहुलानि देवपुत्त्रसहस्राणि अन्तरीक्षे किलकिलाप्रक्ष्वेडितेन[१] चैलविक्षेपानकार्षुः द्वितीयं बतेदं धर्म्मचक्रवर्त्तनं जम्बूद्वीपे पश्याम इति चावोचन्॥

अथ खलु भगवानायुष्मन्तं सुभूतिं स्थविरमेतदवोचत्। नेदं सुभूते द्वितीयं धर्म्मचक्रप्रवर्त्तनं नापि कस्यचिद्धर्म्मस्य प्रवर्त्तनं[२] वा निवर्त्तनं वा। एवमियं सुभूते[३] बोधिसत्त्वस्य महासत्त्वस्य प्रज्ञापारमिता॥

---

(१) किलिकिलाप्रक्ष्वेडितेनेति ख० घ० ङ०। किलाकिलाप्रक्ष्वेडितेनेति च०।

(२) अप्रवर्त्तनमिति च०।

(३) सा सुभूते इति ख० च०।

एवमुक्ते आयुष्मान् सुभूतिर्भगवन्तमेतदवोचत्। महापारमितेयं भगवंस्तस्य बोधिसत्त्वस्य महासत्वस्य यस्यासङ्गता सर्व्वधर्म्मेषु योऽसावनुत्तरां सम्यक्सम्बोधिमभिसम्बोद्धुकामो न च कश्चिद्धर्म्ममभिसम्बुध्यते(१) धर्म्मचक्रञ्च प्रवर्त्तयिष्यति न च कश्चिद्धर्म्मं सन्दर्शयिष्यति॥ तत् कस्य हेतोः। न हि कश्चिद्धर्म्मो य उपलभ्यते यो वा धर्म्मः सूच्यते नापि कश्चित् कञ्चिद्धर्म्मं प्रवर्त्तयिष्यति(२)॥ तत् कस्य हेतोः। अत्यन्तानभिनिर्वृत्ता हि भगवन् सर्व्वधर्म्मा नापि कश्चिद्धर्म्मं निवर्त्तयिष्यति॥ तत् कस्य हेतोः। आद्यनभिनिर्वृत्ता हि भगवन् सर्व्वधर्म्माः प्रकृतिविविक्तत्वात् सर्व्वधर्म्माणां॥

एवमुक्ते भगवानायुष्मन्तं सुभूतिमेतदवोचत्। एवमेतत सुभूते एवमेतत्। न हि सुभूते शून्यता प्रवर्त्तते वा निवर्त्तते वा नापि सुभूते आनिमित्तं प्रवर्त्तते वा निवर्त्तते वा नापि सुभूते अप्रणिहितं प्रवर्त्तते वा निवर्त्तते वा। या सुभूते एवन्देशना इयं सा सर्व्वधर्म्माणां देशना नैव च केनचिद्देशिता नापि केनचिच्छ्रुता नापि केनचित्प्रतीच्छिता नापि केनचित्साक्षात्कृता नापि केनचित्साक्षात्क्रियते नापि केनचित्साक्षात्करिष्यते। नाप्यनया धर्म्मदेशनया कश्चित्परिनिर्वृतो नापि परिनिर्व्वास्यति नापि परिनिर्व्वाति। नाप्यनया धर्म्मदेशनया कश्चिद्दक्षिणीयः कृतः॥

एवमुक्ते आयुष्मान् सुभूतिर्भगवन्तमेतदवोचत्। असत्पार-

---

(१) अभिसम्भोत्स्यते इति घ०।

(२) ख० ग० पुस्तकयोः कश्चिदिति पाठो नास्ति।

मितेयं भगवन्नाकाशसत्तामुपादाय। असमसमतापारमितेयं भगवन् सर्व्वधर्म्मानुपलब्धितामुपादाय। विविक्तपारमितेयं भगवन्नत्यन्तशून्यतामुपादाय। अनवमृद्यपारमितेयं भगवन् सर्व्वधर्म्मानुपलब्धितामुपादाय। अपदपारमितेयं भगवन्ननामाशरीरतामुपादाय। अस्वभावपारमितेयं भगवन्ननागतिमगति[१] मुपादाय। अवचनपारमितेयं भगवन् सर्व्वधर्म्माविकल्पतामुपादाय। अनामपारमितेयं भगवन् स्कन्धानुपलब्धितामुपादाय। अगमनपारमितेयं भगवन् सर्व्वधर्म्मागमनतामुपादाय। असंहार्य्यपारमितेयं भगवन् सर्व्वधर्म्माग्राह्यतामुपादाय। अक्षयपारमितेयं भगवन्नक्षयधर्म्मयोगतामुपादाय। अनुत्पत्तिपारमितेयं भगवन् सर्व्वधर्म्मानभिनिर्वृत्तितामुपादाय। अकारकपारमितेयं भगवन् कारकानुपलब्धितामुपादाय। अजानक[२] पारमितेयं भगवन् सर्व्वधर्म्माणामनात्मतामुपादाय। असंक्रान्तिपारमितेयं भगवन् च्युत्युपपत्त्यनुपत्तितामुपादाय। अविनयपारमितेयं भगवन् पूर्व्वान्तापरान्तप्रत्युत्पन्नार्थानुपलब्धिता[३] मुपादाय। स्वप्नप्रतिश्रुत्काप्रतिभासमरीचिमायापारमितेयं भगवन् अनुत्पादविज्ञापनता[४] मुपादाय। असङ्क्लेशपारमितेयं भगवन् रागद्वेषमोहास्वभावतामुपादाय। अव्यवदानपारमितेयं भगवन्नाश्रयानुपलब्धितामुपादाय। अनुलेपपारमितेयं भगवन्नाकाशानुपलेपतामुपादाय।

---

(१) अगतितामिति ख० ङ० च०।

(२) अजानकापश्यकइति ग०।

(३) पूर्व्वान्तापरान्तप्रत्युत्पन्नानुपलब्धितामिति ख० घ०।

(४) अनुत्पादविज्ञपनतामिति ख० च०।

अप्रपञ्चपारमितेयं भगवन् सर्व्वधर्म्ममननसमतिक्रमतामुपादाय। अमननपारमितेयं भगवन्ननिञ्जनतामुपादाय। अचलितपारमितेयं भगवन् धर्म्मधातुस्थितितामुपादाय। विरागपारमितेयं भगवन् सर्व्वधर्म्मवितथतामुपादाय। असमुत्थानपारमितेयं भगवन् सर्व्वधर्म्मनिर्व्विकल्पतामुपादाय। शान्तपारमितेयं भगवन् सर्व्वधर्म्मनिमित्तानुपलब्धितामुपादाय। निर्दोषपारमितेयं भगवन् गुणपारमितामुपादाय। निःक्लेशपारमितेयं भगवन् परिकल्पासत्तामुपादाय। निःसत्वपारमितेयं भगवन् भूतकोटितामुपादाय। अप्रमाणपारमितेयं भगवन् सर्व्वधर्म्मसमुत्थानासमुत्थानता(१) मुपादाय। अन्तद्वयानुगमपारमितेयं(२) भगवन् सर्व्वधर्म्मानभिनिवेशनतामुपादाय। असम्भिन्नपारमितेयं भगवन् सर्व्वधर्म्मासम्भेदनतामुपादाय। अपरामृष्टपारमितेयं भगवन् सर्व्वश्रावकप्रत्येकबुद्धभूम्यस्पृहणतामुपादाय। अविकल्पपारमितेयं भगवन् विकल्पसमतामुपादाय। अप्रमेयपारमितेयं भगवन्नप्रमाणधर्म्मतामुपादाय। असङ्गपारमितेयं भगवन् सर्व्वधर्म्मासङ्गतामुपादाय। अनित्यपारमितेयं भगवन् सर्व्वधर्म्मासंस्कृततामुपादाय। दुःखपारमितेयं भगवन्नाकाशसमधर्म्मता(३) मुपादाय। शून्यपारमितेयं भगवन् सर्व्वधर्म्मानुपलब्धितामुपादाय। अनात्मपारमितेयं भगवन् सर्व्वधर्म्मानभिनिवेशनतामुपादाय। अलक्षणपारमितेयं भगवन् सर्व्वधर्म्मानभिनिर्वृत्तितामुपादाय। सर्व्वशू-

(१) सर्व्वधर्म्मासमुत्थानतामिति ख०। सर्व्वधर्म्मसमुत्थानतामिति ग०।
(२) अन्तद्वयानुगमइति ग० च०।
(३) आकाशसमतामिति ख० ङ० च०।

न्यतापारमितेयं[1] भगवन्ननन्तापर्य्यन्ततामुपादाय। स्मृत्युपस्थानादिबोधिपक्षधर्म्मपारमितेयं भगवंस्तेषामनुपलब्धितामुपादाय। शून्यतानिमित्ताप्रणिहितपारमितेयं[2] भगवन् त्रिविमोक्षमुखानुपलब्धितामुपादाय। अष्टविमोक्षपारमितेयं भगवंस्तेषामनुपलब्धितामुपादाय। नवानुपूर्व्वविहारपारमितेयं भगवन् प्रथमध्यानादीनामनुपलब्धितामुपादाय। चतुःसत्यपारमितेयं भगवन् दुःखादीनामनुपलब्धितामुपादाय। दशपारमितेयं भगवन् दानादीनामनुपलब्धितामुपादाय। बलपारमितेयं भगवन्ननवमृद्यतामुपादाय। वैशारद्यपारमितेयं भगवन्नत्यन्तानवलीनता[3] मुपादाय। प्रतिसंवित्पारमितेयं भगवन् सर्व्वज्ञतासङ्गाप्रतिघातिता[4] मुपादाय। सर्व्वबुद्धधर्म्मवेणिकपारमितेयं भगवन् गणनासमतिक्रमतामुपादाय। तथागततथतापारमितेयं भगवन् सर्व्वधर्म्मवितथतामुपादाय। स्वयम्भूपारमितेयं भगवन् सर्व्वधर्म्मास्वभावतामुपादाय। सर्व्वज्ञज्ञानपारमितेयं भगवन् यदुत प्रज्ञापारमिता सर्व्वधर्म्मस्वभावसर्व्वाकारपरिज्ञानतामुपादायेति॥

आर्य्याष्टसाहस्रिकायां प्रज्ञापारमितायां स्तुतिपरिवर्त्तो नाम नवमः॥ ११२॥

---

(१) सर्व्वशून्यपारमितेयमिति ङ०।

(२) शून्यानिमित्ताप्रणिहितपारमितेयमिति ख० ग०।

(३) अत्यन्तानवलीनचित्ततामिति च०।

(४) सर्व्वज्ञज्ञानासङ्गाप्रतिघातितामिति ङ०। सर्व्वज्ञज्ञानासङ्गताप्रतिघातितामिति च०।

अथ धारणगुणपरिकीर्त्तनपरिवर्त्तो नाम दशमः।

अथ खलु शक्रस्य देवानामिन्द्रस्यैतदभूत्। पूर्व्वजिनकृताधिकारास्ते कुलपुत्राः कुलदुहितरश्च भविष्यन्ति बहुबुद्धावरोपितकुशलमूलाः कल्याणमित्रपरिगृहीताश्च भविष्यन्ति येषामियं प्रज्ञापारमिता श्रोत्रावभासमपागमिष्यति। कः पुनर्व्वादो य एनामेव गम्भीरां प्रज्ञापारमितामुद्ग्रहीष्यन्ति धारयिष्यन्ति वाचयिष्यन्ति पर्य्यवाप्स्यन्ति प्रवर्त्तयिष्यन्ति देशयिष्यन्त्युपदेक्ष्यन्त्युद्देक्ष्यन्ति स्वाध्यास्यन्ति। उद्गृह्य धारयित्वा वाचयित्वा पर्य्यवाप्य प्रवर्त्त्य देशयित्वोपदिश्योद्दिश्य स्वाध्याय तथत्वाय शिक्षिष्यन्ते तथत्वाय प्रतिपत्स्यन्ते तथत्वाय योगमापत्स्यन्ते न ते अवरमात्रकेण कुशलमूलेन समन्वागता भविष्यन्ति बहुबुद्धपर्य्युपासितास्ते कुलपुत्राः कुलदुहितरश्च भविष्यन्ति परिपृष्टाः परिप्रश्नीकृताश्च ते बुद्धा भगवन्तो भविष्यन्ति। कुलपुत्रैः कुलदुहितृभिश्चैनामेव प्रज्ञापारमितां श्रुता[१] चेयं पौर्व्वकाणामपि[२] तथागतानामर्हतां सम्यक्सम्बुद्धानामन्तिकाद्य एनां प्रज्ञापारमितामेतर्ह्यपि श्रोष्यन्ति। श्रुत्वा चोद्ग्रहीष्यन्ति धारयिष्यन्ति वाचयिष्यन्ति पर्य्यवाप्स्यन्ति प्रवर्त्तयिष्यन्ति देशयिष्यन्त्युपदेक्ष्यन्त्युद्देक्ष्यन्ति स्वाध्यास्यन्ति तथत्वाय शिक्षिष्यन्ते तथत्वाय प्रतिपत्स्यन्ते तथत्वाय योगमापत्स्यन्ते॥ बहुबुद्धावरोपित-

(१) श्रुत्वेति ङ०।
(२) पूर्व्वकाणामिति च०।

कुशलमूलास्ते कुलपुत्राः कुलदुहितरश्च वेदितव्याः य एतस्यामेव गम्भीरायां प्रज्ञापारमितायां भाष्यमाणायां देश्यमानायामुपदिश्यमानायामुद्दिश्यमानायां स्वाध्याय्यमानायां नावलेष्यन्ते न संलेष्यन्ते न विषत्स्यन्ति न विषादमापत्स्यन्ते न विपृष्ठीकरिष्यन्ति मानसं न भग्नपृष्ठीकरिष्यन्ति नोत्त्रसिष्यन्ति न सन्त्रसिष्यन्ति न सन्त्रासमापत्स्यन्ते ॥

अथ खल्वायुस्मान् शारिपुत्त्रः शक्रस्य देवानामिन्द्रस्य इममेवं रूपञ्चेतसैव चेतःपरिवितर्कमाज्ञाय भगवन्तमेतदवोचत्। यो भगवन्निहैव गम्भीरायां प्रज्ञापारमितायां भाष्यमाणायां देश्यमानायामुपदिश्यमानायां कुलपुत्त्रो वा कुलदुहिता वाऽभिश्रद्दधदवकल्पयन्नधिमुच्य प्रसन्नचित्तो बोधाय चित्तमुत्पाद्य एनां प्रज्ञापारमिता[१] मुद्ग्रहीष्यति धारयिष्यति वाचयिष्यति पर्य्यवाप्स्यति प्रवर्त्तयिष्यति देशयिष्यत्युपदेक्ष्यत्युद्देक्ष्यति स्वाध्यास्यति तथत्वाय शिक्षिष्यते तथत्वाय प्रतिपत्स्यते तथत्वाय योगमापत्स्यते यथाऽविनिवर्त्तनीयो बोधिसत्त्वो महासत्वस्तथा स धारयितव्यः॥ तत्कस्य हेतोः। गम्भीरा भगवन्नियं प्रज्ञापारमिता न हि भगवन् परीत्तकुशलमूलेनापरिपृच्छकजातीयेनाश्रुत्वा बुद्धानां भगवतां सम्मुखीभावतः पूर्व्वमचरितवता इहैवेयमेवं गम्भीरा प्रज्ञापारमिता अधिमोक्तुं शक्या। ये पुनरनधिमुच्यैना[२]मनवबुध्यमानाः प्रतिक्षेप्तव्यां मंस्यन्ते

---

(१) गम्भीरां प्रज्ञापारमितामिति ख० च०।

(२) पुनरधिमुच्यैनामिति ग० च०।

पूर्व्वान्ततोऽपि भगवंस्तैः कुलपुत्त्रैः कुलदुहितृभिरेषेयं गम्भीरा प्रज्ञापारमिता भाष्यमाणा प्रतिक्षिप्ता॥ तत्कस्य हेतोः। यथाऽपि नाम परीत्तत्वात् कुशलमूलानां न हि भगवन्नचरितवद्भिः पूर्व्वान्तत इयं गम्भीरा प्रज्ञापारमिता शक्या अधिमोक्तुं। येऽपि च प्रतिक्षेप्स्यन्त्येनां गम्भीरां प्रज्ञापारमितां भाष्यमाणान्तेऽप्येवं वेदितव्याः॥ पूर्व्वान्ततोऽप्येभिरियं गम्भीरा प्रज्ञापारमिता भाष्यमाणा प्रतिक्षिप्ता। तथाह्येषामस्यां गम्भीरायां प्रज्ञापारमितायां भाष्यमाणायां नास्ति श्रद्धा नास्ति क्षान्तिर्नास्ति रुचिर्नास्ति छन्दो नास्ति वीर्य्यं नास्त्यप्रमादो[१] नास्त्यधिमुक्तिर्न चैभिः पूर्व्वं बुद्धा भगवन्तो बुद्धश्रावका वा परिपृष्टा न च परिप्रश्नीकृता इति॥

अथ खलु शक्रो देवानामिन्द्र आयुष्मन्तं शारिपुत्त्रमेतदवोचत्। गम्भीरा आर्य्य शारिपुत्त्र प्रज्ञापारमिता। किमत्राश्चर्य्यं स्याद्यदस्यां गम्भीरायां प्रज्ञापारमितायां भाष्यमाणायां पूर्व्वमचरितावी बोधिसत्त्वो महासत्त्वो नाधिमुच्येत॥

अथ खलु शक्रो देवानामिन्द्रो भगवन्तमेतदवोचत्। नमस्करोमि भगवन् प्रज्ञापारमितायै। सर्व्वज्ञज्ञानस्य स भगवन्नमस्कारं करोति यः प्रज्ञापारमितायै नमस्कारं करोति॥

भगवानाह। एवमेव कौशिकैवमेतत्। सर्व्वज्ञज्ञानस्य स कौशिक नमस्कारं करोति यः प्रज्ञापारमितायै नमस्कारं करोति॥ तत्कस्य हेतोः। अतो निर्जाता हि कौशिक बुद्धानां भगवतां

(१) नास्त्यप्रसाद इति ङ०।

सर्व्वज्ञता सर्व्वज्ञज्ञाननिर्जाता[१] च पुनः प्रज्ञापारमिता प्रभाव्यते॥ एवमस्यां प्रज्ञापारमितायाञ्चरितव्यं एवमस्यां प्रज्ञापारमितायां स्थातव्यं एवमस्यां प्रज्ञापारमितायां प्रतिपत्तव्यं एवमस्यां प्रज्ञापारमितायां योगमापत्तव्यं॥

अथ खलु शक्रो देवानामिन्द्रो भगवन्तमेतदवोचत्। कथं भगवन् प्रज्ञापारमितायां चरन् बोधिसत्त्वो महासत्वः प्रज्ञापारमितायां स्थितो भवति। कथं प्रज्ञापारमितायाञ्चरन् प्रज्ञापारमितायां योगमापद्यते॥

एवमुक्ते भगवान् शक्रं देवानामिन्द्रमेतदवोचत्। साधु साधु कौशिक। साधु खलु पुनस्त्वं कौशिक। यस्त्वं तथागतमर्हन्तं सम्यक्सम्बुद्धमेनमर्थं परिप्रष्टव्यं परिप्रश्नीकर्त्तव्यं मन्यसे। इदमपि ते कौशिक बुद्धानुभावेन प्रतिभानमुत्पन्नं। इह कौशिक बोधिसत्त्वो महासत्वः प्रज्ञापारमितायां चरन् रूपे न तिष्ठति रूपमिति न तिष्ठति यतः कौशिक बोधिसत्त्वो महासत्वो रूपे न तिष्ठति रूपमिति न तिष्टति एवं रूपे[२] योगमापद्यते। एवं वेदनायां संज्ञायां संस्कारेषु विज्ञाने न तिष्ठति विज्ञानमिति न तिष्ठति यतः कौशिक बोधिसत्त्वो महासत्वो विज्ञाने न तिष्ठति विज्ञानमिति न तिष्ठति एवं विज्ञाने योगमापद्यते। रूपमिति कौशिक न योजयति यतः कौशिक रूपमिति न योजयति एवं रूपमिति न

---

(१) सर्व्वज्ञतानिर्जाता इति घ०।

(२) एवं बोधिसत्त्वो महासत्वो रूपे इति घ०।

तिष्ठति। एवं वेदनासंज्ञासंस्कारा विज्ञानमिति कौशिक न योजयति यतः कौशिक विज्ञानमिति न योजयति एवं विज्ञानमिति न तिष्ठति। एवं प्रज्ञारारमितायां स्थितो भवत्येवं योगमापद्यते॥

अथ खल्वायुष्मान् शारिपुत्त्रो भगवन्तमेतदवोचत्। गम्भीरा भगवन् प्रज्ञापारमिता। दुरवगाहा भगवन् प्रज्ञापारमिता। दुरुद्-ग्रहा भगवन् प्रज्ञापारमिता। अप्रमाणा भगवन् प्रज्ञापारमिता॥

भगवानाह। एवमेतच्छारिपुत्त्रैवमेतत्। रूपं गम्भीरमिति शारिपुत्त्र न तिष्ठति यतः शारिपुत्त्र रूपं गम्भीरमिति न तिष्ठति एवं रूपे योगमापद्यते। एवं वेदनासंज्ञासंस्कारा विज्ञानं शारि-पुत्त्र गम्भीरमिति न तिष्ठति यतः शारिपुत्त्र विज्ञानं गम्भीरमिति न तिष्ठति एवं विज्ञाने योगमापद्यते। रूपं शारिपुत्त्र गम्भीरमिति न योगमागद्यते यतः शारिपुत्त्र रूपं गम्भीरमिति न योगमापद्यते एवं रूपं गम्भीरमिति न तिष्ठति। एवं वेदनासंज्ञासंस्कारा विज्ञानं शारिपुत्त्र गम्भीरमिति न योगमापद्यते यतः शारिपुत्त्र विज्ञानं गम्भीरमिति न योगमापद्यते एवं विज्ञानं गम्भीरमिति न तिष्ठति॥

एवमुक्ते आयुष्मान् शारिपुत्त्रो भगवन्तमेतदवोचत्। गम्भीरा भगवन् प्रज्ञापारमिताऽविनिवर्त्तनीयस्य व्याकृतस्य बोधिसत्त्वस्य महासत्त्वस्य पुरतो भाषितव्या॥ तत्कस्य हेतोः। स हि भगवन् न काङ्क्षिष्यति न विचिकित्सिष्यति न धन्वायिष्यति न विव-दिष्यति॥

अथ खलु शक्रो देवानामिन्द्र आयुष्मन्तं शारिपुत्त्रमेतदवोचत्।

भवेत् पुनरार्य्य शारिपुत्त्र अव्याकृतस्य बोधिसत्त्वस्य महासत्त्वस्य पुरत इयं प्रज्ञापारमिता भाष्येत को दोषो भवेत् ॥

एवमुक्ते आयुष्मान् शारिपुत्त्रः शक्रं देवानामिन्द्रमेतदवोचत्। दूरतः स कौशिक बोधिसत्त्वो महासत्त्व आगतो वेदितव्यः चिरयानसम्प्रस्थितः परिपक्वकुशलमूलः स कौशिक बोधिसत्त्वो महासत्त्वो वेदितव्यः योऽव्याकृत इमां प्रज्ञापारमितां लप्स्यते दर्शनाय वन्दनाय पर्य्युपासनाय श्रवणाय श्रुत्वा च नोत्त्रसिष्यति न सन्त्रसिष्यति न सन्त्रासमापत्स्यते। न चेदानीमसौ चिरेण व्याकरणं प्रतिलप्स्यतेऽनुत्तरायाः सम्यक्सम्बोधेः आसन्नन्तस्य व्याकरणं वेदितव्यं। स बोधिसत्त्वो महासत्त्वः नैकं वा द्वौ वा त्रीन् वा तथागतानर्हतः सम्यक्सम्बुद्धानतिक्रमिष्यति ततो व्याकरणं प्रतिलप्स्यतेऽनुत्तरायां सम्यक्सम्बोधौ। अपि नु तानारागयिष्यति आरागयित्वा तांस्तथागतानर्हतः सम्यक्सम्बुद्धान्न विरागयिष्यति[1] तथागतदर्शनञ्च व्याकरणेनाबन्ध्यं करिष्यति तथागतदर्शनाच्च ततो व्याकरणं प्रतिलप्स्यतेऽनुत्तरायां सम्यक्सम्बोधौ। यावच्च व्याकरणं प्रतिलप्स्यतेऽनुत्तरायां सम्यक्सम्बोधौ तावदबन्ध्यं करिष्यति तथागतदर्शनवन्दनपर्य्युपासनोपस्थानं यावन्नानुत्तरां सम्यक्सम्बोधिमभिसम्बुद्ध इति ॥

अथ खल्वायुष्मान् शारिपुत्त्रो भगवन्तमेतदवोचत्। दूरतः स भगवन् बोधिसत्त्वो महासत्त्व आगतो भविष्यति चिरयानसम्प्रस्थितः परिपक्वकुशलमूलो हि भगवन् स बोधिसत्त्वो महासत्त्वो वेदितव्यः

---

(१) सम्यक्सम्बुद्धान् विरागयिष्यतीति ग० च०।

य इमां गम्भीरां प्रज्ञापारमितां लप्स्यते दर्शनाय वन्दनाय पर्य्युपासनाय श्रवणाय। कः पुनर्व्वादोऽत्र यः श्रुत्वा चोद्ग्रहीष्यति धारयिष्यति वाचयिष्यति पर्य्यवाप्स्यन्ति प्रवर्त्तयिष्यति देशयिष्यत्युपदेक्ष्यत्युद्देक्ष्यति स्वाध्यास्यति॥

अथ खलु भगवानायुष्मन्तं शारिपुत्त्रमेतदवोचत्। एवमेतच्छारिपुत्त्रैवमेतत्। दूरतः स शारिपुत्त्र बोधिसत्त्वो महासत्व आगतो वेदितव्यः चिरयानसम्प्रस्थितः परिपक्वकुशलमूलो हि स शारिपुत्त्र बोधिसत्त्वो महासत्वो भविष्यति य इमां गम्भीरां प्रज्ञापारमितां लप्स्यते दर्शनाय वन्दनाय पर्य्युपासनाय श्रवणाय। कः पुनर्व्वादोऽत्र यः श्रुत्वा चोद्ग्रहीष्यति धारयिष्यति वाचयिष्यति पर्य्यवाप्स्यति प्रवर्त्तयिष्यति देशयिष्यत्युपदेक्ष्यत्युद्देक्ष्यति स्वाध्यास्यति॥

अथ खल्वायुष्मान् शारिपुत्त्रो भगवन्तमेतदवोचत्। प्रतिभाति मे भगवन् प्रतिभाति मे सुगत औपम्योदाहरणं। तद्यथापि नाम भगवन् योऽयं बोधिसत्त्वयानिकः कुलपुत्त्रो वा कुलदुहिता वा स्वप्नान्तरगतोऽपि बोधिमण्डे निषीदेत् वेदितव्यमेतद्भगवन्नयं बोधिसत्त्वो महासत्व आसन्नोऽनुत्तरायाः सम्यक्सम्बोधेरभिसम्बोधायेति। एवमेव भगवन् यः कुलपुत्त्रो वा कुलदुहिता वा इमां गम्भीरां प्रज्ञापारमितां लप्स्यते दर्शनाय वन्दनाय पर्य्युपासनाय श्रवणाय। कः पुनर्व्वादः[१] श्रुत्वा चोद्ग्रहीतुं धारयितुं वाचयितुं

(१) कः पुनर्व्वादोऽत्र य इति च०।

पर्य्यवाप्तुं प्रवर्त्तयितुं देशयितुं उपदेष्टुं उद्देष्टुं स्वाध्यापनाय। वेदितव्यमेतद्भगवन् दूरतोऽयं बोधिसत्त्वयानिकः पुद्गल आगतश्चिरयानसम्प्रस्थित आसन्नोऽयं बोधिसत्त्वयानिकः पुद्गलो व्याकरणस्य। व्याकरिष्यन्त्येनं बुद्धा भगवन्तो बोधिसत्त्वं महासत्त्वमनुत्तरायाः सम्यक्सम्बोधेरभिसम्बोधायेति॥ चिरयानसम्प्रस्थितः परिपक्वकुशलमूलो हि स बोधिसत्त्वो महासत्त्वो वेदितव्यः यस्येयं गम्भीरा प्रज्ञापारमितोपपत्स्यतेऽन्तशः श्रवणायापि। कः पुनर्व्वादोऽत्र भगवन् यः कुलपुत्त्रो वा कुलदुहिता वा एनां गम्भीरां प्रज्ञापारमितामुद्ग्रहीष्यति धारयिष्यति वाचयिष्यति पर्य्यवाप्स्यति प्रवर्त्तयिष्यति देशयिष्यत्युपदेक्ष्यत्युद्देक्ष्यति स्वात्यास्यति॥ तत्कस्य हेतोः। भूयस्त्वेन हि भगवन् धर्म्मव्यसनसंवर्त्तनीयैः सत्त्वाः कर्म्मोपचयैरविरहितास्तेषां भूयस्त्वेनास्यां गम्भीरायां प्रज्ञापारमितायां चित्तानि प्रतिकूलानि भविष्यन्ति चित्तानि परिवेल्लयिष्यन्ति। न ह्यनुपचितकुशलमूलाः सत्त्वाः अस्यां भूयस्त्वेन भूतकोट्यां प्रस्कन्दन्ति प्रसीदन्ति॥ उपचितकुशलमूलाः खलु पुनस्ते भगवन् स्वपचितकुशलमूलाः कुलपुत्त्राः कुलदुहितरश्च वेदितव्याः येषामस्यां भूतकोट्यां चित्तं प्रस्कन्दति प्रसीदति। तद्यथापि नाम भगवन् पुरुषो योजनशतिकादटवीकान्ताराद्द्वियोजनशतिकाद्वा त्रियोजनशतिकाद्वा चतुर्योजनशतिकाद्वा पञ्चयोजनशतिकाद्वा दशयोजनशतिकाद्वाऽटवीकान्तारान्निष्क्रामेत्। स निष्क्रम्य पश्येत् पूर्व्वनिमित्तानि गोपालकान् वा पशुपालकान् वा सीमा वा आरामसम्पदो वा वनसम्पदो वा ततोऽन्यानि वा निमित्तानि यैर्निमित्तैर्ग्रामो वा नगरं वा निगमो वा सूच्येत

तस्य तानि पूर्व्वनिमित्तानि दृष्ट्वैवं भवति। यथेमानि पूर्व्वनिमित्तानि दृश्यन्ते तथा आसन्नो मे ग्रामो वा नगरं वा निगमो वा इति। स आश्वासप्राप्तो भवति नास्य भूयश्चोरमनसिकारो भवति। एवमेव भगवन् यस्य बोधिसत्त्वस्य महासत्वस्येयं गम्भीरा प्रज्ञापामितोपवर्त्तते वेदितव्यन्तेन भगवन्नभ्यासन्नोऽस्म्यनुत्तराया: सम्यक्सम्बोधेर्न चिरेण व्याकरणं प्रतिलप्स्येऽनुत्तराया: सम्यक्सम्बोधेरिति। नापि तेनोत्त्रसितव्यं न सन्त्रसितव्यं न भेतव्यं श्रावकभूमेर्व्वा प्रत्येकबुद्धभूमेर्वा॥ तत्कस्य हेतो:। तथा ह्यस्येमानि पूर्व्वनिमित्तानि सन्दृश्यन्ते यदुतेमाङ्गम्भीरां प्रज्ञापारमितां लभते दर्शनाय वन्दनाय पर्य्युपासनाय श्रवणाय॥

एवमुक्ते भगवानायुष्मन्तं शारिपुत्त्रमेतदवोचत्। एवमेतच्छारिपुत्त्रैवमेतत्। प्रतिभातु ते शारिपुत्त्र पुनरप्येतत् स्थानं। यथाऽपि नामैतद्बुद्धानुभावेन व्याहरसि व्याहरिष्यसि च॥

एवमुक्ते आयुष्मान् शारिपुत्त्रो भगवन्तमेतदवोचत्। तद्यथाऽपि नाम भगवन्निह कश्चिदेव पुरुषो महासमुद्रं द्रष्टुकामो भवेत् स गच्छेत् महासमुद्रं दर्शनाय। यथा यथा च स गच्छेन्महासमुद्रं दर्शनाय तथा तथा स चेत् पश्येत् स्तम्बं वा स्तम्बनिमित्तं वा पर्व्वतम्वा पर्व्वतनिमित्तं वा तेनैवं वेदितव्यं दूरे तावदितो महासमुद्र इति। स चेत् न भूय: पश्येत् स्तम्बं वा स्तम्बनिमित्तं वा पर्व्वतं वा पर्व्वतनिमित्तं वा तेनैवं वेदितव्यमभ्यासन्न इतो महासमुद्र इति॥ तत् कस्य हेतो:। अनुपूर्व्वनिम्नो हि महासमुद्रो न महासमुद्रस्याभ्यन्तरे कश्चित् स्तम्बो वा स्तम्बनिमित्तं वा पर्व्वतो वा

पर्व्वतनिमित्तं वेति। किञ्चापि स न महासमुद्रं साक्षात् पश्यति चक्षुषा अथच पुनः स निष्ठां गच्छति अभ्यासन्नोऽस्मि महासमुद्रस्य नेतो भूयो दूरे महासमुद्र इति। एवमेव भगवन् बोधिसत्त्वेन महासत्वेनेमां गम्भीरां प्रज्ञापारमितां शृण्वता वेदितव्यं। किञ्चाप्यहं तैस्तथागतैरर्हद्भिः सम्यक्सम्बुद्धैर्न सम्मुखं व्याकृतोऽथ च पुनरभ्यासन्नोऽस्म्यनुत्तरायाः सम्यक्सम्बोधेर्व्याकरणस्य(१)॥ तत् कस्य हेतोः। तथा ह्येनां गम्भीरां प्रज्ञापारमितां लभते दर्शनाय वन्दनाय पर्य्युपासनाय श्रवणायेति! तद्यथापि नाम भगवन् वसन्ते प्रत्युपस्थिते शीर्णपर्णपलाशेषु नानावृक्षेषु नानापल्लवाः प्रादुर्भवन्ति। पल्लवेषु प्रादुर्भूतेष्वात्तमनस्का भवन्ति जाम्बूद्वीपका मनुष्यास्तानि पूर्व्वनिमित्तानि वनेषु दृष्ट्वा न चिराद्वनपुष्पाणि च फलानि च प्रादुर्भविष्यन्ति। तत् कस्य हेतोः। तथा हीमानि पूर्व्वनिमित्तानि स्तम्बेषु दृश्यन्त इति॥ एवमेव भगवन् यदा बोधिसत्त्वो महासत्वो लभते इमां गम्भीरां प्रज्ञापारमितां दर्शनाय वन्दनाय पर्य्युपासनाय श्रवणाय उपवर्त्तते तस्येयं गम्भीरा प्रज्ञापारमिता तदा परिपक्वकुशलः स बोधिसत्त्वो महासत्वो वेदितव्यस्तेनैव पूर्व्वकेन कुशलमूलेनोपनामितेयं तस्मै गम्भीरा प्रज्ञापारमिता। तत्र या देवताः पूर्व्वबुद्धदर्शिन्यस्ताः प्रमुदिता भवन्ति प्रीतिसौमनस्यजाताः पौर्व्वकाणामपि बोधिसत्त्वानां महासत्वानामिमान्येव पूर्व्वनिमित्तान्यभूवन्ननुत्तरायाः सम्यक्सम्बोधेर्व्याकरणाय न चिरेण वतायं बोधिसत्त्वो महासत्वो व्याकरणं प्रतिलप्स्यतेऽनुत्तरायाः सम्यक्सम्बोधेरिति॥

(१) व्याकरणाय्येतीति ग०।

तद्यथापि नाम भगवन् स्त्री गुर्व्विणी गुरुगर्भा तस्या यदा कायो वेष्टते अधिमात्रं वा कायक्लमथो जायते न च सा चंक्रमणशीला भवति अल्पाहारा च भवति अल्पस्त्यानमिद्धा च भवति अल्पभाष्या च भवति अल्पस्थामा च भवति वेदनाबहुला च भवति क्रन्दन्ती च बहुलं विहरति न च संवासशीला भवति पौर्व्वकेणायोनिशोमनसिकरेणासेवितेन निषेवितेन भावितेन बहुलीकृतेनेमामेवंरूपां कायेन वेदनां प्रत्यनुभवामीति तदा वेदितव्यमिदं भगवन् यथाऽस्याः पूर्व्वनिमित्तानि सन्दृश्यन्ते तथा न चिरेण वतेयं स्त्री प्रसोष्यते इति। एवमेव भगवन् यदा बोधिसत्त्वस्य महासत्वस्येयं[१] गम्भीरा प्रज्ञापारमितोपवर्त्तते दर्शनाय वन्दनाय पर्य्युपासनाय श्रवणाय शृण्वतश्चैनां रमते चित्तमस्यां प्रज्ञापारमितायामर्थिकतया[२] चोत्पद्यते तदा[३] वेदितव्यमिदं भगवन्न चिरेण वतायं बोधिसत्त्वो महासत्वो व्याकरणं प्रतिलप्स्यतेऽनुत्तरायाः सम्यक्सम्बोधेरिति॥

एवमुक्ते भगवानायुष्मन्तं शारिपुत्त्रमेतदवोचत्। साधु साधु शारिपुत्त्र। इदमपि ते शारिपुत्त्र बुद्धानुभावेन प्रतिभाति॥

अथ खल्वायुष्मान् सुभूतिर्भगवन्तमेतदवोचत्। आश्चर्य्यं भगवन् यावत्[४] सुपरिगृहीताश्च सुपरीत्ताश्च सुपरीन्दिताश्चेमे बोधिसत्त्वा महासत्वास्तथागतेनार्हता सम्यक्सम्बुद्धेन॥

---

(१) महासत्वस्य परिपक्वकुशलमूलस्य यथा यथेयं इति ग० च०।
(२) अर्थिकतया छन्दिकतयेति ग०।
(३) तथा तथा इति म०।
(४) यावद्यदिति ख० घ० च०।

भगवानाह। तथा हि ते सुभूते बोधिसत्त्वा महासत्वा बहुजनहिताय प्रतिपन्ना बहुजनसुखाय लोकानुकम्पायै महतो जनकायस्यार्थाय हिताय सुखाय देवानाञ्च मनुष्याणाञ्चानुकम्पका अनुकम्पामुपादायानुत्तरां सम्यक्सम्बोधिमभिसम्बोद्धुकामाः अनुत्तरां सम्यक्सम्बोधिमभिसम्बुध्यानुत्तरं धर्म्मं देशयितुकामाः॥

सुभूतिराह। इह भगवन् बोधिसत्त्वस्य हासत्वस्य प्रज्ञापारमिताया‌ञ्चरतः कथं प्रज्ञापारमिताभावना परिपूरिं गच्छति॥

भगवानाह। यदि सुभूते बोधिसत्त्वो महासत्वः प्रज्ञापारमितायाञ्चरन् न रूपस्य वृद्धिं समनुपश्यति चरति प्रज्ञापारयितायां। एवं न वेदनाया न संज्ञाया न संस्काराणां न विज्ञानस्य वृद्धिं समनुपश्यति चरति प्रज्ञापारमितायां। न रूपस्य परिहाणिं समनुपश्यति चरति प्रज्ञापारमितायां। एवं न वेदनाया न संज्ञाया न संस्काराणां न विज्ञानस्य परिहाणिं समनुपश्यति चरति प्रज्ञापारमितायां। धर्म्मं न समनुपश्यति चरति प्रज्ञापारमितायाम्। अधर्म्ममपि न समनुपश्यति चरति प्रज्ञापारमितायां। एवमस्य प्रज्ञापारमिताभावना परिपूरिं गच्छति॥

सुभूतिराह। अचिन्त्यमिदं भगवन् देश्यते॥

भगवानाह। रूपं हि सुभूतेऽचिन्त्यं। एवं वेदनासंज्ञासंस्कारा विज्ञानं हि सुभूतेऽचिन्त्यं। रूपमचिन्त्यमित्यपि सुभूते न सञ्जानीते चरति प्रज्ञापारमितायां। एवं वेदनासंज्ञासंस्कारा विज्ञानमचिन्त्यमित्यपि सुभूते न सञ्जानीते चरति प्रज्ञापारमितायां॥

अथ खल्वायुष्मान् शारिपुत्रो भगवन्तमेतदवोचत्। कोऽत्र भगवन्नधिमोक्षयिष्यति एवंगम्भीरायां प्रज्ञापारमितायां॥

भगवानाह। यः शारिपुत्र चरितावी बोधिसत्त्वो महासत्त्वो भविष्यति प्रज्ञापारमितायां सोऽत्र प्रज्ञापारमितायां अधिमोक्षयिष्यति॥

आयुष्मान् शारिपुत्र आह। कथं भगवन् चरितावी बोधिसत्त्वो महासत्त्वो भविष्यति कथं चरितावीतिनामधेयं लभते॥

भगवानाह। इह शारिपुत्र बोधिसत्त्वो महासत्त्वो बलानि न कल्पयति वैशारद्यानि न कल्पयति बुद्धधर्म्मानपि न कल्पयति सर्व्वज्ञतामपि न कल्पयति॥ तत् कस्य हेतोः। बलानि हि शारिपुत्राचिन्त्यानि वैशारद्यान्यप्यचिन्त्यानि बुद्धधर्म्मा अप्यचिन्त्याः सर्व्वज्ञताऽप्यचिन्त्या सर्व्वधर्म्मा अप्यचिन्त्याः॥ एवं चरितावी शारिपुत्र बोधिसत्त्वो महासत्त्वो न क्वचिच्चरति चरति प्रज्ञापारमितायां। एवं स चरितावीत्युच्यते चरितावीतिनामधेयं लभते(१)॥

अथ खल्वायुष्मान् सुभूतिर्भगवन्तमेतदवोचत्। गम्भीरा भगवन् प्रज्ञापारमिता। रत्नराशिर्भगवन् प्रज्ञापारमिता। शुद्धराशिर्भगवन् प्रज्ञापारमिता आकाशशुद्धतामुपादाय। आश्चर्य्यं भगवन् स्यात् यदेनां प्रज्ञापारमितामुद्गृह्णतां धारयतां वाचयतां पर्य्यवाप्नुवतां प्रवर्त्तयतां देशयतामुपदिशतामुद्दिशतां स्वाध्यायतां लिखतां च कुलपुत्राणां कुलदुहितॄणाञ्च बहवोऽन्तराया उत्पद्येरन्॥

---

(१) ग० पुस्तके लभते इत्यनन्तरं, एवञ्च तस्य प्रज्ञापारमिताभावनापरिपूरिं गच्छति इति पाठोऽस्ति।

एवमुक्ते भगवानायुष्मन्तं सुभूतिमेतदवोचत् । एवमेतत् सुभूते एवमेतत् । बहवः सुभूतेऽन्तराया इमां प्रज्ञापारमितामुद्गृह्णतां धारयतां वाचयतां पर्य्यवाप्नुवतां प्रवर्त्तयतां देशयतामुपदिशतामुद्दिशतां स्वाध्यायतां लिखताञ्च कुलपुत्त्राणां कुलदुहितॄणाञ्च भविष्यन्ति ॥ तत् कस्य हेतोः । तथा हि सुभूते इमां प्रज्ञापारमितामुद्गृह्णतां धारयतां वाचयतां पर्य्यवाप्नुवतां प्रवर्त्तयतां देशयतामुपदिशतामुद्दिशतां स्वाध्यायतां लिखताञ्च कुलपुत्त्राणां कुलदुहितॄणाञ्च मारः पापीयानौत्सुक्यमापत्स्यतेऽन्तरायं कर्त्तुं ॥ तत्र शीघ्रं लिखता सचेन्मासेन वा मासद्वयेन वा मासत्रयेण वा लिख्येत लिखितव्यैवं भवेत् । सचेत् संवत्सरेण ततो वाऽपरेण लिखिता भवेत् तथापि लिखितव्यैव खलु पुनः सुभूते भवति तेन कुलपुत्त्रेण कुलदुहित्रा वा इयं प्रज्ञापारमिता ॥ तत्कस्य हेतोः । एवं ह्येतत् सुभूते भवति यत् महारत्नानां बहवोऽन्तराया उत्पद्यन्ते ॥

एवमुक्ते आयुष्मान् सुभूतिर्भगवन्तमेतदवोचत । इह भगवन् प्रज्ञापारमितायामुद्गृह्यमाणायां धार्य्यमाणायां वाच्यमानायां पर्य्यवाप्यमानायां प्रवर्त्त्यमानायां देश्यमानायामुपदिश्यमानायामुद्दिश्यमानायां स्वाध्याय्यमानायां लिख्यमानायाञ्च मारः पापीयान् बहुप्रकारमौत्सुक्यमापत्स्यतेऽन्तरायकर्म्मण उद्योगञ्च करिष्यति ॥

भगवानाह । किञ्चापि सुभूते मारः पापीयान् उद्योगमापत्स्यतेऽन्तरायकर्म्मणः अस्यां प्रज्ञापारमितायामुद्गृह्यमाणायां धार्य्यमाणायां वाच्यमानायां पर्य्यवाप्यमानायां प्रवर्त्त्यमानायां देश्यमानायामुपदिश्यमानायामुद्दिश्यमानायां स्वाध्याय्यमानायां लिख्य-

मानायाश्च अथ च पुनर्न प्रसहिष्यतेऽच्छिद्रसमादानस्य बोधिसत्त्वस्य महासत्त्वस्यान्तरायं कर्त्तुं॥

अथ खल्वायुष्मान् शारिपुत्त्रो भगवन्तमेतदवोचत्। यदा भगवन्निमां प्रज्ञापारमितामुद्गृह्णतां धारयतां वाचयतां पर्य्यवाप्नुवतां प्रवर्त्तयतां देशयतामुपदिशतामुद्दिशतां स्वाध्यायतां लिखताञ्च कुलपुत्त्राणां कुलदुहितॄणाञ्च मारः पापीयानौत्सुक्यमापत्स्यतेऽन्तरायकरणाय तदा कथमेतर्हि भगवन् कुलपुत्त्राः कुलदुहितरश्चेमां प्रज्ञापारमितामुद्ग्रहीष्यन्ति धारयिष्यन्ति वाचयिष्यन्ति पर्य्यवाप्स्यन्ति प्रवर्त्तयिष्यन्ति देशयिष्यन्त्युपदेक्ष्यन्त्युद्देक्ष्यन्ति स्वाध्यास्यन्ति लिखिष्यन्ति च। कस्य चानुभावेन भगवंस्ते कुलपुत्त्राः कुलदुहितरश्चेमां प्रज्ञापारमितामुद्ग्रहीष्यन्ति धारयिष्यन्ति वाचयिष्यन्ति पर्य्यवाप्स्यन्ति प्रवर्त्तयिष्यन्ति देशयिष्यन्त्युपदेक्ष्यन्त्युद्देक्ष्यन्ति स्वाध्यास्यन्ति लिखिष्यन्ति च॥

एवमुक्ते भगवानायुष्मन्तं शारिपुत्त्रमेतदवोचत्। बुद्धानां शारिपुत्त्र भगवतां तथागतानामर्हतां सम्यक्सम्बुद्धानामनुभावेन ते कुलपुत्त्राः कुलदुहितरश्चेमां प्रज्ञापारमितामुद्ग्रहीष्यन्ति धारयिष्यन्ति वाचयिष्यन्ति पर्य्यवाप्स्यन्ति प्रवर्त्तयिष्यन्ति देशयिष्यन्त्युपदेक्ष्यन्त्युद्देक्ष्यन्ति स्वाध्यास्यन्ति लिखिष्यन्ति च तथत्वाय शिक्षिष्यन्ते तथत्वाय प्रतिपत्स्यन्ते तथत्वाय योगमापत्स्यन्ते॥ तत् कस्य हेतोः। एषा हि शारिपुत्त्र धर्म्माणां धर्म्मता ये तेऽप्रमेयेष्वसंख्येयेषु लोकधातुषु बुद्धा भगवन्तस्तिष्ठन्ति(१) ध्रियन्ते यापयन्ति ते इमां प्रज्ञापारमितां

(१) एतर्हि तिष्ठन्ति इति ग०।

समन्वाहरिष्यन्ति परिग्रहीष्यन्ति भाष्यमाणामुद्गृह्यमाणां धार्य्यमाणां वाच्यमानां पर्य्यवाप्यमानां प्रवर्त्त्यमानां देश्यमानामुपदिश्यमानामुद्दिश्यमानां स्वाध्याय्यमानां लिख्यमानाञ्च॥ ये चैनां प्रज्ञापारमितां कुलपुत्त्राः कुलदुहितरश्चोद्ग्रहीष्यन्ति धारयिष्यन्ति वाचयिष्यन्ति पर्य्यवाप्स्यन्ति प्रवर्त्तयिष्यन्ति देशयिष्यन्त्युपदेक्ष्यन्त्युद्देक्ष्यन्ति स्वाध्यास्यन्ति च तथत्वाय शिक्षिष्यन्ते तथत्वाय प्रतिपत्स्यन्ते तथत्वाय योगमापत्स्यन्ते तांश्च ते बुद्धा भगवन्तः समन्वाहरिष्यन्ति परिग्रहीष्यन्ति च॥ न हि[१] शारिपुत्त्र बुद्धसमन्वाहृतानां बुद्धपरिगृहीतानाञ्च कुलपुत्त्राणां कुलदुहितॄणाञ्च शक्यमन्तरायं कर्त्तुं॥

एवमुक्ते आयुष्मान् शारिपुत्त्रो भगवन्तमेतदवोचत्। येऽपि ते भगवन् बोधिसत्त्वा महासत्त्वा इमां गम्भीरां प्रज्ञापारमितां श्रोष्यन्त्युद्ग्रहीष्यन्ति[२] धारयिष्यन्ति वाचयिष्यन्ति पर्य्यवाप्स्यन्ति प्रवर्त्तयिष्यन्ति देशयिष्यन्त्युपदेक्ष्यन्त्युद्देक्ष्यन्ति स्वाध्यास्यन्ति लिखिष्यन्ति च तथत्वाय शिक्षिष्यन्ते तथत्वाय प्रतिपत्स्यन्ते तथत्वाय योगमापत्स्यन्ते सर्व्वे ते भगवन् बुद्धानुभावेन बुद्धाधिष्ठानेन बुद्धपरिग्रहेण च इमां प्रज्ञापारमितां श्रोष्यन्त्युद्ग्रहीष्यन्ति धारयिष्यन्ति वाचयिष्यन्ति पर्य्यवाप्स्यन्ति प्रवर्त्तयिष्यन्ति देशयिष्यन्त्युपदेक्ष्यन्त्युद्देक्ष्यन्ति स्वाध्यास्यन्ति लिखिष्यन्ति च तथत्वाय च शिक्षिष्यन्ते तथत्वाय प्रतिपत्स्यन्ते तथत्वाय योगमापत्स्यन्ते एवञ्च सम्पादयिष्यन्ति॥

एवमुक्ते भगवानायुष्मन्तं शारिपुत्त्रमेतदवोचत्। एवमेतच्छारि-

---

(१) न च इति च०।

(२) श्रुत्वा चोद्ग्रहीष्यन्तीति ग०।

पुत्त्रैवमेतत्। सर्व्वे ते शारिपुत्त्र बोधिसत्त्वा महासत्वा बुद्धानुभावेन बुद्धाधिष्ठानेन बुद्धपरिग्रहेण च इमां गम्भीरां प्रज्ञापारमितां श्रोष्यन्त्युद्ग्रहीष्यन्ति धारयिष्यन्ति वाचयिष्यन्ति पर्य्यवाप्स्यन्ति प्रवर्त्तयिष्यन्ति देशयिष्यन्त्युपदेक्ष्यन्त्युद्देक्ष्यन्ति स्वाध्यास्यन्ति लिखिष्यन्ति च तथत्वाय शिक्षिष्यन्ते तथत्वाय प्रतिपत्स्यन्ते तथत्वाय योगमापत्स्यन्ते ज्ञातास्ते शारिपुत्त्र तथागतेनाधिष्ठितास्ते शारिपुत्त्र तथागतेन दृष्टास्ते शारिपुत्त्र तथागतेन व्यवलोकितास्ते शारिपुत्त्र तथागतेन बुद्धचक्षुषा॥ ये ते बोधिसत्त्वा महासत्वा इमां प्रज्ञापारमितां श्रोष्यन्त्युद्ग्रहीष्यन्ति धारयिष्यन्ति वाचयिष्यन्ति पर्य्यवाप्स्यन्ति प्रवर्त्तयिष्यन्ति देशयिष्यन्त्युपदेक्ष्यन्त्युद्देक्ष्यन्ति स्वाध्यास्यन्ति लिखिष्यन्ति च तथत्वाय च शिक्षिष्यन्ते तथत्वाय प्रतिपत्स्यन्ते तथत्वाय योगमापत्स्यन्ते। श्रुत्वोद्गृह्य धारयित्वा वाचयित्वा पर्य्यवाप्य प्रवर्त्त्य देशयित्वोपदिश्योद्दिश्य स्वाध्याय्य लिखित्वा तथत्वाय शिक्षमाणास्तथत्वाय प्रतिपद्यमानास्तथत्वाय योगमापद्यमाना आसन्नीभविष्यन्त्यनुत्तरायाः सम्यक्सम्बोधेस्तथत्वाय स्थास्यन्त्यनुत्तरायै सम्यक्सम्बोधये॥ येऽपि[१] शारिपुत्त्रैनां प्रज्ञापारमितां लिखित्वा धारयिष्यन्ति वाचयिष्यन्ति पर्य्यवाप्स्यन्ति देशयिष्यन्त्युपदेक्ष्यन्त्युद्देक्ष्यन्ति स्वाध्यास्यन्ति लिखिष्यन्ति न च तथत्वाय[२] शिक्षिष्यन्ते न च तथत्वाय प्रतिपत्स्यन्ते न च तथत्वाय योगमापत्स्यन्ते ते न तथत्वाय शिक्षमाणा न तथत्वाय प्रतिपद्यमाना न तथत्वाय योगमापद्यमाना

(१) येऽपि ते इति ग०।

(२) लिखित्वा धारयिष्यन्ति वाचयिष्यन्ति न च तथत्वायेति ख०ङ०च०।

न तथतायां स्थास्यन्त्यनुत्तरायां सम्यक्सम्बोधौ तेऽपि शारिपुत्त्र तथागतेन ज्ञातास्तेऽपि तथागतेनाधिष्ठितास्तेऽपि तथागतेन दृष्टा-स्तेऽपि तथागतेन व्यवलोकिता बुद्धचक्षुषा। तेषामपि शारिपुत्त्र महार्थिको महानुशंसो महाफलो महाविपाकश्च स परिश्रमः परिस्पन्दश्च भविष्यति॥ तत् कस्य हेतोः। तथा हि प्रज्ञापारमिता परमार्थोपसंहिता सर्व्वधर्म्माणां यथाभूतप्रतिबोधाय प्रत्युपस्थिता सर्व्वसत्वानां॥ इमे खलु पुनः शारिपुत्त्र षट्पारमिताप्रतिसंयुक्ताः सूत्रान्तास्तथागतस्यात्ययेन दक्षिणापथे प्रचरिष्यन्ति दक्षिणापथात् पुनरेव वर्त्तन्यां प्रचरिष्यन्ति वर्त्तन्याः पुनरुत्तरपथे प्रचरिष्यन्ति नवमण्डपाम्ने धर्म्मविनये सद्धर्म्मस्यान्तर्द्धानकालसमये समन्वाहृतास्ते शारिपुत्त्र तथागतेन॥ कुलपुत्त्रा कुलदुहितरश्च तस्मिन् काले य इमां प्रज्ञापारमितामुद्ग्रहीष्यन्ति धारयिष्यन्ति वाचयिष्यन्ति पर्य्य-वाप्स्यन्ति प्रवर्त्तयिष्यन्ति देशयिष्यन्त्युपदेक्ष्यन्त्युद्देक्ष्यन्ति स्वाध्यास्यन्ति अन्तशो लिखित्वा पुस्तकगतामपि कृत्वा धारयिष्यन्ति ज्ञातास्ते शारिपुत्त्र तथागतेनाधिष्ठितास्ते शारिपुत्त्र तथागतेन दृष्टास्ते शारिपुत्त्र तथागतेन व्यवलोकितास्ते शारिपुत्त्र तथागतेन बुद्ध-चक्षुषा॥

शारिपुत्त्र आह। इयमपि भगवन् प्रज्ञापारमिता एवंगम्भीरा पश्चिमे काले पश्चिमे समये वैस्तारिकी भविष्यत्युत्तरस्यां दिश्युत्तरे दिग्भागे॥

भगवानाह। ये तत्र शारिपुत्त्र उत्तरस्यां दिश्युत्तरे दिग्भागे इमां गम्भीरां प्रज्ञापारमितां श्रुत्वाऽत्र प्रज्ञापारमितायां योग-

मापत्स्यन्ते ते वैस्तारिकीं करिष्यन्ति॥ चिरयानसम्प्रस्थितास्ते शारिपुत्र बोधिसत्त्वा महासत्त्वा वेदितव्या य इमां प्रज्ञापारमितां श्रोष्यन्ति लिखिष्यन्त्युद्ग्रहीष्यन्ति धारयिष्यन्ति वाचयिष्यन्ति पर्य्यवाप्स्यन्ति प्रवर्त्तयिष्यन्ति देशयिष्यन्त्युपदेक्ष्यन्त्युद्देक्ष्यन्ति स्वाध्यास्यन्ति तथत्वाय शिक्षिष्यन्ते तथत्वाय प्रतिपत्स्यन्ते तथत्वाय योगमापत्स्यन्ते॥

शारिपुत्र आह। कियन्तस्ते भगवन् बोधिसत्त्वा महासत्त्वा भविष्यन्ति उत्तरस्यां दिश्युत्तरे दिग्भागे बहव उताहोऽल्पका: य इमां गम्भीरां प्रज्ञापारमितां श्रोष्यन्ति लिखिष्यन्त्युद्ग्रहीष्यन्ति धारयिष्यन्ति वाचयिष्यन्ति पर्य्यवाप्स्यन्ति प्रवर्त्तयिष्यन्ति देशयिष्यन्त्युपदेक्ष्यन्त्युद्देक्ष्यन्ति स्वाध्यास्यन्ति तथत्वाय शिक्षिष्यन्ते तथत्वाय प्रतिपत्स्यन्ते तथत्वाय योगमापत्स्यन्ते॥

भगवानाह। बहवस्ते शारिपुत्र सुबहव उत्तरापथे उत्तरस्यां दिश्युत्तरे दिग्भागे बोधिसत्त्वा महासत्त्वा भविष्यन्ति। किञ्चापि शारिपुत्र बहवस्ते तेभ्योऽपि बहुभ्योऽल्पकास्ते बोधिसत्त्वा महासत्त्वा भविष्यन्ति य इमां गम्भीरां प्रज्ञापारमितां श्रोष्यन्ति लिखिष्यन्त्युद्ग्रहीष्यन्ति धारयिष्यन्ति वाचयिष्यन्ति पर्य्यवाप्स्यन्ति प्रवर्त्तयिष्यन्ति देशयिष्यन्त्युपदेक्ष्यन्त्युद्देक्ष्यन्ति स्वाध्यास्यन्ति तथत्वाय शिक्षिष्यन्ते तथत्वाय प्रतिपत्स्यन्ते तथत्वाय योगमापत्स्यन्ते प्रज्ञापारमितायाञ्च भाष्यमाणायां नावलेष्यन्ते न संलेष्यन्ते न विषत्स्यन्ति न विषादमापत्स्यन्ते न विपृष्ठीकरिष्यन्ति मानसं न भग्नपृष्ठीकरिष्यन्ति नोत्त्रसिष्यन्ति न सन्त्रसिष्यन्ति न सन्त्रासमापत्स्यन्ते चिरयानसम्प्रस्थितास्ते बोधि-

सत्वा महासत्वा वेदितव्याः। अनुबद्धास्तैः पौर्व्वकास्तथागता अर्हन्तः सम्यक्सम्बुद्धाः परिपृष्टाः परिपृच्छिताः परिप्रश्नीकृताः। पूजिताश्च तैः पौर्व्वकास्तथागता अर्हन्तः सम्यक्सम्बुद्धाः कुलपुत्त्रैः कुलदुहितृभिश्च बोधिसत्त्वयानिकैः पुद्गलैः शीलेषु च ते परिपूर्णकारिणो भविष्यन्ति बहुजनस्य च तेऽर्थं करिष्यन्ति यदुतेमामेवानुत्तरां सम्यक्सम्बोधिमारभ्य॥ तत् कस्य हेतोः। तथाहि तेषां कुलपुत्त्राणां कुलदुहितॄणाञ्च मयैव सर्व्वज्ञताप्रतिसंयुक्तैव कथा कृता। तेषां जातिव्यतिवृत्तानामप्येत एव सर्व्वज्ञताप्रतिसंयुक्ताः प्रज्ञापारमिताप्रतिसंयुक्ताः समुदाचारा भविष्यन्ति। एनामेव[१] च ते कथां करिष्यन्ति एनामेव च कथामभिनन्दिष्यन्ति यदुतानुत्तरां सम्यक्सम्बोधिमारभ्य। तेषु च सुस्थिताः समाहिताश्च भविष्यन्ति। अस्यां प्रज्ञापारमितायां मारेणापि ते न शक्या भेदयितुं कुतः पुनरन्यैः सत्वैः यदुत छन्दतो वा मन्त्रतो वा॥ तत् कस्य हेतोः। यथाऽपि नाम तद्दृढ़स्थामत्वादनुत्तरायां सम्यक्सम्बोधौ॥ ते च कुलपुत्त्राः कुलदुहितरश्च श्रुत्वेनां प्रज्ञापारमितामुदारं प्रीतिप्रामोद्यप्रसादं प्रतिलप्स्यन्ते। बहुजनस्य च ते कुशलमूलान्यवरोपयिष्यन्ति यदुतानुत्तरायां सम्यक्सम्बोधौ॥ तत् कस्य हेतोः। एवं हि तैः कुलपुत्त्रैः कुलदुहितृभिश्च ममान्तिके सम्मुखं वाग्भाषिता। बहूनि प्राणिशतानि बहूनि प्राणिसहस्राणि बहूनि प्राणिशतसहस्राणि बहूनि प्राणिकोटीशतानि बहूनि प्राणिकोटीसहस्राणि बहूनि प्राणिकोटीशतसहस्राणि बहूनि प्राणिकोटी-

---

(१) एवमेवेति ख० च०।

नियुतशतसहस्राणि बोधिसत्त्वचर्य्यां चरन्तो वयमनुत्तरायां सम्यक्-सम्बोधौ प्रस्थापयिष्यामः सन्दर्शयिष्यामः समादापयिष्यामः समुत्तेज-यिष्यामः सम्प्रहर्षयिष्यामः सम्प्रभावयिष्यामः सम्बोधये प्रतिष्ठापयि-ष्यामः इति अविनिवर्त्तनीयान् करिष्यामः इति॥ तत् कस्य हेतोः। अनुमोदितं हि शारिपुत्त्र मया तेषां बोधिसत्त्वयानिकानां कुल-पुत्त्राणां कुलदुहितॄणां च चित्तेन चित्तं व्यवलोक्य यैरियं वाग्भाषिता। बोधाय चरन्तो वयं बहूनि प्राणिशतानि बहूनि प्राणिसहस्राणि बहूनि प्राणिशतसहस्राणि बहूनि प्राणिकोटीशतानि बहूनि प्राणि-कोटीसहस्राणि बहूनि प्राणिकोटीशतसहस्राणि बहूनि प्राणिकोटी-नियुतशतसहस्राणि अनुत्तरायां सम्यक्सम्बोधौ प्रस्थापयिष्यामः सन्दर्शयिष्यामः समादापयिष्यामः समुत्तेजयिष्यामः सम्प्रहर्षयि-ष्यामः सम्प्रभावयिष्यामः सम्बोधये प्रतिष्ठापयिष्याम इति अवि-निवर्त्तनीयान् करिष्याम इति॥ एवञ्च ते कुलपुत्त्राः कुल-दुहितरश्चोदाराधिमुक्तिका भविष्यन्ति यदन्यान्यपि ते बुद्धक्षेत्रा-एयध्यालम्बितव्यानि मंस्यन्ते। यत्र सम्मुखीभूतास्तथागता अर्हन्तः सम्यक्सम्बुद्धा धर्म्मन्देशयिष्यन्ति। तत्र सम्मुखीभूतानां तथागता-नामर्हतां सम्यक्सम्बुद्धानामन्तिकात् पुनरेवेनां गम्भीरां प्रज्ञा-पारमितां विस्तरेण श्रोष्यन्ति। तेष्वपि ते बुद्धक्षेत्रेषु बहूनि प्राणिशतानि बहूनि प्राणिसहस्राणि बहूनि प्राणिशतसहस्राणि बहूनि प्राणिकोटीशतानि बहूनि प्राणिकोटीसहस्राणि बहूनि प्राणिकोटी-शतसहस्राणि बहूनि प्राणिकोटीनियुतशतसहस्राणि अनुत्तरायां सम्यक्सम्बोधौ प्रस्थापयिष्यन्ति सन्दर्शयिष्यन्ति समादापयिष्यन्ति

समुत्तेजयिष्यन्ति सम्प्रहर्षयिष्यन्ति सम्प्रभावयिष्यन्ति सम्बोधये प्रतिष्ठापयिष्यन्ति अविनिवर्त्तनीयान् करिष्यन्ति ॥

एवमुक्ते आयुष्मान् शारिपुत्त्रो भगवन्तमेतदवोचत् । आश्चर्यं भगवन् यावदिदं तथागतेनार्हता सम्यक्सम्बुद्धेनातीतानागतप्रत्युत्पन्नेषु धर्म्मेषु नास्ति किञ्चिददृष्टं वाऽश्रुतं वाऽविदितं वाऽविज्ञातं वा न स कश्चिद्धर्म्मो यो न ज्ञातः न स काचिच्चर्य्या सत्वानां या न विज्ञाता । यत्र हि नामानागतानामपि बोधिसत्त्वानां महासत्वानाञ्चर्य्या ज्ञाता बोधिच्छन्दिकानामध्याशयसम्पन्नानामारब्धवीर्य्याणां ॥ ये तस्मिन् काले इमां गम्भीरां प्रज्ञापारमितामुद्ग्रहीष्यन्ति धारयिष्यन्ति वाचयिष्यन्ति पर्य्यवाप्स्यन्ति प्रवर्त्तयिष्यन्ति देशयिष्यन्त्युपदेक्ष्यन्त्युद्देक्ष्यन्ति स्वाध्यास्यन्ति लिखिष्यन्ति च ये च तस्मिन् काले आसां षण्णां पारमितानां कृतशः सर्व्वसत्वानामर्थायोद्योगमापद्यान्वेषिष्यन्ते पर्य्येषिष्यन्ते गवेषिष्यन्ते तेषां च कुलपुत्त्राणां कुलदुहितॄणाञ्चान्वेषमाणानां पर्य्येषमाणानां केचिदन्वेषमाणा बोधिसत्त्वा लप्स्यन्ते केचिन्न लप्स्यन्ते केचिदगवेषयन्तोऽपि[१] लप्स्यन्ते एनां गम्भीरां प्रज्ञापारमितां । किमत्र भगवन् कारणं ॥

एवमुक्ते भगवानायुष्मन्तं शारिपुत्त्रमेतदवोचत् । एवमेतच्छारिपुत्त्रैवमेतत् । नास्ति किञ्चित्तथागतस्यातीतानागतप्रत्युत्पन्नेषु धर्म्मेष्वदृष्टं वाऽश्रुतं वाऽविदितं वाऽविज्ञातं वा ॥ तस्मिन् खलु पुनः शारिपुत्त्र काले तस्मिन् समये केचिद्बोधिसत्त्वा मार्गय-

(१) केचिदगवेषन्तोऽपीति ग० ।

माणा पर्य्येषमाणा गवेषमाणा अपि लप्स्यन्ते इमां प्रज्ञापारमितां। केचिद्बोधिसत्त्वा अमार्गयमाणा अपर्य्येषमाणा अगवेषयन्तोऽपि लप्स्यन्ते॥ तत् कस्य हेतोः। तथा हि तैर्बोधिसत्त्वैर्महासत्वैरियं प्रज्ञापारिता पूर्व्वान्ततोऽपि अनिक्षिप्तधुरैर्मार्गिता च पर्य्यन्विष्टा च ते तेनैव पूर्व्वकेन कुशलमूलच्छन्देनैनां प्रज्ञापारमितामममार्गयन्तोऽपि अपर्य्येषमाणा अपि अगवेषयन्तोऽपि लप्स्यन्ते। यान्यपि च ततोऽन्यान्यपि सूत्राण्येनामेव प्रज्ञापारमितामभिवदन्ति तानि चैषां स्वयमेवोपगमिष्यन्ति उपपत्स्यन्ते उपनंस्यन्ते च॥ तत् कस्य हेतोः। एवमेतच्छारिपुत्त्र भवति। य एनां प्रज्ञापारमितां बोधिसत्त्वो महासत्वोऽनिक्षिप्तधुरो मार्गयति च पर्य्येषते च स जातिव्यतिवृत्तोऽपि जन्मान्तरव्यतिवृत्तोऽप्येनां प्रज्ञापारमितां लप्स्यते। ततोऽन्यानि च सूत्राणि प्रज्ञापारमिताप्रतिसंयुक्तानि तस्य स्वयमेवोपगमिष्यन्ति उपपत्स्यन्ते उपनंस्यन्ते चेति॥

एवमुक्ते आयुष्मान् शारिपुत्त्रो भगवन्तमेतदवोचत्। इमे एव केवलं भगवंस्तेषां कुलपुत्त्राणां कुलदुहितॄणां च षट्पारमिताप्रतिसंयुक्ताः सूत्रान्ता उपपत्स्यन्ते उपनंस्यन्ते नान्ये॥

भगवानाह। ये चान्येऽपि शारिपुत्त्र गम्भीरा गम्भीराः सूत्रान्ता भविष्यन्ति तेऽपि तेषां कुलपुत्त्राणां कुलदुहितॄणाञ्च स्वयमेवोपपत्स्यन्ते स्वयमेवोपनंस्यन्ते च॥ तत् कस्य हेतोः॥ एवं ह्येतच्छारिपुत्त्र भवति। ये बोधिसत्त्वा महासत्वाः अनुत्तरायां सम्यक्सम्बोधौ प्रख्यापयिष्यन्ति सन्दर्शयिष्यन्ति समादापयिष्यन्ति समुत्तेजयिष्यन्ति सम्प्रहर्षयिष्यन्ति प्रभावयिष्यन्ति सम्बोधये प्रतिष्ठापयिष्यन्ति अवि-

निवर्त्तनीयान् करिष्यन्ति स्वयञ्च तत्र शिक्षिष्यन्ते तेषां शारिपुत्त्र जातिव्यतिवृत्तानामपीमे गम्भीरा गम्भीरा अनुपलम्भप्रतिसंयुक्ताः शून्यताप्रतिसंयुक्ताः षट्पारमिताप्रतिसंयुक्ताश्च सूत्रान्ताः स्वयमेवोपगमिष्यन्ति स्वयमेवोपपत्स्यन्ते स्वयमेवोपनंस्यन्ते चेति ॥

आर्य्याष्टसाहस्रिकायां प्रज्ञापारमितायां धारणगुणपरिकीर्त्तनपरिवर्त्तो नाम दशमः ॥ २६२ ॥

अथ मारकर्म्मपरिवर्त्तो नामैकादशः।

अथ खलु आयुष्मान् सुभूतिर्भगवन्तमेतदवोचत्। गुणा इमे भगवंस्तेषां कुलपुत्त्राणां कुलदुहितॄणां च भगवता परिकीर्त्तिताः केचित्पुनर्भगवंस्तेषामन्तरायाः उत्पत्स्यन्ते॥

एवमुक्ते भगवानायुष्मन्तं सुभूतिमेतदवोचत्। बहूनि सुभूते तेषां मारकर्म्माण्यन्तरायकराण्युत्पत्स्यन्ते॥

सुभूतिराह। कियद्रूपाणि भगवंस्तेषां बहूनि मारकर्म्माण्यन्तरायकराण्युत्पत्स्यन्ते॥

भगवानाह। तेषां सुभूते बोधिसत्त्वानां महासत्वानां प्रज्ञापारमिताभाषमाणानां चिरेण प्रतिभानमुत्पत्स्यते। इदं सुभूते प्रथमं मारकर्म्म वेदितव्यं॥ तदपि च प्रतिभानं जायमानमेव विक्षेप्स्यन्ते। इदमपि सुभूते मारकर्म्म वेदितव्यं॥ ते विजृम्भमाना हसन्त उच्चग्घयन्तो लिखिष्यन्ति। इदमपि सुभूते मारकर्म्म वेदितव्यं॥ विक्षिप्तचित्ताः पर्य्यवाप्स्यन्ति। इदमपि सुभूते मारकर्म्म वेदितव्यं॥ अन्योऽन्यविज्ञानसमङ्गिनो लिखिष्यन्ति। इदमपि सुभूते मारकर्म्म वेदितव्यं॥ स्मृतिं न प्रतिलप्स्यन्ते। इदमपि सुभूते मारकर्म्म वेदितव्यं॥ परस्परमुपहसन्तो लिखिष्यन्ति। इदमपि सुभूते मारकर्म्म वेदितव्यं॥ परस्परमुच्चग्घयमाना(१) लिखिष्यन्ति। इदमपि सुभूते मारकर्म्म वेदितव्यं॥ विक्षिप्तचक्षुषो लिखिष्यन्ति। इदमपि सुभूते मारकर्म्म

(१) उच्चग्घयन्त इति ग०।

वेदितव्यं॥ लिखतामन्योऽन्यं विसामग्री भविष्यति। इदमपि सुभूते मारकर्म्म वेदितव्यं॥ न वयमत्र गाधं नास्वादं लभामहे इत्युत्थायासनात् प्रक्रमिष्यन्ति। इदमपि सुभूते मारकर्म्म वेदितव्यं॥ न वयमत्र व्याकृताः प्रज्ञापारमितायामित्यप्रसन्नचित्ता उत्थायासनात् प्रक्रमिष्यन्ति। इदमपि सुभूते मारकर्म्म वेदितव्यं॥ न नोऽत्र[१] ग्रामस्य वा नगरस्य वा निगमस्य वा नामधेयं परिगृहीतं यत्र नो जन्म न नोऽत्र[२] नाम गोत्रं वा गृहीतं न मातापित्रोर्नाम गोत्रं वा गृहीतं नापि कुलस्य यत्र नो जन्मेति ते प्रज्ञापारमितां न श्रोतव्यां मंस्यन्ते ततोऽपक्रमितव्यं मंस्यन्ते। यथा यथा चापक्रमिष्यन्ति तैर्या-वद्भिश्चित्तोत्पादैस्तथा तथा तावतः कल्पान् संसारस्य पुनः पुनः परिग्रहीष्यन्ति यत्र तैः पुनरेव योगमापत्तव्यं भविष्यति॥ तत्कस्मात्। इमां हि सुभूते प्रज्ञापारमितामशृण्वन्तो बोधिसत्त्वा महासत्वा लौकिकलोकोत्तरेषु धर्म्मेषु न निर्जायन्ते[३]। इदमपि सुभूते तेषां मारकर्म्म वेदितव्यं॥ पुनरपरं सुभूते बोधिसत्त्वयानिकाः पुद्गला इमां प्रज्ञापारमितां सर्व्वज्ञज्ञानस्याहारिकां विवर्ज्यौत्सृज्य ये ते सूत्रान्ता नैव सर्व्वज्ञज्ञानस्याहारिकास्तान् पर्य्येषितव्यान् मंस्यन्ते। इदमपि सुभूते तेषां मारकर्म्म वेदितव्यम्॥ यथा खलु पुनः सुभूते न लौकिकलोकोत्तरेषु शिक्षितुकामा न लौकिकलोकोत्तरेषु धर्म्मेषु निर्य्यातुकामा इह प्रज्ञापारमितायां न शिक्षन्ते। प्रज्ञापारमिताया-

(१) ततोऽन्यत्र इति च०।

(२) जन्म नो ऽत्र इति ग०।

(३) निर्य्यायन्ते इति घ०।

मशिक्षमाणा न लौकिकलोकोत्तरेषु धर्म्मेषु निर्य्यान्ति। एवन्ते परीत्तबुद्धयो लौकिकलोकोत्तराणां यथाभूतपरिज्ञायाः मूलं प्रज्ञापारमितां विवर्ज्योत्सृज्य प्रशाखामध्यालम्बितव्यां मंस्यन्ते॥ तद्यथापि नाम सुभूते कुक्कुरः स्वामिनोऽन्तिकात् पिण्डं[१] छोरयित्वा कर्म्मकरस्यान्तिकात् कवडं पर्य्येषितव्यं मन्येत। एवमेव सुभूते भविष्यन्त्यनागतेऽध्वनि एके बोधिसत्त्वयानिकाः पुद्गला य इमां प्रज्ञापारमितां सर्व्वज्ञज्ञानस्य मूलं छोरयित्वा शाखापत्रपलालभूते श्रावकप्रत्येकबुद्धयाने सारं वृद्धत्वं पर्य्येषितव्यं मंस्यन्ते। इदमपि सुभूते तेषां मारकर्म्म वेदितव्यं॥ तत् कस्य हेतोः। न हि तेऽल्पबुद्धयो ज्ञास्यन्ति प्रज्ञापारमिता आहारिका सर्व्वज्ञज्ञानस्येति। ते प्रज्ञा-पारमितां विवर्ज्यात्सृज्य छोरयित्वा ततोऽन्ये सूत्रान्ता ये श्रावक-भूमिमभिवदन्ति प्रत्येकबुद्धभूमिमभिवदन्ति तानधिकतरं पर्य्य-वाप्तव्यान् मंस्यन्ते। शाखापत्रपलालोपमाः प्रतिपन्नास्ते तथारूपा बोधिसत्त्वा वेदितव्याः॥ तत् कस्य हेतोः॥ नहि सुभूते बोधिसत्त्वेन महासत्वेनैवं शिक्षितव्यं यथा श्रावकयानिकाः प्रत्येकबुद्धयानिका वा पुद्गलाः शिक्षन्ते॥ कथञ्च सुभूते श्रावकयानिकाः प्रत्येकबुद्ध-यानिका वा पुद्गलाः शिक्षन्ते। तेषां सुभूते एवं भवति। एक-मात्मानं दमयिष्यामः एकमात्मानं शमयिष्यामः एकमात्मानं परि-निर्व्वापयिष्यामः। इत्यात्मदमशमथपरिनिर्वाणाय सर्व्वकुशलमूलाभि-संस्कारप्रयोगानारभन्ते॥ न खलु पुनः सुभूते बोधिसत्त्वेन महासत्वे-नैवं शिक्षितव्यं। अपि नु खलु पुनः सुभूते बोधिसत्त्वेन महासत्वेनैवं

(१) पिण्डमिति ख० ग० घ० ङ०।

शिक्षितव्यं। आत्मानञ्च तथतायां स्थापयिष्यामि सर्व्वलोकानुग्रहाय सर्व्वसत्वानपि तथतायां स्थापयिष्याम्यप्रमेयं सत्वधातुं परिनिर्व्वापयिष्यामीति सर्व्वकुशलमूलाभिसंस्कारप्रयोगा बोधिसत्त्वेन महासत्वेनैवमारब्धव्या न च तैर्मन्तव्यम्॥ तद्यथाऽपि नाम सुभूते कश्चिदेव पुरुषो हस्तिनमपश्यन् हस्तिनो वर्णसंस्थाने पर्य्येषेत। सोऽन्धकारे हस्तिनं लब्ध्वा येन प्रकाशं तेनोपनिध्यायेत तेनोपनिध्यायन् हस्तिपदं पर्य्येषितव्यं मन्येत हस्तिपदाच्च हस्तिनो वर्णसंस्थाने ग्रहीतव्ये मन्येत। तत् किंमन्यसे सुभूतेऽपि नु स पण्डितजातीयः पुरुषो भवेत्॥

सुभूतिराह। नो हीदं भगवन्॥

भगवानाह। एवमेव सुभूते तथारूपास्ते बोधिसत्त्वयानिकाः पुद्गला वेदितव्या य इमां प्रज्ञापारमितामजानाना अपरिपृच्छन्तस्तां छोरयित्वाऽनुत्तरां सम्यक्सम्बोधिमभिसम्बोद्धुकामा ये ते सूत्रान्ताः श्रावकभूमिमभिवदन्ति प्रत्येकबुद्धभूमिमभिवदन्ति तान् पर्य्येषितव्यान् मंस्यन्ते। इदमपि सुभूते तेषां मारकर्म्म वेदितव्यम्॥ तद्यथाऽपि नाम सुभूते रत्नार्थिकः पुरुषो महासमुद्रं दृष्ट्वा नावगाहेत रत्नानि न निध्यायेन्नाध्यालम्बेत स रत्नहेतोर्गोष्पदं पर्य्येषितव्यं मन्येत स गोष्पदोदकेन महासमुद्रं समीकर्त्तव्यं मन्येत। तत् किंमन्यसे सुभूतेऽपि नु स पण्डितजातीयः पुरुषो वेदितव्यः॥

सुभूतिराह। नो हीदं भगवन्॥

भगवानाह। एवमेव सुभूते तथारूपास्ते बोधिसत्त्वयानिकाः पुद्गला वेदितव्या य इमां गम्भीरां प्रज्ञापारमितां लब्ध्वाऽप्यनव-

गाहमाना अविजानन्तस्तत्यन्ति। ये च सूत्रान्ताः श्रावकभूमिमभिवदन्ति प्रत्येकबुद्धभूमिमभिवदन्ति अल्पोत्सुकविहारितया तान् पर्य्येषितव्यान् मंस्यन्ते यत्र बोधिसत्त्वयानं न संवर्ण्यते केवलमात्मदमशमथपरिनिर्व्वाणमेव इत्यपि प्रतिसंलपनमिति। स्रोतआपत्तिफलं प्राप्नुयामिति सकृदागामिफलमित्यनागामिफलमित्यर्हत्त्वं प्राप्नुयामिति प्रत्येकबोधिं प्राप्नुयामिति दृष्ट एव धर्म्मेऽनुपादायास्रवेभ्यश्चित्तं विमोच्य परिनिर्व्वापयामीति। इदमुच्यते श्रावकप्रत्येकबुद्धभूमिप्रतिसंयुक्तमिति। नाच बोधिसत्त्वैर्महासत्त्वैरेवं चित्त मुत्पादयितव्यं॥ तत् कस्य हेतोः। महायानसंप्रस्थिता हि सुभूते बोधिसत्त्वा महासत्वा महासन्नाहसन्नद्धा भवन्ति। न तैः कदाचिदल्पोत्सुकतायां चित्तमुत्पादयितव्यं॥ तत् कस्य हेतोः। लोकपरिणायका हि भवन्ति ते सत्पुरुषा लोकार्थकराः। तस्मात्तैर्नित्यकालं सततसमितं षट्पारमितासु शिक्षितव्यम्॥ ये च खलु पुनः सुभूतेऽपरिपक्वकुशलमूलाः परीत्तकुबुद्धिका मृदुकाध्याशया बोधिसत्त्वयानिकाः पुद्गलास्ते षट्पारमिताप्रतिसंयुक्तान् सूत्रान्तानजानाना अनवबुध्यमाना इमां प्रज्ञापारमितां छोरयित्वा ये ते सूत्रान्ताः श्रावकप्रत्येकबुद्धभूमिमभिवदन्ति तान् पर्य्येषितव्यान् मंस्यन्ते। इदमपि सुभूते मारकर्म्म वेदितव्यं॥ तेषां तथारूपाणां बोधिसत्त्वयानिकानां पुद्गलानां तद्यथापि नाम सुभूते पलगण्डो वा पलगण्डान्तेवासी वा वैजयन्तस्य प्रासादस्य प्रमाणेन प्रासादं कर्त्तुकामो निर्म्मातुकामः स्यात्। स सूर्य्याचन्द्रमसोर्विमानप्रमाणं मण्डलं पर्य्येषेत। पर्य्येषमाणः स सूर्य्याचन्द्रमसोर्विमानं पश्येत्। स ततः

प्रमाणं गृहीतव्यं मन्यते। तत् किं मन्यसे सुभूते वैजयन्त-प्रासादप्रमाणं प्रासादं कर्त्तुकामेन निर्म्मातुकामेन सूर्य्याचन्द्रमसो-र्विमानात् प्रमाणं गृहीतव्यं भवति[१] ॥

सुभूतिराह। नो हीदं भगवन् ॥

भगवानाह। एवमेव सुभूते भविष्यन्त्यनागतेऽध्वन्येके बोधि-सत्त्वयानिकाः पुद्गला ये प्रज्ञापारमितां श्रुत्वा प्रज्ञापारमितां लब्ध्वा प्रज्ञापारतितां रिञ्चित्वा प्रज्ञापारमितामुत्सृज्य श्रावक-प्रत्येकबुद्धभूमिप्रतिसंयुक्तैः सूत्रान्तैः सर्व्वज्ञतां पर्य्येषितव्यां मंस्यन्ते। ये ते सूत्रान्ता एवमभिवदन्ति। एकमात्मानं दमयिष्याम एक-मात्मानं शमयिष्याम एकमात्मानं परिनिर्व्वापयिष्याम इति। केवल-मात्मदमशमथपरिनिर्व्वाणमेवोपनयन्ति तथारूपान् सूत्रान्तान् पर्य्ये-ष्यन्ते तथा च शिक्षितव्यं मंस्यन्ते। तत् किं मन्यसे सुभूतेऽपि नु ते पण्डितजातीयाः बोधिसत्त्वा वेदितव्याः ॥

सुभूतिराह। नो हीदं भगवन् ॥

भगवानाह। इदमपि सुभूते तेषां मारकर्म्म वेदितव्यं ॥ तद्यथाऽपि नाम सुभूते कश्चिदेव पुरुषो राजानञ्च चक्रवर्त्तिनं द्रष्टु-कामो भवेत् स राजानं चक्रवर्त्तिनं पश्येत्। दृष्ट्वा चेदृशो राजा चक्रवर्त्ती वर्णेन संस्थानेन तेजसा ऋद्ध्या चेति निमित्तं गृहीत्वा कोट्टराजं पश्येत्। स तस्य कोट्टराजस्य वर्णं संस्थानं तेज ऋद्धिञ्च निमित्तञ्च गृहीत्वा अप्रतिबलो विशेषग्रहणं प्रत्येवं वदेदीदृश एव स राजा चक्रवर्त्ती वर्णेन संस्थानेन तेजसा ऋद्ध्या च निमित्तेन

(१) भवेदिति ग०।

चेति। तत् किं मन्यसे सुभूतेऽपि नु स पण्डितजातीयः पुरुषो वेदितव्यः यश्चक्रवर्त्तिनं कोट्टराजेन समीकर्त्तव्यं मन्येत॥

सुभूतिराह। नो हीदं भगवन्॥

भगवानाह। एवमेव सुभूते भविष्यन्त्यनागतेऽध्वन्येके बोधिसत्त्वयानिकाः पुद्गला य इमां प्रज्ञापारमितां श्रुत्वा प्रज्ञापारमितां लब्ध्वा प्रज्ञापारमितां रिञ्चित्वा प्रज्ञापारमितामुत्सृज्य श्रावकप्रत्येकबुद्धभूमिप्रतिसंयुक्तैः सूत्रान्तैः सर्व्वज्ञतां पर्य्येषितव्यां मंस्यन्ते। इदमपि सुभूते तेषां मारकर्म्म वेदितव्यं॥ न खलु पुनरहं सुभूते एभिरेवंरूपैः श्रावकप्रत्येकबुद्धभूमिप्रतिसंयुक्तैः सूत्रान्तैर्बोधिसत्त्वस्य महासत्वस्य सर्व्वज्ञतां पर्य्येषितव्यां वदामि। अपि नु खलु पुनः सुभूते यत्तथागतेन प्रज्ञापारमितायां बोधिसत्त्वानां महासत्वानामुपायकौशल्यमाख्यातं तत्राशिक्षित्वा बोधिसत्त्वो महासत्वो न निर्य्यास्यत्यनुत्तरायां सम्यक्सम्बोधौ॥ तत् कस्य हेतोः। इन्धको ह्यन्येषु सूत्रान्तेषु बोधिसत्त्वसमुदागमः। तस्मात्तर्हि सुभूते तथागत एनामनुशंसां प्रज्ञापारमितायां पश्यन्ननेकपर्य्यायेण बोधिसत्त्वान् महासत्वानस्यां प्रज्ञापारमितायां सन्दर्शयति समादापयति समुत्तेजयति सम्प्रहर्षयति सन्निवेशयति प्रतिष्ठापयति। एवं बोधिसत्त्वा महासत्वा अविनिवर्त्तनीया भवेयुरनुत्तरायाः सम्यक्सम्बोधेरिति॥ तत् किं मन्यसे सुभूतेऽपि नु पण्डितजातीयास्ते बोधिसत्त्वाः प्रतिभान्ति येऽविनिवर्त्तनीययानं महायानमवाप्य समासाद्य पुनरेव तद्विवर्ज्य विवर्त्य हीनयानं पर्य्येषितव्यं मंस्यन्ते॥

सुभूतिराह। नो हीदं भगवन्॥

भगवानाह। तद्यथापि नाम सुभूते बुभुक्षितः पुरुषः शतरसं भोजनं लब्ध्वा हितविपाकं सुखविपाकं यावदायुःपर्य्यन्तं क्षुत्पिपासानिवर्त्तकन्तदपास्य षष्टिकोदनं[१] पर्य्येष्टितव्यं मन्येत। षष्टिकोदनं[२] लब्ध्वा शतरसं भोजनमुत्सृज्य विवर्ज्य तं षष्टिकोदनं[३] परिभोक्तव्यं मन्येत। तत् किं मन्यसे सुभूतेऽपि नु स पुरुषः पण्डितजातीयो भवेत्॥

सुभूतिराह। नो हीदं भगवन्॥

भगवानाह। एवमेव सुभूते भविष्यन्त्यनागतेऽध्वन्येके बोधिसत्त्वा य इमां प्रज्ञापारमितां श्रुत्वा प्रज्ञापारमितां लब्ध्वा प्रज्ञापारमितां रिञ्चिष्यन्ति प्रज्ञापारमितामुत्स्रक्ष्यन्ति प्रज्ञापारमितां छोरयिष्यन्ति प्रज्ञापारमितां दूरीकरिष्यन्ति प्रज्ञापारमितां रिञ्चित्वा प्रज्ञापारमितामुत्सृज्य प्रज्ञापारमितां छोरयित्वा प्रज्ञापारमितां दूरीकृत्य ततः श्रावकप्रत्येकबुद्धयानप्रतिसंयुक्तान् सूत्रान्तान् पर्य्येषितव्यान् मंस्यन्ते। ये ते सूत्रान्ताः श्रावकप्रत्येकबुद्धभूमिमभिवदन्ति तैः सर्व्वज्ञतां पर्य्येषितव्यां मंस्यन्ते। तत् किं मन्यसे सुभूतेऽपि नु पण्डितजातीयास्ते बोधिसत्त्वा वेदितव्याः॥

सुभूतिराह। नो हीदं भगवन्॥

भगवानाह। इदमपि सुभूते तेषां मारकर्म्म वेदितव्यं॥ तद्यथाऽपि नाम सुभूते कश्चिदेव पुरुषो अनर्घ्यं मणिरत्नं लब्ध्वा अल्पार्घेणाल्पसारेण मणिरत्नेन सार्द्धं समीकर्त्तव्यं मन्येत। तत् किं मन्यसे सुभूतेऽपि नु स पण्डितजातीयः पुरुषो वेदितव्यः॥

(१) (२) (३) षष्ठिकोदनमिति ङ॰ च॰।

सुभूतिराह। नो हीदं भगवन्॥

भगवानाह। एवमेव सुभूते भविष्यन्त्यनागतेऽध्वन्येके बोधिसत्त्वयानिकाः पुद्गला य इदं गम्भीरं प्रभास्वरं प्रज्ञापारमितारत्नं लब्ध्वा श्रुत्वा श्रावकप्रत्येकबुद्धयानेन समीकर्त्तव्यं मंस्यन्ते श्रावकप्रत्येकबुद्धभूमौ च सर्व्वज्ञतामुपायकौशल्यञ्च पर्य्येषितव्यं मंस्यन्ते। तत् किं मन्यसे सुभूतेऽपि नु पण्डितजातीयास्ते बोधिसत्त्वा वेदितव्याः॥

सुभूतिराह। नो हीदं भगवन्॥

भगवानाह। इदमपि सुभूते तेषां बोधिसत्त्वानां महासत्त्वानां मारकर्म्म वेदितव्यं॥ पुनरपरं सुभूते अस्यां गम्भीरायां प्रज्ञापारमितायां भाष्यमानायां देश्यमानायामुपदिश्यमानायामुद्दिश्यमानायामुद्गृह्यमानायां वाच्यमानायां स्वाध्याय्यमानायां अन्तशो लिख्यमानायामपि बहूनि प्रतिभानान्युत्पत्स्यन्ते यानि चित्तविक्षेपं करिष्यन्ति। इदमपि सुभूते तेषां बोधिसत्त्वानां महासत्त्वानां मारकर्म्म वेदितव्यं॥

एवमुक्ते आयुष्मान् सुभूतिर्भगवन्तमेतदवोचत्। शक्या पुनर्भगवन् प्रज्ञापारमिता लिखितुं॥

भगवानाह। नो हीदं सुभूते। ये केचित् सुभूते प्रज्ञापारमितां लिप्यक्षरैर्लिखित्वा प्रज्ञापारमिता लिखितेति मंस्यन्ते अक्षरेति वाऽक्षरेषु प्रज्ञापारमितामभिनिवेक्ष्यन्ते अनक्षरेति वा। इदमपि सुभूते तेषां मारकर्म्म वेदितव्यं॥ पुनरपरं सुभूते प्रज्ञापारमितायां लिख्यमानायामुत्पत्स्यन्ते देशमनसिकारा उत्पत्स्यन्ते ग्रामनगरनिगमजनपदराष्ट्रराजधानीमनसिकारा उत्पत्स्यन्ते उद्यानमनसिकारा

उत्पत्स्यन्ते गुरुमनसिकारा उत्पत्स्यन्ते आख्यानमनसिकारा उत्पत्स्यन्ते चौरमनसिकारा उत्पत्स्यन्ते गुल्मस्थानमनसिकारा उत्पत्स्यन्ते विशिखामनसिकारा उत्पत्स्यन्ते शिविकामनसिकारा उत्पत्स्यन्ते सुखमनसिकारा उत्पत्स्यन्ते दुःखमनसिकारा उत्पत्स्यन्ते भयमनसिकारा उत्पत्स्यन्ते स्त्रीमनसिकारा उत्पत्स्यन्ते पुरुषमनसिकारा उत्पत्स्यन्ते नपुंसकमनसिकारा उत्पत्स्यन्ते प्रियाप्रियव्यत्यस्तमनसिकारा उत्पत्स्यन्ते मातापितृप्रतिसंयुक्ता मनसिकारा उत्पत्स्यन्ते भ्रातृभगिनीप्रतिसंयुक्ता मनसिकारा उत्पत्स्यन्ते मित्रबान्धवसालोहितामात्यप्रतिसंयुक्ता मनसिकारा उत्पत्स्यन्ते प्रजापतिपुत्त्रदुहितृप्रतिसंयुक्ता मनसिकारा उत्पत्स्यन्ते गृहभोजनपानप्रतिसंयुक्ता मनसिकारा उत्पत्स्यन्ते चैलमनसिकारा उत्पत्स्यन्ते शयनासनमनसिकारा जीवितमनसिकारा इतिकर्त्तव्यतामनसिकारा रागमनसिकारा द्वेषमनसिकारा मोहमनसिकारा ऋतुमनसिकारा सुकालमनसिकारा दुष्कालमनसिकारा गीतमनसिकारा वाद्यमनसिकारा नृत्यमनसिकारा काव्यनाटकेतिहासमनसिकारा शास्त्रमनसिकारा व्यवहारमनसिकारा हास्यमनसिकारा लास्यमनसिकाराः शोकमनसिकारा आयासमनसिकारा आत्ममनसिकारा इत्येतांश्चान्यांश्च सुभूते मनसिकारान् मारः पापीयानुपसंहरिष्यत्यस्यां प्रज्ञापारमितायां भाष्यमाणायां देश्यमानायामुपदिश्यमानायामुद्गृह्यमाणायां वाच्यमानायामुद्दिश्यमानायां स्वाध्याय्यमानायामन्तशो लिख्यमानायामन्तरायं करिष्यति चित्तविक्षेपं करिष्यति बोधिसत्त्वानां महासत्वानां। तत्र बोधिसत्त्वेन महासत्वेन मारकर्म्माणि बोध्यव्यानि बुद्ध्वा च विवर्जयितव्यानि॥

पुनरपरं सुभूते उत्पत्स्यन्ते राजमनसिकाराः कुमारमनसिकारा हस्तिमनसिकारा अश्वमनसिकारा रथमनसिकारा गुल्मदर्शनमनसिकाराः[१]। इदमपि सुभूते तेषां मारकर्म्म वेदितव्यं॥ पुनरपरं सुभूते उत्पत्स्यन्ते ऽग्निमनसिकारा इच्छामनसिकारा धनधान्यसमृद्धिमनसिकाराः। इदमपि सुभूते बोधिसत्त्वानां महासत्त्वानां मारकर्म्म वेदितव्यं॥ पुनरपरं सुभूते बोधिसत्त्वानां महासत्त्वानामुत्पत्स्यन्ते लाभसत्कारचीवरपिण्डपानशयनासनग्लानप्रत्ययभैषज्यपरिष्काराणामन्तरायाः इमां प्रज्ञापारमितां भाषमाणानां देशयतामुपदिशतामुद्दिशतां स्वाध्यायतामन्तशो लिखतां[२] लाभसत्कारश्लोकास्वादाश्चित्तोत्पीड़ा वा। इदमपि सुभूते बोधिसत्त्वैर्म्महासत्त्वैर्म्मारकर्म्म वेदितव्यं॥ एतानि तैः सर्व्वाणि मारकर्म्माणि बोद्धव्यानि बुद्ध्वा च विवर्ज्जयितव्यानि॥ पुनरपरं सुभूते बोधिसत्त्वानां महासत्त्वानामिमां प्रज्ञापारमितां भाषमाणानां देशयतामुपदिशतामुद्दिशतां स्वाध्यायतामन्तशो लिखतां[३] ये ते गम्भीरा गम्भीराः सूत्रान्ता भविष्यन्ति श्रावकप्रत्येकबुद्धभूमिप्रतिसंयुक्तांस्तान् मारः पापीयान् भिक्षुवेषेनोपसङ्क्रम्योपसंहरिष्यति इह शिक्षस्व इदं लिख इदमुद्दिश[४] इदं स्वाध्याय इतः सर्व्वज्ञता निष्पत्स्यते इति॥ न खलु पुनः सुभूते

---

(१) गुल्ममनसिकारा इति ग॰ गुल्माध्यदर्शनमनसिकारा इति ख॰ ङ॰ च॰।

(२) लिखतांश्चेति ग॰।

(३) लिखतां वा इति ग॰।

(४) उपदिश इति ख॰ च॰।

बोधिसत्त्वेन महासत्वेन उपायकुशलेन[१] तेभ्यः स्पृहोत्पादयितव्या ॥ तत् कस्य हेतोः । किञ्चापि सुभूते तेषु सूत्रान्तेषु शून्यतानिमित्ताऽप्रणिहितानि भाषितानि न खलु पुनरुपायकौशल्यन्तत्र बोधिसत्त्वानां महासत्वानामाख्यातं ॥ तत्र येऽनभिज्ञा भविष्यन्ति बोधिसत्त्वा उपायकौशल्यज्ञानविशेषस्य ते इमां गम्भीरां प्रज्ञापारमितां रिञ्चितव्यां मंस्यन्ते । ते इमां गम्भीरां प्रज्ञापारमितां रिञ्चित्वा श्रावकप्रत्येकबुद्धभूमिप्रतिसंयुक्तेषु सूत्रान्तेषु उपायकौशल्यं पर्य्येषितव्यं मंस्यन्ते । इदमपि सुभूते बोधिसत्त्वेन महासत्वेन मारकर्म्म वेदितव्यं ॥ पुनरपरं सुभूते धार्म्मश्रवणिकश्छन्दिको भविष्यति प्रज्ञापारमितामुद्ग्रहीतुकामो धर्म्मभाणकश्च किलासी भविष्यति न धर्म्मन्देशयितुकामः । इदमपि सुभूते बोधिसत्त्वेन महासत्वेन विसामग्रीमारकर्म्म वेदितव्यं॥ पुनरपरं सुभूते धर्म्मभाणकश्चाकिलासी भविष्यति प्रज्ञापारमितान्दातुकामो धार्म्मश्रवणिकश्च किलासी वा वङ्कृत्यो वा भविष्यति। इदमपि सुभूते बोधिसत्त्वेन महासत्वेन विसामग्रीमारकर्म्म वेदितव्यं। पुनरपरं सुभूते धार्म्मश्रवणिकश्छन्दिको भविष्यति प्रज्ञापारमितामुद्ग्रहीतुकामो धारयितुकामो वाचयितुकामः पर्य्यवाप्तुकामः प्रवर्त्तयितुकामोऽन्तशो लिखितुकामोऽपि भविष्यति गतिमांश्च मतिमांश्च स्मृतिमांश्च भविष्यति। धर्म्मभाणकश्चान्यद्देशान्तरं चेस्यते नोद्घट्टितज्ञो[२] वा न वा विपञ्चितज्ञोऽनभिज्ञो वा भविष्यति । इयमपि सुभूते तत्र

---

(१) उपायकौशल्येनेति ख० च० ।

(२) नोद्घटितज्ञ इति ङ० च० ।

विसामग्री भविष्यति प्रज्ञापारमितायां भाष्यमाणायां देश्यमानायामुपदिश्यमानायामुद्दिश्यमानायां स्वाध्याय्यमानायां शिक्ष्यमाणायामन्तशः लिख्यमानायां। इदमपि सुभूते बोधिसत्त्वेन महासत्त्वेन विसामग्रीमारकर्म्म वेदितव्यं॥ पुनरपरं सुभूते धर्म्मभाणकश्चाकिलासी भविष्यत्यभिज्ञो[१] दातुकामो वाचयितुकाम इमां प्रज्ञापारमितां। धार्म्मश्रवणिकश्च देशान्तरं प्रस्थितो भविष्यति नोद्घट्टितज्ञो[२] वा नवा विपञ्चितज्ञोऽनभिज्ञो वा भविष्यति। इदमपि सुभूते बोधिसत्त्वेन महासत्त्वेन विसामग्रीमारकर्म्म वेदितव्यं॥ पुनरपरं सुभूते धर्म्मभाणकश्चामिषगुरुको लाभसत्कारचीवरगुरुको भविष्यति। धार्म्मश्रवणिकश्चाल्पेच्छः सन्तुष्टः प्रविविक्तोऽर्थं वा न दातुकामो भविष्यति। इयमपि सुभूते तत्र विसामग्री भविष्यति प्रज्ञापारमितायां शिक्ष्यमाणायां लिख्यमानायां। इदमपि सुभूते बोधिसत्त्वेन महासत्त्वेन मारकर्म्म वेदितव्यं॥ पुनरपरं सुभूते धार्म्मश्रवणिकश्च श्राद्धो भविष्यति इमां प्रज्ञापारमितां श्रोतुकामोऽर्थमवबोद्धुकामोऽर्थं दातुकामोऽर्थं परित्यक्तुकामः। धर्म्मभाणकश्चाश्राद्धो भविष्यति अल्पेच्छो वा न वा भाषितुकामः। अतोऽपि सुभूते विसामग्रीमारकर्म्म वेदितव्यं॥ पुनरपरं सुभूते धार्म्मश्रवणिकश्च श्राद्धो भविष्यति श्रोतुकामोऽर्थमवबोद्धुकामः। धर्म्मभाणकस्य च तानि सूत्राणि धर्म्मान्तरायिकतया न सम्भविष्यन्ति नावतरिष्यन्ति। अतोऽपि सुभूते धार्म्मश्रवणिकस्याप्राप्तधर्म्मभाणिनः प्रतिवाणी

(१) अभिज्ञोऽर्थी भविष्यति इति ग०।

(२) नोद्घटितज्ञः इति ङ० च०।

भविष्यति। इयमपि सुभूते तत्र विसामग्री भविष्यति प्रज्ञापारमितामुद्ग्रहीतां धारयतां वाचयतां पर्य्यवाप्नुवतां प्रवर्त्तयतामन्तशो लिखतां। इदमपि सुभूते बोधिसत्त्वेन महासत्वेन मारकर्म्म वेदितव्यं॥ पुनरपरं सुभूते धर्म्मभाणकस्य भाषितुकामो भविष्यति। धार्म्मश्रवणिकस्याच्छन्दिको भविष्यति श्रवणाय। इयमपि सुभूते तत्र विसामग्री भविष्यति प्रज्ञापारमितामुद्ग्रहीतुं धारयितुं वाचयितुं पर्य्यवाप्तुं प्रवर्त्तयितुमन्तशो लिखितुं। इदमपि सुभूते बोधिसत्त्वेन महासत्वेन मारकर्म्म वेदितव्यं॥ पुनरपरं सुभूते धार्म्मश्रवणिको मिद्धगुरुको भविष्यति कायगुरुको भविष्यति। स तेन मिद्धगुरुकत्वेन समन्वागतः कायक्लमथेन समन्वागतो न श्रोतुकामो भविष्यति। धर्म्मभाणकस्य भाषितुकामो भविष्यति। इदमपि सुभूते बोधिसत्त्वेन महासत्वेन विसामग्रीमारकर्म्म वेदितव्यं॥ पुनरपरं सुभूते धर्म्मभाणको मिद्धगुरुको भविष्यति कायगुरुको भविष्यति। स तेन मिद्धगुरुकत्वेन समन्वागतः कायक्लमथेन समन्वागतो न भाषितुकामो भविष्यति। धार्मश्रवणिकस्य श्रोतुकामो भविष्यति। इयमपि सुभूते तत्र विसामग्री भविष्यति लिखनाय वाचनाय पर्य्यवाप्तये वा। इदमपि सुभूते बोधिसत्त्वेन महासत्वेन मारकर्म वेदितव्यम्॥ पुनरपरं सुभूते प्रज्ञापारमितायां लिख्यमानायां भाष्यमानायां चिन्त्यमाणायां कश्चिदेव तत्रागत्य निरयाणामवर्णं भाषिष्यते तिर्य्यग्योनेरवर्णं भाषिष्यते प्रेतविषयस्यावर्णं भाषिष्यते असुरकायानामवर्णं भाषिष्यते। एवंदुःखा निरया एवंदुःखा तिर्य्यग्योनिरेवंदुःखः प्रेतविषयः एवंदुःखा आसुराः काया एवंदुःखाः संस्काराः इहैव दुःखस्यान्तः करणीय इति।

इदमपि सुभूते बोधिसत्त्वेन महासत्त्वेन विघ्नसामग्रीमारकर्म्म वेदितव्यं॥ पुनरपरं सुभूते प्रज्ञापारमितायां लिख्यमानायां भाष्यमाणायां चिन्त्यमाणायां वा कश्चिदेव तत्रागत्य देवानां वर्णं भाषिष्यते। एवंसुखिता देवा एवंसुखाः स्वर्गा एवंकामधातौ कामाः सेवितव्याः एवंरूपधातौ ध्यानानि समापत्तव्यानि एवमारूप्यधातौ तत्समापत्तयः समापत्तव्याः। तदपि च सर्व्वं प्रज्ञया विमृश्य सर्व्वैव दुःखोपपत्तिरिति। उक्तं हीदं भगवता। अच्छटासंघातमात्रक[१] मप्यहं भिक्षवो भवाभिनिर्वृत्तिं न वर्णयामि। सर्व्वं हि संस्कृतमनित्यं सर्व्वं भयावगतं दुःखं सर्व्वन्त्रैधातुकं शून्यं सर्व्वधर्मा अनात्मानस्तदेवं सर्व्वमशाश्वतमनित्यं दुःखं विपरिणामधर्मकं विदित्वा पण्डितैरिहैव स्रोतआपत्तिफलं प्राप्तव्यं सकृदागामिफलमनागामिफलमिहैवार्हत्त्वं प्राप्तव्यं। मा नो भूयस्ताभिः सम्पत्तिविपत्तिभिर्दुःखभूयिष्ठाभिः समवधानं भूदिति तत्रैके बोधिसत्त्वाः संवेगमापत्स्यन्ते। इदमपि सुभूते बोधिसत्त्वेन महासत्त्वेन विघ्नसामग्रीमारकर्म्म वेदितव्यं॥ पुनरपरं सुभूते येऽपि ते भिक्षवो धर्म्मभाणकाः ते एकाकिता अभिरता भविष्यन्ति। येऽपि धार्म्मश्रवणिकास्तेऽपि पर्षद्गुरुका भविष्यन्ति। तेऽपि धर्म्मभानका एवं वक्ष्यन्ति। ये मामनुभर्त्स्यन्ति तेभ्योऽहमिमां प्रज्ञापारमितां दास्यामि ये मां नानुभर्त्स्यन्ति तेभ्यो न दास्यामीति। एवन्ते कुलपुत्राः कुलदुहितरश्च अर्थिकतया छन्दिकतया धर्म्मगौरवेन तं धर्म्मभाणकमनुभर्त्स्यन्ति ते चावकाशं दास्यन्ति। स च धर्म्मभाणक आमिषकिञ्चित्काभिलाषी ते च न दातुकामाः। स च तेन

(१) अच्छटासंघातमात्रकमिति ग०।

तेन गमिष्यति येन येन दुर्भिक्षस्यायोगक्षेमस्य जीवितान्तरायस्य भविष्यति। ते च धार्म्मश्रवणिकाः परेभ्यः श्रोष्यन्ति असौ प्रदेशो दुर्भिक्षस्यायोगक्षेमस्य तस्मिंश्च प्रदेशे जीवितान्तरायो भवेदिति। स च धर्म्मभाणकस्तान् कुलपुत्त्रानेवमभिव्याहरिष्यति। अमुस्मिन् कुलपुत्त्राः प्रदेशे दुर्भिक्षभयं कच्चित् कुलपुत्त्रा यूयमागमिष्यथ मा पश्चाद्विप्रतिसारिणो भविष्यथ दुर्भिक्षभयं प्रविष्टाः[१]। एवन्ते तेन धर्म्मभाणकेन सूक्ष्मेणोपायेन प्रतिक्षेप्स्यन्ते। ते च निर्व्विण्णरूपा एवं ज्ञास्यन्ति। प्रत्याख्याननिमित्तान्येतानि नैतानि दातुकामता-निमित्तानीति। नायं दातुकाम इति विदित्वा नानुभर्त्स्यन्ति। इयमपि सुभूते तत्र विषामग्री भविष्यति प्रज्ञापारमितायां लिख्य-मानायां ग्रिह्यमाणायां देश्यमाणायामुपदिश्यमानायामुद्दिश्यमानायां स्वाध्याय्यमानायां। इदमपि सुभूते बोधिसत्त्वेन महासत्त्वेन मारकर्म्म वेदितव्यं॥ पुनरपरं सुभूते धर्म्मभाणको येन जन्तुभयं येन व्याड़भयं येन मनुष्यभयं तेन संप्रस्थितो भविष्यति। स तेन चरन् विहरन् येन व्याड़कान्तारं सरीसृपकान्तारं चोरकान्तारं पानीयकान्तारं दुर्भिक्षकान्तारं तेन प्रक्रमिष्यति। स तान् धार्म्म-श्रवणिकान् एवं वक्ष्यति। यत् खलु कुलपुत्त्रा जानीध्वं यस्मिन् प्रदेशे जन्तुभयं व्याड़भयं क्रव्यादभयं सरीसृपकान्तारं चोरकान्तारं पानीयकान्तारं दुर्भिक्षकान्तारं तेन वयं सम्प्रस्थिताः। जानीध्वं कुलपुत्त्राः शक्यथ यूयमेतानि दुःखानि प्रत्यनुभवितुं। एवं तान् सूक्ष्मेणोपायेन प्रत्याख्यास्यति। ततस्ते निर्वेत्स्यन्ते निर्व्विण्णाः सन्तो

(१) प्रविष्टा वयमितीति ग०।

नानुभर्त्स्यन्ति ते पुनरेव प्रत्युदावर्त्स्यन्ते। अयमपि सुभूते प्रज्ञापारमिताया अन्तराय उपत्स्यते उद्दिश्यमानायाः स्वाध्याय्यमानायाः यावल्लिख्यमानायाः। इदमपि सुभूते बोधिसत्त्वेन महासत्वेन विसामग्रीमारकर्म्म वेदितव्यम्॥ पुनरपरं सुभूते धर्म्मभाणको भिक्षुर्मित्रकुलभिक्षादकुलगुरुको भविष्यति। स तया मित्रकुलभिक्षादकुलगुरुकतयाऽभीक्ष्णं मित्रकुलभिक्षादकुलान्यवलोकयितव्यान्युपसङ्क्रमितव्यानि मंस्यन्ते। स तयाऽभीक्ष्णावलोकनतया बहुकृत्यतया तान् धार्म्मश्रवणिकान् प्रत्याख्यास्यति। अस्ति तावत् मे किञ्चिदवलोकयितव्यमस्ति तावत् ममोपसङ्क्रमितव्यमिति। इयमपि सुभूते तत्र विसामग्री भविष्यति प्रज्ञापारमितायां लिख्यमानायां पर्य्यवाप्यमानायां(१)। इदमपि सुभूते बोधिसत्त्वेन महासत्वेन मारकर्म्म वेदितव्यं॥ इति हि सुभूते मारः पापीयांस्तैस्तैः प्रकारैस्तथा तथा चेष्टिष्यते यथेमां प्रज्ञापारमितां न कश्चिदुद्ग्रहीष्यति न धारयिष्यति न वाचयिष्यति न पर्य्यवाप्स्यति न प्रवर्त्तयिष्यति न देशयिष्यति नोपदेक्ष्यति नोद्देक्ष्यति न स्वाध्यास्यति न लेखयिष्यति न लिखिष्यति। तस्मात्तर्हि सुभूते यावन्तोऽन्तराया विसामग्र्यां संवर्त्तन्ते तानि सर्व्वाणि बोधिसत्त्वेन महासत्वेन मारकर्म्माणीति बोद्धव्यानि बुद्धा च विवर्ज्जयितव्यानीति॥

एवमुक्ते आयुष्मान् सुभूतिर्भगवन्तमेतदवोचत्। किमत्र भगवन् कारणं यदिह मारः पापीयानेवं महान्तमुद्योगमापत्स्यते। तथा तथा चोपायेन चेष्टिष्यते यथेमां प्रज्ञापारमितां न कश्चिदुद्-

(१) पर्य्यवाप्यमाणायां भ्रिद्यमाणायामिति ग०।

ग्रहीष्यति न धारयिष्यति न वाचयिष्यति न पर्य्यवाप्स्यति न प्रवर्त्तयिष्यति न देशयिष्यति नोपदेक्ष्यति नोद्देक्ष्यति न स्वाध्यास्यति न लेखयिष्यति न लिखिष्यति ॥

एवमुक्ते भगवानायुष्मन्तं सुभूतिमेतदवोचत्। प्रज्ञापारमितानिर्जाता हि सुभूते बुद्धानां भगवतां सर्व्वज्ञता सर्व्वज्ञतानिर्जातञ्च तथागतशासनं तथागतशासननिर्जातञ्चाप्रमेयाणामसङ्ख्येयानां सत्वानां क्लेशप्रहाणं प्रहीणक्लेशानाञ्च मारः पापीयानवतारं न लभतेऽलभमानो दुःखार्त्तो दुर्म्मनाः शोकशल्यपरिगतो भवति। अतः स प्रज्ञापारमितायां लिख्यमानायां पर्य्यवाप्यमाणायां[१] महता संवेगेन महान्तमुद्योगमापद्यते। स महतोद्योगेन तथा तथोपायेन चेष्टते यथा न कश्चिदिमां प्रज्ञापारमितां लिखेद्वा पर्य्यवाप्नुयाद्वेति ॥

पुनरपरं सुभूते मारः पापीयान् श्रमणवेषेणागत्य भेदं प्रक्षेप्स्यति। एवञ्च नवयानसम्प्रस्थिताः कुलपुत्त्रा विवेचयिष्यन्ति नैषा प्रज्ञापारमिता यामायुष्मन्तः शृण्वन्ति। यथा पुनर्मम सूत्रागतं सूत्रपर्य्यापन्नमियं सा प्रज्ञापारमिता इत्येवं सुभूते मारः पापीयान् संशयं प्रक्षेप्स्यति। एवञ्च पुनः सुभूते मारः पापीयान् श्रमणवेषेणागत्य भेदं प्रक्षिप्य नवयानसम्प्रस्थितान् बोधिसत्त्वानल्पबुद्धिकान् मन्दबुद्धिकान् परीत्तबुद्धिकानन्धीकृतानव्याकृताननुत्तरायां सम्यक्सम्बोधौ संशयं यातयिष्यति। ते संशयप्राप्ता इमां प्रज्ञापारमितां नोद्ग्रहीष्यन्ति न धारयिष्यन्ति न वाचयिष्यन्ति न पर्य्यवाप्स्यन्ति न

---

(१) पर्य्यवाप्यमाणायां शिक्ष्यमाणायामिति ग०।

प्रवर्त्तयिष्यन्ति न देशयिष्यन्ति नोपदेक्ष्यन्ति नोद्देक्ष्यन्ति न स्वाध्यास्यन्ति न लेखयिष्यन्ति न लिखिष्यन्ति। इदमपि सुभूते बोधिसत्त्वेन महासत्वेन मारकर्म्म वेदितव्यं॥ पुनरपरं सुभूते मारः पापीयान् भिक्षून् निर्म्माय बुद्धवेषेणागत्य एवं मारकर्म्मोपसंहरिष्यति। यो बोधिसत्त्वो गम्भीरेषु धर्म्मेषु चरति स भूतकोटिं साक्षात्करोति स श्रावको भवति न बोधिसत्त्वो यथाऽयं बोधिसत्त्व इति। इदमपि सुभूते बोधिसत्त्वेन महासत्वेन मारकर्म्म वेदितव्यं॥ एवं सुभूते मारः पापीयानेवमादिकानि सुबहून्यन्यान्यपि मारकर्म्माण्युत्पादयिष्यत्यस्यां प्रज्ञापारमितायां लिख्यमानायां पर्य्यवाप्यमाणायां[१] तानि बोधिसत्त्वेन महासत्वेन बोद्धव्यानि बुद्धा च विवर्ज्जयितव्यानि न भक्तव्यानि आरब्धवीर्य्येण स्मृतिमता सम्प्रजानता च भवितव्यं॥

एवमुक्ते आयुष्मन् सुभूतिर्भगवन्तमेतदवोचत्। एवमेतद्भगवन्नेवमेतत् सुगत। यानि तानि भगवन् महारत्नानि तानि बहुप्रत्यर्थिकानि भवन्ति॥ तत् कस्य हेतोः। यतुत दुर्ल्लभत्वात् महार्घत्वाच्च अग्राणि हि तानि भगवन् भवन्ति। तस्मात्तानि च बहुप्रत्यर्थिकानि भवन्ति॥ एवमेव भगवन्नस्याः प्रज्ञापारमितायाः प्रायेण बहवोऽन्तराया उत्पत्स्यन्ते। तत्र येऽन्तरायवशेन कुसीदा भविष्यन्ति वेदितव्यमिदं भगवन्माराधिष्ठितास्ते बोधिसत्त्वा भविष्यन्ति नवयानसम्प्रस्थितास्च ते भगवन् भविष्यन्ति अल्पबुद्धयस्च ते भगवन् भविष्यन्ति मन्दबुद्धयस्च ते भगवन् भविष्यन्ति परीत्तबुद्धयस्च ते भगवन् भविष्यन्ति विप-

(१) पर्य्यवाप्यमाणायां लिख्यमाणायामिति ग॰।

र्य्यस्तबुद्धयश्च ते भगवन् भविष्यन्ति नापि तेषामुदरोदारेषु धर्म्मेषु चित्तं प्रक्रमिष्यति य इमां प्रज्ञापारमितां नोद्ग्रहीतव्यां मंस्यन्ते न धारयितव्यां न वाचयितव्यां न पर्य्यवाप्तव्यां न प्रवर्त्तयितव्यां न देशयितव्यां नोपदेष्टव्यां नोद्देष्टव्यां न स्वाध्यातव्यां न लेखयितव्यामन्तशो न लिखितव्यामपि मंस्यन्ते॥

एवमुक्ते भगवानायुष्मन्तं सुभूतिमेतदवोचत्। एवमेतत् सुभूते एवमेतत्। माराधिष्ठितास्ते सुभूते बोधिसत्त्वा[१] वेदितव्या नवयानसम्प्रस्थितास्च ते सुभूते बोधिसत्त्वा भविष्यन्ति अल्पबुद्धयश्च ते भविष्यन्ति मन्दबुद्धयश्च ते भविष्यन्ति परीत्तबुद्धयश्च ते भविष्यन्ति विपर्य्यस्तबुद्धयश्च ते भविष्यन्ति न च तेषामुदारोदारेषु धर्म्मेषु चित्तं प्रक्रमिष्यति य इमां प्रज्ञापारमितां नोद्ग्रहीतव्यां मंस्यन्ते न धारयितव्यां न वाचयितव्यां न पर्य्यवाप्तव्यां न प्रवर्त्तयितव्यां नोपदेष्टव्यां नोद्देष्टव्यां न स्वाध्यातव्यां न लेखयितव्यामन्तशो न लिखितव्यामपि मंस्यन्ते॥ किञ्चापि सुभूते इमानि मारकर्म्माण्युत्पत्स्यन्ते सुबहवश्चाच मारदोषा अन्तरायकरा उत्पत्स्यन्ते॥ अथ च सुभूते य इमां प्रज्ञापारमितामुद्ग्रहीतव्यां मंस्यन्ते धारयितव्यां वाचयितव्यां पर्य्यवाप्तव्यां प्रवर्त्तयितव्यामुपदेष्टव्यामुद्देष्टव्यां स्वाध्यातव्यां लेखयितव्यामन्तशो लिखितव्यामपि मंस्यन्ते वेदितव्यमेतत् सुभूते बुद्धानुभावेन बुद्धाधिष्ठानेन ते मंस्यन्ते बुद्धपरिग्रहेणोद्ग्रहीष्यन्ति धारयिष्यन्ति वाचयिष्यन्ति पर्य्यवाप्स्यन्ति प्रवर्त्तयिष्यन्ति देशयिष्यन्त्युपदेक्ष्यन्त्युद्दे-

---

(१) बोधिसत्त्वा महासत्वा इति ग०।

ष्यन्ति स्वाध्यास्यन्ति लेखयिष्यन्त्यन्ततो लिखिष्यन्तीति ॥ तत्कस्य हेतोः। मारोऽपि ह्यत्र पापीयान् महान्तमुद्योगमापत्स्यते अन्तरायकरणाय तथागतोऽप्यर्हन् सम्यक्सम्बुद्ध उद्योगमापत्स्यतेऽनुपरिग्रहायेति ॥

आर्य्याष्टसाहस्त्रिकायां प्रज्ञापारमितायां मारकर्म्मपरिवर्त्तो नामैकादशः ॥ ३०९ ॥

अथ लोकसन्दर्शनपरिवर्त्तो नाम द्वादशः।

अथ खलु भगवान् पुनरप्यायुष्मन्तं सुभूतिमामन्त्रयते स्म। तद्यथाऽपि नाम सुभूते स्त्रिया बहवः पुत्रा भवेयुः पञ्च वा दश वा विंशतिर्वा त्रिंशद्वा चत्वारिंशद्वा पञ्चाशद्वा शतं वा सहस्रं वा[१] सर्व्वे ते मातुर्ग्लानाया उद्योगमापद्येरन् कथमस्माकं मातुर्जीविता-न्तरायो न भवेदिति कथमस्माकं माता चिरं जीवेत् कथमस्माकं मातुः कायो न विनश्येत् कथमस्माकं माता चिरस्थितिका भवेत् कथमस्माकं मातुर्नामाविनष्टं भवेत् कथमस्माकं मातुर्न दुःखा वेदनोत्पद्येत न चास्या अस्पर्शविहार अमन आपः[२] काये उत्पद्येत॥ तत् कस्य हेतोः। एतया हि वयं जनिताः दुष्करकारिकैषाऽस्माकं जीवितस्य दात्री लोकस्य च सन्दर्शयित्री॥ इति ते पुत्रास्तां मातरं सर्व्वसुखोपधानैः सुष्ठतां धारयेयुः सुगोपायितां गोपा-येयुः सुकेलायितां केलायेयुः मा खल्वस्याः काचिद्दुःखा वेदना[२] दुःखो वाऽस्पर्श उत्पद्येत चक्षुषा वा श्रोत्रतो वा घ्राणतो वा जिह्वातो वा कायतो वा मनस्तो वा वाततो वा पित्ततो वा श्लेष्मतो वा सन्निपाततो वा दंशतो वा मशकतो वा सरीसृपतो वा मनुष्यतो वाऽमनुष्यतो वा आपाततो वा उत्पाततो वा अनिष्टनिपातः

---

(१) सहस्रं वा शतसहस्रं वेति घ०।

(२) नचास्या स्पर्शविहार अमन आपः इति ख० ग० ङ० च०।

(२) दुःखा काचिद्वेदना इति घ०।

शरीरे निपतेत्। एवन्ते पुत्रास्तां मातरं सर्व्वसुखोपधानैः समन्वाहृत्य केलायेयुर्ममायेयुर्गोपायेयुरेषाऽस्माकं माता जनयित्री दुष्करकारिकैषाऽस्माकं जीवितस्य दात्री लोकस्य च सन्दर्शयित्रीति॥ एवमेव सुभूते तथागता अर्हन्तः सम्यक्सम्बुद्धा इमां प्रज्ञापारमितां समन्वाहरन्ति। येऽपि ते लिखन्ति उद्गृह्णन्ति धारयन्ति वाचयन्ति पर्य्यवाप्नुवन्ति प्रवर्त्तयन्ति देशयन्त्युपदिशन्त्युद्दिशन्ति स्वाध्यायन्ति सर्व्वे ते तथागतास्याहर्तः सम्यक्सम्बुद्धस्यानुभावेनाधिष्ठानेन समन्वाहारेण। येऽपि तेऽन्येषु लोकधातुषु तथागता अर्हन्तः सम्यकसम्बुद्धा एतर्हि तिष्ठन्ति ध्रियन्ते यापयन्ति बहुजनहिताय बहुजनसुखाय लोकानुकम्पायै महतो जनकायस्यार्थाय हिताय सुखाय देवानाञ्च मनुष्याणाञ्च सर्व्वसत्वानाञ्चानुकम्पका अनुकम्पामुपादाय तेऽपि सर्व्वे इमां प्रज्ञापारमितां समन्वाहरन्ति औत्सुक्यमापद्यन्ते किमितीयं प्रज्ञापारमिता चिरस्थितिका भवेत् किमित्यस्याः प्रज्ञापारमिताया नामाविनष्टं भवेत् किमित्यस्याः प्रज्ञापारमितायाः भाष्यमाणायाः लिख्यमानायाः शिक्ष्यमाणायाः मारः पापीयान्मारकायिका वा देवता अन्तरायं न कुर्य्युरिति॥ एवं हि सुभूते तथागता अर्हन्तः सम्यक्सम्बुद्धा एनां प्रज्ञापारमितां केलायन्ति ममायन्ति गोपायन्ति॥ तत् कस्य हेतोः। एषा हि माता जनयित्री तथागतानामर्हतां सम्यक्सम्बुद्धानामस्याः सर्व्वज्ञताया दर्शयित्री लोकस्य च सन्दर्शयित्री॥ अतो निर्जाता हि सुभूते तथागता अर्हन्तः सम्यक्सम्बुद्धाः प्रज्ञापारमिता हि सुभूते तथागतानामर्हतां सम्यक्सम्बुद्धानामस्य सर्व्वज्ञज्ञानस्य जनयित्री दर्शयित्री एवमस्य लोकस्य

सन्दर्शयित्री॥ अतो निर्ज्ञाता हि सुभूते तथानामर्हतां सम्यक्सम्बुद्धानां सर्व्वज्ञता॥ येऽपि केचित् सुभूतेऽतीतेऽध्वनि तथागता अर्हन्तः सम्यक्सम्बुद्धा अनुत्तरां सम्यक्सम्बोधिमभिसम्बुद्धास्तेऽपि सर्व्वे एनामेव प्रज्ञापारमितामागम्यानुत्तरां सम्यक्सम्बोधिमभिसम्बुद्धाः। येऽपि ते सुभूते भविष्यन्त्यनागतेऽध्वनि तथागता अर्हन्तः सम्यक्सम्बुद्धा अनुत्तरां सम्यक्सम्बोधिमभिसम्भोत्स्यन्ते तेऽपि सर्व्वे एनामेव प्रज्ञापारमितामागम्यानुत्तरां सम्यक्सम्बोधिमभिसम्भोत्स्यन्ते। येऽपि ते सुभुते एतर्ह्यप्रमेयेष्वसङ्ख्येयेषु लोकधातुषु तथागता अर्हन्तः सम्यक्सम्बुद्धा दशदिशि लोके तिष्ठन्ति ध्रियन्ते यापयन्ति बहुजनहिताय बहुजनसुखाय लोकानुकम्पायै महतो जनकायस्यार्थाय हिताय सुखाय देवानाञ्च मनुष्याणाञ्चानुकम्पका अनुकम्पामुपादायानुत्तरां सम्यक्सम्बोधिमभिसम्बुद्धास्तेपि सर्व्वे एनामेव प्रज्ञापारमितामागम्यानुत्तरां सम्यक्सम्बोधिमभिसम्बुद्धाः। अहमपि सुभूते एतर्हि तथागतोऽर्हन् सम्यक्सम्बुद्ध एनामेव प्रज्ञापारमितामागम्यानुत्तरां सम्यंक्सम्बोधिमभिसम्बुद्धः॥ एवमियं सुभूते प्रज्ञापारमिता तथागतानामर्हतां सम्यक्सम्बुद्धानां जनयित्री एवमस्य लोकस्य सन्दर्शयित्री॥

अथ खल्वायुष्मान् सुभूतिर्भगवन्तमेतदवोचत्। यद्भगवानेवमाह प्रज्ञापारमिता तथागतानामर्हतां सम्यक्सम्बुद्धानामस्य लोकस्य सन्दर्शयित्रीति। कथं भगवन् प्रज्ञापारमिता तथागतानामर्हतां सम्यक्सम्बुद्धानामस्यलोकस्य सन्दर्शयित्री। कतमश्च भगवन् लोकस्तथागतैरर्हद्भिः सम्यक्सम्बुद्धैराख्यातः॥

एवमुक्ते भगवानायुष्मन्तं सुभूतिमेतदवोचत्। पञ्च सुभूते स्कन्धाः तथागतेन लोके इत्याख्याताः। कतमे पञ्च यदुत रूपं वेदना संज्ञा संस्कारा विज्ञानं इमे सुभूते पञ्च स्कन्धास्तथागतेन लोके इत्याख्याताः॥

सुभूतिराह। कथं भगवंस्तथागतानां प्रज्ञापारमितया पञ्च स्कन्धा दर्शिताः किं वा भगवन् प्रज्ञापारमितया दर्शितं॥

एवमुक्ते भगवानायुष्मन्तं सुभूतिमेतदवोचत्। न लुज्यन्ते न प्रलुज्यन्ते इति सुभूते पञ्च स्कन्धा लोके इति तथागतानां प्रज्ञापारमितया दर्शिताः॥ तत् कस्य हेतोः। न लुज्यन्ते न प्रलुज्यन्ते इति दर्शिताः। शून्यतास्वभावा हि सुभूते पञ्च स्कन्धा अस्वभावत्वात्॥ न च सुभूते शून्यता लुज्यते वा प्रलुज्यते वा। एवमियं सुभूते प्रज्ञापारमिता तथागतानामर्हतां सम्यक्सम्बुद्धानामस्य लोकस्य सन्दर्शयित्री॥ न च सुभूते आनिमित्तं वा अप्रणिहितं वा अनभिसंस्कारो वा अनुत्पादो वा अभावो वा धर्म्मधातुर्वा लुज्यते वा प्रलुज्यते वा(१)। एवमियं सुभूते प्रज्ञापारमिता तथागतानामर्हतां सम्यक्सम्बुद्धानामस्य लोकस्य सन्दर्शयित्री॥ पुनरपरं सुभूते तथागत इमां प्रज्ञापारमितामागम्याप्रमेयाः सत्वा असङ्ख्येयाः सत्वा इति यथाभूतं प्रजानाति। कथञ्च सुभूते तथागत इमां प्रज्ञापारमितामागम्याप्रमेयाः सत्वा असङ्ख्येयाः सत्वा इति यथाभूतं प्रजानाति। सत्वास्वभावतया सुभूतेऽप्रमेयाः सत्वा असङ्ख्येयाः सत्वा इति यथाभूतं

(१) न लुज्यते वा न प्रलुज्यते वा इति ग०।

प्रजानाति॥ एवं हि सुभूते अथागत इमां प्रज्ञापारमितामागम्या-ऽप्रमेयाः सत्वा असङ्ख्येयाः सत्वा इति यथाभूतं प्रजानाति यान्यपि तानि सुभूतेऽप्रमेयाणामसङ्ख्येयानां सत्वानां चितचरितानि तान्यपि सुभूते तथागतः सत्वासङ्गावतयैव प्रजानाति॥ एवं खलु सुभूते प्रज्ञापारमितामागम्य तथागतोऽप्रमेयाणामसङ्ख्येयानां सत्वानामप्र-मेयाण्यसङ्ख्येयानि चित्तचरितानि च यथाभूतं प्रजानाति॥ एवं हि सुभूते प्रज्ञापारमिता तथागतानामर्हतां सम्यक्सम्बुद्धानामस्य लोकस्य सन्दर्शयित्री॥ पुनरपरं सुभूते तथागत इमां प्रज्ञापार-मितामगम्याप्रमेयाणामसङ्ख्येयानां सत्वानां सङ्क्षिप्तानि चित्तानि सङ्क्षिप्तानि चित्तानीति यथाभूतं प्रजानाति॥ कथञ्च सुभूते तथागत इमां प्रज्ञापारमितामागम्याप्रमेयाणामसङ्ख्येयानां सत्वानां सङ्क्षिप्तानि चित्तानि सङ्क्षिप्तानि चित्तानीति यथाभूतं प्रजानाति। स सङ्क्षेपं क्षयतः क्षयं चाक्षयतो यथाभूतं प्रजानाति॥ एवं हि सुभूते तथागत इमां प्रज्ञापारमितामागम्याप्रमेयाणामसङ्ख्येयानां सत्वानां सङ्क्षिप्तानि चित्तानि सङ्क्षिप्तानि चित्तानीति यथाभूतं प्रजानाति॥ पुनरपरं सुभूते तथागत इमां प्रज्ञापारमितामागम्या-प्रमेयाणामसङ्ख्येयानां सत्वानां विक्षिप्तानि चित्तानि विक्षिप्तानि चित्तानीति यथाभूतं प्रजानाति॥ कथञ्च सुभूते तथागत इमां प्राज्ञपारमितामागम्याप्रमेयाणामसङ्ख्येयानां सत्वानां विक्षिप्तानि चित्तानि विक्षिप्तानि चित्तानीति यथाभूतं प्रजानाति। धर्म्मतातः सुभूते तानि चित्तानि विक्षिप्तानि अलक्षणानि हि तानि चित्तानि अक्षीणान्यविक्षीणान्यविक्षिप्तानि तानि चित्तानीति यथाभूतं प्रजा-

नाति॥ एवं हि सुभूते तथागत इमां प्रज्ञापारमितामागम्या-
प्रमेयाणामसङ्ख्येयानां सत्वानां विक्षिप्तानि चित्तानि विक्षिप्तानि
चित्तानीति यथाभूतं प्रजानाति॥ पुनरपरं सुभूते तथागत इमां
प्रज्ञापारमितामागम्याप्रमेयाणामसङ्ख्येयानां सत्वानामप्रमेयाक्षयाणि
चित्तान्यप्रमेयाक्षयाणि चित्तानीति यथाभूतं प्रजानाति॥ कथञ्च
सुभूते तथागत इमां प्रज्ञापारमितामागम्याप्रमेयाणामसङ्ख्येयानां
सत्वानामप्रमेयाक्षयाणि चित्तान्यप्रमेयाक्षयाणि चित्तानीति यथाभूतं
प्रजानाति। तस्य सुभूते तथागतस्याधिष्ठितं भवति तच्चित्तमनिरोध-
मनुत्पादमस्थितमनाश्रयमसमप्रमेयमसङ्ख्येयं येनैव यथाभूतं प्रजाना-
त्याकाशाप्रमेयाक्षयतया चित्ताप्रमेयाक्षयतेति॥ एवं हि सुभूते तथा-
गत इमां प्रज्ञापारमितामागम्याप्रमेयाणामसङ्ख्येयानां सत्वानामप्र-
मेयाक्षयाणि चित्तान्यप्रमेयाक्षयाणि चित्तानीति यथाभूतं प्रजा-
नाति॥ पुनरपरं सुभूते तथागत इमां प्रज्ञापारमितामागम्या-
प्रमेयाणां सत्वानां सङ्क्लिष्टानि चित्तानि सङ्क्लिष्टानि चित्तानीति
यथाभूतं प्रजानाति। कथञ्च सुभूते तथागत इमां प्रज्ञापार-
मितामागम्याप्रमेयाणां सत्वानां सङ्क्लिष्टानि चित्तानि सङ्क्लि-
ष्टानि चित्तानीति यथाभूतं प्रजानाति। असङ्क्लेशसङ्क्लिष्टानि
सुभूते तानि चित्तानि असङ्केतानि॥ एवं हि सुभूते तथागत
इमां प्रज्ञापारमितामागम्याप्रमेयाणां सत्वानां सङ्क्लिष्टानि चि-
त्तानि सङ्क्लिष्टानि चित्तानीति यथाभूतं प्रजानाति॥ पुनरपरं
सुभूते तथागत इमां प्रज्ञापारमितामागम्याप्रमेयाणां सत्वानाम-
सङ्क्लिष्टानि चित्तान्यसङ्क्लिष्टानि चित्तानीति यथाभूतं प्रजानाति।

कथञ्च सुभूते तथागत इमां प्रज्ञापारमितामागम्याप्रमेयाणां सत्वानामसङ्क्लिष्टानि चित्तान्यसङ्क्लिष्टानि चित्तानीति यथाभूतं प्रजानाति। प्रकृतिप्रभास्वराणि सुभूते तानि चित्तानि॥ एवं हि सुभूते तथागत इमां प्रज्ञापारमितामगम्याप्रमेयाणां सत्वानामसङ्क्लिष्टानि चित्तान्यसङ्क्लिष्टानि चित्तानीति यथाभूतं प्रजानाति॥ पुनरपरं सुभूते तथागत इमां प्रज्ञापारमितामागम्याप्रमेयाणां सत्वानां लीनानि चित्तानि लीनानि चित्तानीति यथाभूतं प्रजानाति॥ कथञ्च सुभूते तथागत इमां प्रज्ञापारमितामागम्याप्रमेयाणां सत्वानां लीनानि चित्तानि लीनानि चित्तानीति यथाभूतं प्रजानाति। अनालयलीनानि सुभूते तानि चित्तानि॥ एवं हि सुभूते तथागत इमां प्रज्ञापारमितामागम्याप्रमेयाणां सत्वानां लीनानि चित्तानि लीनानि चित्तानीति यथाभूतं प्रजानाति॥ पुनरपरं सुभूते तथागत इमां प्रज्ञापारमितामागम्याप्रमेयाणां सत्वानां प्रगृहीतानि चित्तानि प्रगृहीतानि चित्तानीति यथाभूतं प्रजानाति॥ कथञ्च सुभूते तथागत इमां प्रज्ञापारमितामागम्याप्रमेयाणां सत्वानां प्रगृहीतानि चित्तानि प्रगृहीतानि चित्तानीति यथाभूतं प्रजानाति अग्राह्याणि सुभूते तानि चित्तानि प्रग्रहीतव्यानि॥ एवं हि सुभूते तथागत इमां प्रज्ञापारमितामागम्याप्रमेयाणां सत्वानां प्रगृहीतानि चित्तानि प्रगृहीतानि चित्तानीति यथाभूतं प्रजानाति॥ पुनरपरं सुभूते तथागत इमां प्रज्ञापारमितामागम्याप्रमेयाणां सत्वानां सास्रवाणि चित्तानि सास्रवाणि चित्तानीति यथाभूतं प्रजानाति॥ कथञ्च

सुभूते तथागत इमां प्रज्ञापारमितामागम्याप्रमेयाणां सत्वानां साम्रवाणि चित्तानि साम्रवाणि चित्तानीति यथाभूतं प्रजानाति। अस्वभावानि सुभूते तानि चित्तानि असंक्लेक्लपानि[१]॥ एवं हि सुभूते तथागत इमां प्रज्ञापारमितामागम्याप्रमेयाणां सत्वानां साम्रवानि चित्तानि साम्रवानि चित्तानीति यथाभूतं प्रजानाति॥ पुनरपरं सुभूते तथागत इमां प्रज्ञापारमितामागम्याप्रमेमाणां सत्वानामनास्रवाणि चित्तान्यनास्रवाणि चित्तानीति यथाभूतं प्रजानाति॥ कथञ्च सुभूते तथागत इमां प्रज्ञापारमितामागम्याप्रमेयाणां सत्वानामनास्रवाणि चित्तान्यनास्रवाणि चित्तानीति यथाभूतं प्रजानाति। अभावगतिकानि सुभूते तानि चित्तानि अनाभोगानि॥ एवं हि सुभूते तथागत इमां प्रज्ञापारमितामागम्याप्रमेयाणां सत्वानामस्रवाणि चित्तान्यनास्रवाणि चित्तानीति यथाभूतं प्रजानाति॥ पुनरपरं सुभूते तथागत इमां प्रज्ञापारमितामागम्याप्रमेयाणां सत्वानां सरागाणि चित्तानि सरागाणि चित्तानीति यथाभूतं प्रजानाति॥ कथञ्च सुभूते तथागत इमां प्रज्ञापारमितामागम्याप्रमेयाणां सत्वानां सरागाणि चित्तानि सरागाणि चित्तानीति यथाभूतं प्रजानाति। या सुभूते चित्तस्य सरागता न सा चित्तस्य यथाभूतता या चित्तस्य यथाभूतता न सा चित्तस्य सरागता॥ एवं हि सुभूते तथागत इमां प्रज्ञापारमितामागम्याप्रमेयाणां सत्वानां सरागाणि चित्तानि सरागाणि चित्तानीति यथाभूतं

(१) असत्सङ्कल्पितानीति ग०।

प्रजानाति ॥ पुनरपरं सुभूते तथागत इमां प्रज्ञापारमितामागम्याप्रमेयाणां सत्वानां वीतरागाणि चित्तानि वीतरागाणि चित्तानीति यथाभूतं प्रजानाति ॥ कथञ्च सुभूते तथागत इमां प्रज्ञापारमितामागम्याप्रमेयाणां सत्वानां वीतरागाणि चित्तानि वीतरागाणि चित्तानीति यथाभूतं प्रजानाति। यः सुभूते चित्तस्य विगमो न सा चित्तस्य सरागता या वीतरागस्य चित्तस्य यथाभूतता न सा चित्तस्य सरागता ॥ एवं हि सुभूते तथागत इमां प्रज्ञापारमितामागम्याप्रमेयाणां सत्वानां वीतरागाणि चित्तानि वीतरागाणि चित्तानीति यथाभूतं प्रजानाति ॥ पुनरपरं सुभूते तथागत इमां प्रज्ञापारमितामागम्याप्रमेयाणां सत्वानां सदोषाणि चित्तानि सदोषाणि चित्तानीति यथाभूतं प्रजानाति ॥ कथञ्च सुभूते तथागत इमां प्रज्ञापारमितामागम्याप्रमेयाणां सत्वानां सदोषाणि चित्तानि सदोषाणि चित्तानीति यथाभूतं प्रजानाति ॥ या सुभूते चित्तस्य सदोषता न सा चित्तस्य यथाभूतता या चित्तस्य यथाभूतता न सा चित्तस्य सदोषता ॥ एवं हि सुभूते तथागत इमां प्रज्ञापारमितामागम्याप्रमेयाणां सत्वानां सदोषाणि चित्तानि सदोषाणि चित्तानीति यथाभूतं प्रजानाति ॥ पुनरपरं सुभूते तथागत इमां प्रज्ञापारमितामागम्याप्रमेयाणां सत्वानां वीतदोषाणि चित्तानि वीतदोषाणि चित्तानीति यथाभूतं प्रजानाति ॥ कथञ्च सुभूते तथागत इमां प्रज्ञापारमितामागम्याप्रमेयाणां सत्वानां वीतदोषाणि चित्तानि वीतदोषाणि चित्तानीति यथाभूतं प्रजानाति। यः सुभूते चित्तस्य विगमो न सा चित्तस्य सदोषता

या वीतदोषस्य चित्तस्य यथाभूतता न सा चित्तस्य सदोषता॥ एवं हि सुभूते तथागत इमां प्रज्ञापारमितामागम्याप्रमेयाणां सत्वानां वीतदोषाणि चित्तानि वीतदोषाणि चित्तानीति यथाभूतं प्रजानाति॥ पुनरपरं सुभूते तथागत इमां प्रज्ञापारमितामागम्याप्रमेयाणां सत्वानां समोहानि चित्तानि समोहानि चित्तानीति यथाभूतं प्रजानाति॥ कथञ्च सुभूते तथागत इमां प्रज्ञापारमितामागम्याप्रमेयाणां सत्वानां समोहानि चित्तानि समोहानि चित्तानीति यथाभूतं प्रजानाति॥ या सुभूते चित्तस्य समोहता न सा चित्तस्य यथाभूतता या चित्तस्य यथाभूतता न सा चित्तस्य समोहता॥ एवं हि सुभूते तथागत इमां प्रज्ञापारमितामागम्याप्रमेयाणां सत्वानां समोहानि चित्तानि समोहानि चित्तानीति यथाभूतं प्रजानाति॥ पुनरपरं सुभूते तथागत इमां प्रज्ञापारमितामागम्याप्रमेयाणां सत्वानां वीतमोहानि चित्तानि वीतमोहानि चित्तानीति यथाभूतं प्रजानाति॥ कथञ्च सुभूते तथागत इमां प्रज्ञापारमितामागम्याप्रमेयाणां सत्वानां वीतमोहानि चित्तानि वीतमोहानि चित्तानीति यथाभूतं प्रजानाति। यः सुभूते चित्तस्य विगमो न सा चित्तस्य समोहता या वीतमोहस्य चित्तस्य यथाभूतता न सा चित्तस्य समोहता॥ एवं हि सुभूते तथागत इमां प्रज्ञापारमितामागम्याप्रमेयाणां सत्वानां वीतमोहानि चित्तानि वीतमोहानि चित्तानीति यथाभूतं प्रजानाति॥ पुनरपरं सुभूते तथागत इमां प्रज्ञापारमितामागम्याप्रमेयाणां सत्वानामविपुलानि चित्तान्यविपुलानि चित्तानीति यथाभूतं

प्रजानाति॥ कथञ्च सुभूते तथागत इमां प्रज्ञापारमितामागम्या-प्रमेयाणां सत्वानामविपुलानि चित्तान्यविपुलानि चित्तानीति यथाभूतं प्रजानाति। असमुत्थानयोगानि सुभूते तानि चित्तान्य-समुत्थानपर्य्यापन्नानि॥ एवं सुभूते तथागत इमां प्रज्ञापारमि-तामागम्याप्रमेयाणां सत्वानामविपुलानि चित्तान्यविपुलानि चित्ता-नीति यथाभूतं प्रजानाति॥ पुनरपरं सुभूते तथागत इमां प्रज्ञापारमितामागम्याप्रमेयाणां सत्वानां विपुलानि चित्तानि विपु-लानि चित्तानीति यथाभूतं प्रजानाति॥ कथञ्च सुभूते तथागत इमां प्रज्ञापारमितामागम्याप्रमेयाणां सत्वानां विपुलानि चित्तानि विपुलानि चित्तानीति यथाभूतं प्रजानाति। न हीयन्ते सुभूते तानि चित्तानि न विवर्द्धन्ते तानि चित्तानि न विगच्छन्ति तानि चित्तानि अविगमत्वादेव चित्तानां। एवं हि सुभूते तथागत इमां प्रज्ञापारमितामागम्याप्रमेयाणां सत्वानां विपुलानि चित्तानि विपुलानि चित्तानीति यथाभूतं प्रजानाति॥ पुनरपरं सुभूते तथागत इमां प्रज्ञापारमितामागम्याप्रमेयाणां सत्वानाममहद्गतानि चित्तान्यमहद्गतानि चित्तानीति यथाभूतं प्रजानाति॥ कथञ्च सुभूते तथागत इमां प्रज्ञापारमितामागम्याप्रमेयाणां सत्वानाम-महद्गतानि चित्तान्यमहद्गतानि चित्तानीति यथाभूतं प्रजा-नाति। अनागतिकानि सुभूते तानि चित्तान्यनागतिकान्यपर्य्या-पन्नानि॥ एवं हि सुभूते तथागत इमां प्रज्ञापारमितामागम्या-प्रमेयाणां सत्वानाममहद्गतानि चित्तान्यमहद्गतानि चित्तानीति यथाभूतं प्रजानाति॥ पुनरपरं सुभूते तथागत इमां प्रज्ञा-

पारमितामागम्याप्रमेयाणां सत्वानां महद्गतानि चित्तानि महद्गतानि चित्तानीति यथाभूतं प्रजानाति॥ कथञ्च सुभूते तथागत इमां प्रज्ञापारमितामागम्याप्रमेयाणां सत्वानां महद्गतानि चित्तानि महद्गतानि चित्तानीति यथाभूतं प्रजानाति। समतासमानि सुभूते तानि चित्तानि स्वभावसमानि॥ एवं हि सुभूते तथागत इमां प्रज्ञापारमितामागम्याप्रमेयाणां सत्वानां महद्गतानि चित्तानि महद्गतानि चित्तानीति यथाभूतं प्रजानाति॥ पुनरपरं सुभूते तथागत इमां प्रज्ञापारमितामागम्याप्रमेयाणां सत्वानामप्रमाणानि चित्तान्यप्रमाणानि चित्तानीति यथाभूतं प्रजानाति॥ कथञ्च सुभूते तथागत इमां प्रज्ञापारमितामागम्याप्रमेयाणां सत्वानामप्रमाणानि चित्तान्यप्रमाणानि चित्तानीति यथाभूतं प्रजानाति। अनिश्रयत्वात् सुभूते तानि चित्तान्यप्रमाणानि॥ एवं हि सुभूते तथागत इमां प्रज्ञापारमितामागम्याप्रमेयाणां सत्वानामप्रमाणानि चित्तान्यप्रमाणानि चित्तानीति यथाभूतं प्रजानाति॥ पुनरपरं सुभूते तथागत इमां प्रज्ञापारमितामागम्याप्रमेयाणां सत्वानां सनिदर्शनानि चित्तानि सनिदर्शनानि चित्तानीति यथाभूतं प्रजानाति॥ कथञ्च सुभूते तथागत इमां प्रज्ञापारमितामागम्याप्रमेयाणां सत्वानां सनिदर्शनानि चित्तानि सदर्शनानि चित्तानीति यथाभूतं प्रजानाति। समदर्शनानि सुभूते तानि चित्तानि चित्तस्वभावानि॥ एवं हि सुभूते तथागत इमां प्रज्ञापारमितामागम्याप्रमेयाणां सत्वानां सनिदर्शनानि चित्तानि सनिदर्शनानि चित्तानीति यथाभूतं प्रजानाति॥ पुनरपरं सुभूते तथागत इमां प्रज्ञापारमिता-

मागम्याप्रमेयाणां सत्वानामनिदर्शनानि चित्तान्यनिदर्शनानि चित्तानीति यथाभूतं प्रजानाति॥ कथञ्च सुभूते तथागत इमां प्रज्ञापारमितामागम्याप्रमेयाणां सत्वानामनिदर्शनानि चित्तान्यनिदर्शनानि चित्तानीति यथाभूतं प्रजानाति। अलक्षणत्वादर्थविविक्तत्वात् सुभूते अदृश्यन्तच्चित्तं त्रयाणां चक्षुषां सर्व्वेषां वा अनवभासगतं॥ एवं हि सुभूते तथागत इमां प्रज्ञापारमितामागम्याप्रमेयाणां सत्वानामनिदर्शनानि चित्तान्यनिदर्शनानि चित्तानीति यथाभूतं प्रजानाति॥

पुनरपरं सुभूते तथागत इमां प्रज्ञापारमितामागम्याप्रमेयाणां सत्वानां सप्रतिघानि चित्तानि सप्रतिघानि चित्तानीति यथाभूतं प्रजानाति॥ कथञ्च सुभूते तथागत इमां प्रज्ञापारमितामागम्याप्रमेयाणां सत्वानां सप्रतिघानि चित्तानि सप्रतिघानि चित्तानीति यथाभूतं प्रजानाति। असत्सङ्कल्पितानि सुभूते तानि चित्तानि शून्यान्यारम्बण(१)वशिकानि॥ एवं हि सुभूते तथागत इमां प्रज्ञापारमितामागम्याप्रमेयाणां सत्वानां सप्रतिघाति चित्तानि सप्रतिघानि चित्तानीति यथाभूतं प्रजानाति॥

पुनरपरं सुभूते तथागत इमां प्रज्ञापारमितामागम्याप्रमेयाणां सत्वानामप्रतिघानि चित्तान्यप्रतिघानि चित्तानीति यथाभूतं प्रजानाति॥ कथञ्च सुभूते तथागत इमां प्रज्ञापारमितामागम्याप्रमेयाणां सत्वानामप्रतिघानि चित्तान्यप्रतिघानि चित्तानीति यथाभूतं प्रजानाति। अद्वयभूतानि सुभूते तानि चित्तानि

(१) आरम्भणमिति बोध्यं।

अभूतसम्भूतानि॥ एवं हि सुभूते तथागत इमां प्रज्ञापारमितामागम्याप्रमेयाणां सत्वानामप्रतिघानि चित्तान्यप्रतिघानि चित्तानीति यथाभूतं प्रजानाति॥

पुनरपरं सुभूते इमां तथागत प्रज्ञापारमितामागम्याप्रमेयाणां सत्वानां सोत्तराणि चित्तानि सोत्तराणि चित्तानीति यथाभूतं प्रजानाति॥ कथञ्च सुभूते तथागत इमां प्रज्ञापारमितामागम्याप्रमेयाणां सत्वानां सोत्तराणि चित्तानि सोत्तराणि चित्तानीति यथाभूतं प्रजानाति। या सुभूते सोत्तरस्य चित्तस्य यथाभूतता न तत्रास्ति मन्यमानता॥ एवं हि सुभूते तथागत इमां प्रज्ञापारमितामागम्याप्रमेयाणां सत्वानां सोत्तराणि चित्तानि सोत्तराणि चित्तानीति यथाभूतं प्रजानाति॥

पुनरपरं सुभूते तथागत इमां प्रज्ञापारमितामागम्याप्रमेयाणां सत्वानामनुत्तराणि चित्तान्यनुत्तराणि चित्तानीति यथाभूतं प्रजानाति॥ कथञ्च सुभूते तथागत इमां प्रज्ञापारमितामागम्याप्रमेयाणां सत्वानामनुत्तराणि चित्तान्यनुत्तराणि चित्तानीति यथाभूतं प्रजानाति। अणुमपि हि सुभूते चित्तमनुपलब्धं ततो निष्प्रपञ्चानि तानि चित्तानि॥ एवं हि सुभूते तथागत इमां प्रज्ञापारमितामागम्याप्रमेयाणां सत्वानामनुत्तराणि चित्तान्यनुत्तराणि चित्तानीति यथाभूतं प्रजानाति॥

पुनरपरं सुभूते तथागत इमां प्रज्ञापारमितामागम्याप्रमेयाणां सत्वानामसमाहितानि चित्तान्यसमाहितानि चित्तानीति यथाभूतं प्रजानाति॥ कथञ्च सुभूते तथागत इमां प्रज्ञापारमितामागम्या-

प्रमेयाणां सत्त्वानामसमाहितानि चित्तान्यसमाहितानि चित्तानीति यथाभूतं प्रजानाति। असमसमानि हि सुभूते तानि चित्तान्यसमवहितान्येवमसमाहितानि तानि चित्तानि॥ एवं हि सुभूते तथागत इमां प्रज्ञापारमितामागम्याप्रमेयाणां सत्त्वानामसमाहितानि चित्तान्यसमाहितानि चित्तानीति यथाभूतं प्रजानाति॥

पुनरपरं सुभूते तथागत इमां प्रज्ञापारमितामागम्याप्रमेयाणां सत्त्वानां समाहितानि चित्तानि समाहितानि चित्तानीति यथाभूतं प्रजानाति॥ कथञ्च सुभूते तथागत इमां प्रज्ञापारमितामागम्याप्रमेयाणां सत्त्वानां समाहितानि चित्तानि समाहितानि चित्तानीति यथाभूतं प्रजानाति। समसमानि हि सुभूते तानि चित्तानि समवहितान्येवं समाहितानि चित्तान्याकाशसमानि॥ एवं हि सुभूते तथागत इमां प्रज्ञापारमितामागम्याप्रमेयाणां सत्त्वानां समाहितानि चित्तानि समाहितानि चित्तानीति यथाभूतं प्रजानाति॥

पुनरपरं सुभूते तथागत इमां प्रज्ञापारमितामागम्याप्रमेयाणां सत्त्वानामविमुक्तानि चित्तान्यविमुक्तानि चित्तानीति यथाभूतं प्रजानाति॥ कथञ्च सुभूते तथागत इमां प्रज्ञापारमितामागम्याप्रमेयाणां सत्त्वानामविमुक्तानि चित्तान्यविमुक्तानि चित्तानीति यथाभूतं प्रजानाति। स्वभावविमुक्तानि सुभूते तानि चित्तान्यभावस्वभावानि॥ एवं हि सुभूते तथागत इमां प्रज्ञापारमितामागम्याप्रमेयाणां सत्त्वानामविमुक्तानि चित्तान्यविमुक्तानि चित्तानीति यथाभूतं प्रजानाति॥

पुनरपरं सुभूते तथागत इमां प्रज्ञापारमितामागम्याप्रमेयाणां

सत्वानां विमुक्तानि चित्तानि विमुक्तानि चित्तानीति यथाभूतं प्रजानाति॥ कथञ्च सुभूते तथागत इमां प्रज्ञापारमितामागम्याप्रमेयाणां सत्वानां विमुक्तानि चित्तानि विमुक्तानि चित्तानीति यथाभूतं प्रजानाति। चित्तं हि सुभूते तथागतेन नातीतमुपलब्धं नानागतं न प्रत्युत्पन्नमुपलब्धमसत्वाच्चित्तस्य॥ एवं हि सुभूते तथागत इमां प्रज्ञापारमितामागम्याप्रमेयाणां सत्वानां विमुक्तानि चित्तानि विमुक्तानि चित्तानीति यथाभूतं प्रजानाति॥

पुनरपरं सुभूते तथागत इमां प्रज्ञापारमितामागम्याप्रमेयाणां सत्वानामदृश्यानि चित्तान्यदृश्यानि चित्तानीति यथाभूतं प्रजानाति॥ कथञ्च सुभूते तथागत इमां प्रज्ञापारमितामागम्याप्रमेयाणां सत्वानामदृश्यानि चित्तान्यदृश्यानि चित्तानीति यथाभूतं प्रजानाति। असत्त्वात् सुभूतेऽदृश्यन्तच्चित्तमभूतत्वादविज्ञेयमपरिनिष्पत्तितोऽग्राह्यं प्रज्ञाचक्षुषा दिव्येन चक्षुषा कुतः पुनर्मांसचक्षुषा सर्व्वेषामनवभासगतत्वात्॥ एवं हि सुभूते तथागत इमां प्रज्ञापारमितामागम्याप्रमेयाणां सत्वानामदृश्यानि चित्तान्यदृश्यानि चित्तानीति यथाभूतं जानाति॥ एवं हि सुभूते प्रज्ञापारमिता तथागतानामर्हतां सम्यक्सम्बुद्धानामस्यलोकस्य सन्दर्शयित्री॥

पुनरपरं सुभूते तथागत इमां प्रज्ञापारमितामागम्याप्रमेयाणामसङ्ख्येयानां परसत्वानां परपुद्गलानामुन्मिञ्जितनिमिञ्जितानि यथाभूतं प्रजानाति॥ कथञ्च सुभूते तथागत इमां प्रज्ञापारमितामागम्याप्रमेयाणामसङ्ख्येयाणां परसत्वानां परपुद्गलानामुन्मिञ्जितनिमिञ्जितानि यथाभूतं प्रजानाति। सर्व्वाणि तानि

सुभूते रूपनिश्रितान्युत्पद्यमानान्युत्पद्यन्ते इति यथाभूतं प्रजानाति। एवं वेदना संज्ञा संस्काराः सर्व्वाणि तानि विज्ञाननिश्रितान्युत्पद्यमानान्युत्पद्यन्ते इति यथाभूतं प्रजानाति॥ तत्र सुभूते कथं तथागतेन तान्युन्मिञ्जितनिमिञ्जितानि रूपनिश्रितानि विज्ञातानि भवन्ति। एवं वेदना संज्ञा संस्काराः कथं तथागतेन तान्युन्मिञ्जितनिमिञ्जितानि विज्ञाननिश्रितानि विज्ञातानि भवन्ति। भवति तथागतः परं मरणादिति रूपगतमेतत्। न भवति तथागतः परं मरणादिति रूपगतमेतत्। भवति च न भवति च तथागतः परं मरणादिति रूपगतमेतत्। नैव भवति न न भवति तथागतः परं मरणादिति रूपगतमेतत्। एवं वेदना संज्ञा संस्कारा भवति तथागतः परं मरणादिति विज्ञानगतमेतत्। न भवति तथागतः परं मरणादिति विज्ञानगतमेतत्। भवति च न भवति च तथागतः परं मरणादिति विज्ञानगतमेतत्। नैव भवति न न भवति तथागतः परं मरणादिति विज्ञानगतमेतत्। शाश्वत आत्मावलोकश्चेदमेव सत्यं मोहमन्यदिति रूपगतमेतत्। अशाश्वत आत्मावलोकश्चेदमेव सत्यं मोहमन्यदिति रूपगतमेतत्। शाश्वतश्चाशाश्वत आत्मावलोकश्चेदमेव सत्यं मोहमन्यदिति रूपगतमेतत्। नैव शाश्वतो नाशाश्वत आत्मावलोकश्चेदमेव सत्यं मोहमन्यदिति रूपगतमेतत्। एवं वेदना संज्ञा संस्काराः शाश्वत आत्मावलोकश्चेदमेव सत्यं मोहमन्यदिति विज्ञानगतमेतत्। अशाश्वत आत्मावलोकश्चेदमेव सत्यं मोहमन्यदिति विज्ञानगतमेतत् शाश्वतश्चाशाश्वत आत्मावलोकश्चेदमेव सत्यं मोहमन्यदिति विज्ञा-

भगतमेतत्। नैव शाश्वतो नाशाश्वत आत्मावलोकश्चेदमेव सत्यं मोहमन्यदिति विज्ञानगतमेतत्। अन्तवानात्मावलोकश्चेदमेव सत्यं मोहमन्यदिति रूपगतमेतत्। अनन्तवानात्मावलोकश्चेदमेव सत्यं मोहमन्यदिति रूपगतमेतत्। अन्तवांश्चानन्तवांश्चात्मावलोकश्चेदमेव सत्यं मोहमन्यदिति रूपगतमेतत्। नैवान्तवान् नानन्तवानात्मावलोकश्चेदमेव सत्यं मोहमन्यदिति रूपगतमेतत्। एवं वेदना संज्ञा संस्कारा अन्तवानात्मावलोकश्चेदमेव सत्यं मोहमन्यदिति विज्ञानगतमेतत्। अनन्तवानात्मावलोकश्चेदमेव सत्यं मोहमन्यदिति विज्ञानगतमेतत्। अन्तवांश्चानन्तवांश्चात्मावलोकश्चेदमेव सत्यं मोहमन्यदिति विज्ञानगतमेतत्। नैवान्तवान् नानन्तवानात्मावलोकश्चेदमेव सत्यं मोहमन्यदिति विज्ञानगतमेतत्। स जीवस्तच्छरीरमिदमेव सत्यं मोहमन्यदिति रूपगतमेतत्। अन्यो जीवोऽन्यच्छरीरमिदमेव सत्यं मोहमन्यदिति रूपगतमेतत्। एवं वेदना संज्ञा संस्काराः स जीवस्तच्छरीरमिदमेव सत्यं मोहमन्यदिति विज्ञानगतमेतत्। अन्यो जीवोऽन्यच्छरीरमिदमेव सत्यं मोहमन्यदिति. विज्ञानगतमेतत्॥ एवं हि सुभूते तथागतेनार्हता सम्यक्सम्बुद्धेनेमां प्रज्ञापारमितामागम्याप्रमेयाणामसङ्ख्येयानां परसत्वानां परपुद्गलानां तान्युन्मिञ्जितनिमिञ्जितानि रूपनिश्रितानि विज्ञातानि भवन्ति। एवं वेदना संज्ञा संस्काराः तान्युन्मिञ्जितनिमिञ्जितानि विज्ञाननिश्रितानि विज्ञातानि भवन्ति॥

पुनरपरं सुभूते तथागत इमां प्रज्ञापारमितामागम्याप्रमेयाणामसङ्ख्येयाणां परसत्वानां परपुद्गलानां तान्युन्मिञ्जितनिमि-

ञ्जितानि यथाभूतं प्रजानाति॥ इह सुभूते तथागतो रूपं जानाति॥ कथञ्च सुभूते तथागतो रूपं जानाति। तथा सुभूते तथागतो रूपं जानाति यथा तथता॥ एवं हि सुभूते तथागतो रूपं जानाति॥ एवं वेदना संज्ञा संस्कारा इह सुभूते तथागतो विज्ञानं जानाति॥ कथञ्च सुभूते तथागतो विज्ञानं जानाति। तथा सुभूते तथागतो विज्ञानं जानाति यथा तथता॥ एवं हि सुभूते तथागतो विज्ञानं जानाति॥ एवं हि सुभूते तथागत इमां प्रज्ञापारमितामागम्याप्रमेयाणामसङ्ख्येयाणां परसत्वानां परपुद्‌गलानां तान्युन्मिञ्जितनिमिञ्जितानि यथाभूतं प्रजानाति॥ एवं हि सुभूते तथागतस्तथागततथतया च स्कन्धतथतया च उन्मिञ्जितनिमिञ्जिततथतया च तथतां प्रज्ञपयति। यैव च सुभूते स्कन्धतथता सैव लोकस्यापि तथता॥ तत् कस्य हेतोः। उक्तं ह्येतत् सुभूते तथागतेन पञ्च स्कन्धा लोके इति संज्ञाता इति॥ तस्मात्तर्हि सुभूते या स्कन्धतथता सा लोकतथता या लोकतथता सा सर्व्वधर्म्मतथता या सर्व्वधर्म्मतथता सा श्रोतआपत्तिफलतथता या श्रोतआपत्तिफलतथता सा सकृदागामिफलतथता या सकृदागामिफलतथता साऽनागामिफलतथता याऽनागामिफलतथता साऽर्हत्वफलतथता याऽर्हत्त्वफलतथता सा प्रत्येकबुद्धत्वतथता या प्रत्येकबुद्धत्वतथता सा तथागततथता। इति हि तथागततथता च स्कन्धतथता च सर्व्वधर्म्मतथता च सर्व्वार्य्यश्रावकप्रत्येकबुद्धतथता च एकैवैषा तथताऽनेकभावाभावापगताऽनेकत्वादनानात्वादद्वयत्वादविकारत्वादद्वयत्वादद्वैधीकारत्वात्॥ एवमेषा सुभूते तथता तथागतेन

प्रज्ञापारमितामागम्याभिसम्बुद्धा॥ एवं हि सुभूते प्रज्ञापारमिता तथागतानामर्हतां सम्यक्सम्बुद्धानामस्य लोकस्य सन्दर्शयित्री। एवं हि सुभूते तथागतोऽस्य लोकस्य लोकं सन्दर्शयति। एवञ्चास्य लोकस्य दर्शनं भवति॥ एवं हि सुभूते प्रज्ञापारमिता तथागतानामर्हतां सम्यक्सम्बुद्धानां माता जननी जनयित्री॥ एवं हि सुभूते तथागतस्तथतामभिसम्बुध्य लोकस्य तथतां जानात्यवितथतां जानात्यनन्यतथतां जानाति॥ एवञ्च सुभूते तथागतस्तथतामभिसम्बुद्धः संस्तथागत इत्युच्यते॥

स्थविरः सुभूतिराह। गम्भीरा भगवंस्तथता। अतो भगवंस्तथतातो बुद्धानां भगवतां बोधिः प्रभाव्यते प्रकाश्यते॥ कोऽत्र भगवन्नन्योऽधिमोच्यतेऽविनिवर्त्तनीयो बोधिसत्त्वो महासत्त्वोऽर्हन् वा परिपूर्णसङ्कल्पो दृष्टिसम्पन्नो वा पुद्गलः। तथा हि भगवन्निमानि स्थानानि परमगम्भीराणि तथागतेनाभिसम्बुध्याख्यातानि॥

एवमुक्ते भगवानायुष्मन्तं सुभूतिमेतदवोचत्। एवमेतत् सुभूते एवमेतत्। परमगम्भीराणीमानि स्थानानि तथागतेनाभिसम्बुध्याख्यातानि। तथा हि सुभूतेऽक्षयैषा तथता या तथागतेनाभिसम्बुद्धा अभिसम्बुध्याक्षयाऽक्षयैवाख्याता॥

अथ खलु शक्रदेवेन्द्रप्रमुखाः कामावचरा रूपावचराश्च देवपुत्त्रा ब्रह्मकायिकानाञ्च विंशतिदेवपुत्त्रसहस्राणि येन भगवांस्तेनोपसङ्क्रम्य भगवतः पादौ शिरसाऽभिवन्द्यैकान्ते तस्थुः। एकान्तस्थिताश्च ते कामावचरा रूपावचराश्च देवपुत्त्रा भगवन्तमेतदवोचन्। गम्भीरा भगवन् धर्म्माः प्रकाश्यन्ते कथं भगवन्नत्र लक्षणानि स्थाप्यन्ते॥

भगवानाह । शून्यमिति देवपुत्त्रा अत्र लक्षणानि स्थाप्यन्ते । आनिमित्तमित्यप्रणिहितमिति देवपुत्त्रा अत्र लक्षणानि स्थाप्यन्ते । अनभिसंस्कार इत्यनुत्पाद इत्यनिरोध इत्यसङ्क्लेश इत्यव्यवदानमित्यभाव इति निर्व्वाणमिति धर्म्मधातुरिति तथतेति देवपुत्त्रा अत्र लक्षणानि स्थाप्यन्ते ॥ तत् कस्य हेतोः । अनिश्रितानि हि देवपुत्त्रा एतानि लक्षणानि आकाशसदृशानि हि देवपुत्त्रा एतानि लक्षणानि नैतानि लक्षणानि तथागतेनार्हता सम्यक्सम्बुद्धेन स्थापितानि नैतानि लक्षणानि रूपसङ्ख्यातानि । एवं न वेदनासंज्ञासंस्कारविज्ञानसङ्ख्यातानि(१) नैतानि लक्षणानि रूपनिश्रितानि न वेदनासंज्ञासंस्कारविज्ञाननिश्रितानि नैतानि लक्षणानि देवैर्वा नागैर्वा मनुष्यैर्वाऽमनुष्यैर्वा स्थापितानि नैतानि लक्षणानि सदेवमानुषासुरेण लोकेन शक्यानि चालयितुं ॥ तत् कस्य हेतोः । सदेवमानुषासुरोऽपि हि लोक एतल्लक्षण एव नाप्येतानि लक्षणानि केनापि हस्तेन स्थापितानि ॥ यो देवपुत्त्रा एवं वदेदिदमाकाशं केनापि स्थापितमिति । अपि नु स देवपुत्त्राः सम्यग्वदन् वदेत् ॥

एवमुक्ते कामावचरा रूपावचराश्च देवपुत्त्रा भगवन्तमेतदवोचन् । न भगवन्नाकाशं केनचित् स्थापितं ॥ तत् कस्य हेतोः । असंस्कृतत्वाद्भगवन्नाकाशस्य नाकाशं केनचित् स्थापितं ॥

अथ खलु भगवांस्तान् कामावचरान् रूपावचरांश्च देवपुत्त्रानामन्त्रयते स्म । एवमेतद्देवपुत्त्रा उत्पादाद्वा तथागतानाम-

(१) न वेदना संज्ञा संस्कारा विज्ञानसङ्ख्यातानीति ख० ङ० च० ।

नुत्पादाद्वा तथैवैतानि लक्षणानि स्थितानि॥ तत् कस्य हेतोः। यथैतानि हि स्थितानि तथा भूतानि तथागतेनाभिसम्बुध्याख्यातानि। तस्माद्देवपुत्रास्तथागतस्तथागत इत्युच्यते॥

अथ खल्वायुष्मान् सुभूतिर्भगवन्तमेतदवोचत्। गम्भीराणि भगवन्निमानि लक्षणानि तथागतेनाभिसम्बुद्धानि तथागतानां चासङ्गज्ञानं यदुत प्रज्ञापारमिता। असङ्गज्ञानाय प्रज्ञापारमिता तथागतानां गोचरः॥

एवमुक्ते भगवानायुष्मन्तं सुभूतिमेतदवोचत्। एवमेतत् सुभूते एवमेतत्। एवं हि सुभूते प्रज्ञापारमिता तथागतानामर्हतां सम्यक्सम्बुद्धानामस्य लोकस्य सन्दर्शयित्री। यथा सुभूते तथागता अर्हन्तः सम्यक्सम्बुद्धा इमं धर्मं प्रज्ञापारमितामुपनिश्रित्य विहरन्ति तथैवैते धर्माः सदा स्थिताः अस्थानतस्तथागतैरभिसम्बुद्धाः। अतस्ते धर्ममेवोपनिश्रित्य विहरन्ति धर्मं सत्कुर्वन्ति गुरुकुर्वन्ति मानयन्ति पूजयन्त्यर्चयन्त्यपचायन्ति। प्रज्ञापारमितैवैषा सुभूते धर्माणां धर्मतेति तथागता अर्हन्तः सम्यक्सम्बुद्धा प्रज्ञापारमितां सत्कुर्वन्ति गुरुकुर्वन्ति मानयन्ति पूजयन्त्यर्चयन्त्यपचायन्ति॥ तत् कस्य हेतोः। अतो हि सुभूते प्रज्ञापारमितातस्तथागतानामर्हतां सम्यक्सम्बुद्धानां सर्वज्ञतायाः प्रभावता भवति। कृतज्ञाः कृतवेदिनश्च तथागता अर्हन्तः सम्यक्सम्बुद्धाः॥ यत् खलु सुभूते सम्यग्वदन्तो वदेयुः कृतज्ञः कृतवेदीति तत्तथागतं हि ते सम्यग्वदन्तो वदन्ति कृतज्ञः कृतवेदीति॥ यत् खलु सुभूते तथागतोऽर्हन् सम्यक्सम्बुद्धो येन येन

यानेनागतो यथा यया प्रतिपदाऽनुत्तरां सम्यक्सम्बोधिमभिसम्बुद्धः तथागतस्तदेव यानं तामेव प्रतिपदमनुगृह्णीतेऽनुपरिपालयति तयैव कृतज्ञतया कृतवेदितया। इयं सुभूते तथागतस्य कृतज्ञता कृतवेदिता द्रष्टव्या॥ पुनरपरं सुभूते तथागतेन सर्व्वधर्म्मा अकृता अकृता इत्यभिसम्बुद्धा अविकृता अविकृता इत्यभिसम्बुद्धा अनभिसंस्कृता अनभिसंस्कृता इत्यभिसम्बुद्धाः। इयमपि सुभूते तथागतस्य कृतज्ञता कृतवेदिता द्रष्टव्या॥ प्रज्ञापारमितां ह्यागम्य सुभूते तथागतस्यार्हतः सम्यक्सम्बुद्धस्यैवं सर्व्वधर्म्मेषु ज्ञानं प्रवृत्तं॥ अनेनापि सुभूते पर्य्यायेण प्रज्ञापारमिता तथागतानामर्हतां सम्यक्सम्बुद्धानामस्य लोकस्य सन्दर्शयित्री॥

एवमुक्ते आयुष्मान् सुभूतिर्भगवन्तमेतदवोचत्। यदा भगवन् सर्व्वधर्म्मा अजानका अपश्यकास्तदा कथं भगवन् प्रज्ञापारमिता तथागतानामर्हतां सम्यक्सम्बुद्धानामस्य लोकस्य सन्दर्शयित्री॥

एवमुक्ते भगवानायुष्मन्तं सुभूतिमेतदवोचत्। साधु साधु सुभूते यस्त्वं तथागतमर्हन्तं सम्यक्सम्बुद्धमेतमर्थं परिप्रश्नीकर्त्तव्यं मन्यसे॥ सुभूतिरेवमाह। सर्व्वधर्म्मा अजानका अपश्यका इति। एवमेतत् सुभूते एवमेतत्। सर्व्वधर्म्मा अजानका अपश्यकाः॥ कथं सुभूते सर्व्वधर्म्मा अजानका अपश्यकाः। सर्व्वधर्म्मा हि सुभूते शून्याः सर्व्वधर्म्मा हि सुभूते अनिश्रिताः॥ एवं हि सुभूते सर्व्वधर्म्मा अजानका अपश्यकाः॥ एवमेते सुभूते सर्व्वधर्म्माः प्रज्ञापारमितामागम्य तथागतैरभिसम्बुद्धाः॥ एवमपि सुभूते प्रज्ञापारमिता तथागतानामर्हतां सम्यक्सम्बुद्धानामस्य लोकस्य सन्दर्शयित्री रूपस्यादृष्टत्वादेवं वेद-

नायाः संज्ञायाः संस्काराणां विज्ञानस्यादृष्टत्वात् सन्दर्शयित्री॥ एवं हि सुभूते प्रज्ञापारमिता तथागतानामर्हतां सम्यक्सम्बुद्धानामस्य लोकस्य सन्दर्शयित्री भवति॥

सुभूतिराह। कथं भगवन् रूपस्यादृष्टता भवति। कथं वेदनायाः संज्ञायाः संस्काराणां कथं भगवन् विज्ञानस्यादृष्टता भवति॥

भगवानाह। यदि सुभूते न रूपारम्भणं विज्ञानमुत्पद्यते एवं रूपस्यादृष्टता भवति। एवं वेदना संज्ञा संस्कारा यदि सुभूते न विज्ञानारम्भणं विज्ञानमुत्पद्यते एवं विज्ञानस्यादृष्टता भवति॥ या च सुभूते रूपस्यादृष्टता या च वेदनायाः संज्ञायाः संस्काराणां या च सुभूते विज्ञानस्यादृष्टता सेव लोकस्य दृष्टता भवति। एवं हि सुभूते लोकस्तथागतेन दृष्टो भवति॥ एवं हि सुभूते प्रज्ञापारमिता तथागतानामर्हतां सम्यक्सम्बुद्धानामस्य लोकस्य सन्दर्शयित्री॥ कथञ्च सुभूते प्रज्ञापारमिता लोकं सन्दर्शयति। इति लोकः शून्य इति लोकं सूचयत्येवं प्रज्ञापयत्येवं लोकं सन्दर्शयति। इति लोकोऽचिन्त्य इति लोकः शान्त इति लोको विविक्त इति लोकविशुद्ध्या लोकं सूचयत्येवं लोकं प्रज्ञापयत्येवं सन्दर्शयतीति॥

आर्य्याष्टसाहस्रिकायां प्रज्ञापारमितायां लोकसन्दर्शनपरिवर्त्तो नाम द्वादशः॥ २८५॥

अथाऽचिन्त्यपरिवर्त्तो नाम त्रयोदशः ।

अथ खल्वायुष्मान् सुभूतिर्भगवन्तमेतदवोचत् । गम्भीरा भगवन् प्रज्ञापारमिता । महाकृत्येन बतेयं भगवन् प्रज्ञापारमिता प्रत्युपस्थिता । अचिन्त्यकृत्येनातुल्यकृत्येनाप्रमेयकृत्येनासङ्ख्येयकृत्येनासमसमकृत्येन बतेयं भगवन् प्रज्ञापारमिता प्रत्युपस्थिता ॥

भगवानाह । एवमेतत् सुभूते एवमेतत् । महाकृत्येनेयं सुभूते प्रज्ञापारमिता प्रत्युपस्थिता । अचिन्त्यकृत्येनातुल्यकृत्येनाप्रमेयकृत्येनासङ्ख्येयकृत्येनासमसमकृत्येनेयं सुभूते प्रज्ञापारमिता प्रत्युपस्थिता ॥ कथञ्च सुभूतेऽचिन्त्यकृत्येनेयं प्रज्ञापारमिता प्रत्युपस्थिता । अचिन्त्यं हि सुभूते तथागतत्वं बुद्धत्वं स्वयम्भूत्वं सर्व्वज्ञत्वं ॥ एवं हि सुभूतेऽचिन्त्यकृत्येनेयं प्रज्ञापारमिता प्रत्युपस्थिता ॥ न हीदं शक्यं चित्तेन चिन्तयितुं ॥ तत् कस्य हेतोः । न हि चित्तं वा चेतना वा चैतसिको वाऽत्र धर्म्मः प्रवर्त्तते ॥ कथञ्च सुभूतेऽतुल्यकृत्येनेयं प्रज्ञापारमिता प्रत्युपस्थिता । न शक्यं सुभूते तथागतत्वं बुद्धत्वं स्वयम्भूत्वं सर्व्वज्ञत्वं चिन्तयितुं वा तुलयितुं वा ॥ एवं हि सुभूतेऽतुल्यकृत्येनेयं प्रज्ञापारमिता प्रत्युपस्थिता ॥ कथञ्च सुभूतेऽप्रमेयकृत्येनेयं प्रज्ञापारमिता प्रत्युपस्थिता । अप्रमेयं हि सुभूते तथागतत्वं बुद्धत्वं स्वयम्भूत्वं सर्व्वज्ञत्वं ॥ एवं हि सुभूतेऽप्रमेयकृत्येनेयं प्रज्ञापारमिता प्रत्युपस्थिता ॥ कथञ्च सुभूतेऽसङ्ख्येयकृत्येनेयं प्रज्ञापारमिता प्रत्युपस्थिता । असङ्ख्येयं हि सुभूते तथागतत्वं

बुद्धत्वं स्वयम्भूत्वं सर्व्वज्ञत्वं॥ एवं हि सुभूते असङ्ख्येयकृत्येनेयं प्रज्ञापारमिता प्रत्युपस्थिता॥ कथञ्च सुभूतेऽसमसमकृत्येनेयं प्रज्ञापारमिता प्रत्युपस्थिता। नास्ति सुभूते तथागतस्यार्हतः सम्यक्सम्बुद्धस्य स्वयम्भुवः सर्व्वज्ञस्य समः कुतः पुनरुत्तरः॥ एवं हि सुभूतेऽसमसमकृत्येनेयं प्रज्ञापारमिता प्रत्युपस्थिता॥

स्थविरः सुभूतिराह। किं पुनर्भगवंस्तथागतत्वमेवाचिन्त्यमतुल्यमप्रमेयमसङ्ख्येयमसमसममेवं बुद्धत्वमेव स्वयम्भुत्वमेव सर्व्वज्ञत्वमेवातुल्यमप्रमेयमसङ्ख्येयमसमसममुताहो रूपमप्यचिन्त्यमतुल्यमप्रमेयमसङ्ख्येयमसमसममेवं वेदनाऽपि संज्ञाऽपि संस्कारा अपि विज्ञानमप्यचिन्त्यमतुल्यमप्रमेयमसङ्ख्येयमसमसममुताहो सर्व्वधर्म्मा अप्यचिन्त्या अतुल्या अप्रमेया असङ्ख्येया असमसमाः॥

एवमुक्ते भगवानायुष्मन्तं सुभूतिमेतदवोचत्। एवमेतत् सुभूते एवमेतत्। रूपमपि सुभूते अचिन्त्यमतुल्यमप्रमेयमसङ्ख्येयमसमसममेवं वेदनाऽपि संज्ञाऽपि संस्कारा अपि विज्ञानमपि सुभूतेऽचिन्त्यमतुल्यमप्रमेयमसङ्ख्येयमसमसममेवं सर्व्वधर्म्मा अपि सुभूतेऽचिन्त्या अतुल्या अप्रमेया असङ्ख्येया असमसमाः॥ तत् कस्य हेतोः। रूपस्य हि सुभूते या धर्म्मता न तत्र चित्तं न चेतना न चैतासिका धर्म्मा न तुलना। एवं वेदनायाः संज्ञायाः संस्काराणां विज्ञानस्य हि सुभूते या धर्म्मता न तत्र चित्तं न चेतना न चैतसिका धर्म्मा न तुलना। सर्व्वधर्म्माणां हि सुभूते या धर्म्मता न तत्र चित्तं न चेतना न चैतसिका धर्म्मा न तुलना॥ एवं हि सुभूते रूपमप्यचिन्त्यमतुल्यमेवं वेदनाऽपि संज्ञाऽपि संस्कारा अपि

विज्ञानमप्यचिन्त्यमतुल्यमेवं सर्व्वधर्म्मा अप्यचिन्त्या अतुल्याः॥ रूपमपि सुभूतेऽप्रमेयमेवं वेदनाऽपि संज्ञाऽपि संस्कारा अपि विज्ञानमपि सुभूतेऽप्रमेयं सर्व्वधर्म्मा अपि सुभूतेऽप्रमेयाः॥ तत् कस्य हेतोः। रूपस्य हि सुभूते प्रमाणं न प्रज्ञायते एवं वेदनायाः संज्ञायाः संस्काराणां विज्ञानस्य हि सुभूते प्रमाणं न प्रज्ञायते सर्व्वधर्म्माणामपि हि सुभूते प्रमाणं न प्रज्ञायते॥ केन कारणेन सुभूते रूपस्य प्रमाणं न प्रज्ञायते केन कारणेन वेदनायाः संज्ञायाः संस्काराणां केन कारणेन सुभूते विज्ञानस्य प्रमाणं न प्रज्ञायते केन कारणेन सुभूते सर्व्वधर्म्माणामपि प्रमाणं न प्रज्ञायते। रूपस्य हि सुभूते प्रमाणं न विद्यते एवं वेदनायाः संज्ञायाः संस्काराणां विज्ञानस्य हि सुभूते प्रमाणं न विद्यते सर्व्वधर्म्माणामपि हि सुभूते प्रमाणं न विद्यते। केन कारणेन सुभूते रूपस्य प्रमाणं न विद्यते एवं वेदनायाः संज्ञायाः संस्काराणां केन कारणेन सुभूते विज्ञानस्य प्रमाणं न विद्यते केन कारणेन सुभूते सर्व्वधर्म्माणामपि प्रमाणं न विद्यतेऽप्रमाणत्वात् सुभूते सर्व्वधर्म्माणां॥ रूपमपि सुभूतेऽसङ्ख्येयमेवं वदना संज्ञा संस्कारा विज्ञानमपि सुभूतेऽसङ्ख्येयं सर्व्वधर्म्मा अपि सुभूतेऽसङ्ख्येया गणनासमतिक्रान्तत्वात्॥ रूपमपि सुभूतेऽसमसममेवं वेदना संज्ञा संस्कारा विज्ञानमपि सुभूतेऽसमसममेवं सर्व्वधर्म्मा अपि सुभूतेऽसमसमा आकाशसमत्वात् सुभूते सर्व्वधर्म्माणां॥ तत् किं मन्यसे सुभूते अपि त्वस्त्याकाशस्य समो वा गणना वा प्रमाणं वा तुल्यं वा चित्तं वा चैतसिका वा धर्म्माः॥

सुभूतिराह। नो हीदं भगवन्।

भगवानाह। एवमेव सुभूतेऽनेन पर्य्यायेण सर्व्वधर्म्मा अप्यचिन्त्या अतुल्या अप्रमेया असङ्ख्येया असमसमाः॥ एते च सुभूते तथागतधर्म्मा अचिन्त्याश्चित्तोपरमत्वादतुल्यास्तुलनासमतिक्रान्तत्वात्। अचिन्त्या अतुल्या इति सुभूते विज्ञानगतस्यैतद्धर्म्मस्याधिवचनं। एवमप्रमेया असङ्ख्येया असमसमा इति सुभूते समसङ्ख्याप्रमाणोपरमत्वादप्रमेया असङ्ख्येया असमसमास्तथागतधर्म्माः। आकाशसमासङ्ख्येयाप्रमेयतया असमसमा असङ्ख्येया अप्रमेयाः। एते धर्म्मा आकाशतुल्यतयाऽतुल्या असमवहिता वतेमे धर्म्मास्तस्मात् सुभूतेऽतुल्या एते धर्म्मा उच्यन्ते। आकाशाचिन्त्यतयाऽचिन्त्या एते धर्म्माः। आकाशातुल्यतयाऽतुल्या एते धर्म्माः। आकाशाप्रमेयतयाऽप्रमेया एते धर्म्माः। आकाशासङ्ख्येयतयाऽसङ्ख्येया एते धर्म्माः। आकाशासमसमतयाऽसमसमा एते धर्म्माः॥ अस्यां खलु पुनरचिन्त्यतायामतुल्यतायामप्रमेयतायामसङ्ख्येयतायामसमसमतायां भाष्यमाणायां पञ्चानां भिक्षुशतानामनुपादायास्रवेभ्यश्चित्तानि विमुक्तानि विंशतेश्च भिक्षुणीशतानामनुपादायास्रवेभ्यश्चित्तानि विमुक्तानि षष्टेश्चोपासकशतानां विरजो विगतमलं धर्म्मेषु धर्म्मचक्षुर्विशुद्धं त्रिंशतेश्चोपासिकानां विरजो विगतमलं धर्म्मेषु धर्म्मचक्षुर्विशुद्धं विंशत्या च बोधिसत्त्वैरनुत्पत्तिकेषु धर्म्मेषु क्षान्तिः प्रतिलब्धाऽभूत्। ते च भगवता इहैव भद्रकल्पे व्याकृता अनुत्तरायां सम्यक्सम्बोधौ। येऽपि ते उपासका उपासिकाश्च[१] येषां विरजो विगतमलं धर्म्मेषु धर्म्मचक्षुर्विशुद्धं तेऽपि भगवता व्याकृतास्तेषामप्यनुपादायास्रवेभ्यश्चित्तं विमोक्ष्यते[२]॥

(१) उपासकोपासिकाश्च इति ख० ग०।

(२) चित्तानि विमोक्ष्यन्ते इति ग०।

अथ खल्वायुष्मान् सुभूतिर्भगवन्तमेतदवोचत्। गम्भीरा भगवन् प्रज्ञापारमिता। महाकृत्येन वतेयं भगवन् प्रज्ञापारमिता प्रत्युपस्थिता॥

एवमुक्ते भगवानायुष्मन्तं सुभूतिमेतदवोचत्। एवमेतत् सुभूते एवमेतत्। गम्भीरा सुभूते प्रज्ञापारमिता। महाकृत्येनेयं सुभूते प्रज्ञापारमिता प्रत्युपस्थिता॥ तत् कस्य हेतोः। अत्र हि सुभूते सर्व्वज्ञता समायुक्ताऽत्र प्रत्येकबुद्धभूमिः समायुक्ताऽत्र सर्व्वश्रावकभूमिः समायुक्ता॥ तद्यथापि नाम सुभूते राज्ञः क्षत्रियस्य मूर्द्धाभिषिक्तस्य जनपदस्थामवीर्य्यप्राप्तस्य यानि तानि राजकृत्यानि यानि च नगरकृत्यानि यानि च जनपदकृत्यानि सर्व्वाणि तानि अमात्यसमायुक्तानि भवन्ति। अल्पोत्सुकस्ततो राजा भवत्यपहृतभारः। एवमेव सुभूते ये केचिद्बुद्धधर्म्मा वा प्रत्येकबुद्धधर्म्मा वा श्रावकधर्म्मा वा सर्व्वे ते प्रज्ञापारमितासमायुक्ताः। प्रज्ञापारमिता तत्र कृत्यं करोति॥ अनेन सुभूते पर्य्यायेण महाकृत्येनेयं प्रज्ञापारमिता प्रत्युपस्थिता रूपस्यापरिग्रहायानभिनिवेशाय। एवं वेदनायाः संज्ञायाः संस्काराणां विज्ञानस्यापरिग्रहायानभिनिवेशाय श्रोतआपत्तिफलस्यापरिग्रहायानभिनिवेशाय एवं सकृदागामिफलस्यानागामिफलस्यार्हत्त्वफलस्यापरिग्रहायानभिनिवेशाय प्रत्येकबोधेरपरिग्रहायानभिनिवेशाय सर्व्वज्ञताया अपरिग्रहायानभिनिवेशाय प्रज्ञापारमिता प्रत्युपस्थिता॥

सुभूतिराह। कथं भगवन् सर्व्वज्ञताया अपरिग्रहायानभिनिवेशाय प्रज्ञापारमिता प्रत्युपस्थिता॥

भगवानाह। तत् किं मन्यसे सुभूते समनुपश्यसि त्वमर्हत्त्वं यत्र परिग्रहं वाऽभिनिवेशं[१] वा कुर्य्याः ॥

सुभूतिराह। नो हीदं भगवन्नाहं भगवंस्तं धर्म्मं समनुपश्यामि यं परिगृह्णीयामभिनिवेशेयं[२] वाऽर्हत्त्वमिति ॥

भगवानाह। एवमेतत् सुभूते एवमेतत्। अहमपि सुभूते तथागतत्वं न समनुपश्यामि। सोऽहं सुभूते तथागतत्वमसमनुपश्यन् न परिगृह्णामि नाभिनिवेशे। तस्मात्तर्हि सुभूते सर्व्वज्ञताऽप्यपरिग्रहाऽनभिनिवेशा ॥

सुभूतिराह। सर्व्वज्ञताऽपि भगवन्नपरिग्रहाऽनभिनिवेशेति। मा भगवन् नवयानसम्प्रस्थिताः परीतकुशलमूला[३] बोधिसत्त्वा महासत्त्वा इमं निर्द्देशं श्रुत्वोत्त्रसिषुः सन्त्रसिषुः सन्त्रासमापत्स्यते[४]। अपि नु खलु पुनर्भगवन् ये बोधिसत्त्वा महासत्त्वा हेतुसम्पन्नाः पूर्व्वजिनकृताधिकारा दीर्घरात्रावरोपितकुशलमूला भविष्यन्ति ते इमां गम्भीरां प्रज्ञापारमितां श्रुत्वाऽधिमोक्ष्यन्ति ॥

भगवानाह। एवमेतत् सुभूते एवमेतत् ॥

अथ खलु ते कामावचरा रूपावचराश्च देवपुत्त्रा भगवन्तमेतदवोचन् गम्भीरा भगवन् प्रज्ञापारमिता दुर्द्दृशा दुरनुबोधा पूर्व्वजिनकृताधिकारा दीर्घरात्रावरोपितकुशलमूलास्ते भगवन् सत्त्वा

(१) अनभिनिवेशमिति घ० ङ०।

(२) अभिनिवेशेय इति पाठः सर्व्वेष्वादर्शपुस्तकेषु वर्त्तते।

(३) परिपक्वकुशलमूला इति ग०।

(४) आपत्स्यन्ते इति च०।

भविष्यन्ति य एनां गम्भीरां प्रज्ञापारमितामधिमोक्ष्यन्ति॥ सचेद्‌भगवंस्त्रिसाहस्रमहासाहस्रे लोकधातौ ये सत्त्वास्ते सर्व्वे श्रद्धानुसारिभूमौ कल्पं वा कल्पावशेषं वा चरेयुर्यश्चेह गम्भीरायां प्रज्ञापारमितायामेकदिवसमपि क्षान्तिं रोचयेद्‌गवेषेत चिन्तयेत्तुलयेदुपपरीक्षेतोपनिध्यायेदयमेव भगवंस्तेभ्यः श्रेयान्॥

एवमुक्ते भगवान् तान् कामावचरान् रूपावचरांश्च देवपुत्त्रानामन्त्रयामास[१]। यदि देवपुत्त्राः कश्चिदेव कुलपुत्त्रो वा कुलदुहिता वा इमां गम्भीरां प्रज्ञापारमितां शृणुयाद्यावदस्य देवपुत्त्राः क्षिप्रंतरं निर्व्वाणं प्रतिकाङ्क्षितव्यं नत्वेव तेषां श्रद्धानुसारिभूमौ कल्पं वा कल्पावशेषं वा चरतां॥

अथ खलु ते कामावचरा रूपावचराश्च देवपुत्त्रा भगवन्तमेतदवोचन्। महापारमितेयं भगवन् यदुत प्रज्ञापारमिता इत्युक्त्वा भगवतः पादौ शिरसाऽभिवन्द्य भगवन्तं त्रिः प्रदक्षिणीकृत्य भगवतोऽन्तिकाद्‌गमिष्याम इत्यारोच्य प्रक्रान्तास्तेऽविदूरं गत्वाऽन्तर्हिताः कामावचराश्च देवपुत्त्राः कामधातौ प्रातिष्ठन्त रूपावचराश्च देवपुत्त्रा ब्रह्मलोके प्रातिष्ठन्तेति॥

आर्य्याष्टसाहस्रिकायां प्रज्ञापारमितायां अचिन्त्यपरिवर्त्तो नाम त्रयोदशः॥१०९॥

---

(१) आमन्त्रयतेस्म इति ग०।

अथौपम्यपरिवर्त्तो नाम चतुर्दशः।

अथ खल्वायुष्मान् सुभूतिर्भगवन्तमेतदवोचत्। यो भगवन् बोधिसत्त्वो महासत्वः सह श्रवणेनैवास्यां गम्भीरायां प्रज्ञापारमितायामधिमुच्यते नावलीयते न संलीयते नावतिष्ठते न धन्वायति न विचिकित्सति न काङ्क्षत्यभिनन्दति च प्रज्ञापारमितां स भगवन् कुतश्च्युत्वा कुत्रोपपन्नः॥

भगवानाह। यः सुभूते बोधिसत्त्वो महासत्वः सह श्रवणेनैवास्यां गम्भीरायां प्रज्ञापारमितायामधिमोक्ष्यते नावलेष्यते न संलेष्यते नावस्थास्यते न धन्वायिष्यति न विचिकित्सिष्यति न काङ्क्षिष्यत्यभिनन्दिष्यति च दर्शनं श्रवणञ्च धारयिष्यति भावयिष्यत्येनां गम्भीरां प्रज्ञापारमितां प्रज्ञापारमिताप्रतिसंयुक्तांश्च मनसिकारान् न विहास्यति न विपृष्ठीकरिष्यति मानसं छन्दं जनयिष्यत्युद्ग्रहीतुं धारयितुं वाचयितुं पर्य्यवाप्तुं प्रवर्त्तयितुं करिष्यत्यनुबन्धमनुगमिष्यति धर्म्मभाणकं नोत्स्रक्ष्यति। तद्यथापि नाम सुभूतेऽतरुणवत्सा गौर्नोत्सृजति वत्समेवमेव सुभूते यो बोधिसत्त्वो महासत्व एनां गम्भीरां प्रज्ञापारमितां श्रुत्वा तावन्न प्रहास्यति धर्म्मभाणकं यावदस्येयं प्रज्ञापारमिता कायगता वा(१) भविष्यति पुस्तकगता वा। अयं सुभूते बोधिसत्त्वो महासत्वो मनुष्येभ्य एव च्युतो मनुष्येष्वेवोपपन्नः॥

---

(१) कायगता वा कण्ठगता वा इति ख०।

सुभूतिराह। स्याद्भगवन्नेतैरेव गुणैः समन्वागतो बोधिसत्त्वो महासत्त्वोऽन्येभ्यो बुद्धक्षेत्रेभ्यश्च्युत इहोपपन्नः॥

भगवानाह। स्यात् सुभूते बोधिसत्त्वो महासत्त्वोऽन्येभ्यो बुद्धक्षेत्रेभ्योऽन्यान् बुद्धान् भगवतः पर्य्युपास्य परिपृच्छ्य परिप्रश्नीकृत्य तेभ्यश्च्युत इहोपपन्न एतैरेव गुणैः समन्वागतो वेदितव्यः॥ पुनरपरं सुभूते यो बोधिसत्त्वो महासत्त्वस्तुषितेभ्यो देवेभ्यश्च्युत इहोपपन्नः सोऽप्येतैरेव गुणैः समन्वागतो वेदितव्यः। येन मैत्रेयो बोधिसत्त्वो महासत्त्वः पर्य्युपासितः परिपृष्टः परिपृच्छितः परिप्रश्नीकृत इमां प्रज्ञापारमितामारभ्य सोऽप्येतैरेव गुणैः समन्वागतो वेदितव्यः। येन खलु पुनः सुभूते बोधिसत्त्वेन महासत्त्वेन पूर्व्वान्तत इयं गम्भीरा प्रज्ञापारमिता श्रुता न तु परिपृष्टा भवेन्न परिपृच्छिता न परिप्रश्नीकृता तस्य पुनरपि मनुष्येष्वेवोपपन्नस्यास्यां गम्भीरायां प्रज्ञापारमितायां भाष्यमाणायां भवति काङ्क्षायितत्वं भवति धन्धायितत्वं भवति चित्तस्यावलीनता वेदितव्यमेतत् सुभूतेऽयं बोधिसत्त्वः पूर्व्वान्ततोऽप्यपरिपृच्छकजातीयोऽभूत्॥ तत् कस्य हेतोः। तथा ह्यस्यास्यां गम्भीरायां प्रज्ञापारमितायां भाष्यमाणायां भवति काङ्क्षायितत्वं भवति धन्धायितत्वं भवति चित्तस्यावलीनतेति॥ पुनरपरं सुभूते येन बोधिसत्त्वेन महासत्त्वेनेयं गम्भीरा प्रज्ञापारमिता पूर्व्वान्ततोऽपि श्रुता भवति पर्य्युपासिता परिपृष्टा परिपृच्छिता परिप्रश्नीकृता च भवत्येकं वा दिनं द्वे वा त्रीणि वा चत्वारि वा पञ्च वा दिनानि तस्य तावत्कालिकी श्रद्धा भवति संह्रियते च पुनरेवासंहार्य्या च भवति परिपृच्छया॥ तत् कस्य हेतोः। एवं ह्येतत् सुभूते

भवति। येन पूर्व्वं न सम्परिपृष्टा भवतीयं प्रज्ञापारमिता न सम्परिपृच्छिता न सम्परिप्रश्नीकृता न चानुवर्त्तिता भवति तस्य कञ्चित्कालं छन्दोऽनुवर्त्ततेऽस्यां गम्भीरायां प्रज्ञापारमितायां श्रवणाय कञ्चित्कालं छन्दो न भवति। स पुनरेवोत्क्षिप्यतेऽवसीदति तस्य चलाचला बुद्धिर्भवति तूलपिचूपमश्च स भवति। सोऽयं बोधिसत्त्वोऽचिरयानसम्प्रस्थितो वेदितव्यः। नवेन यानेनागतः स बोधिसत्त्वस्तां श्रद्धां तं प्रसादं तं छन्दं प्रहास्यति यदुतैनां गम्भीरां प्रज्ञापारमितां नानुग्रहीष्यति नानुवर्त्तिष्यते नानुपरिवारयिष्यति। तस्य द्वयोर्भूम्योरन्यतरा भूमिः प्रतिकाङ्क्षितव्या श्रावकभूमिर्व्वा प्रत्येकबुद्धभूमिर्व्वा। तद्यथापि नाम सुभूते महासमुद्रगतायां नावि भिन्नायां ये तत्र काष्ठं वा न गृह्णन्ति फलकं वा मृतशरीरं वा नाध्यालम्बन्ते वेदितव्यमेतदप्राप्ता एवैते पारमुदके कालं करिष्यन्तीति। ये खलु पुनः सुभूते महासमुद्रगतायां नावि भिन्नायां तत्र काष्ठं वा गृह्णन्ति फलकं वा मृतशरीरं वाऽध्यालम्बन्ते वेदितव्यमेतत् सुभूते नैते उदके कालं करिष्यन्ति स्वस्तिनाऽनन्तरायेण पारमुत्तरिष्यन्ति अक्षतास्त्वानुपहतास्त्व स्थले स्थास्यन्तीति॥ एवमेव सुभूते यो बोधिसत्त्वः(१) श्रद्धामात्रकेण प्रसादमात्रकेण प्रेममात्रकेण छन्दमात्रकेण समन्वागतः स च प्रज्ञापारमितां नाध्यालम्बते वेदितव्यमेतत् सुभूते अन्तरेवैष व्यध्वनि व्यवसादमापत्स्यतेऽप्राप्त एव सर्व्वज्ञतां श्रावकत्वे प्रत्येकबुद्धत्वे वा स्थास्यतीति। येषां खलु पुनः सुभूते बोधिसत्त्वानां

---

(१) बोधिसत्त्वो महासत्वः इति ख० ङ० च०।

महासत्वानामस्ति श्रद्धाऽस्ति क्षान्तिरस्ति रुचिरस्ति च्छन्दोऽस्ति वीर्य्यमस्त्यप्रमादोऽस्त्यधिमुक्तिरस्त्यध्याशयोऽस्ति त्यागोऽस्ति गौरवमस्ति प्रीतिरस्ति प्रामोद्यमस्ति प्रसादोऽस्ति प्रेमाऽस्त्यनिक्षिप्तधुरताऽनुत्तरां सम्यक्सम्बोधिमभिसम्बोद्धुं, ते च प्रज्ञापारमितामध्यालम्बन्ते। एवन्तेषां सा श्रद्धा सा क्षान्तिः सा रुचिः स च्छन्दः तद्वीर्य्यं सोऽप्रमादः साऽधिमुक्तिः सोऽध्याशयः स त्यागस्तद्गौरवं सा प्रीतिस्तत्प्रामोद्यं स प्रसादस्तत्प्रेम साऽनिक्षिप्तधुरताऽनुत्तरां सम्यक्सम्बोधिमभिसम्बोद्धुं। ते च प्रज्ञापारमितां प्राप्य सर्व्वज्ञतायां स्थास्यन्ति। तद्यथापि नाम सुभूते स्त्री वा पुरुषो वाऽपरिपक्केन घटेनोदकं परिवहेत् वेदितव्यमेतत् सुभूते नायं घटश्चिरमनुवर्त्स्यते क्षिप्रमेव परिभेत्स्यते प्रविलेष्यते इति॥ तत् कस्य हेतोः। यथापि नाम तदपरिपक्कत्वाद्घटस्य स भूमिपर्य्यवसान एव भविष्यतीति॥ एवमेव सुभूते किञ्चापि बोधिसत्त्वस्यास्ति श्रद्धाऽस्ति क्षान्तिरस्ति रुचिरस्ति च्छन्दोऽस्ति वीर्य्यमस्त्यप्रमादोऽस्त्यधिमुक्तिरस्त्यध्याशयोऽस्ति त्यागोऽस्ति गौरवमस्ति प्रीतिरस्ति प्रामोद्यमस्ति प्रसादोऽस्ति प्रेमास्त्यनिक्षिप्तधुरताऽनुत्तरां सम्यक्सम्बोधिमभिसम्बोद्धुं। स च प्रज्ञापारमितयोपायकौशल्येन चापरिगृहीतो भवति वेदितव्यमेतत् सुभूतेऽयं बोधिसत्त्वोऽन्तरा व्यध्वनि व्यवसादमापत्स्यत इति। कश्च सुभूते बोधिसत्त्वस्यान्तरा व्यध्वनि व्यवसादः श्रावकभूमिर्व्वा प्रत्येकबुद्धभूमिर्व्वा। तद्यथापि नाम सुभूते स्त्री वा पुरुषो वा सुपरिपक्केन घटेन नदीतो वा सरस्तो वा तड़ागतो वा उदपानाद्वा ततोऽन्येभ्यो वा उदकाधारेभ्य उदकं परिवहेत्तस्य तदुदकं परिवहतो वेदितव्यमेतत् सुभूते

स्वस्तिनाऽनन्तरायेणायं घटो गृहं गमिष्यतीति॥ तत् कस्य हेतोः। यथापि नाम सुपरिपक्वत्वाद्घटस्य॥ एवमेव सुभूते यस्य बोधिसत्त्वस्यास्ति श्रद्धाऽस्ति चान्तिरस्ति रुचिरस्ति च्छन्दोऽस्ति वीर्य्यमस्त्यप्रमादोऽस्त्यधिमुक्तिरस्त्यध्याशयोऽस्ति त्यागोऽस्ति गौरवमस्ति प्रीतिरस्ति प्रामोद्यमस्ति प्रसादोऽस्ति प्रेमास्त्यनिक्षिप्तधुरताऽनुत्तरां सम्यक्सम्बोधिमभिसम्बोद्धुं। स च प्रज्ञापारमितयोपायकौशल्येन च परिगृहीतो भवति। वेदितव्यमेतत् सुभूते नायं बोधिसत्त्वो महासत्वोऽन्तरा व्यध्वनि व्यवसादमापत्स्यते अक्षतोऽनुपहतः सर्व्वज्ञतायां स्थास्यतीति॥ तद्यथापि नाम सुभूते दुष्प्रज्ञजातीयः पुरुषः सामुद्रिकान्नावमनाकोटितामपरिकर्म्मकृतां चिरबन्धनबद्धामुदकेऽवतार्य्य समारोपितभाण्डां परिपूर्णां भारान्ता[१] मभिरुह्य स्याद्वेदितव्यमेतत् सुभूते एवन्धर्म्मेयं नौर्भविष्यति यदुतोदकेऽसन्तीर्णभाण्डैव संसत्स्यतीति। तस्यान्येन भाण्डं भविष्यति अन्येन सा नौर्विपत्स्यते इति। एवं स सार्थवाहोऽनुपायकुशलो दौष्प्रज्ञेन महताऽर्थवियोगेन समन्वागतो भविष्यति महतश्च रत्नाकरात् परिहीणो भविष्यतीति। एवमेव सुभूते किञ्चापि बोधिसत्त्वस्यास्ति श्रद्धाऽस्ति चान्तिरस्ति रुचिरस्ति च्छन्दोऽस्ति वीर्य्यमस्त्यप्रमादोऽस्त्यधिमुक्तिरस्त्यध्याशयोऽस्ति त्यागोऽस्ति गौरवमस्ति प्रीतिरस्ति प्रामोद्यमस्ति प्रसादोऽस्ति प्रेमास्त्यनिक्षिप्तधुरताऽनुत्तरां सम्यक्सम्बोधिमभिसम्बोद्धुं स च प्रज्ञापारमितयोपायकौशल्येन च विरहितो भवति। वेदितव्यमेतत् सुभूते

(१) भारार्त्तामिति ख॰ घ॰।

अप्राप्त एवायं बोधिसत्त्वः सर्व्वज्ञतारत्नाकरमन्तरा संसत्स्यति व्यवसादमापत्स्यते महतः स्वार्थात् परिहीणो भविष्यति महतश्च परार्थरत्नराशेः परिहीणो भविष्यति यदुत सर्व्वज्ञतामहार्थरत्नाकरात् परिहीणत्वादिति॥ का पुनः सुभूते बोधिसत्त्वस्यान्तरा व्यध्वनि संसीदना यदुत श्रावकभूमिर्व्वा प्रत्येकबुद्धभूमिर्व्वा॥ तद्यथापि नाम सुभूते पण्डितजातीयः सार्थवाहः सामुद्रिकां नावं सुबद्धां बन्धयित्वा स्वाकोटितामाकोटयित्वा सुपरिकर्म्मकृतां कृत्वा उदकेऽवतार्य्य भाण्डमारोप्य पूर्णां कृत्वा समं योजयित्वा युक्तेन वातेनाभिप्रेतां दिशमनुपूर्व्वेण गच्छेत्ततस्तद्यानमिति। वेदितव्यमेतत् सुभूते नेयं नौरुदके संसत्स्यति गमिष्यतीयं नौस्तं प्रदेशं यत्रानया गन्तव्यं। महालाभेन चायं सार्थवाहः संयोक्ष्यते यदुत लौकिकै रत्नैरिति॥ एवमेव सुभूते यस्य बोधिसत्त्वस्य महासत्वस्यास्ति श्रद्धाऽस्ति चान्तिरस्ति रुचिरस्तिच्छन्दोऽस्ति वीर्य्यमस्त्यप्रमादोऽस्त्यधिमुक्तिरस्त्याध्याशयोऽस्ति त्यागोऽस्ति गौरवमस्ति प्रीतिरस्ति प्रामोद्यमस्ति प्रसादोऽस्ति प्रेमास्त्यनिक्षिप्तधुरताऽनुत्तरां सम्यक्सम्बोधिमभिसम्बोद्धुं स च प्रज्ञापारमितया परिगृहीत उपायकौशल्येन चाविरहितो भवति। वेदितव्यमेतत् सुभूते नायं बोधिसत्त्वो महासत्वोऽन्तरा व्यध्वनि संसत्स्यति न व्यवसादमापत्स्यते स्थास्यत्ययं बोधिसत्त्वो महासत्वोऽनुत्तरायां सम्यक्सम्बोधौ॥ तत् कस्य हेतोः। एवं ह्येतत् सुभूते भवति। यतोऽस्य बोधिसत्त्वस्य महासत्वस्यास्ति श्रद्धाऽस्ति चान्तिरस्ति रुचिरस्तिच्छन्दोऽस्ति वीर्य्यमस्त्यप्रमादोऽस्त्यधिमुक्तिरस्त्यध्याशयोऽस्ति त्यागोऽस्ति गौरवमस्ति प्रीतिरस्ति प्रामोद्यमस्ति प्रसादोऽस्ति

प्रेमास्त्यनिक्षिप्तधुरताऽनुत्तरां सम्यक्सम्बोधिमभिसम्बोद्धुं। एते चास्य धर्म्माः प्रज्ञापारमितया परिगृहीता उपायकौशल्येन चाविरहिता न श्रावकभूमिं न प्रत्येकबुद्धभूमिं वा प्रतिपत्स्यन्ते। अपि तु येन सर्व्वज्ञता तेनैते धर्म्मा अभिमुखाः सम्प्रस्थिताः ततोऽस्या अनुत्तरायाः सम्यक्सम्बोधेरभिसम्बोधाय भविष्यन्तीति॥ तद्यथापि नाम सुभूते कश्चिदेव पुरुषो जीर्णो वृद्धो महल्लकः सविंशतिवर्षशतिको जात्या भवेत्तस्य कश्चिदेव शरीरे व्याधिरुत्पद्येत वाततो वा पित्ततो वा श्लेष्मतो वा सन्निपाततो वा। तत् किं मन्यसे सुभूतेऽपि नु स पुरुषोऽपरिगृहीतो मञ्चादुत्तिष्ठेत्॥

सुभूतिराह। नो हीदं भगवन्॥

भगवानाह। सचेत्पुनः सुभूते स पुरुषो मञ्चादुत्तिष्ठेत् अथ च पुनर्न प्रतिबलोऽर्द्धक्रोशान्तरमपि प्रक्रमितुं। स तया जरया तेन च व्याधिना क्षपितो यद्यपि मञ्चादुत्तिष्ठेत् तथापि पुनरप्रतिबलः स पुरुषः प्रक्रमणाय। एवमेव सुभूते किञ्चापि बोधिसत्त्वस्यास्ति श्रद्धाऽस्ति क्षान्तिरस्ति रुचिरस्तिच्छन्दोऽस्ति वीर्य्यमस्त्यप्रमादोऽस्त्यधिमुक्तिरस्त्यध्याशयोऽस्ति त्यागोऽस्ति गौरवमस्ति प्रीतिरस्ति प्रामोद्यमस्ति प्रेमास्त्यनिक्षिप्तधुरताऽनुत्तरां सम्यक्सम्बोधिमभिसम्बोद्धुं। स च प्रज्ञापारमितयाऽपरिगृहीत उपायकौशल्येन च विरहितो भवति किञ्चापि सम्प्रस्थितोऽनुत्तरां सम्यक्सम्बोधिमभिसम्बोद्धुं। अथ च पुनः सुभूते एवं वेदितव्यमयं बोधिसत्त्वोऽन्तरा व्यध्वनि संसत्स्यति व्यवसादमापत्स्यते यदुत श्रावकभूमौ वा प्रत्येकबुद्धभूमौ वा स्थास्यतीति॥ तत् कस्य हेतोः। यथापि नाम

प्रज्ञापारमितयाऽपरिगृहीतत्वादुपायकौशल्येन च विरहितत्वात् ॥ तद्यथापि नाम सुभूते स एव पुरुषो जीर्णो वृद्धो महल्लकः सविंशतिवर्षशतिको जात्या भवेत्तस्य शरीरे कश्चिदेव व्याधिरुत्पद्येत वाततो वा पित्ततो वा श्लेष्मतो वा सन्निपाततो वा स च[1] मञ्चादुत्तिष्ठेत्। तमेनं द्वौ बलवन्तौ पुरुषौ वामदक्षिणाभ्यां पार्श्वाभ्यां स्वाध्यालम्बित[2] मध्यालम्ब्य सुपरिगृहीतं परिगृह्य एवं वदेतां गच्छ त्वं भोः पुरुष येनाकाङ्क्षसि यावच्चाकाङ्क्षसि गन्तुमनुपरिगृहीतस्त्वमावाभ्यां न तवान्तरा मार्गे पतनभयं भविष्यति यावन्न त्वं तदधिष्ठानमनुप्राप्तो भविष्यसि यत्र त्वया गन्तव्यमिति। एवमेव सुभूते यस्य बोधिसत्त्वस्य महासत्त्वस्यास्ति श्रद्धाऽस्ति क्षान्तिरस्ति रुचिरस्तिच्छन्दोऽस्ति वीर्यमस्त्यप्रमादोऽस्त्यधिमुक्तिरस्त्याध्याशयोऽस्ति त्यागोऽस्ति गौरवमस्ति प्रीतिरस्ति प्रामोद्यमस्ति प्रसादोऽस्ति प्रेमास्त्यनिक्षिप्तधुरताऽनुत्तरां सम्यक्सम्बोधिमभिसम्बोद्धुं स च प्रज्ञापारमितयाऽनुपरिगृहीतो भवति उपायकौशल्यसमन्वागतश्च भवति। वेदितव्यमेतत् सुभूते नायं बोधिसत्त्वो महासत्त्वोऽन्तरा व्यध्वनि संसत्स्यति न व्यवसादमापत्स्यते प्रतिबलोऽयं बोधिसत्त्वो महासत्त्वस्तत् स्थानमनुप्राप्तुं यदुतानुत्तरं सम्यक्सम्बोधिस्थानमिति ॥

आर्य्याष्टसाहस्रिकायां प्रज्ञापारमितायामौपम्यपरिवर्त्तो नाम चतुर्द्दशः ॥

---

(१) घ० पुस्तके, सच इत्यत्र किञ्चापि स इति पाठोऽस्ति ।

(२) स्वध्यालम्बितमिति ख० घ० ।

अथ देवपरिवर्त्तो नाम पञ्चदशः।

अथ खल्वायुष्मान् सुभूतिर्भगवन्तमेतदवोचत्। आदिकर्म्मिकेण भगवन् बोधिसत्त्वेन महासत्वेन कथं प्रज्ञापारमितायां स्थातव्यं कथं शिक्षितव्यं॥

एवमुक्ते भगवानायुष्मन्तं सुभूतिमेतदवोचत्। इह सुभूते आदिकर्म्मिकेण बोधिसत्त्वेन महासत्वेन प्रज्ञापारमितायां शिक्षितुकामेन कल्याणमित्राणि सेवितव्यानि भक्तव्यानि पर्य्युपासितव्यानि। यान्येनं प्रज्ञापारमितायामववदिष्यन्त्यनुशासिष्यन्ति यानि चास्मै प्रज्ञापारमिताया अर्थमुपदेक्ष्यन्ति तान्येव चास्य सुभूते बोधिसत्त्वस्य महासत्वस्य कल्याणमित्राणि वेदितव्यानि॥ एवं चास्मै प्रज्ञापारमिताया अर्थमुपदेक्ष्यन्ति। एहि त्वं कुलपुत्त्र दानपारमितायां योगमापद्यस्व एवं शीलपारमितायां क्षान्तिपारमितायां वीर्य्यपारमितायां ध्यानपारमितायां प्रज्ञापारमितायां योगमापद्यस्व यद्यदेव त्वं कुलपुत्त्र दानं ददासि तत् सर्व्वमनुत्तरायां सम्यक्सम्बोधौ परिणामय मा च त्वं कुलपुत्त्रानुत्तरां सम्यक्सम्बोधिं रूपतः परामृक्षः एवं मा वेदनातो मा संज्ञातो मा संस्कारेभ्यो मा च त्वं कुलपुत्त्रानुत्तरां सम्यक्सम्बोधिं विज्ञानतः परामृक्षः॥ तत्कस्य हेतोः। अपरामृष्टा हि कुलपुत्त्र सर्व्वज्ञता॥ एवं यद्यदेव त्वं कुलपुत्त्र शीलं रक्षसि पेयालं यद्यदेव त्वं कुलपुत्त्र क्षान्त्या सम्पादयसि यद्यदेव त्वं कुलपुत्त्र वीर्य्यमारभसे यद्यदेव त्वं कुलपुत्त्र ध्यानं समापद्यसे यद्य-

देव त्वं कुलपुत्र प्रज्ञायां परिजयं करोषि तत्सर्व्वमनुत्तरायां सम्यक्सम्बोधौ परिणामय मा च त्वं कुलपुत्रानुत्तरां सम्यक्सम्बोधिं रूपतः परामृक्षः एवं मा वेदनातो मा संज्ञातो मा संस्कारेभ्यो मा च त्वं कुलपुत्रानुत्तरां सम्यक्सम्बोधिं विज्ञानतः परामृक्षः । तत्कस्य हेतोः । अपरामृष्टा हि कुलपुत्र सर्व्वज्ञता ॥ मा च त्वं कुलपुत्र श्रावकभूमौ वा प्रत्येकबुद्धभूमौ वा स्पृहां कार्षीरिति ॥ एवं हि सुभूते आदिकर्म्मिको बोधिसत्त्वो महासत्वोऽनुपूर्व्वेण कल्याणमित्रैः प्रज्ञापारमितायामवतारयितव्यः ॥

सुभूतिराह । दुष्करकारका भगवन् बोधिसत्त्वा महासत्वा येऽनुत्तरां सम्यक्सम्बोधिमभिसम्बोद्धुं सम्प्रस्थिताः ॥ एवंरूपं दानमागम्यैवंरूपं शीलमेवंरूपां क्षान्तिमेवंरूपं वीर्य्यमेवंरूपं ध्यानमेवंरूपां प्रज्ञामागम्य स्वाधीनेऽपि परिनिर्व्वाणे नेच्छन्ति परिनिर्व्वातुमपि तु परमदुःखितं सत्त्वधातुमभिसमीक्ष्यानुत्तरां सम्यक्सम्बोधिमभिसम्बोद्धुकामाः संसारान्नोत्त्रस्यन्ति ॥

एवमुक्ते भगवानायुष्मन्तं सुभूतिमेतदवोचत् । एवमेतत् सुभूते एवमेतत् । दुष्करकारकाः सुभूते बोधिसत्त्वा महासत्वा ये लोकहिताय सम्प्रस्थिता लोकसुखाय लोकानुकम्पायै सम्प्रस्थिताः लोकस्य त्राणं भविष्यामो लोकस्य शरणं भविष्यामो लोकस्य लयनं भविष्यामो लोकस्य परायणं भविष्यामो लोकस्य द्वीपा भविष्यामो लोकस्यालोका भविष्यामो लोकस्य परिणायका भविष्यामोऽनुत्तरां सम्यक्सम्बोधिमभिसम्बुध्य लोकस्य गतिर्भविष्याम इत्येवंरूपमनुत्तरायां सम्यक्सम्बोधौ वीर्य्यमारभन्ते ॥ कथञ्च सुभूते बोधिसत्त्वा

महासत्वा अनुत्तरां सम्यक्सम्बोधिमभिसम्बुद्धाः सन्तो लोकस्य त्राणं भवन्ति। यानि तानि सुभूते संसारावचराणि दुःखानि लोकस्य तत एनं त्रायन्ते तेषां दुःखानां प्रहाणाय व्यायच्छन्ते वीर्य्यमारभन्ते॥ एवं हि सुभूते बोधिसत्त्वा महासत्वा अनुत्तरां सम्यक्सम्बोधिमभिसम्बुद्धाः सन्तो लोकस्य त्राणं भवन्ति॥ कथञ्च सुभूते बोधिसत्त्वा महासत्वा अनुत्तरां सम्यक्सम्बोधिमभिसम्बुद्धाः सन्तो लोकस्य शरणं भवन्ति। ये सुभूते सत्वा जातिधर्म्मिणो जराधर्म्मिणो व्याधिधर्म्मिणो मरणधर्म्मिणः शोकपरिदेवदुःखदौर्म्मनस्योपायासधर्म्मिणः सत्वास्तान् सर्व्वान् जातिजराव्याधिमरणशोकपरिदेवदुःखदौर्म्मनस्योपायासेभ्यः परिमोचयन्ति॥ एवं हि सुभूते बोधिसत्त्वा महासत्वा अनुत्तरां सम्यक्सम्बोधिमभिसम्बुद्धाः सन्तो लोकस्य शरणं भवन्ति॥ कथञ्च सुभूते बोधिसत्त्वा महासत्वा अनुत्तरां सम्यक्सम्बोधिमभिसम्बुद्धाः सन्तो लोकस्य लयनं भवन्ति। यत् सुभूते तथागता अर्हन्तः सम्यक्सम्बुद्धाः सत्वेभ्योऽश्लेषाय धर्म्मन्देशयन्ति॥ एवं हि सुभूते बोधिसत्त्वा महासत्वा अनुत्तरां सम्यक्सम्बोधिमभिसम्बुद्धाः सन्तो लोकस्य लयनं भवन्ति॥

सुभूतिराह। कथं भगवन्नश्लेषो भवति॥

भगवानाह। यः सुभूते रूपस्यासम्बन्धः स रूपस्याश्लेषः। यो रूपस्याश्लेषः स रूपस्यासम्बन्धः। यो रूपस्यासम्बन्धः स रूपस्यानुत्पादोऽनिरोधः। यो रूपस्यानुत्पादोऽनिरोधः स रूपस्याश्लेषः। यो रूपस्याश्लेषोऽयं रूपस्यासम्बन्धोऽयं रूपस्याश्लेषः। एवं वेदनायाः संज्ञायाः संस्काराणां यः सुभूते विज्ञानस्यासम्बन्धः स विज्ञानस्या-

श्लेषः। यो विज्ञानस्याश्लेषः स विज्ञानस्यासम्बन्धः। यो विज्ञानस्यासम्बन्धः स विज्ञानस्यानुत्पादोऽनिरोधः। यो विज्ञानस्यानुत्पादोऽनिरोधः स विज्ञानस्याश्लेषः। यो विज्ञानस्याश्लेषोऽयं विज्ञानस्यासम्बन्धोऽयं विज्ञानस्याश्लेषः। एवं हि सुभूते सर्व्वधर्म्मा असंश्लिष्टा असम्बद्धा इति ज्ञानदर्शनादश्लेषो भवति॥ एवं हि सुभूते बोधिसत्त्वा महासत्वा अनुत्तरां सम्यक्सम्बोधिमभिसम्बुद्धाः सन्तो लोकस्य लयनं भवन्ति॥ कथञ्च सुभूते बोधिसत्त्वा महासत्वा अनुत्तरां सम्यक्सम्बोधिमभिसम्बुद्धाः सन्तो लोकस्य परायणं भवन्ति। यत् सुभूते रूपस्य पारं न तद्रूपं। यथा च सुभूते पारन्तथा रूपं। एवं वेदना संज्ञा संस्कारा यत् सुभूते विज्ञानस्य पारं न तद्विज्ञानं। यथा च सुभूते पारन्तथा विज्ञानं। यथा च सुभूते रूपमेवं वेदना संज्ञा संस्कारा विज्ञानं पारं तथा सर्व्वधर्म्माः॥

सुभूतिराह। यदि भगवन् यथा रूपमेवं वेदना संज्ञा संस्कारा विज्ञानं पारं तथा सर्व्वधर्म्माः। ननु भगवन् बोधिसत्त्वैर्महासत्वैरभिसम्बुद्धा एव[१] भवन्ति सर्व्वधर्म्माः॥ तत्कस्य हेतोः। न ह्यत्र भगवन् कश्चिद्विकल्पः॥

भगवानाह। एवमेतत् सुभूते एवमेतत्। यत्तत्पारं न तत्र कश्चिद्विकल्पः। अविकल्पत्वात् सुभूते बोधिसत्त्वैर्महासत्वैरभिसम्बुद्धा एव[२] भवन्ति सर्व्वधर्म्माः। इदमपि सुभूते परमदुष्करं बोधिसत्त्वानां महासत्वानां य एवञ्च सर्व्वधर्म्मानुपनिध्यायन्ति न च साक्षात्कुर्व्वन्ति

---

(१) एवमिति ग॰ घ॰।
(२) एवमिति ग॰।

नचावलीयन्ते एवमस्माभिरेते धर्म्मा अभिसम्बोद्धव्याः। एवञ्चानुत्तरां सम्यक्सम्बोधिमभिसम्बुध्यैनान् धर्म्मान् देशयिष्यामः प्रकाशयिष्याम इत्युपनिध्यायन्ति॥ एवं हि सुभूते बोधिसत्त्वा महासत्वा अनुत्तरां सम्यक्सम्बोधिमभिसम्बुद्धाः सन्तो लोकस्य परायणं भवन्ति॥ कथञ्च सुभूते बोधिसत्त्वा महासत्वा अनुत्तरां सम्यक्सम्बोधिमभिसम्बुद्धाः सन्तो लोकस्य द्वीपा भवन्ति। तद्यथापि नाम सुभूते ये प्रदेशा उदकपरिच्छिन्ना भवन्ति नदीषु वा महोदधिषु वा त उच्यन्ते द्वीपा इति। एवमेव सुभूते पूर्व्वान्तापरान्तपरिच्छिन्नं रूपमेवं वेदना संज्ञा संस्कारा एवमेव सुभूते पूर्व्वान्तापरान्तपरिच्छिन्नं विज्ञानं। एतेन सुभूते परिच्छेदेन सर्व्वधर्म्माः पूर्व्वान्तापरान्तपरिच्छिन्नाः। यश्च सुभूते सर्व्वधर्म्माणां परिच्छेद एतच्छान्तमेतत् प्रणीतमेतत् परिनिर्व्वाणमेतद्यथावदेतदविपरीतं॥ एवं खलु सुभूते बोधिसत्त्वा महासत्वा अनुत्तरां सम्यक्सम्बोधिमभिसम्बुद्धाः सन्तो लोकस्य द्वीपा भवन्ति॥ कथञ्च सुभूते बोधिसत्त्वा महासत्वा अनुत्तरां सम्यक्सम्बोधिमभिसम्बुद्धाः सन्तो लोकस्यालोका भवन्ति। इह सुभूते बोधिसत्त्वा महासत्वा अनुत्तरां सम्यक्सम्बोधिमभिसम्बुद्धाः सन्तो दीर्घरात्रमविद्याण्डकोशपटलपर्य्यवनद्धानां सत्वानां तमोऽभिभूतानां प्रज्ञयाऽवभासन्तः[१] सर्व्वाज्ञानतमोऽन्धकारं विधुन्वन्ति॥ एवं खलु सुभूते बोधिसत्त्वा महासत्वा अनुत्तरां सम्यक्सम्बोधिमभिसम्बुद्धाः सन्तो लोकस्यालोका भवन्ति॥ कथञ्च सुभूते बोधिसत्त्वा

(१) अवभासयन्त इति ग०।

महासत्वा अनुत्तरां सम्यक्सम्बोधिमभिसम्बुद्धाः सन्तो लोकस्य परिणायका भवन्ति। इह सुभूते बोधिसत्त्वा महासत्वा अनुत्तरां सम्यक्सम्बोधिमभिसम्बुद्धाः सन्तो रूपस्य प्रकृत्यनुत्पादानिरोधाय धर्म्मन्देशयन्ति। एवं वेदनायाः संज्ञायाः संस्काराणां विज्ञानस्य प्रकृत्यनुत्पादानिरोधाय धर्म्मन्देशयन्ति। पृथग्जनधर्म्माणामपि प्रकृत्यनुत्पादानिरोधाय धर्म्मन्देशयन्ति। श्रावकधर्म्माणामपि प्रकृत्यनुत्पादानिरोधाय धर्म्मन्देशयन्ति। प्रत्येकबुद्धधर्म्माणामपि प्रकृत्यनुत्पादानिरोधाय धर्म्मन्देशयन्ति। बोधिसत्त्वधर्म्माणामपि प्रकृत्यनुत्पादानिरोधाय धर्म्मन्देशयन्ति। बुद्धधर्म्माणामपि प्रकृत्यनुत्पादानिरोधाय धर्म्मन्देशयन्ति। सर्व्वधर्म्माणामपि प्रकृत्यनुत्पादानिरोधाय धर्म्मन्देशयन्ति॥ एवं खलु सुभूते बोधिसत्त्वा महासत्वा अनुत्तरां सम्यक्सम्बोधिमभिसम्बुद्धाः सन्तो लोकस्य परिणायका भवन्ति॥ कथञ्च सुभूते बोधिसत्त्वा महासत्वा अनुत्तरां सम्यक्सम्बोधिमभिसम्बुद्धाः सन्तो लोकस्य गतिर्भवन्ति। इह सुभूते बोधिसत्त्वा महासत्वा अनुत्तरां सम्यक्सम्बोधिमभिसम्बुद्धाः सन्तो लोकस्याकाशगतिकं रूपमिति धर्म्मन्देशयन्ति। एवं वेदना संज्ञा संस्कारा आकाशगतिकं विज्ञानमिति धर्म्मन्देशयन्ति। एवमेव सुभूते सर्व्वधर्म्मा आकाशगतिका अनागतिका अगतिका आकाशसमाः। यथा आकाशमनागतमगतमकृतमविकृतमनभिसंस्कृतमस्थितमसंस्थितमव्यवस्थितमनुत्पन्नमनिरुद्धमेवमेव सुभूते सर्व्वधर्म्मा अनागता अगता अकृता अविकृता अनभिसंस्कृता अस्थिता असंस्थिता अव्यवस्थिता अनुत्पन्ना अनिरुद्धा आकाशकल्पत्वाद-

विकल्प्याः॥ तत् कस्य हेतोः। या सुभूते रूपस्य शून्यता न सा आगच्छति वा गच्छति वा। एवं वेदनायाः संज्ञायाः संस्काराणां या सुभूते विज्ञानस्य शून्यता न सा आगच्छति वा गच्छति वा॥ एवमेव सुभूते या सर्व्वधर्म्माणां शून्यता न सा आगच्छति वा गच्छति वा॥ तत् कस्य हेतोः। शून्यतागतिका हि सुभूते सर्व्वधर्म्मास्ते तां गतिं न व्यतिवर्त्तन्ते। आनिमित्तगतिका[१] हि सुभूते सर्व्वधर्म्मास्ते तां गतिं न व्यतिवर्त्तन्ते। अप्रणिहितगतिका हि सुभूते सर्व्वधर्म्मास्ते तां गतिं न व्यतिवर्त्तन्ते। अनभिसंस्कारगतिका हि सुभूते सर्व्वधर्म्मास्ते तां गतिं न व्यतिवर्त्तन्ते। अनुत्पादगतिका हि सुभूते सर्व्वधर्म्मास्ते तां गतिं न व्यतिवर्त्तन्ते। अजातिगतिका हि सुभूते सर्व्वधर्म्मास्ते तां गतिं न व्यतिवर्त्तन्ते। अभावगतिका हि सुभूते सर्व्वधर्म्मास्ते तां गतिं न व्यतिवर्त्तन्ते। स्वप्नगतिका हि सुभूते सर्व्वधर्म्मास्ते तां गतिं न व्यतिवर्त्तन्ते। आत्मगतिका हि सुभूते सर्व्वधर्म्मास्ते तां गतिं न व्यतिवर्त्तन्ते। अपर्य्यन्तगतिका हि सुभूते सर्व्वधर्म्मास्ते तां गतिं न व्यतिवर्त्तन्ते। शान्तगतिका हि सुभूते सर्व्वधर्म्मास्ते तां गतिं न व्यतिवर्त्तन्ते। निर्व्वाणगतिका हि सुभूते सर्व्वधर्म्मास्ते तां गतिं न व्यतिवर्त्तन्ते। अप्रत्युद्धारगतिका हि सुभूते सर्व्वधर्म्मास्ते तां गतिं न व्यतिवर्त्तन्ते। अनागतिका हि सुभूते सर्व्वधर्म्मास्ते तां गतिं न व्यतिवर्त्तन्ते। अगतिका हि सुभूते सर्व्वधर्म्मास्ते तां गतिं न व्यतिवर्त्तन्ते। अचलगतिका हि सुभूते सर्व्वधर्म्मास्ते तां गतिं न व्यतिवर्त्तन्ते। रूपगतिका हि सुभूते सर्व्वधर्म्मास्ते तां गतिं न व्यतिवर्त्तन्ते। एवं वेदना संज्ञा-

(१) अनिमित्तगतिका इति ग०।

संस्कारा विज्ञानगतिका हि सुभूते सर्व्वधर्म्मास्ते तां गतिं न व्यतिवर्त्तन्ते। अर्हत्प्रत्येकबुद्धत्वानुत्तरसम्यक्सम्बोधिगतिका हि सुभूते सर्व्वधर्म्मास्ते तां गतिं न व्यतिवर्त्तन्ते। अतश्च बोधिसत्त्वा महासत्वा अनुत्तरां सम्यक्सम्बोधिमभिसम्बुद्धाः सन्त आकाशगतिकाः सर्व्वधर्म्मा इति धर्म्मन्देशयन्ति॥ एवं खलु सुभूते बोधिसत्त्वा महासत्वा अनुत्तरां सम्यक्सम्बोधिमभिसम्बुद्धाः सन्तो लोकस्य गतिर्भवन्ति॥

सुभूतिराह। के भगवन् इमां गम्भीरां प्रज्ञापारमितामाज्ञास्यन्ति॥

भगवानाह। ये सुभूते चरिताविनो बोधिसत्त्वा महासत्वा भविष्यन्ति पौर्व्वकाणान्तथागतानामर्हतां सम्यक्सम्बुद्धानामन्तिके परिपक्कुशलमूलास्ते सुभूते बोधिसत्त्वा वेदितव्याः। य इमां गम्भीरां प्रज्ञापारमितामाज्ञास्यन्ति॥

सुभूतिराह। किंस्वभावा भगवंस्ते बोधिसत्त्वा महासत्वा भविष्यन्ति य इमां गम्भीरां प्रज्ञापारमितामाज्ञास्यन्ति॥

भगवानाह। वैनयिकविविक्तस्वभावा(१)स्ते सुभूते बोधिसत्त्वा महासत्वा भविष्यन्ति य इमां गम्भीरां प्रज्ञापारमितामाज्ञास्यन्ति॥

सुभूतिराह। किं भगवन्नेवंगतिका एव ते बोधिसत्त्वा महासत्वा भविष्यन्ति एनामेव गतिमभिसम्बुध्य सत्वानामेनामेव गतिन्देशयिष्यन्ति। एवन्ते सत्वानां गतिर्भविष्यन्ति॥

एवमुक्ते भगवानायुष्मन्तं सुभूतिमेतदवोचत्। एवमेतत् सुभूते

---

(१) वैनेयिकविविक्तस्वभावाः इति ग० च०।

एवमेतत्। एवंगतिका एव ते सुभूते बोधिसत्त्वा महासत्त्वा भविष्यन्ति एनामेव गतिमभिसम्बुध्य सत्त्वानामेनामेव गतिन्देशयिष्यन्ति। एवन्ते सत्त्वानां गतिर्भविष्यन्ति॥ एवं हि सुभूते बोधिसत्त्वा महासत्त्वा अनुत्तरां सम्यक्सम्बोधिमभिसम्बुद्धाः सन्तोऽप्रमेयाणामसङ्ख्येयानां सत्त्वानां गतिर्भविष्यन्ति॥

सुभूतिराह। दुष्करकारको भगवन् बोधिसत्त्वो महासत्त्वो येनायं सन्नाहः सन्नद्धोऽप्रमेयानसङ्ख्येयान् सत्त्वान् परिनिर्वापयिष्यामीति॥

एवमुक्ते भगवानायुष्मन्तं सुभूतिमेतदवोचत्। एवमेतत् सुभूते एवमेतत्। दुष्करकारकः ससुभूते बोधिसत्त्वो महासत्त्वो येनायं सन्नाहः सन्नद्धोऽप्रमेयानसङ्ख्येयान् सत्त्वान् परिनिर्व्वापयिष्यामीति॥ स खलु पुनरयं सुभूते सन्नाहो बोधिसत्त्वस्य महासत्त्वस्य महासन्नाहसन्नद्धस्य न रूपसम्बद्धो न रूपस्यार्थाय सम्बद्धः। एवं वेदना संज्ञा संस्कारा न विज्ञानसम्बद्धो न विज्ञानस्यार्थाय सम्बद्धः न श्रावकभूमिसम्बद्धो न श्रावकभूमेरर्थाय सम्बद्धः न प्रत्येकबुद्धभूमिसम्बद्धो न प्रत्येकभूमेरर्थाय सम्बद्धः नापि बुद्धभूमिसम्बद्धो नापि बुद्धभूमेरर्थाय सम्बद्धः॥ तत् कस्य हेतोः। सर्व्वधर्म्मासन्नद्धो वतायं सुभूते सन्नाहो बोधिसत्त्वस्य महासत्त्वस्य महासन्नाहसन्नद्धस्य॥

सुभूतिराह। अस्य भगवन् बोधिसत्त्वस्य महासत्त्वस्यैवंमहासन्नाहसन्नद्धस्यैवंगम्भीरायां प्रज्ञापारमितायां चरतस्त्रीणि स्थानानि न प्रतिकाङ्क्षितव्यानि। कतमानि त्रीणि यदुत श्रावकभूमिर्वा प्रत्येकबुद्धभूमिर्वा बुद्धभूमिर्वा॥

एवमुक्ते भगवानायुष्मन्तं सुभूतिमेतदवोचत्। कतमत् त्वं[१] सुभूते अर्थवशं सम्पश्यन्नेवं वदसि। अस्य बोधिसत्त्वस्य महासत्त्वस्यैवंमहासन्नाहसन्नद्धस्यैवंगम्भीरायां प्रज्ञापारमितायां चरतस्त्रीणि स्थानानि न प्रतिकाङ्क्षितव्यानि कतमानि त्रीणि यदुत श्रावकभूमिर्वा प्रत्येकबुद्धभूमिर्वा बुद्धभूमिर्वेति॥ अस्थानं सुभूते ह्येतदनवकाशोऽस्य बोधिसत्त्वस्य महासत्त्वस्यैवंमहासन्नाहसन्नद्धस्यैवंगम्भीरायां प्रज्ञापारमितायां चरतः श्रावकभूमिर्वा प्रत्येकबुद्धभूमिर्वा। अपि तु बुद्धभूमिरेवास्य प्रतिकाङ्क्षितव्या येनायं सर्व्वसत्त्वानां कृतशः सन्नाहः सन्नद्धः॥

सुभूतिराह। गम्भीरा भगवन् प्रज्ञापारमिता सा न केनचिद्भावयितव्या तां हि न कश्चिद्भावितवान् नापि कश्चिद्भावयति नापि कश्चिद्भावयिष्यति नापि किञ्चिद्भावयितव्यं न क्वचिद्भावयितव्यं॥ तत् कस्य हेतोः। न हि भगवन् प्रज्ञापारमितायां न कश्चिद्धर्म्मः परिनिष्पन्नः॥ आकाशभावनैषा भगवन् यदुत प्रज्ञापारमिताभावना। सर्व्वधर्म्मभावनैषा[२] भगवन् यदुत प्रज्ञापारमिताभावना। असङ्गभावनैषा भगवन् यदुत प्रज्ञापारमिताभावना। अनन्तभावनैषा भगवन् यदुत प्रज्ञापारमिताभावना। असद्भावनैषा[३] भगवन् यदुत प्रज्ञापारमिताभावना। अपरिग्रहभावनैषा भगवन् यदुत प्रज्ञापारमिताभावना॥

एवमुक्ते भगवानायुष्मन्तं सुभूतिमेतदवोचत्। एवमेतत् सुभूते

---

(१) कत्तमिति ख॰ घ॰, कस्त्वमिति ग॰ च॰।

(२) सर्व्वम्र्माभावनैषा इति ख॰ च॰।

(३) असद्भावभावनैषा इति ग॰।

एवमेतत्। अतो हि सुभूते गम्भीरायाः प्रज्ञापरमितायाः विहारेण विहरन् बोधिसत्त्वो महासत्त्वोऽविनिवर्त्तनीय उपपरीक्षितव्योऽनुत्तरायाः सम्यक्सम्बोधेः। कश्चित्[१] सुभूते बोधिसत्त्वो महासत्त्वोऽस्यां गम्भीरायां प्रज्ञापारमितायां नाभिवेशङ्करोति कश्चित् परभणितानि परमन्त्रितानि नाभिनिविशते। कश्चित् बोधिसत्त्वो महासत्त्वो न परस्य श्रद्धया गच्छति। कश्चित् सुभूते बोधिसत्त्वो महासत्त्वोऽस्यां गम्भीरायां प्रज्ञापारमितायां भाष्यमाणायां नावलीयते न संलीयते न विपृष्ठीभवति नोत्त्रस्यति न सन्त्रस्यति न सन्त्रासमापद्यते न काङ्क्षति न विचिकित्सति न धन्वायतेऽवगाहतेऽधिमुच्यतेऽभिनन्दति प्रज्ञापारमितायाः दर्शनं श्रवणञ्च। वेदितव्यमिदं सुभूते पूर्व्वान्तेऽप्यनेन प्रज्ञापारमिता परिपृष्टा॥ तत् कस्य हेतोः। तथा हि सुभूते गम्भीरायां प्रज्ञापारमितायां भाष्यमाणायां नोत्त्रस्यति न सन्त्रस्यति न सन्त्रासमापद्यते॥

सुभूतिराह। यो भगवन् बोधिसत्त्वो महासत्त्वो गम्भीरायां प्रज्ञापारमितायां भाष्यमाणायां नोत्त्रस्यति न सन्त्रस्यति न सन्त्रासमापद्यते। कतमेन भगवन्नाकारेण तेन प्रज्ञापारमिता व्यवचारिता भवति॥

भगवानाह। सर्व्वज्ञतानिम्नया सुभूते सन्तत्या तेन बोधिसत्त्वेन महासत्त्वेन प्रज्ञापारमिता व्यवचारिता भवति॥

सुभूतिराह। कथं भगवन् सर्व्वज्ञतानिम्ना सन्ततिर्व्यवचारिता भवति॥

---

(१) कश्चिदिति च०।

भगवानाह। आकाशनिम्नया सुभूते सन्तत्या आकाशप्रवणया आकाशप्राग्भारया सुभूते सन्तत्या सर्व्वज्ञतानिम्ना सन्ततिर्व्यवचारिता भवति। या खलु पुनः सुभूते सर्व्वज्ञतानिम्नया सन्तत्या व्यवचारणा इयं सा सुभूते व्यवचारणा॥ तत् कस्य हेतोः। अप्रमेया हि सुभूते सर्व्वज्ञताऽप्रमाणा हि सुभूते सर्व्वज्ञता। यत् सुभूतेऽप्रमेयमप्रमाणं न तद्रूपं न वेदना न संज्ञा न संस्कारा न विज्ञानं न प्राप्तिर्नाभिसमयो नाधिगमो न मार्गो न मार्गफलं न ज्ञानं न विज्ञानं नोत्पत्तिर्न विनाशो नोत्पादो न व्ययो न निरोधो न भावना न विभावना नापि केनचित् कृतं नापि कुतश्चिदागतं नापि क्वचिद्गच्छति नापि क्वचिद्देशे नापि क्वचित् प्रदेशे स्थितमपि त्वप्रमेयमप्रमाणमित्येवं सङ्ख्यां गच्छति। आकाशाप्रमेयतया सर्व्वज्ञताऽप्रमेयता या चाप्रमेयता न सा शक्या केनचिदभिसम्बोद्धुं न रूपेण न वेदनया न संज्ञया न संस्कारैर्न विज्ञानेन न दानपारमितया न शीलपारमितया न क्षान्तिपारमितया न वीर्य्यपारमितया न ध्यानपारमितया न प्रज्ञापारमितया शक्याऽभिसम्बोद्धुं॥ तत् कस्य हेतोः। रूपमेव हि सुभूते सर्व्वज्ञता एवं वेदनैव संज्ञैव संस्कारा एव विज्ञानमेव हि सुभूते सर्व्वज्ञता दानपारमितैव हि सुभूते सर्व्वज्ञता शीलपारमितैव क्षान्तिपारमितैव वीर्य्यपारमितैव ध्यानपारमितैव प्रज्ञापारमितैव हि सुभूते सर्व्वज्ञता॥

अथ खलु शक्रो देवानामिन्द्रः सार्द्धं कामावचरैर्द्देवपुत्त्रैर्ब्रह्मापि सहापतिः सार्द्धं रूपावचरैर्द्देवपुत्त्रैर्येन भगवांस्तेनोपसङ्क्रान्तः। उप-

सङ्क्रम्य भगवतः पादौ शिरसाऽभिवन्द्य भगवन्तं त्रिः प्रदक्षिणीकृत्य एकान्ते तस्थौ। एकान्ते स्थितश्च शक्रो देवेन्द्रः कामावचरैर्देवपुत्त्रैः सार्द्धं ब्रह्मापि सहापतिः रूपावचरैर्देवपुत्त्रैः सार्द्धं भगवन्तमेतदवोचत्। गम्भीरा भगवन् प्रज्ञापारमिता दुरवगाहा भगवन् प्रज्ञापारमिता दुर्दृशा भगवन् प्रज्ञापारमिता दुरनुबोधा भगवन् प्रज्ञापारमिता। इदमप्यर्थवशं सम्पश्यतस्तथागतस्यार्हतः सम्यक्सम्बुद्धस्यानुत्तरां सम्यक्सम्बोधिमभिसम्बुद्धमात्रस्य बोधिमण्डे निषस्स्याल्पोत्सुकतायां चित्तमवनतं न धर्मदेशनायां॥

एवमुक्ते भगवान् शक्रं देवानामिन्द्रं कामावचरांश्च देवपुत्त्रान् ब्रह्माणञ्च सहापतिं रूपावचरांश्च देवपुत्त्रानामन्त्रयते स्म। एवमेतत् देवपुत्त्रा एवमेतत्। गम्भीरा वतेयं देवपुत्त्रा प्रज्ञापारमिता दुरवगाहेयं देवपुत्त्राः प्रज्ञापारमिता दुर्दृशेयं देवपुत्त्राः प्रज्ञापारमिता दुरनुबोधेयं देवपुत्त्राः प्रज्ञापारमिता। इदमप्यर्थवशं सम्पश्यतस्तथागतस्यार्हतः सम्यक्सम्बुद्धस्यानुत्तरां सम्यक्सम्बोधिमभिसम्बुद्धमात्रस्य बोधिमण्डे निषसस्याल्पोत्सुकतायां चित्तमवनतं न धर्मदेशनायां॥ गम्भीरो वतायं मया धर्मोऽभिसम्बुद्ध इति। यत्र न कश्चिदभिसम्बुद्धो न कश्चिदभिसम्भोत्स्यते न कश्चिदभिसम्बुध्यते। इयं सा धर्मस्य गम्भीरता आकाशगम्भीरतया गम्भीरोऽयं धर्मः आत्मगम्भीरतया गम्भीरोऽयं धर्मः सर्व्वधर्म्मानागमनतया गम्भीरोऽयं धर्मः सर्व्वधर्म्मागमनतया गम्भीरोऽयं धर्मो[१]मयाऽभिसम्बुद्ध इति॥

(१) ग० ङ० च० पुस्तकेषु, सर्व्वधर्म्मागमनतया गम्भीरोऽयं धर्मः इति पाठो न विद्यते।

एवमुक्ते शक्रो देवानामिन्द्रः कामावचराश्च देवपुत्त्रा ब्रह्माऽपि सहापतिः रूपावचराश्च देवपुत्त्रा भगवन्तमेतदवोचन्। आश्चर्य्यं भगवन्नद्भुतं सुगत। सर्व्वलोकविप्रत्यनीकोऽयं धर्म्मो देश्यते अनुग्रहाय च भगवन् धर्म्माणामयं धर्म्मो देश्यते उद्ग्रहे[१] च लोकश्चरतीति ॥ २०२ ॥

आर्य्याष्टसाहस्रिकायां प्रज्ञापारमितायां देवपरिवर्त्तो नाम पञ्चदशः ॥

---

(१) उद्ग्रहाय इति ग०।

अथ तथतापरिवर्त्तो नाम षोड़शः।

अथ खल्वायुष्मान् सुभूतिर्भगवन्तमेतदवोचत्। सर्व्वधर्म्मानुपलम्भो वतायं भगवन् धर्म्मो देश्यते। नायं भगवन् धर्म्मः कचित् प्रतिहन्यते। अप्रतिहतलक्षणो वतायं भगवन् धर्म्म आकाशसमतया सर्व्वपदानुपलक्षितः। अप्रतिमलक्षणो वतायं भगवन् धर्म्मोऽद्वितीयत्वात्। अप्रतिलक्षणो वतायं भगवन् धर्म्मः निष्प्रत्यर्थिकत्वात्। अपदो वतायं भगवन् धर्म्मोऽनभिनिर्वृत्तत्वात्[१]। अनुत्पादो वतायं भगवन् धर्म्मः सर्व्वोपपत्त्यनुपपत्तित्वात्। अपथो वतायं भगवन् धर्म्मः सर्व्वपथानुपलक्षितत्वात्॥

अथ खलु शक्रो देवानामिन्द्रो ब्रह्मा सहापतिस्ते च कामावचरा रूपावचराश्च देवपुत्त्रा भगवन्तमेतदवोचन्। अनुजातो वतायं भगवन् भगवतः श्रावक आर्य्यसुभूतिः स्थविरः॥ तत् कस्य हेतोः। तथा हि भगवन् यं यमेवायमार्य्यसुभूतिः स्थविरो धर्म्मन्देशयति तन्तमेव धर्म्मं शून्यतामारभ्य देशयति॥

अथ खल्वायुष्मान् सुभूतिः शक्रं देवानामिन्द्रं ब्रह्माणञ्च सहापतिं तांश्च कामावचरान् रूपावचरांश्च देवपुत्त्रानामन्त्रयते स्म। यद्देवपुत्त्रा एवं वदथ अनुजातोऽयं[२] सुभूतिः स्थविरस्तथागतस्येति।

---

(१) अनभिनिर्वृत्तत्वादिति ख० घ०।

(२) अनुजातो वतायमि ख० घ०।

अजातत्वात् सुभूतिः स्थविरोऽनुजातस्तथागतस्य। अनुजातस्तथतां सुभूतिः स्थविरस्तथागतस्य। यथा तथागततथताऽनागताऽगता एवं हि सुभूतितथताऽनागताऽगता। एवं हि सुभूतिः स्थविरस्तथागततथतामनुजातः आदित एव सुभूतिः स्थविरस्तथागततथतामनुजातः॥ तत् कस्य हेतोः। या हि तथागततथता सा सर्व्वधर्म्मतथता या सर्व्वधर्म्मतथता सा तथागततथता या च तथागततथता या च सर्व्वधर्म्मतथता सैव सुभूतेः स्थविरस्य तथता। तान्तथतामनुजातः सुभूतिः स्थविरः अतोऽनुजातस्तथागतस्य सापि च तथताऽतथता तां तथतामनुजातः॥ एवं हि सुभूतिः स्थविरस्तथागतमनुजातः॥ तथागतस्य या सा तथताथाः स्थितिता तया स्थितितया सुभूतिः स्थविरः तथागतमनुजातः॥ यथा तथागततथताऽविकारा निर्विकाराऽविकल्पा निर्विकल्पा एवं हि सुभूतितथताऽविकारा निर्व्विकाराऽविकल्पा निर्विकल्पा॥ एवं हि सुभूतिः स्थविरस्तया तथतयाऽविकारो निर्विकारोऽविकल्पो निर्व्विकल्पस्तथागतस्यानुजातः॥ यथा च तथागततथताऽविकारा निर्व्विकाराऽविकल्पा निर्व्विकल्पा न क्वचित् प्रतिहन्यते एवं सर्व्वधर्म्मतथताऽविकारा निर्व्विकाराऽविकल्पा निर्व्विकल्पा न क्वचित् प्रतिहन्यते॥ तत् कस्य हेतोः। या च तथागततथता या च सर्व्वधर्म्मतथता एकैवैषा तथताऽद्वयाऽद्वैधीकाराऽद्वयतथता न क्वचित्तथता न कुतश्चित्तथता न कस्यचित्तथता। यतः सा न कस्यचित्तथता ततः सा तथताऽद्वयाऽद्वैधीकाराऽद्वयतथता॥ एवं हि सुभूतिः स्थविरोऽनुजातस्तथागतस्याकृततथतया॥ या चाकृततथता न सा कदाचिन्न तथता। यतस्स

सा न कदाचिन्न तथता ततः सा तथताऽद्वयाऽद्वैधीकाराऽद्वयतथता॥ एवं हि सुभूतिः स्थविरोऽनुजातस्तथागतं॥ यथा तथागततथता सर्व्वत्र सर्व्वधर्म्मेष्वविकल्पा निर्व्विकल्पा एवं सुभूतितथता सर्व्वत्र सर्व्वधर्म्मेष्वविकल्पा निर्व्विकल्पा। एवमेव च तथागततथतयाऽभिनिर्म्मितः सुभूतिश्चेति द्वयमप्यलुप्तमेतदभिन्नं भेदकानुपलब्धितः॥ एवं हि सुभूतिः स्थविरस्तथागतमनुजातः॥ यथा तथागततथता नान्यत्र सर्व्वधर्म्मतथतायाः एवं हि सुभूतितथता नान्यत्र सर्व्वधर्म्मतथतायाः। या नान्यत्र सर्व्वधर्म्मतथतायाः न सा क्वचिन्न तथता सैव सा तथता सर्व्वधर्म्मतथता। तां तथतां सुभूतिः स्थविरोऽनन्यतथताऽनुगमेनोपगतो नचात्र कश्चिन्न क्वचिदनुगतिमुपगतः॥ एवं हि सुभूतिः स्थविरस्तथागतमनुजातः॥ यथा तथागततथता नातीता नागता न प्रत्युत्पन्ना एवं सर्व्वधर्म्मतथता नातीता नागता न प्रत्युत्पन्ना॥ एवं हि सुभूतिः स्थविरस्तान्तथतामनुजातस्तथागतमनुजात इत्युच्यते॥ तथागततथतयाऽपि ह्यनुगतस्तथतां तथागततथतयाऽतीततथतामनुगतः। अतीततथतया तथागततथतामनुगतः। तथागततथतयाऽनागततथतामनुगतः। अनागततथतया तथागततथतामनुगतः। तथागततथतया प्रत्युत्पन्नतथतामनुगतः। प्रत्युत्पन्नतथतया तथागततथतामनुगतः। तथागततथतयाऽतीतानागतप्रत्युत्पन्नतथतामनुगतः। अतीतानागतप्रत्युत्पन्नतथतया तथागततथतामनुगतः। इति हि सुभूतितथता चातीतानागतप्रत्युत्पन्नतथता च तथागततथता चाद्वयमेतदद्वैधीकारं एवं सर्व्वधर्म्मतथता च सुभूतितथता चाद्वयमेतदद्वैधीकारं। यैव च भगवतो बोधिसत्त्वभूतस्य

तथता सैव भगवतोऽनुत्तरां सम्यक्सम्बोधिमभिसम्बुद्धस्य तथता। इयं सा तथता यया तथतया बोधिसत्त्वो महासत्त्वोऽनुत्तरां सम्यक्सम्बोधिमभिसम्बुद्धः संस्तथागत इतिनामधेयं लभते। अस्यां खलु पुनस्तथागततथतायां निर्द्दिश्यमानायामियं महापृथिवी तस्यां वेलायां षड्विकारमष्टादशमहानिमित्तमकम्पत् प्राकम्पत् सम्प्राकम्पत् अचलत् प्राचलत् सम्प्राचलत् अवेधत् प्रावेधत् सम्प्रावेधत् अरणत् प्रारणत् सम्प्रारणत् अक्षुभ्यत् प्राक्षुभ्यत् सम्प्राक्षुभ्यत् अगर्जत् प्रागर्जत् सम्प्रागर्जत् तथागतस्यैवानुत्तरां सम्यक्सम्बोधिमभिसम्बुध्यमानस्येति॥

पुनरपरं सुभूतिः स्थविरस्तान् देवपुत्त्रानामन्त्रयते स्म। एवं हि देवपुत्त्राः सुभूतिः स्थविरस्तथागतमनुजातः॥ पुनरपरं सुभूतिः स्थविरो न रूपमनुजातो न वेदनां न संज्ञां न संस्कारान् न विज्ञानमनुजातो न स्रोतआपत्तिफलमनुजातो न सकृदागामिफलं नानागामिफलं नार्हत्त्वफलमनुजातो न प्रत्येकबुद्धत्वमनुजातो न बुद्धत्वमनुजातः॥ तत्कस्य हेतोः। तथा हि ते धर्म्मा न संविद्यन्ते नोपलभ्यन्ते यैरनुजायेत ये चानुजायेरन्॥ एवं हि सुभूतिः स्थविरस्तथागतमनुजातः॥

अथ खल्वायुष्मान् शारिपुत्त्रो भगवन्तमेतदवोचत्। गम्भीरचर्य्येयं भगवन् यदुत तथता॥

एवमुक्ते भगवान् आयुष्मन्तं शारिपुत्त्रमेतदवोचत्। एवमेतच्छारिपुत्त्रैवमेतत्। गम्भीरचर्य्येयं शारिपुत्त्र यदुत तथता। अस्मिन् खलु पुनः तथतानिर्द्देशे निर्द्दिश्यमाने त्रयाणां भिक्षुशतानामनुपादायास्रवेभ्यश्चित्तानि विमुक्तानि पञ्चानाञ्च भिक्षुणीशतानां विरजो

विगतमलं धर्म्मेषु धर्म्मचक्षुर्विशुद्धम् पञ्चभिश्च देवपुत्त्रसहस्त्रैः पूर्व्वपरिकर्म्मकृतैरनुत्पत्तिकेषु धर्म्मेषु क्षान्तिः प्रतिलब्धा षष्टेश्च बोधिसत्त्वानामनुदायास्रवेभ्यश्चित्तानि विमुक्तानि ॥

अथ खल्वायुष्मान् शारिपुत्त्रस्तेषां बोधिसत्त्वानामनुपादायास्रवेभ्यश्चित्तानि विमुक्तानि विदित्वा भगवन्तमेतदवोचत्। को भगवन् हेतुः कः प्रत्ययो यदेतेषां बोधिसत्त्वानामनुपादायास्रवेभ्यश्चित्तानि विमुक्तानि ॥

भगवानाह। एतैः शारिपुत्त्र बोधिसत्त्वैः पञ्चबुद्धशतानि पर्य्युपासितानि सर्व्वत्र च दानं दत्तं शीलं रचितं क्षान्त्या सम्पादितं वीर्य्यमारब्धं ध्यानान्युत्पादितानि। ते खलु पुनरिमे प्रज्ञापारमितयाऽपरिगृहीता उपायकौशल्येन च विरहिता अभूवन्। किञ्चापि शारिपुत्त्र एतेषां बोधिसत्त्वानां अस्ति मार्गः शून्यता वा आनिमित्तचर्य्या वा अप्रणिहितमनसिकारता वा। अथ च पुनरेतैरुपायकौशल्यविकलत्वात् भूतकोटिः साक्षात्कृता श्रावकभूमौ निर्जाता[१] न बुद्धभूमौ। तद्यथापि नाम शारिपुत्त्र पक्षिणः शकुनेर्य्योजनशतिको वा द्वियोजनशतिको वा त्रियोजनशतिको वा चतुर्य्योजनशतिको वा पञ्चयोजनशतिको वा आत्मभावो भवेत्। स त्रयस्त्रिंशेषु देवेषु वर्त्तमानो जम्बूद्वीपमागन्तव्यं मन्येत। स खलु पुनः शारिपुत्त्र पक्षी शकुनिरजातपक्षो वा भवेच्छीर्णपक्षो वा भवेच्छिन्नपक्षो वा भवेत्। स त्रयस्त्रिंशतो देवनिकायादात्मानमुत्सृजेदह जम्बूद्वीपे प्रतिष्ठास्यामीति मन्येत। अथ तस्य पक्षिणः शकुनेस्ततः

(१) निर्याता इति ख० घ० ङ० च०।

पतत आकाशे अन्तरीक्षे स्थितस्यान्तरा चित्तस्यैवं भवेदहो वताहं पुनरेव त्रयस्त्रिंशेषु देवेषु प्रतिष्ठेयमिति। तत् किं मन्यसे शारिपुत्रापि नु स पक्षी शकुनिः प्रतिबलः पुनरेव त्रयस्त्रिंशेषु देवेषु प्रतिष्ठातुम्॥

आयुष्मान् शारिपुत्र आह। नो हीदं भगवन्॥

भगवानाह। सचेत्पुनरेवं चिन्तयेदहो वताहं अक्षतोऽनुपहतो जम्बूद्वीपे प्रतिष्ठेयमिति। तत् किं मन्यसे शारिपुत्रापि नु स पक्षी शकुनिरक्षतोऽनुपहतो जम्बूद्वीपे प्रतिष्ठेत्॥

शारिपुत्र आह। नो हीदं भगवन्। क्षतश्च स भगवन् उपहतश्च भवेत् जम्बूद्वीपे च पतितः सन् मरणं वा निगच्छेत् मरणमात्रकं वा दुःखं॥ तत् कस्य हेतोः। एवं ह्येतद्भगवन् भवति यदस्य महांश्चात्मभावो भवति पक्षौ चास्य न भवत उच्चाच्च प्रपतति(१)॥

एवमुक्ते भगवानायुष्मन्तं शारिपुत्रमेतदवोचत्। एवमेतच्छारिपुत्रैवमेतत्। किञ्चापि शारिपुत्र बोधिसत्त्वो महासत्त्वोऽनुत्तरायां सम्यक्सम्बोधौ चित्तान्युत्पाद्य गङ्गानदीवालुकोपमान् कल्पांतिष्ठन् दानं दद्यात् शीलं रक्षेत् क्षान्त्या सम्पादयेत् वीर्य्यमारभेत ध्यानानि समापद्येत महच्चास्य प्रस्थानं भवेत् महांश्चास्य चित्तोत्पादो भवेदनुत्तरां सम्यक्सम्बोधिमभिसम्बोद्धुं। सचेदयं प्रज्ञापारमितयाऽपरिगृहीत उपायकौशल्येन च विरहितो भवेदेवं श्रावकभूमिं वा प्रत्येकभूमिं वा पतति॥ पुनरपरं शारिपुत्र बोधिसत्त्वो महासत्त्वोऽतीतानागतप्रत्युत्पन्नानां बुद्धानां भगवतां तच्छीलं तं

(१) प्रपतितः इति ख० च०।

समाधिं तां प्रज्ञां तां विमुक्तिं तं विमुक्तिज्ञानदर्शनं समन्वाहरति आधारयति[१] निमित्तयोगेन न स[२] तथागतानामर्हतां सम्यक्सम्बुद्धानां शीलं न जानाति न पश्यति न समाधिं न प्रज्ञां न विमुक्तिं न विमुक्तिज्ञानदर्शनं तथागतानामर्हतां सम्यक्सम्बुद्धानां जानाति न पश्यति। सोऽजानन्नपश्यन् शून्यतायाः शब्दं शृणोति स तं शब्दं निमित्तीकरोति तं शब्दं निमित्तीकृत्यानुत्तरायां सम्यक्सम्बोधौ परिणामयितुमिच्छति। ततो वेदितव्यमेतत् स्थास्यत्ययं श्रावकभूमौ वा प्रत्येकबुद्धभूमौ वेति॥ तत् कस्य हेतोः। एवं ह्येतत् शारिपुत्त्र भवति। यत्प्रज्ञापारमितयाऽपरिगृहीत उपायकौशल्येन च विरहितो भवति॥

शारिपुत्त्र आह। यथाऽहं भगवन् भगवतो भाषितस्यार्थमाजानामि। यो बोधिसत्त्वः प्रज्ञापारमितयाऽपरिगृहीत उपायकौशल्येन च विरहितः किञ्चापि स बहुनापि पुण्यसम्भारेण युक्तः कल्याणमित्रविरहितश्च भवति संशयस्तस्यानुत्तरां सम्यक्सम्बोधिं प्राप्तुं॥ तस्मात्तर्हि भगवन् बोधिसत्त्वेन महासत्वेनानुत्तरां सम्यक्सम्बोधिमभिसम्बोद्धुकामेन प्रज्ञापारमिता भावयितव्या उपायकुशलेन च भवितव्यम्॥

एवमुक्ते भगवानायुष्मन्तं शारिपुत्त्रमेतदवोचत्। एवमेतच्छारिपुत्त्रैवमेतत्। यः शारिपुत्त्र बोधिसत्त्वः प्रज्ञापारमितयाऽपरिगृहीत उपायकौशल्येन च विरहितः किञ्चापि स बहुना पुण्यसम्भारेण युक्तः

---

(१) अध्यासयति इति ख०।

(२) निमित्तयोगेन न स इत्यत्र, च० पुस्तके सर्व्वनिमित्तयोगेन इति पाठोऽस्ति।

कल्याणमित्रविरहितस्य भवति संशयस्तस्यानुत्तरां सम्यक्सम्बोधिं प्राप्तुं ॥ तस्मात्तर्हि शारिपुत्त्र बोधिसत्त्वेन महासत्वेनानुत्तरां सम्यक्सम्बोधिमभिसम्बोद्धुकामेन प्रज्ञापारमिता भावयितव्या उपायकुशलेन च भवितव्यं ॥

अथ खलु शक्रो देवानामिन्द्रः सार्द्धं कामावचरैर्देवपुत्त्रैर्ब्रह्माऽपि सहापतिः रूपावचरैर्देवपुत्त्रैः सार्द्धं भगवन्तमेतदवोचत्। गम्भीरा भगवन् प्रज्ञापारमिता दुरभिसम्भवा भगवन्ननुत्तरा सम्यक्सम्बोधिः परमदुरभिसम्भवा भगवन्ननुत्तरा सम्यक्सम्बोधिरभिसम्बोद्धुं ॥

अथ खलु भगवांस्तान् शक्रदेवेन्द्रप्रमुखान् कामावचरान् देवपुत्त्रान् सहापतिमहाब्रह्मप्रमुखान् रूपावचरांश्च देवपुत्त्रानामन्त्रयते स्म। एवमेतद्देवपुत्त्रा एवमेतत्। गम्भीरेयं देवपुत्त्राः प्रज्ञापारमिता दुरभिसम्भवाऽनुत्तरा सम्यक्सम्बोधिः परमदुरभिसम्भवाऽनुत्तरा सम्यक्सम्बोधिरभिसम्बोद्धुं दुष्प्रज्ञैर्हीनवीर्य्यैर्हीनाधिमुक्तिकैरनुपायकुशलैः पापमित्रसंसेविभिः ॥

अथ खल्वायुष्मान् सुभूतिर्भगवन्तमेतदवोचत्। यद्भगवानेवमाह। दुरभिसम्भवाऽनुत्तरा सम्यक्सम्बोधिः परमदुरभिसम्भवाऽनुत्तरा सम्यक्सम्बोधिरभिसम्बोद्धुमिति। कथम्भगवन् दुरभिसम्भवाऽनुत्तरा सम्यक्सम्बोधिः परमदुरभिसम्भवाऽनुत्तरा सम्यक्सम्बोधिरभिसम्बोद्धुं। यत्र न कश्चिदभिसम्बुध्यते ॥ तत् कस्य हेतोः। शून्यत्वाद्भगवन् सर्व्वधर्म्माणां न स कश्चिद्धर्म्मः संविद्यते यो धर्म्मः शक्योऽभिसम्बोद्धुं। तथा हि भगवन् सर्व्वधर्म्माः शून्याः यस्यापि भगवन् धर्म्मस्य प्रहाणाय धर्म्मो देश्यते सोऽपि धर्म्मो न संविद्यते एवं यश्चाभिसम्बुध्येतानुत्तरां

सम्यक्सम्बोधिं यथाभिसम्बोद्धव्यं यश्च जानीयाद्यच ज्ञातव्यं[१] सर्व्वे एते धर्म्माः शून्याः। अनेनापि भगवन् पर्य्यायेण ममैवं भवति। स्वभिसम्भवाऽनुत्तरा सम्यक्सम्बोधिरभिसम्बोद्धुं न दुरभिसम्भवेति॥

एवमुक्ते भगवानायुष्मन्तं सुभूतिमेतदवोचत्। असम्भवत्वात् सुभूते दुरभिसम्भवाऽनुत्तरा सम्यक्सम्बोधिरसद्भूतत्वात् सुभूते दुरभिसम्भवाऽनुत्तरा सम्यक्सम्बोधिरविकल्पत्वात् सुभूते दुरभिसम्भवाऽनुत्तरा सम्यक्सम्बोधिरविठयित्वात् सुभूते दुरभिसम्भवाऽनुत्तरा सम्यक्सम्बोधिः परमदुरभिसम्भवाऽनुत्तरा सम्यक्सम्बोधिरभिसम्बोद्धुं॥

अथ खल्वायुष्मान् शारिपुत्र आयुष्मन्तं सुभूतिमेतदवोचत्। शून्यमित्यनेनाप्यायुष्मन् सुभूते पर्य्यायेण दुरभिसम्भवाऽनुत्तरा सम्यक्सम्बोधिः परमदुरभिसम्भवाऽनुत्तरा सम्यक्सम्बोधिरभिसम्बोद्धुं॥ तत्कस्य हेतोः। न ह्यायुष्मन् सुभूते आकाशस्यैवं भवत्यहमनुत्तरां सम्यक्सम्बोधिमभिसम्भोत्स्ये इति॥ एवञ्चायुष्मन् सुभूते इमे धर्म्मा अभिसम्बोद्धव्याः॥ तत्कस्य हेतोः। आकाशसमा ह्यायुष्मन् सुभूते सर्व्वधर्म्माः॥ यदि चायुष्मन् सुभूते स्वभिसम्भवा भवेदनुत्तरा सम्यक्सम्बोधिः न त्वेवं[२] गङ्गानदीवालुकोपमा बोधिसत्त्वा विवर्त्तेरन्ननुत्तरायाः सम्यक्सम्बोधेः। यस्मात्तर्ह्यायुष्मन् सुभूते गङ्गानदीवालुकोपमा बोधिसत्त्वा विवर्त्तन्तेऽनुत्तरायाः सम्यक्सम्बोधेस्तस्मादायुष्मन् सुभूते

---

(१) यथाज्ञातव्यमिति ख० ग० घ०।

(२) न त्वेवेति ख० ग०।

एवं विज्ञायते दुरभिसम्भवाऽनुत्तरा सम्यक्सम्बोधिः परमदुरभिसम्भवाऽनुत्तरा सम्यक्सम्बोधिरभिसम्बोद्धुमिति॥

एवमुक्ते आयुष्मान् सुभूतिरायुष्मन्तं शारिपुत्त्रमेतदवोचत्। किं पुनरायुष्मन् शारिपुत्त्र रूपं विवर्त्ततेऽनुत्तरायाः सम्यक्सम्बोधेः॥

शारिपुत्त्र आह। नो हीदमायुष्मन् सुभूते। सुभूतिराह। किं पुनरायुष्मन् शारिपुत्त्रान्यत्र रूपात् स धर्म्मो यो विवर्त्ततेऽनुत्तरायाः सम्यक्सम्बोधेः॥

आह। नो हीदमायुष्मन् सुभूते॥

सुभूतिराह। किं पुनरायुष्मन् शारिपुत्त्र वेदना संज्ञा संस्कारा विज्ञानं विवर्त्ततेऽनुत्तरायाः सम्यक्सम्बोधेः॥

आह। नो हीदमायुष्मन् सुभूते॥

सुभूतिराह। किं पुनरायुष्मन् शारिपुत्त्रान्यत्र वेदनायाः संज्ञायाः संस्कारेभ्योऽन्यत्र विज्ञानात् स धर्म्मो यो विवर्त्ततेऽनुत्तरायाः सम्यक्सम्बोधेः॥

आह। नो हीदमायुष्मन् सुभूते॥

सुभूतिराह। किं पुनरायुष्मन् शारिपुत्त्र या रूपतथता सा विवर्त्ततेऽनुत्तरायाः सम्यक्सम्बोधेः॥

आह। नो हीदमायुष्मन् सुभूते॥

सुभूतिराह। किं पुनरायुष्मन् शारिपुत्त्र या वेदनातथता संज्ञातथता संस्कारतथता या विज्ञानतथता सा विवर्त्ततेऽनुत्तरायाः सम्यक्सम्बोधेः॥

आह। नो हीदमायुष्मन् सुभूते॥

सुभूतिराह। किं पुनरायुष्मन् शारिपुत्त्रान्यत्र रूपतथतायाः स धर्म्मो यो विवर्त्ततेऽनुत्तरायाः सम्यक्सम्बोधेः॥

आह। नो हीदमायुष्मन् सुभूते॥

सुभूतिराह। किं पुनरायुष्मन् शारिपुत्त्रान्यत्र वेदनातथतायाः संज्ञातथतायाः संस्कारतथतायाः अन्यत्र विज्ञानतथतायाः स धर्म्मो यो विवर्त्ततेऽनुत्तरायाः सम्यक्सम्बोधेः॥

आह। नो हीदमायुष्मन् सुभूते॥

सुभूतिराह। किं पुनरायुष्मन् शारिपुत्त्र रूपमभिसम्बुध्यतेऽनुत्तरां सम्यकसम्बोधिम्॥

आह। नो हीदमायुष्मन् सुभूते॥

सुभूतिराह। किं पुनरायुष्मन् शारिपुत्त्र वेदना संज्ञा संस्कारा विज्ञानमभिसम्बुध्यतेऽनुत्तरां सम्यक्सम्बोधिम्॥

आह। नो हीदमायुष्मन् सुभूते॥

सुभूतिराह। किं पुनरायुष्मन् शारिपुत्त्रान्यत्र रूपात् स धर्म्मो योऽनुत्तरां सम्यक्सम्बोधिमभिसम्बुध्यते॥

आह। नो हीदमायुष्मन् सुभूते॥

सुभूतिराह। किं पुनरायुष्मन् शारिपुत्त्रान्यत्र वेदनायाः संज्ञायाः संस्कारेभ्योऽन्यत्र विज्ञानात् स धर्म्मो योऽनुत्तरां सम्यक्सम्बोधिमभिसम्बुध्यते॥

आह। नो हीदमायुष्मन् सुभूते॥

सुभूतिराह। किं पुनरायुष्मन् शारिपुत्त्र रूपतथताऽनुत्तरां सम्बोधिमभिसम्बुध्यते॥

आह। नो हीदमायुष्मन् सुभूते॥

सुभूतिराह। किं पुनरायुष्मन् शारिपुत्त्र वेदनातथता संज्ञातथता संस्कारतथता विज्ञानतथताऽनुत्तरां सम्यक्सम्बोधिमभिसम्बुध्यते॥

आह। नो हीदमायुष्मन् सुभूते॥

सुभूतिराह। किं पुनरायुष्मन् शारिपुत्त्रान्यत्र रूपतथतायाः स धर्म्मो योऽनुत्तरां सम्यक्सम्बोधिमभिसम्बुध्यते॥

आह। नो हीदमायुष्मन् सुभूते॥

सुभूतिराह। किं पुनरायुष्मन् शारिपुत्त्रान्यत्र वेदनातथतायाः संज्ञातथतायाः संस्कारतथताया अन्यत्र विज्ञानतथतायाः स धर्म्मो योऽनुत्तरां सम्यक्सम्बोधिमभिसम्बुध्यते॥

आह। नो हीदमायुष्मन् सुभूते॥

सुभूतिराह। किं पुनरायुष्मन् शारिपुत्त्र रूपम्बोद्धव्यमनुत्तरायां सम्यक्सम्बोधौ॥

आह। नो हीदमायुष्मन् सुभूते॥

सुभूतिराह। किं पुनरायुष्मन् शारिपुत्त्र वेदना संज्ञा संस्कारा विज्ञानं बोद्धव्यमनुत्तरायां सम्यक्सम्बोधौ॥

आह। नो हीदमायुष्मन् सुभूते॥

सुभूतिराह। किं पुनरायुष्मन् शारिपुत्त्रान्यत्र रूपात् स धर्म्मो यो बोद्धव्योऽनुत्तरायां सम्यक्सम्बोधौ॥

आह। नो हीदमायुष्मन् सुभूते॥

सुभूतिराह। किं पुनरायुष्मन् शारिपुत्त्रान्यत्र वेदनायाः

संज्ञायाः संस्कारेभ्योऽन्यत्र विज्ञानात् स धर्म्मो यो बोद्धव्योऽनुत्तरायां सम्यक्सम्बोधौ ॥

आह। नो हीदमायुष्मन् सुभूते ॥

सुभूतिराह। किं पुनरायुष्मन् शारिपुत्र रूपतथता बोद्धव्याऽनुत्तरायां सम्यक्सम्बोधौ ॥

आह। नो हीदमायुष्मन् सुभूते ॥

सुभूतिराह। किं पुनरायुष्मन् शारिपुत्र वेदनातथता संज्ञातथता संस्कारतथता विज्ञानतथता बोद्धव्याऽनुत्तरायां सम्यक्सम्बोधौ ॥

आह। नो हीदमायुष्मन् सुभूते ॥

सुभूतिराह। किं पुनरायुष्मन् शारिपुत्रान्यत्र रूपतथतायाः स धर्म्मो यो बोद्धव्योऽनुत्तरायां सम्यक्सम्बोधौ ॥

आह। नो हीदमायुष्मन् सुभूते ॥

सुभूतिराह। किं पुनरायुष्मन् शारिपुत्रान्यत्र वेदनातथतायाः संज्ञातथतायाः संस्कारतथताया अन्यत्र विज्ञानतथतायाः स धर्म्मो यो बोद्धव्योऽनुत्तरायां सम्यक्सम्बोधौ ॥

आह। नो हीदमायुष्मन् सुभूते ॥

सुभूतिराह। तत् किं मन्यसे आयुष्मन् शारिपुत्र तथता विवर्त्ततेऽनुत्तरायाः सम्यक्सम्बोधेः ॥

आह। नो हीदमायुष्मन् सुभूते ॥

सुभूतिराह। तत् किं मन्यसे आयुष्मन् शारिपुत्र तथतायां स धर्म्मो यो विवर्त्ततेऽनुत्तरायाः सम्यक्सम्बोधेः ॥

आह। नो हीदमायुष्मन् सुभूते॥

सुभूतिराह। तत् कतमः पुनरायुष्मन् शारिपुत्त्र स धर्म्मो यो विवर्त्ततेऽनुत्तरायाः सम्यक्सम्बोधेः यस्तस्यामेव धर्म्मतायां स्थितः सर्व्वधर्म्मास्थानयोगेन। कतमो वा पुनः स शारिपुत्त्र धर्म्मो या तथता। कच्चिद्वा पुनरायुष्मन् शारिपुत्त्र तथता विवर्त्तिष्यते॥

आह। नो हीदमायुष्मन् सुभूते॥

सुभूतिराह। एवमायुष्मन् शारिपुत्त्र सत्यतः स्थितितोऽनुपलभ्यमानानां सर्व्वधर्म्माणां कतमः स धर्म्मो यो विवर्त्तिष्यतेऽनुत्तरायाः सम्यक्सम्बोधेः॥

एवमुक्ते आयुष्मान् शारिपुत्त्र आयुष्मन्तं सुभूतिमेतदवोचत्। यथा धर्म्मनयजात्या आयुष्मान् सुभूतिः स्थविरो निर्द्दिशति तथा न स कश्चिद्धर्म्मो यो विवर्त्ततेऽनुत्तरायाः सम्यक्सम्बोधेः। ये च खलु पुनरिमे आयुष्मन् सुभूते त्रयो बोधिसत्त्वयानिकाः पुद्गलास्तथागतेनाख्याताः एषां त्रयाणां व्यवस्थानं न भवति। एकमेव हि यानं भवति यदुत बुद्धयानं बोधिसत्त्वयानं यथा आयुष्मतः सुभूतेर्निर्द्देशः॥

अथ खल्वायुष्मान् पूर्णो मैत्रायणीपुत्त्र आयुष्मन्तं शारिपुत्त्रमेतदवोचत्। किं पुनरायुष्मन् शारिपुत्त्रायुष्मान् सुभूतिः स्थविर एकमपि बोधिसत्त्वं नाभ्युपगच्छति श्रावकयानिकं वा प्रत्येकबुद्धयानिकं वा महायानिकं वा प्रष्टव्यस्तावदयमायुष्मान् सुभूतिः स्थविरः॥

अथ खल्वायुष्मान् शारिपुत्त्र आयुष्मन्तं सुभूतिमेतदवोचत्। किं पुनस्त्वमायुष्मन् सुभूते एकमपि बोधिसत्त्वं नाभ्युपगच्छसि श्रावकयानिकं वा प्रत्येकबुद्धयानिकं वा महायानिकं वा॥

सुभूतिराह। किं पुनरायुष्मन् शारिपुत्र या तथतायास्तथता तत्र तथतायामेकमपि बोधिसत्त्वं समनुपश्यसि श्रावकयानिकं वा प्रत्येकबुद्धयानिकं वा महायानिकं वा॥

शारिपुत्र आह। न ह्येतदायुष्मन् सुभूते तथताऽपि तावत्त्रिभिराकारैर्नोपलभ्यते प्रागेव बोधिसत्त्वः॥

सुभूतिराह। किं पुनरायुष्मन् शारिपुत्र तथता एकेनाप्या-(१) कारेणोपलभ्यते॥

आह। न ह्येतदायुष्मन् सुभूते॥

सुभूतिराह। कच्चित् पुनस्त्वमायुष्मन् शारिपुत्र तथतायामेकमपि बोधिसत्त्वधर्म्मं समनुपश्यसि॥

आह। न ह्येतदायुष्मन् सुभूते॥

सुभूतिराह। एवमायुष्मन् शारिपुत्र सत्यतः स्थितितस्तस्य बोधिसत्त्वधर्म्मस्यानुपलभ्यमानस्य कुतस्तवैवं भवति अयं श्रावकयानिकोऽयं प्रत्येकबुद्धयानिकोऽयं महायानिक इति॥ एवमेतेषामायुष्मन् शारिपुत्र बोधिसत्त्वानान्तथतायां प्रविभाव्यमानानामविशेषतां निर्विशेषतां निर्नानाकरणतां श्रुत्वा यस्य बोधिसत्त्वस्य महासत्त्वस्य चित्तं नावलीयते न संलीयते न पृष्ठीभवति वेदितव्यमेतन्निर्य्यास्यत्ययं बोधिसत्त्वो महासत्त्वो बोध्येति॥

अथ खलु भगवानायुष्मन्तं सुभूतिमेतदवोचत्। साधु साधु सुभूते। एवमेतत् सुभूते एवमेतत्। प्रतिभाति ते सुभूते यथाऽपि

---

(१) एकमपि इति ख० च०, एतेनापि इति ङ०।

नाम तथागतानुभावेन बुद्धाधिष्ठानेनेदं वदसि। एवमेतेषां बोधिसत्त्वानां तथतायां प्रविभाव्यमानानामविशेषतां निर्व्विशेषतां निर्न्नानाकरणतां श्रुत्वा यस्य बोधिसत्त्वस्य महासत्वस्य चित्तं नावलीयते न संलीयते न पृष्ठीभवति वेदितव्यमेतन्निर्यास्यत्ययं बोधिसत्त्वो महासत्वो बोध्येति ॥

अथ खल्वायुष्मान् शारिपुत्त्रो भगवन्तमेतदवोचत्। कतमया भगवन् बोध्या निर्य्यास्यत्ययं बोधिसत्त्वो महासत्वः ॥

भगवानाह। अनुत्तरया शारिपुत्त्र सम्यक्सम्बोध्या निर्य्यास्यत्ययं बोधिसत्त्वो महासत्वः ॥

अथ खल्वायुष्मान् सुभूतिर्भगवन्तमेतदवोचत्। अनुत्तरायां भगवन् सम्यक्सम्बोधौ निर्य्यातुकामेन बोधिसत्त्वेन महासत्वेन कथं स्थातव्यं कथं शिक्षितव्यं ॥

भगवानाह। अनुत्तरायां सुभूते सम्यक्सम्बोधौ निर्यातुकामेन बोधिसत्त्वेन महासत्वेन सर्व्वसत्वेषु समं स्थातव्यं सर्व्वसत्वेषु समं चित्तमुत्पादयितव्यं न विषमचित्तेन परे आलम्बितव्याः मैत्रचित्तेन परे आलम्बितव्याः हितचित्तेन परे आलम्बितव्याः कल्याणचित्तेन परे आलम्बितव्याः निहतमानचित्तेन परे आलम्बितव्याः अप्रतिहतचित्तेन परे आलम्बितव्याः अविहिंसाचित्तेन परे आलम्बितव्याः अविहेठनाचित्तेन परे आलम्बितव्याः सर्व्वसत्वेषु मातृसंज्ञामुपस्थाप्य पितृसंज्ञापुत्त्रसंज्ञादुहितृसंज्ञाश्चोपस्थाप्य परे आलम्बितव्याः ॥ एवं हि सुभूते बोधिसत्त्वेन महासत्वेनानुत्तरां सम्यक्सम्बोधिमभिसम्बोद्धुकामेन सर्व्वसत्वानामन्तिके स्थातव्यं एवं शिक्षितव्यं सर्व्व-

सत्वानामहं नाथ इति॥ स्वयञ्च सर्व्वपापनिवृत्तौ स्थातव्यं दानं दातव्यं शीलं रक्षितव्यं क्षान्त्या सम्पादयितव्यं वीर्य्यमारब्धव्यं ध्यानं समापत्तव्यं प्रज्ञायां परिजयः कर्त्तव्योऽनुलोमप्रतिलोमप्रतीत्यसमुत्पादो व्यवलोकयितव्योऽन्येषामपि तत्र समादापकेन तद्वर्णवादिना तत्समनुज्ञेन च भवितव्यं एवं सत्येषु यावद्बोधिसत्त्वन्यामवक्रान्तौ सत्त्वपरिपाचने[१] च स्थित्वाऽन्येषामपि तत्र समादापकेन तद्वर्णवादिना तत्समनुज्ञेन च भवितव्यं। तस्यैवं स्पृहयत एवं शिक्षमाणस्यानावरणं रूपं यावद्धर्मस्थितिरनावरणा भविष्यतीति॥

आर्य्याष्टसाहस्रिकायां प्रज्ञापारमितायां तथतापरिवर्त्तो नाम षोड़शः। ३२९॥

---

(१) यावद्बोधिसत्त्वन्यामवक्रान्तौ सत्त्वपरिपाचने इत्यत्र, ग० पुस्तके, यावद्बोधिसत्त्वपरिपाचने इति पाठोऽस्ति।

अथाविनिवर्त्तनीयाकारलिङ्गनिमित्तपरिवर्त्तो नाम सप्तदशः ।

अथ खल्वायुष्मान् सुभूतिर्भगवन्तमेतदवोचत् । अविनिवर्त्तनीयस्य भगवन् बोधिसत्त्वस्य महासत्वस्य के आकाराः कानि लिङ्गानि कानि निमित्तानि कथं वा भगवन् वयं जानीयाम अयमविनिवर्त्तनीयो बोधिसत्त्वो महासत्व इति ॥

भगवानाह । या च सुभूते पृथग्जनभूमिर्या च श्रावकभूमिर्या च प्रत्येकबुद्धभूमिर्या च बुद्धभूमिरियन्तथताभूमिरित्युच्यते । सर्व्वाश्चैतास्तथताया अद्वया अद्वैधीकारा अविकल्पा निर्व्विकल्पा इति तान्तथतां तां धर्म्मतामवतरति । तथतायां स्थितस्तथतां न कल्पयति न विकल्पयति एवमवतरति । एवमवतीर्णो यथा तथतां श्रुत्वाऽपि ततोऽपि चापक्रम्य न काङ्क्षति न विमतिं करोति न विचिकित्सति नैवमिति न धन्वायति अपि त्वेवमेतत्तथनैवेत्यधिमुच्यत्यवगाहते न च यत्किञ्चनप्रलापी भवति अर्थसंहितामेव वाचं भाषते नानर्थसंहितां न च परेषां कृताकृतानि व्यवलोकयति ॥ एभिः सुभूते आकारैरेभिर्लिङ्गैरेभिर्निमित्तैः समन्वागतो बोधिसत्त्वो महासत्वोऽविनिवर्त्तनीयोऽनुत्तरायाः सम्यक्सम्बोधेर्द्धारयितव्यः ॥ पुनरपरं सुभूतेऽविनिवर्त्तनीयो बोधिसत्त्वो महासत्वो नान्येषां श्रवणानां[१] ब्राह्मणानां वा मुखमुल्लोकयति । इमे भगवन्तः[२]

(१) श्रमणानामिति घ० । (२) भदन्तः इति ख० ग० ङ० ।

श्रमणा ब्राह्मणा वा ज्ञेयं जानन्ति दृश्यं पश्यन्तीति। न चान्यान् देवान् नमस्करोति न चान्येभ्यो देवेभ्यः पुष्पं वा धूपं वा गन्धं वा माल्यं वा विलेपनं वा चूर्णं वा वस्त्रं वा छत्रं वा ध्वजं वा घण्टां वा पताकां वा दीपं वा दातव्यं मन्यते नचान्यं देवं व्यपाश्रयते॥ एभिरपि सुभूते आकारैरेभिर्लिङ्गैरेभिर्निमित्तैः समन्वागतो बोधिसत्त्वो महासत्त्वोऽविनिवर्त्तनीयोऽनुत्तरायाः सम्यक्सम्बोधेर्द्धारयितव्यः। स खलु पुनः सुभूतेऽविनिवर्त्तनीयो बोधिसत्त्वो महासत्वो नापायेषूपपद्यते न च स्त्रीभावं परिगृह्णाति॥ पुनरपरं सुभूतेऽविनिवर्त्तनीयो बोधिसत्त्वो महासत्वो दशकुशलान् कर्मपथान् समादाय वर्त्तते। स आत्मना च प्राणातिपातात् प्रतिविरतो भवति परानपि च प्राणातिपातविरमणाय समादापयति आत्मना चादत्तादानात् प्रतिविरतो भवति परानपि चादत्तादानविरमणाय समादापयति आत्मना च काममिथ्याचारात् प्रतिविरतो भवति परानपि च काममिथ्याचारविरमणाय समादापयति आत्मना च सुरामैरेयमद्यप्रमादस्थानात् प्रतिविरतो भवति परानपि सुरामैरेयमद्यप्रमादस्थानविरमणाय समादापयति आत्मना चानृतवचनात् प्रतिविरतो भवति परानपि चानृतवचनविरमणाय समादापयति आत्मना च पिशुनवचनात् प्रतिविरतो भवति परानपि च पिशुनवचनविरमणाय समादापयति आत्मना च परुषवचनात् प्रतिविरतो भवति परानपि च परुषवचनविरमणाय समादापयति आत्मना च सम्भिन्नप्रलापात् प्रतिविरतो भवति परानपि च सम्भिन्नप्रलापविरमणाय समादापयति आत्मना चाभि-

ध्यातः प्रतिविरतो भवति परानपि चाभिध्याविरमणाय समादापयति आत्मना च व्यापादात् प्रतिविरतो भवति परानपि च व्यापादविरमणाय समादापयति आत्मना च मिथ्यादर्शनात् प्रतिविरतो भवति परानपि च मिथ्यादर्शनविरमणाय समादापयति। एवं खलु सुभूतेऽविनिवर्त्तनीयो बोधिसत्त्वो महासत्वः स्वयञ्च दशकुशलान् कर्म्मपथान् समादाय वर्त्तते परानपि च दशकुशलेषु कर्म्मपथेषु सन्दर्शयति समादापयति समुत्तेजयति सम्प्रहर्षयति प्रतिष्ठापयति दृढ़ीकरोति। स स्वप्नान्तरगतोऽपि दशकुशलान् कर्म्मपथानेकैकतो वा वाऊल्यतो वा सर्व्वेण सर्व्वं सर्व्वथा सर्व्वं नाध्यापद्यते चित्तेनापि न समुदाचरति। तस्य खलु पुनः सुभूतेऽविनिवर्त्तनीयस्य बोधिसत्त्वस्य महासत्वस्य स्वप्नान्तरगतस्यापि दशकुशलाः कर्म्मपथा आमुखीभवन्ति॥ एभिरपि सुभूते आकारैरेभिर्लिङ्गैरेभिर्निमित्तैः समन्वागतो बोधिसत्त्वो महासत्वोऽविनिवर्त्तनीयोऽनुत्तरायाः सम्यक्सम्बोधेर्द्धारयितव्यः॥ पुनरपरं सुभूतेऽविनिवर्त्तनीयो बोधिसत्त्वो महासत्वो यं यं धर्म्मं पर्य्यवाप्नोति ददाति च तन्तं एवंचित्तः पर्य्यवाप्नोति ददाति च। इममहं धर्म्मं सर्व्वसत्वानामर्थाय पर्य्यवाप्नोमि ददामि(१) च हिताय सुखाय चेति चैष भवतु अनया धर्म्मदेशनया धार्म्मिका अभिप्रायाः सर्व्वसत्वानां परिपूर्य्यन्तामिति। तच्च धर्म्मदानं सर्व्वसत्वसाधारणं करोति॥ एभिरपि सुभूते आकारैरेभिर्लिङ्गैरेभिर्निमित्तैः समन्वागतो बोधिसत्त्वो महा-

---

(१) पर्य्यवाप्नोति ददाति इति ग०।

सत्वोऽविनिवर्त्तनीयोऽनुत्तरायाः सम्यक्सम्बोधेर्धारयितव्यः॥ पुनरपरं सुभूतेऽविनिवर्त्तनीयो बोधिसत्त्वो महासत्वो गम्भीरेषु धर्म्मेषु भाष्यमाणेषु न काङ्क्षति न विमतिं करोति न विचिकित्सति न धन्वायति हितवचनश्च भवति मितवचनश्च भवति स्निग्धवचनश्च भवति अल्पस्त्यानमिद्धश्च भवति निरनुशयश्च भवति। सोऽभिक्रामन् वा प्रतिक्रामन् वा न भ्रान्तचित्तोऽभिक्रामति वा प्रतिक्रामति वा उपस्थितस्मृतिरभिक्रामति उपस्थितस्मृतिः प्रतिक्रामति न विलम्बितं पादं भूमेरुत्क्षिपति न विलम्बितं पादं भूमौ निक्षिपति सुखमेवोत्क्षिपति सुखं निक्षिपति न च सहसा पादं भूमेरुत्क्षिपति नच सहसा पादं भूमौ निक्षिपति पश्यन्नेव भूमिप्रदेशमाक्रामति। तस्य खलु पुनः सुभूतेऽविनिवर्त्तनीयस्य बोधिसत्त्वस्य महासत्वस्य शरीरे चीवरपरिभोगो न यूकिलो भवति स चौक्षसमुदाचारश्च भवति अल्पावाधश्च भवति अल्पादीनवश्च[१] भवति। यानि खलु पुनरन्येषां सत्वानामशीतिः क्रमिकुलसहस्राणि काये सम्भवन्ति तानि तस्य काये सर्व्वेण सर्व्वं सर्व्वथा सर्व्वं न सम्भवन्ति॥ तत् कस्य हेतोः। तथा हि तस्य तानि कुशलमूलानि सर्व्वलोकाभ्युद्गतानि भवन्ति। यथा यथा च तस्य तानि कुशलमूलानि विवर्द्धन्ते तथा तथा स बोधिसत्त्वो महासत्वः कायपरिशुद्धिञ्च परिगृह्णीते वाक्परिशुद्धिञ्च परिगृह्णीते चित्तपरिशुद्धिञ्च परिगृह्णीते।

---

(१) अल्पादीनश्च इति ख० च०।

सुभूतिराह। का पुनर्भगवंस्तस्य बोधिसत्त्वस्य महासत्वस्य चित्त-परिशुद्धिर्वेदितव्या।

भगवानाह। यथा यथा सुभूते तस्य बोधिसत्त्वस्य महासत्वस्य तानि कुशलमूलानि विवर्द्धन्ते तथा तथा स बोधिसत्त्वो महासत्वश्चित्तान्पकत्यतांश्च परिगृह्णीते चित्ताशाठ्यतां च चित्तामायावितांश्च चित्ताकुटिलतांश्चित्तावङ्कतांश्च परिगृह्णीते। यथा च सुभूते चित्तपरिशुद्ध्या श्रावकप्रत्येकबुद्धभूमिमतिक्रान्तो भवति॥ इयं सुभूते तस्य बोधिसत्त्वस्य महासत्वस्य चित्तपरिशुद्धिर्वेदितव्या॥ एभिरपि सुभूते आकारैरेभिर्लिङ्गैरेभिर्निमित्तैः समन्वागतो बोधिसत्त्वो महासत्वोऽविनिवर्त्तनीयोऽनुत्तरायाः सम्यक्सम्बोधेर्द्धारयितव्यः॥ पुनरपरं सुभूतेऽविनिवर्त्तनीयो बोधिसत्त्वो महासत्वो न लाभसत्कारश्लोकगुरुको भवति न चीवरपिण्डपातशयनासनग्लानप्रत्ययभैषज्यपरिस्कारगुरुको भवति नेर्ष्यामात्सर्य्यबहुलो भवति न च गम्भीरेषु धर्मेषु भाष्यमाणेषु संसीदति स्थिरबुद्धिश्च भवति गम्भीरबुद्धिश्च भवति सत्कृत्य च परतो धर्मं शृणोति यञ्च सत्कृत्य परतो धर्मं शृणोति तं सर्व्वं प्रज्ञापारमितायां संस्यन्दयति यानि च लौकिकानि शिल्पस्थानकर्मस्थानानि तानि सर्व्वाणि प्रज्ञापारमितामागम्य धर्मतया संस्यन्दयति न च कञ्चिद्धर्मं समनुपश्यति यं न धर्मधातुना योजयति सर्व्वमेव च तं प्रयुज्यमानं समनुपश्यति॥ एभिरपि सुभूते आकारैरेभिर्लिङ्गैरेभिर्निमित्तैः समन्वागतो बोधिसत्त्वो महासत्वोऽविनिवर्त्तनीयोऽनुत्तरायाः सम्यक्सम्बोधेर्द्धारयितव्यः॥ पुनरपरं सुभूते मारः पापीयानष्टौ महानिर-

यानभिनिर्म्माय तत्रैकैकस्मिन् महानिरये बहूनि बोधिसत्त्वशतानि बहूनि बोधिसत्त्वसहस्राणि बहूनि बोधिसत्त्वशतसहस्राण्यभिनिर्म्मायाविनिवर्त्तनीयं बोधिसत्त्वं महासत्वमेवं वदेत्। ये तथागतेनाविनिवर्त्तनीया बोधिसत्त्वा महासत्वा व्याकृतास्ते एतेषु महानिरयेषूपपन्नास्त्वमप्येवंमहानिरयेषु प्रपत्स्यसे यतस्त्वमविनिवर्त्तनीयो व्याकृतः। पुनरेव त्वमेतद्बोधिचित्तं प्रतिदेशय प्रतिनिःसृज किन्ते बुद्धत्वेन। एवं त्वं न निरयेषूपपत्स्यसे एवं त्वं कुर्व्वन् स्वर्गोपगो भविष्यसीति॥ सचेदेवमपि बोधिसत्त्वस्य महासत्वस्य चित्तं न क्षुभ्यति न चलति एवं जानात्यस्थानमेतदनवकाशो यदविनिवर्त्तनीयो बोधिसत्त्वो महासत्वोऽपायेषूपपद्यते इति॥ एभिरपि सुभूते आकारैरेभिर्लिङ्गैरेभिर्न्निमित्तैः समन्वागतो बोधिसत्त्वो महासत्वोऽविनिवर्त्तनीयोऽनुत्तरायाः सम्यक्सम्बोधेर्द्धारयितव्यः॥ पुनरपरं सुभूते मारः पापीयान् श्रमणवेषेणा[१]विनिवर्त्तनीयं बोधिसत्त्वं महासत्वमुपसङ्क्रम्यैवं वक्ष्यति। यदेतत्त्वया पूर्व्वं श्रुतं तत् प्रतिदेशय यत्त्वया पूर्व्वं परिगृहीतं तत् प्रतिनिःसृज। सचेत् त्वमेनं प्रतिदेशयिष्यसि सचेत् त्वमेनं प्रतिनिःस्रक्ष्यसि एवं वयं त्वां पुनः पुनरुपसङ्क्रमिष्यामः। यदेतत् त्वयेदानीं श्रुतं नैतद्बुद्धवचनं कविकृतं काव्यमेतत् यत् पुनरिदमहं भाषे एतद्बुद्धभाषितं एतद्बुद्धवचनमिति। एतच्छ्रुत्वा सचेद्बोधिसत्त्वः क्षुभ्यति चलति वेदितव्यमेतत् सुभूते नायं व्याकृतो बोधिसत्त्वस्तथागतैरनियतोऽयं बोधिसत्त्वोऽनुत्तरायां सम्यक्सम्बोधौ

---

(१) श्रवणवेषेण इति ख० च०।

नायमविनिवर्त्तनीयधातौ स्थित इति॥ सचेत् पुनः सुभूते बोधिसत्त्वो महासत्वो न क्षुभ्यति न चलति श्रुत्वाऽपि चेमां वाचं मारस्य पापीयसः धर्म्मतामेव प्रतिसरति अनुत्पादमेवानिरोधमेवानभिसंस्कारमेव प्रतिसरति न परस्य श्रद्धया गच्छति। तद्यथापि नाम सुभूतेऽर्हन् भिक्षुः क्षीणास्रवो न परस्य श्रद्धया गच्छति धर्म्मतायां प्रत्यक्षकारी असंहार्य्यो भवति मारेण पापीयसा। एवमेव सुभूतेऽविनिवर्त्तनीयो बोधिसत्त्वो महासत्वोऽनवमर्द्दनीयः श्रावकयानिकैः पुद्गलैः प्रत्येकबुद्धयानिकैश्चाप्रत्युदावर्त्तनीयधर्म्मा[१] भवति श्रावकभूमौ वा प्रत्येकबुद्धभूमौ वा नियतो भवति सर्व्वज्ञतायां सम्यक्सम्बोधिपरायणः। स खलु पुनः सुभूते बोधिसत्त्वो महासत्वो यदाऽविनिवर्त्तनीयधातौ स्थितो भवति तदाऽपरप्रणेयो भवति॥ एभिरपि सुभूते आकारैरेभिर्लिङ्गैरेभिर्निमित्तैः समन्वागतो बोधिसत्त्वो महासत्वोऽविनिवर्त्तनीयोऽनुत्तरायाः सम्यक्सम्बोधेर्द्धारयितव्यः॥ पुनरपरं सुभूतेऽविनिवर्त्तनीयं बोधिसत्त्वं महासत्वमुपसङ्क्रम्य कश्चिदेवं वक्ष्यति। संसारचारिकैषा नैषा बोधिसत्त्वचारिका इहैव त्वं दुःखस्यान्तं कुरु न भूयस्तानि संसारावचराणि दुःखदौर्मनस्यानि प्रत्यनुभविष्यसीति। अहो वत तवायमिहैव तावदात्मभावोऽनभिनिर्वृत्तो भविष्यति कुतः पुनस्त्वमन्यमात्मभावं परिग्रहीतव्यं मन्यसे इति वा॥ सचेदेवमपि न क्षुभ्यति न चलति तमेनं मारः पापीयान् स्वयमेवं वक्ष्यति। इच्छसि त्वं द्रष्टुं तान् बोधिसत्त्वान् महासत्वान् यैर्गङ्गानदीवालुकोपमान् कल्पान् बुद्धा भगवन्तः प्रत्युपस्थिताश्चीवरपिण्डपातशयना-

---

(१) अप्रत्युदावर्त्तनीयधर्म्मपर्य्या इति ख०।

सनम्लानप्रत्ययभैषज्यपरिष्कारैर्गङ्गानदीवालुकोपमानां बुद्धानां भग-
वतामन्तिकेषु ब्रह्मचर्य्यञ्चरितं गङ्गानदीवालुकोपमा एव बुद्धा भगवन्तः
पर्य्युपासिताः परिपृष्टाः परिप्रश्नीकृतास्तस्यैव बोधिसत्त्वयानस्यार्थाय
कथम्बोधिसत्त्वैर्महासत्वैः स्थातव्यमिति। यथा च बोधिसत्त्वैर्महासत्वैः
स्थातव्यं तथा च तैस्तथागतैराख्यातं। तथापि स्थित्वा तथा चरित्वा
तथैव योगमापद्याद्यापि तैरेव तावन्नानुत्तरा सम्यक्सम्बोधिरभि-
सम्बुद्धा। तथाऽववादानुशासन्यां स्थितैस्तथा शिक्षमाणैः सर्व्वज्ञता
नानुप्राप्ता कुतः पुनस्त्वमनुत्तरां सम्यक्सम्बोधिमनुप्राप्स्यसीति॥
सचेदेवमपि न क्षुभ्यति न चलति तं मारः पापीयान् तस्मिन्नेव
पृथिवीप्रदेशे भिक्षूनभिनिर्म्मायैवं वक्ष्यति। एते भिक्षवोऽर्हन्तः क्षीणा-
स्रवाः संवृत्ताः ये बोधये सम्प्रस्थिता अभूवन् तत्र तर्ह्यर्हत्त्वमनुप्राप्ता
अर्हत्त्वे स्थिताः कुतः पुनस्त्वमनुत्तरां सम्यक्सम्बोधिमनुप्राप्स्यसीति॥
सचेत् खलु पुनरेवमपि भाष्यमाणे एवं निर्द्दिश्यमाने बोधिसत्त्वस्य
महासत्वस्य चित्तं न क्षुभ्यति न चलति अयं बोधिसत्त्वो महासत्वोऽविनि
वर्त्तनीयोऽनुत्तरायाः सम्यक्सम्बोधेर्द्धारयितव्यः॥ सचेद्बोधिसत्त्वस्य
महासत्वस्य चित्तं परतः श्रुत्वैवं विवेकपदानि धर्म्मताया न परि-
हीयते न प्रत्युदावर्त्ततेऽस्य मानसं न चान्यथाभावश्चित्तस्य भवति।
तानि च सर्व्वाणि मारकर्म्माणि तथा सज्ञानात्यस्थानं सुभूतेऽनवकाशो
यत् स बोधिसत्त्वो महासत्वस्तथा चरन् पारमितासु न सर्व्वज्ञतामनु-
प्राप्नुयादस्थानमेतदनवकाशो यत्तथा चरतस्तथा शिक्षमानस्य बोधि-
सत्त्वस्य महासत्वस्य यथा तथागतैराख्यातं तया चर्य्ययाऽविरहितस्य
एभिः पारमिताप्रतिसंयुक्तैर्मनसिकारैर्विहरतो मारः पापीयान्न-

वतारं लप्स्यते॥ सचेद्बोधिसत्त्वो महासत्वो मारकर्म्माणि बुध्यते परतश्च श्रुत्वा विवेकपदानि न परिहीयते न प्रत्युदावर्त्ततेऽस्य मानसं न चास्य चित्तमन्यथा भवति तानि च मारकर्म्माणि तथा सञ्जानाति॥ एभिरपि सुभूते आकारैरेभिर्लिङ्गैरेभिर्निमित्तैः समन्वागतो बोधिसत्त्वो महासत्वोऽविनिवर्त्तनीयोऽनुत्तरायाः सम्यक्सम्बोधेर्द्धारयितव्यः॥ पुनरपरं सुभूतेऽविनिवर्त्तनीयो बोधिसत्त्वो महासत्वो न रूपसंज्ञामभिसंस्करोति न रूपसंज्ञामुत्पादयति एवं न वेदनासंज्ञां न संज्ञासंज्ञां न संस्कारसंज्ञां न विज्ञानसंज्ञामभिसंस्करोति न विज्ञानसंज्ञामुत्पादायति॥ तत् कस्य हेतोः। तथाहि अविनिवर्त्तनीयो बोधिसत्त्वो महासत्वः स्वलक्षणशून्यैर्धर्म्मैर्बोधिसत्त्वन्यामवक्रान्तस्तमपि धर्म्मं नोपलभते नाभिसंस्करोति नोत्पादयति॥ तत उच्यतेऽनुत्पादज्ञानक्षान्तिको बोधिसत्त्वो महासत्वोऽविनिवर्त्तनीय इति॥ एभिरपि सुभूते आकारैरेभिर्लिङ्गैरेभिर्निमित्तैः समन्वागतो बोधिसत्त्वो महासत्वोऽविनिवर्त्तनीयोऽनुत्तरायाः सम्यक्सम्बोधेर्द्धारयितव्यः॥ पुनरपरं सुभूते मारः पापीयान् भिक्षुवेषेनोपसङ्क्रम्य बोधिसत्त्वं महासत्वमेवं विच्छन्दयिष्यति। आकाशसमैषा यदुत सर्व्वज्ञता। असन्नेष धर्म्मो यदुत सर्व्वज्ञता। असंविद्यमान एष धर्म्मो यदुत सर्व्वज्ञता। कोऽत्राज्ञास्यति कोऽत्राभिसम्भोत्स्यते। नैतेन कश्चिन्निर्य्यास्यति यश्चाभिसम्बुध्येत यच्चाभिसम्बोद्धव्यं यश्चाजानीयाद्यच्चाज्ञातव्यं। सर्व्वत्र ते धर्म्मा आकाशसमा निरर्थकं त्वं विहन्यसे मारकर्म्मैवैतत्परिदीपितं यदुतानुत्तरा सम्यक्सम्बोधिरभिसम्बोद्धव्येति नैतद्बुद्धभाषितमिति। तेन कुलपुत्त्रेन वा कुलदुहित्रा

वा एवं ज्ञातव्यमेवं समन्वाहर्त्तव्यमेवं वेदितव्यं मारकर्म्मैवैतद्येयं विवेचनता। एवं चिन्तयित्वा तत्र दृढ़चित्तेन भवितव्यमप्रकम्प्यचित्तेनासंहार्य्यचित्तेन भवितव्यम्॥ एभिरपि सुभूते आकारैरेभिर्लिङ्गैरेभिर्निमित्तैः समन्वागतो बोधिसत्त्वो महासत्त्वोऽविनिवर्त्तनीयोऽनुत्तराया: सम्यक्सम्बोधेर्द्धारयितव्यः॥ पुनरपरं सुभूतेऽविनिवर्त्तनीयो बोधिसत्त्वो महासत्त्वः श्रावकप्रत्येकबुद्धभूमिनिर्वृत्तः सर्व्वज्ञतायां प्रवृत्तो भवति। स आकाङ्क्षन् प्रथमं ध्यानं समापद्यते तथा द्वितीयं तथा तृतीयं तथा चतुर्थं ध्यानं समापद्यते। स एभिश्चतुर्भिर्ध्यानैर्विहरति ध्यानपरिजयञ्च करोति ध्यानानि च समापद्यते न च ध्यानवशेनोपपद्यते। स पुनरेव कामावचरान् धर्म्मानध्यालम्बते॥ इदमपि सुभूतेऽविनिवर्त्तनीयस्य बोधिसत्त्वस्य महासत्त्वस्याऽविनिवर्त्तनीयलक्षणं वेदितव्यम्॥ पुनरपरं सुभूतेऽविनिवर्त्तनीयो बोधिसत्त्वो महासत्त्वो न नामगुरुको भवति न कीर्त्तिशब्दश्लोकगुरुको भवति न नाम्नि सज्जते। सोऽसङ्क्षुभितचित्तो भवति सर्व्वसत्त्वेषु हितचित्तश्च भवति सोऽभिक्रामन् वा प्रतिक्रामन् वाऽभ्रान्तचित्तोऽतिक्रामत्यभ्रान्तचित्तः प्रतिक्रामति स्मृतिमानेवाभिक्रामति स्मृतिमानेव प्रतिक्रामति। सचेत्सोऽगारमध्यावसति नास्य भवत्यधिमात्रः कामेषु कामाभिष्वङ्गो वा अभिप्रायो वा स निर्व्वित्संज्ञ्येव कामान्(१) परिभुङ्क्ते स उत्त्रस्तसंज्ञ्येव कामान् परिभुङ्क्ते। तद्यथापि नाम सुभूते चौरकान्तारमध्यगतः पुरुषः आहारकृत्यं कुर्व्वन्नुत्त्रस्तसंज्ञ्येवाहारं कुर्य्यात् गमनसंज्ञी-

(१) निर्विवित्संज्ञेयकामान् इति ख॰ निर्विंत्सिसंज्ञ्येव इति घ॰।

वाहारं कुर्य्यात् कदा नु खलु नामाहमितश्चौरकान्तारादतिक्रान्तो भविष्यामीत्येवंसंज्ञी अविश्रब्धमाहारमाहरति। एवमेव सुभूतेऽविनिवर्त्तनीया बोधिसत्त्वा महासत्वा अगारमध्यावसन्तो यान् यानेव कामान् परिभुञ्जते तांस्ताननर्थिका एवागृद्धा एवासक्ता एव कामान् परिभुञ्जते अनर्थिका एव च ते भवन्ति प्रियरूपसातरूपैः पञ्चभिः कामगुणैस्तेऽगारमध्यावसन्तो न समविषमेण जीविकां कल्पयन्ति धर्म्मेणैव जीविकां कल्पयन्ति नाधर्म्मेणापि मरणमुपगच्छन्ति नत्वेव परेषामपमर्द्दनं कुर्व्वन्ति॥ तत् कस्य हेतोः। तथा हि तैः सत्पुरुषैर्म्महापुरुषैरतिपुरुषैः पुरुषप्रवरैः पुरुषशोभनैः पुरुषर्षभैः पुरुषोदारैः पुरुषसौटीरैः[१] पुरुषपुङ्गवैः पुरुषधूर्य्यैः पुरुषपद्मैः पुरुषपुण्डरीकैः पुरुषाजानेयैः पुरुषनागैः पुरुषसिंहैः पुरुषदम्यसारथिभिः सर्व्वसत्वाः परमसुखे नियोजयितव्याः॥ एवं हि सुभूतेऽगारमध्यावसन्ति बोधिसत्त्वा महासत्वा यथापि नाम प्रज्ञापारमिताबलाधानप्राप्तत्वात्॥ एभिरपि सुभूते आकारैरेभिर्लिङ्गैरेभिर्निमित्तैः समन्वागता बोधिसत्त्वा महासत्वा अविनिवर्त्तनीया अनुत्तरायाः सम्यक्सम्बोधेर्द्धारयितव्याः॥ पुनरपरं सुभूतेऽविनिवर्त्तनीयस्य बोधिसत्त्वस्य महासत्वस्य वज्रपाणिर्महायक्षो[२] नित्यानुबद्धो भवति। स दुर्द्धर्षो भवति अनतिक्रमणीयश्च भवति मनुष्यैर्वाऽमनुष्यैर्वा दुरासदः सर्व्वसत्वानां स न विक्षिप्तचित्तो भवति न विकलेन्द्रियो भवति परिपूर्णेन्द्रियश्च भवति नापरिपूर्णेन्द्रियः पुरुषवृषभेन्द्रियसमन्वा-

---

(१) पुरुषसोटीरैः इति ङ० च०।

(२) महापक्षः इति ग०।

गतस्य भवति नामत्पुरुषः। स यानीमानि स्त्रीणां वशीकरणानि मन्त्रजाप्यौषधि[१] विद्याभैषज्यादीनि तानि सर्व्वाणि सर्व्वेन सर्व्वं न प्रयोजयति शुद्धाजीवस्य भवति न मिथ्याजीवो न विग्रहविवादशील: ऋजुदृष्टिकस्य भवति नात्मोत्कर्षी न परपंसकः। स एभिश्चान्यैश्च गुणैः समन्वागतो भवति। स न स्त्रियं न च पुरुषं व्याकरोति पुत्रो वा ते भविष्यति दुहिता वा ते भविष्यतीति। तस्यैवमादिका एवंरूपा आदेयतादोषा[२] न भवन्ति॥ एभिरपि सुभूते आकारैरेभिर्लिङ्गैरेभिर्निमित्तैः समन्वागतो बोधिसत्त्वो महासत्त्वोऽविनिवर्त्तनीयोऽनुत्तरायाः सम्यक्सम्बोधेर्द्धारयितव्यः॥ पुनरपरं सुभूतेऽविनिवर्त्तनीयस्य बोधिसत्त्वस्य महासत्त्वस्य ये आकारा यानि लिङ्गानि यानि निमित्तानि यैराकारैर्यैर्लिङ्गैर्यैर्निमित्तैः समन्वागतो बोधिसत्त्वो महासत्त्वोऽविनिवर्त्तनीयो वेदितव्योऽनुत्तरायाः सम्यक्सम्बोधेः तानाकारांस्तानि लिङ्गानि तानि निमित्तानि देशयिष्यामि। ते पुनः कतमे तद्यथा न ते स्कन्धायतनधातुप्रतीत्यसमुत्पादयोगानुयोग[३] मनुयुक्ता विहरन्ति न सङ्गणिकारामकथायोगानुयोगमनुयुक्ता विहरन्ति न राजकथायोगानुयोगमनुयुक्ता विहरन्ति न चौरकथायोगानुयोगमनुयुक्ता विहरन्ति न सेनाकथायोगानुयोगमनुयुक्ता विहरन्ति न युद्धकथायोगानुयोगमनुक्ता

---

(१) मन्त्रजात्यौषधि इति घ० मन्त्रजापौषधि इति ङ० च०।

(२) आदेयदोषा इति ग०।

(३) स्कन्धधात्वायतनधातुप्रतित्यसमुत्पादयोगानुयोगं इति घ० स्कन्धधात्वायतनप्रतीत्यसमुत्पादयोगानुयोगं इति च०।

विहरन्ति न ग्रामनगरनिगमजनपदराष्ट्रराजधानीकथायोगानुयोगमनुयुक्ता विहरन्ति नात्मकथायोगानुयोगमनुयुक्ता विहरन्ति नामात्यमहामात्रकथायोगानुयोगमनुयुक्ता विहरन्ति न स्त्रीपुरुषनपुंसककथायोगानुयोगमनुयुक्ता विहरन्ति न यानोद्यानविहारप्रासादह्रदसरस्तड़ागपुष्करिणीवनारामशैलकथायोगानुयोगमनुयुक्ता विहरन्ति न यक्षराक्षसप्रेतपिशाचकटपूतनकुम्भाण्डकथायोगानुयोगमनुयुक्ता विहरन्ति नान्नपानवस्त्राभरणगन्धमाल्यविलेपनकथायोगानुयोगमनुयुक्ता विहरन्ति न वीथीचत्वरशृङ्गाटकविशिखापणशिविकाकुटुम्बकथायोगानुयोगमनुयुक्ता विहरन्ति न गीतनृत्याख्यायिकानटनर्त्तकचारणकथायोगानुयोगमनुयुक्ता विहरन्ति न सागरनदीद्वीपकथायोगानुयोगमनुयुक्ता विहरन्ति न धर्म्मविरुद्धकथायोगानुयोगमनुयुक्ता विहरन्ति न पृथग्जनरतिकथायोगानुयोगमनुयुक्ता विहरन्ति अपि नु प्रज्ञापारमिताकथायोगानुयोगमनुयुक्ता विहरन्ति अविरहिताश्च भवन्ति सर्व्वज्ञताप्रतिसंयुक्तैर्मनसिकारैः। न च ते कलहभण्डनविग्रहविवादकथायोगानुयोगमनुयुक्ता विहरन्ति। धर्म्मकामा एव च ते भवन्ति नाधर्म्मकामाः। अभेदवर्णवादिनश्च ते भवन्ति न भेदवर्णवादिनः। मित्रकामाश्च ते भवन्ति नामित्रकामाः। धर्म्मवादिनश्च ते भवन्ति नाधर्म्मवादिनः। ते तथागतदर्शनमेवाकाङ्क्षन्त आकाङ्क्षन्त्यन्येषु(१) लोकधातुषु ये तथागता अर्हन्तः सम्यक्सम्बुद्धास्तिष्ठन्ति ध्रियन्ते यापयन्ति तेषामन्तिके उपपत्तये चित्तमुत्पादयन्ति। ते आकाङ्क्षन्तस्तत्रोपपद्यन्ते। एवन्तेऽविरहिता भवन्ति तथागतदर्शनेन

(१) एवाकाङ्क्षन्त्यन्येषु इति ग० ङ०।

तथागतपर्य्युपासनेन तथागतपर्य्युपस्थानेन च॥ पुनरपरं सुभूतेऽविनिवर्त्तनीया बोधिसत्त्वा महासत्वाः कामावचरेभ्यो देवेभ्यश्च्युता रूपावचरेभ्य आरूप्यावचरेभ्यो[१] वा देवेभ्यश्च्युताः सन्त इहैव मध्यदेशे जम्बूद्वीपे प्रत्याजायन्ते। यत्र सत्वाः कलासु कोविदाः काव्येषु कोविदा मन्त्रेषु कोविदा विद्यासु कोविदाः शास्त्रेषु कोविदा निमित्तेषु कोविदा धर्म्मार्थकोविदा अल्पकाः प्रत्यन्तजनपदेषु प्रत्याजायन्ते यद्भूयस्त्वेन मध्यदेशे प्रत्याजायन्ते। येऽपि प्रत्यन्तेषु जनपदेषु प्रत्याजायन्ते तेऽपि महानगरेषु प्रत्याजायन्ते। एतेऽपि तेषां गुणाः संविद्यन्ते॥ एभिरपि सुभूते आकारैरेभिर्लिङ्गैरेभिर्निमित्तैः समन्वागतो बोधिसत्त्वो महासत्वोऽविनिवर्त्तनीयोऽनुत्तरायाः सम्यक्सम्बोधेर्द्धारयितव्यः॥ पुनरपरं सुभूतेऽविनिवर्त्तनीयस्य बोधिसत्त्वस्य महासत्वस्य नैवं भवत्यविनिवर्त्तनीयो वाऽहं न वाऽहमविनिवर्त्तनीय इति। नास्यैवं विचिकित्सोत्पद्यते न चास्य संशयो भवति स्वस्यां भूमौ नाप्यस्य संसीदना भवति। तद्यथापि नाम सुभूते श्रोतआपन्नः श्रोतआपत्तिफले स्वकायां भूमौ न काङ्क्षति न विचिकित्सति। एवमेव सुभूतेऽविनिवर्त्तनीयो बोधिसत्त्वो महासत्वः स्वकायां बोधिसत्त्वभूमौ न काङ्क्षति न विचिकित्सति न चास्य संशयो भवति स्वस्यां भूमौ नाप्यस्य संसीदना भवति। उत्पन्नोत्पन्नानि च मारकर्म्माणि क्षिप्रमेवावबुध्यते नचोत्पन्नोत्पन्नानां मारकर्म्मणां वशेन गच्छति। तद्यथापि नाम सुभूते पुरुष आनन्तर्य्यकारी[२] आन-

(१) अरूपावचरेभ्यः इति ग० आरूपावचरेभ्यः इति ङ० च०।
(२) आनन्तर्य्यकर्म्मकारी इति घ०।

न्तर्थचित्तेनाविरहितो भवति यावत् मरणावस्थायां न तच्चित्तं शक्नोति प्रतिविनोदयितुं वा विस्कम्भयितुं वा अनुवर्त्तत एवास्य तच्चित्तं यावत् मरणकालसमयेऽपि। एवमेव सुभूतेऽविनिवर्त्तनीयस्य बोधिसत्त्वस्य महासत्त्वस्याविनिवर्त्तनीयचित्तं स्थितं भवति स्वकाया-मविनिवर्त्तनीतायां भूमावविकम्प्यं भवति सदेवमानुषासुरेणापि लोकेन न शक्यं चालयितुं वा कम्पयितुं वा। उत्पन्नोत्पन्नानि च मारकर्म्माण्येव बुध्यते नचोत्पन्नोत्पन्नानां मारकर्म्मणां वशेन गच्छति। तस्य स्वस्यां भूमौ निष्काङ्क्षस्य निर्विचिकित्सस्य जातिव्यतिवृत्तस्यापि न श्रावकचित्तं न प्रत्येकबुद्धचित्तञ्चोत्पद्यते। जातिव्यतिवृत्तस्याप्येवं भवति नाहं नाभिसम्भोत्स्येऽभिसम्भोत्स्ये एवाहमनुत्तरां सम्यक्सम्बोधिं स्वस्यां भूमौ स्थितः। अपरप्रणेयो भवत्यनवमर्द्दनीयश्च भवति स्वस्यां भूमौ॥ तत् कस्य हेतोः। तथा हि स स्थितोऽसंहार्य्येण चित्तेना-संहार्य्येण ज्ञानेन समन्वागतो भवति। सचेत् खलु पुनर्मारः पापीयान् बुद्धवेषेणोपसङ्क्रामेत्तमुपसङ्क्रम्यैवं वदेदिहैव त्वमर्हत्त्वं साक्षात्कुरु न त्वं व्याकृतोऽनुत्तरायां सम्यक्सम्बोधौ। न तव ते आकारास्तानि लिङ्गानि तानि निमित्तानि वा संविद्यन्ते यैराकारैर्यैर्लिङ्गैर्यैर्निमित्तैः समन्वागतो बोधिसत्त्वो महासत्त्वोऽनुत्तरां सम्यक्सम्बोधिमभिसम्बु-ध्यते किं वाऽत्र त्वं चरसीति। सचेत् पुनर्बोधिसत्त्वस्य महासत्त्व-स्यान्यथाचित्तं भवति वेदितव्यमेतत् सुभूते नायं बोधिसत्त्वो व्याकृतः पौर्व्वकै(१)स्तथागतैरर्हद्भिः सम्यक्सम्बुद्धैरनुत्तरायां सम्यक्सम्बोधा-

(१) पूर्व्वकैरिति ङ० च०।

विति। सचेत् पुनरेवं समन्वाहरति मारो वतायं पापीयान् बुद्धवेषमभिनिर्म्मायोपसङ्क्रान्तो माराधिष्ठितो वा मारनिर्म्मितो वेति नायं तथागतः। यथोक्तं तथागतेनार्हता सम्यक्सम्बुद्धेन तथागतं नान्यथा सचेदवम्प्रत्यवेक्षते। एवं समन्वाहरति मारो वतायं पापीयान् बुद्धाधिष्ठानं कृत्वा मां विवेचयितुकामोऽनुत्तरायाः सम्यक्सम्बोधित इति। सचेत् मारः प्रत्युदावर्त्तते वेदितव्यमेतत् सुभूते व्याकृतोऽयं बोधिसत्त्वो महासत्वोऽनुत्तरायां सम्यक्सम्बोधौ पौर्व्वकैस्तथागतैरर्हद्भिः सम्यक्सम्बुद्धैः स्थितोऽयं बोधिसत्त्वो महासत्वोऽविनिवर्त्तनीयायां बोधिसत्त्वभूमौ॥ सचेत् सुभूते बोधिसत्त्वस्य महासत्वस्य इमे आकारा इमानि लिङ्गानि इमानि विमित्तानि संविद्यन्ते वेदितव्यमेतत् सुभूते यथाऽस्येमे गुणा अवबुद्धा वतायं बोधिसत्त्वो महासत्वो व्याकृतः पौर्व्वकैस्तथागतैरर्हद्भिः सम्यक्सम्बुद्धैः स्थितोऽयं बोधिसत्त्वो महासत्वोऽविनिवर्त्तनीयायां बोधिसत्त्वभूमौ॥ तत् कस्य हेतोः। तथा ह्यस्य ते आकारास्तानि लिङ्गानि तानि निमित्तानि संविद्यन्ते यान्यविनिवर्त्तनीयस्य बोधिसत्त्वस्य महासत्वस्य॥ एभिरपि सुभूते आकारैरेभिर्लिङ्गैरेभिर्निमित्तैः समन्वागतो बोधिसत्त्वो महासत्वोऽविनिवर्त्तनीयोऽनुत्तरायाः सम्यक्सम्बोधेर्द्धारयितव्यः॥ पुनरपरं सुभूतेऽविनिवर्त्तनीयो बोधिसत्त्वो महासत्वः सद्धर्म्मपरिग्रहस्य कृतस आत्मपरित्यागमपि करोति जीवितपरित्यागमपि करोति। तस्माद्बोधिसत्त्वो महासत्वोऽविनिवर्त्तनीयः सद्धर्म्मपरिग्रहाय परमुद्योगमापद्यते अतीतानागतप्रत्युत्पन्नानां बुद्धानां भगवतां प्रेम्णा च गौरवेण च। धर्म्मकाया बुद्धा भगवन्त

इति धर्म्मे प्रेम च गौरवञ्चोपादाय सद्धर्म्मपरिग्रहं करोति। नायं केवलमतीतानामेव बुद्धानां भगवतां सद्धर्म्मपरिग्रहः प्रत्युत्पन्नानामपि बुद्धानां भगवतामेष एव सद्धर्म्मपरिग्रहोऽनागतानामपि बुद्धानां भगवतामेष एव सद्धर्म्मपरिग्रहः। अहमपि तत्र तेषामनागतानां बुद्धानां भगवतां सङ्ख्यां गणनां प्रविष्ट इत्यहमपि तत्र व्याकृतोऽनुत्तरायां सम्यक्सम्बोधौ ममाप्येष एव सद्धर्म्मपरिग्रह इति। स इममप्यर्थवशं सम्पश्यन् सद्धर्म्मपरिग्रहस्य कृतश आत्मपरित्यागमपि करोति जीवितपरित्यागमपि करोति न च तत्र संसीदति न च कौसीद्यमापद्यते॥ एभिरपि सुभूते आकारैरेभिर्लिङ्गैरेभिर्निमित्तैः समन्वागतो बोधिसत्त्वो महासत्वोऽविनिवर्त्तनीयोऽनुत्तरायाः सम्यक्सम्बोधेर्द्धारयितव्यः॥ पुनरपरं सुभूतेऽविनिवर्त्तनीयो बोधिसत्त्वो महासत्वस्तथागतस्यार्हतः सम्यक्सम्बुद्धस्य धर्म्मं देशयतो न काङ्क्षति न विचिकित्सति॥

सुभूतिराह। किन्तथागतस्यैव भगवन् धर्म्मं देशयतो न काङ्क्षति न विचिकित्सति न श्रावकस्य॥

भगवानाह। श्रावकस्यापि सुभूते धर्म्मं देशयतो न काङ्क्षति न विचिकित्सति॥ तत् कस्य हेतोः। तथा हि तेन बोधिसत्त्वेन महासत्वेन अनुत्पत्तिकेषु धर्म्मेषु क्षान्तिः प्रतिलब्धा तेन सर्व्वधर्म्माणां धर्म्मतामविरुद्धां शृणोति शृण्वंश्च न काङ्क्षति न विचिकित्सति॥ एभिः(१) सुभूते गुणैः समन्वागतो बोधिसत्त्वो महासत्वोऽविनिवर्त्तनीयो

---

(१) एभिरपि इति ङ० च०।

भवति॥ इमान्यपि सुभूतेऽविनिवर्त्तनीयस्य बोधिसत्त्वस्य महासत्त्वस्याकारलिङ्गनिमित्तानि वेदितव्यान्यनुत्तरायाः सम्यक्सम्बोधेरिति॥

आर्य्याष्टसाहस्रिकायां प्रज्ञापारमितायामविनिवर्त्तनीयाकारलिङ्गनिमित्तपरिवर्त्तो नाम सप्तदशः॥

अथ शून्यतापरिवर्त्तो नामाष्टादशः।

अथ खल्वायुष्मान् सुभूतिर्भगवन्तमेतदवोचत्। आश्चर्य्यं भगवन् महागुणसमन्वागतो[१] बोधिसत्त्वो महासत्वोऽप्रमाण[२] गुणसमन्वागतो भगवन् बोधिसत्त्वो महासत्वोऽपरिमितगुणसमन्वागतो भगवन् बोधिसत्त्वो महासत्वः॥

एवमुक्ते भगवानायुष्मन्तं सुभूतिमेतदवोचत्। एवमेतत् सुभूते एवमेतत्॥ तत् कस्य हेतोः। अविनिवर्त्तनीयेन हि सुभूते बोधिसत्त्वेन महासत्वेनानन्त[३] मपर्य्यन्तं ज्ञानं प्रतिलब्धमसंहार्य्यं सर्व्वश्रावकप्रत्येकबुद्धैः॥

सुभूतिराह। प्रतिबलो भगवन्नविनिवर्त्तनीयस्य बोधिसत्त्वस्य महासत्वस्य गङ्गानदीवालुकोपमान् कल्पानाकारान् लिङ्गानि निमित्तानि निर्द्देष्टुं। अत एव भगवन् बोधिसत्त्वस्य महासत्वस्य गम्भीराणि गम्भीराणि स्थानानि प्रज्ञापारमिताप्रतिसंयुक्तानि सूचयितव्यानि॥

एवमुक्ते भगवानायुष्मन्तं सुभूतिमेतदवोचत्। साधु साधु सुभूते। यस्त्वं गम्भीराणि गम्भीराणि स्थानान्यारभ्य निगमयितुकामः॥ गम्भीरमिति सुभूते शून्यताया एतदधिवचनमानिमित्तस्या[४] प्रणिहितस्यानभिसंस्कारस्यानुत्पादस्याजातेरभावस्य विरागस्य निरोधस्य निर्व्वाणस्य विगमस्यैतत् सुभूतेऽधिवचनं यदुत गम्भीरमिति॥

(१) महागुणसम्भारसमन्वागत इति ख० ङ० च०।

(२) अप्रमेय इति ग० च०।

(३) आनन्तर्य्यं इति ग०।

(४) अनिमित्तस्येति ग०।

सुभूतिराह। एतेषामेव भगवन् केवलमेतद्धर्म्माणामधिवचनं न पुनः सर्व्वधर्म्माणां॥

भगवानाह। सर्व्वधर्म्माणामप्येतत् सुभूतेऽधिवचनम् यदुत गम्भीरमिति॥ तत् कस्य हेतोः। रूपं हि सुभूते गम्भीरं एवं वेदना संज्ञा संस्कारा विज्ञानं हि सुभूते गम्भीरं॥ कथञ्च सुभूते रूपं गम्भीरं कथं वेदना संज्ञा संस्काराः कथञ्च सुभूते विज्ञानं गम्भीरं। यथा सुभूते तथता तथा गम्भीरं रूपं एवं वेदना संज्ञा संस्कारा यथा सुभूते तथता तथा गम्भीरं विज्ञानं। तत्र सुभूते यथा रूपतथता तथा गम्भीरं रूपं यथा वेदनातथता संज्ञातथता संस्कारतथता तत्र सुभूते यथा विज्ञानतथता तथा गम्भीरं विज्ञानं। यत्र सुभूते न रूपमियं रूपस्य गम्भीरता यत्र सुभूते न वेदना न संज्ञा न संस्कारा न विज्ञानमियं वेदनासंज्ञासंस्काराणामियं विज्ञानस्य गम्भीरता॥

सुभूतिराह। आश्चर्य्यं भगवन् यावत् सूक्ष्मेणोपायेन रूपतश्च निवारितो निर्व्वाणञ्च सूचितं। एवं वेदना संज्ञा संस्कारा यावत् सूक्ष्मेणोपायेन विज्ञानतश्च निवारितो निर्व्वाणञ्च सूचितं॥

भगवानाह। इमानि सुभूते गम्भीराणि गम्भीराणि स्थानानि प्रज्ञापारमिताप्रतिसंयुक्तानि यश्चिन्तयिष्यति तुलयिष्यति उपनिध्यास्यति(१) एवं मया स्थातव्यं यथा प्रज्ञापारमितायामाज्ञप्तं एवं मया शिक्षितव्यं यथा प्रज्ञापारमितायामाख्यातं एवं मया प्रति-

---

(१) उपनिधास्यति इति ख० उपनिध्यायिष्यति इति ग०।

यत्तव्यं यथा प्रज्ञापारमितायामुपदिष्टं तथा सम्पादयमानस्तथोपनिध्यायंस्तथोपपरीक्षमाणस्तथा प्रयुज्यमानस्तथा घटमानस्तथा व्यायच्छमान एकदिवसमप्यत्र योगमापद्यते। अयं बोधिसत्त्वो महासत्त्वस्तेनैकदिवसेन कियत् कर्म्म करोति। तद्यथापि नाम सुभूते कश्चिदेव पुरुषो रागचरितो वितर्कचरितः। तस्य पुरुषस्य रागचरितस्य वितर्कचरितस्य स्त्रिया अभिरूपया प्रासादिकया दर्शनीयया सह सङ्केतः कृतो भवेत्। सा खलु पुनः स्त्री परपरिगृहीता भवेत्। न वशयेदात्मानमगारान्निष्क्रमितुं। तत् किं मन्यसे सुभूते किं प्रतिसंयुक्तास्तस्य पुरुषस्य वितर्काः प्रवर्त्तेरन्॥

सुभूतिराह। स्त्रीप्रतिसंयुक्ता एव भगवंस्तस्य पुरुषस्य वितर्काः प्रवर्त्तेरन्। इयमागच्छति इयमागता तया सार्द्धमेवं करिष्यामि एवं रमिष्यामि एवं क्रीड़िष्यामि एवं प्रविचारयिष्यामीति॥

भगवानाह। तत् किं मन्यसे सुभूते दिवसस्यात्ययेन तस्य पुरुषस्य कियन्तो वितर्काः उत्पद्येरन्॥

सुभूतिराह। बहवो भगवन् दिवसस्यात्ययेन तस्य पुरुषस्य वितर्का उत्पद्येरन्॥

भगवानाह। यावन्तः सुभूते तस्य पुरुषस्य दिवसस्यात्ययेन वितर्का उत्पद्येरन् इयतः सुभूते कल्पान् बोधिसत्त्वो महासत्त्वश्छोरयति विपृष्ठीकरोति संसाराद्दूरीकरोति। य इह प्रज्ञापारमितायां यथाज्ञप्तं यथाख्यातं यथोपदिष्टं यथोद्दिष्टं यथानिर्द्दिष्टं तिष्ठति शिक्षते प्रतिपद्यते उपनिध्यायति योगमापद्यते तांश्च दोषान् विवर्जयति यैर्दोषैर्बोधिसत्त्वो महासत्त्वो विवर्त्ततेऽनुत्तरायाः सम्यक्सम्बोधेः॥ एवं

हि सुभूते यस्य बोधिसत्त्वो महासत्वः प्रज्ञापारमितायोगमनुयुक्तोऽनेन विहारेण विहरन् यदुत प्रज्ञापारमिताप्रतिसंयुक्तैर्मनसिकारैरेकदिवसेन तावत् कर्म्म करोति। यस्य प्रज्ञापारमिताविरहितो बोधिसत्त्वो[१] गङ्गानदीवालुकोपमान् कल्पांस्तिष्ठन् दानं दद्यात्। अयमेव ततो विशिष्यते योऽयं बोधिसत्त्वो महासत्व एवमेकदिवसमपि प्रज्ञापारमितायां योगमापद्यते॥ पुनरपरं सुभूते यस्य बोधिसत्त्वो महासत्वो[१] गङ्गानदीवालुकोपमान् कल्पांस्तिष्ठन् स्रोतआपन्नेभ्यो दानं दद्यात् प्रतिष्ठापयेदेवं सकृदागामिष्वनागामिष्वर्हत्सु दानं दद्यात् प्रतिष्ठापयेत् प्रत्येकबुद्धेषु दानं दद्यात् प्रतिष्ठापयेत् तथागतेष्वर्हत्सु सम्यक्सम्बुद्धेषु दानं दद्यात् प्रतिष्ठापयेत् विरहितस्य प्रज्ञापारमितया। यस्य बोधिसत्त्वो महासत्वो यथोपदिष्टं यथोद्दिष्टं यथानिर्द्दिष्टं प्रज्ञापारमितायां तथैव योगमापद्येत एकदिवसमप्ययं बोधिसत्त्वो महासत्वस्ततः पौर्व्वकाद्बोधिसत्त्वादद्भुततरं पुण्यं प्रसवति॥ पुनरपरं सुभूते यो बोधिसत्त्वो[१] गङ्गानदीवालुकोपमान् कल्पांस्तिष्ठन् स्रोतआपन्नेषु यावत् सम्यक्सम्बुद्धेषु दानं दद्यात् प्रतिष्ठापयेत् शीलेषु च परिपूर्णकारी भवेद्विरहितस्य प्रज्ञापारमितया भवेत्। यस्य बोधिसत्त्वो महासत्वः प्रज्ञापारमिताविहारी ततो मनसिकाराद्व्युत्थाय धर्म्मन्देशयेदयमेव सुभूते बोधिसत्त्वो महासत्वः ततः पौर्व्वकाद्बोधिसत्त्वादद्भुततरं पुण्यं प्रसवति॥ पुनरपरं सुभूते यो बोधिसत्त्वो[१] गङ्गानदीवालुकोपमान् कल्पांस्तिष्ठन् स्रोत-

(१) बोधिसत्त्वो महासत्व इति ग० घ०।

आपन्नेषु यावत् सम्यक्सम्बुद्धेषु दानं दद्यात् प्रतिष्ठापयेत् शीलेषु च परिपूर्णकारी भवेत् क्षान्त्या च समान्वागतो भवेद्विरहितश्च प्रज्ञापारमितया। यश्च बोधिसत्त्वो महासत्त्वः प्रज्ञापारमिताविहारी ततो मनसिकारादुत्थाय दानं दद्यादयमेव सुभूते बोधिसत्त्वो महासत्त्वस्ततः पौर्व्वकाद्बोधिसत्त्वाद्बहुतरं पुण्यं प्रसवति॥ पुनरपरं सुभूते यो बोधिसत्त्वो महासत्त्वो[१] गङ्गानदीवालुकोपमान् कल्पांस्तिष्ठन् स्रोतआपन्नेषु यावत् सम्यक्सम्बुद्धेषु दानं दद्यात् प्रतिष्ठापयेत् शीलेषु परिपूर्णकारी क्षान्त्या च समन्वागत आरब्धवीर्य्यः सन् ध्यानेषु बोधिपक्षेषु[२] च धर्म्मेषु योगमापद्येत विरहितश्च प्रज्ञापारमितया। यश्च खलु पुनः सुभूते बोधिसत्त्वो महासत्त्वस्तथा धर्म्मदानं दत्वाऽनुत्तरायां सम्यक्सम्बोधौ परिणामयेदयमेव सुभूते बोधिसत्त्वो महासत्त्वस्ततः पौर्व्वकाद्बोधिसत्त्वाद्बहुतरं पुण्यं प्रसवति॥ पुनरपरं सुभूते बोधिसत्त्वो महासत्त्वस्तथा धर्म्मदानं दत्वा प्रज्ञापारमितोक्तेन परिणामेनानुत्तरायां सम्यक्सम्बोधौ परिणामयेदयन्ततो बहुतरं पुण्यं प्रसवति॥ पुनरपरं सुभूते बोधिसत्त्वो महासत्त्वस्तथा धर्म्मदानं दत्वा प्रज्ञापारमितोक्तेन परिणामेनानुत्तरायां सम्यक्सम्बोधौ परिणामयेत् परिणाम्य च प्रतिसंलाने पुनरेव योगमापद्येत। यश्च खलु पुनः सुभूते बोधिसत्त्वो महासत्त्वस्तथा धर्म्मदानमेव दद्यात् न पुनः प्रतिसंलाने[३] योगमापद्येत स बोधिसत्त्वो

(१) ख० ङ० च० पुस्तकेषु महासत्त्व इति पाठो नास्ति।

(२) बोधिपक्ष्येषु इति ख० घ०।

(३) न पुनः प्रतिसंलाने इत्यत्र, ख० ग० पुस्तकयोः, प्रतिसंलाने पुनरेव इति पाठोऽस्ति।

महासत्त्वो ऽतः तावत् पुण्यं प्रसवति यावद्य एवं धर्म्मदानं ददद्-बोधिसत्त्वो महासत्त्वः प्रतिसंलाने च पुनरेव योगमापद्यमानः प्रज्ञापारमितया च परिगृहीतस्तत् प्रतिसंलानमविरहितं करोति प्रज्ञापारमितायाः। अयं बोधिसत्त्वो महासत्त्वो बहुतरं पुण्यं प्रसवति॥

सुभूतिराह। यदा भगवन्नभिसंस्कारो विकल्प इत्युक्तं भगवता तदा कथं बहुतरं पुण्यं प्रसवतीत्युच्यते॥

भगवानाह। सोऽपीदानीं सुभूते पुण्याभिसंस्कारो बोधिसत्त्वस्य महासत्त्वस्य प्रज्ञापारमितायाञ्चरतः शून्यक इत्येवाख्यायते रिक्तक इत्येवाख्यायते तुच्छक इत्येवाख्यायते असारक इत्येवाख्यायते। यथा यथा खलु पुनः सुभूते बोधिसत्त्वो महासत्त्व एवं सर्व्वधर्म्मान् प्रत्यवेक्षते तथा तथा सुभूते बोधिसत्त्वो महासत्त्वोऽविरहितो भवति प्रज्ञापार-मितया। यथा यथा च सुभूते बोधिसत्त्वो महासत्त्वोऽविरहितो भवति प्रज्ञापारमितया तथा तथाऽप्रमेयमसङ्ख्येयं पुण्यं प्रसवति॥

सुभूतिराह। अप्रमेयस्य भगवन्नसङ्ख्येयस्य च किं नाना-करणं वा कः प्रतिविशेषो वा॥

भगवानाह। अप्रमेयमिति सुभूते यत्र प्रमाणान्युपरमन्ते। असङ्ख्येयमिति सुभूते यन्न शक्यं सङ्ख्ययाऽपि क्षपयितुम्॥

सुभूतिराह। स्याद्भगवन् पर्य्यायो यद्रूपमप्रमेयं भवेदेवं वेदना संज्ञा संस्काराः स्याद्भगवन् पर्य्यायो यद्विज्ञानमप्रमेयं भवेत्॥

भगवानाह। यत्सुभूतिरेवमाह। स्याद्भगवन् पर्य्यायो यद्रूप-मप्रमेयं भवेदेवं वेदना संज्ञा संस्काराः स्याद्भगवन् पर्य्यायो यद्वि-

ज्ञानमप्रमेयं भवेदिति। स्यात् सुभूते पर्य्यायो येन रूपमेवाप्रमेयं भवेदेवं वेदनैव संज्ञैव संस्कारा एव स्यात् सुभूते पर्य्यायो येन विज्ञानमेवाप्रमेयं भवेत्॥

सुभूतिराह। कस्य पुनर्भगवन्नेतदधिवचनमप्रमेयमिति॥

भगवानाह। शून्यतायाः सुभूते एतदधिवचनमप्रमेयमिति। आनिमित्तस्यैतदधिवचनमप्रणिहितस्य सुभूते एतदधिचचनमप्रमेयमिति॥

सुभूतिराह। किं शून्यताया एव भगवन् केवलमेतदधिवचनमप्रमेयमिति आनिमित्तस्यैवाप्रणिहितस्यैव भगवन् केवलमेतदधिवचनमप्रमेयमिति नान्येषां धर्म्माणाम्॥

भगवानाह। तत् किं मन्यसे सुभूते न तु मया सर्व्वधर्म्माः शून्या इत्याख्याताः॥

सुभूतिराह। शून्या एव भगवन् सर्व्वधर्म्मास्तथागतेनाख्याताः॥

भगवानाह। ये च सुभूते शून्या अक्षया अपि ते। या च शून्यताऽप्रमेयताऽपि सा। तस्मात्तर्हि सुभूते एषां धर्म्माणामर्थतो विशेषो वा नानाकरणं वा नोपलभ्यते। अभिलापा एते सुभूते तथागतेनाख्याता अभिलपिता अप्रमेयमिति वा असङ्ख्येयमिति वा अक्षयमिति वा शून्यमिति वा आनिमित्तमिति वा अप्रणिहितमिति वा अनभिसंस्कार इति वाऽनुत्पाद इति वाऽजातिरिति वाऽभाव इति वा विराग इति वा निरोध इति वा निर्वाणमिति वा। देशनाभिनिर्हारनिर्द्देश एष सुभूते तथागतेनार्हता सम्यक्सम्बुद्धेनाख्यातः॥

सुभूतिराह। आश्चर्य्यम्भगवन् यावद्यदियन्तथागतेनार्हता सम्यक्सम्बुद्धेन सर्व्वधर्म्माणां धर्म्मता देशिता सा च सर्व्वधर्म्माणां धर्म्मता अनभिलप्या। यथाऽहं भगवन् भगवतो भाषितस्यार्थमाजानामि तथा[१] सर्व्वधर्म्मा अपि भगवन् अनभिलप्याः॥

भगवानाह। एवमेतत् सुभूते एवमेतत्। सर्व्वधर्म्मा अपि सुभूते अनभिलप्याः॥ तत् कस्य हेतोः। या च सुभूते सर्व्वधर्म्माणां शून्यता न सा शक्याऽभिलपितुम्॥

सुभूतिराह। किं पुनर्भगवन्ननभिलप्यस्यार्थस्य वृद्धिर्व्वाऽस्ति परिहाणिर्व्वा विद्यते॥

भगवानाह। नो हीदं सुभूते॥

सुभूतिराह। सचेद्भगवन्ननभिलप्यस्यार्थस्य न वृद्धिर्न परिहाणिर्दानपारमिताया अपि भगवन् न वृद्धिर्न परिहाणिर्भविष्यति। एवं शीलपारमिताया अपि क्षान्तिपारमिताया अपि वीर्य्यपारमिताया अपि ध्यानपारमिताया अपि प्रज्ञापारमिताया अपि भगवन् न वृद्धिर्न परिहाणिर्भविष्यति। सचेद्भगवन्नासां षण्णां पारमितानां न वृद्धिर्न परिहाणिः कथं भगवन् अविवर्द्धमानानां षण्णां पारमितानां बलेन बोधिसत्त्वो महासत्त्वोऽनुत्तरां सम्यक्सम्बोधिमभिसम्बुध्यते कथञ्चानुत्तरायाः सम्यक्सम्बोधेरभ्यासन्नीभवति। न च भगवन्नप्रतिपूरयन् पारमितां बोधिसत्त्वो महासत्त्वोऽभ्यासन्नीभवत्यनुत्तरायाः सम्यक्सम्बोधेः॥

---

(१) ख० ग० पुस्तकयोः तथा इति पाठो न विद्यते।

भगवानाह। एवमेतत् सुभूते एवमेतत्। न खलु पुनः सुभूते पारमितार्थस्य काचिद्वृद्धिर्वाऽस्ति परिहाणिर्वा विद्यते। अपि तु खलु पुनः सुभूते बोधिसत्त्वस्य महासत्वस्य प्रज्ञापारमितायां चरतः प्रज्ञापारमितां भावयत उपायकुशलस्य नैवं भवति। इयं दानपारमिता विवर्द्धते इयन्दानपारमिता परिहीयते इति। अपि तु खलु पुनरस्यैवं भवति नामधेयमात्रमेतद्यदुत दानपारमितेति। स दानं ददत्तान् मनसिकारांस्तांश्चित्तोत्पादांस्तानि कुशलमूलानि अनुत्तरायां सम्यक्सम्बोधौ परिणामयति यथाऽनुत्तरा सम्यक्सम्बोधिस्तथा परिणामयति॥ पुनरपरं सुभूते बोधिसत्त्वस्य महासत्वस्य प्रज्ञापारमितायां चरतः प्रज्ञापारमितां भावयत उपायकुशलस्य नैवं भवति। इयं शीलपारमिता विवर्द्धते इयं शीलपरिमिता परिहीयते इति। अपि तु खलु पुनरस्यैवं भवति नामधेयमात्रमेतद्यदुत शीलपारमितेति। स शीलं समादाय वर्त्तमानस्तान् मनसिकारांस्तांश्चित्तोत्पादांस्तानि कुशलमूलानि अनुत्तरायां सम्यक्सम्बोधौ परिणामयति यथाऽनुत्तरा सम्यक्सम्बोधिस्तथा परिणामयति॥ पुनरपरं सुभूते बोधिसत्त्वस्य महासत्वस्य प्रज्ञापारमितायां चरतः प्रज्ञापारमितां भावयत उपायकुशलस्य नैवं भवति। इयं क्षान्तिपारमिता विवर्द्धते इयं क्षान्तिपारमिता परिहीयते इति। अपि तु खलु पुनरस्यैवं भवति नामधेयमात्रमेतद्यदुत क्षान्तिपारमितेति। स क्षान्त्या सम्पादयंस्तान् मनसिकारांस्तांश्चित्तोत्पादांस्तानि च कुशलमूलानि अनुत्तरायां सम्यक्सम्बोधौ परिणामयति यथाऽनुत्तरा सम्यक्सम्बोधिस्तथा परिणामयति॥ पुनर-

परं सुभूते बोधिसत्त्वस्य महासत्त्वस्य प्रज्ञापारमितायां चरतः प्रज्ञापारमितां भावयत उपायकुशलस्य नैवं भवति । इयं वीर्यपारमिता विवर्द्धते इयं वीर्यपारमिता परिहीयते इति । अपि तु खलु पुनरस्यैवं भवति नामधेयमात्रमेतद्यदुत वीर्यपारमितेति । स वीर्यमारभमाणस्तान् मनसिकारांस्तांश्चित्तोत्पादांस्तानि च कुशलमूलानि अनुत्तरायै सम्यक्सम्बोधये परिणामयति यथाऽनुत्तरा सम्यक्सम्बोधिस्तथा परिणामयति ॥ पुनरपरं सुभूते बोधिसत्त्वस्य महासत्त्वस्य प्रज्ञापारमितायां चरतः प्रज्ञापारमितां भावयत उपायकुशलस्य नैवं भवति। इयं ध्यानपारमिता विवर्द्धते इयं ध्यानपारमिता परिहीयते इति । अपि तु खलु पुनरस्यैवं भवति नामधेयमात्रमेतद्यदुत ध्यानपारमितेति । स ध्यानानि समापद्यमानस्तान् मनसिकारांस्तांश्चित्तोत्पादांस्तानि च कुशलमूलानि अनुत्तरायां सम्यक्सम्बोधौ परिणामयति यथाऽनुत्तरा सम्यक्सम्बोधिस्तथा परिणामयति ॥ पुनरपरं सुभूते बोधिसत्त्वस्य महासत्त्वस्य प्रज्ञापारमितायां चरतः प्रज्ञापारमितां भावयत उपायकुशलस्य नैवं भवति। इयं प्रज्ञापारमिता विवर्द्धते इयं प्रज्ञापारमिता परिहीयते इति । अपि तु खलु पुनरस्यैवं भवति नामधेयमात्रमेतद्यदुत प्रज्ञापारमितेति । स प्रज्ञापारमितायां चरन् प्रज्ञापारमितां भावयंस्तान् मनसिकारांस्तांश्चित्तोत्पादांस्तानि च कुशलमूलानि अनुत्तरायां सम्यक्सम्बोधौ परिणामयति यथाऽनुत्तरा सम्यक्सम्बोधिस्तथा परिणामयति॥

अथ खल्वायुष्मान् सुभूतिर्भगवन्तमेतदवोचत् । का पुनरेषा भगवन्ननुत्तरा सम्यक्सम्बोधिः ॥

भगवानाह। तथतैषा सुभूतेऽनुत्तरा सम्यक्सम्बोधिः। न च सुभूते तथता विवर्द्धते वा परिहीयते वा। सचेद्बोधिसत्त्वो महासत्त्वस्तत्प्रतिसंयुक्तैर्मनसिकारैरभीक्ष्णं बहुलं विहरति एवं स आसन्नीभवत्यनुत्तरायाः सम्यक्सम्बोधेः तैश्च मनसिकारैर्न परिहीयते। एवं खलु सुभूते अनभिलप्यस्यार्थस्य न वृद्धिर्न परिहाणिर्भवति। एवं पारमितानां न वृद्धिर्न परिहाणिर्भवति एवं सर्व्वधर्म्माणामपि सुभूते न वृद्धिर्न परिहाणिर्भवति॥ एवं हि सुभूते बोधिसत्त्वो महासत्त्व एभिरेवंरूपैर्मनसिकारैर्विहरन्नासन्नीभवत्यनुत्तरायाः सम्यक्सम्बोधेरिति॥

आर्य्याष्टसाहस्रिकायां प्रज्ञापारमितायां शून्यतापरिवर्त्तो नामाष्टादशः॥

अथ गङ्गदेवीभगिनीपरिवर्त्तो नामैकोनविंशः।

अथ खल्वायुष्मान् सुभूतिर्भगवन्तमेतदवोचत्। किं पुनर्भगवन् प्रथमचित्तोत्पादेन बोधिसत्त्वो महासत्वोऽनुत्तरां सम्यक्सम्बोधिमभिसम्बुध्यते उताहो पश्चिमचित्तोत्पादेन बोधिसत्त्वो महासत्वोऽनुत्तरां सम्यक्सम्बोधिमभिसम्बुध्यते। पौर्व्वको भगवंश्चित्तोत्पादः पश्चिमकेन चित्तोत्पादेनासमवहितः पश्चिमकश्चित्तोतपादः पौर्व्वकेन चित्तोत्पादेनासमवहितः। कथं भगवन् बोधिसत्त्वस्य महासत्वस्य कुशलमूलानामुपचयो भवति॥

एवमुक्ते भगवानायुष्मन्तं सुभूतिमेतदवोचत्। तत्किं मन्यसे सुभूते तैलप्रद्योतस्य ज्वलतोऽर्चिषा प्रथमाभिनिपातेन सा वर्त्तिर्दग्धा उताहो पश्चिमाभिनिपातेनार्च्चिषा सा वर्त्तिर्दग्धा।

सुभूतिराह। नो हीदं भगवन्। न हि भगवन्नर्च्चिषा प्रथमाभिनिपातेन सा वर्त्तिर्दग्धा। न च प्रथमाभिनिपातमनागम्यार्च्चिषा सा वर्त्तिर्दग्धा। न भगवन् पश्चिमाभिनिपातेनार्च्चिषा सा वर्त्तिर्दग्धा। न च पश्चिमाभिनिपातमनागम्यार्च्चिषा सा वर्त्तिर्दग्धा॥

भगवानाह। तत्किं मन्यसे सुभूतेऽपि नु सा वर्त्तिर्दग्धा॥

सुभुतिराह। दग्धा भगवन् दग्धा सुगत॥

भगवानाह। एवमेव सुभूते न च प्रथमचित्तोत्पादेन बोधिसत्त्वो महासत्वोऽनुत्तरां सम्यक्सम्बोधिमभिसम्बुध्यते न च प्रथम-

चित्तोत्पादमनागम्यानुत्तरां सम्यक्सम्बोधिमभिसम्बुध्यते न च पश्चिमचित्तोत्पादेनानुत्तरां सम्यक्सम्बोधिमभिसम्बुध्यते न च पश्चिमचित्तोत्पादमनागम्यानुत्तरां सम्यक्सम्बोधिमभिसम्बुध्यते न च तैश्चित्तोत्पादैर्न चान्यत्र तेभ्यश्चित्तोत्पादेभ्योऽभिसम्बुध्यते । अभिसम्बुध्यते च बोधिसत्त्वो महासत्त्वोऽनुत्तरां सम्यक्सम्बोधिं ॥

एवमुक्ते आयुष्मान् सुभुतिर्भगवन्तमेतदवोचत् । गम्भीरोऽयं भगवन् प्रतीत्यसमुत्पादः । न च नाम भगवन् प्रथमचित्तोत्पादेनैव बोधिसत्त्वो महासुत्वोऽनुत्तरां सम्यक्सम्बोधिमभिसम्बुध्यते न च नाम प्रथमचित्तोत्पादमनागम्यानुत्तरां सम्यक्सम्बोधिमभिसम्बुध्यते । न च नाम पश्चिमचित्तोत्पादेनैव बोधिसत्त्वो महासत्त्वोऽनुत्तरां सम्यक्सम्बोधिमभिसम्बुध्यते न च नाम पश्चिमचित्तोत्पादमनागम्यानुत्तरां सम्यक्सम्बोधिमभिसम्बुध्यते न च नाम तैश्चित्तोत्पादैर्न चान्यत्र तेभ्यश्चित्तत्तोत्पादेभ्योऽभिसम्बुध्यते । अभिसम्बुध्यते च बोधिसत्त्वो महासत्त्वोऽनुत्तरां सम्यक्सम्बोधिं ॥

एवमुक्ते भगवानायुष्मन्तं सुभूतिमेतदवोचत् । तत् किं मन्यसे सुभूते यच्चित्तं निरुद्धमपि नु तत्पुनरुत्पत्स्यते ॥

सुभूतिराह । नो हीदं भगवन् ॥

भगवानाह । तत् किं मन्यसे सुभूते यच्चित्तमनुत्पन्नमपि नु तन्निरोधधर्म्मि ॥

आह । निरोधधर्म्मि भगवन् ।

भगवानाह । तत् किं मन्यसे सुभूते यन्निरोधधर्म्मि अपि नु तन्निरोत्स्यते ॥

आह। नो हीदं भगवन्॥

भगवानाह। तत् किं मन्यसे सुभूते यच्चित्तमनुत्पन्नमपि नु तन्निरोधधर्म्मि॥

आह। नो हीदं भगवन्॥

भगवानाह। तत् किं मन्यसे सुभूते यन्निरोधधर्म्मि अपि नु तदुत्पत्स्यते(१)॥

आह। नो हीदं भगवन्।

भगवानाह। तत् किं मन्यसे सुभूते यच्चित्तमनुत्पादानिरोधधर्म्मि अपि नु तन्निरोत्स्यते(२)॥

आह। नो हीदं भगवन्॥

भगवानाह। तत् किं मन्यसे सुभूते यो धर्म्मः प्रकृत्या स्वभावनिरुद्ध एव स धर्म्मो निरोत्स्यते॥

आह। नो हीदं भगवन्॥

भगवानाह। तत् किं मन्यसे सुभूते या धर्म्माणां धर्म्मता सा निरोत्स्यते॥

आह। नो हीदं भगवन्॥

भगवानाह। तत् किं मन्यसे सुभूते तथैव स्थास्यति यथा तथता॥

आह। तथैव भगवन् स्थास्यति यथा तथता॥

---

(१) निरोत्स्यते इति घ० च०।

(२) अनुत्पादनिरोधधर्म्मि इति ख० च०।

भगवानाह। तत् किं मन्यसे सुभूते यदि तथैव स्थास्यति यथा तथता तदा मा कूटस्था भूत् ॥

आह। नो हीदं भगवन् ॥

भगवानाह। तत् किं मन्यसे सुभूते गम्भीरा तथता ॥

आह। गम्भीरा भगवन्।

भगवानाह। तत् किं मन्यसे सुभूते तथतायां चित्तं ॥

आह। नो हीदं भगवन् ॥

भगवानाह। तत् किं मन्यसे सुभूते चित्तं तथता ॥

आह। नो हीदं भगवन् ॥

भगवानाह। तत् किं मन्यसे सुभूतेऽन्यत्तथतायाः[१]श्चित्तं ॥

आह। नो हीदं भगवन् ॥

भगवानाह। समनुपश्यसि त्वं सुभूते तथतां ॥

आह। नो हीदं भगवन् ॥

भगवानाह। तत् किं मन्यसे सुभूते य एवञ्चरति स गम्भीरे चरति ॥

आह। यो भगवन्नेवञ्चरति स न क्वचिच्चरति ॥ तत् कस्य हेतोः। तथा ह्यस्य ते समुदाचारा न प्रवर्त्तन्ते न समुदाचरन्ति ॥

भगवानाह। यः सुभूते बोधिसत्त्वो महासत्वः प्रज्ञापारमितायाञ्चरति स क्व चरति[२] ॥

---

(१) अन्यतथतायाः इति ख० च०, अन्यत्तथतायां इति घ०।

(२) स क्वचिच्चरति इति ख० ङ०, स न क्वचिच्चरति इति ग०।

आह। चरति भगवन् परमार्थे ॥

भगवानाह। तत् किं मन्यसे सुभूते यो बोधिसत्त्वो महासत्त्वः परमार्थे चरति स निमित्ते चरति ॥

आह। नो हीदं भगवन् ॥

भगवानाह। तत् किं मन्यसे सुभूतेऽपि तु तस्य निमित्तमविभावितं ॥

आह। नो हीदं भगवन् ॥

भगवानाह। तत् किं मन्यसे सुभूतेऽपि नु बोधिसत्त्वस्य महासत्त्वस्य प्रज्ञापारमितायाश्चरतो निमित्तं विभावितं भवति ॥

सुभूतिराह। न स भगवन् बोधिसत्त्वो महासत्त्व एवं प्रयुज्यते। कथमहं बोधिसत्त्वचर्य्यां चरन्निहैव निमित्तप्रहाणमनुप्राप्नुयामिति। स चेत् पुनरनुप्राप्नुयादप्रतिपूर्णैः सर्व्वबुद्धधर्म्मैः श्रावको भवेत्। एतत्तद्भगवन् बोधिसत्त्वस्य महासत्त्वस्योपायकौशल्यं यत्तच्च निमित्तं जानाति यल्लक्षणं यन्निमित्तमानिमित्ते च परिजयं करोति ॥

अथ खल्वायुष्मान् शारिपुत्त्र आयुष्मन्तं सुभूतिमेतदवोचत्। य आयुष्मन् सुभूते बोधिसत्त्वो महासत्त्वः स्वप्नान्तरगतस्त्रीणि विमोक्षमुखानि भावयति[१] शून्यतामानिमित्तमप्रणिहितञ्च। अपि तु तस्य प्रज्ञापारमिता विवर्द्धते ॥

सुभूतिराह। सचेदायुष्मन् शारिपुत्त्र दिवसभावनया विवर्द्धते एवं स्वप्नान्तरगतस्यापि विवर्द्धते ॥ तत् कस्य हेतोः। अविकल्पो हि आयुष्मन् शारिपुत्त्र स्वप्नस्य दिवसस्योक्तो भगवता। सचेदायुष्मन्

(१) क० पुस्तके, भावयतीत्यनन्तरं, कतमानि त्रीणि इति पाठोऽस्ति।

शारिपुत्र बोधिसत्त्वो महासत्वः प्रज्ञापारमितालाभी दिवसे दिवसे प्रज्ञापारमितायाञ्चरति ततो[१] ऽस्य प्रज्ञापारमिताऽभ्यासतः स्वप्नान्तरगतस्यापि बोधिसत्त्वस्य महासत्वस्य प्रज्ञापारमितावैपुल्येन भवितव्यं॥

शारिपुत्र आह। यत्[२] पुनरायुष्मन् सुभूते स्त्री वा पुरुषो वा स्वप्नान्तरगतः कर्म्म शुभमशुभं वा करोति। किं भवति तस्य कर्म्मण आचयो वा उपचयो वा॥

सुभूतिराह। यथा स्वप्नोपमाः सर्व्वधर्म्मा उक्ता भगवता तथा न तस्य कर्म्मणो भवत्याचयो वा उपचयो वा॥ अथ पुनरायुष्मन् शारिपुत्र स पुरुषः प्रतिविबुद्धः सन् विकल्पयन् हतसंज्ञामुत्पादयति भवति तस्य कर्म्मण आचयो वा उपचयो वा॥ कथञ्चायुष्मन् शारिपुत्र विकल्पयन् हतसंज्ञामुत्पादयति। सचेत् स्वप्नान्तरगतः प्राणातिपातं कृत्वा प्रतिविबुद्धः सन्नेवं विकल्पयति। अहो हतः साधु हतः सुष्ठु हतो मया हतः इत्येवं विकल्पयन् हतसंज्ञामुत्पादयति॥

शारिपुत्र आह। सचेदायुष्मन् सुभूते स पुरुषः प्रतिविबुद्धः सन् विकल्पयन् हतसंज्ञामुत्पादयति अहो हतः साधु हतः सुष्ठु हतो मया हत इति। भवति तस्य कर्म्मण आचयो वा उपचयो वा। बुद्धो[३] भगवानपि विकल्पयन् क्षयसंज्ञामुत्पादयति। तस्यापि कर्म्मण आचयो वा उपचयो वा भवेत्॥

---

(१) तदा इति ख० ङ० च०।

(२) यत्तदिति ग०।

(३) सचेदायुष्मन् सुभूते बद्धः इति च०।

सुभूतिराह। नो हीदमायुष्मन् शारिपुत्त्र॥ तत् कस्य हेतोः। सर्व्वकल्पविकल्पप्रहीणो हि तथागतः॥ तद्यथापि नामाकाशमेवायुष्मन् शारिपुत्त्र नानारम्बणं कर्म्मोत्पद्यते नानारम्बणं चित्तमुत्पद्यते। तस्मात्तर्ह्यायुष्मन् शारिपुत्त्र सारम्बणमेव कर्म्मोत्पद्यते नानारम्बणं सारम्बणमेव चित्तमुत्पद्यते। नानारम्बणं दृष्टश्रुतमतविज्ञातेष्वायुष्मन् शारिपुत्त्र धर्म्मेषु बुद्धेः प्रवर्त्तते। तत्र काचिद्बुद्धिः सङ्क्लेशं परिगृह्णाति काचिद्बुद्धिर्व्यवदानं परिगृह्णाति॥ तस्मात्तर्ह्यायुष्मन् शारिपुत्त्र सारम्बणैव चेतनोत्पद्यते नानारम्बणं सारम्बणमेव कर्म्मोत्पद्यते नानारम्बणं।

शारिपुत्त्र आह। यदायुष्मन् सुभूते सर्व्वारम्बणानि विविक्तानि आख्यातानि भगवता। तदा कस्मादायुष्मन् सुभूते सारम्बणैव चेतनोत्पद्यते नानारम्बणा।

सुभूतिराह। निमित्तीकृत्यायुष्मन् शारिपुत्त्र विद्यमानमेवारम्बणमारम्बणीकृत्य सारम्बणैव चेतनोत्पद्यते। नानारम्बणा चेतनाप्यायुष्मन् शारिपुत्त्र विविक्ता निमित्तमपि विविक्तं। एवमविद्याप्रत्ययाः संस्करा अपि विविक्ताः संस्कारप्रत्ययं विज्ञानमपि यावज्जातिप्रत्ययं जरामरणमपि विविक्तं॥ एवमेवायुष्मन् शारिपुत्त्र सर्व्वारम्बणानि विविक्तानि निमित्तेन विविक्ता चेतना लोकव्यवहारमुपादायोत्पद्यत इति॥

शारिपुत्त्र आह। यदायुष्मन् सुभूते बोधिसत्त्वो महासत्वः स्वप्नान्तरगतो दानन्दद्यात्। तच्च दानमनुत्तरायां सम्यक्सम्बधौ परिणामयति। परिणामितं किन्तद्दानं वक्तव्यम्॥

सुभूतिराह। अयमायुष्मन् शारिपुत्त्र मैत्रेयो बोधिसत्त्वो महा-महासत्वः सम्मुखीभूतः। एष तथागतेन व्याकृतोऽनुत्तरायां सम्यक्सम्बोधौ एषोऽस्यार्थे कायसाक्षी[१] एष प्रष्टव्यः एष एनमर्थं विसर्जयिष्यति॥

अथ खल्वायुष्मान् शारिपुत्त्रो मैत्रेयं बोधिसत्त्वं महासत्वमेतद-वोचत्। अयमायुष्मन् मैत्रेय सुभूतिः स्थविर एवमाह। अयं मैत्रेयो बोधिसत्त्वो महासत्वः। एष एनमर्थं विसर्ज्जयिष्यतीति। विसर्जया-युष्मन्नजित एनमर्थम्॥

अथ खलु मैत्रेयो बोधिसत्त्वो महासत्व आयुष्मन्तं सुभूति-मेतदवोचत्। यदायुष्मान् सुभूतिरेवमाह। अयं मैत्रेयो बोधि-सत्त्वो महासत्वः। एष एनमर्थं विसर्जयिष्यतीति। किं पुनरायुष्मन् सुभूते यदेतन्नामधेयं मैत्रेय इति। एतदेन[२] मर्थं विसर्जयिष्यति। उत रूपं विसर्ज्जयिष्यति उत वेदना संज्ञा संस्कारा अथ विज्ञानं विसर्ज्जयिष्यति। उताहो वर्णो विसर्ज्जयिष्यति अथ संस्थानं विसर्ज्ज-यिष्यति। उताहो या रूपस्य शून्यता सा विसर्ज्जयिष्यति। एवं या वेदनायाः संज्ञायाः संस्काराणां या विज्ञानस्य शून्यता सा विसर्ज्जयिष्यति॥ या खलु पुनरायुष्मन् सुभूते रूपस्य शून्यता न सा प्रतिबला विसर्ज्जयितुं। एवं वेदनायाः संज्ञायाः संस्काराणां या खलु पुनरायुष्मन् सुभूते विज्ञानस्य शून्यता न सा प्रतिबला

(१) कायः साक्षीति घ०।
(२) एतदेवमिति ख० च०।

विसर्ज्जयितुम्। तमप्यहमायुष्मन् सुभूते धर्म्मं न समनुपश्यामि यो धर्म्मो विसर्ज्जयेत् तमप्यहं धर्म्मं न समनुपश्यामि यो धर्म्मो विसर्ज्जयितव्यः तमप्यहं धर्म्मं न समनुपश्यामि येन धर्म्मेण विसर्ज्जयेत् तमप्यहं धर्म्मं न समनुपश्यामि यो धर्म्मो व्याकृतोऽनुत्तरायां सम्यक्सम्बोधौ॥

अथ खल्वायुष्मान् शारिपुत्रो मैत्रेयं बोधिसत्त्वं महासत्त्वमेतदवोचत्। कच्चित् पुनरायुष्मन् मैत्रेय त्वया एते धर्म्मा एवं साक्षात्कृता यथैनां वाचां भाषसे॥

मैत्रेय आह। न मयायुष्मन् शारिपुत्र एते धर्म्मा एवं साक्षात्कृता यथैनां वाचां भाषे। एवमप्यहमेनानायुष्मन् शारिपुत्र धर्म्मान् न वेद्मि नोपलभे न समनुपश्यामि यथा वाचा भाषे चित्तेन वा चिन्तयामि अपि नु खलु पुनरायुष्मन् शारिपुत्र न कायेन स्पृश्येत न वाचा भाष्येत न मनसा समन्वाह्रियेत एवंस्वभावाः सर्व्वधर्म्मा अस्वभावत्वात्॥

अथ खल्वायुष्मतः शारिपुत्रस्यैतदभूत्। गम्भीरप्रज्ञो बतायं मैत्रेयो बोधिसत्त्वो महासत्त्वो यथापि नाम दीर्घरात्रं प्रज्ञापारमितायां चरितावी निर्द्दिशति॥

अथ खलु भगवानायुष्मन्तं शारिपुत्रमामन्त्रयते स्म। कुतस्ते शारिपुत्रैतदभूत् गम्भीरप्रज्ञो बतायं मैत्रेयो बोधिसत्त्वो महासत्त्व इति। समनुपश्यसि त्वं शारिपुत्र तं धर्म्मं येन धर्म्मेण समन्वागतोऽर्हन्निति प्रभाष्यसे॥

शारिपुत्र आह। न ह्येतद्भगवन्॥

भगवानाह। एवमेव शारिपुत्त्र बोधिसत्त्वस्य महासत्वस्य प्रज्ञापारमितायाञ्चरतो नैवं भवति। अयं धर्म्मो व्याकृतोऽनुत्तरायां सम्यक्सम्बोधौ अयं धर्म्मो व्याकरिष्यतेऽनुत्तरायां सम्यक्सम्बोधौ अयं धर्म्मो व्याक्रियतेऽनुत्तरायां सम्यक्सम्बोधौ अयं धर्म्मोऽनुत्तरां सम्यक्सम्बोधिमभिसम्भोत्स्यते। एवं चरन् बोधिसत्त्वो महासत्वश्चरति प्रज्ञापारमितायां स चरन् नोत्त्रस्यति न सन्त्रस्यति न सन्त्रासमापद्यते लब्धबलाधानत्वान्नाहं नाभिसम्भोत्स्य इत्येवं योगमापद्यते। स चेदेवं चरति चरति प्रज्ञापारमितायां॥ पुनरपरं शारिपुत्त्र व्याड़कान्तारमध्यगतेन बोधिसत्त्वेन महासत्वेन नोत्त्रसितव्यं न सन्त्रसितव्यं न सन्त्रासमापत्तव्यम्॥ तत् कस्य हेतोः। तथा हि तेन बोधिसत्त्वेन महासत्वेन सर्व्वं परित्यक्तव्यं सर्व्वसत्वानामर्थाय तेनैवं चित्तमुत्पादयितव्यम्। यदि चेन्मां व्याड़ा भक्षयेयुस्तेभ्य एव तद्दानं दत्तम्भवतु मम च दानपरामितापरिपूरिर्भविष्यति अनुत्तरा च मे सम्यक्सम्बोधिरासन्नीभविष्यति। तथा च करिष्यामि यथा मेऽनुत्तरां सम्यक्सम्बोधिमभिसम्बुद्धस्य सतः तिर्य्यग्योनिगताः सत्वाः सर्व्वेण सर्व्वं सर्व्वथा सर्व्वं सर्व्वत्र मे बुद्धक्षेत्रे न भविष्यन्ति न प्रज्ञास्यन्ते दिव्योपभोगपरिभोगाश्च भविष्यन्तीति॥ पुनरपरं शारिपुत्त्र चौरकान्तारमध्यगतेन बोधिसत्त्वेन महासत्वेन नोत्त्रसितव्यं न सन्त्रसितव्यं न सन्त्रासमापत्तव्यं॥ तत् कस्य हेतोः। सर्व्वस्वपरित्यागकुशलाभिरता हि बोधिसत्त्वा महासत्वा भवन्ति। उत्सृष्टकायेनापि च बोधिसत्त्वेन महासत्वेन भवितव्यं परित्यक्तसर्व्वपरिस्कारोपकरणेन तेनैवं चित्तमुत्पादयितव्यं। सचेत् मम सत्वाः

सर्व्वपरिस्कारोपकरणानि हरेयुस्तेभ्य एव तद्दानं दत्तं भवतु। यदि चेत् मां केचिज्जीविताद्व्यपरोपयेयुस्तत्र न मया व्यापादक्रोधरोषा उत्पादयितव्याः। तेषामपि च मया न कायेन न वाचा न मनसाऽपराद्धव्यं। एवञ्च मे तस्मिन् समये दानपारमिता च शील-पारमिता च क्षान्तिपारमिता च[१] परिपूरिं गमिष्यति अनुत्तरा च मे सम्यक्सम्बोधिरभ्यासन्नीभविष्यति। तथा च करिष्यामि तथा च प्रतिपत्स्ये यथाऽनुत्तरां सम्यक्सम्बोधिमभिसम्बुद्धस्य सन-स्थोरकान्ताराण्यपि तस्मिन् बुद्धक्षेत्रे सर्व्वेण सर्व्वं सर्व्वथा सर्व्वं न भविष्यन्ति न प्रज्ञास्यन्ते। तथा च बुद्धक्षेत्रपरिशुद्धये व्यापत्स्ये यथा मेऽनुत्तरां सम्यक्सम्बोधिमभिबुद्धस्य सतस्तस्मिन् बुद्धक्षेत्रे एते चान्ये च दोषाः सर्व्वेण सर्व्वं सर्व्वथा सर्व्वं न भविष्यन्ति न प्रज्ञास्यन्ते॥ पुनरपरं शारिपुत्र पानीयकान्तारमध्यगतेन बोधिसत्त्वेन महासत्वेन नोत्त्रसितव्यं न सन्त्रसितव्यं न सन्त्रासमापत्तव्यं॥ तत कस्य हेतोः। असन्त्रस्तानुत्त्रस्तधर्म्माणो हि बोधिसत्त्वा महासत्वा भवन्ति॥ एवं चानेन चित्तमुत्पादयितव्यं सर्व्वसत्वानां मया सर्व्वतृष्णाच्छेदाय शिक्षितव्यं न च बोधिसत्त्वेन महासत्वेनोत्त्रसि-तव्यं न सन्त्रसितव्यं न सन्त्रासमापत्तव्यं न चेदहं तृष्णया कालं करिष्यामि प्रेतलोके ममोपपत्तिर्भविष्यतीति। अपि तु खलु पुनः सर्व्वसत्वानामन्तिके महाकरुणाचित्तमुत्पादयितव्यं। अहो वतान्य-

---

(१) क्षान्तिपारमिता इत्यनन्तरं, ग० पुस्तके, वीर्य्यपारमिता च इति, घ० पुस्तके, वीर्य्यपारमिता च ध्यानपारमिता च प्रज्ञापारमिता च इति च पाठो वर्त्तते।

पुण्या अमी सत्वा यदेतेषां लोके एवंरूपाणि पानीयकान्ताराणि प्रज्ञायन्ते। तथा पुनरहं करिष्यामि तथा प्रतिपत्स्ये यथा मेऽनुत्तरां सम्यक्सम्बोधिमभिसम्बुद्धस्य सतस्तस्मिन् बुद्धक्षेत्रे सर्व्वेण सर्व्वं सर्व्वथा सर्व्वं पानीयकान्ताराणि न भविष्यन्ति न प्रज्ञास्यन्ते। तथा च सर्व्वसत्वान् पुण्यैः सन्नियोक्ष्ये यथाऽष्टाङ्गोपेतपानीयलाभिनोऽमी भविष्यन्ति। तथा च दृढ़ं वीर्य्यमारप्स्ये सर्व्वसत्वानां कृतशो यथा वीर्य्यपारमिता च मे तस्मिन् समये परिपूरिं गमिष्यतीति॥ पुनरपरं शारिपुत्त्र वुभुक्षाकान्तारमध्यगतेन बोधिसत्त्वेन महासत्वेन नोत्त्रसितव्यं न सन्त्रसितव्यं सन्त्रासमापत्तव्यं। एवञ्चानेन सन्नाहः सन्नाह्यः[१] तथा दृढ़ं वीर्य्यमारप्स्ये तथा च स्वं बुद्धक्षेत्रं परिशोधयिष्यामि यथा मेऽनुत्तरां सम्यक्सम्बोधिमभिसम्बुद्धस्य सतस्तस्मिन् बुद्धक्षेत्रे एवंरूपाणि वुभुक्षाकान्ताराणि सर्व्वेण सर्व्वं सर्व्वथा सर्व्वं न भविष्यन्ति न प्रज्ञास्यन्ते सुखिता एव ते सत्वा भविष्यन्ति सुखसमङ्गिनः सर्व्वसुखसमर्पिताः। तथा च करिष्यामि यथा तेषां सत्वानां यो य एवाभिप्रायो भविष्यति यद्यदेवाकाङ्क्षिष्यन्ति मनसा तत्तदेव प्रादुर्भविष्यति। तद्यथापि नाम देवानां त्रयस्त्रिंशानां मनसैव सर्व्वमुत्पद्यते यथा तेषां सत्वानां मनसैव सर्व्वं प्रादुर्भविष्यति मनसा सर्व्वमुत्पत्स्यते तथा दृढ़ं वीर्य्यमारप्स्ये। यथा तेषां सत्वानां धार्म्मिका अभिप्रायाः परिपूरिं गमिष्यन्ति अवैकल्यं च जीवितपरिष्कारैः सर्व्वसत्वानां भविष्यति सर्व्वथा सर्व्वतः सर्व्वदा तथा च स्वचित्तपरि-

(१) सन्नह्यः इति ख०, सन्नद्धः इति ङ० च०।

प्रबुद्धये व्यायंस्ये सर्व्वसत्वानां कृतशो यथा ध्यानपारमिता च मे तस्मिन् समये परिपूरिङ्गमिष्यतीति॥ पुनरपरं शारिपुत्त्र व्याधिकान्तारमध्यगतेन बोधिसत्त्वेन महासत्वेन नोत्त्रसितव्यं न सन्त्रसितव्यं न सन्त्रासमापतव्यं। एवञ्चानेनोपपरीचितव्यं चिन्तयितव्यं तुलयितव्यं नेह स कश्चिद्धर्म्मो यो व्याध्या बाध्यते[१] नापि स कश्चिद्धर्म्मो यो व्याधिर्नाम। एवन्तेन शून्यता प्रत्यवेचितव्या न चोत्त्रसितव्यं न सन्त्रसितव्यं न सन्त्रासमापतव्यं न च शारिपुत्त्र बोधिसत्त्वेन महासत्वेनैवं चित्तमुत्पादयितव्यं। चिरेणानुत्तरां सम्यक्सम्बोधिमभिसम्भोत्स्ये इति नोत्त्रसितव्यं न सन्त्रसितव्यं सन्त्रासमापतव्यं॥ तत् कस्य हेतोः। यो हि चित्तचण इयती सैषा अपूर्व्वाकोटिर्यदुताकोटिः॥ एवन्तेन बोधिसत्त्वेन महासत्वेन[२] दुष्करसंज्ञोत्पादयितव्या बह्वी दीर्घा चैषाऽपूर्व्वाकोटिरित्येकचित्तचणसमायुक्ता ह्येषाऽपूर्व्वाकोटिर्यदुताकोटिः॥ एवं शारिपुत्त्र बोधिसत्त्वेन महासत्वेन चिरेणानुत्तरां सम्यक्सम्बोधिमभिसम्भोत्स्ये इति नोत्त्रशितव्यं न सन्त्रसितव्यं न सन्त्रासमापतव्यं॥ यः खलु पुनः शारिपुत्त्र बोधिसत्त्वो महासत्व एभ्यश्चान्येभ्यश्च दृष्टश्रुतमतविज्ञातेभ्यो भयभैरवेभ्यो नोत्त्रस्यति न सन्त्रस्यति सन्त्रासमापद्यते ज्ञातव्यमिदं शारिपुत्त्र भव्योऽयं कुलपुत्त्रो वा कुलदुहिता वाऽनुत्तरां सम्यक्सम्बोधिमभिसम्बोद्धुमिति। एवञ्च शारिपुत्त्र बोधिसत्त्वेन महासत्वेन महासन्नाहः सन्नद्धव्य[३] स्तथा करि-

(१) व्याबाध्यते इति ख०, व्याबाधते इति ग०, व्याबध्यते इति ङ० च०।
(२) महासत्वेन न इति घ० ङ०।
(३) सन्नद्धः इति घ०।

ष्यामि तथा दृढं वीर्य्यमारप्स्ये यथा मेऽनुत्तरां सम्यक्सम्बोधिमभि-सम्बुद्धस्य मतस्तस्मिन् बुद्धक्षेत्रे सर्व्वसत्वानां सर्व्वेण सर्व्वं सर्व्वथा सर्व्वं सर्व्वव्याधयो न भविष्यन्ति न प्रज्ञास्यन्ते। तथा करिष्यामि यथा तथागतानामुक्तवादी यथोक्तकारी च भविष्यामि। तथा च प्रज्ञापारमितायां परिजयं करिष्यामि सर्व्वसत्वानां कृतसो यथा प्रज्ञापारमिताऽपि मे तस्मिन् समये परिपरिपूरिं गमिष्यतीति॥

अथ खलु तत्र पर्षदि अन्यतरा स्त्री सन्निपतिता सन्निषस्राऽभूत्। सा उत्थायासनादेकांसमुत्तरासङ्गं कृत्वा दक्षिणजानुमण्डलं पृथिव्यां प्रतिष्ठाप्य येन भगवांस्तेनाञ्जलिं प्रणम्य भगवन्तमेतदवोचत्। अहं भगवन्नत्र स्थाने नोत्त्रसिष्यामि न सन्त्रसिष्यामि न सन्त्रासमापत्स्ये अनुत्त्रस्ताऽसन्त्रस्ता च सर्व्वसत्वेभ्यो धर्म्मन्देशयिष्यामीति॥

अथ खलु भगवांस्तस्यां वेलायां सुवर्णवर्णस्मितं प्रादुरकरोत्[१]। तदनन्तापर्य्यन्तान् लोकधातूनाभया स्फारित्वा[२] यावद्ब्रह्मलोकम-भ्युद्गम्य पुनरेव प्रत्युदावृत्य भगवन्तं त्रिः प्रदक्षिणीकृत्य भगवत एव मूर्द्ध्नि अन्तर्द्धीयन्ते[३]। समनन्तरं प्रादुष्कृते च भगवता तस्मिन् स्मिते अथ खलु सा स्त्री सुवर्णपुष्पाणि गृहीत्वा भगवन्तं सुवर्णपुष्पै-

---

(१) प्रादुरकरोदित्यनन्तरं, घ० पुस्तके, धर्म्मता खलु पुनरेषां बुद्धानां भगवतां यदा स्मितं प्रादुष्कुर्व्वन्ति अथ तदा अनेकवर्णा अर्च्चिषो भगवतो मुखद्वारान्निःसरन्ति स्म। तद्यथा नीलपीतलोहितावदातमाञ्जिष्ठस्फाटिक-वर्णास्ता अनन्तापर्य्यन्तान् लोकधातून् इति पाठोऽस्ति।

(२) स्फारित्वा इति ख० ङ० च०।

(३) अन्तरधीयत इति ख०, अन्तर्द्धीयते इति घ०, अन्तर्धीयेत इति च०।

स्यवाकिरदभिप्राकिरत्[१]। अथ खलु तानि सुवर्णपुष्पाण्यन्तरीक्षे विहायसि स्थितान्यभूवन् ॥

अथ खल्वायुष्मानानन्द उत्थायासनादेकांसमुत्तरासङ्गं कृत्वा दक्षिणं जानुमण्डलं पृथिव्यां प्रतिष्ठाप्य येन भगवांस्तेनाञ्जलिं प्रणम्य भगवन्तमेतदवोचत्। को भगवन् हेतुः कः प्रत्ययः स्मितस्य प्रादुष्करणाय नाहेतुकं नाप्रत्ययं तथागता अर्हन्तः सम्यक्सम्बुद्धाः स्मितं प्रादुष्कुर्वन्ति।

एवमुक्ते भगवानायुष्मन्तमानन्दमेतदवोचत्। इयमानन्द गङ्गदेवा[२] भगिनी अनागतेऽध्वनि सुवर्णपुष्पो नाम तथागतो भविष्यति। अर्हन् सम्यक्सम्बुद्धो विद्याचरणसम्पन्नः सुगतो लोकविदनुत्तरः पुरुषदम्यसारथिः शास्ता देवानाञ्च मनुष्याणाञ्च बुद्धो भगवान् लोक उत्पत्स्यते तारकोपमे कल्पेऽनुत्तरां सम्यक्सम्बोधिमभिसम्भोत्स्यते। सेयमानन्द गङ्गदेवा[२] भगिनी स्त्रीभावं विवर्त्य पुरुषभावं प्रतिलभ्य इतश्च्युताऽक्षोभ्यस्य तथागतस्यार्हतः सम्यक्सम्बुद्धस्य बुद्धक्षेत्रेऽभिरत्यां लोकधातावुपपत्स्यते। तत्र चोपपन्नाऽक्षोभ्यस्य तथागतस्यार्हतः सम्यक्सम्बुद्धस्यान्तिके ब्रह्मचर्य्यञ्चरिष्यति। ततश्च्युता सती बुद्धक्षेत्राद्बुद्धक्षेत्रं सङ्क्रमिष्यति अविरहिता तथागतदर्शनेन। ततोऽपि बुद्धक्षेत्राद्बुद्धक्षेत्राणि सङ्क्रमिष्यति यान्यविरहितानि भविष्यन्ति बुद्धैर्भगवद्भिस्तत्र तत्र सङ्क्रमिष्यति। तद्यथापि नामानन्द राजा चक्रवर्त्ती प्रासादात् प्रासादं सङ्क्रामेत् स यावज्जीवं पादतलाभ्यां

(१) अवाकिरदभ्यवाकिरदभिप्राकिरदिति च०।
(२) गङ्गादेवा इति ङ०।

धरणीतलं नाक्रामेत् स यावत् मरणावस्थायां भूमितलं पद्माम-नाक्रम्य कालं कुर्य्यात्। एवमेवानन्देयं गङ्गदेवा[१] भगिनी बुद्धक्षेत्राद् बुद्धक्षेत्रं सङ्क्रमिष्यति तत्र चाविरहिता भविष्यति बुद्धैर्भगवद्भि-र्यावन्नानुत्तरां सम्यक्सम्बोधिमभिसम्बुध्यते॥

अथ खल्वायुष्मत आनन्दस्यैतदभूत्। ये तत्राक्षोभ्यस्य तथा-गतस्यार्हतः सम्यक्सम्बुद्धस्यान्तिके बोधिसत्त्वा महासत्वा भविष्यन्ति तथागतसन्निपात एव स वेदितव्यः॥

अथ खलु भगवानायुष्मत आनन्दस्येममेवंरूपं चेतसैव चेतः-परिवितर्कमाज्ञायायुष्मान्तमानन्दमेतदवोचत्। एवमेतदानन्दैवमे-तत्। उत्तीर्णपङ्कास्ते बोधिसत्त्वा माहासत्वा येऽक्षोभ्यस्य तथा-गतस्यार्हतः सम्यक्सम्बुद्धस्य बुद्धक्षेत्रे ब्रह्मचर्य्यं चरन्ति बोधि-परिनिष्पत्त्युपगतास्ते आनन्द बोधिसत्त्वा महासत्वा वेदितव्याः। तस्य खलु पुनरानन्द सुवर्णपुष्पस्य तथागतस्यार्हतः सम्यक्सम्बुद्धस्य न प्रमाणबद्धः श्रावकसङ्घो भविष्यति॥ तत् कस्य हेतोः। तावन्तो ह्यानन्द तत्र श्रावका भविष्यन्ति येषां नास्ति प्रमाणं अपि त्वप्रमेया असङ्ख्येया इत्येवं सङ्ख्यां गमिष्यन्ति॥ तेन खलु पुनरानन्द कालेन तेन समयेन तस्मिन् बुद्धक्षेत्रे न व्याड़कान्ताराणि भविष्यन्ति न चौरकान्ताराणि न पानीयकान्ताराणि न व्याधिकान्ताराणि न दुर्भिक्षकान्ताराणि[२] भविष्यन्ति। एतानि चान्यानि चानन्दा-

(१) गङ्गादेवा इति ङ०।

(२) च० पुस्तके, दुर्भिक्षकान्ताराणीत्यनन्तरं, बुभुक्षाकान्ताराणीति पाठो दृश्यते।

घातकान्ताराणि तस्मिन् बुद्धक्षेत्रे सर्व्वेण सर्व्वं सर्व्वथा सर्व्वं न भविष्यन्ति न प्रज्ञास्यन्ते। सुवर्णपुष्पस्य खलु पुनरानन्द तथागतस्यार्हतः सम्यक्सम्बुद्धस्यानुत्तरांसम्यक्सम्बोधिमभिसम्बुद्धस्येमान्येवंरूपाणि भयभैरवकान्ताराणि सर्व्वेण सर्व्वं सर्व्वथा सर्व्वं तदानीं न भविष्यन्ति न प्रज्ञास्यन्ते॥

एवमुक्ते आयुष्मानानन्दो भगवन्तमेतदवोचत्। अनया भगवन् गङ्गदेवया(१) भगिन्या कतमस्य तथागतस्यान्तिके प्रथमचित्तोत्पादकुशलमूलमवरोपितमनुत्तरायां सम्यक्सम्बोधौ॥

एवमुक्ते भगवानायुष्मन्तमानन्दमेतदवोचत्। अनयानन्द गङ्गदेवया(१) भगिन्या दीपङ्करस्य तथागतस्यार्हतः सम्यक्सम्बुद्धस्यान्तिके प्रथमचित्तोत्पादकुशलमूलमवरोपितमनुत्तरायां सम्यक्सम्बोधौ परिणामितञ्च। स च दीपङ्करस्तथागतोऽर्हन् सम्यक्सम्बुद्धः सुवर्णपुष्पैरेवावकीर्णोऽनुत्तरां सम्यक्सम्बोधिं प्रार्थयमानया। यदा मया पञ्चभिरुत्पलैर्दीपङ्करस्तथागतोऽर्हन् सम्यक्सम्बुद्धोऽवकीर्णोऽनुत्पत्तिकेषु च मया धर्म्मेषु क्षान्तिः प्रतिलब्धा। ततोऽहं दीपङ्करेण तथागतेनार्हता सम्यक्सम्बुद्धेन व्याकृतोऽनुत्तरायां सम्यक्सम्बोधौ। भविष्यसि त्वं माणवकाऽनागते(२)ऽध्वनि शाक्यमुनिर्नाम तथागतोऽर्हन् सम्यक्सम्बुद्धो विद्याचरणसम्पन्नः सुगतो लोकविदनुत्तरः पुरुषदम्यसारथिः शास्ता देवानाञ्च मनुष्याणाञ्च बुद्धो भगवानिति। तदेतस्या भगिन्या मम व्याकरणं श्रुत्वा एवं चित्तमुद-

(१) गङ्गादेवया इति ङ०।

(२) मायावाऽनागते इति ख० घ०, मानवाऽनागते इति क० ङ० च०।

पादि[१]। अहो बताहमप्येवं व्याक्रियेयानुत्तरायां सम्यक्सम्बोधौ। यथाऽयं माणवको व्याकृतोऽनुत्तरायां सम्यक्सम्बोधौ। एवं चानन्दैतस्या भगिन्या दीपङ्करस्य तथागतस्यार्हतः सम्यक्सम्बुद्धस्यान्तिके प्रथमचित्तोत्पादकुशलमूलमवरोपितमभूदनुत्तरायां सम्यक्सम्बोधौ॥

एवमुक्ते आयुष्मानानन्दो भगवन्तमेतदवोचत्। कृतपरिकर्म्मा बतेयं भगवन् कृतपर्य्यन्ता गङ्गदेवा[२] भगिनी व्याकृताऽनुत्तरायां सम्यक्सम्बोधौ॥

एवमुक्ते भगवानायुष्मन्तमानन्दमेतदवोचत्। एवमेतदानन्दैवमेतत्। यथा वदसि कृतपरिकर्म्मा बतेयं कृतपर्य्यन्ता गङ्गदेवा[२] भगिनी व्याकृताऽनुत्तरायां सम्यक्सम्बोधाविति॥

आर्य्याष्टसाहस्रिकायां प्रज्ञापारमितायां गङ्गदेवा[२]भगिनीपरिवर्त्तो नाम एकोनविंशतितमः॥

---

(१) उत्पादितं इति च०।
(२) गङ्गादेवा इति ङ०।

उपायकौशल्यमीमांसापरिवर्त्तो नाम विंशतितमः।

अथ खल्वायुष्मान् सुभूतिर्भगवन्तमेतदवोचत्। प्रज्ञापारमितायां भगवंश्चरता बोधिसत्त्वेन महासत्त्वेन कथं शून्यतायां परिजयः कर्त्तव्यः कथं वा शून्यतासमाधिः समापत्तव्यः॥

भगवानाह। इह सुभूते बोधिसत्त्वेन महासत्त्वेन प्रज्ञापारमितायां चरता रूपं शून्यमिति प्रत्यवेक्षितव्यं। एवं वेदना संज्ञा संस्कारा विज्ञानं शून्यमिति प्रत्यवेक्षितव्यं। तथा च प्रत्यवेक्षितव्यमविक्षिप्तया चित्तसन्तत्या यथा प्रत्यवेक्षमाणो रूपमिति तां धर्मतां धर्मतया न समनुपश्येत्। तां चासमनुपश्यन् धर्मतां न साक्षात्कुर्य्याद्भूतकोटिं॥

एवमुक्ते आयुष्मान् सुभूतिर्भगवन्तमेतदवोचत्॥

यद्भगवानेवमाह। न बोधिसत्त्वेन महासत्त्वेन शून्यता साक्षात्-कर्त्तव्येति। कथं भगवंस्तस्मिन् समाधौ स्थितो बोधिसत्त्वो महासत्त्वः शून्यतां न साक्षात्करोति॥

भगवानाह। यतः सुभूते बोधिसत्त्वो महासत्त्वः सर्व्वाकारवरो-पेतां शून्यतां प्रत्यवेक्षते न च साक्षात्करिष्यामीति प्रत्यवेक्षते न च साक्षात्कर्त्तव्येति प्रत्यवेक्षते परिजयं करिष्यामीति प्रत्यवेक्षते परिजयस्यायं कालो नायं कालः साक्षात्क्रियाया इति प्रत्यवेक्षते असमाहित एवारम्बणे चित्तमुपनिबध्नाति प्रज्ञापारमिता च मे

परिगृहीता भविष्यति न च साक्षात्कृतेति। अत्रान्तरा[१] बोधिसत्त्वो महासत्त्वो न परिहीयते बोधिपक्षैर्धर्मैर्न चास्रवक्षयं करोति अत्र च परिजयं करोति॥ यस्मिन् समये बोधिसत्त्वो महासत्त्वः शून्यता-समाधिविमोक्षमुखेन विहरति तस्मिन् समये बोधिसत्त्वेन महासत्त्वेना-निमित्तेन च समाधिना विहर्त्तव्यं न चानिमित्तं साक्षात्कर्त्तव्यं॥ तत् कस्य हेतोः। एवमारूढ़कुशलमूलधर्मसमन्वागतो हि बोधिसत्त्वो महासत्त्वः परिपाकस्यायं कालो नायं कालः साक्षात्क्रियाया इति प्रत्यवेक्षते प्रज्ञापारमितया च परिगृहीतो भूतकोटिं न साक्षात्-करोति। तद्यथापि नाम सुभूते कश्चिदेव पुरुषः परमशूरस्स्य भवेत् परमवीर्य्यसमन्वागतस्य भवेत् दृढ़प्रतिष्ठानस्य भवेत् अभिरूपस्य भवेत् प्रासादिकस्य भवेत् परमदर्शनीयस्य भवेत् वक्रगुणसमन्वागतस्य भवेत् परमगुणसमन्वागतस्य भवेत् परमैश्वर्य्यशीलश्रुतत्यागादिगुणैश्च समन्वा-गतो भवेत् मेधावी च भवेत् वचनसमर्थस्य भवेत् प्रतिभानसम्पन्नस्य[२] भवेत् प्रतिपत्तिसम्पन्नस्य भवेत् कालज्ञस्य भवेत् देशज्ञस्य भवेत् स्थानज्ञस्य भवेत् इष्वस्त्रे च परमगतिं गतो भवेत् वज्रप्रहरणावरणस्य भवेत् सर्व्वासु च कलासु परमकुशलो भवेत् सुपरिनिष्पन्नतया सर्व्वेष्वेव च शिल्पस्थानेषु परमगतिको भवेत् स्मृतिमांश्च भवेत् मतिमांश्च भवेत् गतिमांश्च भवेत् धृतिमांश्च भवेत् नीतिमांश्च भवेत् सर्व्वशास्त्रविशारदश्च भवेत् मित्रवांश्च भवेत् अर्थवांश्च भवेत् बलवांश्च भवेत् अहीनाङ्गश्च भवेत् परिपूर्णेन्द्रियश्च भवेत् सर्व्वोपकरणसम्पन्नश्च

(१) अन्तरे इति च०।
(२) प्रतिभानसमर्थश्चेति ग०।

भवेत् बहुजनस्य च प्रियो मनआपश्च भवेत्। स यद्यदेव किञ्चित् कार्य्यमारभेत[1] तत्र तत्र सर्व्वत्र निस्तरणसमर्थो भवेत् नयेन च व्यवहरेत् सर्व्वत्र चास्य महालाभो भवेत् तेन महालाभेन समन्वागतः सन् बहुजनं संविभजेत् सतकर्त्तव्यञ्च सतकुर्य्यात् गुरुकर्त्तव्यञ्च गुरुकुर्य्यात् मानयितव्यञ्च मानयेत् पूजयितव्यञ्च पूजयेत्। तत् किं मन्यसे सुभूते अपि नु स पुरुषस्ततो निदानं भूयस्या मात्रया आत्तमनस्को भवेत् प्रमुदितश्च भवेत् प्रीतिसौमनस्यजातश्च भवेत् ॥

सुभूतिराह। एवमेतद्भगवन्नेवमेतत् सुगत ॥

भगवानाह। स खलु पुनः सुभूते पुरुषः तया महासम्पत्त्या समन्वागतो मातापितृपुत्त्रदारान् गृहीत्वा केनचिदेव कारणसामग्रीयोगेन महाटवीकान्तारं प्रतिपन्नो भवेत् महाप्रतिभयं बालानां भीषणं रोमहर्षणं स तत्र प्रविष्टः संस्तान् मातापितृपुत्त्रदारानभयेनाभिनिमन्त्रयेत् मा भैष्ट मा भैष्टाहमितो युष्मान् महाभयभैरवादटवीकान्तारात् क्षेमेण स्वस्तिना शीघ्रमपक्रामयिष्यामि शीघ्रं परिमोचयिष्यामीति। तत्र खलु पुनः सुभूते अटवीकान्तारे तस्य पुरुषस्य बहवः प्रत्यर्थिका बहवः प्रत्यमित्राः प्रत्युपस्थिता भवेयुः ॥ तत् किं मन्यसे सुभूते अपि नु स शूरः पुरुषस्तैः प्रत्यर्थिकैः प्रत्यमित्त्रैरभ्युत्थितैरविनिवर्त्त्यो दृढवीर्य्यबलसमन्वागतः प्रज्ञावानतिस्निग्धः सानुक्रोशो धीरो महासम्भारसमन्वागतस्तन्मातापितृपुत्त्रदारान् परित्यज्य ततो महाभयभैरवादटवीकान्तारादात्मानमेकमपक्रामयितव्यं मन्येत ॥

---

(१) आरभते इति ङ० च०।

सुभूतिराह। नो हीदं भगवन्॥ तत् कस्य हेतोः। तथा हि भगवंस्तस्य पुरुषस्य तन्मातापितृपुत्त्रदारमपरित्यक्तमाध्यात्मिकस्य वाह्यस्य बलवान् सम्भारः॥ तस्य तत्राटवीकान्तारे बहुतरकाश्च शूरतरकाश्च दृढ़प्रहरणतरकाश्च तेषां प्रत्यर्थिकानां प्रत्यमित्त्राणामन्ये उदारतरकाः प्रत्यर्थिकाः प्रत्यमित्त्रास्तिष्ठन्ति रक्षन्ति। ते तस्य प्रत्यर्थिकाः प्रत्यमित्त्रा अवतारप्रेक्षिणोऽवतारगवेषिणोऽवतारं न लप्स्यन्ते। तेन स भगवन् प्रतिबलः पुरुषोऽक्षतोऽनुपहतस्तन्मातापितृपुत्त्रदारमात्मानञ्च ततो महाभयभैरवादटवीकान्ताराच्छक्तः क्षेमेण स्वस्तिना शीघ्रमपक्रामयितुं यावद्ग्रामं वा नगरं वा निगमं वा अनुप्राप्तः स्यात्॥

एवमुक्ते भगवानायुष्मन्तं सुभूतिमेतदवोचत्। एवमेव सुभूते बोधिसत्त्वो महासत्वः सर्व्वसत्वहितानुकम्पी मैत्रीविहारी करुणाविहारी मुदिताविहारी उपेक्षाविहारी उपायकौशल्येन प्रज्ञापारमितया च परिगृहीतः कुशलमूलानि सम्यक्सम्बुद्धानुज्ञातया परिणामनया परिणाम्य किञ्चापि शून्यतामानिमित्तमप्रणिहितञ्च समाधिविमोक्षमुखान्यवतरति न त्वेव भूतकोटिं साक्षात्करोति यदुत श्रावकभूमौ वा प्रत्येकबुद्धभूमौ वा॥ तत् कस्य हेतोः। तथा ह्यस्य बलवत्तमा दृढ़तमाश्च परिग्राहका यदुत प्रज्ञापारमिता उपायकौशल्यञ्च। तेनास्यापरित्यक्ताः सर्व्वसत्वास्तेनैष प्रतिबलः स्वस्तिना क्षेमेणानुत्तरां सम्यक्सम्बोधिमभिसम्बोद्धुं॥ यस्मिन् समये सुभूते बोधिसत्त्वो महासत्वः सर्वसत्वानामन्तिके मैत्रीचित्तमारम्बणीकृत्य तान् परमया मैत्र्या परिबध्नाति अत्रान्तरे बोधिसत्त्वो महासत्वः क्लेशपक्षं मारपक्षञ्चातिक्रम्य श्रावकभूमिं प्रत्येकबुद्धभूमिञ्चातिक्रम्य तत्र समा-

धावबतिष्ठते। अप्राप्तश्च स सुभूते आस्रवक्षयं परमपारमितायां शून्यतायां परिजयं करोति॥ यस्मिन् समये सुभूते बोधिसत्त्वो महासत्वः शून्यतासमाधिविमोक्षमुखेन विहरति अत्रान्तरे बोधिसत्त्वो महासत्वो न चेदानीं नानिमित्तेन समाधिना विहरति। नचानेनानिमित्तः समाधिः साक्षात्कृतो भवति। तद्यथापि नाम सुभूते पक्षी शकुनिराकाशेऽन्तरीक्षे चरति न च भूमौ पतति न च कश्चिन्निश्रयं निश्रित्य तिष्ठति आकाश एवान्तरीक्षे विहरति न च तत्रापि निश्रितो न प्रतिष्ठितः। एवमेव सुभूते बोधिसत्त्वो महासत्वः शून्यताविहारेण विहरति शून्यतायां परिजयं करोति आनिमित्तविहारेण च विहरति आनिमित्ते च परिजयं करोति अप्रणिहितविहारेण च विहरति अप्रणिहिते च परिजयं करोति न च शून्यतायां वा आनिमित्ते वा अप्रणिहिते वा पतत्यपरिपूर्णैर्बुद्धधर्मैः॥ तद्यथापि नाम सुभुते बलवानिष्वस्त्राचार्य्य इष्वस्त्रशिक्षायां सुशिक्षितः सुपरिनिष्ठितः। स ऊर्द्धं काण्डं क्षिपेदूर्द्धं काण्डं क्षिप्ता तदन्यैः काण्डैस्तत्काण्डं भूमौ पतत प्रतिनिवारयेद्धारयेत्तस्य पौर्वकस्य काण्डस्य काण्डपरम्परया भूमौ पतनं न दद्यात्तावत्तत् काण्डं भूमौ न पतेत् यावन्नाकाङ्क्षेदहो वतेदं काण्डं भूमौ पतेदिति(१)। एवमेव सुभूते बोधिसत्त्वो महासत्वः प्रज्ञापारमितायां चरन्नुपायकौशल्यपरिगृहीतस्तावत्तां परमां भूतकोटिं न साक्षात्करोति यावन्न तानि कुशलमूलान्यनुत्तरायां सम्यक्सम्बोधौ परिपक्वानि सुपरिपक्वानि। यदा तानि कुशलमूलान्यनुत्तरायां सम्यक्सम्बोधौ परिपक्वानि भवन्ति

(१) न दद्यान्नाकाङ्क्षेदहो वतेदं काण्डं भूमौ पतेदिति ग०।

सुपरिपक्वानि तदा तां परमां भूतकोटिं साक्षात्करोति॥ तस्मात्तर्हि सुभूते बोधिसत्त्वेन महासत्त्वेन प्रज्ञापारमितायां चरता प्रज्ञापारमितां भावयता एवमेतेषां धर्म्माणां गम्भीरधर्मता प्रत्यवेक्षितव्या उपनिध्यातव्या न च साक्षात्कर्त्तव्या॥

एवमुक्ते आयुष्मान् सुभूतिर्भगवन्तमेतदवोचत्। दुष्करकारको भगवन् बोधिसत्त्वो महासत्त्वः परमदुष्करकारको भगवन् बोधिसत्त्वो महासत्त्वः यः शून्यतायां चरति शून्यतया च विहरति शून्यताञ्च समाधिं समापद्यते न च भूतकोटिं साक्षात्करोति। अत्याश्चर्य्यमिदं भगवन् परमाश्चर्य्यमिदं सुगत॥

एवमुक्ते भगवानायुष्मन्तं सुभूतिमेतदवोचत्। एवमेतत् सुभूते एवमेतत्। दुष्करकारको बोधिसत्त्वो महासत्त्वः परमदुष्करकारको बोधिसत्त्वो महासत्त्वः यः शून्यतायां चरति शून्यतायाञ्च विहरति शून्यतां च समाधिं समापद्यते न च भूतकोटिं साक्षात्करोति॥ तत् कस्य हेतोः। तथा हि सुभूते बोधिसत्त्वस्य महासत्त्वस्य सर्व्वसत्त्वा अपरित्यक्तास्तस्येमे एवंरूपाः प्रणिधानविशेषा भवन्ति मयैते सर्वसत्त्वाः परिमोचयितव्या इति। यदा बोधिसत्त्वो महासत्त्व एवं चित्तमभिनिर्हरति सर्वसत्त्वा ममाऽपरित्यक्ताः मयैते परिमोचयितव्या इति। शून्यताञ्च समाधिविमोक्षमुखमभिनिर्हरति आनिमित्तञ्च समाधिविमोक्षमुखमभिनिर्हरति अप्रणिहितञ्च समाधिविमोक्षमुखमभिनिर्हरति। तदा उपायकौशल्यसमन्वागतो बोधिसत्त्वो महासत्त्वो वेदितव्यो नायमन्तरा भूतकोटिं साक्षात्करिष्यत्यपरिपूर्णैर्बुद्धधर्म्मैः॥ तत् कस्य हेतोः। तथा ह्यस्योपायकौशल्यं रक्षां करोति। स चैवास्य चित्तोत्पादो

यत्तस्य सर्व्वसत्वा अपरित्यक्ताः। स एवमनेन चित्तोत्पादेनोपाय-कौशल्येन समन्वागतोऽन्तरा भूतकोटिं न साक्षात्करोति॥ पुनरपरं सुभूते यदा बोधिसत्त्वो महासत्व इमानि गम्भीराणि स्थानानि प्रत्य-वेक्षते प्रत्यवेक्षितुकामो वा भवति। तद्यथा शून्यतां समाधिविमोक्ष-मुखं आनिमित्तं समाधिविमोक्षमुखं अप्रणिहितं समाधिविमोक्ष-मुखं। तेनैवं चित्तमभिनिर्हर्त्तव्यं दीर्घरात्रममी सत्वाः सत्वसंज्ञया उपलम्भे चरन्ति। तेषां सत्वानामुपलम्भदृष्टिकानामुपलम्भदृष्टिप्रहा-णायानुत्तरां सम्यक्सम्बोधिमभिसम्बुध्य धर्म्मन्देशयिष्यामीति सञ्चिन्त्य शून्यतां समाधिविमोक्षमुखं समापद्यते न च भूतकोटिं साक्षात्-करोति आनिमित्तं समाधिविमोक्षमुखं समापद्यते न च भूतकोटिं साक्षात्करोति अप्रणिहितं समाधिविमोक्षमुखं समापद्यते न च भूतकोटिं साक्षात्करोति। एवं बोधिसत्त्वो महासत्वोऽनेन चित्तो-त्पादेनानेन चोपायकौशल्येन समन्वागतो नान्तरा भूतकोटिं साक्षात्-करोति न च परिहीयते मैत्रीसमाधितो न करुणामुदितोपेक्षा-समाधितः॥ तत् कस्य हेतोः। उपायकौशल्यपरिगृहीतो हि बोधि-सत्त्वो महासत्वो भूयस्या मात्रया विवर्द्धते शुक्लैर्धर्म्मैः। तीक्ष्णत-राणि[१] चास्य श्रद्धादीनीन्द्रियाणि भवन्ति बलबोध्यमार्गञ्च प्रति-लभते॥ पुनरपरं सुभूते बोधिसत्त्वस्य महासत्वस्यैवं भवति। दीर्घ-रात्रममी सत्वा धर्म्मसंज्ञया उपलम्भे चरन्ति। तेषामुपलम्भदृष्टिका-नामुपलम्भदृष्टिप्रहाणायानुत्तरां सम्यक्सम्बोधिमभिसम्बुध्य धर्म्मं देश-

---

(१) तीक्ष्णतमानीति ख० ग० च०।

यिष्यामीति । सोऽनेन चित्तोत्पादेन पौर्व्वकेण चोपायकौशल्येन समन्वागतः शून्यतां समाधिविमोक्षमुखं समापद्यते । न च भूतकोटिं साक्षात्करोति । न च परिहीयते मैत्रीकरुणामुदितोपेक्षासमाधितः ॥ तत् कस्य हेतोः । उपायकौशल्यपरिगृहीतो बोधिसत्त्वो महासत्वो भूयस्या मात्रया विवर्द्धते । शुक्लैर्धर्मैस्तीक्ष्णतराणि चास्य श्रद्धादीनीन्द्रियाणि भवन्ति । बलबोध्यङ्गानि मार्गञ्च प्रतिलभते ॥ पुनरपरं सुभूते बोधिसत्त्वस्य महासत्वस्यैवं भवति । दीर्घरात्रममी सत्वा निमित्तसंज्ञया निमित्ते चरन्ति । तेषां निमित्तसंज्ञाप्रहाणायानुत्तरां सम्यक्सम्बोधिमभिसम्बुध्य धर्म्मन्देशयिष्यामीत्यानिमित्तं समाधिविमोक्षमुखं समापद्यते सत्वानां कृतशः । सोऽनेन चित्तोत्पादेन पौर्व्वकेण चोपायकौशल्येन समन्वागतः आनिमित्तं समाधिविमोक्षमुखं समापद्यते । न च भूतकोटिं साक्षात्करोति । न च परिहीयते मैत्र्याः करुणाया मुदिताया उपेक्षायाः सर्व्वसमाधितः ॥ तत् कस्य हेतोः । उपायकौशल्यपरिगृहीतो हि बोधिसत्त्वो महासत्वो भूयस्या मात्रया विवर्द्धते । शुक्लैर्धर्म्मैस्तीक्ष्णतराणि चास्य श्रद्धादीनीन्द्रियाणि भवन्ति । बलानि बोध्यङ्गानि मार्गञ्च प्रतिलभते ॥ पुनरपरं सुभूते बोधिसत्त्वस्य महासत्वस्यैवं भवति । दीर्घरात्रममी सत्वा नित्यसंज्ञया सुखसंज्ञया आत्मसंज्ञया शुभसंज्ञया च विपर्य्यस्तास्तथा करिष्यामि यथाऽनुत्तरां सम्यक्सम्बोधिमभिसम्बुध्य नित्यसंज्ञायाः सुखसंज्ञाया आत्मसंज्ञायाः शुभसंज्ञाया विपर्य्यासस्य प्रहाणाय धर्म्मन्देशयिष्यामि ॥ अनित्यमेतत् सर्व्वं न नित्यमिति । दुःखमेतत् सर्व्वं न सुखमिति । अनात्मकमेतत् सर्व्वं नैतत्सात्मकमिति । अशुभमेतत् सर्व्वं नैतच्छुभमिति । सोऽनेन चित्तोत्पादेन समन्वागतः

पौर्व्वकेण चोपायकौशल्येन प्रज्ञापारमितया च परिगृहीतो नान्तरा भूतकोटिं साक्षात्करोति अपरिपूर्णेषु बुद्धधर्म्मेषु। एवमप्रणिहितं समाधिविमोक्षमुखमुपसम्पद्य विहरति। न च भूतकोटिं साक्षात्करोति। न च परिहीयते मैत्रीतो वा करुणातो वा मुदितातो[१] वा उपेक्षातो वा॥ तत् कस्य हेतोः। उपायकौशल्यपरिगृहीतो बोधिसत्त्वो महासत्वो भूयस्या मात्रया विवर्द्धते। शुक्लैर्धर्म्मैस्तीक्ष्णतराणि चास्य श्रद्धादीनीन्द्रियाणि भवन्ति। बलानि बोध्यङ्गानि मार्गञ्च[२] प्रतिलभते॥ यो हि कश्चित् सुभूते बोधिसत्त्वो महासत्व इमं चित्तोत्पादमुत्पादयति। इत्यपीमे सत्वा दीर्घरात्रमुपलम्भे चरिताविन एतर्ह्युपलम्भे चरन्ति। निमित्तसंज्ञायां चरिताविन एतर्ह्यपि निमित्तसंज्ञायां चरन्ति। विपर्य्यासे चरिताविन एतर्ह्यपि विपर्य्यासे चरन्ति। पिण्डसंज्ञायां चरिताविन एतर्ह्यपि पिण्डसंज्ञायां चरन्ति। अभूतसंज्ञायां चरिताविन एतर्ह्यपि अभूतसंज्ञायां चरन्ति। मिथ्यादृष्टौ चरिताविन एतर्ह्यपि मिथ्यादृष्टौ चरन्ति। तथा[३] करिष्यामि यथैषामेते दोषाः सर्व्वेण सर्व्वं सर्व्वथा सर्व्वं न भविष्यन्ति न प्रज्ञास्यन्ते इत्येवं सर्व्वसत्वान् समन्वाहरति॥ एवञ्च बोधिसत्त्वो महासत्वोऽनेन स्मृतिसमन्वाहारेणाऽनेन चित्तोत्पादेन समन्वागत उपायकौशल्येन च समन्वागतः प्रज्ञापारमितया च परिगृहीत एवमेतेषां गम्भीराणां धर्म्माणां धर्म्मतां प्रत्यवेक्षमाणः शून्यतातो वा आनिमित्ततो वा अप्रणिहिततो वा अनभिसंस्कारतो वा अनुत्पादतो वा अजातितो वा अभावतो

(१) मुदितत इति ग०।
(२) बलबोध्यङ्गमार्गांश्चेति ख०, बलबोध्यङ्गमार्गंश्चेति ङ०, च०।
(३) तथा चेति ग०।

वा अस्थानमेतत् सुभूतेऽनवकाशो यत् स बोधिसत्त्वो महासत्व एवं-ज्ञानसमन्वागतोऽनभिसंस्कारे[१] वा पतेत् त्रैधातुकेन वा सार्द्धं संवसेत् नैतत्स्थानं विद्यते ॥ एवं हि सुभूते बोधिसत्त्वो महासत्वः परिप्रष्टव्यो बोधिसत्त्वेन महासत्वेनानुत्तरां सम्यक्सम्बोधिमभिसम्बोद्धु-कामेन । कतमेषां धर्म्माणां परिजयः कर्त्तव्यः कियद्रूपाणि च चित्तान्य-भिनिर्हर्त्तव्यानि यानि चित्तान्यभिनिर्हरन् बोधिसत्त्वो महासत्वो न शून्यतां साक्षात्करोति नानिमित्तं साक्षात्करोति नाप्रणिहितं साक्षात्करोति नानभिसंस्कारं साक्षात्करोति नानुत्पादं साक्षात्-करोति नाजातिं साक्षात्करोति नाभावं साक्षात्करोति प्रज्ञा-पारमिताञ्च भावयति ॥ स चेत् सुभूते बोधिसत्त्वो महासत्वो बोधि-सत्त्वेन महासत्वेनैवं पृष्ट एवं व्याकरोति । शून्यतैव बोधिसत्त्वेन महासत्वेन मनसि कर्त्तव्या । आनिमित्तमेवाप्रणिहितमेवानभिसंस्कार एवानुत्पाद एवाजातिरेवाभाव एव बोधिसत्त्वेन महासत्वेन मनसि कर्त्तव्य इति । स चेत्तं सर्व्वसत्वापरित्यागचित्तोत्पादं नोपदर्शयेदुपाय-कौशल्यं वा न व्याकुर्य्यात् वेदितव्यमेतत् सुभूते नायं व्याकृतो बोधिसत्त्वो महासत्वोऽनुत्तरायां सम्यक्सम्बोधावविनिवर्त्तनीयत्वे तैः पौर्व्वकैस्तथागतैरर्हद्भिः सम्यक्सम्बुद्धैः ॥ तत् कस्य हेतोः । यो ह्यसावविनिवर्त्तनीयस्य बोधिसत्त्वस्य महासत्वस्यावेणिको धर्म्मस्तं धर्म्मं न सूचयति न प्रभावयति नोपदर्शयति न प्रजानाति परिपृष्टो न व्याकरोति न विसर्ज्जयति न तां भूमिमवक्रामयति योऽविनिवर्त्त-नीयस्य बोधिसत्त्वस्य महासत्वस्य भूमिरिति ॥

(१) अभिसंस्कारे इति ग० ।

सुभूतिराह। स्यात् पुनर्भगवन् पर्य्यायो येन पर्य्यायेण बोधिसत्त्वो महासत्त्वोऽविनिवर्त्तनीयो भवेत्॥

भगवानाह। स्यात् सुभूते स पर्य्यायो येन पर्य्यायेण स बोधिसत्त्वो महासत्त्वोऽविनिवर्त्तनीयो भवेत्। स चेद्बोधिसत्त्वो महासत्त्व इमां प्रज्ञापारमितां श्रुत्वा वाऽश्रुत्वा वा एवं प्रतिपद्येत एवं विसर्ज्जयेदविनिवर्त्तनीयो बोधिसत्त्वो महासत्त्वो वेदितव्यः॥

सुभूतिराह। तेन हि भगवन् बहवो बोधाय चरन्ति। अल्पकाः पुनर्य एवं विसर्ज्जयन्ति॥

भगवानाह। तथा हि सुभूते ऽल्पकास्ते बोधिसत्त्वा महासत्त्वा ये व्याकृता अविनिवर्त्तनीयायां ज्ञानभूमौ ये पुनस्ते व्याकृता भविष्यन्ति त एवं विसर्ज्जयिष्यन्ति। ते ते बोधिसत्त्वा महासत्त्वा उत्तप्तावरोपितकुशलमूला वेदितव्याः। ते ते बोधिसत्त्वा महासत्त्वा असंहार्य्याः सदेवमानुषासुरेण लोकेन। स चेत् पुनः सुभूते बोधिसत्त्वो महासत्त्वः स्वप्नान्तरगतोऽपि स्वप्नोपमाः सर्व्वधर्म्मा इति व्यवलोकयति न च साक्षात्करोति। इदमपि सुभूतेऽविनिवर्त्तनीयस्य बोधिसत्त्वस्य महासत्त्वस्याविनिवर्त्तनीयलक्षणं वेदितव्यं॥ पुनरपरं सुभूते बोधिसत्त्वो महासत्त्वः स्वप्नान्तरगतोऽपि श्रावकभूमौ वा प्रत्येकबुद्धभूमौ वा त्रैधातुकाय[१] च स्पृहामनुशंसाचित्तं नोत्पादयति। इदमपि सुभूतेऽविनिवर्त्तनीयस्य बोधिसत्त्वस्य महासत्त्वस्याऽविनिवर्त्तनीयलक्षणं वेदितव्यम्॥ पुनरपरं सुभूते बोधिसत्त्वो महासत्त्वः स्वप्नान्तरगतोऽप्यनेकशतायाः पर्षदोऽनेकसहस्राया यावदनेककोटीनियुतशतसह-

(१) त्रैधातुकायाय इति ग०।

स्तथाः पर्षदो मध्यगतं मण्डलमाड़े निषण्णं भिक्षुसंघपरिवृतं बोधिसत्त्वसंघपुरस्कृतं धर्म्मन्देशयन्तं तथागतमर्हन्तं सम्यक्सम्बुद्धमात्मानं पश्यन्ति । इदमपि सुभूतेऽविनिवर्त्तनीयस्य बोधिसत्त्वस्य महासत्वस्याविनिवर्त्तनीयलक्षणं वेदितव्यं ॥ पुनरपरं सुभूते बोधिसत्त्वो महासत्वः स्वप्नान्तरगतोऽपि वैहायसमभ्युद्गम्य सत्वेभ्यो धर्म्मन्देशयति ताञ्च व्यामप्रभां संजानीते तांश्च भिक्षूनभिनिर्म्मिमीते येऽन्यासु दिक्षु गत्वाऽन्येषु लोकधातुषु बुद्धकृत्यं कुर्व्वन्ति धर्म्मञ्च देशयन्ति ॥ एवमपि सुभूते स्वप्नान्तरगतोऽविनिवर्त्तनीयो बोधिसत्त्वो महासत्वः संजानीते । इदमपि सुभूतेऽविनिवर्त्तनीयस्य बोधिसत्त्वस्य महासत्वस्याऽविनिवर्त्तनीयलक्षणं वेदितव्यं ॥ पुनरपरं सुभूते स्वप्नान्तरगतो बोधिसत्त्वो महासत्वो नोत्त्रस्यति न सन्त्रस्यति न सन्त्रासमापद्यते ग्रामघाते वा नगरघाते वा निगमघाते वा जनपदघाते वा राष्ट्रघाते वाऽग्निदाहे वा वर्त्तमाने व्याड़मृगान् वा ततोऽन्यानपि वा क्षुद्रमृगजातीन् दृष्ट्वा शिरश्छेदे वा प्रत्युपस्थिते ततोऽन्यान्यपि वा महाभयभैरवाणि दुःखदौर्म्मनस्यानि वा प्राप्य ततोऽन्येषामपि वा सत्वानां महाभयभैरवाणि दुःखानि दृष्ट्वा नास्य भयभैरवमुत्पद्यते नोत्त्रस्यति न सन्त्रस्यति न सन्त्रासमापद्यते । ततश्च स्वप्नान्तरात् प्रतिविबुद्धस्य समनन्तरव्युत्थितस्यैवं भवति । स्वप्नोपममिदं सर्व्वं त्रैधातुकं । एवञ्च मयाऽनुत्तरां सम्यक्सम्बोधिमभिसम्बुध्य सम्यग्देशयता धर्म्मो देशयितव्य इति । इदमपि सुभूतेऽविनिवर्त्तनीयस्य बोधिसत्त्वस्य महासत्वस्याऽविनिवर्त्तनीयलक्षणं वेदितव्यं ॥ पुनरपरं सुभूतेऽविनिवर्त्तनीयस्य बोधिसत्त्वस्य महासत्वस्य स्वप्नान्तरगतस्य नैरयिकान्

सत्वान् दृष्ट्वा एवं भवति। तथा करिष्यामि यथा मेऽनुत्तरां सम्यक्सम्बोधिमभिसम्बुद्धस्य बुद्धक्षेत्रे सर्व्वेण सर्व्वं सर्व्वथा सर्व्वं सर्व्वेऽप्यपाया न भविष्यन्तीति। इदमपि सुभूतेऽविनिवर्त्तनीयस्य बोधिसत्त्वस्य महासत्वस्यापायपरिशुद्धिलक्षणं वेदितव्यं॥ तत्र सुभूते कथं विज्ञायेतास्याऽविनिवर्त्तनीयस्य बोधिसत्त्वस्य महासत्वस्यानुत्तरां सम्यक्सम्बोधिमभिसम्बुद्धस्य बुद्धक्षेत्रे सर्व्वेण सर्व्वं सर्व्वथा सर्व्वं सर्व्वेऽप्यपाया न भविष्यन्तीति। स चेत् सुभूते बोधिसत्त्वो महासत्वः स्वप्नान्तरगतोऽपि निरयगतांस्तिर्य्यक्प्रेतगतान् वा सत्वान् दृष्ट्वा स्मृतिं प्रतिलभते। स तां स्मृतिं प्रतिलभ्य एवं चिन्तयति तथा करिष्यामि यथा मेऽनुत्तरां सम्यक्सम्बोधिमभिसम्बुद्धस्य बुद्धक्षेत्रे सर्व्वेण सर्व्वं सर्व्वथा सर्व्वं सर्व्वेऽप्यपाया न भविष्यन्तीति। एवं सुभूते बोधिसत्त्वस्य महासत्वस्यापायपरिशुद्धिलक्षणं वेदितव्यं॥ इदमपि सुभूतेऽविवर्त्तनीयस्य बोधिसत्त्वस्य महासत्वस्याविनिवर्त्तनीयलक्षणं वेदितव्यं॥ पुनरपरं सुभूते स्वप्नान्तरगतो बोधिसत्त्वो महासत्वो नगरदाहे वा ग्रामदाहे वा वर्त्तमाने प्रतिविबुद्धः संस्तः स्वप्नादेवं समन्वाहरति। यथा मया स्वप्नान्तरगतेन ये आकारा यानि लिङ्गानि यानि निमित्तानि दृष्टानि यैराकारैर्यैर्लिङ्गैर्यैर्निमित्तैरविवर्त्तनीयो बोधिसत्त्वो महासत्वो धारयितव्यस्ते आकारास्तानि लिङ्गानि तानि निमित्तानि मम संविद्यन्ते। एतेन सत्येन सत्यवचनेनायं नगरदाहो वा ग्रामदाहो वा वर्त्तमान उपशाम्यतु शीतीभवतु अस्तं गच्छतु॥ स चेत् सुभूते ग्रामदाहो वा नगरदाहो वा उपशाम्यति शीतीभवति अस्तं गच्छति वेदितव्यमेतत् सुभूते

व्याकृतोऽयं बोधिसत्त्वो महासत्त्वस्तैः पौर्व्वकैस्तथागतैरर्हद्भिः सम्यक्सम्बुद्धैरविनिवर्त्तनीयोऽनुत्तरायाः सम्यक्सम्बोधेरिति[१]। स चेन्नोपशाम्यति न शीतीभवति नास्तं गच्छति वेदितव्यमेतत् सुभूते नायं व्याकृतो बोधिसत्त्वो महासत्त्वोऽनुत्तरायां सम्यक्सम्बोधाविति। स चेत् पुनः सुभूते सोऽग्निदाहोऽतिक्रम्य गृहाद्गृहं रथ्याया रथ्यां अन्यतरान्यतरां रथ्यां वा गृहं वा गच्छति दहति नोपशाम्यति न शीतीभवति नास्तं गच्छति वेदितव्यमेतत् सुभूते धर्म्मप्रत्याख्यानं दुष्प्रज्ञसंवर्त्तनीयं तेन बोधिसत्त्वेन महासत्त्वेन कर्म्मोपचितं। ततोऽस्यैतद्दृष्टधर्म्मसंवर्त्तनीयमेव कर्म्म विपच्यते। तत एव धर्म्मप्रत्याख्यानात् सावशेषं कर्म्मैवं विपच्यते। इत्ययं सुभूते हेतुरयं प्रत्ययोऽस्य बोधिसत्त्वस्य महासत्त्वस्याविनिवर्त्तनीयलक्षणताया इति॥ अयमपि सुभूते बोधिसत्त्वो महासत्त्वोऽविनिवर्त्तनीयोऽनुत्तरायाः सम्यक्सम्बोधेर्धारयितव्यः॥ पुनरपरं सुभूते यैराकारैर्यैर्लिङ्गैर्यैर्निमित्तैरविनिर्वर्त्तनीयो बोधिसत्त्वो महासत्त्वो धारयितव्यस्तानाकारांस्तानि लिङ्गानि तानि निमित्तानि देशयिष्यामि तत् साधु च सुष्ठु च शृणु मनसि कुरु भाषिष्येऽहन्ते॥ साधु भगवन्नित्यायुष्मान् सुभूतिर्भगवतः प्रत्यश्रौषीत्॥

भगवानेतदवोचत्। स चेत् सुभूते कश्चिदेव पुरुषो वा स्त्री वा दारको वा दारिका वाऽमनुष्येण[२] गृहीतो भवेदाविष्टः[३]। तत्र बोधिसत्त्वेन महासत्त्वेन उपसङ्क्रम्यैवमधिष्ठानं समन्वाहर्त्तव्यं। स चेदहं तैः पौर्व्वकैस्तथागतैरर्हद्भिः सम्यक्सम्बुद्धैर्व्याकृतोऽनुत्तरायां

(१) अनुत्तरायां सम्यक्सम्बोधाविति ख॰ घ॰ च॰।
(२) अमनुष्यग्रहेणेति ग॰।
(३) भवेत् सचेदाविष्ट इति ग॰।

सम्यक्सम्बोधौ परिशुद्धो मेऽध्याशयोऽनुत्तरां सम्यक्सम्बोधिमभिसम्बोद्धुं। यथाऽहमनुत्तरां सम्यक्सम्बोधिमभिसम्बोद्धुकामः परिशुद्धो मे मनसिकारोऽनुत्तरायां सम्यक्सम्बोधौ अपगतं मे श्रावकचित्तं प्रत्येकबुद्धचित्तञ्च। तेन मयाऽनुत्तरा सम्यक्सम्बोधिरभिसम्बोद्धव्या। नाहं नानुत्तरां सम्यक्सम्बोधिमभिसम्भोत्स्ये अभिसम्भोत्स्य एवाहमनुत्तरां सम्यक्सम्बोधिं। येऽपि तेऽप्रमेयेष्वसङ्ख्येयेषु लोकधातुषु बुद्धा भगवन्तस्तिष्ठन्ति ध्रियन्ते यापयन्ति न तेषां तथागतानामर्हतां सम्यक्सम्बुद्धानां किञ्चिदज्ञातं वाऽदृष्टं वाऽविदितं वाऽसाक्षात्कृतं वाऽनभिसम्बुद्धं वा। यथा ते बुद्धा भगवन्तो जानन्ति ममाध्याशयमित्यप्यहमनुत्तरां सम्यक्सम्बोधिमभिसम्भोत्स्ये इति। अनेन सत्येन सत्यवचनेन इयं स्त्री वा पुरुषो वा दारको वा दारिका वा येनामनुष्यग्रहेण गृहीतो वा आविष्टो वा सोऽपक्रामतु। सचेत्सोऽमनुष्य एवंभाषमाणेन बोधिसत्त्वेन महासत्त्वेन नापक्रामति वेदितव्यमेतत् सुभूते नायं व्याकृतो बोधिसत्त्वो महासत्त्वस्तैः पौर्व्वकैस्तथागतैरर्हद्भिः सम्यक्सम्बुद्धैरनुत्तरायां सम्यक्सम्बोधाविति। स चेत् पुनः सुभूते एवं भाषमाणस्य बोधिसत्त्वस्य महासत्त्वस्य सोऽमनुष्योऽपक्रामति वेदितव्यमेतत् सुभूते व्याकृतोऽयं बोधिसत्त्वो महासत्त्वस्तैः पौर्व्वकैस्तथागतैरर्हद्भिः सम्यक्सम्बुद्धैरनुत्तरायां सम्यक्सम्बोधाविति॥०॥

आर्य्याष्टसाहस्रिकायां प्रज्ञापारमितायामुपायकौशल्यमीमांसापरिवर्त्तो नाम विंशतितमः॥

अथ मारकर्म्मपरिवर्त्तो नामैकविंशतितमः।

तत्र खलु पुनः सुभूते बोधिसत्त्वो महासत्त्व एवं भाषिष्यते। येन सत्येन सत्यवचनेनाहं व्याकृतस्तैः पौर्व्वकैस्तथागतैरर्हद्भिः सम्यक्सम्बुद्धैरनुत्तरायां सम्यक्सम्बोधौ तेन सत्येन सत्यवचनेनाय-ममनुष्योऽपक्रामत्विति। तत्र सुभूते मारः पापीयानौत्सुक्यमाप-त्स्यते तस्यामनुष्यस्यापक्रमणाय॥ तत् कस्य हेतोः। मारो ह्यत्र पापीयांस्तस्य बोधिसत्त्वस्य महासत्त्वस्य चिरयानसम्प्रस्थितस्यान्तिके बलवत्तरं तेजोवत्तरं चोद्योगमापत्स्यते कथमयममनुष्योऽपक्रामे-दिति। एवं सोऽमनुष्यो माराधिष्ठानेनापक्रमिष्यति। एवञ्च तस्य बोधिसत्त्वस्य महासत्त्वस्य भविष्यति ममैषोऽनुभावेनामनुष्योऽपक्रान्त इति। न पुनः स एवं ज्ञास्यति मारस्यैषोऽनुभावेनामनुष्योऽपक्रान्त इति॥ स तेन तावन्मात्रकेणौत्सुक्यमापत्स्यते। स तेनौत्सुक्येन ततोऽन्यान् बोधिसत्त्वान् महासत्त्वानवमंस्यते उच्चग्घयिष्यति उल्ला-पयिष्यति कुत्सयिष्यति पंसयिष्यति अहं व्याकृतस्तैः पौर्व्वकैस्तथा-गतैरर्हद्भिः सम्यक्सम्बुद्धैरनुत्तरायां सम्यक्सम्बोधाविति। स तेन तावन्मात्रकेण भूयो मानं जनयिष्यति मानं संजनयिष्यति मानं वर्द्धयिष्यति मानं संवर्द्धयिष्यति मानं स्तम्भयिष्यति मानमुपस्तम्भ-यिष्यति मानं वृंहयिष्यति मानमुपवृंहयिष्यति मानमुत्पादयिष्यति। स तेन मानेनातिमानेन मानातिमानेन मिथ्यामानेनाभिमानेन दूरीकरिष्यति सर्व्वज्ञतां दूरीकरिष्यत्यनुत्तरं बुद्धज्ञानं स्वयम्भूज्ञानं

सर्व्वज्ञज्ञानं दूरीकरिष्यत्यनुत्तरां सम्यक्सम्बोधिं। स तथारूपाणि कल्याणमित्राणि कल्याणधर्म्मेण उदाराधिमुक्तिकानध्याशयसम्पन्नानुपायकुशलानविनिवर्त्तनीयधर्म्मसमन्वागतांश्च बोधिसत्त्वान् महासत्वान् दृष्ट्वाऽभिमानमुत्पाद्यावमन्यमानस्तथारूपाणि कल्याणमित्राणि न सेविष्यते न भजिष्यते न पर्य्युपासिष्यते न परिप्रक्ष्यति तदेव मारबन्धनं गाढीकरिष्यति। तस्य द्वे भूमी प्रतिकाङ्क्षितव्ये श्रावकभूमिर्व्वा प्रत्येकबुद्धभूमिर्व्वा॥ एवं सुभूते सत्याधिष्ठानेन मारः पापीयानचिरयानसम्प्रस्थितस्य बोधिसत्त्वस्य महासत्वस्य अल्पश्रद्धस्य(१) अल्पश्रुतस्य कल्याणमित्रविरहितस्य प्रज्ञापारमितयाऽपरिगृहीतस्योपायकौशल्यविरहितस्यान्तरायं करिष्यत्यनुत्तरायाः सम्यक्सम्बोधेः॥ इदमपि सुभूते बोधिसत्त्वस्य महासत्वस्य मारकर्म्म वेदितव्यं॥ पुनरपरं सुभूते बोधिसत्त्वस्य महासत्वस्य नामापदेशेनापि मारकर्म्म भविष्यति॥ कथञ्च सुभूते बोधिसत्त्वस्य महासत्वस्य नामापदेशेनापि मारकर्म्म भविष्यति। इह सुभूते बोधिसत्त्वं महासत्वं नामापदेशेनापि नामाधिष्ठानेनापि मारः पापीयानुपसङ्क्रमिष्यति। अन्यतरान्यतरेण वेषेणोपसङ्क्रम्यैवं वक्ष्यति। तैर्व्याकृतस्त्वं पौर्व्वकैस्तथागतैरर्हद्भिः सम्यक्सम्बुद्धैरनुत्तरायां सम्यक्सम्बोधौ॥ तत् कस्य हेतोः। तव हीदं नामधेयमिदन्ते मातुर्नामधेयमिदन्ते पितुर्नामधेयमिदन्ते भ्रातुर्नामधेयमिदन्ते भगिन्या नामधेयमिदन्ते मित्रामात्यज्ञातिसालोहितानां नामधेयं यावदासप्तमं मातामहपितामहयुगस्य नामधेयमुदीरयिष्यति अमुष्यां दिशि त्वं जातोऽमुष्मिन् जनपदेऽमुष्मिन् ग्रामे वा नगरे वा निगमे वा जात

(१) अल्पश्राद्धस्येति ग०।

इति। स चेत्प्रच्छ्यत्यामृदुको भविष्यति तमेनमेवं वक्ष्यति पूर्व्वमपि त्वमेव मृदुकोऽभूः। स चेत्प्रच्छ्यत्यातीक्ष्णेन्द्रियो भविष्यति ततस्तमेवं वक्ष्यति पूर्व्वमपि त्वं तीक्ष्णेन्द्रियोऽभूः। स चेदारण्यको भविष्यति स चेत् पिण्डपातिको[१] भविष्यति स चेत् पांसुकूलिको भविष्यति स चेत् खलु पश्चाद्भक्तिको भविष्यति स चेदेकासनिको भविष्यति स चेद्याथासंस्तरिको भविष्यति स चेत्त्रैचीवरिको भविष्यति स चेत् श्मशानिको भविष्यति स चेद्वृक्षमूलिको भविष्यति स चेन्नैषद्यिको भविष्यति स चेदभ्यवकाशिको भविष्यति स चेन्नामन्तिको भविष्यति स चेदल्पेच्छः सन्तुष्टः प्रविविक्तो भविष्यति स चेदपगतपादम्रक्षणो भविष्यति स चेन्मृदुभाष्यल्पवागभविष्यति तमेनं मारः पापीयांस्तेन तेन दृष्टधार्म्मिकेण गुणेनादेक्ष्यति[२]। पूर्व्वमपि त्वमनेन चानेन च गुणेन समन्वागतोऽभूर्नियतस्त्वं व्याकृतस्तैः पौर्व्वकैस्तथागतैरर्हद्भिः सम्यक्सम्बुद्धैरनुत्तरायां सम्यक्सम्बोधावविनिवर्त्तनीयायां बोधिसत्त्वभूमौ॥ तत् कस्य हेतोः। तथा हि ते अमी एवंरूपा धुतगुणाः संविद्यन्ते॥ निश्चयेन त्वं पूर्व्वमप्येतैरेव धुतगुणैः समन्वागतोऽभूः॥ एवं स तेन पौर्व्वकेण नामापदेशेन नामाधिष्ठानेन प्रत्युत्पन्नधुतगुणसंलेखेन च मन्यनामुत्पादयिष्यति। तस्यैवं भविष्यति व्याकृतोऽहन्तैः पौर्व्वकैस्तथागतैरर्हद्भिः सम्यक्सम्बुद्धैरनुत्तरायां सम्यक्सम्बोधौ यथा मे अमी गुणाः संविद्यन्ते॥ तञ्च मारः पापीयानेवं वक्ष्यति अविनिवर्त्तनीयस्त्वं व्याकृतस्तथागतेनार्हता सम्यक्सम्बुद्धेनानुत्तरायां सम्यक्सम्बोधौ॥

---

(१) पिण्डपातक इति ख० च०।
(२) उपदेक्ष्यति च०।

तत् कस्य हेतोः। तथा हि तव एते एवंरूपा धुतगुणाः संविद्यन्ते॥ तस्य खलु पुनः सुभूते मारः पापीयान् कदाचिद्भिक्षुवेषेणोपसङ्क्रमिष्यति कदाचिद्भिक्षुणीवेषेण कदाचिदुपासकवेषेण कदाचिदुपासिकावेषेण कदाचिद्ब्राह्मणवेषेण कदाचिद्गृहपतिवेषेण कदाचिन्मातृवेषेण कदाचित् पितृवेषेण कदाचिद्भ्रातृवेषेण कदाचिद्भगिनीवेषेण कदाचिन्मित्रामात्यज्ञातिसालोहितवेषेणोपसङ्क्रमिष्यति। उपसङ्क्रम्यैवं वक्ष्यति। व्याकृतस्त्वं पौर्व्वकैस्तथागतैरर्हद्भिः सम्यक्सम्बुद्धैरनुत्तरायां सम्यक्सम्बोधावविनिवर्त्तनीयायां बोधिसत्त्वभूमौ[१]॥ तत् कस्य हेतोः। तथा हि ते एवंरूपा धुतगुणाः संविद्यन्ते येऽविनिवर्त्तनीयानां बोधिसत्त्वानां महासत्वानां गुणाः। ये खलु पुनः सुभूते मयाऽविनिवर्त्तनीयानां बोधिसत्त्वानां महासत्वानां गुणा आख्याताः आकारा लिङ्गानि निमित्तानि चाख्यातानि तानि तस्य न भविष्यन्ति॥ वेदितव्यमेतत् सुभूते ततोऽन्यैर्बोधिसत्त्वैर्महासत्वैर्माराधिष्ठितो वतायं बोधिसत्त्वो महासत्व इति॥ तत् कस्य हेतोः। ये आकारा यानि लिङ्गानि यानि निमित्तानि अविनिवर्त्तनीयानां बोधिसत्त्वानां महासत्वानां तानि तस्य न भविष्यन्ति॥ स खलु पुनः सुभूते बोधिसत्त्वो महासत्वोऽनेन नामाधिष्ठानेनाभिमानमुत्पादयिष्यति। अभिमानमुत्पाद्य मानाभिभूतः स्तम्भाभिभूतो माराधिष्ठानेनाभिभूतस्तदन्यान् बोधिसत्त्वान् महासत्वानवमंस्यते उच्चग्घयिष्यत्युल्लापयिष्यति कुत्सयिष्यति पंसयिष्यति॥ इदमपि सुभूते बोधिसत्त्वेन महासत्वेन नामाधिष्ठानेन मारकर्म्म वेदितव्यम्॥ पुनरपरं सुभूते

(१) अविनिवर्त्तनीयायां भूमौ इति ख० घ० च०।

बोधिसत्त्वेन महासत्वेन नामापदेशेन नामव्याकरणेन मारकर्म्म वेदितव्यम्॥ कथञ्च सुभूते बोधिसत्त्वेन महासत्वेन नामापदेशेन नामव्याकरणेन मारकर्म्म वेदितव्यम्। इह सुभूते मारः पापीयान् भिक्षुवेषेणोपसङ्क्रम्य बोधिसत्त्वं महासत्वमेवं व्याकरिष्यति। तवानुत्तरां सम्यक्सम्बोधिमभिसम्बुद्धस्य सत इदं नामधेयं भविष्यतीति। यदेव तेन चित्तेनानुवर्त्तितमनुवितर्कितमनुविचारितम्भवति। अहो बत मेऽनुत्तरां सम्यक्सम्बोधिमभिसम्बुद्धस्य सत इदमेवंरूपं नामधेयं भवेदिति तदेव नामधेयं व्याकरिष्यति। तत्र दुष्प्रज्ञजातीयस्यानुपायकुशलस्य बोधिसत्त्वस्यैवं भविष्यति। यथा मया नामधेयमनुवर्त्तितमनुवितर्कितमनुविचारितमहोवत मेऽनुत्तरां सम्यक्सम्बोधिमभिसम्बुद्धस्य सत इदं नामधेयं भवेदिति तथा तेन भिक्षुणा निर्द्दिष्टमिति। स एवं यच्च नामधेयं स्वयमनुविचिन्तितं यच्च तेन मारेण पापीयसा मारकायिकाभिर्वा देवताभिरभिनिर्मितेन माराधिष्ठितेन(१) वा भिक्षुणा नामधेयमुदीरितं तदुभयं तुलयित्वा यथा च मम चित्तोत्पाद उत्पन्नो यथा चानेन भिक्षुणा निर्द्दिष्टं मम नामधेयं समेति नाम्ना नामव्याकृतोऽहन्तैः पौर्व्वकैस्तथागतैरर्हद्भिः सम्यक्सम्बुद्धैरनुत्तरायां सम्यक्सम्बोधाविति मंस्यते॥ यानि च मया सुभूतेऽविनिवर्त्तनीयानां बोधिसत्त्वानां महासत्वानामाकारा लिङ्गानि निमित्तानि आख्यातानि तानि तस्य न भविष्यन्ति। स तैर्व्विरहितोऽनेन नामापदेशेन नामव्याकरणेन मन्यनामुत्पादयिष्यति। स मन्यनामुत्पाद्य ततोऽन्यान् बोधिसत्त्वान् महा-

(१) माराधिष्ठानेन इति ख० च०।

सत्वानवमंस्यते अहं व्याकृतोऽनुत्तरायां सम्यक्सम्बोधौ नैते व्याकृता अनुत्तरायां सम्यक्सम्बोधाविति। एवं स तेन मानेनातिमानेन मानातिमानेनाभिमानेन मिथ्यामानेन च तदन्यान् बोधिसत्त्वान् महासत्वानवमन्यमानो दूरीकरिष्यति सर्व्वज्ञतां दूरीकरिष्यति बुद्ध-ज्ञानं। तस्य प्रज्ञापारमितयाऽपरिगृहीतस्योपायकौशल्यविरहितस्य कल्याणमित्रविरहितस्य पापमित्रपरिगृहीतस्य द्वयोर्भूम्योरन्यतरा भूमिः प्रतिकाङ्क्षितव्या श्रावकभूमिर्वा प्रत्येकबुद्धभूमिर्व्वा स चेत् पुनश्चिरं सुचिरं सन्धाव्य संसृत्यैनामेव प्रज्ञापारमितामागम्यानुत्तरां सम्यक्सम्बोधिमभिसम्बोद्धुकामो भवेत्। यदि चासावुपसर्व्येत् कल्या-णमित्राण्यभीक्ष्णञ्च तान्युपसङ्क्रमिष्यति तेनैव चात्मभावप्रतिलम्भेन तावत् पूर्व्वकांश्चित्तोत्पादान् विगर्हिष्यति वान्तीकरिष्यति जुगुप्सिष्यति प्रतिनिःसक्ष्यति प्रतिदेशयिष्यति तथाऽपि बुद्धभूमिस्तस्य दुर्लभा भविष्यति॥ तत् कस्य हेतोः। तावद्गुरुतरं हि सुभूते बोधिसत्त्वस्य महासत्वस्य मननापत्तिस्थानं। तद्यथाऽपि नाम सुभूते भिक्षोः श्रावकयानिकस्य श्रावकभूमौ चतस्रो मूलापत्तयो गुर्व्यो भवन्ति। यतोऽन्यतरान्यतरामापत्तिमध्यापद्याभिक्षुर्भवत्यश्रमणोऽशाक्यपुत्रीयः। इयमेव ताभ्यश्चतसृभ्य आपत्तिभ्य गुरुतरापत्तिर्योऽयं मानचित्तोत्पादो यदुत नामापदेशेन बोधिसत्त्वस्य महासत्वस्यावमाननया महानकुश-लश्चित्तोत्पाद उत्पन्नः। अयन्ताभ्यश्चतसृभ्य आपत्तिभ्यो गुरुतर-श्चित्तोत्पादो वेदितव्यः॥ तिष्ठन्तु सुभूते चतस्रो गुर्व्यो मूलाप-त्तयः। पञ्चभ्योऽपि सुभूते आनन्तर्य्येभ्यः कर्म्मभ्यो गुरुतरोऽयं चित्तो-त्पादः। योऽयं बोधिसत्त्वस्य महासत्वस्य नामापदेशेन मानसहगत-

श्चित्तोत्पाद उत्पन्नः। अयं तेभ्यः पञ्चभ्य आनन्तर्य्येभ्यः कर्म्मभ्यो गुरुतरश्चित्तोत्पादो वेदितव्यः॥ इति हि सुभूते अनेनापि नामापदेशेन सूक्ष्मसूक्ष्माणि मारकर्म्माण्युत्पत्स्यन्ते। तानि बोधिसत्त्वेन महासत्त्वेन बोद्धव्यानि बुद्ध्वा च विवर्जयितव्यानि अन्येभ्यश्चावबोधयितव्यानि बुद्ध्वा च[१] विवर्जयितव्यानि च॥ पुनरपरं सुभूते मारः पापीयान् विवेकगुणेन बोधिसत्त्वं महासत्त्वमुपसङ्क्रम्य चोदयिष्यति स्मारयिष्यति॥ कथञ्च सुभूते मारः पापीयान् विवेकगुणेन बोधिसत्त्वं महासत्त्वमुपसङ्क्रम्य चोदयिष्यति स्मारयिष्यति। इह सुभूते मारः पापीयान् बोधिसत्त्वं महासत्त्वमुपसङ्क्रमिष्यति उपसङ्क्रम्यैवं वक्ष्यति। विवेकस्य तथागतो वर्णवादी अरण्यवनप्रस्थगिरिगुहाश्मशानपलालपुञ्जादिषु विहर्त्तव्यमिति। न चाहं सुभूते बोधिसत्त्वस्य महासत्त्वस्यैवंविधं विवेकं वदामि यदुतारण्यकानि प्रान्तानि शयनासनानि विजनपदानि विविक्तानि विविधानि वनप्रस्थगिरिगुहाश्मशानपलालपुञ्जादीनि॥

सुभूतिराह। कतमः पुनः स भगवन् बोधिसत्त्वस्य महासत्त्वस्यान्यो विवेको यदि वाऽरण्यकानि प्रान्तानि शयनासनानि विजनपदानि विविक्तानि विविधानि वनप्रस्थगिरिगुहाश्मशानपलालपुञ्जादीनि यदि तानि नाध्यावसति कियद्रूपः पुनर्भगवन् बोधिसत्त्वस्य महासत्त्वस्यान्यो विवेकः॥

एवमुक्ते भगवानायुष्मन्तं सुभूतिमेतदवोचत्। स चेत् सुभूते बोधिसत्त्वो महासत्त्वो विविक्तो भवति श्रावकप्रतिसंयुक्तैर्मनसिकारै-

(१) ख० घ० च० पुस्तकेषु बुद्ध्वा चेति पाठो न विद्यते।

विविक्तो भवति प्रत्येकबुद्धप्रतिसंयुक्तैर्मनसिकारैरेवं स बोधिसत्त्वो महासत्त्वो विविक्तो विहरति। ग्रामान्तेऽपि हि विहरन् प्रज्ञापारमितोपायकौशल्यपरिगृहीतः सर्व्वसत्त्वमैत्रीमहाकरुणाविहारेण विहरेदनेन विहारेण विहरन् विविक्त एव स विहरति। अयं खलु पुनः सुभूते मया बोधिसत्त्वस्य महासत्त्वस्य श्रावकप्रत्येकबुद्धप्रतिसंयुक्तमनसिकारविवेको[१]ऽनुज्ञातः। अनेन विवेकेन विहरन् बोधिसत्त्वो महासत्त्वो रात्रिन्दिवान्यतिनामयति विविक्तो विहरति। स चेद्बोधिसत्त्वो महासत्त्वोऽरण्यवनप्रस्थगिरिगुहाश्मशानप्रान्तशयनासनेष्वनेन विहारेण विहरति विविक्तो बोधिसत्त्वो महासत्त्वो विहरति। यं पुनः सुभूते मारः पापीयान् विवेकमुपदेक्ष्यति अरण्यवनप्रस्थगिरिगुहाश्मशानप्रान्तशयनासनविहारान्। स तेन विवेकेन श्रावकप्रत्येकबुद्धप्रतिसंयुक्तैर्मनसिकारैः सङ्कीर्ण एव सन् प्रज्ञापारमितायामनभियुज्यमानो न सर्व्वज्ञज्ञानं परिपूरयति। एवं स सङ्कीर्णविहारेण विहरन् सोऽपरिशुद्धेन मनसिकारेण विहरन्नपरिशुद्धकायवाङ्मनःकर्म्मान्त एव भविष्यति। अपरिशुद्धकायवाङ्मनःकर्म्मान्त एव संस्ततोऽन्यानपि बोधिसत्त्वान् महासत्त्वान् ग्रामान्तविहारिणोऽसङ्कीर्णान् श्रावकप्रत्येकबुद्धप्रतिसंयुक्तैर्मनसिकारैः प्रज्ञोपायमहाकरुणाविहारविहारिणोऽवमंस्यते। अरण्येऽपि विहरन् सोऽपरिशुद्धकायवाङ्मनःकर्म्मान्तः सन् सङ्कीर्णविहार्य्येव भवति न विविक्तविहारी। स प्रज्ञोपायमहाकरुणाविहारविहारिणो ग्रामान्ते विहरतः परिशुद्धकायवाङ्मनःकर्म्मसमुदाचारान् श्रावकप्रत्येकबुद्धप्रतिसंयुक्तमनसिकारविवि-

(१) श्रावकप्रत्येकबुद्धभूमिप्रतिसंयुक्तमनसिकारविवेक इति घ०।

ज्ञानसङ्कीर्णान् श्रावकप्रत्येकबुद्धप्रतिसंयुक्तैर्मनसिकारैस्तांस्तावत्सोऽवमन्यमानो न ध्यानसमाधिसमापत्तिविमोक्षाभिज्ञानां लाभी भविष्यति। नचास्य ताः परिपूरिं गमिष्यन्ति॥ तत् कस्य हेतोः। तथा हि सोऽनुपायकुशलो भवति(१)। किञ्चापि सुभूते बोधिसत्त्वो महासत्वो योजनशतिकेष्वटवीकान्तारेषु विहरेदपगतव्याडमृगपक्षिसङ्घेष्वपगतक्षुद्रमृगव्याड़यक्षराक्षसानुविचरितेष्वपगतचौरकान्तारभयभैरवोपद्रवेषु सन्तिष्ठेत् वर्षं वा वर्षशतं वा वर्षसहस्रं वा वर्षशतसहस्रं वा वर्षकोटीं वा वर्षकोटीशतं वा वर्षकोटीसहस्रं वा वर्षकोटीशतसहस्रं वा वर्षकोटीनियुतशतसहस्रं वा ततो वा उपरि। इमञ्च विवेकं मयोपदिष्टं न जानीयाद्येन विवेकेन बोधिसत्त्वो महासत्वोऽध्याशयसम्प्रस्थितोऽध्याशयसम्पन्नो विहरति। तं सोऽनुपायकुशलो बोधिसत्त्वो महासत्वोऽजानन्नरण्यपरमो विहरति। तत्र च विवेके निश्रित आलीनोऽध्यवसितोऽध्यवसायमापन्नो नैव मे(२) सुभूते एतावता स बोधिसत्त्वश्चित्तमाराधयति॥ तत् कस्य हेतोः। यः सुभूते विवेको बोधिसत्त्वानां महासत्वानां मया आख्यातः तेन विवेकेन विहरन् अस्मिन् विवेके न सन्दृश्यते। तमेनं मारः पापीयानुपसङ्क्रम्योपर्य्यन्तरीक्षे विहायसि स्थित्वैवं वक्ष्यति। साधु साधु कुलपुत्र एष बोधिसत्त्वानां महासत्वानां तथागतेन विवेक आख्यातः। अनेनैव त्वं कुलपुत्र विवेकेन विहर। एवं त्वं क्षिप्रमनुत्तरां सम्यक्-

(१) भविष्यति इति च०।
(२) नैवमेव इति च०।

सम्बोधिमभिसम्भोत्स्यसे ॥ स ततो विवेकात् पुनरेवारण्याद्ग्रामान्तमवतीर्य्य तदन्यान् बोधिसत्त्वान् महासत्वान् पेसलान् भिक्षून् सब्रह्मचारिणः कल्याणधर्म्मणोऽसङ्कीर्णान् श्रावकप्रत्येकबुद्धप्रतिसंयुक्तैर्मनसिकारैः परिशुद्धकायवाङ्मनःकर्म्मान्तान् जीवानवमंस्यते। स एवं वक्ष्यति सङ्कीर्णविहारेण वतेमे आयुष्मन्तो विहरन्ति न विविक्तविहारेण। आकीर्णविहारेण वतेमे आयुष्मन्तो विहरन्ति न विविक्तविहारेण विहरन्तीति। ये ते बोधिसत्त्वा महासत्वा विविक्तविहारेण विहरन्ति तान् सङ्कीर्णविहारेण चोदयिष्यति आकीर्णविहारेण चोदयिष्यति। ये च ते सङ्कीर्णविहारेण विहरन्ति तान् स विविक्तविहारेण समुदाचरिष्यति तत्र[१] गौरवमुत्पादयिष्यति यत्र च गौरवमुत्पादयितव्यं तत्र मानमुत्पादयिष्यति ॥ तत् कस्य हेतोः। अहममनुष्यैश्चोद्योऽहममनुष्यैः स्मार्य्यः। एष सुभूते विहारो येनाहं विहारेण विहरामि ॥ कं ग्रामान्तविहारिणममनुष्याश्चोदयिष्यन्ति कं ग्रामान्तरे विहरन्तममनुष्याः स्मारयिष्यन्तीत्येवं हि बोधिसत्त्वयानिकान् पुद्गलानवमंस्यते। अयं सुभूते बोधिसत्त्वचण्डालो वेदितव्यो बोधिसत्त्वदूषी वेदितव्यो बोधिसत्त्वप्रतिरूपको वेदितव्यो बोधिसत्त्वप्रतिवर्णिको वेदितव्यो बोधिसत्त्वकारण्डवको वेदितव्यश्चौरः श्रमणवेषेण चौरो बोधिसत्त्वयानिकानां पुद्गलानां चौरः सदेवकस्य लोकस्य। तज्जातीयः खलु पुनः सुभूते पुद्गलो न सेवितव्यो न भक्तव्यो न पर्य्युपासितव्यः॥ तत् कस्य हेतोः। अभिमानपतिता हि ते तथारूपाः

(१) तत्र चेति ग॰ घ॰।

पुद्गला वेदितव्याः। अन्येषामपि तथारूपाणामल्पस्थामाना[1]मचिरयानसम्प्रस्थितानां सन्दूषणं कुर्य्युः। अविशुद्धधर्म्माणो[2] हि ते तथारूपाः पुद्गला वेदितव्या अनार्य्या हि ते तथारूपाः पुद्गला वेदितव्या अनार्य्यधर्म्माणो हि ते तथारूपाः पुद्गला वेदितव्याः॥ यस्य खलु पुनः सुभूते बोधिसत्त्वस्य महासत्वस्यापरित्यक्ताः सर्व्वसत्वा अपरित्यक्ता सर्व्वज्ञताऽपरित्यक्ताऽनुत्तरा सम्यक्सम्बोधिः। तेन बोधिसत्त्वेन महासत्वेनाध्याशयेनानुत्तरां सम्यक्सम्बोधिमभिसम्बोद्धुकामेन सर्व्वसत्वानामर्थं कर्त्तुकामेन तज्जातीयाः पुद्गला न सेवितव्या न भक्तव्या न पर्य्युपासितव्याः। अपि तु खलु पुनः सुभूते सर्व्वसत्वानामर्थायाभ्युत्थितेन एतेषां चान्येषाञ्च मारकर्म्मणामवबोधाय नित्यमेवोद्विग्नचित्तेन भवितव्यं सर्व्वसत्वानां मार्गमप्रतिलभमानानामुपदेष्टुमुत्त्रस्तमानसेनासंसृष्टेन त्रैधातुकेन। तत्रापि तावन्मैत्रायमाणेन करुणायमानेन महाकरुणामुत्पाद्यानुकम्पामुपादाय सम्यक्प्रतिपन्नेषु सत्वेषु मुदितचित्तेनानुपलब्धिधर्म्मतया धर्म्माणामुपेक्षकेणैवं चित्तमुत्पादयितव्यं। तथा करिष्यामि यथा सर्व्वे मारकर्म्मदोषाः सर्व्वेण सर्व्वं सर्व्वथा सर्व्वं सर्व्वत्र सर्व्वदा च न भविष्यन्ति नोत्पत्स्यन्ते। सचेदुत्पत्स्यन्ते क्षिप्रमेव प्रतिगमिष्यन्ति एवं शिक्षिष्ये इति। अयमपि बोधिसत्त्वानां महासत्वानां स्वयमभिज्ञाय पराक्रमो वेदितव्यः॥ इदमपि सुभूते बोधिसत्त्वेन महासत्वेन विवेकगुणेन मारकर्म्म वेदितव्यमिति॥

आर्य्याष्टसाहस्रिकायां प्रज्ञापारमितायां मारकर्म्मपरिवर्त्तो नाम एकविंशतितमः॥

---

(१) स्वल्पस्थामामिति ग०।

(२) अविशुद्धधर्म्मा इति ग०।

अथ कल्याणमित्रपरिवर्त्तो नाम द्वाविंशतितम-
परिवर्त्तः ।

अथ खलु भगवान् पुनरप्यायुष्मन्तं सुभूतिमामन्त्रयते स्म । इह सुभूते बोधिसत्त्वेन महासत्त्वेनाध्याशयसम्प्रस्थितेनानुत्तरां सम्यक्सम्बोधिमभिसम्बोद्धुकामेनादित एव कल्याणमित्राणि सेवितव्यानि भक्तव्यानि पर्य्युपासितव्यानि ॥

सुभूतिराह । कतमानि तानि पुनर्भगवन् बोधिसत्त्वस्य महासत्त्वस्य कल्याणमित्राणि वेदितव्यानि । यानि बोधिसत्त्वेन महासत्त्वेनाध्याशयसम्प्रस्थितेनानुत्तरां सम्यक्सम्बोधिमभिसम्बोद्धुकामेनादित एव कल्याणमित्राणि सेवितव्यानि भक्तव्यानि पर्य्युपासितव्यानि ॥

एवमुक्ते भगवानायुष्मन्तं सुभूतिमेतदवोचत् । बुद्धा एव सुभूते भगवन्तो ये च तेऽविनिवर्त्तनीया बोधिसत्त्वा महासत्त्वा बोधिसत्त्वचर्य्याकुशला य एनं पारमितास्ववदन्ति अनुशासति येऽस्मै प्रज्ञापारमितां देशयन्त्युपदिशन्ति । इमानि तानि सुभूते बोधिसत्त्वस्य महासत्त्वस्य कल्याणमित्राणि वेदितव्यानि । प्रज्ञापारमितैव सुभूते बोधिसत्त्वस्य महासत्त्वस्य कल्याणमित्रं वेदितव्यं । सर्व्वा एव च सुभूते षट्पारमिता बोधिसत्त्वस्य महासत्त्वस्य कल्याणमित्राणि वेदितव्यानि । षडेव पारमिताः शास्ता षट्पारमिता मार्गः षट्पारमिता आलोकः षट्पारमिता उल्का षट्पारमिता अवभासः षट्पारमितास्त्राणं षट्पारमिताः शरणं षट्पारमिता लयनं षट्पारमिताः परा-

यणं षट्पारमिता द्वीपः षट्पारमिता माता षट्पारमिताः पिता षट्पारमिता ज्ञानाय बोधायानुत्तरायै सम्यक्सम्बोधये संवर्त्तन्ते॥ तत् कस्य हेतोः। अत्र हि सुभूते प्रज्ञापारमिता परिनिष्ठिता भवति यदुत षट्पारमितासु। येऽपि ते सुभूतेऽतीतेऽध्वनि तथागता अर्हन्तः सम्यक्सम्बुद्धा अनुत्तरां सम्यक्सम्बोधिमभिसम्बुध्य परिनिर्वृतास्तेषामपि बुद्धानां भगवतामितो निर्जातैव सर्व्वज्ञता यदुत षड्भ्यः पारमिताभ्यः। येऽपि ते सुभूते भविष्यन्त्यनागतेऽध्वनि तथागता अर्हन्तः सम्यक्सम्बुद्धा अनुत्तरां सम्यक्सम्बोधिमभिसम्भोत्स्यन्ते तेषामपि बुद्धानां भगवतामितो निर्जातैव[१] सर्व्वज्ञता यदुत षड्भ्यः पारमिताभ्यः। येऽपि ते सुभूतेऽप्रमेयेष्वसङ्ख्येयेष्वपरिमाणेष्वचिन्त्येषु लोकधातुषु तथागता अर्हन्तः सम्यक्सम्बुद्धा एतर्ह्यनुत्तरां सम्यक्सम्बोधिमभिसम्बुद्धास्तिष्ठन्ति ध्रियन्ते यापयन्ति धर्म्मञ्च देशयन्ति तेषामपि बुद्धानां भगवतामितो निर्जातैव सर्व्वज्ञता यदुत षड्भ्यः पारमिताभ्यः। अहमपि सुभूते तथागतोऽर्हन् सम्यक्सम्बुद्ध एतर्ह्यनुत्तरां सम्यक्सम्बोधिमभिसम्बुद्धः। ममापि हि सुभूते इतो निर्जातैव सर्व्वज्ञता यदुत षड्भ्यः पारमिताभ्यः॥ तत् कस्य हेतोः। आसु हि सुभूते षट्सु पारमितासु सप्तत्रिंशद्बोधिपक्षा धर्म्मा अन्तर्गताश्चत्वारो ब्रह्मविहाराश्चत्वारि सङ्ग्रहवस्तूनि। यावांश्च कश्चिद्बुद्धधर्म्मो बुद्धज्ञानं स्वयम्भूज्ञानमचिन्त्यज्ञानमतुल्यज्ञानमप्रमेयज्ञानमसङ्ख्येयज्ञानमसमज्ञानमसमसमज्ञानं सर्व्वज्ञज्ञानं सर्व्वन्तत् षट्सु पारमितास्वन्तर्गतं। तस्मात्तर्हि सुभूते बोधिसत्त्वस्य महासत्त्वस्य षट्पारमिता

(१) निर्य्यातैवेति ग०।

एव कल्याणमित्राणि वेदितव्यानि[१] षड़ेव पारमिता: शास्ता षट्पारमिता मार्ग: षट्पारमिता आलोक: षट्पारमिता उल्का षट्पारमिता अवभास: षट्पारमितास्त्राणं षट्पारमिता: शरणं षट्पारमिता लयनं षट्पारमिता: परायणं षट्पारमिता द्वीप: षट्पारमिता माता षट्पारमिता: पिता षट्पारमिता ज्ञानाय बोधाय सर्व्वज्ञतायै अनुत्तरसम्यक्सम्बोधिप्राप्तये संवर्त्तन्ते। सर्व्वसत्वानामप्रत्युपकारिणामप्युपकारिभूतो भवति यदा बोधिसत्त्वो महासत्व: षट्पारमितासु शिच्चते। आसु खलु पुन: सुभूते षट्सु पारमितासु शिचितुकामेन बोधिसत्त्वेन महासत्वेन इयमेव प्रज्ञापारमिता श्रोतव्या उद्गृहीतव्या धारयितव्या वाचयितव्या पर्य्यवाप्तव्या प्रवर्त्तयितव्या देशयितव्या उपदेष्टव्या उद्देष्टव्या स्वाध्यातव्या अर्थतश्च धर्म्मतश्च नयतश्चोपपरीचितव्या उपनिध्यातव्या परिप्रष्टव्या परिप्रश्नयितव्या[२]॥ तत् कस्य हेतो:। एषा हि प्रज्ञापारमिता षसां पारमितानां पूर्व्वङ्गमा नायिका परिणायिका सन्दर्शिका अवदर्शिका जनयित्री धात्री॥ तत् कस्य हेतो:। प्रज्ञापारमिताविरहिता हि पञ्च पारमिता न प्रज्ञायन्ते नापि पारमितानामधेयं लभन्ते॥ तस्मात्तर्हि सुभूतेऽपरप्रणेयतां गन्तुकामेन बोधिसत्त्वेन महासत्वेनापरप्रणेयतायां स्थातुकामेन इहैव प्रज्ञापारमितायां शिचितव्यं॥

सुभूतिराह। किंलचणा भगवन् प्रज्ञापारमिता॥

---

(१) कल्याणमित्रमिति ख० ङ०, कल्याणमित्रं वेदितव्यमिति च०।

(२) परिप्रश्नीकर्त्तव्या इति ग०।

एवमुक्ते भगवानायुष्मन्तं सुभूतिमेतदवोचत्। असङ्गलक्षणा सुभूते प्रज्ञापारमिता॥

सुभूतिराह। स्याद्भगवन् पर्य्यायो येन पर्य्यायेण येनैवासङ्ग-लक्षणेन प्रज्ञापारमिता संविद्यते तेनैवासङ्गलक्षणेन सर्व्वधर्म्माः संविद्येरन्॥

भगवानाह। एवमेतत् सुभूते एवमेतत्। स्यात् सुभूते पर्य्यायो येन पर्य्यायेण येनैवासङ्गलक्षणेन प्रज्ञापारमिता संविद्यते तेनैवासङ्गलक्षणेन सर्व्वधर्म्माः संविद्यन्ते॥ तत् कस्य हेतोः। सर्व्व-धर्म्मा हि सुभूते विविक्ताः सर्व्वधर्म्मा हि सुभूते शून्याः॥ तस्मात्तर्हि सुभूते येनैवासङ्गलक्षणेन प्रज्ञापारमिता विविक्ता शून्या तेनैवा-सङ्गलक्षणेन सर्व्वधर्म्मा विविक्ताः शून्याः॥

सुभूतिराह। यदि भगवन् सर्व्वधर्म्मा विविक्ताः सर्व्वधर्म्माः शून्याः कथं भगवन् सत्वानां सङ्क्लेशः प्रज्ञायते कथं भगवन् सत्वानां व्यव-दानं प्रज्ञायते। न च भगवन् विविक्तं सङ्क्लिश्यते न भगवन् विविक्तं व्यवदायति न च भगवन् शून्यं सङ्क्लिश्यते न च भगवन् शून्यं व्यवदायति न च भगवन् विविक्तं वा शून्यं वाऽनुत्तरां सम्यक्-सम्बोधिमभिसम्बुध्यते। अन्यत्रापि भगवन् शून्यतायाः सर्व्वधर्म्मो नोपलभ्यते योऽनुत्तरां सम्यक्सम्बोधिमभिसम्बुद्धो वाऽभिसम्भो-त्स्यते वा अभिसम्बुध्यते वा। कथं वा वयं भगवनस्य भाषितस्यार्थ-माजानीमः। देशयतु भगवन् देशयतु सुगत॥

एवमुक्ते भगवानायुष्मन्तं सुभूतिमेतदवोचत्। तत् किं मन्यसे सुभूते दीर्घरात्रं सत्वा अहङ्कारे ममकारे चरन्ति॥

सुभूतिराह। एवमेतद्भगवन् एवमेतत् सुगत। दीर्घरात्रं सत्वा अहङ्कारे ममकारे चरन्ति॥

भगवानाह। तत् किं मन्यसे सुभूतेऽपि नु अहङ्कारममकारौ शून्यौ॥

सुभूतिराह। शून्यौ भगवन् शून्यौ सुगत॥

भगवानाह। तत् किं मन्यसे सुभूते अहङ्कारेण ममकारेण च सत्वाः संसारे संसरन्ति॥

सुभूतिराह। एवमेतद्भगवन् एवमेतत् सुगत। अहङ्कारेण ममकारेण च सत्वाः संसारे संसरन्ति॥

भगवानाह। एवं खलु सुभूते सत्वानां सङ्क्लेशः प्रज्ञायते। यथा सत्वानामुद्ग्रहोऽभिनिवेशस्तथा सङ्क्लेशो न चात्र कश्चित् सङ्क्लिश्यते। यथा च सुभूतेऽनुद्ग्रहोऽनभिनिवेशस्तथा नाहङ्कार-ममकारौ प्रज्ञायेते। एवं खलु सुभूते सर्व्वसत्वानां व्यवदानं प्रज्ञा-यते यथा सत्वानामनुद्ग्रहोऽनभिनिवेशस्तथा व्यवदानं न चात्र कश्चि-द्व्यवदायति। एवं खलु सुभूते चरन् बोधिसत्वो महासत्वश्चरति प्रज्ञापारमितायां। एवं खलु सुभूते सर्व्वधर्म्मेषु विविक्तेषु सर्व्वधर्म्मेषु शून्येषु सत्वानां सङ्क्लेशो व्यवदानञ्च प्रज्ञायते॥

सुभूतिराह। आश्चर्य्यं भगवन् यावद् यदिदं सर्व्वधर्म्मेषु विविक्तेषु सर्व्वधर्म्मेषु शून्येषु सत्वानां सङ्क्लेशो व्यवदानञ्च प्रज्ञायते। एवञ्च भगवं-श्चरन् बोधिसत्वो महासत्वश्चरति प्रज्ञापारमितायां। एवं हि चरन् बोधिसत्वो महासत्वो न रूपे चरति न वेदनायां न संज्ञायां न संस्कारेषु न विज्ञाने चरति। एवं चरन् भगवन् बोधिसत्वो महासत्वो-

ऽनवमर्द्दनीयो भवति सदेवमानुषासुरेण लोकेन। एवञ्चरन् भगवन् बोधिसत्त्वो महासत्वः सर्व्वेषां श्रावकयानिकानां प्रत्येकबुद्धयानिकानाञ्च पुद्गलानाञ्चर्य्यामभिभवति अनभिभूतञ्च स्थानं प्रतिलभते॥ तत् कस्य हेतोः। अनभिभूतं हि भगवन् बुद्धत्वं तथागतत्वं स्वयम्भूत्वं सर्व्वज्ञत्वं॥ अनेनापि भगवन् मनसिकारेण प्रज्ञापारमिता प्रतिसंयुक्तेन विहारेण विहरन् बोधिसत्त्वो महासत्वो रात्रिन्दिवान्यतिनामयेदासन्नः स्यादनुत्तरायाः सम्यक्सम्बोधेः क्षिप्रञ्चानुत्तरां सम्यक्सम्बोधिमभिसम्बुध्येत॥

एवमुक्ते भगवानायुष्मन्तं सुभूतिमेतदवोचत्। एवमेतत् सुभूते एवमेतत्। एवञ्चरन् सुभूते बोधिसत्त्वो महासत्वश्चरति प्रज्ञापारमितायां। एवं हि चरन् सुभूते बोधिसत्त्वो महासत्वो न रूपे चरति न वेदनायां न संज्ञायां न संस्कारेषु न विज्ञाने चरति। एवञ्चरन् सुभूते बोधिसत्त्वो महासत्वोऽनवमर्द्दनीयो भवति सदेवमानुषासुरेण लोकेन। एवञ्चरन् सुभूते बोधिसत्त्वो महासत्वः सर्व्वेषां श्रावकयानिकानां प्रत्येकबुद्धयानिकानाञ्च पुद्गलानाञ्चर्य्यामभिभवति अनभिभूतञ्च स्थानं प्रतिलभते॥ तत् कस्य हेतोः। अनभिभूतं हि सुभूते बुद्धत्वं तथागतत्वं स्वयम्भूत्वं सर्व्वज्ञत्वं। अनेनापि सुभूते मनसिकारेण प्रज्ञापारमिताप्रतिसंयुक्तेन विहारेण विहरन् बोधिसत्त्वो महासत्वो रात्रिन्दिवान्यतिनामयेदासन्नः स्यादनुत्तरायाः सम्यक्सम्बोधेः क्षिप्रञ्चानुत्तरां सम्यक्सम्बोधिमभिसम्बुध्येत॥ सचेत् खलु पुनः सुभूते ये जम्बूद्वीपे सत्वास्ते सर्व्वेऽपूर्व्वाचरमं मानुष्यकमात्मभावं प्रतिलभेरन् मानुष्यकमात्मभावं प्रतिलभ्यानुत्तरायां

सम्यक्सम्बोधौ चित्तमुत्पादयेरन् अनुत्तरायां सम्यक्सम्बोधौ चित्त-मुत्पाद्य यावज्जीवं तिष्ठेयुर्यावज्जीवं तिष्ठन्तो यावज्जीवं सर्व्वतथागतान् सत्कुर्य्युर्गुरुकुर्य्युर्मानयेयुः पूजयेयुरर्च्चयेयुरपचायेयु, एवं सर्व्वसत्वेभ्यो-ऽपि दानं दद्युस्तच्च दानमनुत्तरायां सम्यक्सम्बोधौ परिणामयेयुस्तत् किं मन्यसे सुभूते अपि नु ते बोधिसत्त्वा महासत्वास्ततो निदानं बहुपुण्यं प्रसवेयुः॥

सुभूतिराह। बहु भगवन् बहु सुगत॥

भगवानाह। अतः खलु पुनः सुभूते स कुलपुत्रो वा कुल-दुहिता वा बहुतरं पुण्यं प्रसवति यो बोधिसत्त्वो महासत्वोऽन्तत एकदिवसमपि प्रज्ञापारमिताप्रतिसंयुक्तैर्मनसिकारैर्विहरति॥ तत् कस्य हेतोः। यथा यथा हि सुभूते बोधिसत्त्वो महासत्वः प्रज्ञापारमिताप्रतिसंयुक्तैर्मनसिकारैरात्रिन्दिवं विहरति तथा तथा सर्वसत्वानां दक्षिणीयतां गच्छति॥ तत् कस्य हेतोः। तथा हि सुभूते नास्ति तदन्येषां सत्वानां तादृशं मैत्रीसहगतं चित्तं यथा तस्य बोधिसत्त्वस्य महासत्वस्य स्थापयित्वा बुद्धान् भगवतः॥ तत् कस्य हेतोः। अप्रतिपुद्गला हि सुभूते तथागता निरुपमा हि सुभूते तथागता अचिन्त्यधर्म्मसमन्वागता हि सुभूते तथागता अर्हन्तः सम्यक्सम्बुद्धाः॥ कथञ्च सुभूते स कुलपुत्रो वा कुलदुहिता वा तावत्तत्पुण्य[१] मभिनिर्हरति। तादृश्या सुभूते प्रज्ञया समन्वागतः स बोधिसत्त्वो महासत्वो भवति यादृश्या प्रज्ञया समन्वागतो बध्यगता-निव सर्वसत्वान् पश्यति। तेन तस्यां वेलायां महाकरुणापरिगृहीतो

(१) तावत्पुण्यमिति ख०।

भवति। स दिव्येन चक्षुषा व्यवलोकयन्नप्रमेयानसङ्ख्येयानपरिमेयानपरिमाणान् सत्त्वानानन्तर्य्यकर्म्मसमन्वागतान् पश्यति अक्षणप्राप्तांश्च विहन्यमानांश्च दृष्टिजालप्रतिच्छन्नांश्च मार्गमप्रतिलभमानानपरांश्च क्षणप्राप्तान्[१] पश्यति क्षणांश्च विरागयतः पश्यति। तस्य तस्यां वेलायां महान् संवेग उत्पद्यते। ते चास्य सर्व्वसत्त्वास्तया महामैत्र्या तया च महाकरुणया स्फारित्वा[२] मनसिकृता भवन्ति। अहमेतेषां सर्व्वेषां सत्त्वानां नाथो भविष्यामि। अहमेतान् सर्व्वसत्त्वान् सर्व्वदुःखेभ्यो मोचयिष्यामीति। न च तेन वान्येन वा[३] निमित्तेन सार्द्धं संवसति॥ अयमपि सुभूते बोधिसत्त्वस्य महासत्त्वस्य महान् प्रज्ञालोको[४]ऽनुत्तरां सम्यक्सम्बोधिमभिसम्बोद्धुं॥ अनेन हि सुभूते विहारेण विहरन्तो बोधिसत्त्वा महासत्त्वाः सर्व्वलोकस्य दक्षिणीयतां परिगृह्णन्ति न च विवर्त्तन्तेऽनुत्तरायाः सम्यक्सम्बोधेः। येषाञ्च दायकानां दानपतीनाञ्च परिभुञ्जते चीवरपिण्डपातशयनासनग्लानप्रत्ययभैषज्यपरिष्कारानस्यां प्रज्ञापारमितायां सूपस्थितचित्तास्तेषां दायकानां दानपतीनाञ्च दानदक्षिणां विशोधयन्ति। सर्व्वज्ञता चैषामासन्नीभवति॥ तस्मात्तर्हि सुभूते बोधिसत्त्वेन महासत्त्वेनामोघं राष्ट्रं पिण्डं[५] परिभोक्तुकामेन सर्व्वसत्त्वानां मार्गमुप-

---

(१) अक्षणप्राप्तानिति ग०।

(२) स्फरित्वा इति ख० ङ० च०।

(३) न च तेन वानेन वा इति ग० न चान्येन वा इति च०।

(४) महाप्रज्ञालोक इति ख० च०।

(५) राष्ट्रपिण्डमिति ङ०।

देष्टुकामेन विपुलमवभासं कर्त्तुकामेन संसारगतान् सत्वान् संसारात् परिमोचयितुकामेन सर्व्वसत्वानां चक्षुर्विशोधयितुकामेनानेन प्रज्ञापारमिताप्रतिसंयुक्तेन मनसिकारेण विहर्त्तव्यं। स चेदनेन मनसिकारेण विहर्त्तुमिच्छति तेन प्रज्ञापारमिताप्रतिसंयुक्ता मनसिकाराः समन्वाहर्त्तव्याः॥ तत् कस्य हेतोः। यो ह्येनान् समन्वाहर्त्तव्यान् मंस्यते स एवास्य मनसिकारो भविष्यति। ततोऽन्येषां मनसिकाराणां प्रज्ञापारमिताविरहितानामवकाशो न दातव्यः। तथा च कर्त्तव्यं[१] यथाऽयं प्रज्ञापारमिताप्रतिसंयुक्तैर्मनसिकारैराचिन्दिवानि क्षपयेत्॥ तद्यथापि नाम सुभूते केनचिदेव पुरुषेण मणिरत्नज्ञाने वर्त्तमानेन[२] मणिरत्नजातिज्ञेनाप्रतिलब्धपूर्व्वं महामणिरत्नं प्रतिलब्धं भवेत्। स तन्महामणिरत्नं प्रतिलभ्य महतोदारेण प्रीतिप्रामोद्येन समन्वागतो भवेत्। तस्य तन्महामणिरत्नं पुनरेव प्रणश्येत्। स ततो निदानं महता दुःखदौर्म्मनस्येन संयुज्येत। तस्य सततसमितं[३] तन्महामणिरत्नं प्रति संयुक्ता एव मनसिकाराः प्रवर्त्तेरन्। अहो वताहं तेन महामणिरत्नेन विप्रयुक्त इति। इति हि स पुरुषस्तस्य महामणिरत्नस्य न विस्मरेद्यावत्तद्वाऽन्यद्वा तद्गुणं तज्जातिकं तेन महामणिरत्नं प्रतिलब्धं भवेत्॥ एवमेव सुभूते बोधिसत्त्वेन महासत्वेन प्रज्ञापारमितामहामणिरत्नपरिभ्रष्टेन महामणिरत्नपरिभ्रष्टेनेव[४] महामणिरत्नेन[५]

(१) तथा च परिजयं कर्त्तव्यमिति च०।
(२) ग० पुस्तके वर्त्तमाने इति पाठो दृश्यते।
(३) सततसमितमिति ग०। अयमेव पाठः समीचीन इति प्रतिभाति।
(४) महामणिरत्नेनेव इति ग०।
(५) महामणिरत्ने इति ख० घ०।

रत्नसंज्ञिना प्रज्ञापारमितामनसिकाराविप्रयुक्तेन[१] प्रज्ञापारमिता-मनसिकाराविरहितसर्व्वज्ञताचित्तेन तावदन्वेष्टव्या यावत्सा वाऽन्या वा प्रतिलब्धा भवति तावत्तेन प्रज्ञापारमितामहामणिरत्नप्रतिलम्भप्रति-संयुक्तैर्मनसिकारैः सर्व्वज्ञतामहामणिरत्नप्रतिलम्भप्रतिसंयुक्तैर्मनसि-कारैरविरहितेन भवितव्यं॥

सुभूतिराह। यत् पुनर्भगवन् सर्व्वधर्म्माः सर्व्वमनसिकाराः स्वभावेन विरहिताः शून्या उक्ता भगवता। तत् कथं भगवन् बोधि-सत्त्वो महासत्वः प्रज्ञापारमिताप्रतिसंयुक्तैर्मनसिकारैः सर्वज्ञताप्रति-संयुक्तैर्मनसिकारैरविरहितो भवति॥

एवमुक्ते भगवानायुष्मन्तं सुभूतिमेतदवोचत्। स चेत् सुभूते बोधिसत्त्वो महासत्व एवं मनसि करोति सर्व्वधर्म्माः स्वभावेन विविक्ताः सर्व्वधर्म्माः स्वभावेन शून्या इति। एवमेतन्मनसि कुर्व्वन् प्रज्ञापार-मिताप्रतिसंयुक्तैर्मनसिकारैः सर्व्वज्ञताप्रतिसंयुक्तर्मनसिकारैरविरहितो भवति॥ तत् कस्य हेतोः। प्रज्ञापारमिता हि सुभूते शून्या सा नैव विवर्द्धते न च परिहीयते॥

सुभूतिराह। सचेद्भगवन् प्रज्ञापारमिता शून्या सा नैव विवर्द्धते न च परिहीयते। कथं भगवन् बोधिसत्त्वो महासत्वोऽविवर्द्धमानया प्रज्ञापारमितया बोधये समुदागच्छति कथञ्चानुत्तरां सम्यक्सम्बो-धिमभिसम्बुध्यते॥

एवमुक्ते भगवानायुष्मन्तं सुभूतिमेतदवोचत्। न खलु पुनः

(५) ग० ङ० पुस्तकद्वये प्रज्ञापारमितामनसिकाराविप्रयुक्तेनेति पाठो न विद्यते।

सुभूते बोधिसत्त्वो महासत्वः प्रज्ञापारमितायां चरन् विवर्द्धते वा परिहीयते वा। यथैव सुभूते प्रज्ञापारमिता शून्या सा नैव विवर्द्धते न च परिहीयते। एवमेव सुभूते बोधिसत्त्वो महासत्वः शून्यः स नैव विवर्द्धते न च परिहीयते। यतः सुभूते यथैव प्रज्ञापारमिता शून्या सा नैव विवर्द्धते न च परिहीयते एवमेव सुभूते बोधिसत्त्वो महासत्वः शून्यः स नैव विवर्द्धते न च परिहीयते। ततो बोधिसत्त्वो महासत्वो बोधये समुदागच्छति एवं चानुत्तरां सम्यक्सम्बोधिमभिसम्बुध्यते॥ स चेत् सुभूते बोधिसत्त्वो महासत्व एवं भाष्यमाणे नोत्त्रस्यति न सन्त्रस्यति न सन्त्रासमापद्यते न संसीदति वेदितव्यमेतत् सुभूते चरत्ययं बोधिसत्त्वो महासत्वः प्रज्ञापारमितायामिति॥

सुभूतिराह। किं पुनर्भगवन् प्रज्ञापारमिता चरति प्रज्ञापारमितायां॥

भगवानाह। नो हीदं सुभूते॥

आह। किं पुनर्भगवन् या प्रज्ञापारमितायाः शून्यता सा चरति प्रज्ञापारमितायां॥

भगवानाह। नो हीदं सुभूते॥

आह। किं पुनर्भगवन्नन्यत्र प्रज्ञापारमिताशून्यतायाः[१] स कश्चिद्धर्म्म उपलभ्यते यश्चरति प्रज्ञापारमितायां॥

भगवानाह। नो हीदं सुभूते॥

आह। किं पुनर्भगवन् शून्यता चरति प्रज्ञापारमितायां॥

(१) प्रज्ञापारमिताशून्यतायामिति ख०। प्रज्ञापारमितायाः शून्यतायाः इति ग०। ङ० पुस्तके शून्यतायाः इति पाठो न वर्त्तते।

भगवानाह। नो हीदं सुभूते॥

आह। किं पुनर्भगवन् शून्यतायां स कश्चिद्धर्म्म उपलभ्यते यश्चरति प्रज्ञापारमितायां॥

भगवानाह। नो हीदं सुभूते॥

आह। किं पुनर्भगवन् शून्यता चरति शून्यतायां॥

भगवानाह। नो हीदं सुभूते॥

आह। किं पुनर्भगवन् रूपश्चरति प्रज्ञापारमितायां॥

भगवानाह। नो हीदं सुभूते॥

आह। किं पुनर्भगवन् वेदना संज्ञा संस्काराः किं पुनर्भगवन् विज्ञानश्चरति प्रज्ञापारमितायां॥

भगवानाह। नो हीदं सुभूते॥

आह। किं पुनर्भगवन्नन्यत्र रूपात् स धर्म्मः कश्चिदुपलभ्यते यश्चरति प्रज्ञापारमितायां॥

भगवानाह। नो हीदं सुभूते॥

आह। किं पुनर्भगवन्नन्यत्र वेदनायाः संज्ञायाः संस्कारेभ्योऽन्यत्र विज्ञानात् स धर्म्मः कश्चिदुपलभ्यते यश्चरति प्रज्ञापारमितायां॥

भगवानाह। नो हीदं सुभूते॥

सुभूतिराह। कथं पुनर्भगवन् बोधिसत्त्वो महासत्वश्चरति प्रज्ञापारमितायां॥

एवमुक्ते भगवानायुष्मन्तं सुभूतिमेतदवोचत्। किं पुनः सुभूते समनुपश्यसि त्वं तं धर्म्मं यश्चरति प्रज्ञापारमितायां॥

सुभूतिराह। नो हीदं भगवन्॥

भगवानाह। समनुपश्यसि त्वं सुभूते तां प्रज्ञापारमितां यत्र प्रज्ञापारमितायां बोधिसत्त्वो महासत्वश्चरति॥

आह। नो हीदं भगवन्॥

भगवानाह। तत् किं मन्यसे सुभूते यो धर्म्मोऽनुपलम्भस्तं धर्म्मं समनुपश्यसि। अपि नु स एव धर्म्म उत्पन्नो वा उत्पत्स्यते वा उत्पद्यते वा निरुद्धो वा निरोत्स्यते वा निरुध्यते वा॥

आह। नो हीदं भगवन्॥

भगवानाह। एवं खलु सुभूते बोधिसत्त्वस्य महासत्वस्यानुत्पत्तिकेषु धर्म्मेषु क्षान्तिरेवंरूपा भवति। एवंरूपया च सुभूते क्षान्त्या समन्वागतो बोधिसत्त्वो महासत्वो व्याक्रियतेऽनुत्तरायां सम्यक्सम्बोधौ। इयं सुभूते तथागतस्य वैशारद्यप्रतिपत् यां[१] प्रतिपद्यमानो बोधिसत्त्वो महासत्व एवञ्चरन्नेवं घटमान एवं व्यायच्छमानोऽनुत्तरं बुद्धज्ञानं सर्व्वज्ञज्ञानं महासार्थवाहज्ञानं नानुप्राप्स्यतीति नैतत् स्थानं विद्यते॥

सुभूतिराह। या भगवन् सर्व्वधर्म्माणामनुत्पत्तिकधर्म्मता सा व्याक्रियतेऽनुत्तरायां सम्यक्सम्बोधौ॥

भगवानाह। नो हीदं सुभूते॥

सुभूतिराह। कतमस्येदानीं भगवन् धर्म्मस्य व्याकरणं भवत्यनुत्तरायां सम्यक्सम्बोधौ॥

भगवानाह। किं पुनः सुभूते समनुपश्यसि त्वं तं धर्म्मं यस्य धर्म्मस्य व्याकरणं भवत्यनुत्तरायां सम्यक्सम्बोधौ॥

---

(१) वैशारद्यप्रतिपत् तामिति क॰ ग॰ घ॰।

भवेयुस्तत् किं मन्यसे कौशिक अपि नु ते सत्वास्ततो निदानं बहु-पुण्यं प्रसवेयुः॥

शक्र आह। बहु भगवन् बहु सुगत॥

भगवानाह। अतः खलु पुनः स कौशिक कुलपुत्त्रो वा कुल-दुहिता वा बहुतरं पुण्यं प्रसवति य इमां प्रज्ञापारमितां श्रोष्यति श्रुत्वा चोद्ग्रहीष्यति धारयिष्यति वाचयिष्यति पर्य्यवाप्स्यति प्रवर्त्तयिष्यति देशयिष्यत्युपदेक्ष्यत्युद्देक्ष्यति स्वाध्यास्यति लिखिष्यति। अस्य कौशिक पुण्यस्कन्धस्यासौ पौर्व्वकाणां जाम्बूद्वीपकानां सर्व्वसत्वानां शीलमयः पुण्यस्कन्धः शततमीमपि कलां नोपैति सहस्रतमीमपि शतसहस्र-तमीमपि कोटीतमीमपि कोटीशततमीमपि कोटीसहस्रतमीमपि कोटीशतसहस्रतमीमपि कोटीनियुतशतसहस्रतमीमपि कलां नोपैति सङ्ख्यामपि कलामपि गणनामप्युपमामप्यौपम्यमप्युपनिसामप्युपनि-षदमपि न क्षमते येन कुशलमूलेन स कुलपुत्त्रो वा कुलदुहिता वा समन्वागतो भवति य इमां गम्भीरां प्रज्ञापारमितां श्रोष्यति श्रुत्वा चोद्ग्रहीष्यति धारयिष्यति वाचयिष्यति पर्य्यवाप्स्यति प्रवर्त्त-यिष्यति देशयिष्यत्युपदेक्ष्यत्युद्देक्ष्यति स्वाध्यास्यति लिखिष्यति॥

अथ खल्वन्यतरो भिक्षुः शक्रं देवानामिन्द्रमेतदवोचत्। अभि-भूतोऽसि कौशिक तेन कुलपुत्त्रेण वा कुलदुहित्रा वा य इमां गम्भीरां प्रज्ञापारमितां श्रोष्यति श्रुत्वा चोद्ग्रहीष्यति धारयिष्यति वाचयिष्यति पर्य्यवाप्स्यति प्रवर्त्तयिष्यति देशयिष्यत्युपदेक्ष्यत्युद्देक्ष्यति स्वाध्यास्यति लिखिष्यति॥

एवमुक्ते शक्रो देवानामिन्द्रस्तं भिक्षुमेतदवोचत्। एकचित्तोत्पा-

देनैवाऽऽहमार्य्य तेन कुलपुत्त्रेण वा कुलदुहित्रा वाऽभिभूतः। कः पुनर्व्वादो य इमां गम्भीरां प्रज्ञापारमितां श्रोष्यति श्रुत्वा चोद्ग्रहीष्यति धारयिष्यति वाचयिष्यति पर्य्यवाप्स्यति प्रवर्त्तयिष्यति देशयिष्यत्युपदेक्ष्यत्युद्देक्ष्यति स्वाध्यास्यति लिखिष्यति। कः पुनर्व्वादो ये श्रुत्वोद्गृह्य धारयित्वा वाचयित्वा पर्य्यवाप्य प्रवर्त्त्य देशयित्वोपदिश्योद्दिश्य स्वाध्याय लिखित्वा तथत्वाय शिक्षिष्यन्ते तथत्वाय प्रतिपत्स्यन्ते तथत्वाय योगमापत्स्यन्ते ते ते सदेवमानुषासुरं लोकमभिभवन्तो गमिष्यन्ति बोधिसत्त्वा महासत्वाः। न केवलं ते सदेवमानुषासुरं लोकमभिभवन्तो गमिष्यन्ति येऽपि ते स्रोतआपन्नाः सकृदागामिनोऽनागामिनोऽर्हन्तः सम्यक्सम्बुद्धास्तानपि ते सर्व्वानभिभवन्तो गमिष्यन्ति बोधिसत्त्वा महासत्वाः। न केवलं स्रोतआपन्नान् सकृदागामिनोऽनागामिनोऽर्हतः प्रत्येकबुद्धानभिभवन्तो गमिष्यन्ति येऽपि ते बोधिसत्त्वा महासत्वा महादानपतयः प्रज्ञापारमितोपायकौशल्यविरहितास्तानपि ते सर्व्वानभिभवन्तो गमिष्यन्ति बोधिसत्त्वा महासत्वाः। न केवलं तान् महादानपतीन् बोधिसत्त्वान् महासत्वानभिभवन्तो गमिष्यन्ति येऽपि ते बोधिसत्त्वा महासत्वाः परिशुद्धशीला अखण्डेन शीलस्कन्धेनाच्छिद्रेणाकल्मषेण परिपूर्णेन परिशुद्धेनाशवलेन शीलस्कन्धेन समन्वागताः प्रज्ञापारमितोपायकौशल्यविरहितास्तानपि ते सर्व्वानभिभवन्तो गमिष्यन्ति बोधिसत्त्वा महासत्वाः। न केवलमखण्डेनाच्छिद्रेणाकल्मषेण परिपूर्णेन परिशुद्धेनाशवलेन शीलस्कन्धेन समन्वागतान् बोधिसत्त्वान् महासत्वानभिभवन्तो गमिष्यन्ति येऽपि ते बोधिसत्त्वा महासत्वाः क्षान्तिसम्पन्ना उपशम-

सम्पन्ना अप्रतिहतचित्ता अन्ततो दग्धस्थूणाया[1]मप्याघातचित्तं नो-त्पादयन्ति प्रज्ञापारमितोपायकौशल्यविरहितास्तानपि ते सर्व्वानभि-भवन्तो गमिष्यन्ति बोधिसत्त्वा महासत्वाः। न केवलं क्षान्तिसम्पन्ना-नुपशमसम्पन्नानप्रतिहतचित्तान् बोधिसत्त्वान् महासत्वानभिभवन्तो गमिष्यन्ति येऽपि ते बोधिसत्त्वा महासत्वा आरब्धवीर्य्या अनिक्षिप्त-धुरा अकुसीदा अनवलीनकायवाङ्मनःकर्म्मान्ताः प्रज्ञापारमितोपाय-कौशल्यविरहितास्तानपि ते सर्व्वानभिभवन्तो गमिष्यन्ति बोधिसत्त्वा महासत्वाः। न केवलमारब्धवीर्य्यानिक्षिप्तधुरानकुसीदाननवलीन-कायवाङ्मनःकर्म्मान्तान् बोधिसत्त्वान् महासत्वानभिभवन्तो गमिष्यन्ति येऽपि ते बोधिसत्त्वा महासत्वा ध्यानारामा ध्यानरता ध्यानबलिनो ध्यानबलवन्तो ध्यानप्रतिष्ठिता ध्यानवशिनः प्रज्ञापारमितोपाय-कौशल्यविरहितास्तानपि ते सर्व्वानभिभवन्तो गमिष्यन्ति बोधिसत्त्वा महासत्वाः। यथानिर्द्दिष्टायां हि प्रज्ञापारमितायां चरन् बोधिसत्त्वो महासत्वः सदेवमानुषासुरलोकं सर्व्वान् श्रावकप्रत्येकबुद्धयानिकाननु-पायकुशलांश्च बोधिसत्त्वान् महासत्वानभिभवति। तेषाञ्चानभिभूतो भवति॥ तत् कस्य हेतोः। यो हि बोधिसत्त्वो महासत्वो यथानिर्द्दि-ष्टायां प्रज्ञापारमितायां चरति प्रज्ञापारमितामनुवर्त्ततेऽयं बोधिसत्त्वो महासत्वः सर्व्वज्ञवंशस्यानुपच्छेदाय स्थितो भवति अयं बोधिसत्त्वो महासत्वस्तथागतान् न दूरीकरिष्यति अयं बोधिसत्त्वो महासत्व एवं प्रतिपद्यमानो न चिराद्गमिष्यति बोधिमण्डमयं बोधिसत्त्वो महा-

(१) दग्धस्थूनायामिति ख०।

सत्व एवं शिक्षमाणः सत्वान् क्लेशपङ्के संसीदमानानुद्धरिष्यति अयं बोधिसत्त्वो महासत्व एवं शिक्षमाणो बोधिसत्त्वशिक्षायां शिक्षते न श्रावकशिक्षायां शिक्षते न प्रत्येकबुद्धशिक्षायां शिक्षते॥ एवं शिक्षमाणञ्च प्रज्ञापारमितायां बोधिसत्त्वं महासत्वं चत्वारो लोकपाला महाराजान उपसङ्क्रम्यैवं वक्ष्यन्ति। क्षिप्रं त्वं कुलपुत्त्रास्यां बोधिसत्त्वचर्य्यायां शिक्षस्व लघु शिक्षस्व इमानि ते चत्वारि पात्राणि यानि त्वया बोधिमण्डे निषद्यानुत्तरां सम्यक्सम्बोधिमभिसम्बुद्धेन प्रतिग्रहीतव्यानीति॥ एवं शिक्षमाणं बोधिसत्त्वं महासत्वं यथानिर्द्दिष्टायां प्रज्ञापारमितायां न केवलं चत्वारो लोकपाला महाराजान उपसङ्क्रमितव्यं मंस्यन्ते अहमपि भगवंस्तं बोधिसत्त्वं महासत्वमुपसङ्क्रमिष्यामि कः पुनर्व्वादस्तदन्ये देवपुत्त्राः। तथागतैरपि सोऽर्हद्भिः सम्यक्सम्बुद्धैर्नित्यमेव समन्वाहृतो भविष्यति बोधिसत्त्वो महासत्वः॥ एवं प्रज्ञापारमितायाञ्चरतो बोधिसत्त्वस्य महासत्वस्य यानि कानिचिल्लौकिकानि दुःखानि परोपक्रमिकाणि वाऽन्यानि वा उत्पद्येरन् तान्यस्य सर्व्वेण सर्व्वं सर्व्वथा सर्व्वं नोत्पत्स्यन्ते। अयमपि भगवन् दृष्टधार्म्मिको गुणस्तस्य बोधिसत्त्वस्य महासत्वस्य प्रज्ञापारमितायाञ्चरतो भवति॥

अथ खल्वायुष्मत आनन्दस्यैतदभवत्। किमयं शक्रो देवानामिन्द्रः स्वकेन प्रतिभानेन भाषते उताहो बुद्धानुभावेनेति॥

अथ खलु बुद्धानुभावेन शक्रो देवानामिन्द्र आयुष्मत आनन्दस्य चेतसैव चेतःपरिवितर्कमाज्ञायायुष्मन्तमानन्दमेतदवोचत्। बुद्धानुभावोऽयमार्य्यानन्द वेदितव्यो बुद्धाधिष्ठानमिदमपि आर्य्यानन्द वेदि-

तथ्यमप्रतिबलो ह्यहमार्य्यानन्द बोधिसत्त्वान्महासत्वानारभ्य व्याहर्त्तुम् ॥

अथ खलु भगवानायुष्मन्तमानन्दमामन्त्रयते स्म । एवमेतदानन्दैवमेतत् । यथा शक्रेण देवानामिन्द्रेण भाषितं तथागतस्यैषोऽनुभावस्तथागतस्यैतदधिष्ठानं यच्छक्रेण देवानामिन्द्रेण भाषितमिति ॥

आर्य्याष्टसाहस्रिकायां प्रज्ञापारमितायां शक्रपरिवर्त्तो नाम त्रयोविंशतितमः ॥

अथाभिमानपरिवर्त्तो नाम चतुर्विंशतितमः।

अथ खलु भगवान् पुनरप्यायुष्मन्तमानन्दमामन्त्रयते स्म। यस्मिन् खलु पुनरानन्द समये बोधिसत्त्वो महासत्त्वः प्रज्ञापारमितायां शिक्षते प्रज्ञापारमितायां योगमापद्यते प्रज्ञापारमितां भावयति तस्मिन्नानन्द समये ये त्रिसाहस्रमहासाहस्रे लोकधातौ माराः पापीयांसस्ते सर्व्वे संशयिता भवन्ति किमयं बोधिसत्त्वो महासत्त्वोऽन्तरा भूतकोटिं साक्षात् करिष्यति[१] श्रावकभूमौ वा प्रत्येकबुद्धभूमौ वा उताहोऽनुत्तरां सम्यक्सम्बोधिमभिसम्भोत्स्यते इति। पुनरपरमानन्द तस्मिन् समये माराः पापीयांसः शोकशल्यविद्धा भवन्ति यस्मिन् समये बोधिसत्त्वो महासत्त्वः प्रज्ञापारमिताविहारेण विहरति॥ पुनरपरमानन्द यस्मिन् समये बोधिसत्त्वो महासत्त्वः प्रज्ञापारमितायाञ्चरति प्रज्ञापारमितायां योगमापद्यते प्रज्ञापारमितां भावयति तस्मिन् समये माराः पापीयांसो बोधिसत्त्वस्य महासत्त्वस्य विहेठा[२]मुपसंहरन्ति भयं सञ्जनयन्ति उल्कापातान् दिक्षु दिद्युत्सृजन्ति दिग्दाहानुपदर्शयन्ति। अप्येव नामायं बोधिसत्त्वो महासत्त्वोऽवलीयेत[३] वा रोमहर्षो वाऽस्य भवेद्येनास्यैकचित्तोत्पादोऽपि

---

(१) साक्षात्करोति इति क० ख०।

(२) विहेठानामिति ग०।

(३) अनवलीयेत इति ग०।

चीयेतानुत्तरायाः सम्यक्सम्बोधेरिति। तत्रानन्द न सर्व्वस्य बोधिसत्त्वस्य महासत्वस्य मारः पापीयानुपसङ्क्रामति विहेठनाभिप्रायः, अपि तु कस्यचिदुपसङ्क्रामति कस्यचिन्नोपसङ्क्रामति॥

आनन्द आह। कियद्रूपस्य भगवन् बोधिसत्त्वस्य महासत्वस्य उपसङ्क्रामति मारः पापीयान् विहेठनाभिप्रायः॥

भगवानाह। येनानन्द बोधिसत्त्वेन महासत्वेन पूर्व्वान्ततः प्रज्ञापारमितायां भाष्यमाणायामधिमुक्तिचित्तं नोत्पादितं भवति अस्यानन्द बोधिसत्त्वस्य महासत्वस्य मारः पापीयानुपसङ्क्रामति विहेठनाभिप्रायोऽवतारं चास्य लभते॥ पुनरपरमानन्द यो बोधिसत्त्वो महासत्वो गम्भीरायां प्रज्ञापारमितायां भाष्यमाणायां संशयप्राप्तो भवति विमतिमुत्पादयति स्याद्वेयं प्रज्ञापारमिता एवं न वा स्यादिति अस्याप्यानन्द बोधिसत्त्वस्य महासत्वस्य मारः पापीयानुपसङ्क्रामति विहेठनाभिप्रायोऽवतारं चास्य लभते॥ पुनरपरमानन्द यो बोधिसत्त्वो महासत्वः कल्याणमित्रविरहितो भवति पापमित्रपरिगृहीतश्च भवति स गम्भीराणि गम्भीराणि स्थानानि प्रज्ञापारमितायां भाष्यमाणायां न शृणोति अशृण्वन् न जानाति अजानन् न परिपृच्छति कथं प्रज्ञापारमिता भावयितव्येति अस्याप्यानन्द बोधिसत्त्वस्य महासत्वस्य मारः पापीयानुपसङ्क्रामति विहेठनाभिप्रायोऽवतारं चास्य लभते॥ पुनरपरमानन्द यो बोधिसत्त्वो महासत्वोऽसद्धर्म्मपरियाहकमालीनो भवति एष मम सहायकः सर्व्वार्थेषु मां[१] न परित्यजति वहवोऽपि बोधि-

---

(१) मा इति ख० ग० च०।

सत्त्वा महासत्त्वा ममान्येऽपि सहायकाः सन्ति। न च पुनस्ते ममाभिप्रायं परिपूरयन्ति। अयन्तु मया प्रतिरूपः सहायो लब्धः। अयं ममाभिप्रायं परिपूरयिष्यति। अस्याप्यानन्द बोधिसत्त्वस्य महासत्त्वस्य मारः पापीयानुपसङ्क्रामति विहेठनाभिप्रायोऽवतारं चास्य लभते॥ पुनरपरमानन्द यो बोधिसत्त्वो महासत्त्वोऽस्यां गम्भीरायां प्रज्ञापारमितायां भाष्यमाणायामन्यं बोधिसत्त्वमेवं वदेत्। गम्भीरा वतेयं प्रज्ञापारमिता किन्त्वैनया श्रुतया। न ह्येवमत्र युज्यमानमन्येषु सूत्रान्तेषु यथा तथागतेन भाषितं अहमप्यस्यामगाधमास्वादन्न लभे किन्त्वैनया श्रुतया लिखितया वेति। एवमन्यानपि बोधिसत्त्वान् महासत्त्वान् विवेचयते। अस्याप्यानन्द बोधिसत्त्वस्य महासत्त्वस्य मारः पापीयानुपसङ्क्रामति विहेठनाभिप्रायोऽवतारं चास्य लभते॥ पुनरपरमानन्द यस्मिन् समये बोधिसत्त्वो महासत्त्वोऽन्यान् बोधिसत्त्वान्[(१)]वमन्यते। अहं विवेकविहारेण विहरामि नान्ये विवेकविहारेण विहरन्ति नान्येषां विवेकविहाराः संविद्यन्ते इति। तस्मिन्नानन्द समये मारः पापीयांस्तुष्ट उदग्र आत्तमनाः प्रमुदितः प्रीतिसौमनस्यजातो भवति संहर्षजातो हर्षितचित्तः प्रीतिप्रामोद्यजातो भवति॥ तत् कस्य हेतोः। दूरीकरोत्येषो[(२)]ऽनुत्तरां सम्यक्सम्बोधिमिति॥ पुनरपरमानन्द यस्मिन् समये बोधिसत्त्वस्य महासत्त्वस्य नामग्रहणं वा गोत्रग्रहणं वा धुतगुणपरिकीर्त्तनं वा भवति एवं स तावन्मात्रकेण ततोऽन्यान् बोधिसत्त्वान् महासत्त्वान् पेशलान् कल्याणधर्म्मणोऽवमन्यते।

---

(१) बोधिसत्त्वान् महासत्वानिति ग० च०।

(२) दूरीकरिष्यत्येष इति ख० ङ० च०।

ते च तस्य गुणा न संविद्यन्ते येऽविनिवर्त्तनीयानां बोधिसत्त्वानां महासत्वानां प्रज्ञापारमितायाञ्चरतां गुणास्ते आकारास्तानि लिङ्गानि तानि निमित्तानि तस्य न संविद्यन्ते। सो[१]ऽसंविद्यमानेष्वविनिवर्त्तनीयगुणेषु क्लेशमुत्पादयति यदुतात्मानमुत्क्रोशयति परान् पंसयति न खल्वेते तेषु धर्म्मेषु सन्दृश्यन्ते यथाहं सन्दृश्य इति। तत्र माराणां पापीयसामेवम्भवति। न शून्यानि मारभवनानि भविष्यन्ति उत्सदानि भविष्यन्ति महानिरयास्तिर्य्यञ्चः प्रेतविषया आसुराश्च काया उत्सदा भविष्यन्तीति। तथा च मारः पापीयानधिष्ठास्यति यथा ते बोधिसत्त्वा महासत्वा एवम्प्रवृत्ता अध्याक्रान्ता लाभसत्कारेण भविष्यन्ति आदेयवचनाश्च भविष्यन्ति ते तथा आदेयवचनतया बहुजनं ग्राहयिष्यन्ति। तेषाञ्च स महाजनः श्रोतव्यं श्रद्धातव्यं मंस्यते[२]। ते दृष्ट्वा श्रुत्वा च तेषामनुकृतिमापत्स्यन्ते। ते दृष्टश्रुतानुकृतिमापद्यमाना न तथत्वाय शिक्षिष्यन्ते न तथत्वाय प्रतिपत्स्यन्ते न तथत्वाय योगमापत्स्यन्ते। एवं ते न तथतायां शिक्षमाणा न तथतायां प्रतिपद्यमाना न तथतायां योगमापद्यमानाः सङ्क्लेशं विवर्द्धयिष्यन्ति। एवं ते विपर्य्यस्तया चित्तसन्तत्या यद्यदेव कर्म्मारप्स्यन्ते कायेन वा वाचा वा मनसा वा तत्सर्व्वमनिष्टत्वायाकान्तत्वायाप्रियत्वायामनआपत्वाय संवत्स्यते[३]॥ एवन्ते महानिरया उत्सदा भविष्यन्ति तिर्य्यञ्चः प्रेतविषया आसुराश्च

---

(१) य इति ग०।
(२) मंस्यन्ते इति ख० ग० घ० च०।
(३) संवर्त्स्यन्त इति ग०, सम्पत्स्यते इति च०।

काया मारभवनानि चोत्सदानि भविष्यन्ति। इम[1]मप्यानन्दार्थवशं सम्पश्यन् मारः पापीयांस्तुष्ट उदग्र आत्तमनाः प्रमुदितः प्रीतिसौमनस्यजातो भवति॥ पुनरपरमानन्द यस्मिन् समये बोधिसत्त्वो महासत्त्वः श्रावकयानिकेन पुद्गलेन सार्द्धं कलहायति विवदति विगृह्णीते आक्रोशति[2] परिभाषते व्यापद्यते दोषमुत्पादयति तस्मिन् समये मारस्य पापीयस एवं भवति। दूरीकरिष्यति बतायं कुलपुत्रः सर्व्वज्ञतामतिदूरे स्थास्यति सर्व्वज्ञतायाः। स चेत् पुनर्बोधिसत्त्वयानिकः पुद्गलोऽन्येन बोधिसत्त्वयानिकेन पुद्गलेन सार्द्धं कलहायति विवदति विगृह्णीते आक्रोशति[2] परिभाषते व्यापद्यते दोषमुत्पादयति तत्र मारः पापीयान् भूयस्या मात्रया तुष्टो भवत्युदग्र आत्तमनाः प्रमुदितः प्रीतिसौमनस्यजातो भवति। एवञ्चास्य भवत्युभावप्येतौ बोधिसत्त्वौ दूरे स्थास्यतः सर्व्वज्ञताया इति॥ पुनरपरमानन्द यो बोधिसत्त्वो महासत्त्वो व्याकृतोऽव्याकृतेन बोधिसत्त्वेन महासत्त्वेन सार्द्धं कलहायेद्विवदेद्विगृह्णीयादाक्रोशेत्[3] परिभाषेत व्यापद्येत दोषमुत्पादयेच्चित्तं चाघातयेत्तेन बोधिसत्त्वेन महासत्त्वेन चित्तोत्पादे तावत एव कल्पान् सन्नाहः सन्नद्धः[4] स चेदस्यापरित्यक्ता सर्व्वज्ञता॥

एवमुक्ते आयुष्मानानन्दो भगवन्तमेतदवोचत्। अस्ति भगवंस्तेषां

---

(१) इदमिति ख० ग० ङ०।

(२) आक्रोशयति इति घ०।

(३) आक्रोशयेदिति घ०।

(४) सन्नाह्य इति क० ख०।

चित्तोत्पादानां किञ्चिन्निःसरणमुताहो तावत एव कल्पानवश्यं तेन बोधिसत्त्वेन महासत्त्वेन सन्नाहः सन्नह्यः[१]॥

भगवानाह। सनिःसरणमानन्द मया धर्म्मो देशितः श्रावकयानिकानां प्रत्येकबुद्धयानिकानां बोधिसत्त्वयानिकानाञ्च पुद्गलानां। तत्रानन्द योऽयं बोधिसत्त्वयानिकः पुद्गलो बोधिसत्त्वयानिकेन पुद्गलेन सार्द्धं कलहायित्वा विवदित्वा[२] विग्रह्याक्रुश्य परिभाष्य व्यापद्य दोषमुत्पाद्य न प्रतिदेशयति नायत्यां सम्वराय प्रतिपद्यते अनुशयं वहति अनुशयबद्धो विहरति। नाहमानन्द तस्य पुद्गलस्य निःसरणं वदामि। अवश्यन्तेनानन्द पुद्गलेन पुनरेव तावत एव कल्पान् सन्नाहः सन्नह्यः॥ यः पुनरानन्द बोधिसत्त्वयानिकः पुद्गलो बोधिसत्त्वयानिकेन पुद्गलेन सार्द्धं कलहायित्वा विवदित्वा[२] विग्रह्याक्रुश्य परिभाष्य व्यापद्य दोषमुत्पाद्य प्रतिदेशयति प्रतिदेश्यायत्यां सम्वराय प्रतिपद्यते एवं च चित्तमुत्पादयति। येन मया सर्व्वसत्त्वानां विग्रहा विवादा विरोधा उत्सारयितव्या निध्यापयितव्याः प्रशमयितव्याः सोऽहं नाम स्वयमेव विवदामि लाभा मे दुर्लब्धा न सुलब्धा योऽहं जल्पिते प्रतिजल्पामि। येन मया सर्व्वसत्त्वानां सङ्क्रमभूतेन भवितव्यं सोऽहं परेषु त्वमित्यपि वाचं भाषे परुषं वा कर्कशं वा प्रतिवचो ददामीदमपि मया नैव वक्तव्यं जड़सदृशेन एड़मूकसमेन मया कलहविग्रहविवादेषु भवितव्यं परतो दुरुक्तानि दुरागतानि दुर्भाषितानि भाष्यमाणानि शृण्वता चित्तं नाघातयितव्यं परेषामन्तिके न ममैतत् साधु

---

(१) सन्नाह्य इति क० ख०।

(२) विवादयित्वा इति क० ख० ङ० च०।

नचैतन्मम प्रतिरूपं योऽहं परस्य दोषान्तरं सञ्जाने[१] एतदपि मे न प्रतिरूपं यदहं परेषां दोषान्तरमपि श्रोतव्यं मन्ये॥ तत् कस्य हेतोः। न मयाऽध्याशयो विकोपयितव्यः येन मया सर्व्वसत्वाः सर्व्वसुखोपधानैः सुखयितव्याः परिनिर्व्वापयितव्याश्चानुत्तरां सम्यक्-सम्बोधिमभिसम्बुध्य स नामाहं व्यापद्ये। न च मया स्वपराद्धेष्वपि परेषु व्यापत्तव्यं स नामाहं चोभं गच्छामीदं मया न करणीयं दृढ़पराक्रमतया पराक्रान्तव्यं। न च मया जीवितान्तरायेऽपि क्रियमाणे चोभः करणीयः न भ्रूकुटिर्मुखे उत्पादयितव्येति। अस्याह[२]मानन्द बोधिसत्त्वस्य महासत्वस्य निःसरणं वदामि॥ एवञ्चानन्द बोधिसत्त्वेन महासत्वेन श्रावकयानिकानामपि पुद्गलानामन्तिके स्थातव्यं। यथा न कस्यचित्सत्वस्यान्तिके चुभ्येत एवमेव च सर्व्वसत्वानामन्तिके स्थातव्यं। कथञ्चानन्द बोधिसत्त्वेन महासत्वेनापरेषां बोधिसत्त्वयानिकानां पुद्गलानामन्तिके स्थातव्यं। तद्यथापि नामानन्द शास्तरि। एते मम बोधिसत्त्वा महासत्वाः शास्तार इत्येवं स्थातव्यं। एकयानसमारूढ़ा वतेमे मम बोधिसत्त्वा महासत्वा एकमार्गसमारूढ़ा वतेमे मम बोधिसत्त्वा महासत्वाः समानाभिप्राया वतेमे मम बोधिसत्त्वा महा-सत्वाः समयानसम्प्रस्थिता वतेमे मम बोधिसत्त्वा महासत्वाः। यत्रैभिः शिचितव्यं तत्र मया शिचितव्यं यथैव चैभिः[३] शिचितव्यं तथैव मया शिचितव्यं। स चेत्पुनरेषां कश्चिद्व्यवकीर्णविहारेण विहरिष्यति न

(१) जाने इति ग०।
(२) अस्याप्यहमिति ख० च०।
(३) यत्रैभिरिति ग०।

मया व्यवकीर्णविहारेण विहर्त्तव्यं । स चेत्पुनरेतेऽव्यवकीर्णविहारेण विहरिष्यन्ति सर्व्वज्ञताप्रतिसंयुक्तैर्मनसिकारैर्मयाऽप्येवं शिक्षितव्यं । एवं सर्व्वज्ञतायां शिक्षमाणस्यानन्द बोधिसत्त्वस्य महासत्वस्यान्तरायो न भवत्यनुत्तरायाः सम्यक्सम्बोधेः क्षिप्रं चानुत्तरां सम्यक्सम्बोधि-मभिसम्बुध्यते इति ॥

आर्य्याष्टसाहस्रिकायां प्रज्ञापारमितायामभिमानपरिवर्त्तो नाम चतुर्विंशतितमः ॥

अथ शिक्षापरिवर्त्तो नाम पञ्चविंशतितमपरिवर्त्तः।

अथ खल्वायुष्मान् सुभूतिर्भगवन्तमेतदवोचत्। क्क पुनर्भगवन् शिक्षमाणो बोधिसत्त्वो महासत्वः सर्व्वज्ञतायां शिक्षते॥

भगवानाह। स चेत्सुभूते बोधिसत्त्वो महासत्वः क्षये शिक्षते सर्व्वज्ञतायां शिक्षते। एवमनुत्पादेऽनिरोधेऽजातौ अभावे विवेके विरागे आकाशे धर्म्मधातौ स चेत् सुभूते बोधिसत्त्वो महासत्वो निर्व्वाणे शिक्षते सर्व्वज्ञतायां शिक्षते॥

सुभूतिराह। किं कारणं भगवन् बोधिसत्त्वो महासत्वः क्षये शिक्षमाणः शिक्षते सर्व्वज्ञतायां[१]। एवमनुत्पादेऽनिरोधेऽजातौ अभावे विवेके विरागे आकाशे धर्म्मधातौ निर्व्वाणे शिक्षमाणः शिक्षते सर्व्वज्ञतायां॥

एवमुक्ते भगवानायुष्मन्तं सुभूतिमेतदवोचत्। यत् सुभूते एवं वदसि किं कारणं बोधिसत्त्वो महासत्वः क्षये शिक्षमाणः शिक्षते सर्व्वज्ञतायां। एवमनुत्पादेऽनिरोधेऽजातौ अभावे विवेके विरागे आकाशे धर्म्मधातौ निर्व्वाणे शिक्षमाणः शिक्षते सर्व्वज्ञतायामिति। तत्किं मन्यसे सुभूते या तथागतस्य तथता यया तथतया तथागतस्तथागत इति प्रभाव्यते अपि नु सा क्षीयते॥

सुभूतिराह। नो हीदं भगवन्॥ तत् कस्य हेतोः। न हि भगवन् क्षयः क्षीयते अक्षयो हि भगवन् क्षयः॥

---

(१) सर्व्वाकारज्ञतायामिति ख० ग०।

भवति न लोलो भवति न लङ्गो भवति न कल्लो भवति न हीनाङ्गो भवति न विकलाङ्गो भवति न विकृताङ्गो भवति न दुर्ब्बलो भवति न दुर्व्वर्णो भवति न दुःसंस्थानो भवति न हीनेन्द्रियो भवति न विकलेन्द्रियो भवति सर्व्वाकारपरिपूर्णेन्द्रियो भवति स्वरसम्पन्नो भवति॥ एवं शिक्षमाणः सुभूते बोधिसत्त्वो महासत्वो न प्राणातिपाती भवति नादत्तादायी भवति न काममिथ्याचारी भवति न मृषावादी भवति न पिशुनवाग्भवति न परुषवाग्भवति न सम्भिन्नप्रलापी भवति नाभिध्यालुर्भवति न व्यापन्नचित्तो भवति न मिथ्यादृष्टिको भवति न मिथ्याजीवेन जीविकां कल्पयति॥ एवं शिक्षमाणः सुभूते बोधिसत्त्वो महासत्वो न दीर्घायुष्केषु देवेषूपपद्यते न दुःशीलपरिग्राहको भवति नाभूतधर्म्मपरिग्राहको भवति न ध्यानसमापत्तिवशेनोपपद्यते[१]॥ तत् कस्य हेतोः। अस्ति हि तस्योपायकौशल्यं[२] येनोपायकौशल्येन[३] समन्वागतो बोधिसत्त्वो महासत्वो न दीर्घायुष्केषु देवेषूपपद्यते॥ तत्पुनः सुभूते उपायकौशलं बोधिसत्त्वस्य महासत्वस्य कतमद्यदुतेयमेव प्रज्ञापारमिता। तथा चात्रोपायकौशल्ये[४] योगमापद्यते यथाऽन्येनो[५]पायकौशल्येन समन्वागतो बोधिसत्त्वो महासत्वो ध्यानानि च समापद्यते न च ध्यानवशेनोपपद्यते॥ एवं शिक्षमाणः सुभूते बोधिसत्त्वो महासत्वो बलपरिशुद्धिं निगच्छति

(१) न समाधिसमापत्तिवशेनोपपद्यते इति ग० घ०।
(२) उपायकौशलमिति ङ०।
(३) उपायकौशलेनेति ग० ङ०।
(४) तथाऽत्रोपायकौशल्ये इति ग० घ०।
(५) यथाऽनेन इति ख०।

वैशारद्यपरिशुद्धिं निगच्छति सर्व्वबुद्धधर्म्मपरिशुद्धिं निगच्छति तामनुप्राप्नोति ॥

आयुष्मान् सुभूतिराह। यदा भगवन् सर्व्वधर्म्मा एवं(१) प्रकृतिपरिशुद्धास्तत्कतमस्य भगवन् धर्मस्य बोधिसत्त्वो महासत्त्वो बलपरिशुद्धिं निगच्छति वैशारद्यपरिशुद्धिं निगच्छति सर्व्वबुद्धधर्म्मपरिशुद्धिं निगच्छति तामनुप्राप्नोति ॥

एवमुक्ते भगवानायुष्मन्तं सुभूतिमेतदवोचत्। एवमेतत् सुभूते एवमेतत् ॥ तत् कस्य हेतोः। सर्व्वधर्म्मा हि सुभूते प्रकृत्यैव परिशुद्धाः ॥ एवं सुभूते प्रकृतिपरिशुद्धेषु सर्व्वधर्म्मेषु बोधिसत्त्वस्य महासत्त्वस्य प्रज्ञापारमितायां शिक्षमाणस्य याऽसंसीदनता अनवलीनता इयं सा सुभूते प्रज्ञापारमिता ॥ एवं सुभूते बालपृथग्जना एनान् धर्मानजानन्तो(२)ऽपश्यन्तो धर्म्माणां धर्म्मतां न जानन्ति न पश्यन्ति। तेषां सत्त्वानां कृतशः सुभूते बोधिसत्त्वा महासत्त्वा व्यायच्छन्ते वीर्य्यमारभन्ते वयमेवमजानकान् सत्त्वान् जानयिष्यामो वयमेवमपश्यकान् सत्त्वान् पश्ययिष्याम इत्यत्र शिक्षायां शिक्षन्ते ॥ अत्र शिक्षायां शिक्षमाणा बोधिसत्त्वा महासत्त्वा बलान्यनुप्राप्नुवन्ति वैशारद्यान्यनुप्राप्नुवन्ति सर्व्वबुद्धधर्म्मान्यनुप्राप्नुवन्ति ॥ एवं शिक्षमाणाः सुभूते बोधिसत्त्वा महासत्त्वाः परसत्त्वानां परपुद्गलानां चित्तचरितविस्पन्दितानि यथाभूतं प्रजानन्ति यथाभूतं प्रजानन्तः परचित्तचरितज्ञतायाः पारङ्गच्छन्ति ॥ तद्यथापि नाम सुभूतेऽल्पकास्ते महापृथिव्यां पृथिवी-

---

(१) एव इति क० ख० ग०।
(२) अजानाना इति ख० घ० ङ० च०।

प्रदेशा येऽपगतपाषाणा यत्र सुवर्णं वा जातरूपं वा रजतं वोत्पद्यते॥

अथ खलु पुनर्ब्बहुतरकास्ते महापृथिव्यां पृथिवीप्रदेशा य ऊषरा उज्जङ्गला विविधतृणखाण्डकण्टकाधानाः। एवमेव सुभूतेऽल्पकास्ते बोधिसत्त्वा महासत्वाः सत्वनिकाये संविद्यन्ते येऽस्यां सर्व्वज्ञताशिक्षायां शिक्षन्ते यदुत प्रज्ञापारमिताशिक्षायां। अथ खलु बहुतरकास्ते सत्वाः सत्वनिकाये संविद्यन्ते ये श्रावकप्रत्येकबुद्धशिक्षायां शिक्षन्ते॥ पुनरपरं सुभूते तद्यथापि नामाल्पकास्ते सत्वाः सत्वनिकाये संविद्यन्ते ये चक्रवर्त्तिराज्यसंवर्त्तनीयं कर्म्म समादाय वर्त्तन्ते। अथ खलु बहुतरकास्ते सत्वाः सत्वनिकाये संविद्यन्ते ये कोट्टराज्यसंवर्त्तनीयं कर्म्म समादाय वर्त्तन्ते। एवमेव सुभूते अल्पकास्ते बोधिसत्त्वा महासत्वाः सत्वनिकाये संविद्यन्ते य इमं मार्गमारूढ़ा यदुत प्रज्ञापारमितामार्गं अनुत्तरां सम्यक्सम्बोधिमभिसम्भोत्स्यामहे इति। अथ खलु बहुतरकास्ते सत्वाः सत्वनिकाये संविद्यन्ते ये श्रावकप्रत्येकबुद्धमार्गमारूढ़ाः॥ पुनरपरं सुभूते तद्यथापि नामाल्पकास्ते सत्वाः सत्वनिकाये संविद्यन्ते ये शक्रसंवर्त्तनीयं कर्म्म समादाय वर्त्तन्ते। अथ खलु बहुतरकास्ते सत्वाः सत्वनिकाये संविद्यन्ते ये देवलोकसंवर्त्तनीयं कर्म्म समादाय वर्त्तन्ते। एवमेव सुभूतेऽल्पकास्ते बोधिसत्त्वा महासत्वाः सत्वनिकाये संविद्यन्ते येऽस्यां प्रज्ञापारमिताशिक्षायां शिक्षन्ते। अथ खलु बहुतरकास्ते बोधिसत्त्वा महासत्वाः सत्वनिकाये संविद्यन्ते ये श्रावकप्रत्येकबुद्धशिक्षायां शिक्षन्ते॥ पुमरपरं सुभूते तद्यथापि नामाल्पकास्ते सत्वाः सत्वनिकाये

संविद्यन्ते ये ब्रह्मसंवर्त्तनीयं कर्म्म समादाय वर्त्तन्ते। अथ खलु बहुतरकास्ते सत्वाः सत्वनिकाये संविद्यन्ते ये ब्रह्मपार्षद्यसंवर्त्तनीयं कर्म्म समादाय वर्त्तन्ते। एवमेव सुभूतेऽल्पकास्ते बोधिसत्त्वा महासत्वाः सत्वनिकाये संविद्यन्ते येऽविनिवर्त्तनीया अनुत्तरायाः सम्यक्सम्बोधेः। अथ खलु बहुतरकास्ते बोधिसत्त्वा महासत्वाः सत्वनिकाये संविद्यन्ते ये विवर्त्तन्तेऽनुत्तरायाः सम्यक्सम्बोधेः॥ तस्मात्तर्हि सुभूतेऽल्पकास्ते सत्वाः सत्वनिकाये संविद्यन्ते येऽनुत्तरायां सम्यक्सम्बोधौ सम्प्रस्थिताः। तेभ्योऽपि सुभूतेऽल्पेभ्योऽल्पतरकास्ते सत्वा ये तथत्वाय प्रतिपद्यन्ते। तेभ्योऽपि सुभूतेऽल्पतरकेभ्यस्तथत्वाय प्रतिपद्यमानेभ्योऽल्पतमास्ते ये प्रज्ञापारमितायां योगमापद्यन्ते। तेभ्योऽपि सुभूतेऽल्पतमेभ्यः प्रज्ञापारमितायां योगमापद्यमानेभ्योऽल्पतमास्ते बोधिसत्त्वा महासत्वा येऽविनिवर्त्तनीया अनुत्तरायाः सम्यक्सम्बोधेः॥ तस्मात्तर्हि सुभूते बोधिसत्त्वेन महासत्वेन य एतेऽल्पतमेभ्योऽल्पतमा अविनिवर्त्तनीया बोधिसत्त्वा महासत्वास्तेषु गणनां गन्तुकामेन इहैव प्रज्ञापारमितायां शिक्षितव्यं योगमापत्तव्यं॥ पुनरपरं सुभूते बोधिसत्त्वस्य महासत्वस्य एवं प्रज्ञापारमितायां शिक्षमाणस्य न खिलसहगतं चित्तमुत्पद्यते न विचिकित्सासहगतं चित्तमुत्पद्यते नेर्षामात्सर्य्यसहगतं चित्तमुत्पद्यते न दौःशील्यसहगतं चित्तमुत्पद्यते न व्यापादसहगतं चित्तमुत्पद्यते न कौसीद्यसहगतं चित्तमुत्पद्यते न विक्षेपसहगतं चित्तमुत्पद्यते न दौष्प्रज्ञसहगतं चित्तमुत्पद्यते। एवं हि सुभूते प्रज्ञापारमितायां शिक्षमाणेन बोधिसत्त्वेन महासत्वेन सर्व्वाः पारमिताः सङ्गृहीता भवन्ति सर्व्वाः

पारमिता उद्गृहीता भवन्ति सर्व्वाः पारमिता अनुगता भवन्ति सर्व्वाः पारमिता अन्तर्गता भवन्ति। तद्यथापि नाम सुभूते सत्काय-दृष्टौ द्वाषष्टिदृष्टिगतान्यन्तर्गतानि भवन्ति। एवमेव सुभूते प्रज्ञा-पारमितायां शिक्षमाणस्य बोधिसत्त्वस्य महासत्वस्य तस्यां सर्व्वाः पारमिता अन्तर्गता भवन्ति। तद्यथापि नाम सुभूते पुरुषस्य जीवितेन्द्रिये प्रवर्त्तमाने सर्व्वाणीन्द्रियाण्यन्तर्गतानि भवन्ति एवमेव सुभूते बोधिसत्त्वस्य महासत्वस्य प्रज्ञापारमितायां शिक्षमानस्य सर्व्व-कुशला धर्म्मा अन्तर्गता भवन्ति। तद्यथापि नाम सुभूते पुरुषस्य जीवितेन्द्रिये निरुद्धे सर्व्वाणीन्द्रियाणि निरुद्धानि भवन्ति एवमेव सुभूते बोधिसत्त्वस्य महासत्वस्य प्रज्ञापारमितायां शिक्षमाणस्याज्ञाने निरुद्धे सर्व्वेऽकुशला धर्म्मा निरुद्धा भवन्ति सर्व्वाश्च तदन्याः पार-मिता अन्तर्गताः परिगृहीता भवन्ति॥ तस्मात्तर्हि सुभूते बोधि-सत्त्वेन महासत्वेन सर्व्वाः पारमिताः परिग्रहीतुकामेन प्रज्ञापारमि-तायां शिक्षितव्यं। प्रज्ञापारमितायां शिक्षमाणः सुभूते बोधिसत्त्वो महासत्वः सर्व्वसत्वानामग्रतायां शिक्षते॥ तत् कस्य हेतोः। पुण्याग्रत्वात्॥ तत् किं मन्यसे सुभूते यावन्तस्त्रिसाहस्रमहासाहस्रे लोकधातौ सर्व्व-सत्वाः सत्वसङ्ग्रहेण सङ्गृह्यमाणाः अपि नु ते बहवो भवन्ति॥

सुभूतिराह। जाम्बूद्वीपका एव तावद्भगवन् बहवः सत्वा भवन्ति कः पुनर्वादो ये त्रिसाहस्रमहासाहस्रे लोकधातौ सत्वाः॥

भगवानाह। यः सुभूते एको बोधिसत्त्वो महासत्वो यावज्जीवं तिष्ठंस्तान् सर्व्वसत्वान् चीवरपिण्डपातशयनासनग्लानप्रत्ययभैषज्य-परिष्कारैः सर्व्वसुखोपधानैश्चोपतिष्ठेत् तत् किं मन्यसे सुभूते अपि

नु स बोधिसत्त्वो महासत्वस्ततो निदानं बहुतरं पुण्यं प्रसवति[१] ॥

सुभूतिराह। बहु भगवन् बहु सुगत ॥

भगवानाह। अतः स सुभूते बोधिसत्त्वो महासत्वस्ततो निदानं बहुतरं पुण्यं प्रसवति यः इमां प्रज्ञापारमितामन्ततोऽच्छटासङ्घातमात्रक[२]मपि भावयेत् ॥ तत् कस्य हेतोः। एवं महार्थिका हि सुभूते प्रज्ञापारमिता बोधिसत्त्वस्य महासत्वस्यानुत्तरायाः सम्यक्सम्बोधेराहारिका ॥ तस्मात्तर्हि सुभूते बोधिसत्त्वेन महासत्वेन अनुत्तरां सम्यक्सम्बोधिमभिसम्बोद्धुकामेन सर्व्वसत्वानामनुत्तरतां गन्तुकामेन सर्व्वसत्वानामनाथानां नाथेन भवितुकामेन बुद्धविषयमनुप्राप्तुकामेन बुद्धवृषभितामनुगन्तुकामेन बुद्धविक्रीडितं विक्रीडितुकामेन बुद्धसिंहनादं नदितुकामेन बुद्धसम्पत्तिमनुप्राप्तुकामेन त्रिसाहस्रमहासाहस्रे लोकधातौ धर्म्मसाङ्कथ्यं कर्त्तुकामेन बोधिसत्त्वेन महासत्वेन प्रज्ञापारमितायां शिक्षितव्यं। प्रज्ञापारमितायां सुभूते शिक्षमाणस्य बोधिसत्त्वस्य महासत्वस्य नाहं तां सम्पत्तिं समनुपश्यामि यातेन न शिक्षिता भवति ॥

सुभूतिराह ॥ किं पुनर्भगवन् श्रावकसम्पत्तिरपि तेन बोधिसत्त्वेन महासत्वेन शिक्षिता भवति ॥

भगवानाह। श्रावकसम्पत्तिरपि सुभूते तेन बोधिसत्त्वेन महासत्वेन शिक्षिता भवति। न खलु पुनः सुभूते बोधिसत्त्वो महासत्वः श्रावकसम्पत्त्यां स्थास्यामीति शिक्षते श्रावकसम्पत्तिर्वा मे भविष्यतीति।

---

(१) प्रसवेदिति ग० घ०।

(२) अच्छटासंघातमात्रकमिति ख० घ०।

माने पलाग्रेण प्रमाणं ग्रहीतुं न त्वेव कौशिक तस्यानुमोदनासहगतस्य चित्तोत्पादस्य पुण्यप्रमाणं ग्रहीतुं। स्यात् खलु पुनः कौशिक शक्येत द्विसाहस्रे मध्यमे लोकधातौ पलाग्रेण तुल्यमाने प्रमाणं ग्रहीतुं न त्वेव कौशिक तस्यानुमोदनासहगतस्य चित्तोत्पादस्य पुण्यप्रमाणं ग्रहीतुं। स्यात् खलु पुनः कौशिक शक्येत त्रिसाहस्रमहासाहस्रे लोकधातौ तुल्यमाने पलाग्रेण प्रमाणं ग्रहीतुं न त्वेव कौशिक तस्य कुलपुत्रस्य वा कुलदुहितुर्वा बोधिसत्त्वस्य महासत्वस्यानुमोदनासहगतस्य चित्तोत्पादस्य पुण्यप्रमाणं ग्रहीतुं॥

एवमुक्ते शक्रो देवानामिन्द्रो भगवन्तमेतदवोचत्। माराधिष्ठितास्ते भगवन् सत्वा वेदितव्या ये बोधिसत्त्वानां महासत्वानां प्रथमचित्तोत्पादमुपादाय यावदनुत्तरां सम्यक्सम्बोधिमभिसम्बुद्धानामेवमप्रमेयमनुमोदनासहगतस्य चित्तोत्पादस्य पुण्यमिति न शृण्वन्ति न जानन्ति न पश्यन्ति तामनुमोदनां न समन्वाहरन्ति। मारपक्षिका[१] भगवंस्ते सत्वा भविष्यन्ति ये बोधिसत्त्वानां महासत्वानामिमांश्चित्तोत्पादान् नानुमोदिष्यन्ते। मारभवनेभ्यश्च ते भगवन् सत्वाश्च्युता भविष्यन्ति य इमांश्चित्तोत्पादांस्तेषां बोधिसत्त्वानां महासत्वानां नानुमोदिष्यन्ते॥ तत् कस्य हेतोः। मारभवनविध्वंसनकरा हि तैर्भगवन्निमे चित्तोत्पादा अभिनिर्हृता यैरमी चित्तोत्पादा अनुत्तरायां सम्यक्सम्बोधौ परिणामिता अनुमोदिता वा अमी चित्तोत्पादाः॥ अनुमोदितव्या भगवंस्तेषां बोधिसत्त्वानां महासत्वानां अमी चित्तोत्पादा यैर्बोधिसत्त्वैर्महासत्वैरनुत्तरायां सम्यक्सम्बोधौ

(१) मारपाक्षिका इति ग०।

चित्तमुत्पादितं[१]। येषां भगवंस्तथागतोऽपरित्यक्तो धर्म्मोऽपरित्यक्तः सङ्घोऽपरित्यक्तस्तैः कुलपुत्त्रैः कुलदुहितृभिश्चेमे चित्तोत्पादा अनुमोदितव्याः॥

एवमुक्ते भगवान् शक्रं देवानामिन्द्रमेतदवोचत्। एवमेतत् कौशिकैवमेतत्। येषां कौशिक तथागतोऽपरित्यक्तो धर्म्मोऽपरित्यक्तो सङ्घोऽपरित्यक्तस्तैः कुलपुत्त्रैः कुलदुहितृभिश्चेमे श्चित्तोत्पादा अनुमोदितव्याः। यैः कौशिक कुलपुत्त्रैः कुलदुहितृभिश्चेमे चित्तोत्पादा अनुमोदिता बोधिसत्त्वयानिकैर्वा प्रत्येकबुद्धयानिकैर्वा श्रावकयानिकैर्वा ते क्षिप्रं तथागतानर्हतः सम्यक्सम्बुद्धानारागयिष्यन्ति न विरागयिष्यन्ति॥

एवमुक्ते शक्रो देवानामिन्द्रो भगवन्तमेतदवोचत्। एवमेतद्भगवन्नेवमेतत् सुगत। यैः कुलपुत्त्रैः कुलदुहितृभिश्चेमे चित्तोत्पादा अनुमोदिताः बोधिसत्त्वयानिकैर्वा प्रत्येकबुद्धयानिकैर्वा श्रावकयानिकैर्वा ते क्षिप्रं तथागतानर्हतः सम्यक्सम्बुद्धानारागयिष्यन्ति न विरागयिष्यन्ति। एवं तैरनुमोदनासहगतैश्चित्तोत्पाद[२] कुशलमूलैर्यत्र यत्रोपपत्स्यन्ते तत्र तत्र सत्कृताश्च भविष्यन्ति गुरुकृताश्च भविष्यन्ति मानिताश्च भविष्यन्ति पूजिताश्च भविष्यन्ति अर्च्चिताश्च भविष्यन्ति अपचायिताश्च भविष्यन्ति। न च ते अमनआपानि रूपाणि द्रक्ष्यन्ति न च ते अमनआपान् गन्धान् घ्रास्यन्ति न च ते अमनआपान्रसान् परिभोक्ष्यन्ते न च ते अमनआपानि

(१) उत्पादयितव्यमिति ग०।
(२) चित्तोत्पादैरिति ङ० च०।

स्प्रष्टव्यानि स्प्रक्ष्यन्ति। न च तेषामपायेषूपपत्तिः प्रतिकाङ्क्षितव्या स्वर्गोपपत्तिस्तेषां प्रतिकाङ्क्षितव्या॥ तत् कस्य हेतोः। तथा हि तैः कुलपुत्रैः कुलदुहितृभिर्वा सर्व्वसत्वसुखावहान्यप्रमेयाणामसङ्ख्येयानां सत्वानां कुशलमूलान्यनुमोदितानि॥ यैरपि भगवंश्छन्दमुत्पाद्य बोधये बोधिसत्त्वयानिकानां पुद्गलानां ते चित्तोत्पादा अनुमोदितास्तेषां ते चित्तोत्पादा विवर्द्धमाना अनुत्तरायाः सम्यक्सम्बोधेराहारका भविष्यन्ति। तेऽप्यनुत्तरां सम्यक्सम्बोधिमभिसम्बुध्याप्रमेयानसङ्ख्येयान् सत्वान् परिनिर्व्वापयिष्यन्ति॥

भगवानाह। एवमेतत् कौशिकैवमेतत्। यथा त्वया वाग्भाषिता तथागतस्यैवानुभावेन। येन कौशिक कुलपुत्रेण वा कुलदुहित्रा वा बोधिसत्त्वयानिकानां पुद्गलानां ते चित्तोत्पादा अनुमोदिता अनेन कौशिक पर्य्यायेन तेन कुलपुत्रेण वा कुलदुहित्रा वा बोधिसत्त्वयानिकानां पुद्गलानां तांश्चित्तोत्पादाननुमोद्याप्रमेयाणां सत्वानामसङ्ख्येयानां सत्वानां कुशलमूलान्यनुमोदितानि भवन्त्यवरोपितानि अभिनिर्वृत्तानि(१) च भवन्ति॥

सुभूतिराह। कथञ्च भगवन् मायोपमं चित्तं अनुत्तरां सम्यक्सम्बोधिमभिसम्बुध्यते॥

एवमुक्ते भगवानायुष्मन्तं सुभूतिमेतदवोचत्। तत् किं मन्यसे सुभूते समनुपश्यसि त्वं मायोपमं चित्तं॥

सुभूतिराह। नो हीदं भगवन्।

भगवानाह। तत् किं मन्यसे सुभूते समनुपश्यसि त्वं मायां॥

---

(१) अभिनिर्व्वर्त्तितानि इति घ०।

आह । नो हीदं भगवन् । नाहं भगवन् मायोपमं चित्तं नापि मायां समनुपश्यामि ॥

भगवानाह । तत् किं मन्यसे सुभूते यन्न मायां नापि मायोपमं चित्तं समनुपश्यसि तत् किं त्वमन्यत्र मायाया मायोपमाद्वा चित्तात्तं धर्म्मं समनुपश्यसि यो धर्म्मोऽनुत्तरां सम्यक्सम्बोधिमभिसम्बुध्यते ॥

आह । नो हीदं भगवन् । नाहं भगवन्नन्यत्र मायाया मायोपमाद्वा चित्तात्तं धर्म्मं समनुपश्यामि यो धर्म्मोऽनुत्तरां सम्यक्सम्बोधिमभिसम्बुध्यते । सोऽहं भगवन्नन्यत्र मायाया मायोपमाद्वा चित्तात्तं धर्म्ममसमनुपश्यन्[१] कतमं धर्म्ममुपदेक्ष्यामि अस्तीति वा नास्तीति वा । यश्चात्यन्तविविक्तो धर्म्मो न सोऽस्तीति वा नास्तीति वा उपैति । योऽपि धर्म्मोऽत्यन्ततया विविक्तो[२] नासावनुत्तरां सम्यक्सम्बोधिमभिसम्बुध्यते ॥ तत् कस्य हेतोः । न हि भगवन्नसंविद्यमानो धर्म्मोऽनुत्तरां सम्यक्सम्बोधिमभिसम्बुध्यते ॥ तस्मात्तर्हि भगवन् अत्यन्तविविक्ता प्रज्ञापारमिता । यश्च धर्म्मोऽत्यन्तविविक्तो नासौ धर्म्मो भावयितव्यः नाप्यसौ कस्यचिद्धर्म्मस्यावाहको वा निर्व्वाहको वा । कथं भगवन् बोधिसत्त्वो महासत्त्वोऽत्यन्तविविक्तां प्रज्ञापारमितामागम्यानुत्तरां सम्यक्सम्बोधिमभिसम्बुध्यते । अनुत्तरापि नाम भगवन् सम्यक्सम्बोधिरत्यन्तविविक्ता । यदा भगवन् प्रज्ञापारमिताऽप्यत्यन्तविविक्ता

---

(१) समनुपश्यन्निति ख० च० ।
(२) अत्यन्तविविक्त इति ख० च० ।

अनुत्तराऽपि सम्यक्सम्बोधिरत्यन्तविविक्ता तदा कथं भगवन् विविक्तेन विविक्तमभिसम्बुद्धं भवति ॥

एवमुक्ते भगवानायुष्मन्तं सुभूतिमेतदवोचत्। साधु साधु सुभूते। एवमेतत् सुभूते एवमेतत। अत्यन्तविविक्ता सुभूते प्रज्ञापारमिताऽत्यन्तविविक्तैवानुत्तरा सम्यक्सम्बोधिः। यत एव सुभूतेऽत्यन्तविविक्ता प्रज्ञापारमिताऽत एवात्यन्तविविक्ताऽनुत्तरा सम्यक्सम्बोधिरभिसम्बुध्यते। सचेत् सुभूते बोधिसत्त्वो महासत्त्वः प्रज्ञापारमितामत्यन्तविविक्तामिति सञ्जानीते न सा प्रज्ञापारमिता स्यात् ॥ एवं खलु सुभूते बोधिसत्त्वो महासत्त्वः प्रज्ञापारमितामागम्यानुत्तरां सम्यक्सम्बोधिमभिसम्बुध्यते नापि सुभूते प्रज्ञापारमितामागम्यानुत्तरां सम्यक्सम्बोधिमभिसम्बुध्यते। न च विवेकेन विवेकमभिसम्बुध्यतेऽभिसम्बुध्यते च बोधिसत्त्वो महासत्त्वोऽनुत्तरां सम्यक्सम्बोधिं न च प्रज्ञापारमितामनागम्याभिसम्बुध्यते ॥

सुभूतिराह। यथाऽहं भगवन् भगवतो भाषितस्यार्थमाजानामि तथा गम्भीरे भगवन्नर्थे चरति बोधिसत्त्वो महासत्त्वः ॥

भगवानाह। एवमेतत् सुभूते एवमेतत्। गम्भीरेऽर्थे सुभूते चरति बोधिसत्त्वो महासत्त्वः। दुष्करकारकः सुभूते बोधिसत्त्वो महासत्त्वो यो गम्भीरेऽर्थे चरति तच्चार्थं न साक्षात्करोति यदुत श्रावकभूमौ वा प्रत्येकबुद्धभूमौ वा ॥

सुभूतिराह। यथाऽहं भगवन् भगवतो भाषितस्यार्थमाजानामि तथा न कश्चिद्[1] दुष्करकारको बोधिसत्त्वो महासत्त्वः ॥ तत् कस्य

(१) कश्चिदिति ख० च०, कथञ्चिदिति ग० ङ०।

हेतोः। तथा हि भगवन् स एव धर्म्मो नोपलभ्यते यः साक्षात्कुर्य्यात् सोऽपि धर्म्मो नोपलभ्यते यः साक्षात्क्रियते सोऽपि धर्म्मो नोपलभ्यते येन साक्षात्क्रियेत॥ स चेद्भगवन्नेवं भाष्यमाणे बोधिसत्त्वो महासत्त्वो न संसीदति नावलीयते न संलीयते न विपृष्ठीभवति नोत्त्रस्यति न सन्त्रस्यति न सन्त्रासमापद्यते चरति प्रज्ञापारमितायां। स चेच्चरामीति[१] न समनुपश्यति चरति प्रज्ञापारमितायां। आसन्ना मेऽनुत्तरा सम्यक्सम्बोधिरिति स चेदेवमपि न समनुपश्यति चरति प्रज्ञापारमितायां। दूरीकृता मे श्रावकभूमिः प्रत्येकबुद्धभूमिर्वेति सचेदस्यैवमपि न भवति चरति प्रज्ञापारमितायां। तद्यथापि नाम भगवन्नाकाशस्य नैवम्भवति कस्यचिदहमासन्नः कस्यचिद्वा दूर इति॥ तत् कस्य हेतोः। अविकल्पत्वाद्भगवन्नाकाशस्य॥ एवमेव भगवन् प्रज्ञापारमितायाञ्चरतो बोधिसत्त्वस्य महासत्त्वस्य नैवम्भवति अनुत्तरा[२] सम्यक्सम्बोधिर्ममासन्ना श्रावकभूमिः प्रत्येकबुद्धभूमिश्च मम दूर इति॥ तत् कस्य हेतोः। निर्विकल्पत्वाद्भगवन् प्रज्ञापारमितायाः॥ तद्यथापि नाम भगवन् मायापुरुषस्य नैवं भवति मायाकारो ममासन्नो यः पुनरन्यो जनकायः सन्निपतितः स मम दूर इति॥ तत् कस्य हेतोः। अविकल्पत्वाद्भगवन् मायापुरुषस्य॥ एवमेव भगवन् प्रज्ञापारमितायाञ्चरतो बोधिसत्त्वस्य महासत्त्वस्य नैवम्भवति अनुत्तरा[२] सम्यक्सम्बोधिर्ममासन्ना श्रावकभूमिः प्रत्येकबुद्धभूमिश्च मम दूर इति॥ तत् कस्य हेतोः। अविकल्पत्वाद्भगवन्

(१) स चेच्चरं चरामीति ख० च०।

(२) अहमनुत्तरा इति ग०।

प्रज्ञापारमितायाः ॥ तद्यथापि नाम भगवन् प्रतिभासस्य नैवं भवति येनारम्बणेन प्रतिभास उत्पद्यते तन्ममासन्ने[१] ये तु खलु पुनरच नोपसङ्क्रान्ता आदर्शे वा उदकपात्रे वा ते मम दूर इति ॥ तत् कस्य हेतोः । अविकल्पत्वाद्भगवन् प्रतिभासस्य ॥ एवमेव भगवन् प्रज्ञापारमितायाञ्चरतो बोधिसत्त्वस्य महासत्वस्य नैवं भवति अनुत्तरा सम्यक्सम्बोधिर्ममासन्ना श्रावकभूमिः प्रत्येकबुद्धभूमिश्च मम दूर इति ॥ तत् कस्य हेतोः । अविकल्पत्वाद्भगवन् प्रज्ञापारमितायाः ॥ तद्यथापि नाम भगवंस्तथागतस्य कश्चित् प्रियो वाऽप्रियो वा न संविद्यते ॥ तत् कस्य हेतोः । सर्व्वकल्पविकल्पप्रहीणत्वात्तथागतस्य ॥ एवमेव भगवन् प्रज्ञापारमितायां चरतो बोधिसत्त्वस्य महासत्वस्य न कश्चित् प्रियो वाऽप्रियो वा संविद्यते ॥ तत् कस्य हेतोः । अविकल्पत्वाद्भगवन् प्रज्ञापारमितायाः ॥ यथैव हि भगवन् सर्व्वकल्पविकल्पप्रहीणस्तथागतस्तथैव भगवन् प्रज्ञापारमिताऽपि सर्व्वकल्पविकल्पप्रहीणा । तद्यथापि नाम भगवंस्तथागतेनार्हता सम्यक्सम्बुद्धेन यो निर्म्मितको निर्म्मितो न तस्यैवं भवति श्रावकभूमिः प्रत्येकबुद्धभूमिश्च मम दूरेऽनुत्तरा सम्यक्सम्बोधिर्ममासन्नेति ॥ तत् कस्य हेतोः । अविकल्पत्वाद्भगवन्निर्म्मितस्य ॥ एवमेव भगवन् बोधिसत्त्वस्य महासत्वस्य प्रज्ञापारमितायाञ्चरतो नैवं भवति श्रावकभूमिः प्रत्येकबुद्धभूमिश्च मम दूरेऽनुत्तरा सम्यक्सम्बोधिर्ममासन्नेति ॥ तत् कस्य हेतोः । अविकल्पत्वादेव भगवन् प्रज्ञापार-

---

(१) आसन्नः इति घ० ।

मितायाः॥ तद्यथापि नाम भगवन् स निर्म्मितको यस्य कृत्यस्य कृतसो निर्म्मितस्तत्कृत्यं करोति स च निर्म्मितकोऽविकल्पः॥ तत् कस्य हेतोः। अविकल्पत्वादेव निर्म्मितस्य॥ एवमेव भगवन् बोधिसत्त्वो महासत्वो यस्य कृत्यस्य कृतस इमां प्रज्ञापारमितां भावयति तच्च कृत्यं करोति सा च प्रज्ञापारमिताऽविकल्पा॥ तत् कस्य हेतोः। अविकल्पत्वादेव भगवन् प्रज्ञापारमितायाः॥ तद्यथापि नाम भगवन् दक्षेण पलगण्डेन वा पलगण्डान्तेवासिना वा दारुमयी स्त्री वा पुरुषो वा यन्त्रयुक्तः कृतो भवेत्। स यस्य कृत्यस्यार्थाय कृतस्तच्च कृत्यं करोति स च दारुसङ्घातोऽविकल्पः॥ तत् कस्य हेतोः। अविकल्पत्वादेव भगवन् दारुसङ्घातस्य॥ एवमेव भगवन् बोधिसत्त्वो महासत्वो यस्य कृत्यस्य कृतस इमां प्रज्ञापारमितां भावयति तच्च कृत्यं करोति सा च प्रज्ञापारमिता अविकल्पा॥ तत् कस्य हेतोः। अविकल्पत्वादेव भगवन्नस्याः प्रज्ञापारमिताया इति॥

आर्य्याष्टसाहस्रिकायां प्रज्ञापारमितायां मायोपमपरिवर्त्तो नाम षड्विंशतितमः॥

अथ सारपरिवर्त्तो नाम सप्तविंशतितमः।

अथ खल्वायुष्मान् सारिपुत्त्र आयुष्मन्तं सुभूतिमेतदवोचत्। सारे बतायमायुष्मन् सुभूते बोधिसत्त्वो महासत्त्वश्चरति यः प्रज्ञापारमितायां चरति ॥

एवमुक्ते आयुष्मान् सुभूतिरायुष्मन्तं सारिपुत्त्रमेतदवोचत्। सारे बतायमायुष्मन् सारिपुत्त्र बोधिसत्त्वो महासत्त्वश्चरति यः प्रज्ञापारमितायां चरति ॥

अथ खलु सम्बहुलानां कामावचराणां देवपुत्त्रसहस्राणामेतदभवत्। नमस्कर्त्तव्यास्ते सत्वा यैरनुत्तरायां सम्यक्सम्बोधौ चित्तान्युत्पादितान्यभिनिर्हृतानि ये चेह गम्भीरायां प्रज्ञापारमितायां चरन्ति तथा चरन्तो भूतकोटिं न साक्षात्कुर्व्वन्ति यदुत श्रावकभूमौ वा प्रत्येकबुद्धभूमौ वा ॥ अनेनापि पर्य्यायेण दुष्करकारका बोधिसत्त्वा महासत्वा वेदितव्या ये धर्म्माणां धर्म्मतायां चरन्ति न च तां धर्म्मतां साक्षात्कुर्व्वन्ति ॥

अथ खल्वायुष्मान् सुभूतिस्तेषां सम्बहुलानां कामावचराणां देवपुत्त्रसहस्राणाञ्चेतसैव चेतःपरिवितर्कमाज्ञाय तानि सम्बहुलानि कामावचराणां देवपुत्त्राणां सहस्राण्यामन्त्रयते स्म। नेदं देवपुत्त्रास्तेषां बोधिसत्त्वानां महासत्वानां दुष्करं यत्ते तां भूतकोटिं न साक्षात्कुर्व्वन्ति॥ इदन्तु देवपुत्त्रास्तेषां बोधिसत्त्वानां महासत्वानां दुष्करञ्चैव परम-

दुष्करञ्चैव यदप्रमेयानसङ्ख्येयानप्रमाणान् सत्वान् परिनिर्व्वापयिष्याम इति सन्नाहं सन्नह्यन्ते। ते च सत्वा अत्यन्ततया न संविद्यन्ते असंविद्यमाना नोपलभ्यन्ते सत्त्वविविक्तत्वात् एवं वैनयिका[१] अत्यन्ततया न संविद्यन्ते। एवञ्च बोधिसत्त्वा महासत्वा अनुत्तरां सम्यक्सम्बोधिमभिसम्बोद्धुं सम्प्रस्थिताः सत्वान् विनेष्याम इति॥ आकाशं स देवपुत्त्रा विनेतव्यं मन्येत यः सत्वान् विनेतव्यान् मन्येत॥ तत् कस्य हेतोः। आकाशविविक्ततया हि देवपुत्त्राः सत्त्वविविक्तता वेदितव्या॥ अनेन देवपुत्त्राः पर्य्यायेण दुष्करकारका बोधिसत्त्वा महासत्वा येऽसंविद्यमानानामनुपलभ्यमानानां सत्वानां कृतसः सन्नाहं सन्नह्यन्ते। आकाशेन स देवपुत्त्राः सार्द्धं वेदितव्यं[२] मन्येत यः सत्वानां कृतसः सन्नाहं सन्नद्धव्यं[३] मन्येत। अयञ्च सन्नाहो बोधिसत्त्वेन महासत्वेन सत्वानां कृतसः सन्नद्धः[४] सर्व्वात्यन्ततया सत्त्वानुपलब्धिरुक्ता तथागतेनार्हता सम्यक्सम्बुद्धेन। सा च सत्त्वविविक्ततयैव वेदितव्या वैनयिकविवक्ततया[५] च सत्त्वविविक्तता वेदितव्या। सचेदेवं भाष्यमाणे बोधिसत्त्वो महासत्वो न संसीदति वेदितव्यमेतद्देवपुत्त्रास्वरत्ययं बोधिसत्त्वो महासत्वः प्रज्ञापारमितायां॥ तत् कस्य हेतोः। सत्त्वविविक्ततया हि रूपविविक्तता वेदितव्या। एवं सत्त्व-

(१) वैनैकाः सत्वा इति ग० वेनेयिया इति च०।

(२) विनेतव्यमिति ग०।

(३) सन्नद्धमिति घ० च०।

(४) सन्नाहसन्नद्धः इति ख० सन्नाहः सन्नद्धः इति ग० सन्नाहं सन्नद्धः इति च०।

(५) वैनैकविविक्ततया इति ग०।

विविक्ततया वेदनासंज्ञासंस्कारविविक्तता वेदितव्या सत्त्वविविक्ततया विज्ञानविविक्तता वेदितव्या। एवं यावत्सत्त्वविविक्ततया सर्व्वधर्म्मविविक्तता वेदितव्या। एवं देवपुत्राः सर्व्वधर्म्मविविक्तता द्रष्टव्या। एवं देवपुत्राः सर्व्वधर्म्मविविक्ततायां भाष्यमाणायां बोधिसत्त्वो महासत्त्वो न संसीदति। यतो न संसीदति ततश्चरति प्रज्ञापारमितायां॥

अथ खलु भगवान् आनन्देनायुष्मन्तं सुभूतिमेतदवोचत्। किं कारणं सुभूते बोधिसत्त्वो महासत्व एवं सर्व्वधर्म्मविविक्ततायां भाष्यमाणायां न संसीदति॥

सुभूतिराह। विविक्तत्वाद्भगवन् न संसीदति। अनेन भगवन् कारणेन बोधिसत्त्वो महासत्वः सर्व्वधर्म्मविविक्ततायां भाष्यमाणायां न संसीदति। नापि भगवन् कश्चिद्धर्म्मः संसीदति॥ तत् कस्य हेतोः। न हि भगवन् कश्चिद्धर्म्म उपलभ्यते यः संसीदेत् सोऽपि भगवन् धर्म्मो नोपलभ्यते येन धर्म्मेण यो धर्म्मः संसीदेत्॥

भगवानाह। एवमेतत् सुभूते एवमेतत्। अपि नु खलु पुनः सुभूते यचेदेवं भाष्यमाणे देश्यमाने निर्द्दिश्यमाने एवमुपदिश्यमाने बोधिसत्त्वो महासत्वो न संसीदति न विषीदति न विषादमापद्यते नावलीयते न संलीयते न विपृष्ठीकरोति मानसं न भग्नपृष्ठीकरोति नोत्त्रस्यति न सन्त्रस्यति न सन्त्रासमापद्यते चरति प्रज्ञापारमितायां॥

सुभूतिराह। एवमेतद्भगवन्नेवमेतत् सुगत। स चेद्भगवन् बोधिसत्त्वो महासत्व एवञ्चरति चरति प्रज्ञापारमितायां। एवञ्चरन्तं बोधिसत्त्वं महासत्वं सेन्द्रका देवाः सब्रह्मकाः सप्रजापतिकाः सेशानाः सर्षिनरनारीगणा आरात् प्राञ्जलीभूता नमस्यन्ति॥

भगवानाह। न केवलं सुभूते एवञ्चरन्तं बोधिसत्त्वं महासत्वं सेन्द्रका देवाः सब्रह्मकाः सप्रजापतिकाः सेशानाः सर्षिनरनारीगणा आरात् प्राञ्जलीभूता नमस्यन्ति येऽपि ते सुभूते ब्रह्मकायिका देवा ब्रह्मपुरोहिता ब्रह्मपार्षद्या महाब्रह्माणः(१) परीत्ताभा(२) अप्रमाणाभा आभास्वराः परीत्तशुभा अप्रमाणशुभाः शुभकृत्स्ना अनभ्रकाः पुण्यप्रसवा बृहत्फला असंज्ञिसत्वा अबृहा अतपाः सुदृशाः सुदर्शना अकनिष्ठाश्च देवाः तेऽपि सुभूते तं बोधिसत्त्वं महासत्त्वं प्रज्ञापारमितायां एवं चरन्तं नमस्यन्ति। येऽपि ते सुभूतेऽप्रमेयेष्वसङ्ख्येयेषु लोकधातुषु तथागता अर्हन्तः सम्यक्सम्बुद्धा एतर्हि तिष्ठन्ति ध्रियन्ते यापयन्ति तेऽपि बुद्धा भगवन्तः प्रज्ञापारमितायामेवं चरन्तं बोधिसत्त्वं महासत्वं बुद्धचक्षुषा पश्यन्ति। ते च सुभूते बोधिसत्त्वं महासत्वं प्रज्ञापारमितायाञ्चरन्तमनुगृह्णन्ति समन्वाहरन्ति॥ ये च खलु पुनः सुभूते बोधिसत्त्वा महसत्वाः प्रज्ञापारमितायाञ्चरन्तस्तथागतैरर्हद्भिः सम्यक्सम्बुद्धैरनुगृह्यन्ते समन्वाह्रियन्ते ते ते सुभूते बोधिसत्त्वा महासत्वा अविनिवर्त्तनीया अनुत्तरायाः सम्यक्सम्बोधेर्धारयितव्याः। न च तेषामन्तराया उत्पत्स्यन्ते मारतो वाऽन्यतो वा॥ तत् कस्य हेतोः। ये सुभूते त्रिसाहस्रमहासाहस्रे लोकधातौ सत्वास्ते सर्व्वे माराः पापीयांसो भवेयुः। एकैकस्य मारः पापीयांस्तावतीरेव मारसेना अभि-

(१) महाब्राह्मणाः इति ग०।

(२) परीताभा इति च०।

निर्म्मिमीते। तेऽपि सुभूते माराः पापीयांसस्तस्य बुद्धसमन्वाहृतस्य बोधिसत्त्वस्य महासत्वस्य प्रज्ञापारमितायाञ्चरतो न प्रतिबला अन्तरायं कर्त्तुमनुत्तरायाः सम्यक्सम्बोधेः॥ तिष्ठन्तु खलु पुनः सुभूते त्रिसाहस्रमहासाहस्रे लोकधातौ सर्व्वसत्वा माराः पापीयांसो यावन्तः सुभूते गङ्गानदीवालुकोपमेषु त्रिसाहस्रमहासाहस्रेषु लोकधातुषु सत्वास्तेऽपि सर्व्वे माराः पापीयांसो भवेयुः एकैकस्य मारः पापीयांस्तावतीरेव मारसेना अभिनिर्म्मिमीते। तेऽपि सुभूते माराः पापीयांसस्तस्य बुद्धसमन्वाहृतस्य बोधिसत्त्वस्य महासत्वस्य प्रज्ञापारमितायां चरतो न प्रतिबला अन्तरायं कर्त्तुमनुत्तरायाः सम्यक् सम्बोधेः॥ द्वाभ्यां सुभूते धर्म्माभ्यां समन्वागतो बोधिसत्त्वो महासत्वस्तस्मिन् समये दुर्द्धर्षो भवति मारैः पापीयोभिर्मारकायिकाभिर्व्वा देवताभिः॥ कतमाभ्यां द्वाभ्यां यदुत सर्व्वसत्वाश्चास्यापरित्यक्ता भवन्ति सर्व्वधर्म्माश्चानेन शून्यतातो व्यवलोकिता भवन्ति। आभ्यां सुभूते द्वाभ्यां धर्म्माभ्यां समन्वागतो बोधिसत्त्वो महासत्वो दुर्द्धर्षो भवति मारैः पापीयोभिर्मारकायिकाभिर्व्वा देवताभिः॥ अपराभ्यां सुभूते द्वाभ्यां धर्म्माभ्यां समन्वागतो बोधिसत्त्वो महासत्वो दुर्द्धर्षो भवति मारैः पापीयोभिर्मारकायिकाभिर्वा देवताभिः। कतमाभ्यां द्वाभ्यां यदुत यथावादी तथाकारी च भवति बुद्धैश्च भगवद्भिः समन्वाह्रियते। आभ्यां सुभूते द्वाभ्यां समन्वागतो बोधिसत्त्वो महासत्वो दुर्द्धर्षो भवति मारैः पापीयोभिर्मारकायिकाभिर्व्वा देवताभिः। एवञ्चरतः सुभूते बोधिसत्त्वस्य महासत्वस्य देवा अप्युपसङ्क्रमितव्यं मंस्यन्ते। उपसङ्क्रम्य च परिप्रष्टव्यं मंस्यन्ते परिप्रश्नीकर्त्तव्यं

मंस्यन्ते पर्य्युपासितव्यं मंस्यन्ते उत्साहञ्चास्य वर्द्धयिष्यन्ति क्षिप्रं त्वं कुलपुत्त्रानुत्तरां सम्यक्सम्बोधिमभिसम्भोत्स्यसे तस्मात्तर्हि कुलपुत्त्रानेनैव विहारेण विहर यदुत प्रज्ञापारमिताविहारेण॥ तत् कस्य हेतोः। एतेनैव हि त्वं कुलपुत्त्र विहारेण विहरन्ननाथानां सत्वानां नाथो भविष्यसि अत्राणानां सत्वानां त्राता भविष्यसि अशरणानां सत्वानां शरणं भविष्यसि अलयनानां सत्वानां लयनं भविष्यसि अपरायणानां सत्वानां परायणं भविष्यसि अद्वीपानां सत्वानां द्वीपो भविष्यसि अन्धानां सत्वानामालोको भविष्यसि अपरिणायकानां सत्वानां परिणायको भविष्यसि अगतिकानां सत्वानां गतिर्भविष्यसि मार्गप्रणष्टानां सत्वानामप्रतिसरणानां मार्गप्रणेता प्रतिसरणं भविष्यसि। एवन्ते देवपुत्त्रास्तस्य बोधिसत्त्वस्य महासत्वस्योत्साहं वर्द्धयिष्यन्ति॥ तत् कस्य हेतोः। एतेन हि सुभूते प्रज्ञापारमिताविहारेण विहरतो बोधिसत्त्वस्य महासत्वस्य ये तेऽप्रमेयेष्वसङ्ख्येयेषु लोकधातुषु बुद्धा भगवन्तस्तिष्ठन्ति ध्रियन्ते यापयन्ति तेऽपि भिक्षुसङ्घपरिवृता बोधिसत्त्वगणपुरस्कृताः प्रज्ञापारमितायाञ्चरतो विहरतस्तस्य बोधिसत्त्वस्य महासत्वस्य(१) एभिरेवंरूपैर्गुणैः समन्वागतस्य यदुत प्रज्ञापारमिताविहरणगुणैर्बुद्धा भगवन्तो नाम च गोत्रञ्च वलञ्च वर्णञ्च रूपञ्च परिकीर्त्तयमानरूपा धर्मन्देशयन्ति उदानं चोदानयन्ति तस्य बोधिसत्त्वस्य महासत्वस्य। तद्यथापि नाम सुभूतेऽहमेतर्हि रत्नकेतोर्बोधिसत्त्वस्य महासत्वस्य शिखिनो बोधि-

(१) ख० ङ० च० पुस्तकेषु, विहरतस्तस्य बोधिसत्त्वस्य महासत्त्वस्येति पाठो न विद्यते।

सत्त्वस्य महासत्त्वस्य नाम च गोत्रञ्च बलञ्च वर्णञ्च रूपञ्च परिकीर्त्तयमानरूपो धर्म्मन्देशयाम्युदानं चोदानयामि अपरेषाञ्च बोधिसत्त्वानां महासत्त्वानां य एतर्हि अक्षोभ्यस्य तथागतस्यार्हतः सम्यक्सम्बुद्धस्यान्तिके ब्रह्मचर्य्यं चरन्ति। एवमेव सुभूते तेऽपि बुद्धा भगवन्तो य एतर्हि मम बुद्धक्षेत्रे बोधिसत्त्वा महासत्त्वा ब्रह्मचर्य्यञ्चरन्ति अनेन च प्रज्ञापारमिताविहारेण विहरन्ति तेषाञ्च बोधिसत्त्वानां महासत्त्वानां नाम च गोत्रञ्च बलञ्च वर्णञ्च रूपञ्च परिकीर्त्तयमानरूपा धर्म्मन्देशयन्ति उदानञ्चोदानयन्ति॥

सुभूतिराह। किं सर्व्वेषामेव भगवन् बोधिसत्त्वानां महासत्त्वानां नाम च गोत्रञ्च बलञ्च वर्णञ्च रूपञ्च परिकीर्त्तयमानरूपास्ते बुद्धा भगवन्तो धर्म्मन्देशयन्ति उदानं चोदानयन्ति॥

भगवानाह। नो हीदं सुभूते। न सुभूते सर्व्वेषां बोधिसत्त्वानां महासत्त्वानां नाम च गोत्रञ्च बलञ्च वर्णञ्च रूपञ्च परिकीर्त्तयमानरूपास्ते बुद्धा भगवन्तो धर्म्मन्देशयन्ति उदानं चोदानयन्ति। किं तर्हि सुभूते ये तेऽविनिवर्त्तनीया बोधिसत्त्वा महासत्त्वाः सर्व्वसङ्गविगतास्तेषां ते बुद्धा भगवन्तो नाम च गोत्रञ्च बलञ्च वर्णञ्च रूपञ्च परिकीर्त्तयमानरूपा धर्म्मन्देशयन्ति उदानं चोदानयन्ति॥

सुभूतिराह। सन्ति भगवन्नविनिवर्त्तनीयान् बोधिसत्त्वान् महासत्त्वान् स्थापयित्वा ततोऽन्ये बोधिसत्त्वा महासत्त्वा येषान्ते बुद्धा भगवन्तो नाम च गोत्रञ्च बलञ्च वर्णञ्च रूपञ्च परिकीर्त्तयमानरूपा धर्म्मन्देशयन्ति उदानं चोदानयन्ति॥

भगवानाह। सन्ति सुभूते प्रतिपत्तिबलिनो बोधिसत्त्वयानिकाः

पुद्गला अविनिवर्त्तनीयान् बोधिसत्त्वान् महासत्वान् स्थापयित्वा येषान्ते बुद्धा भगवन्तो नाम च गोत्रञ्च बलञ्च वर्णञ्च रूपञ्च परिकीर्त्तयमानरूपा धर्म्मन्देशयन्ति उदानं चोदानयन्ति। ते पुनः कतमे य एतर्ह्यक्षोभ्यस्य तथागतस्यार्हतः सम्यक्सम्बुद्धस्य बोधिसत्त्वचर्य्यामनुशिक्षमाणरूपा बोधिसत्त्वचारिकां चरन्ति अनुशिक्षमाणरूपा विहरन्ति इमे ते सुभूते बोधिसत्त्वयानिकाः पुद्गला अविनिवर्त्तनीयान् बोधिसत्त्वान् महासत्वान् स्थापयित्वा येषान्ते बुद्धा भगवन्तो नाम च गोत्रञ्च बलञ्च वर्णञ्च रूपञ्च परिकीर्त्तयमानरूपा धर्म्मन्देशयन्ति उदानं चोदानयन्ति। येऽपि ते सुभूते रत्नकेतोर्बोधिसत्त्वस्य महासत्वस्य बोधिसत्त्वचर्य्यामनुशिक्षमाणरूपा बोधिसत्त्वचर्य्याञ्चरन्ति अनुशिक्षमाणा विहरन्ति इमेऽपि ते सुभूते बोधिसत्त्वा महासत्वा अविनिवर्त्तनीयान् बोधिसत्त्वान् महासत्वान् स्थापयित्वा येषान्ते बुद्धा भगवन्तो नाम च गोत्रञ्च बलञ्च वर्णञ्च रूपञ्च परिकीर्त्तयमानरूपा धर्म्मन्देशयन्ति उदानं चोदानयन्ति॥ पुनरपरं सुभूते ये बोधिसत्त्वा महासत्वाः प्रज्ञापारमितायाञ्चरन्तः सर्व्वधर्म्मा अनुत्पत्तिका इत्यधिमुच्यन्ति न च तावदनुत्पत्तिकधर्म्मक्षान्तिप्रतिलब्धा भवन्ति सर्व्वधर्म्माः[१] शान्ता इत्यधिमुच्यन्ति न च सर्व्वधर्म्मेष्वविनिवर्त्तनीयवशिताप्राप्ति[२] मवक्रान्ता भवन्ति। अनेनापि सुभूते विहारेण विहरतां तेषां बोधिसत्त्वानां महासत्वानां ते बुद्धा भगवन्तो नाम च गोत्रञ्च बलञ्च वर्णञ्च रूपञ्च परिकीर्त्तयमानरूपा

(१) सर्व्वधर्म्माणां इति ङ०।
(२) अविनिवर्त्तनीयधर्म्मवशिताप्राप्तिं इति ग०।

धर्म्मन्देशयन्ति उदानं चोदानयन्ति। येषां खलु पुनः सुभूते बोधिसत्त्वानां महासत्वानां ते बुद्धा भगवन्तो नाम च गोत्रञ्च बलञ्च वर्णञ्च रूपञ्च परिकीर्त्तयमानरूपा धर्म्मं देशयन्ति उदानं चोदानयन्ति प्रहीणा तेषां श्रावकभूमिः प्रत्येकबुद्धभूमिश्च बुद्ध-भूमिरेव तेषां प्रतिकाङ्क्षितव्या तेऽपि व्याकरिष्यन्तेऽनुत्तरायां सम्यक्-सम्बोधौ॥ तत् कस्य हेतोः। येषां हि सुभूते बोधिसत्त्वानां महा-सत्वानां एवं प्रज्ञापारमितायां चरतां ते बुद्धा भगवन्तो नाम च गोत्रञ्च बलञ्च वर्णञ्च रूपञ्च परिकीर्त्तयमानरूपा धर्म्मन्देशयन्ति उदानं चोदानयन्ति तेऽप्यविनिवर्त्तनीयतायां स्थास्यन्ति॥ पुनरपरं सुभूते ये बोधिसत्त्वा महासत्वा इमां गम्भीरां प्रज्ञापारमितां भाष्यमाणां श्रुत्वाऽधिमोक्ष्यन्ति[१] न धन्वायिष्यन्ति न काङ्क्षिष्यन्ति न विचिकित्सिष्यन्ति एवमेतद्यथा तथागतेनार्हता सम्यक्सम्बुद्धेन भाषितमित्यधिमुच्य विस्तरेण श्रोष्यन्ति एवञ्च चित्तमुत्पादयिष्यन्ति इमां वयं प्रज्ञापारमिता[२] मक्षोभ्यस्य तथागतस्यार्हतः सम्यक्सम्बुद्ध-स्यान्तिकाद्विस्तरेण श्रृणुयामेति तेषाञ्च बोधिसत्त्वयानिकानां पुद्ग-लानां ये चास्य बुद्धक्षेत्रे ब्रह्मचर्य्यं चरन्ति तेषाञ्चान्तिकादिमामेव प्रज्ञापारमितां श्रुत्वाऽधिमोक्ष्यन्ति[३] तेऽप्येनां प्रज्ञापारमितामधि-मुच्यमाना यथा तथागतेन भाषिता तथा चाधिमोक्ष्यन्ते[४]

---

(१) अधिमोक्षयन्ति इति ग०।
(२) गम्भीरां प्रज्ञापारमितामिति च०।
(३) अधिमोक्षन्ति इति ग०।
(४) अधिमोक्षन्ते इति ग०।

तथा चाधिमुच्यमाना अविनिवर्त्तनीयतायां स्थास्यन्ति। एवं सुभूते बहुकरं प्रज्ञापारमितायाः श्रवणमपि वदामि कः पुनर्वादो य एनामधिमोक्ष्यन्ति[१] अधिमुच्य तथत्वाय स्थास्यन्ति तथत्वाय प्रतिपत्स्यन्ते तथत्वाय स्थित्वा तथत्वाय प्रतिपद्य तिष्ठन्ति तथतायां तथतायां तिष्ठन्तः सर्व्वज्ञतायाश्च धर्म्मन्देशयिष्यन्ति॥

सुभूतिराह। यदा भगवंस्तथताविनिर्मुक्तो नान्यः कश्चिद्धर्म्म उपलभ्यते तदा कोऽयं भगवन् धर्म्मः स्थास्यति तथतायां को वाऽयमनुत्तरां सम्यक्सम्बोधिमभिसम्भोत्स्यते को वाऽयमिमं धर्म्मन्देशयिष्यति॥

एवमुक्ते भगवानायुष्मन्तं सुभूतिमेतदवोचत्। यत्सुभूते एवं वदसि यदा तथताविनिर्मुक्तो नान्यः कश्चिद्धर्म्म उपलभ्यते तदा कोऽयं भगवन् धर्म्मस्तथतायां स्थास्यति को वाऽयमनुत्तरां सम्यक्सम्बोधिमभिसम्भोत्स्यते को वाऽयमिमं धर्म्मन्देशयिष्यतीति॥ न सुभूते तथताविनिर्मुक्तोऽन्यः[२] कश्चिद्धर्म्मः उपलभ्यते यो धर्म्मस्तथतायां स्थास्यति। तथतैव तावत्सुभूते नोपलभ्यते कः पुनर्वादो यस्तथतायां स्थास्यति। न सुभूते तथताऽनुत्तरां सम्यक्सम्बोधिमभिसम्बुध्यते। सोऽपि सुभूते धर्म्मो न कश्चिदुपलभ्यते योऽनुत्तरां सम्यक् सम्बोधिमभिसम्बुद्धो वा अभिसम्भोत्स्यते वा अभिसम्बुध्यते वा। न सुभूते तथता धर्म्मन्देशयति। सोऽपि सुभूते नोपलभ्यते यो धर्म्मो देश्येत॥

---

(१) अधिमोक्ष्यन्ति इति ग०।

(२) नान्य इति ग०।

अथ खलु शक्रो देवानामिन्द्रो भगवन्तमेतदवोचत्। गम्भीरा भगवन् प्रज्ञापारमिता दुष्करकारका भगवन् बोधिसत्त्वा महासत्वा येऽनुत्तरां सम्यक्सम्बोधिमभिसम्बोद्धुकामाः॥ तत् कस्य हेतोः। न च नाम भगवन् कश्चिद्धर्म्मस्तथतायां तिष्ठति नापि कश्चिद्धर्म्मो-ऽनुत्तरां सम्यक्सम्बोधिमभिसम्बुध्यते नापि कश्चिद्धर्म्मन्देशयति। अत्र च ते नावलीयन्ते नापि काङ्क्षन्ति नापि धन्वायन्ते॥

अथ खल्वायुष्मान् सुभूतिः शक्रन्देवानामिन्द्रमेतदवोचत्। यत्कौशिकैवं वदसि दुष्करकारका बोधिसत्त्वा महासत्वा येषामेवं गम्भीरेषु धर्म्मेषु भाष्यमाणेषु न भवति काङ्क्षायितत्वं धन्वायितत्वं वेति। सर्व्वधर्म्मेषु कौशिक शून्येषु कस्यात्र काङ्क्षायितता वा भवति धन्वायितता वा भवति॥

शक्र आह। यद्यदेवार्य्यसुभूतिर्निर्दिशति तत्तदेव शून्यतामारभ्य निर्दिशति न च क्वचित्सज्जति। तद्यथापि नामान्तरीक्षे इषुः क्षिप्तो नैव क्वचित्सज्जति एवमेवार्य्यसुभूतेर्धर्म्मदेशना न क्वचित् सज्जति।

अथ खलु शक्रो देवानामिन्द्रो भगवन्तमेतदवोचत्। कच्चिदहं भगवन् सुभूतिं स्थविरमारभ्य एवं भाषमाण एवं निर्द्दिशंस्तथागत-स्योक्तवादी भवामि धर्म्मवादी च धर्म्मस्य चानुधर्म्मं व्याकुर्व्वन् व्याकरोमि॥

एवमुक्ते भगवान् शक्रं देवानामिन्द्रमेतदवोचत्। यत् खलु त्वं कौशिकैवं भाषसे। एवमेतत् कौशिकैवमेतत्। एवं भाषमाणः एवं निर्द्दिशंस्तथागतस्योक्तवादी भवसि धर्म्मवादी च धर्म्मस्य चानुधर्म्मं व्याकुर्व्वन् व्याकरोषि॥ तत् कस्य हेतोः। यद्यदेव हि कौशिक

सुभूतेः स्थविरस्य प्रतिभाति तत्तदेव कौशिक शून्यतामारभ्य प्रतिभाति॥ तत् कस्य हेतोः। सुभूतिर्हि कौशिक स्थविरः प्रज्ञापारमितामपि तावन्न समनुपश्यति नोपलभते कुतः पुनर्यः प्रज्ञापारमितायां चरति। बोधिमेव तावन्नोपलभते किं पुनर्यो बोधिमभिसम्भोत्स्यते। सर्व्वज्ञतामेव तावन्नोपलभते कुतः पुनर्यः सर्व्वज्ञतामनुप्राप्स्यति। तथतामेव तावन्नोपलभते कुतः पुनर्यस्तथागतो भविष्यति। अनुत्पादमेव तावन्नोपलभते किं पुनर्यो-ऽनुत्पादं साक्षात्करिष्यति। बोधिसत्त्वमेव तावन्नोपलभते कुतः पुनर्यो बोधिमभिसम्भोत्स्यते। बलान्येव तावन्नोपलभते कुतः पुनर्यो बलसमङ्गी भविष्यति। वैशारद्यान्येव तावन्नोपलभते कुतः पुनर्यो विशारदो भविष्यति। धर्म्ममेव तावन्नोपलभते कुतः पुनर्यो धर्म्मन्देशयिष्यति। सर्व्वधर्म्मविविक्तविहारेण सर्व्वधर्म्मानुपलम्भविहारेण हि कौशिक सुभूतिः स्थविरो विहरति। यः खलु पुनरयं कौशिक सुभूतेः स्थविरस्य सर्व्वधर्म्मविविक्तविहारः सर्व्वधर्म्मानुपलम्भविहारश्च एष कौशिक विहारो बोधिसत्त्वस्य महासत्त्वस्य प्रज्ञापारमितायां चरतो विहरतः शततमीमपि कलां नोपैति सहस्रतमीमपि शतसहस्रतमीमपि कोटीतमीमपि कोटीशततमीमपि कोटीसहस्रतमीमपि कोटीशतसहस्रतमीमपि कोटीनियुतशतसहस्रतमीमपि कलां नोपैति सङ्ख्यामपि कलामपि गणनामप्युपमामप्यौपम्यमप्युपनिसामप्युनिषदमपि न क्षमते। तथागतविहारं हि कौशिक स्थापयित्वा ततोऽन्यान् सर्व्वान् विहारानभिभवत्ययं विहारो योऽयं बोधिसत्त्वस्य महासत्त्वस्य प्रज्ञापारमितायाञ्चरतो विहरतो विहारः। अयं

कौशिक तेषां सर्व्वविहाराणामग्र आख्यायते श्रेष्ठ आख्यायते ज्येष्ठ आख्यायते वर आख्यायते प्रवर आख्यायते प्रणीत आख्यायते उत्तम आख्यायतेऽनुत्तम आख्यायते निरुत्तर आख्यायतेऽसम आख्यायतेऽसमसम आख्यायते सर्व्वश्रावकप्रत्येकबुद्धविहारानयं विहारोऽभिभवति योऽयं बोधिसत्त्वस्य महासत्वस्य प्रज्ञापारमितायां चरतो विहरतो विहारः। तस्मात्तर्हि कौशिक सर्व्वसत्वानामग्रतां गन्तुकामेन श्रेष्ठतां गन्तुकामेन ज्येष्ठतां गन्तुकामेन वरतां गन्तुकामेन प्रवरतां गन्तुकामेन प्रणीततां गन्तुकामेन उत्तमतां गन्तुकामेन अनुत्तमतां गन्तुकामेन निरुत्तरतां गन्तुकामेन असमतां गन्तुकामेन असमसमतां गन्तुकामेन कौशिक कुलपुत्त्रेण वा कुलदुहित्रा वा अनेन विहारेण विहर्त्तव्यं योऽयं बोधिसत्त्वानां महासत्वानां प्रज्ञापारमितायां चरतां विहरतां विहार इति॥

आर्य्याष्टसाहस्रिकायां प्रज्ञापारमितायां मारपरिवर्त्तो नाम सप्तविंशतितमः॥

अथावकीर्णकुसुमपरिवर्त्तो नामाष्टाविंशतितमः।

अथ खलु तस्मिन् समयेऽन्यतरो देवपुत्रस्त्रायस्त्रिंशैर्देवपुत्रैः सार्द्धं मान्दारवाणि महामान्दारवाणि च पुष्पाणि गृहीत्वा येन भगवांस्तेनोपसङ्क्रान्तः। षष्ठं शतञ्च भिक्षूणां तस्मिन्नेव समये तस्यामेव पर्षदि सन्निपतितं सन्निषण्णञ्चाभूत्। ते उत्थायासनेभ्य एकांसान्युत्तरासङ्गानि कृत्वा दक्षिणानि जानुमण्डलानि पृथिव्यां प्रतिष्ठाप्य येन भगवांस्तेनाञ्जलिं प्रणमयामासुः। तेषां भिक्षूणां बुद्धानुभावेन तेऽञ्जलिप्रग्रहा मान्दारवमहामान्दारवाणां पुष्पाणां परिपूर्णा अभूवन्। ते तैर्मान्दारवैर्म्महामान्दारवैश्च पुष्पैस्तथागतमर्हन्तं सम्यक्सम्बुद्धमवाकिरन्नभ्यवाकिरन्नभिप्राकिरन् एवञ्च वाचमभाषन्त वयं भगवन्नस्यां प्रज्ञापारमितायां चरिष्यामो वयं भगवन्ननेनानुत्तरेण प्रज्ञापारमिताविहारेण विहरिष्याम इति॥

अथ खलु भगवांस्तस्यां वेलायां स्मितं प्रादुरकरोत्। धर्म्मता खलु पुनरेषां बुद्धानां भगवतां यदा स्मितं प्रादुष्कुर्व्वन्ति अथ तदा नानावर्णा अनेकवर्णा रश्मयो भगवतो मुखद्वारान्निश्चरन्ति। तद्यथा नीलपीतलोहितावदातमाञ्जिष्ठस्फटिकरजतसुवर्णवर्णास्ते निश्चर्य्या(१) नन्तापर्य्यन्तान् लोकधातूनाभयाऽवभास्य यावद्ब्रह्मलोकमभ्युद्गम्य पुनरेव प्रत्युदावृत्य भगवन्तं त्रिः प्रदक्षिणीकृत्य भगवतो मूर्द्धन्यन्तर्द्धीयन्ते॥

---

(१) निश्चार्य्य इति ग० ङ० च०।

अथ खल्वायुष्मानानन्द उत्थायासनादेकांसमुत्तरासङ्गं कृत्वा दक्षिणं जानुमण्डलं पृथिव्यां प्रतिष्ठाप्य येन भगवांस्तेनाञ्जलिं प्रणम्य[१] भगवन्तमेतदवोचत्। नाहेतुकं नाप्रत्ययं तथागता अर्हन्तः सम्यक्सम्बुद्धाः स्मितं प्रादुष्कुर्व्वन्ति को भगवन् हेतुः कः प्रत्ययः स्मितस्य प्रादुष्करणाय॥

एवमुक्ते भगवानायुष्मन्तमानन्दमेतदवोचत्। इदमानन्द भिक्षूणां षष्ठं शतमनागतेऽध्वनि तारकोपमे कल्पेऽनुत्तरां सम्यक्सम्बोधिमभिसम्भोत्स्यतेऽभिसम्बुध्य च सत्वेभ्यो धर्म्मन्देशयिष्यति। सर्व्वे चैकनामानो भविष्यन्ति यदुतावकीर्णकुसुमनामानस्तथागता अर्हन्तः सम्यक्सम्बुद्धाः शास्तारो लोके भविष्यन्ति। तेषां खलु पुनरानन्दावकीर्णकुसुमनाम्नां तथागतानामर्हतां सम्यक्सम्बुद्धानां सर्व्वेषां समः श्रावकसङ्घो भविष्यति। सर्व्वेषाञ्च तेषामवकीर्णकुसुमनाम्नां तथागतानामर्हतां सम्यक्सम्बुद्धानां सममेवायुःप्रमाणं भविष्यति विंशतिकल्पसहस्राणि। सर्व्वेषामेव चैकैकस्य वैस्तारिकं प्रवचनं भविष्यति पृथुवैपुल्यप्राप्तं देवमनुष्येषु। सर्व्वेषामेव च सद्धर्म्मः समं स्थास्यति विंशतिमेव कल्पसहस्राण्येकैकस्य। सर्व्वे च ते यतो यत एव ग्रामनगरनिगमजनपदराष्ट्रराजधानीतोऽभिनिष्क्रमिष्यन्ति अभिनिष्क्रम्य यत्र यत्र धर्म्मचक्रं प्रवर्त्तयिष्यन्ति प्रवर्त्य च यत्र यत्र च विहरिष्यन्ति यतो यतश्च यत्र यत्रैव च प्रवेक्ष्यन्ति येन येन च यतो यत एव चाभिनिष्क्रमिष्यन्ति ततस्ततस्तत्र तत्र तेषां प्रविशतामभिनिष्क्रामतां विहरताञ्च पञ्चवर्णिकानां पुष्पाणां पुष्पवर्षाः प्रवर्त्तिष्यन्ते[२]।

---

(१) प्रणाम्येतिपाठः समीचीनः। (२) प्रवर्षिष्यन्ते इति ख० च०।

तस्मात्तर्ह्यानन्द बोधिसत्त्वैर्महासत्त्वैरुत्तमेन विहारेण विहर्त्तुकामैः प्रज्ञापारमिताविहारेण विहर्त्तव्यं तथागतविहारेणानन्द विहर्त्तुकामैः प्रज्ञापारमिताविहारेण विहर्त्तव्यं। ये हि केचिदानन्द बोधिसत्त्वा महासत्त्वाः प्रज्ञापारमितायाञ्चरिष्यन्ति निष्ठा तत्र गन्तव्या मनुष्येभ्य एवैते च्युता भविष्यन्ति ते[१] इहोपपन्नास्तुषितेभ्य एव वा देव निकायेभ्यश्च्युता भविष्यन्ति मनुष्येष्वेवोपपन्नाः॥ तत् कस्य हेतोः। तथा हि मनुष्येषु तुषितेषु च देवेष्वियं प्रज्ञापारमिता विस्तरेण प्रचरिष्यतीति॥ तथागतावलोकिताः खलु पुनरानन्द ते बोधिसत्त्वा महासत्त्वा वेदितव्याः य इह प्रज्ञापारमितायां चरिष्यन्ति य इमां प्रज्ञापारमितामुद्ग्रहीष्यन्ति धारयिष्यन्ति वाचयिष्यन्ति पर्य्यवाप्स्यन्ति प्रवर्त्तयिष्यन्ति देशयिष्यन्त्युपदेक्ष्यन्त्युद्देक्ष्यन्ति स्वाध्यास्यन्ति अन्तशो लिखिष्यन्ति उद्गृह्य धारयित्वा वाचयित्वा पर्य्यवाप्य प्रवर्त्त्य देशयित्वोपदिश्योद्दिश्य स्वाध्याय्य अन्तशो लिखित्वा बोधिसत्त्वान् महासत्त्वानववदिष्यन्त्यनुशासिष्यन्ति सन्दर्शयिष्यन्ति समादापयिष्यन्ति समुत्तेजयिष्यन्ति सम्प्रहर्षयिष्यन्ति[२]। अवरोपितकुशलमूलास्ते आनन्द बोधिसत्त्वा महासत्त्वा वेदितव्यास्तथागतेष्वर्हत्सु सम्यक्सम्बुद्धेषु। न केवलं श्रावकप्रत्येकबुद्धानामन्तिके तैः कुशलमूलान्यवरोपितानि इह प्रज्ञापारमितायां शिक्षितुं निःसंशयं खलु पुनरानन्द तथागतेष्वर्हत्सु सम्यक्सम्बुद्धेषु तैः कुशलमूलान्यवरोपितानि बोधिसत्त्वैर्महासत्त्वैर्य इह प्रज्ञापारमितायां शिक्षन्ते न चोत्त्रासमापद्यन्ते। ये चानन्दैनां

(१) तत इति ङ०।

(२) सम्भावयिष्यन्ति इति ग०।

प्रज्ञापारमितामुद्ग्रहीष्यन्ति धारयिष्यन्ति वाचयिष्यन्ति पर्य्यवाप्स्यन्ति प्रवर्त्तयिष्यन्ति देशयिष्यन्त्युपदेक्ष्यन्त्युद्देक्ष्यन्ति स्वाध्यास्यन्ति लिखिष्यन्ति च तथाऽर्थतस्य धर्म्मतस्य नयतस्यानुगमिष्यन्ति निष्ठानन्द तत्र गन्तव्या सम्मुखीभूतास्ते अभूवन् बोधिसत्त्वा महासत्त्वास्तथागतानामर्हतां सम्यक्सम्बुद्धानामिति। ये चैनां प्रज्ञापारमितां न प्रतिक्रोशन्ति न प्रतिवहन्ति न प्रतिकोपयन्ति न प्रतिसंहरन्ति न प्रतिषेधयन्ति न प्रतिक्षिपन्ति न प्रतिबाधितव्यां मंस्यन्ते तेऽप्यानन्द बोधिसत्त्वा महासत्त्वाः पूर्व्वजिनकृताधिकारा वेदितव्याः॥ किञ्चाप्यानन्द बोधिसत्त्वेन महासत्त्वेन तथागतानामर्हतां सम्यक्सम्बुद्धानामन्तिके कुशलमूलमवरोपितमेवं हि तन्न श्रावकप्रत्येकबुद्धत्वाय दास्यति विपाकं स चेद् बोधिसत्त्वो महासत्त्वोऽनुत्तरायां सम्यक्सम्बोधौ न विसंवादयिष्यति प्रणिधानं अपि तु खलु पुनरानन्द प्रायेण तेन बोधिसत्त्वेन महासत्त्वेन कृतज्ञेन भवितव्यं प्रज्ञापारमितायाश्चरितवता॥ तस्मात्तर्हि ते आनन्द परीन्दाम्यनुपरीन्दामीमां प्रज्ञापारमितां भूयस्या मात्रया अक्षरसन्निपाता[१]दुद्ग्रहणाय धारणाय वाचनाय पर्य्यवाप्तये प्रवर्त्तनाय चिरस्थितये यथेयं नान्तर्द्धीयेत। स चेत्त्वमानन्द यो मया ते धर्म्मो देशितः साक्षात् स्थापयित्वा प्रज्ञापारमितां तां सर्व्वां धर्म्मदेशनामुद्गृह्य पुनरेव विप्रणाशयेः पुनरेवोत्सृजेर्विस्मारयेर्न[२] मे त्वमानन्दैतावताऽपराद्धः स्याः। यत् खलु पुनस्त्वमानन्द प्रज्ञापारमिताप्रतिसंयुक्तं पदं वा

(१) अक्षरसन्निपामिति ख०।
(२) न च इति ग०।

पदशामन्तकं वा नाशयेरुत्सृजेर्विस्मारयेस्तावता त्वमानन्द ममापराद्धः स्या न च मे त्वं चित्तमाराधयेः॥ स चेत् पुनस्त्वमानन्द प्रज्ञापारमितामुद्गृह्य पुनरेव नाशयेः पुनरेवोत्सृजेर्विस्मारयेर्न त्वयाहं सत्कृतो गुरुकृतः स्यां न मानितो न पूजितो नार्चितो नापचायितः स्यां येऽपि ते आनन्दातीतानागतप्रत्युत्पन्ना बुद्धा भगवन्तस्तेऽपि त्वयानन्द न सत्कृता न गुरुकृता न मानिता न पूजिता नार्चिता नापचायिता भवन्ति॥ स चेत् पुनस्त्वमानन्द प्रज्ञापारमितामुद्गृह्य पुनरेव नाशयेः पुनरेवोत्सृजेर्विस्मारयेस्तावता त्वमानन्द ममापराद्धः स्या न च मे त्वं चित्तमाराधयेः॥ तत् कस्य हेतोः। उक्तमेतदानन्द तथागतेन प्रज्ञापारमिताऽतीतानागतप्रत्युत्पन्नानान्तथागतानामर्हतां सम्यक्सम्बुद्धानां माता जननी जनयित्री सर्व्वज्ञताया आहारिकेति॥ तस्मात्तर्ह्यानन्द परीन्दाम्यनुपरीन्दामि ते इमां प्रज्ञापारमितां यथेयं नान्तर्द्धीयेत उद्ग्रहीतव्येयमानन्द प्रज्ञापारमिता धारयितव्येयमानन्द प्रज्ञापारमिता वाचयितव्येयमानन्द प्रज्ञापारमिता पर्य्यवाप्तव्येयमानन्द प्रज्ञापारमिता प्रवर्त्तयितव्येयमानन्द प्रज्ञापारयिता देशयितव्येयमानन्द प्रज्ञापारमिता उपदेष्टव्येयमानन्द प्रज्ञापारमिता उद्देष्टव्येयमानन्द प्रज्ञापारमिता स्वाध्यातव्येयमानन्द प्रज्ञापारमिता लिखितव्येयमानन्द प्रज्ञापारमिता भावयितव्येयमानन्द प्रज्ञापारमिता। सुमनसिकृता च सुधृता च सुपर्य्यवाप्ता च सुप्रवर्त्तिता च त्वयानन्देयं प्रज्ञापारमिता कर्त्तव्या। सुपरिव्यक्तेनाक्षरपदव्यञ्जनेन सुनिरुक्ता चोद्ग्रहीतव्या॥ तत् कस्य हेतोः। अतीतानागतप्रत्युत्-

पन्नानां ह्यानन्द तथागतानामर्हतां सम्यक्सम्बुद्धानां धर्म्मकायतेति॥ तां धर्म्मतां प्रमाणीकृत्य यथा तत्त्वमानन्द एतर्हि मे तथागतस्य तिष्ठतो भ्रियमाणस्य यापयतो हितैषितया प्रेमतो वा गौरवतो वा कल्याणतो वा स्पर्शविहारतो वा कर्त्तव्यं वा दातव्यं वा समन्वाहर्त्तव्यं वा मन्यसे तथैव त्वयानन्देयं प्रज्ञापारमितोद्ग्रहीतव्या धारयितव्या वाचयितव्या पर्य्यवाप्तव्या प्रवर्त्तयितव्या देशयितव्योपदेष्टव्योद्देष्टव्या स्वाध्यातव्या लिखितव्या भावयितव्या सत्कर्त्तव्या गुरुकर्त्तव्या मानयितव्या पूजयितव्या अर्चयितव्या अपचायितव्या तया हितैषितया तेन प्रेम्णा तेन गौरवेण तया गुणवत्तया। एवं त्वयानन्दाहं पूजितो भवामि ते च बोधिसत्त्वा महासत्वा अतीतानागतप्रत्युत्पन्नानाञ्च बुद्धानां भगवतामन्तिके प्रेम च प्रसादश्च गौरवं चोत्पादितं भवति। यदि ते आनन्दाहं प्रियो मनआपोऽपरित्यक्तस्तथागतस्ततस्ते आनन्देयं प्रज्ञापारमिता प्रिया मनआपाऽपरित्यजनीया भवतु यथा ते एकपदमपि न प्रणश्येत् यथा नान्तर्द्धीयेत। बह्वपि ते आनन्दाहं भाषेयं प्रज्ञापारमितायाः परीन्दनामारभ्य कल्पं वा कल्पावशेषं वा कल्पशतं वा कल्पसहस्रं वा कल्पशतसहस्रं वा कल्पकोटीं वा कल्पकोटीशतं वा कल्पकोटीसहस्रं वा कल्पकोटीशतसहस्रं वा ततो वा उपरि सङ्क्षेपेणानन्द यादृशस्तवाहं शास्ता तादृशी ते प्रज्ञापारमिता शास्ता। यादृशास्तेऽतीतानागतप्रत्युत्पन्ना बुद्धा भगवन्तः सदेवमानुषासुरस्य लोकस्य शास्तारस्तादृशी प्रज्ञापारमिता सदेवमानुषासुरस्य लोकस्य शास्ता॥ तस्मात्तर्ह्यानन्दापरिमाणा प्रज्ञापारमिता अपरिमाणया परीन्दनया प्रज्ञापारमि-

तां ते परीन्दाम्यनुपरीन्दामि सदेवमानुषासुरस्य लोकस्य हिताय सुखाय॥ यस्मानन्द तथागतो न परित्यक्तो धर्म्मो न परित्यक्तः सङ्घो न परित्यक्तः अतीतानागतप्रत्युत्पन्नानां बुद्धानां भगवतां बोधिर्न परित्यक्ता तस्य प्रज्ञापारमिताऽपरित्यक्ता भवतु॥ इयमस्माकमनुशासनीयोऽपि कश्चिदानन्दैनां प्रज्ञापारमितामुद्गृह्णीयाद्धारयेद्वाचयेत् पर्य्यवाप्नुयात् प्रवर्त्तयेद्देशयेदुपदिशेदुद्दिशेत् स्वाध्यायेत् लिखेद्भावयेदतीतानागतप्रत्युत्पन्नानां बुद्धानां भगवतां तेन बोधिरनुपरिगृहीता भवेत्॥ यो हि कश्चिदानन्दैनां प्रज्ञापारमितां प्रलुज्यमानामनुपरिगृह्णीतेऽतीतानागतप्रत्युत्पन्नानां बुद्धानां भगवतां तेन बोधिरनुपरिगृहीता भवति॥ तत् कस्य हेतोः। प्रज्ञापारमितानिर्ज्जाता ह्यानन्द बुद्धानां भगवतां बोधिः। येऽपि ते आनन्दाभूवन्नतीतेऽध्वनि तथागता अर्हन्तः सम्यक्सम्बुद्धास्तेषामप्यानन्द बुद्धानां भगवतां प्रज्ञापारमितानिर्ज्जातैवानुत्तरा सम्यक्सम्बोधिरभूत्। येऽपि ते आनन्द अनागतेऽध्वनि भविष्यन्ति तथागता अर्हन्तः सम्यक्सम्बुद्धास्तेषामप्यानन्द बुद्धानाम्भगवतां प्रज्ञापारमितानिर्ज्जातैवानुत्तरा सम्यक्सम्बोधिर्भविष्यन्ति। येऽपि ते आनन्दाप्रमेयेष्वसङ्ख्येयेषु लोकधातुषु तथागता अर्हन्तः सम्यक्सम्बुद्धा एतर्हि तिष्ठन्ति ध्रियन्ते यापयन्ति तेषामप्यानन्द बुद्धानां भगवतां प्रज्ञापारमितानिर्ज्जातैवानुत्तरा सम्यक्सम्बोधिः॥ तस्मात्तर्ह्यानन्द बोधिसत्त्वेन महासत्त्वेनानुत्तरां सम्यक्सम्बोधिमभिसम्बोद्धुकामेन षट्सु पारमितासु शिक्षितुकामेन इयमेव प्रज्ञापारमिता श्रोतव्योद्ग्रहीतव्या धारयितव्या वाचयितव्या पर्य्यवाप्तव्या प्रवर्त्तयितव्या देशयित-

व्योपदेष्टव्योद्देष्टव्या स्वाध्यातव्या लिखितव्या इहैव प्रज्ञापारमितायां शिक्षितव्यं योगमापत्तव्यं॥ तत् कस्य हेतोः। एषा ह्यानन्द प्रज्ञापारमिता बोधिसत्त्वानां महासत्वानां माता जननी जनयित्री। येऽपि केचिदानन्द बोधिसत्त्वा महासत्वाः षट्सु पारमितासु शिक्षित्वा निर्य्याता निर्य्यास्यन्ति निर्य्यान्ति चानुत्तरायां सम्यक्सम्बोधौ सर्व्वे ते आनन्द प्रज्ञापारमितामागम्य षट्सु पारमितासु शिक्षिताः। तेऽपि सर्व्वे एनामेव प्रज्ञापारमितामागम्य षट्सु पारमितासु निर्ज्जाताः॥ तत् कस्य हेतोः। प्रज्ञापारमितानिर्ज्जाता ह्यानन्द सर्व्वाः पारमिता आहारिका भवन्त्यनुत्तरायाः सम्यक्सम्बोधेः। तस्मात्तर्ह्यानन्द भूयस्या मात्रया एनां प्रज्ञापारमितां द्वितीयकमपि तृतीयकमपि परीन्दाम्यनुपरीन्दामि ते यथेयं नान्तर्द्धीयेत। एषा ह्यानन्द तथागतानामर्हतां सम्यक्सम्बुद्धानामक्षयो धर्म्मकोषो यदुत प्रज्ञापारमिता॥ तत् कस्य हेतोः। यो ह्यानन्दातीतेऽध्वनि अनवराग्रे संसारे सत्वानां बुद्धैर्भगवद्भिर्धर्म्मो देशितः सर्व्वः स इत एव धर्म्मकोषाद्यदुत प्रज्ञापारमितातः। येऽपि ते आनन्दानागतेऽध्वनि बुद्धा भगवन्तोऽपरिमिते संसारेऽनुत्तरां सम्यक्सम्बोधिमभिसम्बुध्य सत्वानां धर्म्मन्देशयिष्यन्ति तेऽपि बुद्धा भगवन्त इत एव धर्म्मकोषाद्यदुत प्रज्ञापारमितातः। येऽपि ते आनन्द एतर्ह्यप्रमेयेष्वसङ्ख्येयेषु लोकधातुषु बुद्धा भगवन्तस्तिष्ठन्ति ध्रियन्ते यापयन्ति धर्म्मञ्च देशयन्ति तेषामप्यानन्द बुद्धानां भगवतामित एव धर्म्मकोषात् प्रभावना भवति यदुत प्रज्ञापारमितातः॥ तस्मात्तर्ह्यानन्द अक्षय एष धर्म्मकोषो यदुत प्रज्ञापारमिताकोषः। स चेत्त्वमानन्द श्रावकयानि-

गतमर्हन्तं सम्यक्सम्बुद्धं पश्यन्ति स्म भिक्षुसङ्घपरिवृतं बोधिसत्त्वगण-पुरस्कृतं धर्म्मन्देशयन्तं सागरोपमायां गम्भीरायामक्षोभ्यायां पर्षदि बोधिसत्त्वैर्महासत्वैरचिन्त्यगुणसमन्वागतैः परिवृतं पुरस्कृतं सर्व्वैश्चार्हद्भिः क्षीणास्रवैर्निःक्लेशैर्व्वशीभूतैः सुविमुक्तचित्तैः सुविमुक्तप्रज्ञैराजानेयैर्म-हानागैः कृतकृत्यैः कृतकरणीयैरपहृतभारैरनुप्राप्तस्वकार्थैः परिक्षीण-भवसंयोजनैः सम्यगाज्ञासुविमुक्तचित्तैः सर्व्वचेतोवशिपरमपारमिप्राप्तैः ॥

अथ खलु भगवांस्तमृद्ध्यभिसंस्कारं पुनरेव प्रतिसंहरति स्म । प्रतिसंहृते च भगवता तस्मिन् ऋद्ध्यभिसंस्कारे न भूयः स भगवान् अक्षोभ्यस्तथागतोऽर्हन् सम्यक्सम्बुद्धः सन्दृश्यते स्म । ते च सर्व्वे बोधिसत्त्वा महासत्वास्ते च महाश्रावकास्तच्च बुद्धक्षेत्रं तासाञ्चतसृणां गन्धर्व्वासुरगरुड़किन्नरमहोरगाणां मनुष्यामनुष्याणाञ्च न चक्षुष आभासं भूय आगच्छन्ति स्म ॥ तत् कस्य हेतोः । प्रतिसंहृतो हि तथागतेनार्हता सम्यक्सम्बुद्धेन स ऋद्ध्यभिसंस्कारस्तेन ते सर्व्वे सर्व्वेषां तेषां न भूयश्चक्षुष आभासमागच्छन्ति स्म ॥

अथ खलु भगवानायुष्मन्तमानन्दमामन्त्रयते स्म । एवमानन्द सर्व्वधर्म्मा न चक्षुषोऽप्याभासमागच्छन्ति न धर्म्माधर्म्माणामाभासमा-गच्छन्ति न धर्म्माधर्म्मान् पश्यन्ति न धर्म्माधर्म्मान् जानन्ति ॥ तत् कस्य हेतोः । सर्व्वधर्म्मा ह्यानन्दाजानका अपश्यका न कार्य्यसमर्थाः ॥ तत् कस्य हेतोः । निरीहका ह्यानन्द सर्व्वधर्म्मा अग्राह्या आकाश-निरीहकतया । अचिन्त्या ह्यानन्द सर्व्वधर्म्मा मायापुरुषोपमाः । अवेदका ह्यानन्द सर्व्वधर्म्मा असद्भावतामुपादाय ॥ एवञ्चरन्त आनन्द बोधिसत्त्वा महासत्वाश्चरन्ति प्रज्ञापारमितायां न कञ्चिद्धर्म्ममभि-

निविशन्ते। एवं शिक्षमाणा आनन्द बोधिसत्त्वा महासत्त्वाः शिक्षन्ते प्रज्ञापारमितायां। सर्व्वशिक्षापरमपारमितां महाबोधिं प्राप्तुकामेन बोधिसत्त्वेन महासत्त्वेन प्रज्ञापारमितायां शिक्षितव्यं॥ तत् कस्य हेतोः। एषा ह्यानन्द शिक्षा सर्व्वशिक्षाणामग्रा आख्यायते श्रेष्ठा आख्यायते ज्येष्ठा आख्यायते वरा आख्यायते प्रवरा आख्यायते प्रणीता आख्यायते उत्तमा आख्यायते अनुत्तमा आख्यायते निरुत्तरा[१] आख्यायते असमा आख्यायते असमसमा आख्यायते सर्व्वलोकहितावहा सर्व्वलोकसुखावहा अनाथानां नाथकरी बुद्धानुज्ञाता बुद्धप्रशस्ता॥ अस्यामानन्द प्रज्ञापारमितायां शिक्षिताऽच शिक्षायां स्थित्वा तथागता अर्हन्तः सम्यक्सम्बुद्धा इमं त्रिसाहस्रमहासाहस्रं लोकधातुमेकेन पदाङ्गुष्ठेनोत्क्षिप्य पुनरेव निक्षिपेयुः। न च तेषां बुद्धानां भगवतामेवं स्यादुत्क्षिप्तो वाऽयं त्रिसाहस्रमहासाहस्रो लोकधातुर्निक्षिप्तो वेति॥ तत् कस्य हेतोः। अप्रमेयासङ्ख्येयगुणसमन्वागता हि प्रज्ञापारमिता। अस्यामानन्द प्रज्ञापारमिताशिक्षायां शिक्षित्वा बुद्धा भगवन्तोऽतीतानागतप्रत्युत्पन्नेषु धर्म्मेष्वसङ्गतामनुप्राप्ताः। यावत्य आनन्द काश्चिच्छिक्षा अतीतानागतप्रत्युत्पन्नेऽध्वनि सर्व्वासान्तासामानन्द शिक्षाणामियमेव प्रज्ञापारमिताशिक्षा अग्रा आख्यायते श्रेष्ठा आख्यायते ज्येष्ठा आख्यायते वरा आख्यायते प्रवरा आख्यायते प्रणीता आख्यायते उत्तमा आख्यायते अनुत्तमा आख्यायते निरुत्तरा आख्यायते असमा आख्यायते असमसमा आख्यायते। अप्रमाणा ह्यानन्द प्रज्ञापारमिता। अक्षया

(१) निरुत्तमा इति ख० ग०।

ह्यानन्द प्रज्ञापारमिता। अपर्य्यन्ता ह्यानन्द प्रज्ञापारमिता[१]॥ तत् कस्य हेतोः। असत्त्वादेव प्रज्ञापारमितायाः॥ आकाशस्य हि म आनन्द प्रमाणं वा क्षयं वा पर्य्यन्तं वा ग्रहीतव्यं मन्येत यः प्रज्ञापारमितायाः प्रमाणं वा क्षयं वा पर्य्यन्तं वा ग्रहीतव्यं मन्येत॥ तत् कस्य हेतोः। अप्रमाणा ह्यानन्द प्रज्ञापारमिता। अक्षया ह्यानन्द प्रज्ञापारमिता। अपर्य्यन्ता ह्यानन्द प्रज्ञापारमिता। न मयानन्द प्रज्ञापारमितायाः प्रमाणं वा क्षयो वा पर्य्यन्तो वा आख्यातः। नामकायपदकायव्यञ्ज-नकायाः खलु पुनरानन्द प्रमाणबद्धा नेयमानन्द प्रज्ञापारमिता प्रमाणबद्धा॥ तत् कस्य हेतोः। न ह्यानन्द नामकायपदकायव्य-ञ्जनकायाः प्रज्ञापारमिता। न हि प्रमाणवतीयमानन्द प्रज्ञापार-मिता। अपरिमाणा ह्यानन्द प्रज्ञापारमिता॥

आनन्द आह। केन पुनः कारणेन भगवन् भगवता प्रज्ञापार-मितायाः प्रमाणं नाख्यातम्॥

भगवानाह। अक्षयत्वादानन्द प्रज्ञापारमितायास्तथागतः प्रमाणं न निर्द्दिशति। विविक्तत्वादानन्द प्रज्ञापारमितायाः प्रमाणं तथागतेन नाख्यातं। न ह्यानन्द विविक्तस्य धर्म्मस्य विविक्तताऽप्युपलभ्यते कुतः पुनरस्य प्रमाणं भविष्यति। एवमानन्द प्रज्ञापारमिताऽप्रमेयत्वाद-प्रमाणाऽपरिमाणा। येऽपि ते आनन्द अतीतेऽध्वन्यभूवंस्तथागता अर्हन्तः सम्यक्सम्बुद्धास्तेऽप्यानन्द इत एव प्रज्ञापारमितातः प्रभाविता न

---

(१) ख० घ० ङ० पुस्तकेषु, अपर्य्यन्ता ह्यानन्द प्रज्ञापारमिता इति पाठो न विद्यते। च० पुस्तके तु, अपर्य्यन्ता इत्यत्र अपरिमाणा इति पाठोऽस्ति।

चानन्द इयं प्रज्ञापारमिता क्षीणा वा परिक्षीणा वा। येऽपि ते आनन्द अनागतेऽध्वनि भविष्यन्ति तथागता अर्हन्तः सम्यक्सम्बुद्धास्तेऽप्यानन्द इत एव प्रज्ञापारमितातः प्रभावयिष्यन्ते न चानन्द इयं प्रज्ञापारमिता क्षेष्यते वा परिक्षेष्यते वा। येऽपि ते आनन्द एतर्ह्यप्रमेयेष्वसङ्ख्येयेषु लोकधातुषु तथागता अर्हन्तः सम्यक्सम्बुद्धास्तिष्ठन्ति ध्रियन्ते यापयन्ति तेप्यानन्द इत एव प्रजापारमितातः प्रभाव्यन्ते न चेयमानन्द प्रज्ञापारमिता क्षीयते वा परिक्षीयते वा। अहमप्यानन्द एतर्हि तथागतोऽर्हन् सम्यक्सम्बुद्धो ममाप्यानन्द इत एव प्रज्ञापारमितातः प्रभावना न चानन्द इयं प्रज्ञापारमिता क्षीयते वा परिक्षीयते वा॥ तत् कस्य हेतोः। आकाशं हि स आनन्द क्षययितव्यं मन्येत यः प्रज्ञापारमितां क्षययितव्यां मन्येत। तस्मात्तर्ह्यानन्द अक्षयेयं प्रज्ञापारमिता॥

अथ खल्वायुष्मतः सुभूतेरेतदभवत्। गम्भीरमिदं स्थानं तथागतेन भाषितं यन्न्वहं तथागतं पृच्छेयमेतत् स्थानं॥

अथ खल्वायुष्मान् सुभूतिर्भगवन्तमेतदवोचत्। अक्षया भगवन् प्रज्ञापारमिता॥

भगवानाह। अक्षया हि सुभूते प्रज्ञापारमिता यदुताकाशाक्षयत्वात् सर्व्वधर्म्मानुत्पादतः॥

सुभूतिराह। कथं भगवन् बोधिसत्त्वेन महासत्वेन प्रज्ञापारमिताऽभिनिर्हर्त्तव्या॥

भगवानाह। रूपाक्षयत्वेन सुभूते बोधिसत्त्वेन महासत्वेन प्रज्ञापारमिताऽभिनिर्हर्त्तव्या। एवं वेदनासंज्ञासंस्कारा विज्ञानाक्षयत्वेन सुभूते बोधिसत्त्वेन महासत्वेन प्रज्ञापारमिताऽभिनिर्हर्त्तव्या। एवं

खलु सुभूते बोधिसत्त्वेन महासत्वेन प्रज्ञापारमिताऽभिनिर्हर्त्तव्या ॥ अविद्याक्षयत्वेन सुभूते बोधिसत्त्वेन महासत्वेन प्रज्ञापारमिताऽभिनिर्हर्त्तव्या एवं संस्काराक्षयत्वेन विज्ञानाक्षयत्वेन नामरूपाक्षयत्वेन षडायतनाक्षयत्वेन स्पर्शाक्षयत्वेन वेदनाक्षयत्वेन तृष्णाक्षयत्वेन उपादानाक्षयत्वेन भवाक्षयत्वेन जात्यक्षयत्वेन जरामरणाक्षयत्वेन शोकपरिदेवदुःखदौर्म्मनस्योपायासाक्षयत्वेन[१] सुभूते बोधिसत्त्वेन महासत्वेन प्रज्ञापारमिताऽभिनिर्हर्त्तव्या । इयं सुभूते बोधिसत्त्वस्य महासत्वस्यान्तद्वयविवर्ज्जिता प्रतीत्यसमुत्पादव्यवलोकना ॥ एवं व्यवलोकयन् सुभूते बोधिसत्त्वो महासत्वः प्रतीत्यनुत्पादमनाद्यन्तमध्यं तं व्यवलोकयति । अयं सुभूते बोधिसत्त्वस्य महासत्वस्यावेणिको धर्म्मो बोधिमण्डे निषण्णस्य यदेवं प्रतीत्यसमुत्पादं व्यवलोकयति ॥ एवं व्यवलोकयतः सुभूते बोधिसत्त्वस्य महासत्वस्य प्रतीत्यसमुत्पादं[२] सर्व्वज्ञज्ञानप्रतिलम्भो भवति ॥ यो हि कश्चित् सुभूते बोधिसत्त्वो महासत्वोऽनेनाक्षयाभिनिर्हारेण प्रज्ञापारमितायां चरन् प्रतीत्यसमुत्पादं व्यवलोकयति स न श्रावकभूमौ वा प्रत्येकबुद्धभूमौ वा स्थास्यति अपि तु स्थास्यति सर्व्वज्ञतायां ॥ ये केचित् सुभूते बोधिसत्त्वा महासत्वा विवर्त्तन्तेऽनुत्तरायाः सम्यक्सम्बोधेः सचेत इमान् मनसिकारान् इदञ्चोपायकौशल्यमनागम्य न जानन्ति कथं प्रज्ञापारमितायां चरता बोधिसत्त्वेन महासत्वेनाक्षयाभिनिर्हारेण प्रज्ञापारमिताऽभिनिर्हर्त्तव्या कथं चाक्ष-

(१) शोकपरिदेवदुःखदौर्मनस्योपायासाक्षयत्वेन इति ङ० ।

(२) प्रतीत्यसमुत्पादः इति पाठः सङ्गतः ।

याभिनिर्हारेण प्रज्ञापारमितायां प्रतीत्यसमुत्पादो व्यवलोकयितव्य इति। ये केचित् सुभूते बोधिसत्त्वा महासत्वा[१] विवृत्ता[२] विवर्त्तन्ते विवर्त्स्यन्ते चानुत्तराया: सम्यक्सम्बोधे: सर्व्वे ते इदमुपायकौशल्यमनागम्य विवृत्ता विवर्त्तन्ते विवर्त्स्यन्ते च॥ ये केचित् सुभूते बोधिसत्त्वा महासत्वा न विवृत्ता न विवर्त्तन्ते न विवर्त्स्यन्ते च सर्व्वे ते इमां प्रज्ञापारमितामागम्य न विवृत्ता[२] न विवर्त्तन्ते न विवर्त्स्यन्ते चानुत्तराया: सम्यक्सम्बोधे: ॥ एवं प्रज्ञापारमितायां चरता बोधिसत्त्वेन महासत्वेनाक्षयाभिनिर्हारेण प्रज्ञापारमिताऽभिनिर्हर्त्तव्या। एवञ्चाक्षयाभिनिर्हारेण प्रज्ञापारमितायां प्रतीत्यसमुत्पादो व्यवलोकयितव्य: ॥ एवं खलु पुन: सुभूते बोधिसत्त्वो महासत्व: प्रतीत्यसमुत्पादं व्यवलोकयन् न कञ्चिद्धर्म्ममहेतुकमुत्पाद्यमानं समनुपश्यति न कञ्चिद्धर्म्मं नित्यं वा ध्रुवं वा शाश्वतं वाऽविपरिणामधर्म्मकं वा समनुपश्यति न कञ्चिद्धर्म्मं कारकं वा वेदकं वा समनुपश्यति। इयं सुभूते बोधिसत्त्वस्य महासत्वस्येमां प्रज्ञापारमितामक्षयाभिनिर्हारेणाभिनिर्हरतोऽस्यां प्रज्ञापारमितायाञ्चरत: प्रतीत्यसमुत्पादव्यवलोकना॥ यस्मिन् समये सुभूते बोधिसत्त्वो महासत्व: प्रज्ञापारमितामक्षयाभिनिर्हारेणाभिनिर्हरन् प्रतीत्यसमुत्पादं व्यवलोकयति तस्मिन् समये सुभूते बोधिसत्त्वो महासत्वो न रूपं समनुपश्यति न वेदनां न संज्ञां न संस्कारान् न विज्ञानं समनुपश्यति नाविद्यां

(१) ख० घ० च० पुस्तकेषु महासत्वा इति पाठो नास्ति।

(२) विवर्त्ता इति च०।

समनुपश्यति एवं न संस्कारान्(१) न विज्ञानं न नामरूपं न षड़ायतनं न स्पर्शं न वेदनां न तृष्णां नोपादानं न भवं न जातिं न जरामरणं न शोकपरिदेवदुःखदौर्म्मनस्योपायासान्(२) समनुपश्यति इदं बुद्धक्षेत्र-मिति न समनुपश्यति अन्यद्बुद्धक्षेत्रमिति न समनुपश्यति तमपि धर्म्मं न समनुपश्यति येन धर्म्मेण इदं वाऽन्यद्वा बुद्धक्षेत्रं समनुपश्येत्। इयं सा सुभूते बोधिसत्त्वानां महासत्त्वानां प्रज्ञापारमिता॥ यस्मिन् समये सुभूते बोधिसत्त्वो महासत्त्वः प्रज्ञापारमितायां चरति तस्मिन् समये मारः पापीयान् परमशोकशल्यसमर्पितो भवति। तद्यथापि नाम सुभूते पुरुषो मातापितृषु कालगतेषु परमशोकशल्यसमर्पितो भवति एवमेव सुभूते यस्मिन् समये बोधिसत्त्वो महासत्त्वः प्रज्ञापारमितायां चरति तस्मिन् समये मारः पापीयान् परमशोकशल्यसमर्पितो भवति॥

सुभूतिराह। किमेक एव भगवन् मारः पापीयान् परमशोकशल्य-समर्पितो भवति उताहो बहवो माराः पापीयांसः परमशोकशल्यस-मर्पिता भवन्ति उताहो ये त्रिसाहस्रमहासाहस्रे लोकधातौ माराः पापीयांसस्तेऽपि सर्व्वे तस्मिन् समये परमशोकशल्यसमर्पिता भवन्ति॥

एवमुक्ते भगवानायुष्मन्तं सुभूतिमेतदवोचत्। यस्मिन् समये सुभूते बोधिसत्त्वो महासत्त्वः प्रज्ञापारमिताविहारेण विहरति तस्मिन् समये ये त्रिसाहस्रमहासाहस्रे लोकधातौ माराः पापीयांसस्ते(३) सर्व्वे परमशोकशल्यसमर्पिता भवन्ति स्वकस्वकेष्वासनेषु न रमन्ते॥ तत्

(१) न वेदनां न संस्कारानिति ख०।

(२) न शोकपरिदेवदुःखदौर्म्मनस्यापायासानिति ङ०।

(३) तेऽपि इति ग०।

कस्य हेतोः। प्रज्ञापारमिताविहारेण हि विहरतोऽस्य सुभूते बोधिसत्त्वस्य महासत्त्वस्य सदेवमानुषासुरो लोकोऽवतारं न लभते ग्रहणाय गाधं न लभते यत्रैनं गृहीत्वा विहेठयेद्वा विवर्त्तयेद्वाऽनुत्तरायाः सम्यक्सम्बोधेः॥ तस्मात्तर्हि सुभूते बोधिसत्त्वेन महासत्त्वेनानुत्तरां सम्यक्सम्बोधिमभिसम्बोद्धुकामेन प्रज्ञापारमितायां चरितव्यं॥ तत् कस्य हेतोः। प्रज्ञापारमितायां हि सुभूते चरतो बोधिसत्त्वस्य महासत्त्वस्य दानपारमिता भावनापरिपूरिं गच्छति एवं शीलपारमिता क्षान्तिपारमिता वीर्य्यपारमिता ध्यानपारमिता भावनापरिपूरिं गच्छति। प्रज्ञापारमितायां हि सुभूते चरतो बोधिसत्त्वस्य महासत्त्वस्य सर्व्वाः षट्पारमिता भावनापरिपूरिं गच्छन्ति सर्व्वाणि चोपायकौशल्यानि भावनापरिपूरिं गच्छन्ति। तस्य बोधिसत्त्वस्य महासत्त्वस्य प्रज्ञापारमितायाञ्चरतो यानि कानिचित् मारकर्म्माण्युत्पद्येरन् सर्व्वाणि तान्युत्पद्यमानान्येव स प्रज्ञास्यति प्रजानन् विसर्ज्जयिष्यति। सर्व्वोपायकौशल्यानि सुभूते परिग्रहीतुकामेन बोधिसत्त्वेन महासत्त्वेन प्रज्ञापारमितायाञ्चरितव्यं प्रज्ञापारमिता भावयितव्या। यस्मिन् समये सुभूते बोधिसत्त्वो महासत्त्वः प्रज्ञापारमितायाञ्चरति प्रज्ञापारमितामभिनिर्हरति तस्मिन् समये सुभूते न बोधिसत्त्वेन महासत्त्वेन येऽप्रमेयेष्वसङ्ख्येयेषु लोकधातुषु बुद्धा भगवन्तस्तिष्ठन्ति ध्रियन्ते यापयन्ति ते समन्वाहर्त्तव्यास्तेषामपि इतो निर्जातैव सर्व्वज्ञता यदुत प्रज्ञापारमितातः। एवं समन्वाहृत्य तेन बोधिसत्त्वेन महासत्त्वेन पुनरेवं चित्तमुत्पादयितव्यमहमप्येतान् धर्म्माननुप्राप्स्यामि ये तैर्बुद्धैर्भगवद्भिरनुप्राप्ता इति॥ एवं सुभूते बोधिसत्त्वेन महासत्त्वेन प्रज्ञापार-

मितायां चरता इमे चित्तोत्पादा उत्पादयितव्या अभिनिर्हर्त्तव्या दिवसस्यात्ययेनान्तशोऽच्छटासङ्घातमात्रकमपि। यश्च सुभूते औपलम्भिको[१] बोधिसत्त्वो महासत्वो गङ्गानदीवालुकोपमान् कल्पान् दानन्दद्यादयमेव तत औपलम्भिकाद्[२] बोधिसत्त्वान्महासत्वाद्बहुतरं पुण्यं प्रसवति योऽयं बोधिसत्त्वो महासत्वो दिवसस्यात्ययेनेमां प्रज्ञापारमितामभिनिर्हरेदन्तशोऽच्छटासङ्घातमात्रकमपि। अयं बोधिसत्त्वो महासत्वोऽविनिवर्त्तनीयतायां स्थास्यति। तथागतसमन्वाहृतः स बोधिसत्त्वो महासत्वो वेदितव्यो योऽस्यां प्रज्ञापारमितायां चरन्निमांश्चित्तोत्पादानुत्पादयति दिवसस्यात्ययेनान्तशोऽच्छटासङ्घातमात्रकमपि कः पुनर्वादो यस्येमे चित्तोत्पादा दिवसमनुवर्त्तेरन्॥ तथागतसमन्वाहृतस्य हि सुभूते बोधिसत्त्वस्य महासत्वस्य का गतिः प्रतिकाङ्क्षितव्या। तथागतसमन्वाहृतस्य हि सुभूते बोधिसत्त्वस्य महासत्वस्य नान्या गतिः प्रतिकाङ्क्षितव्याऽन्यत्रानुत्तरायाः सम्यक्सम्बोधेः। अभव्यश्चासावपायेषूपपत्तुं स्वर्गोपपत्तिरेव तस्य प्रतिकाङ्क्षितव्या तत्रापि तथागतैरविरहितो भविष्यति[३]। तथागताविरहितेषु च बुद्धक्षेत्रेषूपपत्स्यते सत्वांश्च परिपाचयिष्यति। इमेऽपि सुभूते गुणा इमेऽप्यनुशंसा बोधिसत्त्वस्य महासत्वस्य प्रज्ञापारमितायां चरतः प्रज्ञापारमितामभिनिर्हरत इमांश्चित्तोत्पादा-

---

(१) उपलम्भिकः इति ख०।

(२) उपलम्भिकादिति ख०।

(३) भविष्यतीति इति ग०।

नुत्पादयतोऽन्तशो[१]ऽच्छटासङ्घातमात्रकमपि कः पुनर्वादो यस्येमे चित्तोत्पादा दिवसमनुवर्त्तेरन्। तद्यथापि नाम सुभूते गन्धहस्तिनो बोधिसत्त्वस्य महासत्त्वस्य य एतर्ह्यक्षोभ्यस्य तथागतस्यार्हतः सम्यक्-सम्बुद्धस्यान्तिके ब्रह्मचर्य्यं चरतीति ॥ ० ॥

आर्य्याष्टसाहस्रिकायां प्रज्ञापारमितायामवकीर्णकुसुमपरिवर्त्तो नामाष्टाविंशतितमः ॥

---

(१) अन्ततः इति ग० ।

अथानुगमपरिवर्त्तो नामैकोनत्रिंशत्तमः।

पुनरपरं सुभूते बोधिसत्त्वेन महासत्त्वेनैवं प्रज्ञापारमिताऽनुगन्तव्या। सर्व्वधर्म्मासङ्गतः प्रज्ञापारमिताऽनुगन्तव्या। सर्व्वधर्म्मासम्भेदनतः प्रज्ञापारमिताऽनुगन्तव्या। सर्व्वधर्म्मासम्भवतः प्रज्ञापारमिताऽनुगन्तव्या। सर्व्वधर्म्मा निर्विकारसमा इति प्रज्ञापारमिताऽनुगन्तव्या। सर्व्वधर्म्माणामनात्मविज्ञप्तितः(१) प्रज्ञानुबोधनतः(२) प्रज्ञापारमिताऽनुगन्तव्या। सर्व्वधर्म्माश्च नाममात्रेण व्यवहारमात्रेणाभिलप्यन्ते(३) इति प्रज्ञापारमिताऽनुगन्तव्या। व्यवहारश्च न क्वचिन्न कुतश्चिन्न कश्चिद्(४)-व्यवहारः सर्व्वधर्म्मा अव्यवहारा अव्याहारा(५) अव्यवहृता अव्याहृता(६) इति प्रज्ञापारमिताऽनुगन्तव्या। सर्व्वधर्म्माप्रमाणतः प्रज्ञापारमिताऽनुगन्तव्या। रूपाप्रमाणतः प्रज्ञापारमिताऽनुगन्तव्या। एवं वेदनाऽप्रमाणतः संज्ञाऽप्रमाणतः संस्काराप्रमाणतो विज्ञानाप्रमाणतः प्रज्ञापारमिताऽनुगन्तव्या। सर्व्वधर्म्मानिमित्ततः(७) प्रज्ञापारमिताऽनुगन्तव्या। सर्व्व-

---

(१) अनात्माविज्ञप्तित इति ख० ग० घ० च०।

(२) प्रज्ञाबोधतः इति ख० च०।

(३) अभिलुप्यन्ते इति ङ०, अभिलिप्यन्ते इति च०।

(४) ङ० पुस्तके, न कश्चिदिति पाठो न दृश्यते।

(५) ङ० च० पुस्तकयोः, अव्याहारा इति पाठो न विद्यते।

(६) ङ० पुस्तके अव्याहृता इति पाठो नेच्यते।

(७) सर्व्वधर्म्मानिर्म्मितत: इति ङ०।

धर्म्मनिर्वेधतः[१] प्रज्ञापारमिताऽनुगन्तव्या। सर्व्वधर्म्माप्रकृतिपरिशुद्धितः[२] प्रज्ञापारमिताऽनुगन्तव्या। सर्व्वधर्म्मावचनतः प्रज्ञापारमिताऽनुगन्तव्या। सर्व्वधर्म्माणामविरोधतः प्रहाणसमतया प्रज्ञापारमिताऽनुगन्तव्या। सर्व्वधर्म्माणां निर्वाणप्राप्तितस्तथतासमतया प्रज्ञापारमिताऽनुगन्तव्या। सर्व्वधर्म्मा नागच्छन्ति न गच्छन्ति अजानाना अजाता अत्यन्ताजातित इति प्रज्ञापारमिताऽनुगन्तव्या। [३]अपहृतभाराः सर्व्वधर्म्मा भारानारोपणतयेति प्रज्ञापारमिताऽनुगन्तव्या। सर्व्वधर्म्मादेशाप्रदेशतः प्रज्ञापारमिताऽनुगन्तव्या॥ तत् कस्य हेतोः। रूपं हि सुभूतेऽदेशमप्रदेशं प्रकृतिस्वभावतः। एवं वेदना संज्ञा संस्काराः विज्ञानं हि सुभूतेऽदेशमप्रदेशं प्रकृतिस्वभावतः। सर्व्वधर्म्मनिरोधप्रह्लादनत्वा[४]दिति प्रज्ञापारमिताऽनुगन्तव्या। अरत्यविरतितः प्रज्ञापारमिताऽनुगन्तव्या। अरक्ताविरक्ततया प्रज्ञापारमिताऽनुगन्तव्या॥ तत् कस्य हेतोः। रूपं हि सुभूते सतत्त्वेन स्वभावेन न रज्यते न विरज्यते। एवं वेदना संज्ञा संस्कारा विज्ञानं हि सुभूते सतत्त्वेन स्वभावेन न रज्यते न विरज्यते॥ प्रकृतिपरिशुद्धत्वादिति प्रज्ञापारमिताऽनुगन्तव्या। सर्व्वधर्म्मा असक्ताः सङ्गासङ्गविगता इति

---

(१) सर्व्वधर्म्मानिर्वेधतः इति ङ०। सर्व्वधर्म्मानिर्भेदतः इति च०।

(२) सर्व्वधर्म्मप्रकृतिपरिशुद्धितः इति ख० च०।

(३) अस्मिन् स्थले च० पुस्तके एतत्पाठो वर्त्तते आत्मपरादर्शनतः प्रज्ञापारमिताऽनुगन्तव्या सर्व्वधर्म्मा आर्य्यार्हन्तः प्रकृतिपरिशुद्धा इति प्रज्ञापारमिताऽनुगन्तव्या।

(४) सर्व्वधर्म्मनिरोधतः प्रह्लादनत्वात् इति ख० ङ०, सर्व्वधर्म्मानिरोधप्रह्लादनत्वादिति च०।

प्रज्ञापारमिताऽनुगन्तव्या। बोधिः सर्व्वधर्म्मा[1] बुद्धज्ञानावबोधनतयेति प्रज्ञापारमिताऽनुगन्तव्या। सर्व्वधर्म्मशून्यानिमित्ताप्रणिहिततया[2] प्रज्ञापारमिताऽनुगन्तव्या। सर्व्वधर्म्मा भैषज्यमैत्रीपूर्व्वङ्गमतयेति प्रज्ञापारमिताऽनुगन्तव्या। सर्व्वधर्म्मा मैत्रीविहारिणः करुणाविहारिणो मुदिताविहारिण उपेक्षाविहारिण इति प्रज्ञापारमिताऽनुगन्तव्या। सर्व्वधर्म्मा ब्रह्मभूता दोषानुत्पादनतः सर्व्वदोषानुत्पादनत इति प्रज्ञापारमिताऽनुगन्तव्या। सर्व्वधर्म्माणामप्रणिहिततो[3]ऽप्रतिहतित इति प्रज्ञापारमिताऽनुगन्तव्या। समुद्रापर्य्यन्ततया प्रज्ञापारमिताऽपर्य्यन्तताऽनुगन्तव्या। गगनापर्य्यन्ततया प्रज्ञापारमिताऽपर्य्यन्तताऽनुगन्तव्या। मेरुविचित्रतया प्रज्ञापारमिताविचित्रताऽनुगन्तव्या। रूपापर्य्यन्ततया प्रज्ञापारमिताऽपर्य्यन्तताऽनुगन्तव्या। एवं वेदना संज्ञा संस्कारा विज्ञानापर्य्यन्ततया प्रज्ञापारमिताऽपर्य्यन्तताऽनुगन्तव्या। सूर्य्यरश्मिमण्डलापर्य्यन्तावभासनतया प्रज्ञापारमिताऽपर्य्यन्तताऽनुगन्तव्या। सर्व्वशब्दापर्य्यन्ततया प्रज्ञापारमिताऽपर्य्यन्तताऽनुगन्तव्या। सर्व्वबुद्धधर्म्मसमुदागमापर्य्यन्ततया प्रज्ञापारमिताऽपर्य्यन्तताऽनुगन्तव्या। सर्व्वसत्त्वधातुपुण्यज्ञानसम्भारापर्य्यन्ततया प्रज्ञापारमिताऽपर्य्यन्तताऽनुगन्तव्या। पृथिवीधात्वपर्य्यन्ततया प्रज्ञापारमिताऽपर्य्यन्तताऽनुगन्तव्या। एवमब्धातुतेजोधातुवायुधात्वाकाशधातुविज्ञानधात्वपर्य्यन्ततया प्रज्ञापारमिताऽपर्य्यन्तताऽनुगन्तव्या। कुश-

---

(१) बोधिसत्त्वधर्म्मा इति ख० च०।

(२) सर्व्वधर्म्माऽशून्यानिमित्ताप्रणिहिततया इति च०।

(३) अनारोपणतोऽप्रणिहिततः इति घ०, अप्रणिहितः इति ङ०।

लाकुशलधर्म्मसङ्ख्याप्रमाणतया प्रज्ञापारमिताऽप्रमाणताऽनुगन्तव्या। सर्व्वधर्म्मसङ्ख्याप्रमाणतया प्रज्ञापारमिताऽप्रमाणताऽनुगन्तव्या। सर्व्वधर्म्मसमाध्यपर्य्यन्तताप्रतिलम्भितया प्रज्ञापारमिताऽपर्य्यन्तताऽनुगन्तव्या। सर्व्वबुद्धधर्म्मापर्य्यन्ततया प्रज्ञापारमिताऽपर्य्यन्तताऽनुगन्तव्या। सर्व्वधर्म्मापर्य्यन्ततया प्रज्ञापारमिताऽपर्य्यन्तताऽनुगन्तव्या। शून्यताऽपर्य्यन्ततया प्रज्ञापारमिताऽपर्य्यन्ताऽनुगन्तव्या। चित्तचैतसिकापर्य्यन्ततया प्रज्ञापारमिताऽपर्य्यन्तताऽनुगन्तव्या। चित्तचरितापर्य्यन्ततया प्रज्ञापारमिताऽपर्य्यन्तताऽनुगन्तव्या। कुशलाकुशलधर्मापरिमाणतया प्रज्ञापारमिताऽपरिमाणताऽनुगन्तव्या। सिंहनादनदनतया प्रज्ञापारमितानदनताऽनुगन्तव्या। सर्व्वधर्माकोप्यतया प्रज्ञापारमिताऽकोप्यताऽनुगन्तव्या॥ तत् कस्य हेतोः। रूपं हि सुभूते समुद्रसममेवं वेदना संज्ञा संस्कारा विज्ञानं हि सुभूते समुद्रसमं। रूपं हि गगनसममेवं वेदना संज्ञा संस्कारा विज्ञानं गगनसमं। रूपं त्रिचित्रमेरुसममेवं वेदना संज्ञा संस्कारा विज्ञानं विचित्रमेरुसमं। रूपमपर्य्यन्तसममेवं वेदना संज्ञा संस्कारा विज्ञानमपर्य्यन्तसमं। रूपं सूर्य्यमण्डलरश्म्युत्पादसममेवं वेदना संज्ञा संस्कारा विज्ञानं सूर्य्यमण्डलरश्म्युत्पादसमं। रूपं सर्व्वशब्दापर्य्यन्तसममेवं वेदना संज्ञा संस्कारा विज्ञानं सर्व्वशब्दापर्य्यन्तसमं। रूपं सर्व्वसत्त्वधात्वपर्य्यन्तसममेवं वेदना संज्ञा संस्कारा विज्ञानं सर्व्वसत्त्वधात्वपर्य्यन्तसमं। रूपं सर्व्वबुद्धधर्म्मसमुदागमापर्य्यन्तसममेवं वेदना संज्ञा संस्कारा विज्ञानं सर्व्वबुद्धधर्मसमुदागमापर्य्यन्तसमं। रूपं सर्व्वसत्त्वधातुपुण्यज्ञानसम्भारापर्य्यन्तसममेवं वेदना संज्ञा संस्कारा विज्ञानं सर्व्वसत्त्वधातुपुण्यज्ञान-

सम्भारापर्य्यन्तसमं। रूपं पृथिवीसममेवं वेदना संज्ञा संस्कारा विज्ञानं पृथिवीसमं। रूपमप्सममेवं वेदना संज्ञा संस्कारा विज्ञानमप्समं। रूपं तेजःसममेवं वेदना संज्ञा संस्कारा विज्ञानं तेजःसमं। रूपं वायुसममेवं वेदना संज्ञा संस्कारा विज्ञानं वायुसमं। रूपमाकाशसममेवं वेदना संज्ञा संस्कारा विज्ञानमाकाशसमं। रूपं विज्ञानसममेवं वेदना संज्ञा संस्कारा विज्ञानं विज्ञानसमं। रूपं कुशलाकुशलधर्म्मसञ्चयविगतमेवं वेदना संज्ञा संस्कारा विज्ञानं कुशलाकुशलधर्म्मसञ्चयविगतं। रूपं सर्व्वधर्म्मसञ्चयविगतमेवं वेदना संज्ञा संस्कारा विज्ञानं सर्व्वधर्म्मसञ्चय-विगतं। रूपं सर्व्वधर्म्मसमाध्यपर्य्यन्ततासममेवं वेदना संज्ञा संस्कारा विज्ञानं सर्व्वधर्म्मसमाध्यपर्य्यन्ततासमं। रूपं विगमो रूपस्वभावो रूपतथताबुद्धधर्म्मा एवं वेदना संज्ञा संस्कारा विज्ञानं विगमो विज्ञानस्वभावो विज्ञानतथताबुद्धधर्म्माः। रूपं सर्व्वधर्म्मापर्य्यन्तधर्म्मता एवं वेदना संज्ञा संस्कारा विज्ञानं सर्व्वधर्म्मापर्य्यन्तधर्म्मता। रूपं शून्यमपर्य्यन्तधर्म्मता एवं वेदना संज्ञा संस्कारा विज्ञानं शून्यमपर्य्य-न्तधर्म्मता। रूपं चित्तचैतसिकापर्य्यन्तता एवं वेदना संज्ञा संस्कारा विज्ञानं चित्तचैतसिकापर्य्यन्तता। रूपं चित्तचरितोत्पत्तिरेवं वेदना संज्ञा संस्कारा विज्ञानं चित्तचरितोत्पत्तिः। रूपं कुशलमकुशलं यावदनुपलब्धिरेवं वेदना संज्ञा संस्कारा विज्ञानं कुशलमकुशलं यावदनुपलब्धिः। रूपं सिंहनादसममेवं वेदना संज्ञा संस्कारा विज्ञानं सिंहनादसमं। रूपमकोप्यमेवं वेदना संज्ञा संस्कारा विज्ञानमकोप्यं॥

एवं हि सुभूते बोधिसत्त्वेन महासत्वेन प्रज्ञापारमिताऽनुगन्तव्या॥

यदाऽयं सुभूते बोधिसत्त्वो महासत्व एवमेनां प्रज्ञापारमितामनु-

गमिष्यति व्यवचारयिष्यति अवतरिष्यति[१] अवभोत्स्यते चिन्तयिष्यति तुलयिष्यति उपपरीक्षिष्यते भावयिष्यति सर्व्वमायाशाठ्यविवर्ज्जितै-र्मनसिकारैः सर्व्वमन्यनाविवर्ज्जितैर्मनसिकारैः आत्मोत्कर्षणविवर्ज्जितै-र्मनसिकारैः सर्व्वकौसीद्यविवर्ज्जितैर्मनसिकारैः परपंसनाविवर्ज्जितै[२] र्मनसिकारैः आत्मसंज्ञाविवर्ज्जितैर्मनसिकारैः सत्वसंज्ञाविवर्ज्जितैर्मन-सिकारैः लोभसत्कारश्लोकविवर्ज्जितैर्मनसिकारैः पञ्चनीवरणविव-र्ज्जितैर्मनसिकारैः ईर्ष्यामात्सर्य्यविवर्ज्जितैर्मनसिकारैः सर्व्वेञ्जनावि-वर्ज्जितै[३]र्मनसिकारैः तदा नास्य दुर्लभा भविष्यति सर्व्वगुणानां परिपूरिर्बुद्धक्षेत्रस्यानुत्तराणाञ्च बुद्धधर्म्माणां परिपूरिरिति ॥

आर्य्याष्टसाहस्रिकायां प्रज्ञापारमितायामनुगमपरिवर्त्तो नामैको-नत्रिंशत्तमः ॥

---

(१) अवतारयिष्यतीति ङ० च०।
(२) परपंसनापगतैरिति ख० घ० च०।
(३) सर्व्वाञ्जनाविवर्ज्जितैरिति ङ०।

अथ सदाप्ररुदितपरिवर्त्तो नाम त्रिंशत्तमः।

पुनरपरं सुभूते तथेयं प्रज्ञापारमिता पर्य्येष्टव्या यथा सदाप्ररुदितेन बोधिसत्त्वेन महासत्वेन पर्य्येषिता य एतर्हि भीष्मगर्ज्जितनिर्घोषस्वरस्य तथागतस्यार्हतः सम्यक्सम्बुद्धस्यान्तिके ब्रह्मचर्य्यञ्चरति॥

एवमुक्ते आयुष्मान् सुभूतिर्भगवन्तमेतदवोचत्। कथम्भगवन् सदाप्ररुदितेन बोधिसत्त्वेन महासत्वेनेयं प्रज्ञापारमिता पर्य्येषिता॥

एवमुक्ते भगवानायुष्मन्तं सुभूतिमेतदवोचत्। सदाप्ररुदितेन सुभूते बोधिसत्त्वेन महासत्वेन पूर्व्वं प्रज्ञापारमितां पर्य्येषमाणेन कायेऽनर्थिकेन जीवितनिरपेक्षेण लाभसत्कारश्लोकेष्वनिश्रितेन पर्य्येषमाणेन पर्य्येषिता॥ तेन प्रज्ञापारमितां पर्य्येषमाणेनारण्यगतेनान्तरीक्षान्निर्घोषः श्रुतोऽभूत्। गच्छ त्वं कुलपुत्त्र पूर्व्वस्यां दिशि ततः प्रज्ञापारमितां श्रोष्यसि तथा च गच्छ यथा न कायक्लमथमनसिकारमुत्पादयसि न स्त्यानमिद्धमनसिकारमुत्पादयसि न भोजनमनसिकारमुत्पादयसि न पानीयमनसिकारमुत्पादयसि न रात्रिमनसिकारमुत्पादयसि न दिवसमनसिकारमुत्पादयसि न शीतमनसिकारमुत्पादयसि नोष्णमनसिकारमुत्पादयसि मा च कञ्चिच्चित्तं प्रणिधाः अध्यात्मं वा वहिर्धा वा मा च कुलपुत्त्र वामेनालोकयन् गाः मा दक्षिणेन मा पूर्व्वेण मा पश्चिमेन मोत्तरेण मोर्द्धं माऽधो मा चानुविदिशमवलोकयन् गाः। तथा च कुलपुत्त्र गच्छ यथा नात्मतो न सत्कायतश्चलसि यथा न रूपतश्चलसि यथा न वेदनातो न संज्ञातो

न संस्कारतो यथा न विज्ञानतश्चलति यो ह्यतश्चलति स वितिष्ठते कुतो वितिष्ठते बुद्धधर्म्मेभ्यो वितिष्ठते यो बुद्धधर्म्मेभ्यो वितिष्ठते स संसारे चरति यः संसारे चरति स न चरति प्रज्ञापारमितायां स प्रज्ञापारमितां नानुप्राप्नोतीति ॥

एवमुक्ते सदाप्ररुदितो बोधिसत्त्वो महासत्त्वस्तं निर्घोषमेतदवोचत् । एवं वै करिष्यामि ॥ तत् कस्य हेतोः । अहं हि सर्व्वसत्त्वानामालोकं कर्त्तुकामो बुद्धधर्म्मान् समुदानेतुकाम[१] इति ॥

एवमुक्ते स निर्घोषः सदाप्ररुदितं बोधिसत्त्वं महासत्त्वमेतदवोचत् । साधु साधु कुलपुत्त्र सदाप्ररुदित ॥

अथ खलु सदाप्ररुदितो बोधिसत्त्वो महासत्त्वः पुनरपि शब्दमश्रौषीत् एवञ्चाश्रौषीत् शून्यतानिमित्ताप्रणिहितेषु च त्वया कुलपुत्त्र सर्व्वधर्म्मेष्वधिमुक्ति[२]मुत्पाद्य प्रज्ञापारमिता पर्य्येष्टव्या निमित्तपरिवर्ज्जितेन भावपरिवर्ज्जितेन सत्त्वदृष्टिपरिवर्ज्जितेन च त्वया भवितव्यम् । पापमित्त्राणि च त्वया कुलपुत्त्र परिवर्ज्जयितव्यानि कल्याणमित्त्राणि च त्वया सेवितव्यानि भक्तव्यानि पर्य्युपासितव्यानि यानि च शून्यतानिमित्ताप्रणिहितानुत्पादाजातानि रुद्धाभावाः सर्व्वधर्म्मा इति धर्म्मन्देशयन्ति । एवं त्वं कुलपुत्त्र प्रतिपद्यमानो न चिरेण प्रज्ञापारमितां श्रोष्यसि पुस्तकगतां वा धर्म्मभाणकस्य भिक्षोः कायगतां । यस्य च त्वं कुलपुत्त्रान्तिकात् प्रज्ञापारमितां शृणुयाः शास्तृसंज्ञा त्वया तत्रोत्पादयितव्या कृतज्ञेन च त्वया भवितव्यं कृत-

(१) समुदानयितुकाम इति ख० च० ।
(२) अधिमुक्तिचित्तमिति ख० च० ।

वेदिना च। एष मम कल्याणमित्रं यस्येमां प्रज्ञापारमितामन्तिकाच्छृणोमि यामहं शृण्वन् क्षिप्रमेवाविनिवर्त्तनीयो भविष्याम्यनुत्तरायाः सम्यक्सम्बोधेरासन्नश्च भविष्यामि तथागतानामर्हतां सम्यक्सम्बुद्धानां तथागताविरहितेषु बुद्धक्षेत्रेषूपपत्स्ये अक्षणांश्च विवर्ज्जयिष्यामि क्षणसम्पदञ्चारागयिष्यामीति। इमांस्त्वया कुलपुत्रानुशंसाः परितुलयमानेन धर्म्मभाणके भिक्षौ शास्तृसंज्ञोत्पादयितव्या न च त्वया कुलपुत्र लोकामिषप्रतिसंयुक्तया चित्तसन्तत्या धर्म्मभाणको भिक्षुरनुबद्धव्यः। धर्म्मार्थिकेन च त्वया धर्म्मगौरवेण धर्म्मभाणको भिक्षुरनुबद्धव्यः मारकर्म्माणि च त्वया अवबोद्धव्यानि। अस्ति हि कुलपुत्र मारः पापियान् धर्म्मभाणकस्य बोधिसत्त्वस्य महासत्वस्य रूपशब्दगन्धरसस्पर्शानुपसंहरति सेवितुं भक्तुं पर्य्युपासितुं तांश्चासावभिभूयोपायकौशल्येन परिसेवते[१] भजते पर्य्युपास्ते। तत्र च त्वया कुलपुत्र धर्म्मभाणके भिक्षौ नाप्रसादचित्तमुत्पादयितव्यम्[२] अपि त्वेवं चित्तमुत्पादयितव्यम् नाहं तदुपायकौशल्यं जाने यदेष उपायकौशल्यं प्रजानाति एष सत्वविनयेन सत्वानां कुशलमूलपरिग्रहमुपादाय एनान् धर्म्मान् प्रतिसेवते भजते पर्य्युपास्ते न हि क्वचिद्बोधिसत्त्वानां महासत्वानां सङ्गो वा आरम्बणं वा संविद्यते तत्क्षणं च त्वया कुलपुत्र धर्म्माणां भूतनयः प्रत्यवेक्षितव्यः। कतमश्च कुलपुत्र धर्म्माणां भूतनयः यदुत सर्व्वधर्म्मा असङ्क्लेशा अव्यवदानाः॥ तत् कस्य हेतोः। सर्व्वधर्म्मा हि स्वभावेन

(१) प्रतिसेवते इति ग॰।

(२) नाप्रसाद उत्पादयितव्यः इति ख॰ च॰।

शून्याः सर्व्वधर्म्मा हि निःसत्त्वा निर्जीवा निष्पोषा निष्पुरुषा निष्पुद्गला मायोपमाः स्वप्नोपमाः प्रतिश्रुत्कोपमाः प्रतिभासोपमाः॥ एवं त्वं कुलपुत्त्र सर्व्वधर्म्माणां भूतनयं प्रत्यवेक्षमाणो धर्म्मभाणकमनुबध्नन्नचिरेण प्रज्ञापारमितायां[१] निर्य्यास्यसि अपरमपि त्वं कुलपुत्त्र मारकर्म्म समन्वाहरेः॥ स चेत् कुलपुत्त्र धर्म्मभाणकः प्रज्ञापारमितार्थिकं कुलपुत्त्रमवसादयति न समन्वाहरति तत्र त्वया कुलपुत्त्र न प्रतिवाणिः कर्त्तव्याऽपि तु धर्म्मार्थिकेनैव धर्म्मगौरवेणैवानिर्व्विण्णमानसेन धर्म्मभाणको भिक्षुरनुबद्धव्यः॥

अथ खलु सदाप्ररुदितो बोधिसत्त्वो महासत्त्वस्तस्य निर्घोषस्यान्तिकादिमामनुशासनीं प्रतिगृह्य येन पूर्व्वा दिक् तेन प्रतिक्रामति स्म। अचिरप्रक्रान्तस्य चास्यैतदभूत् न मया स निर्घोषः परिपृष्टः कियद्दूरं मया गन्तव्यमिति स तत्रैव पृथिवीप्रदेशे स्थितोऽभूत् स तत्र रुदन् क्रन्दन् शोचन् परिदेवमान एवं चिन्तयति स्म। अस्मिन्नेव पृथिवीप्रदेशे एकं वा रात्रिन्दिवमतिनामयिष्यामि द्वे वा त्रीणि वा चत्वारि वा पञ्च वा षड् वा सप्त वा रात्रिन्दिवान्यतिनामयिष्यामि न कायक्लमथमनसिकारमुत्पादयिष्यामि न स्त्यानमिद्धमनसिकारमुत्पादयिष्यामि न भोजनमनसिकारमुत्पादयिष्यामि न पानीयमनसिकारमुत्पादयिष्यामि न रात्रिमनसिकारमुत्पादयिष्यामि न दिवसमनसिकारमुत्पादयिष्यामि न शीतमनसिकारमुत्पादयिष्यामि नोष्णमनसिकारमुत्पादयिष्यामि यावन्न प्रज्ञापारमितां श्रोष्यामीति। तद्यथापि नाम सुभूते कश्चिदेव पुरुषे एकपुत्त्रके कालगते महता दुःख-

(१) प्रज्ञापारमितायाः इति ग०।

दौर्म्मनस्येन समन्वागतोऽभवत्तस्य पुत्त्रशोकेन नान्यः कश्चिन्मनसिकारः प्रवर्त्ततेऽपि त्वेकपुत्त्रकमनसिकार एव प्रवर्त्तते एवमेव सुभूते सदाप्ररुदितस्य बोधिसत्त्वस्य महासत्वस्य तस्मिन् समये नान्यः कश्चिन्मनसिकारः प्रवर्त्तते स्म अपि तु कदा नामाहं तां प्रज्ञापारमितां श्रोष्यामीति॥

अथ खलु सुभूते सदाप्ररुदितस्य बोधिसत्त्वस्य महासत्वस्य तथोत्कण्ठितस्य तथागतविग्रहः पुरतः स्थित्वा साधुकारमदात्। साधु साधु कुलपुत्त्र यस्त्वमेनां वाचम्भाषसे। एवं हि कुलपुत्त्र पौर्व्वकै[१]रपि तथागतैरर्हद्भिः सम्यक्सम्बुद्धैः पूर्व्वं बोधिसत्त्वचर्य्यांश्चरद्भिः प्रज्ञापारमिता पर्य्येषिता यथा त्वमेतर्हि पर्य्येषसे॥ तेन हि त्वं कुलपुत्त्र एतेनैव वीर्य्येण एतेनैवोत्साहेन एतयैवार्थिकतया एतयैव च्छन्दिकतयाऽनुबध्य पूर्व्वामेव दिशं गच्छ। अस्ति कुलपुत्त्रेतः पञ्चभिर्योजनशतैर्गन्धवती नाम नगरी सप्तरत्नमयी सप्तभिः प्राकारैरनु परिक्षिप्ता सप्तभिः परिखाभिः सप्तभिस्तालपङ्क्तिभिरनु परिक्षिप्ता द्वादशयोजनान्यायामेन द्वादशयोजनानि विस्तारेण ऋद्धा च स्फीता च क्षेमा च सुभिक्षा चाकीर्णबहुजनमनुष्या च पञ्चभिरन्तरायणवीथिशतैरालेख्यविचित्रसदृशैर्दर्शनीयैर्निर्व्विद्धासमसमैरनुत्पीड़जनयुग्ययानसङ्क्रमणस्थानस्थापितैः सुमापिता[२]। समन्ततः प्राकाराश्च तस्या नगर्य्याः सप्तरत्नमयाः। तेषाञ्च सप्तरत्नमयानां प्राकाराणां

---

(१) पूर्व्वकैरिति ख० च०।

(२) समापिताः इति ग० घ०।

जाम्बूनदस्य सुवर्णस्य खोड़कशीर्षाणि[१] प्रमाणवन्त्युपोद्गतानि। सर्व्वस्मिंश्च खोड़कशीर्षे सप्तरत्नमयो वृक्षो जातो नानाविचित्रैरत्नमयैः फलैः फलवान् सर्व्वतश्च खोडकवृक्षाद्रत्नमयं सूत्रं द्वितीयं खोडकवृक्षान्तरमवसक्तं। सर्व्वावती च सा नगरी सौवर्णेन किङ्किणीजालेन प्रतिच्छन्ना। तस्य च किङ्किणीजालस्य वातेनेरितस्य वल्गुर्मनोज्ञो रञ्जनीयः शब्दो[२] निश्चरति [३]तद्यथापि नाम पञ्चाङ्गिकस्य तूर्य्यस्य समेत्य सङ्गीत्यां कुशलैर्गन्धर्व्वैः सम्प्रवादितस्य वल्गुर्मनोज्ञो रञ्जनीयो निर्घोषो निश्चरति एवमेव तस्य किङ्किणीजालस्य वातेरितस्य वल्गुर्मनोज्ञो रञ्जनीयो निर्घोषो निश्चरति। तेन च शब्देन ते सत्वाः क्रीड़न्ति रमन्ते परिचारयन्ति। समन्ताच्च तस्या नगर्य्याः परिखा वारिपरिपूर्णा अनुसारिवारिवाहिन्यो वारिणो नातिशीतस्य नात्युष्णस्य पूर्णाः। तस्मिंश्च वारिणि नावः सप्तानां रत्नानां विचित्रा दर्शनीयास्तेषामेव सत्वानां पूर्व्वकर्म्मविपाकेनाभिनिर्वृत्ताः। यासु ते सत्वा अभिरुह्य क्रीड़न्ति रमन्ते परिचारयन्ति। सर्व्वञ्च तद्वार्य्युत्पलपद्मकुमुदपुण्डरीकसंच्छादितमन्यैश्चाभिजाताभिजातैः सुगन्धगन्धिभिः पुष्पैः संच्छादितं। नास्ति सा काचित्त्रिसाहस्रमहासाहस्रे लोकधातौ पुष्पजातिर्या तत्र नास्ति। समन्ताच्च तस्या नगर्य्याः पञ्चोद्यानशतानि सर्व्वाणि तानि सप्तरत्नमयानि विचित्राणि दर्शनीयानि। एकैकस्मिंश्चोद्याने पञ्च पञ्च

(१) सुवर्णखोड़कशीर्षाणीति ख॰ च॰।

(२) निर्घोषः इति ख॰।

(३) स्यादिति ख॰ ग॰ ङ॰ च॰।

पुष्करिणीशतानि क्रोशः क्रोशः प्रमाणं समन्तात् तत्पुष्करिणीनां । सर्व्वासु तासु पुष्करिणीषु सप्तरत्नमयानि विचित्राणि दर्शनीयानि उत्पलपद्मकुमुदपुण्डरीकाणि जातानि यैस्तदुदकं संच्छादितं । सर्व्वाणि च तान्युत्पलपद्मकुमुदपुण्डरीकाणि शकटचक्रप्रमाणपरिणाहानि सुगन्धानि नीलानि नीलवर्णानि नीलदर्शनानि नीलनिर्भासानि पीतानि पीतवर्णानि पीतनिदर्शनानि पीतनिर्भासानि लोहितानि लोहितवर्णानि लोहितनिदर्शनानि लोहितनिर्भासानि अवदातानि अवदातवर्णान्यवदातनिदर्शनान्यवदातनिर्भासानि। सर्व्वाश्च ताः पुष्करिण्यो हंससारसकारण्डवक्रौञ्चचक्रवाकोपनिकूजिताः । सर्व्वाणि च तान्युद्यानानि अममान्यपरिग्रहाणि तेषामेव सत्वानां पूर्व्वकर्म्मविपाकेनाभिनिर्वृत्तानि यथापि नाम दीर्घरात्रं प्रज्ञापारमितायाञ्चरितवतां बुद्धनेत्रीचित्रीकारानुगतसुगतश्रुतचित्तानां सत्वानां दीर्घरात्रं गम्भीरेषु धर्म्मेष्वधिमुक्तानां । तत्र च कुलपुत्र गन्धवत्यां नगर्य्यां मध्ये शृङ्गाटकस्य धर्म्मोद्गतस्य बोधिसत्त्वस्य महासत्वस्य गृहं योजनं समन्तात् सप्तानां रत्नानां चित्रं दर्शनीयं सप्तभिः प्राकारैः सप्तभिस्तालपङ्क्तिभिरनु परिक्षिप्तं । तस्मिंश्च गृहे चत्वार्य्युद्यानानि गृहपरिभोगोपभोगपरिभोगाय नित्यप्रमुदितञ्च नामोद्यानं अशोकञ्च नाम शोकविगतञ्च नाम पुष्पचित्रं च नामोद्यानं । एकैकस्मिंश्चोद्यानेऽष्टावष्टौ पुष्करिण्यो यदुत भद्रा च नाम भद्रोत्तमा च नाम नन्दा च नाम नन्दोत्तमा च नाम क्षमा च नाम क्षमोत्तमा च नाम नियता च नाम अविवाहा च नाम। तासां च खलु पुष्करिणीनामेकं पार्श्वं सौवर्णमयं द्वितीयं पार्श्वं रूप्यमयं

तृतीयं पार्श्वं वैदूर्य्यमयं चतुर्थं पार्श्वं स्फटिकमयं अधो भूमिः कर्केतनमयी सुवर्णवालुकास्तीर्णा। एकैकस्याश्च पुष्करिण्यामष्टावष्टौ सोपानानि नानाविचित्रैरत्नमयैः सोपानफलकैः प्रतिमण्डितानि। सर्व्वस्मिंश्च सोपानफलकविवरान्तरे जाम्बूनदस्य सुवर्णस्य कदलीवृक्षो जातः। सर्व्वाश्च ताः पुष्करिण्यो नानोत्पलपद्मकुमुदपुण्डरीकसञ्छादितसलिला हंससारसकारण्डवक्रौञ्चचक्रवाकोपकूजिताः। समन्ताच्च तासां पुष्करिणीनां नानाविचित्राः पुष्पवृक्षा जातास्तेषां पुष्पवृक्षाणां वातेनेरितानि पुष्पाणि पुष्करिणीषु पतन्ति। सर्व्वासु च तासु पुष्करिणीषु चन्दनगन्धिकं वारि वर्णोपेतं रसोपेतं स्पर्शोपेतं तत्र च धर्म्मोद्गतो बोधिसत्त्वो महासत्त्वः सपरिवारोऽष्टषष्ट्या स्त्रीसहस्रैः सार्द्धं पञ्चभिः कामगुणैः समर्पितः समन्वङ्गीभूतः क्रीड़ति रमते परिचारयति। येऽपि तत्र नगरेऽन्ये सत्त्वा वास्तव्याः स्त्रियश्च पुरुषाश्च तेऽपि सर्व्वे नित्यप्रमुदिता उद्यानेषु पुष्करिणीषु च पञ्चभिः कामगुणैः समर्पिताः समन्वङ्गीभूताः क्रीड़न्ति रमन्ते परिचारयन्ति। स खलु पुनर्धर्म्मोद्गतो बोधिसत्त्वो महासत्त्वः सार्द्धं परिवारेण तावत्कालं क्रीड़ति रमते परिचारयति ततस्त्रिकालं प्रज्ञापारमितान्देशयति। येऽपि ते सत्त्वास्तत्र गन्धवत्यां नगर्य्यां वास्तव्यास्तेऽपि मध्ये नगरशृङ्गाटकस्य धर्म्मोद्गतस्य बोधिसत्त्वस्य महासत्त्वस्यासनं प्रज्ञपयन्ति सुवर्णपादकं वा रूप्यपादकं वा वैदूर्य्यपादकं वा स्फटिकपादकं वा तूलिकास्तीर्णं वा गोणिकास्तीर्णं वा उपरि गर्भोलिकं वा काशिकवस्त्रप्रत्यास्तरणं वा अर्द्धक्रोशमुच्चैस्त्वेनोपरिष्टाच्चान्तरीक्षे चैलवितानं मुक्ताविचित्रितं समं सहिता निरताः किमयं संस्थित

इति सुसंस्थितविचित्रविपाकतया धारयन्ति समन्ताच्च तं पृथिवी-प्रदेशं पञ्चवर्णिकैः कुसुमैरभ्यवकिरन्ति सम्प्रविकिरन्ति नानागन्धधूप-धूपितं च तं पृथिवीप्रदेशं कुर्व्वन्ति यथाऽपीदं धर्म्माशयविशुद्ध्या तस्य धर्म्मोद्गतस्य बोधिसत्त्वस्य महासत्वस्य धर्म्मगौरवेण च। तत्र धर्म्मोद्गतो बोधिसत्त्वो महासत्वो निषण्णः प्रज्ञापारमितां देशयति। एवंरूपेण कुलपुत्त्र धर्म्मगौरवेण धर्म्माणां सन्निश्रयतया[१]श्रद्धेयश्रद्दधानतया श्रद्धोत्पादनेन ते सत्वा धर्म्मोद्गतस्य बोधिसत्त्वस्य महासत्वस्यान्तिकात् प्रज्ञापारमितां शृण्वन्ति। तत्र च बहूनि प्राणिशतानि बहूनि प्राणिसहस्राणि बहूनि प्राणिशतसहस्राणि सन्निपतितानि देवमनुष्याणां शृण्वन्ति। ततोऽन्ये केचिदुद्दिशन्ति केचित् स्वाध्यायन्ति केचिल्लिखन्ति केचिद्योनिशोमनसिकारेणा[२]नुगच्छन्ति। सर्व्वे च ते सत्वा अविनिपातधर्म्माणोऽविनिवर्त्तनीया अनुत्तरायाः सम्यक्सम्बोधेः। तस्य त्वं कुलपुत्त्र धर्म्मोद्गतस्य बोधिसत्त्वस्य महासत्वस्यान्तिकं गच्छ ततः श्रोष्यसि प्रज्ञापारमितां। स हि तव कुलपुत्त्र दीर्घरात्रं कल्याण-मित्रं सन्दर्शकः समादापकः समुत्तेजकः सम्प्रहर्षकोऽनुत्तरायाः सम्यक सम्बोधेः। तेनापि कुलपुत्त्र पूर्व्वमेवं प्रज्ञापारमिता पर्य्येषिता यथा त्वमेतर्हि पर्य्येषसे। गच्छ त्वं कुलपुत्र रात्रिन्दिवमधिष्ठित-मनसिकारमुत्पादयमानो न चिरेण प्रज्ञापारमितां श्रोष्यसि।

अथ खलु सदाप्ररुदितो बोधिसत्त्वो महासत्व इदं श्रुत्वा तुष्ट उदग्र आत्तमनस्कः प्रमुदितः प्रीतिसौमनस्यजातोऽभूत्। तद्यथापि

(१) असन्निश्रयतया इति ख० ङ० च०।
(२) योनिमनसिकारेणेति ग०।

नाम पुरुषः सविषेण शल्येन विद्धो नान्यं मनसिकारमुत्पादयति अपि तु कदा नामाहं शल्यहर्त्तारं वैद्यं लप्स्ये यो ममेमं शल्यमुद्धरिष्यति यो मामितो दुःखान्मोचयिष्यतीति। एवमेव सदाप्ररुदितो बोधिसत्त्वो महासत्त्वस्तस्मिन् समये नान्यं कञ्चिद्धर्मं मनसि करोत्यपि तु कदा नामाहं तं कुलपुत्त्रं द्रक्ष्यामि यो मां प्रज्ञापारमितां श्रावयिष्यति। यं मम धर्म्मं श्रुत्वा उपलम्भमनसिकाराः प्रहास्यन्त इति।

अथ खलु सदाप्ररुदितो बोधिसत्त्वो महासत्त्वस्तस्मिन्नेव पृथिवीप्रदेशे स्थितस्तस्य धर्म्मोद्गतस्य बोधिसत्त्वस्य महासत्त्वस्य प्रज्ञापारमितान्वेशयतः शृणोति स्म शृण्वंश्च सर्व्वधर्म्मेष्वनिश्रितसंज्ञा(१) मुत्पादयति स्म। तस्यानेकानि समाधिमुखान्यामुखीभूतान्यभूवन्। तद्यथा सर्व्वधर्म्मस्वभावव्यवलोकनो नाम समाधिः सर्व्वधर्म्मस्वभावानुपलब्धिर्नाम समाधिः सर्व्वधर्म्मस्वभावज्ञाननिर्गमो नाम समाधिः सर्व्वधर्म्मनिर्नानात्वो नाम समाधिः सर्व्वधर्म्मनिर्व्विकारदर्शी नाम समाधिः सर्व्वधर्म्मावभासकरो नाम समाधिः सर्व्वधर्म्मतमोऽपगतो नाम समाधिः सर्व्वधर्म्माज्ञानविध्वंसनो नाम समाधिः सर्व्वधर्म्मविधूननो नाम समाधिः सर्व्वधर्म्मानुपलब्धिर्नाम समाधिः कुसुमाभिकीर्णो नाम समाधिः सर्व्वधर्म्मात्मभावाभिनिर्हारो नाम समाधिः मायाविवर्ज्जितो नाम समाधिः आदर्शमण्डलप्रतिभासनिर्हारो नाम समाधिः सर्व्वसत्त्वरुतनिर्हारो नाम समाधिः रजोऽपगतो नाम समाधिः सर्व्वसत्त्वाभिप्रमोदनो नाम समाधिः सर्व्वसत्त्वरुतकौशल्यानुगतो नाम समाधिः

(१) अनिश्रितसंज्ञामिति ग०।

नानारुतपदव्यञ्जनाभिनिर्हारो नाम समाधिः अस्तमितो नाम समाधिः प्रकृत्यव्यवहारो नाम समाधिः अनावरणविमोक्षप्राप्तो[१] नाम समाधिः राजोपगतो नाम समाधिः नामनिरुक्तिपदव्यञ्जनो नाम समाधिः सर्व्वधर्म्मविपश्यनो[२] नाम समाधिः सर्व्वधर्म्मविषयापगतो नाम समाधिः सर्व्वधर्म्मानावरणकोटिर्नाम समाधिः गगनकल्पो नाम समाधिः वज्रोपमो नाम समाधिः आसन्नरूपराजो नाम समाधिः असपत्नराजो[३] नाम समाधिः जयलब्धो नाम समाधिः अविवर्त्यचक्षुर्नाम समाधिः धर्म्मधातुनियतो नाम समाधिः धर्म्मधातुनिर्गतो नाम समाधिः आश्वासदाता नाम समाधिः सिंहाभिगर्ज्जितो नाम समाधिः सर्व्वसत्वाभिभवनो नाम समाधिः विगतरजो नाम समाधिः असङ्क्लिष्टो नाम समाधिः पद्मव्यूहो नाम समाधिः काङ्क्षाच्छेदनो नाम समाधिः सर्व्वसारानुगतो नाम समाधिः सर्व्वधर्म्माभ्युद्गतो नाम समाधिः अभिज्ञाबलवैशारद्य-प्राप्तो नाम समाधिः सर्व्वधर्म्मनिर्व्वेधको नाम समाधिः सर्व्वधर्म्म-विभवमुद्रा[४] नाम समाधिः सर्व्वधर्म्मविभवसमुद्रो[५] नाम समाधिः सर्व्वधर्म्मनिर्व्विशेषदर्शी नाम समाधिः सर्व्वदृष्टिकृतगहनविवर्ज्जितो नाम समाधिः तमोऽपगतो नाम समाधिः सर्व्वधर्म्मनिमित्तापगतो

---

(१) अनावरणकोटिरिति च०।

(२) सर्व्वधर्म्मविपश्यतः इति ङ०।

(३) असपन्नराज इति ख० च०, आसन्नराज इति ङ०।

(४) सर्व्वधर्म्मविभवसमुद्रः इति ग०, सर्व्वधर्म्मविभवमुद्रः इति घ० च०।

(५) सर्व्वधर्म्मविभवमुद्रः इति ख०।

नाम समाधिः सर्व्वसङ्गविमुक्तो नाम समाधिः सर्व्वकौसीद्यापगतो नाम समाधिः गम्भीरधर्म्मप्रभाकरो नाम समाधिः मेरुकल्पो नाम समाधिः असंहार्य्यो नाम समाधिः मारमण्डलविध्वंसनकरो नाम समाधिः त्रैलोक्यानभिविनिष्टो नाम समाधिः रश्मिनिर्हारो नाम समाधिः तथागतदर्शनो नाम समाधिः सर्व्वतथागतदर्शी नाम समाधिः। स एषु समाधिषु स्थितः सन् दशदिशि लोके बुद्धान् भगवतः पश्यति स्म अप्रमेयानसङ्ख्येयानिमामेव प्रज्ञापारमितां प्रकाशयतो बोधिसत्त्वेभ्यो महासत्त्वेभ्यः। ते च तथागताः साधुकारं ददति स्म स्वासनञ्चास्य कुर्वन्ति[१] स्म। एवं चावोचन्नस्माभिरपि कुलपुत्त्र पूर्व्वं बोधिसत्त्वचर्य्याञ्चरद्भिरेवमेव प्रज्ञापारमिता परिगवेषिता। परिगवेषमाणैश्च एते एव समाधयः प्रतिलब्धा ये त्वयैतर्हि प्रतिलब्धा। एनांश्च समाधीन् प्रतिलभ्य गतिङ्गताः संवृत्ताः प्रज्ञापारमितायां अविनिवर्त्तनीयेषु बुद्धधर्म्मेषु प्रतिष्ठिताः। ते वयमेतेषामेव समाधीनां प्रकृतिं स्वभावं व्यवलोकयन्तस्तं धर्म्मं न समनुपश्यामो यः समापद्यते वा व्युत्तिष्ठते वा यो बोधाय चरेत् यो वाऽनुत्तरां सम्यक्सम्बोधिमभिसम्बुध्येत। इयं सा कुलपुत्त्र प्रज्ञापारमिता या न केनचिद्धर्म्मेण मन्यमानता अमन्यमानतास्थितैरस्माभिरियमेवंरूपा कायस्य सुवर्णवर्णता प्रतिलब्धा द्वात्रिंशच्च महापुरुषलक्षणानि अशीतिश्चानुव्यञ्जनानि व्यामप्रभता चाचिन्त्यञ्चानुत्तरं बुद्धज्ञानं बुद्धप्रज्ञा अनुत्तरश्च बुद्धसमाधिः सर्व्वबुद्धधर्म्मगुणपारमिता चानुप्राप्ता यस्या

---

(१) ददन्ति इति ग०।

गुणपारमिताया न शक्यं तथागतैरेव तावत् प्रमाणं ग्रहीतुं[१] पर्य्यन्तो वा निदर्शयितुं किं पुनः श्रावकप्रत्येकबुद्धैः। तस्मात्तर्हि कुलपुत्त्र एतेष्वेव त्वया धर्म्मेषु गौरवमुत्पादयितव्यं भूयस्या मात्रयाऽर्थिकतया छन्दिकतया च। अर्थिकस्य हि कुलपुत्त्र छन्दिकस्य च न दुर्ल्लभा भवत्यनुत्तरा सम्यक्सम्बोधिः। कल्याणमित्रेषु च त्वया कुलपुत्त्र तीव्रं गौरवमुत्पादयितव्यं प्रेम च करणीयं प्रसादश्च करणीयः। कल्याणमित्रपरिगृहीता हि बोधिसत्त्वा महासत्वाः क्षिप्रमेवानुत्तरां सम्यक्सम्बोधिमभिसम्बुध्यन्ते।

अथ खलु सदाप्ररुदितो बोधिसत्त्वो महासत्वस्तांस्तथागतानेतदवोचत्। कोऽस्माकं कल्याणमित्रमिति॥

त एनमेतदवोचत्। दीर्घरात्रं त्वं कुलपुत्त्र धर्म्मोद्गतेन बोधिसत्त्वेन महासत्वेनानुत्तरायां सम्यक्सम्बोधौ परियाचितः परिगृहीतश्च प्रज्ञापारमितायामुपायकौशल्ये बुद्धधर्म्मेषु च शिक्षापितः। स तत्र कुलपुत्त्र परिग्राहकः कल्याणमित्रश्च तत्त्वया कृतज्ञतया कृतवेदितया च सत्कृत्य तत्कृतं[२] धारयितव्यं। स चेत् त्वं कुलपुत्त्र धर्म्मोद्गतं बोधिसत्त्वं महासत्वमेकं वा कल्पं द्वौ वा कल्पौ त्रीन् वा कल्पान् कल्पशतं वा कल्पसहस्रं वा कल्पशतसहस्रं वा ततो वोत्तरे चैलोण्डूकमिव[३] शिरसा परिकर्षेः सर्व्वसत्वसुखोपस्थानञ्चास्योपस्थापयेः यावन्तस्त्रिसाहस्रमहासाहस्रे लोकधातौ रूपशब्दगन्धरसस्पर्शास्तान् सर्व्वानुप-

---

(१) उद्ग्रहीतुमिति ख० च०।

(२) तत्कृत्यमिति ख०।

(३) चैलमण्डुकमिवेति ग०।

नामधेयैरेवमपि त्वया कुलपुत्र तस्य कुलपुत्रस्य नैव कृतस्य प्रतिकृतं भवेत्॥ तत् कस्य हेतोः। तस्य हि कुलपुत्र कुलपुत्रस्यानुभावेन तवैषामेवंरूपाणां समाधीनां प्रतिलम्भः संवृत्तः प्रज्ञापारमितोपायकौशल्यश्रवस्य[१] प्रज्ञापारमिताप्रतिलम्भस्य संवृत्तः॥

अथ खलु ते तथागताः सदाप्ररुदितं बोधिसत्त्वं महासत्त्वं समाश्वास्यान्तर्हिता अभूवन्। स च कुलपुत्रस्तेभ्यः समाधिभ्यो व्युदस्थात्। व्युत्थितस्य चास्यैतदभूत् कुतस्ते तथागताः क्व वा ते तथागता इति। स तांस्तथागतानपश्यन् महतीमुत्कण्ठां परितमनं चापन्नः। तस्यैतदभूदार्यो धर्मोद्गतो बोधिसत्त्वो महासत्त्वो धारणीप्रतिलब्धः पञ्चाभिज्ञः पूर्व्वजिनकृताधिकारो मम सम्परिग्राहकः कल्याणमित्रश्च दीर्घरात्रस्य मम तेनार्थः कृतः यन्न्वहमेतमर्थं धर्मोद्गतं बोधिसत्त्वं महासत्त्वमभिगम्योपसङ्क्रम्य परिपृच्छेयं कुतस्ते तथागता आगताः क्व वा ते तथागता गता इति॥

अथ खलु सदाप्ररुदितो बोधिसत्त्वो महासत्त्वो धर्मोद्गते बोधिसत्त्वे महासत्त्वे प्रेम च प्रसादं च चित्रीकारञ्च गौरवञ्चोपस्थापयति। उपस्थाप्यैवं प्राचिन्तयत् कियद्रूपया नु खल्वहं सत्क्रियया तं धर्मोद्गतं बोधिसत्त्वं महासत्त्वमुपसङ्क्रामेयं दरिद्रश्चास्मि न च मे किञ्चित्तथारूपं वस्त्रं वा रत्नं वा सुवर्णं वा मणयो वा मुक्ता वा वैडूर्य्यं वा शङ्खशिला वा प्रवालं वा रजतं वा पुष्पं वा धूपो वा गन्धो वा माल्यं वा विलेपनं वा चूर्णं वा चीवरं वा छत्त्रं वा ध्वजं वा घण्टा वा पताका

(१) प्रज्ञापारमितापायकौशल्यं श्रवस्येति ख०, प्रज्ञापारमितोपायकौशल्यश्रवणाच्चेति घ०।

वा संविद्यते केनाहं धर्मोद्गतं बोधिसत्त्वं महासत्त्वं सत्कुर्य्यां गुरुकुर्य्यां न च ममैतत् प्रतिरूपं भवेद्यदहमेवमेव धर्मोद्गतं बोधिसत्त्वं महासत्त्वमुपसङ्क्रामेयं दरिद्रस्त्वास्मि[१] नच मे प्रीतिर्वा प्रमोदं वोत्पद्यते ॥

अथ खलु सदाप्ररुदितो बोधिसत्त्वो महासत्त्व एवंरूपैर्गुणैर्गौरवमनसिकारैर्गच्छन्ननुपूर्व्वेणान्यतरं नगरमनुप्राप्तोऽभूत्। तत्र तस्यान्तरायणमध्यगतस्यैतदभूत् यन्न्वहमिममात्मभावं विक्रीय तेन मूल्येन धर्मोद्गतस्य बोधिसत्त्वस्य महासत्त्वस्य सत्कारं कुर्य्यां दीर्घरात्रं हि ममात्मभावसहस्राणि भग्नानि चीर्णानि निरुद्धानि विक्रीतानि पुनःपुनरपरिमाणे संसारेऽपरिमाणानि च निरयदुःखानि मया कामहेतोः कामनिदानमनुभूतानि न पुनरेवंरूपाणां धर्म्माणां कृतश एवंरूपाणां वा सत्वानां सत्कारायेति ॥

अथ खलु सदाप्ररुदितो बोधिसत्त्वो महासत्त्वोऽन्तरायणमध्यगतः शब्दमनुश्रावयामास घोषमुदीरयति स्म कः पुरुषेणार्थिकः कः पुरुषेणार्थिकः कः पुरुषं क्रेतुमिच्छतीति ।

अथ खलु मारस्य पापीयस एतदभूदयं सदाप्ररुदितो बोधिसत्त्वो महासत्त्वो धर्म्मकामतया यद्यात्मानं विक्रीय धर्मोद्गतस्य बोधिसत्त्वस्य महासत्त्वस्य सत्कारं करिष्यति प्रज्ञापारमितामुपायकौशल्यञ्च परिप्रक्ष्यति कथं बोधिसत्त्वो महासत्त्वः प्रज्ञापारमितायां चरन् क्षिप्रमनुत्तरायां सम्यक्सम्बोधौ परिनिष्पत्स्यते इति तदा श्रुतसागरतां चानुप्राप्स्यति अधृष्यश्च भविष्यति मारेण वा मारकायि-

---

(१) ग० घ० पुस्तकयोरत्र दरिद्रस्त्वास्मीति पाठो नास्ति ।

काभिर्व्वा देवताभिः सर्व्वगुणपारमितां चानुप्राप्स्यति तत्र च बहूनां सत्त्वानामर्थं करिष्यति तांश्च मम विषयादतिक्रामयिष्यत्यन्यांश्चानुत्तरां सम्यक्सम्बोधिमभिसम्बुध्य यन्न्वहमस्यान्तरायं कुर्य्यामिति॥

अथ खलु मारः पापीयांस्तान् ब्राह्मणगृहपतिकांस्तथा प्रत्युत्थापयामास[१] यथा ते तं घोषं नाश्रौषुः सदाप्ररुदितस्य बोधिसत्त्वस्य महासत्त्वस्य कः पुरुषेणार्थिकः कः पुरुषेणार्थिकः कः पुरुषं क्रेतुमिच्छतीति॥

अथ खलु सदाप्ररुदितो बोधिसत्त्वो महासत्त्वो यदात्मनः क्रायकं न लभते तदा एकान्तं गत्वा प्रारोदीदश्रूणि प्रावर्त्तयदेवं चावोचत् अहो बतास्माकं दुर्लब्धा लाभा ये वयमात्मभावस्यापि क्रायकं न लभामहे। यं वयमात्मभावं विक्रीय धर्म्माद्धतं बोधिसत्त्वं महासत्त्वं सत्कुर्य्यामेति॥

अथ खलु शक्रस्य देवानामिन्द्रस्यैतदभूत् यन्न्वहं सदाप्ररुदितं बोधिसत्त्वं महासत्त्वं तुलयेयं किं न्वयं सदाप्ररुदितो बोधिसत्त्वो महासत्त्वोऽध्याशयप्रतिपन्न आत्मभावपरित्यागं प्रति धर्म्मकामतया उत नेति॥

अथ खलु शक्रो देवानामिन्द्रो माणवकवेषमभिनिर्म्माय येन सदाप्ररुदितो बोधिसत्त्वो महासत्त्वस्तेनोपसङ्क्रामति स्म। उपसङ्क्रम्य सदाप्ररुदितं बोधिसत्त्वं महासत्त्वमेतदवोचत्। किं त्वं कुलपुत्त्र दीनदीनमना उत्कण्ठितमानसोऽश्रूणि प्रवर्त्तयमानः स्थितः॥

---

(१) प्रत्युपस्थापयामासेति ख० च०।

सदाप्ररुदितस्तमेवमाह। अहं माणवकात्मानं विक्रेतुकामोऽस्य चात्मभावस्य क्रायकं न लभे॥

तं माणवकरूपी शक्र आह। कस्य पुनस्त्वं कुलपुत्रार्थायात्मानं विक्रेतुकामः॥

सदाप्ररुदितस्तमाह। अहं माणवक धर्म्मकामतया इममात्मानं विक्रीय धर्म्मपूजां कर्त्तुकामः आर्य्यं धर्म्मोद्गतं बोधिसत्त्वं महासत्वं सत्कर्त्तुकामः सोऽहमस्यात्मभावस्य क्रायकं न लभे। तस्य मे एतदभूदहो बताहमत्यल्पपुण्यो योऽहमस्यात्मभावस्यापि क्रायकं न लभे येन तं विक्रीय प्रज्ञापारमितायाः पूजां कुर्य्यामार्य्यञ्च धर्म्मोद्गतं बोधिसत्त्वं महासत्वं सत्कुर्य्यामिति॥

अथ खलु माणवकः सदाप्ररुदितं बोधिसत्त्वं महासत्वमेतदवोचत्। न खलु मम कुलपुत्र पुरुषेण कृत्यमपि तु खलु पुनः पितुर्म्मे यज्ञो यष्टव्यः तत्र मे पुरुषस्य हृदयेन कृत्यं लोहितेन चास्थिमज्जया च तद्दास्यसि त्वं क्रयेण॥

अथ खलु सदाप्ररुदितस्य बोधिसत्त्वस्य महासत्वस्यैतदभूत्। लाभा मे परमसुलब्धाः परिनिष्पन्नं चात्मभावं जाने। प्रज्ञापारमितोपायकौशल्ये बुद्धधर्म्मेषु च यन्मयाऽयं माणवकः क्रायको लब्धो हृदयस्य रुधिरस्य चास्थिमज्जायाश्चेति॥

स हृष्टचित्तः कल्यचित्तः प्रमुदितचित्तस्तं माणवकमेतदवोचत्। दास्यामि माणवक येन येनैव ते इत आत्मभावादर्थः॥

स तमेतदवोचत्। किन्ते कुलपुत्र मूल्यं ददामि॥

स तमेतदवोचत्। यत्ते माणवक परित्यक्तं तद्देहीति।

अथ खलु सदाप्ररुदितो बोधिसत्त्वो महासत्त्वस्तीक्ष्णं शस्त्रं गृहीत्वा दक्षिणं बाहुं विद्ध्वा लोहितं निस्रावयति स्म। दक्षिणं चोरु विद्ध्वा निर्म्मांसं कृत्वाऽस्थि भेत्तुं कुड्यमूलमुपसङ्क्रामति स्म।

अथ खलु अन्यतरा श्रेष्ठिदारिका उपरिष्टात् प्रासादतलगताऽभूत्। साऽद्राक्षीत् सदाप्ररुदितं बोधिसत्त्वं महासत्त्वं बाहुं विद्ध्वा रुधिरं निस्राव्य ऊरु निर्म्मांसं कृत्वाऽस्थि भेत्तुं कुड्यमूलमुपसङ्क्रान्तं। तस्या एतदभूत् किन्नु खल्वयं कुलपुत्र आत्मनैवात्मनः ईदृशीं कारणां कारयति। यन्न्वहमेनं कुलपुत्रमुपसङ्क्रम्य परिपृच्छेयं।

अथ खलु सा श्रेष्ठिदारिका येन सदाप्ररुदितो बोधिसत्त्वो महासत्त्वस्तेनोपसङ्क्रान्ता। उपसङ्क्रम्य सदाप्ररुदितं बोधिसत्त्वं महासत्त्वमेतदवोचत्। किन्नु खलु त्वं कुलपुत्र एवंरूपामात्मनः प्राणहारिणीं कारणां कारयसि। किं चानेन रुधिरेण करिष्यसि त्वमस्थिमज्जाभ्याञ्च॥

सदाप्ररुदित आह। अस्य दारिके माणवकस्यान्तिके इदं विक्रीय प्रज्ञापारमितां पूजयिष्याम्यार्य्यञ्च धर्म्मोद्गतं बोधिसत्त्वं महासत्त्वं सत्करिष्यामि॥

अथ खलु सा श्रेष्ठिदारिका सदाप्ररुदितं बोधिसत्त्वं महासत्त्वमेतदवोचत्। का पुनस्ते कुलपुत्र ततो गुणजातिर्निष्पत्स्यते गुणविशेषो वा यत्त्वमात्मनो हृदयं रुधिरञ्चास्थि मज्जानञ्च विक्रीय तं कुलपुत्रं सत्कर्त्तुकामः॥

स तां दारिकामेतदवोचत्॥ स दारिके कुलपुत्रोऽस्माकं प्रज्ञापारमितामुपायकौशल्यं चोपदेक्ष्यति। तत्र च वयं शिक्षिष्यामहे

तत्र वयं शिक्षमाणाः सर्व्वसत्वानां प्रति शरणं भविष्यामोऽनुत्तरां सम्यक्सम्बोधिमभिसम्बुध्य सुवर्णवर्णञ्च कायं प्रतिलप्स्यामहे द्वात्रिंशच्च महापुरुषलक्षणानि अशीति चानुव्यञ्जनानि व्यामप्रभतां चानन्तरश्मितां च महामैत्रीञ्च महाकरुणाञ्च महामुदिताञ्च महोपेक्षाञ्च चत्वारि वैशारद्यानि प्रतिलप्स्यामहे चतस्रश्च प्रतिसंविदः प्रतिलप्स्यामहे अष्टादश चावेणिकबुद्धधर्म्मान्[१] प्रतिलप्स्यामहे पञ्च चाभिज्ञामचिन्त्यां च शीलविशुद्धिमचिन्त्याञ्च समाधिविशुद्धिमचिन्त्याञ्च प्रज्ञाविशुद्धिं दश च तथागतबलानि प्रतिलप्स्यामहे । अनुत्तरञ्च बुद्धज्ञानमभिसम्भोत्स्यामहे अनुत्तरञ्च धर्म्मरत्नं प्रतिलप्स्यामहे येन च सर्व्वसत्वानां संविभागं करिष्याम इति ॥

अथ खलु सा श्रेष्ठिदारिका सदाप्ररुदितं बोधिसत्त्वं महासत्वमेतदवोचत् । आश्चर्य्यं कुलपुत्त्र यावदुदाराः प्रणीताश्चामी त्वया धर्म्माः परिकीर्त्तिताः । एकैकस्यापि तावत् कुलपुत्त्रैवंरूपस्य धर्म्मस्यार्थाय गङ्गानदीवालुकोपमानपि कल्पानात्मभावाः परित्यक्तव्या भवेयुः । प्रागेव बहूनामार्थायैकस्तथोदाराः प्रणीताश्चामी त्वया धर्म्माः परिकीर्त्तिताः यथा ममा[२] प्येते रोचन्ते क्षमन्ते च । अपि नु खलु पुनः कुलपुत्त्र येन येनैवार्थेन ते कृत्यं तत्तत्ते दास्यामि सुवर्णं वा मणीन् वा मुक्तां वा रजतं वा वैदूर्य्यं वा मुसारगल्वं वा लोहितार्कं वा स्फाटिकं वा पुष्पं वा धूपं वा गन्धं

---

(१) आवेणिका बुद्धधर्म्मानिति घ० ङ० च०, आवेणिकान् बुद्धधर्म्मानिति ग० ।

(२) मया इति ख० च० ।

वा माल्यं वा विलेपनं वा चूर्णं वा वस्त्रं वा छत्रं वा ध्वजं वा घण्टां वा पताकां वा दीपं वा तेन त्वं तं धर्मोद्गतं बोधिसत्त्वं महासत्त्वं सत्करिष्यसि मा चात्मन इमामेवंरूपां कारणां कार्षीः। वयमपि त्वयैव सार्द्धं गमिष्यामो येनार्य्यो धर्म्मोद्गतो बोधिसत्त्वो महासत्त्वः। वयमपि त्वयैव सार्द्धं कुशलमूलान्यवरोपयिष्यामो यदुतैषामेवंरूपाणां धर्म्माणां प्रतिलम्भायेति ।

अथ खलु शक्रो देवानामिन्द्रो माणवकवेषमन्तर्द्धापयित्वा स्वकेनात्मभावेन सदाप्ररुदितस्य बोधिसत्त्वस्य महासत्त्वस्य पुरतोऽस्थात् इदं चावोचत्। साधु साधु कुलपुत्त्र यस्य ते इयमेवंरूपा दृढ़समादानता। एवंरूपया च धर्म्मार्थिकतया पूर्व्वकैरपि तथागतैरर्हद्भिः सम्यक्सम्बुद्धैः पूर्व्वं बोधिसत्त्वचर्य्यां चरद्भिः प्रज्ञापारमितोपायकौशल्यञ्च परिपृच्छद्भिरनुत्तरा च सम्यक्सम्बोधिरभिसम्बुद्धा धर्म्मरत्नञ्च प्रतिलब्धं तन्न मम कुलपुत्त्र हृदयेन कार्य्यं न रुधिरेण नास्थिमज्जाभ्यामपि तु खलु पुनरहं त्वामेव मीमांसितुकाम इहागतः। वृणीष्व कुलपुत्त्र वरं कियद्रूपं ते वरं दद्यामीति॥

स तमाह। अनुत्तरान् मे शक्र बुद्धधर्म्मान् देहीति ॥

देवेन्द्र आह। न ममात्र कुलपुत्त्र विषये विषयिता बुद्धानां पुनर्भगवतामत्र विषये विषयिता। अन्यं वरं वृणीष्वेति ॥

सदाप्ररुदित आह। अल्पोत्सुकस्त्वं देवेन्द्र भवात्र स्थाने ममात्मभावपरिपूरिमुपादाय। स्वयमेवाहमत्र देवेन्द्र सत्याधिष्ठानं करिष्यामि। येनाहं सत्येनाविनिवर्त्तनीयोऽनुत्तरायाः सम्यक्सम्बोधेर्व्याकृतस्तथागतैरर्हद्भिः सम्यक्सम्बुद्धैर्ज्ञातश्चास्म्यसाध्येनाध्यासयेन। तेन देवेन्द्र सत्येन सत्यवचनेन मम यथा पौराणोऽयमात्मभावो भवतु ॥

अथ खलु तत्क्षणं तल्लवं तन्मुहूर्त्तं सदाप्ररुदितस्य बोधिसत्त्वस्य महासत्त्वस्य बुद्धानुभावेनाशयपरिशुद्ध्या च यथा पौराणोऽस्य कायः संस्थितोऽभूदरोगो निरुपद्रवश्च॥

अथ खलु शक्रो देवानामिन्द्रो मारश्च पापीयान् निष्प्रतिभानः सदाप्ररुदितस्य बोधिसत्त्वस्य महासत्त्वस्योत्तरे प्रतिभानमप्रतिपद्यमानस्तत्रैवान्तर्हितोऽभूत्॥

अथ खलु सा श्रेष्ठिदारिका सदाप्ररुदितं बोधिसत्त्वं महासत्त्वमेतदवोचत्। एहि त्वं कुलपुत्र येनास्माकं निवेशनं तेनोपसङ्क्राम। अहन्ते मातापितॄणामन्तिकात् तद्धनं दापयिष्यामि येन त्वं तां प्रज्ञापारमितां पूजयिष्यसि तं चार्य्यं धर्म्मोद्गतं बोधिसत्त्वं महासत्त्वं सत्करिष्यसि यदुत धर्म्मकामतया॥

अथ खलु सदाप्ररुदितो बोधिसत्त्वो महासत्त्वः सार्द्धं तया श्रेष्ठिदारिकया येनास्याः स्वकं निवेशनं तेनोपसङ्क्रामति स्म। उपसङ्क्रम्य द्वारमूलेऽस्थात्॥

अथ खलु सा श्रेष्ठिदारिका स्वकं निवेशनं प्रविश्य स्वां मातरं पितरं चैतदवोचत्। अम्ब तात दद्ध्वं प्रभूतं हिरण्यं सुवर्णं रत्नानि मणीन् वस्त्रानि पुष्पधूपगन्धमाल्यविलेपनचूर्णचीवरच्छत्त्रध्वजघण्टापताका नानाविधाश्च दिव्या वाद्यप्रकृतीरुत्सृजत मामपि सार्द्धमेभिः पञ्चभिर्दारिकाशतैर्या ममोपस्थायिका युष्माभिरेव दत्ताः। गमिष्याम्यहमपि सदाप्ररुदितेन बोधिसत्त्वेन महासत्त्वेन सार्द्धं धर्म्मोद्गतस्य बोधिसत्त्वस्य महासत्त्वस्यान्तिकं तस्य पूजार्थञ्च सोऽस्माकं धर्म्मन्देशयिष्यति तेन वयं बुद्धधर्म्मान् प्रतिलप्स्यामहे।

अथ खलु तौ तस्या दारिकाया मातापितरौ तां दारिकामेतदवोचतां कः पुनरेष दारिके सदाप्ररुदितो नाम बोधिसत्त्वो महासत्त्वः क्व वा स एतर्हि तिष्ठति ॥

दारिका आह । एष कुलपुत्त्रोऽस्माकमेव निवेशनद्वारमूलेऽवस्थितः । एष च कुलपुत्त्रोऽध्याशयेनानुत्तरां सम्यक्सम्बोधिमभिसम्बोद्धुं सम्प्रस्थितो यदुत सर्व्वसत्त्वानपरिमाणतः संसारदुःखान्मोचयितुकामः सर्व्वधर्म्मकामतयात्मानं विक्रीय प्रज्ञापारमितां पूजयितुकाम आर्य्यञ्च धर्म्मोद्गतं बोधिसत्त्वं महासत्त्वं सत्कर्त्तुंकामस्तस्य चात्मभावस्य कश्चित्क्रायकं न लभते । अलभमानः सन् दुखितो दुर्म्मनाः प्रध्यायन् दीनमना अश्रूणि प्रवर्त्तयमानः स्थितः । स शक्रेण देवानामिन्द्रेण माणवकरूपमभिनिर्म्मायोक्तः किं त्वं कुलपुत्त्र दुःखी दुर्म्मनाः प्रध्यायन् दीनमानसोऽश्रूणि प्रवर्त्तयमानः स्थित इति ॥

स तमाह । आत्मनं विक्रेतुकामोऽहन्तस्य च क्रायकं न लभे ॥

माणवकरूपी शक्रस्तमाह । कस्य पुनस्त्वं कुलपुत्त्रार्थायात्मानं विक्रेतुकामः ॥

सदाप्ररुदितेनोक्तः प्रज्ञापारमितां पूजयिष्यामि आर्य्यञ्च धर्म्मोद्गतं बोधिसत्त्वं महासत्त्वं सत्करिष्यामि यदुत धर्म्मकामतया तत्र प्रतिबद्धाश्च मे बुद्धधर्म्मा इति ॥

माणवकरूपी शक्रस्तमाह । न मम कुलपुत्त्र त्वयार्थोऽपि तु खलु पुनः पितुर्म्मे यज्ञो भविष्यति । तत्र मे पुरुषस्य हृदयेन रुधिरेणास्थिमज्जाभ्याञ्च कृत्यमिति ॥

तत एष कुलपुत्त्रोऽविषण्णमानस आह । दास्यामीति स तीक्ष्णं

शस्त्रं गृहीत्वात्मनो बाहुं विद्ध्वा लोहितं निस्राव्य ऊरुञ्च निर्मांसं कृत्वाऽस्थि भेत्तुं कुड्यमूलमुपसङ्क्रान्त एकान्ते स्थित्वाऽस्थि भित्वा मज्जानञ्च दास्यामीति। अहं चैनं कुलपुत्त्रमुपरिष्टात् प्रासादतलगता चरद्रुधिरमद्राक्षं तस्या ममैतदभूत्। किन्नु खल्वयं पुरुष आत्मनैवात्मन एवंरूपां कारणां कारयतीति॥

तमेनमहमुपसङ्क्रम्यैवमवोचं। किमर्थं त्वया कुलपुत्त्रात्मनैवात्मन एवंचरद्रुधिरं शरीरं विकृतं कृतं॥

तत एष मामेवमाह। अस्य दारिके माणवकस्य लोहितं हृदयमस्थि मज्जानं च दास्यामीति॥ तत् कस्य हेतोः। न ममान्यत् किञ्चिद्धनं संविद्यते दरिद्रोऽस्मीति॥

तमेनमहमेवमवोचं। किं पुनस्त्वं तेन धनेन करिष्यसीति॥

स एष मामेतदवोचत्। प्रज्ञापारमितां पूजयिष्यामि तं चार्य्यं धर्म्मोद्गतं बोधिसत्त्वं महासत्वं सत्करिष्यामि यदुत धर्मकामतयेति॥

तमेनमहमेवमवोचं। का पुनस्ते कुलपुत्त्र ततो गुणजातिर्भविष्यति गुणविशेषो वेति। ततः सोऽचिन्त्यान् मे बुद्धगुणान् वर्णयति सम्प्रकाशयति अप्रमेयांश्च बुद्धधर्म्मान् एषामेवंरूपाणां बुद्धधर्म्माणां मे तत आगमो भविष्यतीति। तस्य मे महत्तरं प्रीतिप्रामोद्यमुत्पन्नं तानचिन्त्यान् बुद्धगुणान् श्रुत्वा। एवं च मेऽभूदाश्चर्य्यं यावद्दुष्करकारकश्चायं कुलपुत्त्रोऽतीवधर्म्मकामश्च योऽयमेवंरूपमात्मनः शरीरस्य पीड़ास्थानमुत्सहते अयं हि नाम कुलपुत्त्रो धर्म्मकामतयात्मानं परित्यजति कस्मादस्माभिर्धर्म्मो न पूजयितव्यः एवंरूपेषु च स्थानेषु प्रणिधानं न कर्त्तव्यं स्यात् येषामस्माकं प्रभूता विपुलाश्च भोगाः

संविद्यन्त इति। माहमेनं कुलपुत्त्रमेतदवोचं। मा मा त्वं कुलपुत्त्र इमामेवंरूपामात्मनः प्राणहारिणीं कारणां कार्षीः। अहन्ते प्रभूतप्रभूतं धनमनुप्रदापयिष्यामि येन तवार्थः। तेन त्वं तमार्य्यं धर्म्मोद्गतं बोधिसत्त्वं महासत्त्वं सत्करिष्यसि गुरुकरिष्यसि। अहमपि त्वयैव सार्द्धं येन धर्म्मोद्गतो बोधिसत्त्वो महासत्त्वस्तेनोपसङ्क्रमिष्यामि अहमपि तस्य कुलपुत्त्रस्य पूजां करिष्यामि। वयमप्येवंरूपान् धर्म्मान् निष्पादयिष्याम यदुतानुत्तरान् बुद्धधर्म्मान् ये त्वया परिकीर्त्तिता इति। तन्मामम्ब तात अनुजानीत प्रभूतप्रभूतञ्च मे धनस्कन्धं दत्त्वं येनाहमेतेनैव कुलपुत्त्रेण सार्द्धं गत्वार्य्यं धर्म्मोद्गतं बोधिसत्त्वं महासत्त्वं पूजयिष्यामि॥

अथ खलु तौ तस्या दारिकाया मातापितरौ तां दारिकामेतदवोचतां। आश्चर्य्यं यावद्दुष्करञ्च त्वमेतस्य कुलपुत्त्रस्य स्थानमाचक्षे। एकांशेनैव ते धर्म्मा अचिन्त्याः सर्व्वलोकविशिष्टाः सर्व्वसत्त्वसुखावहाश्च येषामेष कृतशः कुलपुत्त्रो दुष्करं स्थानमेवमुत्सहते। अनुजानीत आवां त्वां दारिके। आवयोरप्यवकाशं कुरु यदावामपि गच्छावस्त्वयैव सार्द्धं तं धर्म्मोद्गतं बोधिसत्त्वं महासत्त्वं द्रष्टुं वन्दितुं पर्य्युपासितुं पूजयितुञ्च॥

अथ खलु सा श्रेष्ठिदारिका धर्म्मोद्गतस्य बोधिसत्त्वस्य महासत्त्वस्य पूजार्थं सत्कारार्थञ्च प्रस्थितां स्वां मातरं पितरं च विदित्वैतदवोचत्। अम्ब तात एवं कुरुत यथा वदत नाहं कस्यचित् कुशलपक्षस्यान्तरायं करोमीत्युक्त्वैवं सा श्रेष्ठिदारिका धर्म्मोद्गतस्य बोधिसत्त्वस्य महासत्त्वस्य पूजार्थं सत्कारार्थञ्च प्रस्थिता बभूव॥

अथ खलु सा श्रेष्ठिदारिका पञ्चरथशतान्यलङ्कारयामास तानि च पञ्चदारिकाशतान्यलङ्कारयामास अलङ्कृत्य नानावर्णानि विचित्राणि पुष्पाणि गृहीत्वा नानारङ्गाणि वस्त्राणि पुष्पधूपगन्धमाल्यविलेपनचूर्णचीवरच्छत्त्रध्वजघण्टापताकाश्च गृहीत्वा नानारत्नानि च विचित्राणि नानारत्नमयानि च विचित्राणि पुष्पाणि गृहीत्वा प्रभूतप्रभूतं खादनीयं भोजनीयं स्वादनीयं[१] च गृहीत्वा एकं रथं सदाप्ररुदितेन बोधिसत्त्वेन महासत्वेन सार्द्धमभिरुह्य तैः पञ्चभीरथशतैः पञ्चदारिकाशताभिरूढैः परिवृता पुरस्कृता महता च परिवारेण मातापितृपूर्व्वङ्गमा येन पूर्व्वा दिक् तेन प्रक्रान्ता। अनुपूर्व्वेण च गच्छन् सदाप्ररुदितो बोधिसत्त्वो महासत्वोऽद्राक्षीद्दूरादेव तां गन्धवतीं नगरीं सप्तानां रत्नानां चित्रां दर्शनीयां सप्तभिः प्राकारैः सप्तरत्नमयैरनु परिक्षिप्तां सप्तभिस्तोरणैः सप्तभिः परिखाभिः सप्तभिस्तालपङ्क्तिभिरनु परिक्षिप्तां द्वादशयोजनानि विस्तारेण द्वादशयोजनान्यायामेन ऋद्धां स्फीताञ्च क्षेमाञ्च सुभिक्षाञ्चाकीर्णबहुजनमनुष्याञ्च पञ्चभिरन्तरायणवीथीशतैरालेख्यविचित्रचित्रसदृशैर्दर्शनीयैर्निर्विद्धां समसमैरनुत्पीड़जनयुग्ययानसङ्क्रमणस्थानस्थापितैः सुमापिताञ्च[२] मध्ये च नगरशृङ्गाटकस्याद्राक्षीद्धर्म्मोद्गतं बोधिसत्त्वं महासत्वं धर्म्मासनगतमनेकशतया पर्षदाऽनेकसहस्रयाऽनेकशतसहस्रया पर्षदा[३] परिवृतं पुरस्कृतं धर्म्मन्दर्शयन्तं। सह दर्शनेनैव च तस्यैवंरूपं सुखं सम्प्रति-

(१) आस्वादनीयं इति च०।
(२) सुसमापिताञ्चेति च०।
(३) परिषदा इति ग०।

लभते स्म। तद्यथाऽपि नाम प्रथमध्यानसमापन्नो भिक्षुरेकाग्रेण मनसिकारेण दृष्ट्वा चास्यैतदभूत्। न मम प्रतिरूपमेतद्-भवेद्यदहं रथगत एव धर्म्मोद्गतं बोधिसत्त्वं महासत्त्वमुपसङ्क्रामेयं यन्न्वहं रथादवतरेयं। स ततो रथादवातरत् तान्यपि पञ्चदारिका-शतानि श्रेष्ठिदारिकया सह रथेभ्योऽवतेरुः।

अथ खलु सदाप्ररुदितो बोधिसत्त्वो महासत्त्वः श्रेष्ठिदारिका-पूर्व्वङ्गमैः पञ्चभिर्दारिकाशतैः परिवृतः पुरस्कृतोऽपरिमाणपूजाव्यू-हेन येन धर्म्मोद्गतो बोधिसत्त्वो महासत्त्वस्तेनोपसङ्क्रामति स्म। तेन खलु पुनः समयेन धर्म्मोद्गतेन बोधिसत्त्वेन महासत्त्वेन प्रज्ञा-पारमितायाः कृतसः सप्तरत्नमयं कूटागारं कारितमभूत् लोहित-चन्दनालङ्कृतं मुक्ताजालपरिक्षिप्तं चतुर्षु कूटागारकोणेषु मणिरत्नानि स्थापितानि यानि प्रदीपकृत्यं कुर्व्वन्ति स्म। चतस्रश्च धूपघटिका रूप्य-मय्यश्चतुर्द्दिशमवसक्ता यत्र शुद्धं कृष्णागुरु धूप्यते स्म यदुत प्रज्ञापार-मितायाः पूजार्थं। तस्य च कूटागारस्य मध्ये सप्तरत्नमयः पर्य्यङ्कः प्रज्ञप्तोऽभूत् चतुर्णां रत्नानां पेड़ा कृता यत्र प्रज्ञापारमिता प्रक्षिप्ता सुवर्णपट्टेषु लिखिता विलीनेन वैदूर्य्येण। तच्च कूटागारं नानाचित्रपट्टदामभिः प्रलम्बमानैरलङ्कृतमभूत्॥

अथ खलु सदाप्ररुदितो बोधिसत्त्वो महासत्त्वः सार्द्धं श्रेष्ठि-दारिकापूर्व्वङ्गमैः पञ्चदारिकाशतैस्तं कूटागारमद्राक्षीदपरिमाणेन पूजाव्यूहेन प्रतिमण्डितं अनेकानि च तत्र देवतासहस्राण्य-द्राक्षीत् शक्रञ्च देवानामिन्द्रं दिव्यैर्मान्दारवपुष्पैर्दिव्यैश्चन्दनचूर्णैर्दि-व्यैश्च सुवर्णचूर्णैर्दिव्यैश्च रूप्यचूर्णैस्तं कूटागारमवकिरन्तमभ्यवकिरन्तम-

भिप्रकिरन्तं दिव्यानि च वाद्यान्यश्रौषीत्। दृष्ट्वा श्रुत्वा च सदाप्ररुदितो बोधिसत्त्वो महासत्त्वः शक्रन्देवानामिन्द्रमेतदवोचत्। किमर्थं त्वन्देवेन्द्रानेकैर्द्देवतासहस्रैः सार्द्धमिदं रत्नमयं कूटागारं दिव्यैर्म्मान्दारवैः पुष्पैर्द्दिव्यैश्चन्दनचूर्णैर्द्दिव्यैः सुवर्णचूर्णैर्द्दिव्यैश्च रूप्यचूर्णैरवकिरसि अभ्यवकिरसि अभिप्रकिरसि इमानि च दिव्यानि वाद्यानि देवैरुपर्य्यन्तरीक्षे प्रवादितानि॥

एवमुक्ते शक्रो देवानामिन्द्रः सदाप्ररुदितं बोधिसत्त्वं महासत्त्वमेतदवोचत्। न त्वं कुलपुत्र जानीषे एषा हि सा प्रज्ञापारमिता बोधिसत्त्वानां महासत्त्वानां माता परिणायिका यत्र शिक्षमाणा बोधिसत्त्वा महासत्त्वाः सर्व्वगुणपारमितानुगतान् सर्व्वबुद्धधर्म्मान् सर्व्वाकारज्ञताञ्च क्षिप्रमनुप्राप्नुवन्तीति॥

एवमुक्ते सदाप्ररुदितो बोधिसत्त्वो महासत्त्वः शक्रं देवानामिन्द्रमेतदवोचत्। क्वासौ कौशिक प्रज्ञापारमिता या बोधिसत्त्वानां महासत्त्वानां माता परिणायिका॥

शक्र आह। एषा कुलपुत्रास्य कूटागारस्य मध्ये सुवर्णपट्टेषु विलीनेन वैदूर्य्येण लिखित्वा आर्य्येण धर्म्मोद्गतेन बोधिसत्त्वेन महासत्त्वेन सप्तभिर्मुद्राभिर्मुद्रयित्वा स्थापिता सा न सुकराऽस्माभिस्तव दर्शयितुं॥

अथ खलु सदाप्ररुदितो बोधिसत्त्वो महासत्त्वः सार्द्धं श्रेष्ठिदारिकाप्रमुखैः पञ्चभिर्दारिकाशतैः समग्रीभूतैः यान्यनेन पुष्पाणि गृहीतानि माल्यदामानि च वस्त्ररत्नानि च धूपगन्धमाल्यविलेपनचूर्णचीवरच्छत्रध्वजघण्टापताकाश्च सुवर्णरूप्यमयानि च पुष्पाणि तैः

प्रज्ञापारमितायाः पूजामकार्षुरन्यतरान्यतरश्च ततः प्रत्यंशं स्थापयामासुर्यदुत धर्म्मोद्गतस्य बोधिसत्त्वस्य महासत्त्वस्य सत्काराय॥

अथ खलु सदाप्ररुदितो बोधिसत्त्वो महासत्त्वः तानि च श्रेष्ठिदारिकाप्रमुखानि पञ्चदारिकाशतानि पुष्पधूपगन्धमाल्यविलेपनचूर्णचीवरच्छत्त्रध्वजघण्टापताकाभिः सुवर्णरूप्यमयैश्च पुष्पैर्दिव्यैश्च वाद्यैः प्रज्ञापारमितां पूर्व्वं पूजयित्वा येन धर्म्मोद्गतो बोधिसत्त्वो महासत्त्वस्तेनोपसङ्क्रम्य धर्म्मोद्गतं बोधिसत्त्वं महासत्त्वं पुष्पधूपगन्धमाल्यविलेपनचूर्णचीवरच्छत्त्रध्वजघण्टापताकाभिश्चन्दनचूर्णैः सुवर्णरूप्यमयैश्च पुष्पैरवाकिरन्नभ्यवाकिरन्नभिप्राकिरन् दिव्यानि च वाद्यानि सम्प्रवादयति स्म धर्म्मपूजामेवोपादाय॥

अथ खलु तानि पुष्पाणि धर्म्मोद्गतस्य बोधिसत्त्वस्य महासत्त्वस्योपरिष्टान्मूर्द्ध्नि पुष्पकूटागारं प्रातिष्ठत्। तानि च नानावर्णानि पुष्पाणि सुवर्णरूप्यमयानि च पुष्पाणि विहायसि वितानमिव स्थितानि तान्यपि चीवराणि वस्त्ररत्नानि चान्तरीक्षे नानारत्नमयोऽभ्रमण्डप इव संस्थितोऽभूत्। अद्राक्षीत् खलु सदाप्ररुदितो बोधिसत्त्वो महासत्त्वस्तानि च पञ्चदारिकाशतानि श्रेष्ठिदारिकाप्रमुखानि धर्म्मोद्गतस्य बोधिसत्त्वस्य महासत्त्वस्येदमेवंरूपमृद्धिप्रातिहार्य्यं[१] दृष्ट्वा च पुनरेषामेतदभूत्। आश्चर्य्यं यावन्महर्द्धिकश्चायं धर्म्मोद्गतो बोधिसत्त्वो महासत्त्वो यावन्महानुभावो यावन्महौजस्को बोधिसत्त्वचर्य्यामेव तावच्चरतोऽस्य कुलपुत्त्रस्येयमेवंरूपा ऋद्धिविकुर्व्वणा किं पुनर्यदाऽयमनुत्तरां सम्यक्सम्बोधिमभिसम्बुद्धो भविष्यतीति॥

---

(१) ऋद्ध्यभिप्रातिहार्य्यमिति ग०।

अथ खलु तानि श्रेष्ठिदारिकापूर्व्वङ्गमानि पञ्चदारिकाशतानि धर्म्मोद्गते बोधिसत्त्वे महासत्वे स्पृहामुत्पाद्य सर्व्वास्ताः समग्रीभूता अध्याशयेनानुत्तरायां सम्यक्सम्बोधौ चित्तमुत्पादयामासुरेवं चावोचन् अनेन वयं कुशलमूले नानागतेऽध्वनि तथागता अर्हन्तः सम्यक्सम्बुद्धा भवेम। बोधिसत्त्वचर्य्यां च वयं चरन्त्य एतेषामेव धर्म्माणां लाभिन्यो भवेम येषां धर्म्माणामयं धर्म्मोद्गतो बोधिसत्त्वो महासत्वो लाभी। एवमेव च प्रज्ञापारमितां सत्कुर्य्याम गुरुकुर्य्याम यथाऽयं धर्म्मोद्गतो बोधिसत्त्वो महासत्वः सत्करोति गुरुकरोति बहुजनस्य च सम्प्रकाशयेम यथाऽयं धर्म्मोद्गतो बोधिसत्त्वो महासत्वः सम्प्रकाशयति। एवमेव च प्रज्ञापारमितयोपायकौशल्येन च समन्वागता भवेम परिनिष्पद्येमहि च यथाऽयं धर्म्मोद्गतो बोधिसत्त्वो महासत्वः प्रज्ञापारमितयोपायकौशल्येन च समन्वागतः परिनिष्पन्नश्च।

अथ खलु सदाप्ररुदितो बोधिसत्त्वो महासत्वस्तानि च श्रेष्ठिदारिकाप्रमुखानि पञ्चदारिकाशतानि प्रज्ञापारमितां पूजयित्वा धर्म्मोद्गतस्य बोधिसत्त्वं महासत्वं सत्कृत्य धर्म्मोद्गतस्य बोधिसत्त्वस्य महासत्वस्य पादौ शिरसाऽभिवन्द्य एकान्ते सगौरवाः सप्रतीसाः(१) प्राञ्जलीन् कृत्वाऽतिष्ठन्। एकान्ते स्थितश्च सदाप्ररुदितो बोधिसत्त्वो महासत्वो धर्म्मोद्गतं बोधिसत्त्वं महासत्वमेतदवोचत्। इहाहं कुलपुत्त्र प्रज्ञापारमितां गवेषमाणोऽरण्यगतो निर्घोषमश्रौषं गच्छ कुलपुत्त्र पूर्व्वां दिशं ततः प्रज्ञापारमितां श्रोष्यसीति। सोऽहं सम्यक्

(१) सप्रतिसाः इति ख०।

तं निर्घोषं श्रुत्वा येन पूर्व्वा दिक् तेन सम्प्रस्थितः। तस्य मे एतदभूत् सम्यक् च मया निर्घोषः श्रुतो न च मया स निर्घोषः परिपृष्टः कियद्दूरं मया गन्तव्यं कस्य वाऽन्तिकात् प्रज्ञापारमितां श्रोष्यामि लप्स्ये वेति तस्य मे महद्दौर्म्मनस्यमभूत्। सोऽहं तेन दौर्मनस्येन महती-मुत्कण्ठां परितपनं चापन्नोऽभूवं तस्मिन्नेव पृथिवीप्रदेशे सप्तरात्रि-न्दिवान्यतिनामयामि उत्कण्ठितो नाहारसमुदाचारमुत्पादयामि अपि नु प्रज्ञापारमितामेव मनसि करोमि। कियद्दूरं मया गन्तव्यं कुतो वा प्रज्ञापारमितां लप्स्ये श्रवणाय न च मया स निर्घोषः परिपृष्ट इति॥ ततो मे तथागतविग्रहः पुरतः प्रादुर्भूतः। स मामेवमाह गच्छ कुलपुत्त्र इतः पञ्चभिर्योजनशतैरनुपूर्व्वेण गन्ध-वती नाम नगरी। तत्र द्रक्ष्यसि धर्म्मोद्गतं बोधिसत्त्वं महासत्वं प्रज्ञा-पारमितां देशयन्तं प्रकाशयन्तमिति। ततोऽहं महतोदारेण प्रीति-प्रामोद्येन समन्वागतः सोऽहन्तेनैव महतोदारेण प्रीतिप्रामोद्येन स्फुटस्ततः पृथिवीप्रदेशान्न चलितः तव च प्रज्ञापारमितां देशयतः शृणोमि। तस्य मे शृण्वतो बहूनि समाधिमुखानि प्रादुर्भूतानि तत्र स्थितं मां दशदिग्लोकधातुस्थिता बुद्धा भगवन्तः समाश्वासयन्ति साधुकारञ्च ददति साधु साधु कुलपुत्त्र एते समाधयः प्रज्ञापार-मितानिर्जाता यत्र स्थितैरस्माभिः सर्व्वबुद्धधर्म्माः परिनिष्पादिता इति। ते मां तथागताः साधु च सुष्ठु च सन्दर्श्य समादाप्य समुत्तेज्य सम्प्रहर्ष्यान्तर्हिता अहञ्च ततः समाधेर्व्युत्थितः। तस्य मे एतदभूत् कुतो नु ते तथागता आगताः क्व वा ते तथागता गता इति। तस्य च मे एतदभूत् आर्य्यो धर्म्मोद्गतो बोधिसत्त्वो महासत्वो धारणीप्रति-

लब्धः पञ्चाभिज्ञः पूर्व्वजिनकृताधिकारोऽवरोपितः कुशलमूलः[१] प्रज्ञा-पारमितायां उपायकौशल्ये च सुशिक्षितः स मे एनमर्थं यथा-वद्विचरिष्यति यतस्ते तथागता आगता यत्र वा ते तथागता गता इति। सोऽहं तस्य तथागतविग्रहस्य निर्घोषं श्रुत्वा यथा-ऽनुशिष्टं येन पूर्व्वा दिक् तेन सम्प्रस्थित आगच्छंश्चाहं दूरत एवार्य्य-मद्राक्षं धर्म्मन्देशयन्तं सहदर्शनाच्च ममेदृशं सुखं[२] प्रादुरभूत्। तद्यथापि नाम प्रथमध्यानसमापन्नस्य भिक्षोरेकाग्रमनसिकारस्य॥ सोऽहं त्वां कुलपुत्र पृच्छामि कुतस्ते तथागता आगता क्व वा ते तथागता गता इति। देशय मे कुलपुत्र तेषान्तथागतानामा-गमनं गमनञ्च यथा वयन्तेषान्तथागतानामागमनं गमनञ्च जानीमः अविरहिताश्च भवेम तथागतदर्शनेनेति॥

आर्य्याष्टसाहस्रिकायां प्रज्ञापारमितायां सदाप्ररुदितपरिवर्त्तो नाम त्रिंशत्तमः॥

---

(१) पञ्चाभिज्ञोऽवरोपितकुशलमूल इति ख० च०, पूर्व्वजिनाधिका-रोऽवरोपितकुशलमूलः इति घ० ङ०।

(२) सुखमिति ख०।

अथ धर्म्मोद्गतपरिवर्त्तो नामैकत्रिंशत्तमः।

एवमुक्ते धर्म्मोद्गतो बोधिसत्त्वो महासत्वः सदाप्ररुदितं बोधिसत्त्वं महासत्वमेतदवोचत्। न खलु कुलपुत्त्र तथागताः कुतश्चिदागच्छन्ति वा गच्छन्ति वा। अचलिता हि तथता या च तथता स तथागतः। न हि कुलपुत्त्रानुत्पाद आगच्छति वा गच्छति वा यश्चानुत्पादः स तथागतः। न हि कुलपुत्त्र भूतकोट्या आगमनं वा गमनं वा प्रज्ञायते या च भूतकोटिः स तथागतः। न हि कुलपुत्त्र शून्यताया आगमनं वा गमनं वा प्रज्ञायते या च शून्यता स तथागतः। न हि कुलपुत्त्र यथावत्ताया आगमनं वा गमनं वा प्रज्ञायते या च यथावत्ता स तथागतः। न हि कुलपुत्त्र विरागस्यागमनं वा गमनं वा प्रज्ञायते या च विरागता[१] स तथागतः। न हि कुलपुत्त्र निरोधस्यागमनं वा गमनं वा प्रज्ञायते यश्च निरोधः स तथागतः। न हि कुलपुत्त्र आकाशधातोरागमनं वा गमनं वा प्रज्ञायते यश्च आकाशधातुः स तथागतः। न हि कुलपुत्त्रान्यत्रेभ्यो धर्म्मेभ्यस्तथागतः या च कुलपुत्त्रैषामेव धर्म्माणान्तथता या च सर्व्वधर्म्मतथता या च तथागततथता एकैवैषा तथता। नास्ति कुलपुत्त्र तथताया द्वैधीकारः एकैवैषा तथता कुलपुत्त्र तथता न द्वे न तिस्रो गणनाव्यतिवृत्ता कुलपुत्त्र तथता यदुतासत्वात्। तद्यथापि नाम कुलपुत्त्र पुरुषो ग्रीष्माभितप्तो ग्रीष्माणां

---

(१) या च विराग इति ग०।

पश्चिमे मासेऽभिगते मध्याह्नकालसमये मरीचिकां पश्येत्स्यन्दमानां स तेन तेन प्रधावेद्यत्रोदकं पास्याम्यनु पानीयं पास्यामीति। तत् किम्मन्यसे कुलपुत्त्र कुत एतदुदकमागतं क्व वा तदुदकं गच्छति पूर्व्वं वा महासमुद्रं दक्षिणं वा पश्चिमं वा उत्तरं वा॥

सदाप्ररुदित आह। न हि कुलपुत्त्र मरीचिकायामुदकं संविद्यते किं पुनरस्यागमनं वा गमनं वा प्रज्ञायते। स खलु पुनः कुलपुत्त्र पुरुषो ग्रीष्माभितप्तो बालजातीयो दुष्प्रज्ञजातीयो मरीचिकां दृष्ट्वाऽनुदके उदकसंज्ञामुत्पादयति। न पुनस्तत्रोदकं स्वभावतः संविद्यते॥

धर्म्मोद्गत आह। एवमेतत् कुलपुत्त्रैवमेतत्। एवमेव कुलपुत्त्र ये केचित्तथागतरूपेण वा घोषेण वाऽभिनिविष्टास्ते तथागतस्यागमनं च गमनञ्च कल्पयन्ति। ये च तथागतस्यागमनञ्च गमनञ्च कल्पयन्ति सर्व्वे ते बालजातीया दुष्प्रज्ञजातीया इति वक्तव्याः। तद्यथापि नाम स एव पुरुषो योऽनुदके उदकसंज्ञामुत्पादयति॥ तत् कस्य हेतोः। न हि तथागतो रूपकायतो द्रष्टव्यः धर्म्मकायास्तथागताः। न च कुलपुत्त्र धर्म्मता आगच्छति वा गच्छति वा॥ एवमेव कुलपुत्त्र नास्ति तथागतानामागमनं वा गमनं वा। तद्यथापि नाम कुलपुत्त्र मायाकारनिर्म्मितस्य हस्तिकायस्य वा अश्वकायस्य वा रथकायस्य वा पत्तिकायस्य वा नास्त्यागमनं वा गमनं वा एवमेव कुलपुत्त्र नास्ति तथागतानामागमनं वा गमनं वा। तद्यथापि नाम कुलपुत्त्र पुरुषः सुप्तः स्वप्नान्तरगतः एकं वा तथागतं पश्येत् द्वौ वा त्रीन् वा चतुरो वा पञ्च वा षड्वा सप्त वा अष्टौ वा नव वा।

दश वा विंशतिं वा त्रिंशद्वा चत्वारिंशद्वा पञ्चाशद्वा शतं वा सहस्रं वा ततो वा उत्तरे स प्रतिविबुद्धः सन्नेकमपि तथागतं न पश्येत्। तत् किं मन्यसे कुलपुत्त्र कुतस्ते तथागता आगताः क्व वा ते तथागता गता इति॥

सदाप्ररुदित आह। न खलु पुनः कुलपुत्त्र स्वप्ने कस्यचिद्धर्म्मस्य परिनिष्पत्तिः प्रज्ञायते मृषावादो हि स्वप्नोऽभूत्॥

धर्म्मोद्गत आह। एवमेव कुलपुत्त्र सर्व्वधर्म्माः स्वप्नोपमा उक्ता भगवता। ये केचित् कुलपुत्त्र स्वप्नोपमान् सर्व्वधर्म्मांस्तथागतेन निर्द्दिष्टान् यथाभूतं न प्रजानन्ति ते तथागतान् नामकायेन वा रूपकायेन वा अभिनिविश्य तथागतानामागमनं वा गमनं वा कल्पयन्ति। यथाऽपि नाम धर्म्मतामप्रजानन्तो ये च तथागतानामागमनं वा गमनं वा कल्पयन्ति सर्व्वे ते बालजातीयाः पृथग्जनाः सर्व्वे ते षड्गतिकं संसारं गता गच्छन्ति गमिष्यन्ति च सर्व्वे ते प्रज्ञापारमिताया दूरे सर्व्वे ते बुद्धधर्म्माणां दूरे॥ ये खलु पुनः कुलपुत्त्र स्वप्नोपमान् सर्व्वधर्म्मान्, स्वप्नोपमाः सर्व्वधर्म्मा इति तथागतेन देशितान् यथाभूतं प्रजानन्ति न ते कस्यचिद्धर्म्मस्यागमनं वा गमनं वा कल्पयन्त्युत्पादं वा निरोधं वा। ये च न कस्यचिद्धर्म्मस्यागमनं वा गमनं वा कल्पयन्त्युत्पादं वा निरोधं वा ते धर्म्मतया तथागतं प्रजानन्ति। ये च तथागतं धर्म्मतया प्रजानन्ति न ते तथागतानामागमनं वा गमनं वा कल्पयन्ति। ये च तथागतस्येदृशीं धर्म्मतां प्रजानन्ति ते आसन्ना अनुत्तरायाः सम्यक्सम्बोधेश्चरन्ति ते च प्रज्ञापारमितायां चरन्ति ते च भगवतः श्रावका अमोघं राष्ट्रपिण्डं परि-

भुञ्जते ते च लोकस्य दक्षिणीयाः। तद्यथाऽपि नाम कुलपुत्र महासमुद्रे रत्नानि न पूर्व्वस्या दिश आगच्छन्ति न दक्षिणस्या न पश्चिमाया नोत्तरस्या न विदिग्भ्यो नाधस्तान्नोपरिष्टान्न कुतश्चिद्देशेभ्यो दिग्भ्य आगच्छन्ति अपि तु खलु पुनः सत्वानां कुशलमूलान्युपादाय महासमुद्रे रत्नान्युत्पद्यन्ते न च तान्यहेतुकान्युत्पद्यन्ते। हेतुप्रत्ययकारणाधीनानि प्रतीत्य समुत्पन्नानि निरुध्यमानानि च तानि रत्नानि न क्वचिद्दशदिशि लोके सङ्क्रामन्ति अपि तु खलु पुनर्येषां प्रत्ययानां सतां तानि रत्नानि प्रभाव्यन्ते तेषां प्रत्ययानामसतां न तेषां रत्नानां प्रभावना भवति। एवमेव कुलपुत्र तेषां तथागतानां कायपरिनिष्पत्तिर्न कुतश्चिद्दशदिशि लोकादागता नापि क्वचिद्दशदिशि लोके गच्छति। न चाहेतुको बुद्धानां भगवतां कायः पूर्व्वाचार्य्यपरिनिष्पन्नो हेतुप्रत्ययाधीनः[१] कारणसमुत्पन्नः पूर्व्वकर्म्मविपाकादुत्पन्नः। स न क्वचिद्दशदिशि लोकेऽस्ति अपि तु खलु पुनर्य्येषां प्रत्ययानां सतां कायाभिनिष्पत्तिर्भवति तेषां प्रत्ययानामसतां कायाभिनिष्पत्तिर्न प्रज्ञायते। तद्यथाऽपि नाम कुलपुत्र वीणायाः शब्द उत्पद्यमानो न कुतश्चिदागच्छति निरुध्यमानोऽपि न क्वचिद्गच्छति न क्वचित् सङ्क्रामति प्रतीत्य च हेतुप्रत्ययसामग्रीमुत्पद्यते हेत्वधीनः प्रत्ययाधीनः तद्यथाऽपि नाम द्रोणीं च प्रतीत्य चर्म्म च प्रतीत्य तन्त्रीश्च[२] प्रतीत्य दण्डञ्च प्रतीत्य उपधानीश्च[३] प्रतीत्य कोणं च प्रतीत्य पुरुषस्य च तज्जव्यायामं प्रतीत्य

(१) हेत्वधीनः प्रत्ययाधीनः इति ग०।
(२) तन्त्रीश्चेति ख०। (३) उपधानीश्चेति ख०।

एवमयं वीणायाः शब्दो निश्चरति हेत्वधीनः प्रत्ययाधीनः। स च शब्दो न द्रोण्या निश्चरन्ति न चर्मणो न तन्त्रीभ्यो न दण्डान्नोपधानीभ्यो न कोणान्न पुरुषस्य तज्जव्यायामतः शब्दो निश्चरति अपि तु खलु पुनः सर्व्वेषां समायोगाच्छब्दः प्रज्ञप्यते निरुध्यमानोऽपि शब्दो न कचिद्गच्छति। एवमेव कुलपुत्त्र बुद्धानां भगवतां कायनिष्पत्तिर्हेत्वधीना प्रत्ययाधीनाऽनेककुशलमूलप्रयोगपरिनिष्पन्ना च न चैकतो हेतुतो न चैकतः प्रत्ययतो न चैकतः कुशलमूलतो बुद्धकायप्रभावना न च नैर्हेतुकी बहुहेतुप्रत्ययसामग्र्यां समुत्पन्ना सा न कुतश्चिदागच्छति हेतुप्रत्ययसामग्र्यामसत्यां न कचिद्गच्छति॥ एवं त्वया कुलपुत्त्र तेषान्तथागतानामागमनञ्च गमनञ्च द्रष्टव्यं सर्व्वधर्म्माणामपि कुलपुत्त्र त्वया इयमेव धर्मताऽनुगन्तव्या यतः कुलपुत्त्र त्वमेव तथागतांश्च सर्व्वधर्म्मांश्चानुत्पन्नाननिरुद्धांश्च सम्प्रज्ञास्यसि ततस्त्वं नियतो भविष्यस्यनुत्तरायां सम्यक्सम्बोधौ प्रज्ञापारमितायामुपायकौशल्ये च नियतं चरिष्यसि॥ अस्मिन् खलु पुनस्तथागतानामनागत्यगमननिर्द्देशे भाष्यमाणे महान् भूमिचालोऽभूत् सर्व्वश्च त्रिसाहस्रमहासाहस्रो लोकधातुः षड्विकारमष्टादशमहानिमित्तं कम्पते प्रकम्पते सङ्कम्पते चलति प्रचलति सम्प्रचलति वेधते प्रवेधते सम्प्रवेधते रणति प्ररणति सम्प्ररणति क्षुभ्यति प्रक्षुभ्यति सम्प्रक्षुभ्यति गर्जति प्रगर्जति सम्प्रगर्जति स्म। सर्व्वाणि च मारभवनानि सङ्क्षोभितानि जिह्मीभूतानि चाभूवन्। ये केचन त्रिसाहस्रमहासाहस्रे लोकधातौ तृणगुल्मौषधिवनस्पतयस्ते सर्व्वे येन धर्मोद्गतो बोधिसत्त्वो महासत्त्वस्तेन

प्रणता अभूवन् अकालपुष्पाणि चोत्सृजन्ति स्म उपरिष्टाच्चान्तरीक्षान्महापुष्पवर्षः प्रावर्षत्। शक्रश्च देवानामिन्द्रश्चत्वारश्च महाराजानो धर्म्मोद्गतं बोधिसत्त्वं महासत्वं दिव्यैश्चन्दनचूर्णैर्दिव्यैश्च पुष्पैरवाकिरन्नभ्यवाकिरन्नभिप्राकिरन् एवञ्च वाचमभाषन्त साधु साधु कुलपुत्त्र तव कुलपुत्त्रानुभावेनाद्यास्माभिः परमार्थनिर्ज्ञाता कथा देश्यमाना श्रुता सर्व्वलोकविप्रत्यनीका यत्राभूमिः सर्व्वसत्कायदृष्टिप्रतिष्ठितानां सर्व्वासद्दृष्ट्यभिविनिविष्टानां सत्वानां॥

अथ खलु सदाप्ररुदितो बोधिसत्त्वो महासत्वः धर्म्मोद्गतं बोधिसत्त्वं महासत्वमेतदवोचत्। कः पुनः कुलपुत्त्रात्र हेतुः कः प्रत्ययोऽस्य महतः पृथिवीचालस्य लोके प्रादुर्भावाय॥

धर्म्मोद्गतो बोधिसत्त्वो महासत्व आह। इमं कुलपुत्त्र तथागतानामनागत्यगमननिर्द्देशं तव च पृच्छतो मम च निर्द्दिशतोऽष्टानां प्राणिसहस्राणामनुत्पत्तिकधर्म्मक्षान्तिप्रतिलम्भोऽभूत् अशीतेश्च प्राणिनियुतानामनुत्तरायां सम्यक्सम्बोधौ चित्तान्युत्पन्नानि चतुःषष्टेश्च प्राणिसहस्राणां विरजांसि विगतमलानि धर्म्मेषु धर्म्मचक्षूंषि विशुद्धानि[१]।

अथ खलु सदाप्ररुदितो बोधिसत्त्वो महासत्वः परमोदारेण प्रीतिप्रामोद्येन समन्वागतोऽभूत्। लाभा मे परमसुलब्धा यस्य मे प्रज्ञापारमितामिमञ्च तथागतानामनागत्यगमननिर्द्देशं परिपृच्छत इयतां सत्वानामर्थः कृतः एतदेवास्माकं पर्य्याप्तं कुशलं भवेद-

---

(१) धर्म्मचक्षुर्विशुद्धानीति च०।

नुत्तरायाः सम्यक्सम्बोधेः परिनिष्पत्तये। न च मे भूयो विचिकित्सा प्रवर्त्ततेऽनुत्तरायाः सम्यक्सम्बोधेः निःसंशयमहन्तथागतो भविष्याम्यर्हन् सम्यक्सम्बुद्धः॥ स तेनैव प्रीतिप्रामोद्येन समन्वागतः सप्ततालं विहाय समभ्युद्गम्य सप्तताले स्थित्वा एवञ्चिन्तयति स्म केनाहमेतद्वान्तरीक्षे स्थितो धर्म्मोद्गतं बोधिसत्त्वं महासत्वं सत्कुर्य्यामिति॥

अथ खलु शक्रो देवानामिन्द्रः सदाप्ररुदितं बोधिसत्त्वं महासत्वमभ्युद्गतं दृष्ट्वा चेतसैव चास्य चित्तमाज्ञाय दिव्यानि चास्मै मान्दारवाणि पुष्पाण्युपनामयति स्म एवञ्चावोचत् एभिस्त्वं कुलपुत्त्र दिव्यैः पुष्पैर्धर्म्मोद्गतं बोधिसत्त्वं महासत्वं सत्कुरु सत्कर्त्तव्यो हि कुलपुत्त्रास्माभिस्तव परिग्राहकः। तव हि कुलपुत्त्रानुभावेनाद्य बहूनां प्राणिसहस्राणामर्थः कृतः। दुर्लभाः कुलपुत्त्रैवंरूपाः सत्वा ये सर्व्वसत्वानां कृतसोऽप्रमेयानसङ्ख्येयान् कल्पानुत्सहन्ते महान्तं भारमुद्वोढुं यथा त्वयोत्सोढुं॥

अथ खलु सदाप्ररुदितो बोधिसत्त्वो महासत्वः शक्रस्य देवानामिन्द्रस्यान्तिकान्मान्दारवाणि पुष्पाणि गृहीत्वा धर्म्मोद्गतं बोधिसत्त्वं महासत्वमवाकिरदभ्यवाकिरदभिप्राकिरत् स्वकेन च कायेन धर्म्मोद्गतं बोधिसत्त्वं महासत्वमभिच्छादयति स्म एवञ्च वाचमभाषत। एषोऽहं कुलपुत्त्राद्याग्रेण तवात्मानं निर्य्यातयामि उपस्थानपरिचर्य्यायै। स आत्मानं निर्य्यात्य धर्म्मोद्गतस्य बोधिसत्त्वस्य महासत्वस्य पुरतः प्राञ्जलिं[१] कृत्वाऽस्थात्॥

---

(१) प्राञ्जलीरिति ख० ग० ।

अथ खलु सा श्रेष्ठिदारिका तानि च पञ्चदारिकाशतानि सदाप्ररुदितं बोधिसत्त्वं महासत्वमेतदवोचत् । एता वयमपि कुलपुत्र तवात्मानं निर्य्यातयामो वयमप्यनेन कुशलमूलेन एतेषामेव धर्म्माणां लाभिन्यो भवेम त्वयैव च सार्द्धं पुनः पुनर्बुद्धांश्च भगवतो बोधिसत्त्वांश्च सत्कुर्य्याम गुरुकुर्य्याम आसन्नीभूताश्च तवैव भवेम ॥

अथ खलु सदाप्ररुदितो बोधिसत्त्वो महासत्वः श्रेष्ठिदारिकां तानि च पञ्चदारिकाशतान्येतदवोचत् । यदि मे यूयं दारिका आशयमनुवर्त्तध्वमध्याशयेन च मह्यमात्मानं निर्य्यातयत एवमहं युष्मान् प्रतीच्छेयं ॥

दारिका आहुः । अनुवर्त्तिष्यामहे तव वयमाशयेनाध्याशयेन च वयं तवात्मानं निर्य्यातयामो यथेच्छाकरणीयतायै ॥

अथ खलु सदाप्ररुदितो बोधिसत्त्वो महासत्वस्तानि श्रेष्ठिदारिकाप्रमुखानि पञ्चदारिकाशतानि सर्व्वालङ्कारभूषितानि कृत्वा तानि च पञ्चरथशतान्यलङ्कृत्य सर्व्वाणि च तानि धर्म्मोद्गताय बोधिसत्त्वाय महासत्वाय निर्यातयति स्म । उपस्थानपरिचर्य्यायै इमाः कुलपुत्त्राहन्तवोपस्थायिका निर्य्यातयामि इमानि च पञ्चरथशतानि निर्य्यातयामि परिभोगायेति ॥

अथ खलु शक्रो देवानामिन्द्रस्तस्मै कुलपुत्त्राय साधुकारमदात् । साधु साधु कुलपुत्त्र बोधिसत्त्वैर्महासत्वैः सर्व्वस्वपरित्यागिभिर्भवितव्यं । एवंरूपेण च त्यागचित्तेन बोधिसत्त्वो महासत्वः क्षिप्रमनुत्तरां सम्यक्सम्बोधिमभिसम्बुध्यते एवञ्च धर्म्मभाणकाणां पूजां कृत्वा शक्यं प्रज्ञापारमितामुपायकौशल्यञ्च श्रोतुं । तैरपि कुलपुत्त्र

पौर्व्वकैस्तथागतैरर्हद्भिः सम्यक्सम्बुद्धैः पूर्व्वं बोधिसत्त्वचर्य्यां चरद्भिरेवं-रूप एव त्यागे स्थित्वाऽनुत्तरा सम्यक्सम्बोधिः समुदानीता प्रज्ञा-पारमितामुपायकौशल्यञ्च परिप्रश्नयद्भिरिति ॥

अथ खलु धर्म्मोद्गतो बोधिसत्त्वो महासत्त्वस्तानि श्रेष्ठिदारिका-प्रमुखानि पञ्चदारिकाशतानि पञ्चरथशतानि सदाप्ररुदितस्य बोधि-सत्त्वस्य महासत्त्वस्य कुशलपरिपूरिमुपादाय प्रतिगृह्णीते स्म। प्रति-गृह्य च सदाप्ररुदितायैव कुलपुत्त्राय प्रतिनिर्य्यातयामास ॥

अथ खलु धर्म्मोद्गतो बोधिसत्त्वो महासत्त्व उत्थायासनात् स्वकं गृहं प्राविशत् सूर्य्यस्य चास्तंगमनकालोऽभूत् ॥

अथ खलु सदाप्ररुदितस्य बोधिसत्त्वस्य महासत्त्वस्यैतदभूत्। नैतन्मम साधुप्रतिरूपं भवेद्यदहं धर्म्मकामतया आगत्य निषीदेयं शय्यां च परिकल्पयेयं यन्न्वहं द्वाभ्यामेवेर्य्यापथाभ्यां स्थित्वा स्थानेन चङ्क्रमेण च कालमतिनामयेयं यावद्धर्म्मोद्गतो बोधिसत्त्वो महासत्त्वः स्वकाद्गृहान्निर्गतो भविष्यति यदुत धर्म्मसम्प्रकाशनायेति ॥

अथ खलु धर्म्मोद्गतो बोधिसत्त्वो महासत्त्वः सप्तवर्षाण्येकसमाधि-समापन्न एवाभूत् अप्रमेयैरसङ्ख्येयैर्बोधिसत्त्वसमाधिसहस्रैः प्रज्ञापा-रमितोपायकौशल्यनिर्ज्जातैर्व्याहार्षीत्। सदाप्ररुदितोऽपि बोधिसत्त्वो महासत्त्वः सप्तवर्षाणि द्वाभ्यामेवेर्य्यापथाभ्यां कालमतिनामयत्न स्त्यानमिद्धमवक्रामयामास सप्तवर्षाणि न कामवितर्कमुत्पादयामास न व्यापादवितर्कं न विहिंसावितर्कमुत्पादयामास न रसगृद्धिं न चित्तौद्धिल्यमुत्पादयामास अपि तु कदा नाम धर्म्मोद्गतो बोधिसत्त्वो महासत्त्वोऽस्मात् समाधेर्व्युत्थास्यति यन्न्वयं धर्म्मोद्गतस्य बोधिसत्त्वस्य

महासत्त्वस्य धर्म्मासनं प्रज्ञपयिष्यामो यत्रासौ कुलपुत्रो निषद्य धर्म्मन्देशयिष्यतीति तत्र पृथिवीप्रदेशं सुसिक्तं सुमृष्टञ्च करिष्यामो नानापुष्पाभिकीर्णं यत्र पृथिवीप्रदेशे धर्मोद्गतो बोधिसत्त्वो महासत्त्वः प्रज्ञापारमितामुपायकौशल्यञ्च सम्प्रकाशयिष्यतीति चिन्तयामास। तान्यपि श्रेष्ठिदारिकाप्रमुखानि पञ्चदारिकाशतानि सदाप्ररुदितस्य बोधिसत्त्वस्य महासत्त्वस्यानुशिक्षमाणानि द्वाभ्यामेवेर्य्यापथाभ्यां काल-मतिनामयामासुः सर्व्वाः क्रियास्तस्यानुवर्त्तमानाः ॥

अथ खलु सदाप्ररुदितो बोधिसत्त्वो महासत्त्वो दिव्यं निर्घोष-मश्रौषीत्। इतः सप्तमे दिवसे धर्मोद्गतो बोधिसत्त्वो महासत्त्वोऽ-स्मात् समाधेर्व्युत्थास्यति व्युत्थाय च मध्ये नगरस्य[१] निषद्य धर्म्मन्देशयिष्यतीति ॥

अथ खलु सदाप्ररुदितो बोधिसत्त्वो महासत्त्वस्तं दिव्यं निर्घोषं श्रुत्वा तुष्ट उदग्र आत्तमनाः प्रमुदितः प्रीतिसौमनस्यजातस्तं पृथि-वीप्रदेशं शोधयामास सार्द्धं श्रेष्ठिदारिकाप्रमुखैः पञ्चदारिकाशतैः धर्म्मासनं च प्रज्ञपयामास सप्तरत्नमयं स्वकं चोत्तरासङ्गं कायादव-तार्य्य तस्यासनस्योपरि प्रज्ञपयति स्म[२] ॥

अथ खलु ता दारिकाः स्वकस्वकानुत्तरासङ्गान् कायादवतार्य्य पञ्चोत्तरासङ्गशतानि तत्रासने प्रज्ञपयामासुरत्रासने[३] धर्मोद्गतो बोधि-सत्त्वो महासत्त्वो निषद्य धर्म्मन्देशयिष्यतीति। एवं ताश्च सर्व्वा दारिका

---

(१) नगरशृङ्गाटकस्येति ग०।

(२) स्वकमित्यादि प्रज्ञपयति स्मेत्यन्तपाठो घ० ङ० पुस्तकयोर्न दृश्यते।

(३) प्रज्ञप्त एवासने इति ख० च०।

धर्म्मोद्गतस्य बोधिसत्त्वस्य महासत्वस्य धर्म्मासनमास्तीर्य्य तुष्टा उदग्रा आत्तमनसः प्रमुदिताः प्रीतिसौमनस्यजाता अभूवन्॥

अथ खलु सदाप्ररुदितो बोधिसत्त्वो महासत्वस्तं पृथिवीप्रदेशं सेक्तुकामो न चोदकं समन्तात् पर्य्येषमाणोऽपि लभते येन तं पृथिवीप्रदेशं सिञ्चेत्। यथापि नाम मारेण पापीयसा तत् सर्व्वमुदकमन्तर्द्धापितमभूत्। अप्येव नामास्य सदाप्ररुदितस्य बोधिसत्त्वस्य महासत्वस्योदकमलभमानस्य चित्तं खिद्येत दुःखदौर्म्मनस्यं च भवेच्चित्तस्य वाऽन्यथात्वम्भवेद्येनास्य कुशलमूलस्यान्तर्द्धानं भवेन्न वा पूजा भ्राजेरन्॥

अथ खलु सदाप्ररुदितस्य बोधिसत्त्वस्य महासत्वस्यैतदभूत् यन्न्वहमात्मनः कायं विद्ध्वा इमं पृथिवीप्रदेशं रुधिरेण सिञ्चेयं॥ तत् कस्य हेतोः। अयं हि पृथिवीप्रदेश उद्धतरजस्कः मारजो धातुरितो भूप्रदेशाद्धर्म्मोद्गतस्य बोधिसत्त्वस्य महासत्वस्य काये निपतेत् किं वाऽनेनात्मभावेनावश्यम्भेदनधर्म्मिणा कुर्य्यां। वरं खलु पुनर्ममायं काय एवंरूपया क्रियया विनश्यतु न तु निःसामर्थ्यक्रियया। अपि च[१] कामहेतोः कामनिदानं बहूनि मे आत्मभावसहस्राणि पुनः पुनः संसारे संसरतो भिन्नानि न पुनरेवंरूपेषु स्थानेषु सद्धर्म्मपरिग्रहस्य कृतमः। यदि पुनर्भिद्यन्ते काममेवंरूपेषु भिद्यन्तामिति।

अथ खलु सदाप्ररुदितो बोधिसत्त्वो महासत्व इति प्रतिसङ्ख्याय

---

(१) अपित्विति ग०।

तीक्ष्णं शस्त्रं गृहीत्वा स्वकायं समन्ततो विद्ध्वा तं पृथिवीप्रदेशं स्वरुधिरेण सर्व्वमसिञ्चत्। तान्यपि श्रेष्ठिदारिकाप्रमुखानि पञ्चदारिकाशतानि सदाप्ररुदितस्य बोधिसत्त्वस्य महासत्त्वस्यानुशिक्षमाणानि। सर्व्वाणि तानि तीक्ष्णाणि शस्त्राणि गृहीत्वा स्वकस्वकानि शरीराणि विद्ध्वा तं पृथिवीप्रदेशं स्वकस्वकैर्लोहितैः सर्व्वमसिञ्चन्। न च सदाप्ररुदितस्य बोधिसत्त्वस्य महासत्त्वस्य तासां वा सर्व्वासां दारिकाणां चित्तस्यान्यथात्वमभूत् यत्र स मारः पापीयानवतारं लभेत कुशलमूलान्तरायकरणाय॥

अथ खलु शक्रस्य देवानामिन्द्रस्यैतदभूत्। आश्चर्य्यं यावद्धर्म्मकाम[१]श्चायं सदाप्ररुदितो बोधिसत्त्वो महासत्त्वो यावद्दृढसमादानश्च यावन्महासन्नाहसन्नद्धश्चानपेक्षः काये जीवितेषु भोगेषु चानुत्तरायाः सम्यक्सम्बोधेरधिगमायाध्याशयसम्प्रस्थितो यदुत सर्व्वसत्त्वान् मोचयिष्याम्यपरिमाणतः संसारदुःखादनुत्तरां सम्यक्सम्बोधिमभिसम्बुध्येति॥

अथ खलु शक्रो देवानामिन्द्रस्तत् सर्व्वं लोहितोदकं दिव्यं चन्दनोदकमध्यतिष्ठत्। समन्ताच्च तस्य पृथिवीप्रदेशस्याचिन्त्यं परमोदारं गन्धं यस्य[२] दिव्यस्य चन्दनोदकस्य परिपूर्णं योजनशतं गन्धो वाति॥

अथ शक्रो देवानामिन्द्रः सदाप्ररुदितं बोधिसत्त्वं महासत्त्वमेतदवोचत्। साधु साधु कुलपुत्त्र साधु ते कुलपुत्त्राचिन्त्यं वीर्य्यं साध्वी च तेऽनुत्तरा धर्म्मकामता धर्म्मपरीष्टिश्च। एवंरूपेण कुलपुत्त्रा-

(१) धर्म्मकामतः इति ङ०।
(२) तस्येति ग०।

ध्याशयेन एवंरूपेण वीर्य्येण एवंरूपया च धर्म्मकामतया तैः पौर्व्वकैस्तथागतैरर्हद्भिः सम्यक्सम्बुद्धैरनुत्तरा सम्यक्सम्बोधिः समुदानीता ॥

अथ खलु सदाप्ररुदितस्य बोधिसत्त्वस्य महासत्त्वस्यैतदभूत् । प्रज्ञप्तं मया धर्म्मोद्गतस्य बोधिसत्त्वस्य महासत्त्वस्य धर्म्मासनमयञ्च पृथिवीप्रदेशः सुसिक्तः सुसंमृष्टश्च कृतः कुतो नु खल्वहं पुष्पाणि लभेयं यैरहमिमं पृथिवीप्रदेशं पुष्पाभिकीर्णं कुर्य्यां धर्म्मोद्गतञ्च बोधिसत्त्वं महासत्त्वं धर्म्मं देशयन्तं धर्म्मासने निषण्णमभ्यवकिरेयं ॥

अथ खलु शक्रो देवानामिन्द्रः सदाप्ररुदितं बोधिसत्त्वं महासत्त्वमेतदवोचत् । इमानि ते कुलपुत्र प्रतिगृहाण दिव्यानि मान्दारवाणि पुष्पाणि । एभिस्त्वमिमं पृथिवीप्रदेशं पुष्पाभिकीर्णं कुरु धर्म्मोद्गतञ्च बोधिसत्त्वं महासत्त्वं धर्म्मं देशयन्तं धर्म्मासने निषण्णमभ्यवकिर । स तस्मै दिव्यं खारीसहस्रं दिव्यानां मान्दारवपुष्पाणामुपनामयति स्म ॥

अथ खलु सदाप्ररुदितो बोधिसत्त्वो महासत्त्वस्तानि पुष्पाणि गृहीत्वाऽन्यतरैः पुष्पैस्तं पृथिवीप्रदेशं पुष्पाभिकीर्णमकार्षीत् अन्यतरैश्च पुष्पैर्धर्म्मोद्गतं बोधिसत्त्वं महासत्त्वमभ्यवाकिरत् ॥

अथ खलु धर्म्मोद्गतो बोधिसत्त्वो महासत्त्वः सप्तानां वर्षाणामत्ययेन ततः समाधेर्व्युत्थाय येन धर्म्मासनं तेनोपसङ्क्रम्य प्रज्ञप्त एवासने न्यषीदत् अनेकशतसहस्रया पर्षदा परिवृतः पुरस्कृतः प्रज्ञापारमितान्देशयामास ॥

अथ खलु सदाप्ररुदितो बोधिसत्त्वो महासत्त्वः सह दर्शनेनैव

धर्म्मोद्गतस्य बोधिसत्त्वस्य महासत्वस्य तादृशं सुखं[१] प्रतिलभते स्म। तद्यथापि नाम प्रथमध्यानसमापन्न एकाग्रमनसिकारो भिक्षुः। तत्रेयं धर्म्मोद्गतस्य बोधिसत्त्वस्य महासत्वस्य प्रज्ञापारमितादेशना यदुत सर्व्वधर्मसमतया प्रज्ञापारमितासमता। सर्व्वधर्म्मविविक्ततया प्रज्ञापारमिताविविक्तता। सर्व्वधर्म्माचलनतया प्रज्ञापारमिताऽचलनता। सर्व्वधर्म्मामननतया[२] प्रज्ञापारमिताऽमननता। सर्व्वधर्म्मास्तम्भिततया प्रज्ञापारमिताऽस्तम्भितता। सर्व्वधर्म्मैकरसतया प्रज्ञापारमितैकरसता। सर्व्वधर्म्मापर्य्यन्ततया प्रज्ञापारमिताऽपर्य्यन्तता। सर्व्वधर्म्मानुत्पादतया प्रज्ञापारमिताऽनुत्पादता। सर्व्वधर्म्मानिरोधतया प्रज्ञापारमिताऽनिरोधता। गगनापर्य्यन्ततया प्रज्ञापारमिताऽपर्य्यन्तता। समुद्रापर्य्यन्ततया प्रज्ञापारमिताऽपर्य्यन्तता। मेरुविचित्रतया प्रज्ञापारमिताविचित्रता। गगनाकल्पनतया प्रज्ञापारमिताऽकल्पनता। रूपापर्य्यन्ततया प्रज्ञापारमिताऽपर्य्यन्तता। एवं वेदना संज्ञा संस्कारा विज्ञानापर्य्यन्ततया प्रज्ञापारमिताऽपर्य्यन्तता। पृथिवीधात्वपर्य्यन्ततया प्रज्ञापारमिताऽपर्य्यन्तता। एवमब्धातुतेजोधातुवायुधात्वाकाशधात्वपर्य्यन्ततया प्रज्ञापारमिताऽपर्य्यन्तता। विज्ञानधात्वपर्य्यन्ततया प्रज्ञापारमिताऽपर्य्यन्तता। वज्रोपमधर्म्मसमतया प्रज्ञापारमितासमता। सर्व्वधर्म्मासम्भेदनतया प्रज्ञापारमिताऽसम्भेदनता। सर्व्वधर्म्मानुपलब्धितया प्रज्ञापारमिताऽनुपलब्धिता। सर्व्वधर्म्माभिभावनासमतया प्रज्ञापारमिताऽभिभावनासमता। सर्व्वधर्म्मनिश्चेष्ट-

(१) सुखमिति क॰ ग॰ घ॰।
(२) सर्व्वधर्म्ममननतयेति ग॰।

तया प्रज्ञापारमितानिश्चेष्टता । सर्व्वधर्म्माचिन्त्यतया प्रज्ञापारमिताऽचिन्त्यता वेदितव्येति ॥

अथ खलु सदाप्ररुदितस्य बोधिसत्त्वस्य महासत्वस्य तथानिषण्णस्यैव तस्यां वेलायां सर्व्वधर्म्मसमता नाम समाधिराजो जातः । यतः सर्व्वधर्म्मविविक्तश्च नाम समाधिः सर्व्वधर्म्माचलनश्च नाम समाधिः सर्व्वधर्म्मामननश्च नाम समाधिः सर्व्वधर्म्मास्तम्भितश्च नाम समाधिः सर्व्वधर्म्मैकरसश्च नाम समाधिः सर्व्वधर्म्मापर्य्यन्तश्च नाम समाधिः सर्व्वधर्म्मानुत्पादश्च नाम समाधिः सर्व्वधर्म्मानिरोधश्च नाम समाधिः गगनापर्य्यन्तश्च नाम समाधिः समुद्रापर्य्यन्तश्च नाम समाधिः मेरुविचित्रश्च नाम समाधिः गगनाकल्पश्च नाम समाधिः रूपापर्य्यन्तश्च नाम समाधिः एवं वेदना संज्ञा संस्कारा विज्ञानापर्य्यन्तश्च नाम समाधिः पृथिवीधात्वपर्य्यन्तश्च नाम समाधिः एवमब्धातुतेजोधातुवायुधात्वाकाशधात्वपर्य्यन्तश्च नाम समाधिः विज्ञानधात्वपर्य्यन्तश्च नाम समाधिः वज्रोपमश्च नाम समाधिः सर्व्वधर्म्मासम्भेदश्च नाम समाधिः सर्व्वधर्म्मानुपलब्धिश्च नाम समाधिः सर्व्वधर्म्माविभावनासमता च नाम समाधिः सर्व्वधर्म्मनिश्चेष्टश्च नाम समाधिः सर्व्वधर्म्माचिन्त्यश्च नाम समाधिः। एवं प्रमुखानि षष्टिः समाधिमुखशतसहस्राणि सदाप्ररुदितेन बोधिसत्त्वेन महासत्वेन प्रतिलब्धान्यभूवन्निति ॥

आर्य्याष्टसाहस्रिकायां प्रज्ञापारमितायां धर्म्मोद्गतपरिवर्त्तो नामैकत्रिंशत्तमः ॥

अथ परीन्दनापरिवर्त्तो नाम द्वात्रिंशत्तमः॥

सहप्रतिलब्धानाञ्च सुभूते षष्ट्याः समाधिमुखशतसहस्त्राणां सदाप्ररुदितो बोधिसत्त्वो महासत्वः पूर्व्वस्यां दिशि दक्षिणस्यां पश्चिमायामुत्तरस्यां दिशि विदिक्षु अध ऊर्द्धञ्च दिशि दशसु दिक्षु गङ्गानदीवालुकोपमेषु त्रिसाहस्रमहासाहस्रेषु लोकधातुषु गङ्गानदीवालुकोपमान् बुद्धान् भगवतः पश्यति स्म भिक्षुसङ्घपरिवृतान् बोधिसत्त्वगणपुरस्कृतानेतैरेव नयैरेभिरेव नामभिरेतैरेवाक्षरैरिमामेव प्रज्ञापारमितां भाषमाणान्। तद्यथापि नामाहमेतर्ह्यस्मिन्नेव त्रिसाहस्रमहासाहस्रे लोकधातौ धर्म्मं देशयामि भिक्षुसङ्घपरिवृतो बोधिसत्त्वगणपुरस्कृत एभिरेव नयैरेभिरेव नामभिरेभिरेवाक्षरैरिमामेव प्रज्ञापारमितां भाषे। सोऽचिन्त्येन बाहुश्रुत्येन(१) श्रुतसागरतया च समन्वागतोऽभूत् सर्व्वासु च जातिषु न जातु बुद्धविरहितोऽभूत् यत्र यत्र बुद्धा भगवन्तः सम्मुखीभूता भवन्ति तत्र तत्रोपपद्यते स्म अविरहितश्च भवति स्म बुद्धैर्भगवद्भिरन्ततः स्वप्नान्तरगतोऽपि। सर्व्वे चानेनाक्षणाविवर्जिताः क्षणसम्पच्चारावगताः॥

तत्र खलु पुनर्भगवानायुष्मन्तमानन्दमामन्त्रयते स्म। तदनेनापि ते आनन्द पर्य्यायेणैव वेदितव्यमित्यपीयं प्रज्ञापारमिता बोधिसत्त्वानां महासत्वानां सर्व्वज्ञज्ञानस्याहारिकेति। तस्मात्तर्ह्यानन्द बोधिसत्त्वैर्महासत्वैः सर्व्वज्ञज्ञानं प्रतिलब्धुकामैरस्यां प्रज्ञापारमितायाञ्चरित-

---

(१) बाहुश्रुतेनेति च०।

व्यमियं प्रज्ञापारमिता श्रोतव्योद्ग्रहीतव्या धारयितव्या वाचयितव्या पर्य्यवाप्तव्या प्रवर्त्तयितव्या देशयितव्योपदेष्टव्योद्देष्टव्या स्वाध्यातव्या लिखितव्या तथागताधिष्ठानेन महापुस्तके प्रव्यक्तप्रव्यक्तैरक्षरैः सुलिखितां कृत्वा सत्कर्त्तव्या गुरुकर्त्तव्या मानयितव्या पूजयितव्याऽर्च्चयितव्याऽपचायितव्या पुष्पैर्धूपैर्गन्धैर्माल्यैर्विलेपनैश्चूर्णैश्चीवरैर्वाद्यैश्छत्रैर्ध्वजैर्घण्टाभिः पताकाभिः समन्ताच्च दीपमालाभिर्बहुविधाभिश्च पूजाभिः। इय[१]मस्माकमन्तिकादानन्दानुशासनी॥ तत् कस्य हेतोः। अत्र हि प्रज्ञापारमितायां सर्व्वज्ञज्ञानपरिनिष्पत्तिर्भविष्यति[२]। तत् किम्मन्यसे आनन्द शास्ता ते तथागतः॥

आनन्द आह। शास्ता मे भगवन् शास्ता मे सुगत[३]॥

एवमुक्ते भगवानायुष्मन्तमानन्दमेतदवोचत्। शास्ता ते आनन्द तथागतः। परिचरितोऽस्म्यानन्द त्वया मैत्रेण कायकर्मणा मनआपेन मैत्रेण वाक्कर्म्मणा मनआपेन मैत्रेण मनःकर्म्मणा मनआपेन। तस्मात्तर्ह्यानन्द यथैव त्वया ममैतर्हि तिष्ठतो ध्रियमाणस्य यापयतोऽस्मिन् समुच्छ्रये प्रेम च प्रसादश्च गौरवञ्च कृतं तथैव त्वयानन्द[४] ममात्ययादस्यां प्रज्ञापारमितायां कर्त्तव्यं द्विरपि त्रिरपि ते आनन्द परीन्दाम्यनुपरीन्दाम्येनां प्रज्ञापारमितां यथेयं नान्तर्द्धियेत यथा नास्यां त्वमन्त्यः पुरुषः स्याः। यावदानन्देयं प्रज्ञा-

---

(१) इयमेवेति च०।

(२) भविष्यतीति च०।

(३) सुगतः इति च०।

(४) तथैतदानन्देति ग० घ०, तथैव तदानन्देति च०।

पारमिता लोके प्रचरिष्यति तावत्तथागतस्तिष्ठतीति वेदितव्यं तावत्तथागतो धर्म्मं देशयतीति वेदितव्यमविरहितास्ते आनन्द सत्वा बुद्धदर्शनेन धर्म्मश्रवणेन सङ्घोपस्थानेन च वेदितव्यं तथागतान्तिकावचरास्ते आनन्दसत्वा वेदितव्या य एनां प्रज्ञापारमितां श्रोष्यन्त्युद्ग्रहीष्यन्ति धारयिष्यन्ति वाचयिष्यन्ति पर्य्यवाप्स्यन्ति प्रवर्त्तयिष्यन्ति देशयिष्यन्त्युपदेक्ष्यन्त्युद्देक्ष्यन्ति स्वाध्यास्यन्ति लिखिष्यन्ति सत्करिष्यन्ति गुरु करिष्यन्ति मानयिष्यन्ति पूजयिष्यन्त्यर्चयिष्यन्त्यपचायिष्यन्ति पुष्पधूपगन्धमाल्यविलेपनचूर्णचीवरच्छत्रध्वजघण्टापताकाभिः समन्ताच्च दीपमालाभिर्बहुविधाभिश्च पूजाभिरिति॥ इदमवोचद्भगवानात्तमनास्ते च मैत्रेयप्रमुखा बोधिसत्वा महासत्वा आयुष्मांश्च सुभूतिरायुष्मांश्च शारिपुत्त्र आयुष्मांश्चानन्दः शक्रश्च देवानामिन्द्रः सदेवमानुषासुरगरुड़गन्धर्व्वश्च लोको भगवतो भाषितमभ्यनन्दन्निति॥

आर्य्याष्टसाहस्रिकायां प्रज्ञापारमितायां परीन्दनापरिवर्त्तो नाम द्वात्रिंशत्तमः॥ समाप्ता चेयं भगवत्या आर्य्याष्टसाहस्रिकायाः प्रज्ञापारमिता सर्व्वतथागतजननी बोधिसत्त्वप्रत्येकजिनश्रावकाणां माता धर्म्ममुद्रा धर्म्मोल्का धर्म्मनाभिर्द्धर्म्मभेरी धर्म्मनेत्री धर्म्मरत्ननिधानमक्षयो धर्म्मचिन्त्याद्भुतदर्शननक्षत्रमाला सदेवमानुषासुरगन्धर्व्वलोकवन्दिता सर्व्वसुखहेतुरिति(१)॥ प्रज्ञापारमितां सम्यग्गृह्य

---

(१) सर्व्वसुखहेतुरित्यनन्तरं, घ॰ पुस्तके वक्ष्यमाणपद्यद्वयमस्ति—

लोकं प्रापयितुं सुखेन पदवीं सम्यद्द्वयावाहिनीं
कारुण्यां हितचेतसा भगवता बुद्धेन सन्दीपितं।

पर्य्यवाप्य च धारयित्वा प्रवर्त्त्यैनां विहरन्तु सदार्थिन इति[1] ॥

ये धर्म्मा हेतुप्रभवा हेतुस्तेषां तथागतो
ह्यवदत्तेषाञ्च यो निरोध एवं वादी महाश्रमणः ॥

देयधर्म्मोऽयं प्रवरमहायानयायिन्याः[2] परमोपासिकश्रीराज्ञ-सुतलक्ष्मीधरस्य[3] यदत्र पुण्यं तद्भवत्वाचार्य्योपाध्यायमातापितृपूर्व्वङ्गमं कृत्वा सकलसत्त्वराशेरनुत्तरज्ञानावाप्तय इति ।

श्रुत्वा तेऽखिलधर्म्मतत्त्वनिलयं सूत्रं समाधानतो
गत्वा स्थानमहर्निशं निजमलं ध्यायन्तु येऽभ्यागताः ॥
कालेऽस्मिन् बहुदस्युसङ्कुलकलौ पाठेऽपि दूरं गते
नानाभेदमनेकपुस्तकगतं दृष्ट्वाऽधुना श्रद्धया ।
कुप्यद्दादिगजेन्द्रकुम्भदलने भद्रेण या शोधिता
लोकार्थं हरिणा मया सुविहितैः सेयं बुधैर्गृह्यतां ॥

(१) सदार्थिन इत्यनन्तरं ख० ग० घ० च० पुस्तकेषु परिशिष्टवाक्यानि विभिन्नानि सन्ति, तानि भूमिकायां लिखितत्वात् अत्र पुनर्न लिखितानि ।

(२) महायानजायिनः इति ग० ।

(३) परमोपासिकराज्यपातसूसलकयेति घ० ।